U0804081

•1月10日，第110届美国NAMM乐器、灯光、音响展览会在洛杉矶阿纳海姆会议中心举行。

•1月31日，香港音乐导师同盟与柏斯音乐基金会联合主办的第五届亚洲青少年音乐比赛在香港圆满落幕。

•3月27日，珠江钢琴国家文化产业示范基地奠基典礼在广州增城举行。

•4月16日，中国乐器协会在京表彰“2011年度中国乐器行业50强”。

•4月16日，中国乐器协会第六届四次理事会议在北京召开。

•5月8日，中国乐器协会口琴专业委员会第五届三次会议在江苏靖江召开。

•5月22日，中国乐器协会提琴分会二届三次会议在北京平谷召开。

•5月26日，上海市副市长张学兵视察上海民族乐器一厂。

•6月，国家林业局野生动植物保护司组织开展蟒皮乐器生产销售活动监督检查工作。

•6月3日，广州珠江钢琴集团股份有限公司在白云国际会议中心举行上市庆祝仪式。

•6月18日，海伦钢琴股份有限公司在深圳举行“上市庆典活动”。

•7月8日，“凤灵杯”全国青少年小提琴大赛在南京落下帷幕。

•7月12日，广州珠江钢琴集团股份有限公司恺撒堡艺术家系列钢琴鉴赏音乐会在北京人民大会堂召开。

•8月3日，河北乐海与中国音乐学院签订合作建设音乐培训教育基地项目。

•8月19日，“吟飞”国际电子管风琴比赛在江苏常州举办。

•8月22日，“首届全国盲人钢琴调律职业技能比赛”在北京举行。

•8月31日，全国乐器标准化技术委员会在烟台召开“11项乐器行业标准审定会”。

•10月6日，第十四届“星海杯”全国少儿钢琴比赛颁奖仪式在国家大剧院音乐厅举行。

•10月9日，中国乐器协会提琴制作师分会会员大会在上海音乐学院召开。

•10月11日，2012中国（上海）国际乐器展览会在上海新国际博览中心举行。

•10月11日，中国轻工业联合会副会长钱桂敬考察上海乐器展。

•10月11日，中美MIDI技术研讨会在上海召开。

•10月12日，台湾功学社集团与珠江钢琴集团在上海举办德洛伊钢琴品牌战略合作新闻发布会。

•10月12日，中国民族乐器改革工作座谈会在上海召开。

•11月9日，第二届中国宜昌长江钢琴音乐节在湖北宜昌举行。

•11月17日，全国乐器学研讨会在北京中国音乐学院举行。

•12月6日，中国乐器协会钢琴分会2012年年会暨中国钢琴行业首届企业发展高峰论坛活动在广州举行。

•12月28日，中国乐器协会材料配件专业委员会2012年会在宁波召开。

珠江·恺撒堡钢琴
源自经典·共
广州珠江钢琴集团股份有限公司
GUANGZHOU PEARL RIVER PIANO GROUP CO., LTD.

Kayserburg
Kayserburg
恺撒堡
珠江·恺撒堡
世界
verpiano.com
Kayserburg
珠江·恺撒堡

# 珠江钢琴集团——

广州珠江钢琴集团股份有限公司是一家有着50多年历史的生产企业，产销规模排行全球钢琴制造商前列。拥有行业内完整的国际化品牌体系，包括恺撒堡、珠江、里特米勒、京珠等，涵盖高档、中档和普及型钢琴，在全球市场建立起强有力的品牌竞争优势和地位。销售辐射全球180多个国家和地区，国内市场占有率超过25%，全球市场占有率超过20%，成为顾客首选的中国乐器品牌。

## 恺撒堡牌钢琴：

“恺撒堡”钢琴是由世界著名钢琴设计制作大师托马先生，与珠江钢琴集团技术团队合力打造的专业高档钢琴品牌，填补了国内高档钢琴的空白，面市短短5年间，已形成比肩世界高级品牌的“恺撒堡KD”系列，处于世界一流品牌水平的“恺撒堡KA”艺术家系列和恺撒堡系列。

- 被列入"2008-2009年国家重点新产品计划"；
- 荣获“中国轻工业联合会科学技术进步奖二等奖”；
- “恺撒堡”牌钢琴，获得“广东省名牌产品” 认证。

# 国际化品牌体系

## 珠江牌钢琴：

珠江牌钢琴于二十世纪五十年代创立，经过半个多世纪的精心耕耘，珠江钢琴在品牌地位、产品品质、研发能力、产销规模等方面，多年稳居中国乐器行业龙头地位。珠江钢琴设有精品、提升、普及三个系列。

- 2003年获得“中国名牌产品”认证(行业首批)；
- 成为商务部“重点培育的出口品牌”；
- 连续多年评为“全国用户满意产品”；
- “Pearl River”商标，1999年被认定“中国驰名商标”。

## Ritmüller(里特米勒)牌钢琴：

“Ritmüller”牌钢琴是欧洲古老著名钢琴品牌，上世纪九十年代珠江钢琴集团整体收购了该品牌和技术，并将其欧洲典雅风格融入珠江钢琴，使“Ritmüller”钢琴得到更好的传承和提升。现有经典、普及两个系列。

- “Ritmüller”商标，被认定“广东省著名商标”；
- “Ritmüller”牌钢琴，获得“广东省名牌产品”认证。

## 京珠牌钢琴：

“京珠”牌钢琴是北京珠江钢琴制造有限公司生产的中高档钢琴品牌，设有白金、珍珠、水晶、钻石四大系列，“京珠”牌钢琴秉承珠江钢琴集团的制造技术，高水准、专业化生产。

- 京珠钢琴荣获“2011年中国轻工精品展最具潜力奖”；
- 京珠钢琴荣获“中国十大最具影响力钢琴品牌”。

- **http://www.pearlriverpiano.com**
- **微 博：珠江钢琴**
- **微 信：珠江钢琴**

敦煌牌®

上海民族乐器一厂

# 上海民

## Shanghai No.1 Natio

上海民族乐器一厂创建于1958年，是目前我
民族乐器制造企业之一。旗下拥有上海市著名
琶、二胡、柳琴、扬琴、月琴、阮、笛、笙、箫
地区，并远销日本、美国、加拿大、新加坡、马
创新发展，获得全国实施用户满意工程先进单位
化遗产传承单位等荣誉称号。

上海市著名商标

中华老字号

1. 参加第三届海派文化艺术节，上海文化联谊会名誉会长沈佐平、台北市政府秘书长陈永仁等参观敦煌牌民族乐器。
2. 为中央民族乐团民族乐剧《印象·国乐》特制仿敦煌壁画乐器。
3. 在全球中心城区最大的购物中心——上海环球港，开设面积达200多平方米的敦煌民乐展示中心。
4. 第三届上海轻工新品名品展示展销会，原上海市政协主席蒋以任莅临展位。
5. 主办2013第二届“敦煌杯”全国二胡大赛。

#  族樂器一廠

## Musical Instruments Factory

见模最大、品种最齐全、技术和综合实力最强的
、中华老字号“敦煌牌”。主要生产古筝、琵
民族乐器，产品销往全国30个省市及香港、台湾
西亚等国家。企业以弘扬民族文化为己任，坚持
全国轻工业卓越绩效先进企业、国家级非物质文

4.

5.

非物质文化遗产　上海名牌

企业网址：www.dunhuang-yueqi.com
敦煌乐器旗舰店网址：http://dunhuang.tmall.com
全国统一服务热线：400-1518-400

电话：021-54864800　　传真：021-54865771
联系地址：上海市闵行区七宝镇联明路400号

FineLegend 凤灵
中国驰名商标
鳳靈集團

凤灵提琴，音质感动世界
Legend Violin, Inspires the World by its Timbre

凤灵提琴国际文化大使：美国著名小提琴演奏家：迈克·嘉玛尼斯
美国著名大提琴演奏家：莎拉·梅尔

鳳靈提琴 连续19年全球销量第一

地址：江苏省泰兴市黄桥镇华溪中路18号　电话：0523-87204988　邮编：225419
http:www.feng-ling.com.cn　E-mail:servicf@ffeng.com.cn　传真：0523-87206868

鳳靈集團

Feng ling

中国驰名商标

# 集团简介

江苏凤灵乐器集团创办于1968年，是专业生产提琴、吉他系列产品的大型企业，员工1100人，其中技术人员400多人，占地面积13.8万平方米；年产各类型号和各种档次的提琴产品35万套、吉他产品60多万套、电吉他15万套， 90%以上的产品销往美国、德国、日本、意大利等86多个国家和地区.提琴的生产规模、技术力量、出口创汇均居中国首位，凤灵提琴连续18年世界销量第一，占全国总量的40%、世界总量的30%以上。2012年企业生产总值3.2亿元，利税3000多万元。

公司是中国乐器协会提琴分会会长单位，“凤灵”乐器被认定为“国家免检产品”、“江苏省名牌产品”，凤灵商标被认定为“中国驰名商标”，并在全球20多个国家和地区登记注册。企业拥有国家级乐器声学品质检测实验室、国家级特有工种职业技能培训中心、国家级职业技能鉴定站、省级乐器材料与技术应用工程研究中心。木材生物改性与光电处理技术为当前国际最先进科技，已获国家发明专利，荣膺国家轻工业科技发明二等奖，企业拥有国家文化部科研成果3项，拥有国家专利56项，正在研制各种环保型、科技型“竹乐器”已申报了多项国家专利。

企业连续多年跻身全球乐器音响制造业225强。企业被命名为全国乐器行业唯一“国家文化产业示范基地”、“国家工业旅游示范点”，荣获全国提琴行业唯一“国家文化出口重点企业”、“国家文化出口重点项目”。企业荣获全国轻工业“卓越绩效先进企业特别奖”、全国轻工业“质量效益型先进企业”、全国“出口企业双优奖”，“全国企业文化优秀企业”。被授予江苏省明星企业、江苏省优秀民营企业、江苏省质量诚信企业、江苏省文明单位、100多项国家级和省级等荣誉称号。

集团董事长李书当选为中国乐器协会提琴分会会长，荣获“全国创业之星”、“全国优秀企家”、“全国乡镇企业家”、“全国企业信息化优秀领导奖”、“全国道德诚信企业家”、“全国改革开放30年功勋企业家”、“江苏省优秀民营企业家”、“江苏省关爱员工优秀企业家”和江苏省劳动模范、五一劳动奖章。公司聘请国际著名小提琴制作大师、中央音乐学院教授郑荃为技术总顾问，聘请国际著名小提琴演奏大师吕思清为形象代言人，聘请国际著名小提琴演奏家迈克·嘉玛尼斯和大提琴演奏家莎拉·梅尔为凤灵提琴国际文化大使。

公司秉承“品质让顾客满意，服务让客人感动”的经营理念，以“凤灵提琴，音质感动世界”为品牌追求，全面推进“科技凤灵、品牌凤灵、文化凤灵”的各项建设，实施全球化、科技化品牌战略，未来的凤灵将更加繁荣、更加辉煌，必将为国家文化产品的科学发展和中国提琴产业的做大做强作出重大的贡献。

# 热烈祝贺

- 江苏凤灵集团研制的“直立音板双音箱竹制弦鸣乐器”被列为<2013年度文化部科技创新项目》！
- 入选江苏省首批重点文化科技企业！

# 長江

Yangtze River

## 长江荣誉

- 长江V-88（PFP2）钢琴获“中国国际专利与名牌博览会特别金奖”
- 长江CJ-A钢琴获“中国国际轻工消费品展览会轻工精品奖”
- 长江V-53钢琴获“中国国际专利与名牌博览会金奖”
- 长江CJ-2G钢琴获“中国国际轻工消费品展览会最受消费者欢迎奖”
- 长江钢琴获“湖北省自主创新产品”称号

## 核心要素精准把握　缔人品质信心保证

- 碳素纤维击弦机、欧洲、北美实木云杉音板、德国Röslau琴弦等优越素材的选用
- 共振系统、击弦机系统及外装设计的突破创新
- 经典音色整理工艺、先进数控设备的完美协作

## 专业选择

- 中国音乐“小金钟”奖长江钢琴第一届全国钢琴比赛指定用琴
- “我的中国梦”全国高校大型艺术实践活动指定用琴
- 中国宜昌长江钢琴音乐节指定用琴
- 湖北省宜昌市200台“钢琴进社区、进校园”活动选用钢琴
- 中国音乐家协会普通高校音乐联盟主办的“长江钢琴杯”第三届神州唱响全国高校钢琴展演活动用琴
- “长江钢琴杯”第二届中国音协高校联盟全国钢琴展演活动用琴
- “长江钢琴”第六届全国中小学音乐教师基本功比赛指定用琴
- “长江杯”全国少儿钢琴优秀选手展演活动用琴
- 中央电视台综艺频道（CCTV-3）【艺术人生】栏目现场用琴
- 中央电视台综艺频道（CCTV-3）【星光大道】栏目现场用琴
- 中央电视台综艺频道（CCTV-3）【我要上春晚】栏目现场用琴

# 在世界的舞台奏响辉煌之声

“以追求终极理想为原点”——在这伟大梦想的引领下，长江品牌起步于成功设计生产演奏会用三角钢琴。这一创举不仅在世界钢琴制造史上镌刻了崭新的一笔，同时也掀开了一场永无止尽的极致挑战。

精选全世界范围内最适合钢琴制造的高品质木材；传承钢琴发源地——欧洲自古以来的传统手工技艺；怀揣着开发世界最优质钢琴的强烈热望，融汇所有要素孕育而生的钢琴，我们为之赋予了一个刻骨铭心的名字——长江！

在亘古悠长的历史中，那持续恩泽着大地的磅礴长江，她有着横跨时空的容姿：时而细语低吟，时而昂扬高歌，她当之无愧地被誉为东方巨龙，她的伟大不容置疑地屹立于永恒。

此刻，让“长江”引领我们步入钢琴铸造世界的最新潮流，让永恒的璀璨之声响彻世界的舞台！

宜昌金宝乐器制造有限公司

中国湖北省宜昌市东山经济开发区珠海路1号　电话：+86-(0)717-634-1949
网站：www.yangtzeriver-pianos.com
请关注长江钢琴微博 @yangtzeriver-pianos

# BREATHE. PREP. WAIL.

JUPITER傑普特和MAJESTIC美杰士共同支持您的行进乐队

**吸氣・・・准備・・・盡情地演奏吧・・・**

从最基础的声音到吹奏出最好的合奏效果，Quantum系列行进管乐正是为适应最顶级比赛的需求而诞生，让您的行进乐队轻松吹奏出完整和谐的音色。

5080 S TUBA | 5070 S EUPHONIUM | 5060 S BARITONE | 5050 S MELLOPHONE | 5000 S TRUMPET

KHS 功学社 集團
WWW.CHINAKHS.COM
品牌服务电话：4006 508 170

JUPITER 傑普特

majestic 美杰士

MAPEX
新浪微博
weibo.com
@Mapex中国
KHS
功学社 集團
北京分公司：010-67124640
上海分公司：021-61210928
天津河東：022-24158199
廣州和諧：020-37272066
瀋陽分公司：024-83993123
www.chinakhs.com

# F-20 DIGITAL PIANO

SuperNATURAL Piano

IVORY FEEL G

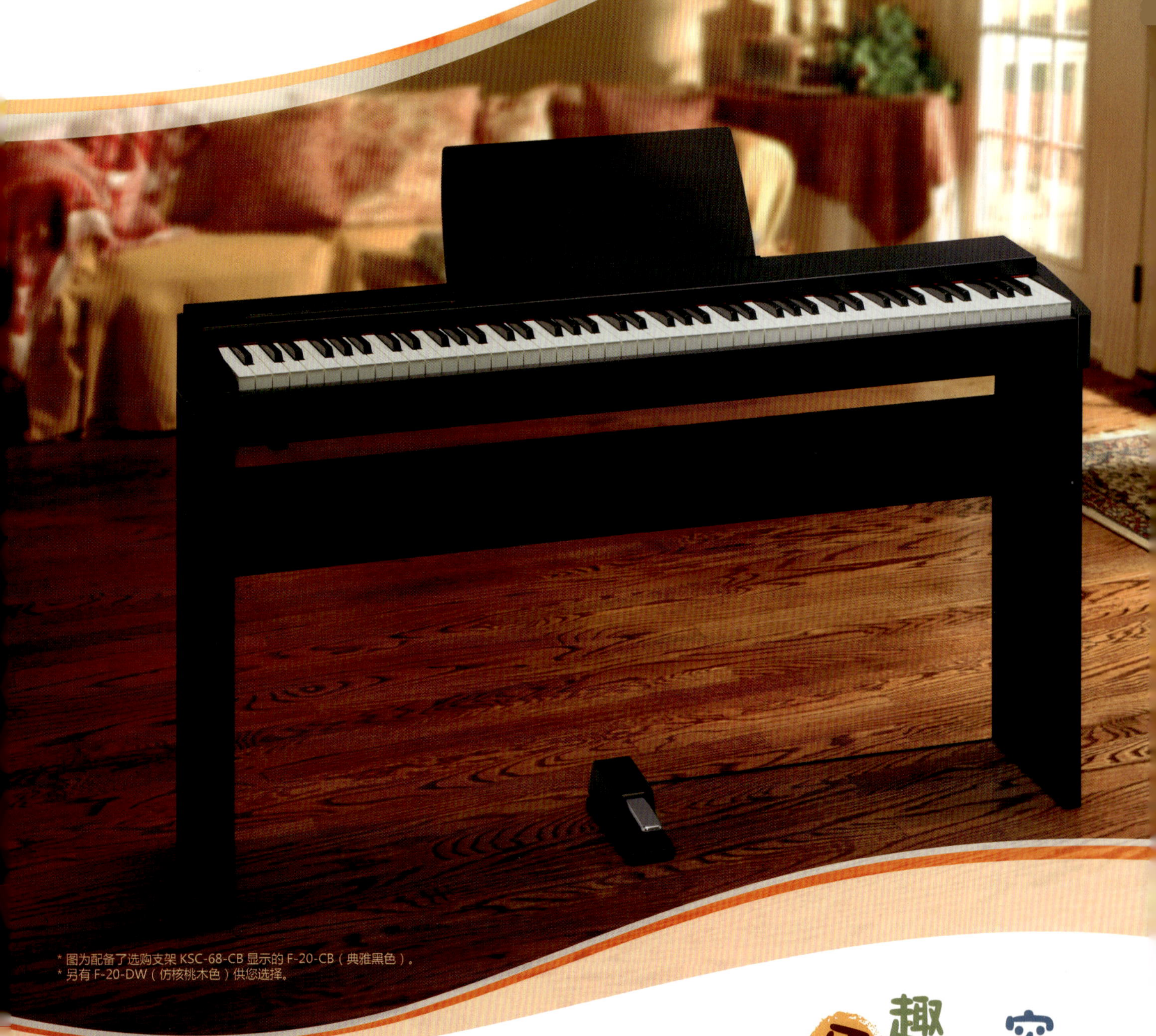

* 图为配备了选购支架 KSC-68-CB 显示的 F-20-CB（典雅黑色）。
* 另有 F-20-DW（仿核桃木色）供您选择。

## 罗兰钢琴伴侣 乐趣无穷

配合入门级数码钢琴首选——F-20的重磅上市，罗兰全新上线了一款将改变以往钢琴教育模式的革命性产品——“罗兰钢琴伴侣”iApp。此苹果iPad应用不仅免费下载使用，且适用于Roland所有型号的数码钢琴。海量曲库，众多游戏化的趣味应用，解决了钢琴初学者最大的问题——入门难。让钢琴教育更简单！更有趣！

Roland

**“罗兰钢琴伴侣”iApp免费下载体验！**

**海量曲库，免费无限下载！**

Roland

Better Life with Music

音 乐 让 生 活 更 美 好

# 2013 年度
# 罗兰重磅推出
## F-20 您第一架钢琴的最佳选择！

- 三角钢琴般的触感及音色
- 入门级价格
- 超高性价比

### 在您喜爱的乐曲伴奏下演奏

免 费 的 Air Performer iPhone* 应用可以让您将保存在 iPhone* 中的音乐通过 F-20 播放。

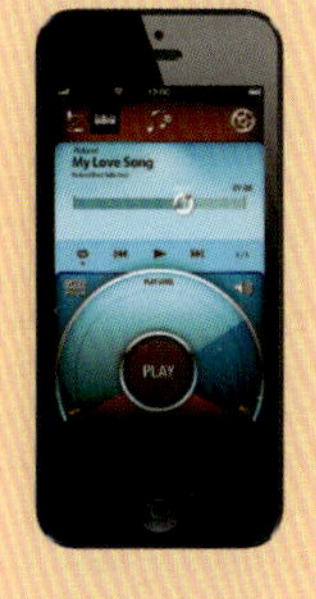

### 通过富有乐趣的方式练习音乐

免费的Piano Partner iPad* 应用提供 Flash Card（闪卡）学习方法，帮助您提高基本的音乐听读能力。

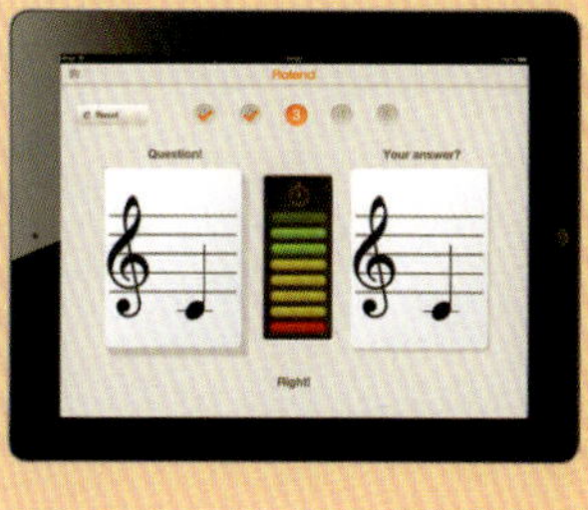

### 如同三角钢琴般的触感及音色

### 在乐队的伴奏下演奏

选择一个节奏，F-20 将为您创建乐队伴奏。

Available on the App Store

* iPad、iPhone 和 iPod touch 是苹果公司在美国和其他国家的注册商标。App Store 是苹果公司的服务商标。

Roland WE DESIGN THE FUTURE

上海乐兰电子有限公司
Roland Shanghai Electronics Co.,Ltd.

欢迎访问我们的网站：www.roland.com.cn
服务热线：4007-888-010

手机扫描，关注罗兰中国官方微博

# 中国乐器年鉴

CHINA MUSICAL INSTRUMENT YEARBOOK

(2013)

中国乐器协会 编

中国轻工业出版社

# 中国乐器年鉴(2013)

CHINA MUSICAL INSTRUMENT YEARBOOK

主办单位：中国乐器协会
协办单位：广州珠江钢琴集团股份有限公司

支持单位：上海民族乐器一厂
江苏凤灵乐器集团
宜昌金宝乐器制造有限公司
功学社(天津)商贸有限公司
上海乐兰电子有限公司

地　　址：北京市丰台区顺三条21号嘉业大厦二期1号楼706室
电　　话：010-67665718
传　　真：010-67666220
邮　　编：100079
网　　址：www.cmia.com.cn
电子邮箱：zgyq@vip.sina.com

# 《中国乐器年鉴》编辑委员会

主　　编：安　志
顾　　问：王根田
副 主 编：齐建平　曾泽民　王松美
编　　委：（按姓氏笔画排序）
王松美　王根田　王国振　安　志　刘卫国
刘运斌　朱文玉　齐建平　李　书　李爱群
吴天延　陈学孔　陈海伦　陈晋武　陈惠庆
张　琳　杨盛惠　郑　荃　林伯龙　罗建峰
施少斌　祝宁伟　赵青春　盛子斐　黄志康
黄茂强　焦永达　曾泽民　蓝汉民

责任编辑：高　萍
编　　辑：张芳芳　刘　勇　常　杰　刘金荣　刘佳雨
潘文强　王　娜
设计制作：北京中轻恒盛文化传媒有限公司
出版单位：中国轻工业出版社

# 编 辑 说 明

一、《中国乐器年鉴》由中国乐器协会编辑。本书以总结乐器行业年度主要工作完成情况，概括行业生产、经营、改革、发展的基本状况，以国内各省市乐器制造业及市场信息、国外乐器发展动态为主要编写内容，是为乐器行业及社会有关部门和单位提供信息资料查询的大型工具书。

《中国乐器年鉴》（2013）版是继《中国乐器年鉴》（2012）版之后第八次出版发行。《年鉴》编辑部根据乐器工业的发展进程，按年度记载当年乐器行业的主要事件、重要信息和数据资料，客观、真实地记载了这一时期乐器行业发展的基本情况，在内容、形式上力求开拓创新，编出特色，满足读者的要求。

二、《中国乐器年鉴》（2013）设有“重要新闻篇”、“统计资料篇”、“协会工作篇”、“综合篇”、“海外信息篇”、“企业篇”、“专利篇”、“产品篇”8个栏目。

三、中国乐器制造行业是一个历史悠久、门类繁多、内容丰富的行业。由于时间仓促、能力所限、经验不足，不可能将乐器行业一年来所发生的重要事件和相关信息以及各企业所取得的业绩全部收集到《年鉴》中去。今后我们将不断地改进工作，深入调查研究，努力提高《年鉴》质量水平，同时希望得到各企业、单位和相关人士的理解和大力支持。请各界读者对《中国乐器年鉴》的内容、编写、出版中的不足给予批评、指正。

四、《中国乐器年鉴》（2013）在组稿、编辑、出版过程中得到乐器生产企业、经营单位、音乐艺术教育单位以及我国台湾、香港、澳门地区的同仁、朋友们的大力支持和帮助，在此一并表示感谢。

《中国乐器年鉴》编辑部

2013年8月

# 中国乐器年鉴(2013)
CHINA MUSICAL INSTRUMENT YEARBOOK

# 目录

## 重要新闻篇

2012年度中国乐器行业新闻综述……（2）

## 统计资料篇

2003～2012年中国社会经济主要指标数据……（11）
2001～2011年全国各地区城镇居民家庭平均每百户钢琴拥有量（按收入等级划分）……（13）
2001～2011年全国各地区城镇居民家庭平均每百户其他中高档乐器拥有量（按收入等级划分）……（13）
2001～2011年全国各地区城镇居民家庭平均每百户钢琴拥有量（按地区划分）……（14）
2001～2011年全国各地区城镇居民家庭平均每百户其他中高档乐器拥有量（按地区划分）……（15）
2012年乐器行业规模以上企业主要经济指标完成情况（按产品类别划分）……（16）
2012年乐器行业规模以上企业主要经济指标完成情况（按地区划分）……（17）
2012年中国乐器海关出口量值……（18）
2012年中国乐器出口世界各大洲概况……（19）
2012年中国乐器出口国家和地区（按出口金额排序）……（19）
2012年中国立式钢琴出口国家和地区（按出口金额排序）……（25）
2012年中国三角钢琴出口国家和地区（按出口金额排序）……（28）
2012年中国主要乐器出口额前10位国家和地区（按出口金额排序）……（30）
2012年中国海关进口乐器量值……（37）
2012年中国从世界各大洲进口乐器概况……（38）
2012年中国海关进口乐器国家和地区(按进口金额排序)……（38）
2012年中国进口主要乐器基本情况(按进口金额排序)……（40）

## 协会工作篇

工作要点
中国乐器协会2012年工作要点……（46）
中国乐器协会2012年工作总结……（48）
协会活动
中国乐器协会六届四次理事会在京召开……（51）
2012年中国乐器协会行业调研……（53）
2012年中国乐器协会国际交流与合作……（57）

分支机构活动
口琴专业委员会五届三次会议在江苏靖江召开…………(62)
提琴分会二届三次会议在北京召开…………(62)
钢琴调律师分会赴韩参加交流活动…………(63)
琴行分会2012年年会在河北肃宁召开…………(63)
民族乐器分会五届一次会员代表大会在上海召开…………(64)
提琴制作师分会会员大会在上海召开…………(65)
钢琴分会2012年年会在广州召开…………(65)
材料配件专业委员会2012年年会在宁波召开…………(66)
会员名录
中国乐器协会团体会员名录…………(67)

## 综合篇

年度报告
2012年中国乐器行业年度报告…………(86)
2012年中国乐器行业规模以上生产企业经济运行情况…………(104)
2012年中国乐器进出口数据分析…………(105)
2012年中国钢琴产量统计分析…………(107)
年度评选
2012年度中国轻工业乐器行业十强企业评价结果公告…………(109)
关于表彰2012年度中国乐器行业50强及先进集体的决定…………(110)
2012年度中国乐器行业50强名单…………(110)
2012年度中国乐器行业先进集体名单…………(111)
乐器展览
2012中国 (上海) 国际乐器展览会 (Music China 2012)总结报告 …………(112)
2012中国(上海)国际乐器展览会数据分析 …………(117)
历届中国（上海）国际乐器展览会数据分析…………(119)
2012中国（上海）国际乐器展览会展会知识产权工作报告…………(126)
第110届美国NAMM乐器、灯光、音响展览会（2012 NAMM SHOW）简况 …………(128)
第33届德国法兰克福国际乐器乐谱及附件展览会 (2012 Musikmesse) 简况 …………(129)
第21届中国国际专业音响•灯光•乐器及技术展览会 (Plam expo 2012) 简况 …………(129)
2012年中国（广州）国际专业音响、灯光、乐器展览会简况…………(130)
2012年世界乐器展综述…………(131)
2012年世界乐器展览会一览…………(131)
职业技能鉴定
2012年中国钢琴调律职业资格考核情况…………(133)
2012年全国钢琴调律师职业资格考核鉴定情况统计表…………(133)
2012年通过钢琴调律师国家职业资格考核鉴定名单…………(134)
检测标准
国家轻工业乐器质量监督检测中心2012年工作总结…………(150)
国家轻工业乐器质量监督检测（广州站）2012年工作总结…………(152)
全国乐器标准化技术委员会2012年工作总结…………(153)

《中华人民共和国国家、行业标准（轻工）目录》乐器部分…………………………………………… (158)
名牌产品
乐器产品获中国驰名商标，国家、省（市）级名牌产品、著名商标名录…………………………… (161)
地方协会
上海市乐器行业协会2012年工作总结………………………………………………………………… (164)
广东省乐器行业协会2012年工作总结………………………………………………………………… (165)

## 海外信息篇

海外信息篇之一：全球乐器与音响制品行业225强
2011年全球乐器与音响制品行业225强综述 ……………………………………………………………… (168)
海外信息篇之二：全球乐器市场评估
2011年全球主要乐器市场评估报告 ……………………………………………………………………… (180)
海外信息篇之三：美国乐器市场
2012年美国乐器市场调查………………………………………………………………………………… (183)
2012年美国音乐制品行业回顾…………………………………………………………………………… (195)
2012年度美国乐器、音响供应商100强分析 …………………………………………………………… (197)
海外信息篇之四：日本乐器市场
1996年～2012年日本国产乐器销售实绩………………………………………………………………… (202)
2003年～2012年日本全国乐器产销量统计……………………………………………………………… (204)
2012年日本乐器进口国家及地区概况…………………………………………………………………… (217)
2012年日本乐器出口国家及地区概况…………………………………………………………………… (218)
海外信息篇之五：各国乐器市场概述
澳大利亚………………………………………………………………………………………………… (228)
阿根廷…………………………………………………………………………………………………… (232)
巴西……………………………………………………………………………………………………… (234)
加拿大…………………………………………………………………………………………………… (236)
芬兰……………………………………………………………………………………………………… (240)
德国……………………………………………………………………………………………………… (242)
印度……………………………………………………………………………………………………… (247)
意大利…………………………………………………………………………………………………… (249)
日本……………………………………………………………………………………………………… (252)
墨西哥…………………………………………………………………………………………………… (258)
挪威……………………………………………………………………………………………………… (261)
俄罗斯…………………………………………………………………………………………………… (263)
韩国……………………………………………………………………………………………………… (266)
西班牙…………………………………………………………………………………………………… (268)
瑞典……………………………………………………………………………………………………… (270)
瑞士……………………………………………………………………………………………………… (272)

## 企业篇

广州珠江钢琴集团股份有限公司………………………………………………………………………… (275)
上海民族乐器一厂………………………………………………………………………………………… (275)

江苏凤灵乐器集团…………………………………………………………………………………………（276）
海伦钢琴股份有限公司……………………………………………………………………………………（276）
美得理电子（深圳）有限公司……………………………………………………………………………（277）
天津津宝乐器有限公司……………………………………………………………………………………（278）
武汉艾立卡电子有限公司…………………………………………………………………………………（278）
森鹤乐器股份有限公司……………………………………………………………………………………（279）
宜昌金宝乐器制造有限公司………………………………………………………………………………（280）
功学社（天津）商贸有限公司……………………………………………………………………………（280）
上海知音琴行有限公司……………………………………………………………………………………（281）
福州和声钢琴有限公司……………………………………………………………………………………（282）
烟台博斯纳钢琴制造有限公司……………………………………………………………………………（283）
南京舒曼钢琴制造有限公司………………………………………………………………………………（283）
杭州嘉德威钢琴有限公司…………………………………………………………………………………（284）
上海欧亚钢琴乐器有限公司………………………………………………………………………………（285）
成都川雅木业有限公司……………………………………………………………………………………（285）
广州红棉吉它有限公司……………………………………………………………………………………（286）
吟飞科技（江苏）有限公司………………………………………………………………………………（287）
江苏奇美乐器有限公司……………………………………………………………………………………（288）
江阴金杯安琪乐器有限公司………………………………………………………………………………（289）
天津圣迪乐器有限公司……………………………………………………………………………………（289）
浙江中盟文化有限公司……………………………………………………………………………………（290）
河北秦川文体乐器有限公司………………………………………………………………………………（291）
河南中州民族乐器有限公司………………………………………………………………………………（292）

## 专利篇

2012年中国乐器专利发布情况汇总………………………………………………………………………（294）
2012年中国乐器专利发布数量一览表……………………………………………………………………（294）
2012年中国乐器专利发布目录……………………………………………………………………………（295）

## 产品篇

广州珠江钢琴集团股份有限公司
恺撒堡EK系列立式钢琴 ……………………………………………………………………………………（333）
IPO123上市纪念版钢琴 ……………………………………………………………………………………（333）
水转印工艺琴………………………………………………………………………………………………（333）
精品精典系列钢琴新产品…………………………………………………………………………………（334）
北京星海钢琴集团有限公司
X系列钢琴 …………………………………………………………………………………………………（334）
卡利西亚系列钢琴…………………………………………………………………………………………（335）
星海海德钢琴………………………………………………………………………………………………（335）
海伦钢琴股份有限公司
未来（CF）系列CF130……………………………………………………………………………………（336）
精品（H）系列H-33P ……………………………………………………………………………………（336）

上海民族乐器一厂
天然存真便携式古筝…………(336)
双龙琴首琵琶…………(337)
徐振高80寿诞纪念版古筝…………(337)
游龙戏珠二胡…………(337)
圆明园猴首式二胡…………(338)
泰兴凤灵乐器集团
直立音板双音竹制箱弦鸣乐器…………(338)
河北金音乐器制造有限公司
瑞森系列产品（萨克斯、单簧管、小号）…………(339)
上海乐兰电子有限公司
HPi-50 数码钢琴 …………(339)
TD-4KP: V-Drums Portable …………(340)
BK-5: 智能自动伴奏键盘 …………(340)
FP-80: 数码钢琴…………(341)
FR-8x: V-Accordion电子手风琴 …………(342)
功学社（天津）商贸有限公司
JUPITER单簧管JCL-737 …………(343)
I.HERCULES乐团系列谱架-BS200B …………(343)
Sonor 新品PBPedal …………(343)
MAPEX 套鼓Saturn IV …………(344)
Zildjian鼓棒 …………(344)
得理乐器（珠海）有限公司
A1000电子键盘 …………(345)
吟飞科技（江苏）有限公司
rp-28电钢琴 …………(345)
TB6200电子键盘 …………(345)
TD92架子鼓 …………(346)
宜昌金宝乐器制造有限公司
长江豪华版…………(347)
长江思想家（CP系列）/艺术家（CA系列）…………(347)
福州和声钢琴有限公司
哈曼尼HG-153R精品系列三角钢琴…………(348)
哈曼尼“G系列”高端精品钢琴 …………(348)
上海钢琴有限公司
世纪系列S-126 …………(349)
杭州嘉德威钢琴有限公司
GK1-123 星钻之光升级版 …………(350)
GR1-126 “LV风情” 限量版 …………(350)
北京珠江钢琴制造有限公司
京珠大师系列钢琴…………(351)

博兰斯勒钢琴有限公司
欧米勒SP系列钢琴 …… (351)
南京舒曼钢琴制造有限公司
舒曼E8-121立式钢琴 …… (352)
上海玛珂琴业有限公司
金公爵125G立式钢琴 …… (352)
烟台博斯纳钢琴制造有限公司
GBT系列立式钢琴 …… (353)
GBT系列三角钢琴 …… (353)
烟台金斯波格钢琴有限责任公司
KF133立式钢琴 …… (353)
广东声凯乐器有限公司（四会华声）
“民谣之星”—DG220C/20周年纪念版 …… (354)
武汉艾立卡电子有限公司
Ik新品iRig HD …… (354)
河南中州民族乐器有限公司
仿唐挖筝 …… (355)
扬州市天艺民族乐器厂
ZT-02紫檀云母古筝 …… (355)
HN-01汉楠木一级古筝 …… (356)
JN-01金丝楠木一级古筝 …… (356)
ZJ-30鸡翅木古筝 …… (356)
GT-02黑檀钢丝筝 …… (356)
TZ-02极品紫檀钢丝筝 …… (357)
江阴金杯安琪乐器有限公司
金杯闪烁系列手风琴 …… (357)
金杯轻便式系列手风琴 …… (357)
江苏天鹅乐器有限公司
24孔电声口琴 …… (358)
上海国光口琴厂有限公司
国光牌新世纪口琴 …… (359)

# CHINA MUSICAL INSTRUMENT YEARBOOK (2013)

## Contents

**Important Events**

News Summary of the Chinese Musical Instruments Industry in 2012 ………… (2)

**Statistical Data**

China′ s Major Social and Economic Index Data (2003-2012) ………… (11)

Possessions of Pianos per 100 Urban Households in All Regions (2001-2011) ………… (13)

Possessions of High-grade Musical Instruments per 100 Urban Households in All Regions (2001-2011) ………… (13)

Possessions of Pianos per 100 Urban Households (2001-2011) ………… (14)

Possessions of High-grade Musical Instruments per 100 Urban Households (2001-2011) ………… (15)

2012 Major Economic Indicator Performance of Industrial Enterprises above Designated Size in the Musical Instrument Industry (by product category) ………… (16)

2012 Major Economic Indicator Performance of Industrial Enterprises above Designated Size in the Musical Instrument Industry (by area) ………… (17)

2012 China Musical Instrument Export Unit and Value ………… (18)

2012 Basic Information on Export of Chinese Musical Instruments to All Continents ………… (19)

2012 Basic Information on Export of Chinese Musical Instruments (by Export Values) ………… (19)

2012 Top Ten Countries and Regions in Export Values on Major Musical Instruments ………… (25)

2012 Basic Information on Export of China Upright Pianos (by Export Values) ………… (28)

2012 Basic Information on Export of China Grand Pianos (by Export Values) ………… (30)

2012 Major Musical Instruments Import Quantities and Values by Customs ………… (37)

2012 Basic Information on Import of Musical Instruments from All Continents ………… (37)

2012 Basic Information on Import of Musical Instruments (by Import Values) ………… (38)

2012 Basic Information on Import of Major Musical Instruments (by Import Values) ………… (40)

**Tasks of Association**

Work Minutes

Work Minutes of the CMIA in 2012 ………… (46)

Work Summary of the CMIA in 2012 ………… (48)

Activities of CMIA

Minutes of the 6th Session of the 4th Council Meeting of CMIA ………… (51)

Industry Investigation Work of CMIA in 2012 …… (53)
International Cooperation and Exchanges of CMIA in 2012 …… (57)
Activities of Branches
The 3rd session of the 5th Meeting of Harmonica Committee of CMIA in jingjiang, Jiangsu …… (62)
The 3rd session of the 2nd Council Meeting of Violin Committee of CMIA in Beijing …… (62)
Work Visit of Piano Tuners and Technicians Committee of CMIA in South Korea …… (63)
Music Retailers Committee of CMIA in Suning County,Hebei Province …… (63)
The 1st session of the 5th Member Meeting National Musical Instrument Committee of CMIA in Shanghai …… (64)
Member Meeting of Violinmakers Committee of CMIA in Shanghai …… (65)
Annual meeting of Piano Committee of CMIA in Guangzhou …… (65)
Annual meeting of Parts and Accessories Committee of CMIA in Ningbo …… (66)
List of Members
List of Corporate Members of CMIA …… (67)

**Comprehensive Information**

Annual Reports
2012 Annual Report of the Chinese Musical Instrument Industry …… (86)
Economic Performance of Industrial Enterprises above Designated Size in the Musical Instrument Industry …… (104)
2012 Import and Export Analysis of China Musical Instruments …… (105)
2012 Analysis of China Piano output …… (107)
Annual Evaluation
The evaluation of Top 10 Musical Instruments Company in Chinese Light Industry in 2012 …… (109)
Decision on Rewarding Top 50 Musical Instruments Companies and Role Model Work Group in 2012 …… (110)
List of Top 50 Musical Instruments Companies in China Musical Instrument Industry in 2012 …… (110)
List of Role Model Work Group in China Musical Instrument Industry in 2012 …… (111)
Musical Instrument Exhibitions
Summary Report on Music China in 2012 …… (112)
Statistical Data Analysis for Music China in 2012 …… (117)
Statistical Data Analysis for Music China over the past years …… (119)
2012 IPR Work Report of Music China …… (126)
Brief Introduction of 110th NAMM Show (2012 NAMM Show) …… (128)
Brief Introduction of the 33rd Musikmesse (2012 Musikmesse) …… (129)
PALM Beijing 2012 …… (129)
China (Guangzhou) Expo on Pro Sound Light and Music 2012 …… (130)
General Information on World Musical Instrument Exhibitions in 2012 …… (131)
List of World Musical Instrument Exhibitions in 2012 …… (131)
Professional and Technical Ability Appraisal
Current Situation of Chinese Piano-tuners and technicians in 2012 …… (133)
Statistics on National Piano tuners and technicians Evaluation and Appraisal in 2012 …… (133)
List of Piano-tuners of Passing the Evaluation and Appraisal of National Vocational Qualifications in 2012 …… (134)
Inspection Standards
Work Summary of State Musical Instrument Quality Monitoring & Testing Center of Light Industry (2012) …… (150)

Work Summary of State Musical Instrument Quality Monitoring & Testing Center (Guangzhou) of Light Industry (2012) …… (152)
Work Summary of National Musical Instrument Standardization Center (2012) …… (153)
Musical Instruments Section in Catalogue of National Standards and Professional Industry Standards of China …… (158)
Famous Brand
Musical Instrument Products that have been awarded the Title of State and Provincial (City) Top Brand Product and Famous Trademark …… (161)
Local Associations
Work Summary of Shanghai Musical Instrument Trade Association (2012) …… (164)
Work Summary of Guangdong Province Musical Instrument Association (2012) …… (165)

**Overseas Information**
Overseas Information Chapter 1 The Global Top 225 on Musical Instrument and Pro-audio Products in 2011
General Information on the Global Top 225 on Musical Instrument and Pro-audio Products in 2011 …… (168)
Overseas Information Chapter 2: Assessment Report on Global Musical Instrument Market
2011 Assessment Report on Global Musical Instrument Market …… (180)
Overseas Information Chapter 3: US Musical Instrument Market
US Musical Instrument Market Survey in 2012 …… (183)
Review of US Music Product Industry in 2012 …… (195)
Analysis on the US Top 100 Suppliers on Musical Instrument and Pro-audio Products in 2012 …… (197)
Overseas Information Chapter 4 Japan Musical Instrument Market
Japan Musical Instrument Sales Statistics (1996--2012) …… (202)
Japan Musical Instrument Production and Sales Statistics (2003-2012) …… (204)
Japan Musical Instrument Export Top Ten Countries and Regions in 2012 …… (217)
Japan Musical Instrument Import Top Ten Countries and Regions in 2012 …… (218)
Overseas Information Chapter 5 Musical Instrument Markets of All Countries
Australia …… (228)
Argentina …… (232)
Brazil …… (234)
Canada …… (236)
Finland …… (240)
German …… (242)
India …… (247)
Italy …… (249)
Japan …… (252)
Mexico …… (258)
Norway …… (261)
Russia …… (263)
South Korea …… (266)
Spain …… (268)
Sweden …… (270)

Switzerland …… (272)

**Enterprises**

Guangzhou Pearl River Piano Group Co., Ltd. …… (275)
Shanghai No.1 National Musical Instruments Factory …… (275)
Jiangsu Fengling Musical Instruments Group …… (276)
Hailun Piano Co., Ltd. …… (276)
Medeli Musical Instruments (Shenzhen) Co., Ltd. …… (277)
Tianjin Jinbao Musical Instruments Co., Ltd. …… (278)
Wuhan Eleca Electronics Co., Ltd. …… (278)
Ningbo Senlong Musical Instrument Co.,Ltd …… (279)
Yichang Jinbao Music Manufacturing Co.,Ltd …… (280)
KHS (Tianjin) Musical Instrument Co., Ltd. …… (280)
Shanghai Best Friend Music Co.,Ltd …… (281)
Fuzhou Harmony Piano Co., Ltd. …… (282)
Yantai Perzina Piano Manufacturing Co., Ltd. …… (283)
Nanjing Moutrie Piano Co., Ltd. …… (283)
Hangzhou Goodway Piano Co., Ltd. …… (284)
Shanghai Eurasian Piano Company …… (285)
Chengdu Chuanya Wood Industry Co., Ltd. …… (285)
Guangzhou Kapok Guitar Co., Ltd. …… (286)
Ringway Tech (Jiangsu) Co., Ltd. …… (287)
Jiangsu QiMei Musical Instrument Co., Ltd. …… (288)
Jiangyin Golden Cup Angels Musical Instruments Co., Ltd …… (289)
Tianjin Shengdi Musical Instrument Co., Ltd. …… (289)
Zhejiang Zhongmeng Culture Development Co., Ltd. …… (290)
Hebei Qinchuan Musical Instruments Co., Ltd. …… (291)
Henan Zhongzhou National Musical Instrument Co.,Ltd …… (292)

**Patents**

2012 Summary of the Issuance of Musical Instrument Patents in China …… (294)
2012 List of Issued Musical Instrument Patents …… (294)
2012 Catalog of Musical Instrument Patents Issued in China …… (295)

**Products**

Guangzhou Pearl River Piano Group …… (333)
Beijing Xinghai Piano Group Co., Ltd. …… (334)
Hailun Piano Co., Ltd. …… (336)
Shanghai No.1 National Musical Instruments Factory …… (336)
Taixing Fengling Musical Instrument Group …… (338)
Hebei Jinyin Musical Instruments Manufacture Group Co., Ltd. …… (339)
Roland Shanghai Electronics Co. Ltd. …… (339)

KHS (Tianjin) Sound Instrument Co., Ltd. ······ (343)
Deli Electronics (Zhuhai) Co.,Ltd ······ (345)
Ringway Tech (Jiangsu) Co., Ltd. ······ (345)
Yichang Jinbao Musical instrument Manufacture.Co.,Ltd ······ (347)
Fuzhou Harmony Piano Co., Ltd. ······ (348)
Shanghai Piano Co., Ltd. ······ (349)
Hangzhou Goodway Piano Co., Ltd. ······ (350)
Beijing Pearl River Piano Manufacture Company ······ (351)
Germany Bluthner Piano Co., Ltd ······ (351)
Nanjing Schumann Piano Manufacturing Co., Ltd ······ (352)
Shanghai Macao Piano Co., Ltd. ······ (352)
Yantai Perzina Piano Manufacturing Co., Ltd. ······ (353)
Yantai Kingsburg piano Manufacturing Co., Ltd. ······ (353)
Guangdong Shengkai Musical Instruments Co.,Ltd ······ (354)
Wuhan Eleca Electronics Co., Ltd. ······ (354)
Henan Zhongzhou National Musical Instrument Co.,Ltd ······ (355)
Yangzhou Tianyi Musical Instrument Co.,Ltd. ······ (355)
Jiangyin Golden Cup Angels Musical Instruments Co., Ltd. ······ (357)
Jiangsu Swan Musical Instrument Co., Ltd. ······ (358)
Shanghai Guoguang Harmonica Factory ······ (359)

2013 中国乐器年鉴

CHINA MUSICAL INSTRUMENT YEARBOOK

重要新闻篇 —— 1
统计资料篇 —— 10
协会工作篇 —— 45
综合篇 —— 85
海外信息篇 —— 167
企业篇 —— 274
专利篇 —— 293
产品篇 —— 332

# 2012年度中国乐器行业新闻综述

## 1月

1月，国家统计局发布2011年全国乐器行业193家规模以上生产企业实现工业销售产值234.24亿元，同比增长19.40%，工业总产值（当年价）238.76亿元，同比增长19.04%，出口交货值83.24亿元，同比增长25.55%。2011年是“十二五”开局之年，我国乐器行业规模以上生产企业主要经济指标继续保持平稳持续增长态势。

1月，国家海关总署公布2011年中国乐器进出口数据，2011年中国乐器出口金额16.24亿美元，同比增长10.71%；进口乐器金额2.71亿美元，同比增长18.76%；进出口贸易总额18.96亿美元，同比增长11.92%；贸易顺差13.52亿美元，顺差比值为5.97:1，比2010年缩小了0.46。2011年纳入海关乐器编号的22大类乐器出口金额除通过电产生或扩大声音的键盘乐器、百音盒的机械装置、节拍器、音叉及定音管以外，其它类别乐器全部呈增长态势。

1月10日至14日，第110届美国NAMM乐器展在洛杉矶阿纳海姆会议中心隆重举行，共有来自世界各地的1441家展商参加，其中首次参展的有236家，中国参展商共有153家（包括中国香港、中国台湾）。4天共有95709名观众参观了展会，同比增长6%。其中国际观众11981名，同比增长15%。

1月31日至2月4日，由香港音乐导师同盟及柏斯音乐基金会联合主办，柏斯音乐集团赞助的第五届亚洲青少年音乐比赛在香港举行总决赛，来自中国内地、中国台湾、中国香港以及印度尼西亚、新加坡、韩国、泰国、马来西亚等8个国家和地区的103名选手经过激烈角逐，最终产生各个组别的冠军。

## 2月

2月5日～15日，“中国非物质文化遗产生产性保护成果大展”在北京全国农业展览馆（新馆）举行。国家级非物质文化遗产生产性保护示范基地新疆维吾尔自治区疏附县吾库萨克乡热合曼•阿布都拉传习所、国家级非物质文化遗产保护单位延吉市民族乐器研究所以及被列入第三批国家级非物质文化保护遗产名录的“上海民族乐器制作技艺”制作单位上海民族乐器一厂参展。

2月，河北秦川文体乐器有限公司获得河北省工商行政管理局颁发的“河北省著名商标企业”牌匾和“河北省著名商标”证书，成为河北省首家获此殊荣的乐器经营企业。

2月10日，中国音乐学院音乐科技系、中国乐器协会、中国民族管弦乐学会乐器改革制作专业委员会在中国音乐学院召开联席会议，研究组建“中国扬琴研发中心”事宜。会议认真研究了当前我国扬琴技术与推广使用的基本概况和存在的问题，一致认为有必要成立一个集产、学、研三位一体的机构，以指导和推动中国扬琴技术的进一步发展。

2月19日，广州市工商行政管理局发布公告，经广州市著名商标认定委员会审议通过，认定广州珠江钢琴集团股份有限公司申请的珠江牌商标（注册证号：5217154），广州吉声琴业有限公司申请的吉声牌（注册证号：6323768）为广州市著名商标。

2月22日至24日，中国乐器协会安志理事长、曾泽民秘书长赴成都考察，先后走访了川雅木业公司和四川盛音乐器公司及十几家琴行，从乐器行业的上游——材料配件企业、下游——乐器零售业各类琴行进行深入考察，听取和收集来自市场和客户的第一手信息，了解乐器企业的近期动态。

2月29日，中国乐器协会理事长安志到广州红棉吉它公司考察。公司董事长兼总经理何志强陪同参观了位于广州海珠区的吉他工厂，并就自主品牌建设、科技创新等问题展开了热烈的讨论。

## 3月

3月14日，中国乐器协会理事长安志等一行11人来到乐兰电子公司北京分公司数字音乐中心参观考察。程建铜董事长首先通过宣传片简要介绍了乐兰公司概况和主要业务。随后，安志理事长一行来到乐兰公司的样品展示厅，听取工作人员的演示和讲解。

3月21日至24日，第33届德国法兰克福国际乐器展览会如期召开。本届展会共有来自51个国家和地区的1512家展商参展，刷新了2011年50个国家和地区1504家展商纪录。其中德国参展商553家，为各国展商之最。中国展商为132家，仅次于美国（145家），展会期间，共有109841位观众参展，较上年略有增加。

3月，中国轻工业联合会在第三届二次理事会上，对150家全国轻工业卓越绩效先进企业予以表彰。乐器行业中的上海民族乐器一厂、广州珠江钢琴集团股份有限公司、武汉艾立卡电子有限公司名列其中。大会还授予上海民族乐器一厂等16家连续3次获此称号的企业全国轻工业卓越绩效先进企业特别奖。此外，广州红棉吉他有限公司的"光敏漆结合木吉他静电喷涂技术的运用"获得2011年度中国轻工业联合会科学技术奖励三等奖。

3月26日，中国乐器协会秘书长曾泽民、上海国际展览中心有限公司总经理吴江红应法国塞尔玛管乐器公司邀请，参观了位于巴黎市郊曼蒂斯拉维利镇的塞尔玛管乐生产厂。受公司总裁帕特里克塞尔玛委托，负责管乐生产的经理巴蒂奥热情接待代表团一行，并在陪同参观过程中，细致地讲解了从原材料储存、选配、加工到焊接、抛光、调音等管乐器生产各环节。

3月27日，广州珠江钢琴集团股份有限公司在广州增城经济技术开发区举行了隆重的国家文化产业示范基地奠基典礼。珠江钢琴国家文化产业示范基地项目是珠江钢琴集团七大战略项目之一，该项目位于广州三大国家级经济开发区之一——增城经济技术开发区，占地168亩，总建筑面积76122平方米，主要包括珠江钢琴集团的中高档立式钢琴生产基地和国家级企业技术中心增城研究院等项目。

3月，按照工业和信息化部《关于开展工业企业品牌培育试点工作的通知》（工信厅科函[2011]719号）的要求，经工信部科技司会同各有关司局进行审查确定，141家工业企业为品牌培育试点企业。其中乐器行业广州珠江钢琴集团股份有限公司，上海民族乐器一厂被列入该名单。

**4月**

4月6日至15日，作为《2011—2012郑荃提琴作品全国巡展》的重要组成部分，郑荃师生提琴作品展在中央音乐学院举行。本次展出在《梅纽因国际青少年小提琴比赛》期间举行，充分体现了提琴制作和提琴演奏两者之间密不可分的关系。

4月9日，为有效发挥我国重点展会示范效应，推动展览行业健康发展，商务部于近期组织专家对各省、自治区、直辖市、计划单列市商务主管部门及各大行业联合会向商务部推荐的展会进行了评审，在此基础上，经平衡地区差异及行业差异后，初步确定110个展会项目作为2012年度商务部引导支持展会。中国（上海）国际乐器展览会榜上有名。

4月16日至18日，中国乐器协会六届七次常务理事会和六届四次理事会在北京隆重召开。会议听取并通过了安志理事长代表理事会所做的工作报告，以及"中国乐器协会2011年会费收支报告"、"关于调整增补理事的提议"、"关于创建乐器行业科研基地（实验室）的实施细则"、"中国乐器行业职业道德规范"、"行业自律公约"等文件；听取文化产业发展趋势和经济合同法方面的专题讲座；代表们分组讨论了业内关心的几个重点问题。大会结束后，代表们集体参观了北京现代汽车集团。

4月17日，中国乐器协会六届四次理事会召开期间，发布了"2011年度中国乐器行业50强、先进集体、优秀人物"。此次表彰活动是在中轻联开展中国轻工（乐器）行业十强企业评价工作的同时，按照评选规则，根据主要经济指标测评和广泛征求意见后，评选出的乐器行业50家强势企业，3个先进集体，12名优秀人物。

4月27日，国家工商行政管理总局商标局公布了在商标管理案件中认定的410件驰名商标名单：其中，河北乐海乐器有限责任公司注册的“乐海THE OCEAN OF MUSIC及图”、江苏天鹅乐器有限公司注册的“天鹅及图”为“中国驰名商标”。另商标评审委员会在商标异议复审、争议案件认定中，吟飞科技(江苏)有限公司注册的“吟飞Ringway”为“中国驰名商标”。

**5月**

5月4日，江苏省委宣传部副部长梁勇一行视察泰州市泰兴黄桥镇乐器产业发展情况。在泰兴市委书记张兆江等人陪同下，梁勇一行参观了凤灵集团新厂区——福仕特公司吉他生产基地、凤灵集团本部——提琴生产基地、凤灵产品展示厅和“乐器博览馆”等。梁勇一行专门就如何进一步把乐器文化产业做大做强，新形势下乐器生产企业如何转型升级、体制创新等议题进行了座谈。

5月8日，中国乐器协会口琴专业委员会五届三次会议在江苏靖江举行。中国乐器协会理事长安志出席会议。副会长兼秘书长周伟义做了口琴专业委员会2011年工作小结及今后工作打算的报告，口琴专业委员会各单位在会上作了发言交流，江苏天鹅乐器有限公司、江苏奇美乐器有限公司和江苏东方乐器有限公司作为2011年度中国乐器行业50强单位在会上作了重点发言。

5月15日，中国乐器协会理事长安志应邀专程前往辽宁（营口）乐器产业基地进行工作调研。安志一行首先到乐器产业园及乐器产业园规划区实地调研，听取了园区规划、项目建设等方面的情况介绍。晚上，营口市委书记魏小鹏、市长葛乐夫在营口迎宾馆会见了安志一行。

5月16日至19日，德国法兰克福展览公司与美国国际音乐制品协会（NAMM）主办的俄罗斯乐器展（NAMM Musikmesse Russia）及NAMM主办的灯光音响展在莫斯科举行。展会共有来自18个国家的190名展商参展，行业专家、乐器制造商、分销商、零售商及专业媒体等6275名观众参观展会。

5月19日，中国乐器协会理事长安志一行前往扬州，考察“中国古筝之乡”。安志理事长一行走访了扬州古筝协会和骨干企业，了解乐器协会会员的诉求并拜访了扬州市文化局有关领导，参加有政府部门、行业协会和企业共同组织的古筝行业发展研讨会。

5月20日，中国乐器协会安志理事长在京会见了来访的德国钢琴制造商协会（BVK）会长、德国博兰斯勒钢琴制造公司总裁博斯进（Christina Bluthner）。双方就当前钢琴发展形势及行业合作交换了看法。协会秘书长曾泽民，博兰斯勒钢琴（中国）有限公司总经理方阳以及德国工商总会北京代表处媒体关系与外联部项目经理李季参加会见。

5月22日，中国乐器协会提琴分会二届三次会议在北京平谷东高村镇提琴产业基地的华东乐器公司召开。会议听取李书会长做的分会工作报告，报告对二届二次会议以来，提琴行业发展形势以及提琴分会开展的工作进行全面回顾，总结当前存在的主要问题和差距，并提出了“十二•五”期间提琴产业的发展目标、工作思路及措施。

5月25日，中国乐器协会理事长安志在京亲切会见了专程前来协会拜访的德国法兰克福展览公司副总裁可莉·范·金一行。安理事长表示，2011年度上海国际乐器展览会在各主办方共同努力和通力协作下再次取得圆满成功，今后将努力提升服务水平，继续和各主办方及国际合作伙伴密切配合，引导展会进一步向国际高端标准迈进。

5月，2011年度中国轻工业行业十强企业评价结果经有关行业协会确认，中国轻工业联合会会长办公会审定通过，共评价出乐器、自行车等37个行业的十强企业。广州珠江钢琴集团股份有限公司等370家企业进入十强榜单。评价结果以“2011年度中国轻工业行业十强企业”向社会公布。

5月26日，上海市副市长、市公安局局长张学兵来到上海民族乐器一厂参观指导工作。张学兵一行来到企业的民族乐器陈列馆，参观了仿唐乐器、仿敦煌壁画乐器、弹拨类、拉弦类、吹奏类以及创新型乐器，这些乐器展现了企业50余年的奋斗历程。期间，张学兵对做工精美、款式多样、风格各异的乐器连连称赞，对企业创新发展的精神表示肯定。

5月30日至31日，河北省省长张庆伟到衡水市就当前经济运行、县域经济发展、衡水湖保护开发建设等进行调研，研究影响经济运行、制约改革发展的主要矛盾和问题，帮助企业和基层解决实际困难。张庆伟一行视察了金音乐器集团。

**6月**

6月3号，广州珠江钢琴集团股份有限公司在白云国际会议中心举行了上市庆祝仪式，广东省省委副书记、省长朱小丹、广州市委书记万庆良等政府部门、行业协会领导、市各大企业集团主要负责人、文化界、教育界、媒体界、中介机构的领导、嘉宾，以及珠江钢琴经销商、供应商代表等600多人参加活动。为鼓励技术创新，朱小丹省长、万庆良书记还分别为珠江钢琴集团钢琴设计大师托马先生、质量技术总监斯提芬先生颁发了“特殊贡献奖”和“贡献奖”。

6月7日，通过对2011年度在“中国乐器协会网”及《中国乐器》杂志上发表的有关企业信息的统计，为了表彰在信息工作中取得的突出成绩，中国乐器协会决定授予上海民族乐器一厂等6家单位“信息工作先进集体”称号；授予付志军、刘京虹等9名同志“信息工作先进个人”称号。

6月至8月，国家林业局野生动植物保护与自然保护区管理司组织中国野生动物保护协会、中国乐器协会、中科院动物所、全国野生动植物研发中心、全国野生动植物检测中心等行业协会和科研院所专家组成的若干检查组，赴全国重点地区对蟒皮乐器加工经营状况进行了专项监督检查，各地林业主管部门予以大力支持和积极配合。中国乐器协会参与了赴京、津、沪、苏四地检查组的监督检查工作。

6月19日，海伦钢琴公司在创业板上市交易，发行价格为21元/股，对应市盈率为42.86倍。海伦钢琴公开发行人民币普通股1677万股， 其中网下发行量为840万股，网上发行数量为837万股。

6月22日至24日，应韩国钢琴调律师协会邀请，由中国乐器协会钢琴调律师分会冯高昆会长带队，一行8人前往韩国庆州参加韩国钢琴调律师协会成立三十周年庆祝活动。参加此次活动的有日本、中国大陆、中国台湾的调律师代表和韩国调律师协会会员代表共300余名。其间，共同研讨如何加强亚洲地区调律师联系、更好地组织交流活动。

6月25日，广州珠江钢琴集团股份有限公司召开上市后的首次临时股东大会，施少斌全票当选为董事。在随后的第二届董事会第8次会议上，施少斌全票当选为新一任董事长。至此，珠江钢琴顺利完成董事长更替，前任董事长王润培被公司聘为高级顾问。

6月26日，中国轻工十大品牌及特色展会表彰大会在北京国宾酒店举行。参加大会的有全国政协提案委员会副主任、中国轻工业联合会步正发会长等有关领导。轻工系统各行业协会领导和有关人士100余人参加了会议。中国（上海）国际乐器展览会获此殊荣。

6月29日，由武汉艾立卡电子有限公司、北京乐器研究所、广州珠江钢琴集团有限公司、福州和声钢琴有限公司、上海民族乐器一厂联合制定的GB/T 28489-2012《乐器有害物质限量》和武汉艾立卡电子有限公司、北京乐器研究所联合制定的GB/T 28484-2012《电鸣乐器压缩与扩展类音效装置通用技术条件》两项国家标准，已由国家质量监督检验检疫总局、国家标准化管理委员会于2012年6月29日发布，自2012年11月1日起实施。至此，中国乐器行业累计发布国家标准14项。

**7月**

7月8日，2012年“凤灵杯”全国青少年小提琴大赛全国总决赛在南京紫金大剧院音乐厅圆满落下帷幕。来自全国20多个省市的近200名选手在各地选拔赛中脱颖而出，来到这里激烈角逐，展开决赛。赛后还举办了颁奖音乐会。

7月12日，广州珠江钢琴集团“天籁之音 世界共鸣”恺撒堡艺术家（KA）系列钢琴鉴赏音乐会在北京人民大会堂隆重举行。文化部副部长杨志今、广州市副市长欧阳卫民等各界领导以及吴祖强、周广仁等众多艺术名家出席了本次鉴赏音乐会。

**8月**

8月，由中国乐器协会编撰，北京中轻恒盛文化传媒有限公司设计制作，中国轻工业出版社出版的《中国乐器年鉴》（2012）完成全部排版、印刷、装订工作，开始在国内外正式发行。本书以总结乐器行业2011年度主要工作完成情况，概括行业生产、经营、改革、发展的基本状况，以国内各省市乐器制造业、经销商以及市场信息、国外乐器发展动态为主要编写内容，是为乐器行业及社会有关部门和单位提供信息资料查询的大型工具书。

8月19日至22日，由吟飞科技（江苏）有限公司主办，吟飞艺术中心承办，常州大剧院、赛乐尔三益乐器（上海）有限公司协办的“吟飞”国际电子管风琴比赛在常州圆满落下帷幕，比赛受到管风琴界热烈关注，《中国乐器》、《中外乐器信息》、《中国音乐教育》、《音乐周报》、德国《Okey》杂志等海内外媒体对本届赛事作了广泛报道。

8月22日至25日，由美得理电子（深圳）有限公司冠名赞助的“魔鲨杯”中国鼓手联合会第四届全国鼓手大赛北京总决赛在中国人民解放军军乐厅成功举办。有来自近30个省级赛区近万名鼓手经过选拔，精选出400多名选手参加了北京的总决赛。

8月22日至23日，“首届全国盲人钢琴调律职业技能比赛”在北京举行，从全国各地选拔的24位盲人钢琴调律师参加了本次比赛。此次比赛有来自全国16个省市地区的选手参加，平均年龄30.25岁（最大的47岁，最小的23岁）。

8月23日，2012年中国(营口)首届国际乐器博览会开幕，共吸引83家乐器及配件制造企业参展，200余家乐器经销商、琴行参会。开幕式上，营口乐器产业基地被省政府命名为首家省级文化产业基地。

8月31日至9月4日，全国乐器标准化技术委员会在烟台召开行业标准审定会议，审定乐器11项行业标准。来自全国39个单位的53名乐器标委会委员和企业领导参加了审定会。

8月，北京市商务委公布，平谷乐器基地、房山合成橡胶基地等本市6家特色产业基地入选市级外贸转型基地，这6家基地内的特色外贸企业将享受到公共服务、资金支持等多项优惠政策。

**9月**

9月8日，中国乐器协会手风琴专业委员会二届二次会议在江阴金杯安琪乐器有限公司隆重举行。会议回顾了中国手风琴行业从20世纪50年代起步、发展和60、70年代繁荣的历程，围绕如何面对企业劳动成本不断提高、原材料价格不断上涨等问题进行深入探讨。

9月13日，中国乐器协会琴行分会年会暨厂商助推文化产业论坛在河北肃宁召开。此次年会是琴行分会第二次尝试厂商合作实施乐器产业联动的大型行业活动。琴行、制造企业、媒体等150余名代表参加了会议。会后代表们饶有兴趣地参观了乐海乐器公司。

9月29日，河北省文化体制改革和发展工作领导小组办公室公布全省文化产业“三个十”推荐名单。河北乐海（肃宁）乐器制造基地入选河北省“十大文化产业项目”。

9月，中国乐器协会以通讯方式召开中国乐器协会六届八次常务理事会。会议通过发邮件的方式将会议材料发至各常务理事单位，就在乐器行业中开展“关于乐器行业科研基地（实验室）项目”、“关于深入开展乐器行业节能减排活动”、“关于开展轻工品牌培育体系建设先进企业和轻工优势品牌产品评选表彰活动”实施方案征求常务理事单位的意见和建议。

**10月**

10月6日，第十四届“星海杯”全国少年儿童钢琴比赛在国家大剧院音乐厅隆重举行了颁奖仪式暨获奖选手音乐会。中央音乐学院、国家大剧院、北京星海钢琴集团有限公司主要领导，比赛评委会全体专家以及参赛选手、家长和媒体代表、观众等近千人参加。

10月9日，为纪念中国乐器协会提琴制作师分会成立10周年，在当年成立大会原址——上海音乐学院召开提琴制作师分会全体会员大会。大会由华天礽副会长主持，郑荃会长做工作报告，分会秘书长胡雪平作活动费用情况报告。下午会议分三个小组展开讨论，随后小组代表在大会发言。会后安排了两场学术报告，分别由华天礽、朱明江两位副会长主讲。

10月10日，中国乐器协会在上海与欧洲音乐产业联盟（CAFIM）再度举行中欧乐器行业座谈会。会议围绕乐器贸易关税、音乐教育合作、知识产权保护、行业信息交流、乐器有害物质限量等多项议题进行了广泛、深入讨论。

10月11日至14日，2012中国（上海）国际乐器展览会在上海新国际博览中心隆重举行。作为亚洲最大，世界三大专业乐器展览会之一，上海乐器展的展览规模再创新高，本届展会展览面积达到86000平方米，参展商来自世界各地近30个国家和地区，达到1600家左右。

10月11日，2012中国（上海）国际乐器展览会在上海新国际博览中心盛大开幕，中国轻工业联合会副会长钱桂敬在中国乐器协会理事长安志、上海国际展览中心有限公司总经理吴江红等领导的陪同下，专程参观考察了上海乐器展。在走访主要参展商过程中作了一系列重要指示。

10月11日，NAMM CMIA行业论坛在上海乐器展期间召开。此次论坛主题是“把握消费者个性心理探寻多样性市场需求”。中国乐器协会和美国国际音乐制品协会请到了英国乐器行业协会会长马·保罗、澳大利亚演艺协会会长Ian Harvey、广州珠江钢琴集团董事长施少斌、杭州天目琴行总裁刘为明和乐兰（上海）电子乐器有限公司董事长程建铜等为特邀嘉宾。论坛吸引业内人士和广大观众热情参与。

10月12日，第三届上海华乐国际论坛在上海乐器展期间召开，本次论坛成功邀请到国内外多位从事乐团管理、创作、理论、演艺、教学以及行业机构等方面的顶尖人物参加。嘉宾就《中国民乐的创新与文化定位》这一主题开展多种交流，吸引了数百余位听众的热情参与。

10月12日，“2012中国民族乐器改革工作座谈会”在中国（上海）国际乐器展览会期间举行，这次会议是改革开放以来我国民族乐器改革史上一次十分重要的会议，会议在总结和回顾改革开放以来民族乐器改革工作成败得失的基础上，统一思想达成共识，明确了今后民族乐器改革的目标和方向。

10月12日，香港柏斯音乐集团与青岛世正乐器有限公司在上海喜马拉雅酒店举行了隆重的战略合作签约仪式，双方达成合作意向，共同为开启中国乐器制造企业的新篇章增添力量。签约仪式之后，还举行了2011-2012年“柏斯之夜”经销商晚宴，对在柏斯发展过程中做出重大贡献的经销商表示感谢，与全国各地的经销商朋友们共聚一堂，共同开启柏斯未来征程的新篇章。

10月12日，应中国乐器协会邀请，美国MIDI制造商协会（MMA）主席汤姆•怀特前来上海国际乐器展，与协会电鸣分会企业代表召开座谈会。汤姆表示，行业协会应注重在乐器市场营造正确了解MIDI技术的重要意义，防止MIDI被曲解注册或被广告滥用。汤姆强调，MIDI技术的标准是公开的，各国制造商均有平等机会参与MIDI技术开发讨论。

10月12日，上海乐器展期间，文化部、商务部邀请相关乐器企业召开文化产品进出口贸易企业工作座谈会。文化部文化产业司投融资指导处处长许蓉主持会议，会议围绕文化产品进出口贸易的具体流程、文化产品进出口贸易的政策、国家对文化产品进出口贸易的支持、今后文化产业走出去的思路与对策等进行了讨论。

10月13日，中国乐器协会民族乐器分会在上海召开第五届一次会议，通过选举换届，产生了新一届民族乐器分会领导班子，会议还就“民族乐器企业市场发展前景及营销策略”方面的专题进行深入探讨。

10月13日，中共中央政治局委员、国务委员刘延东在河北省委书记、省人大主任张庆黎，河北省委副书记、省长张庆伟等领导的陪同下，到河北金音乐器集团有限公司进行考察调研。刘延东听取了“武强灯光音响制造园”、“美国CeCilio乐器有限公司乐器产业基地项目”、“德国GEWA乐器武强项目”等发展项目的有关情况介绍，然后来到金音集团展览厅和质控中心实地参观考察。

**11月**

11月9日至21日，第二届中国宜昌长江钢琴音乐节在湖北宜昌隆重举行。作为宜昌市乃至湖北省最重要的文化活动之一，本届音乐节共历时14天，邀请全国音乐界的名家大师、专家学者、音乐爱好者以及乐器销售商3000余人，推出20多项活动，为4万多人提供了音乐享受。活动期间举办了九大音乐学院院长论坛。

11月13日至30日，中国乐器协会先后组织了三批有关行业专家和领导，前往海南东盛弘蟒业科技有限公司、江阴金杯安琪乐器有限公司、成都川雅木业有限公司进行考察，对三家企业提出的“蟒蛇人工养殖及膜鸣乐器材料研发基地”、“手风琴簧片研发基地”和“乐器声学木材研发基地”申请进行认证考核。

11月15日，全国轻工业特色区域和产业集群工作会议在广东省中山市隆重举行。来自中轻联各主管部门、各轻工行业协会、各省市轻工部门、全国轻工特色区域和产业集群的300多名代表出席会议。乐器行业特色区域江苏省泰兴市黄桥镇的“中国提琴产业之都”荣获先进集体，江苏凤灵乐器集团董事长李书获先进个人荣誉。

11月17日至18日，“2012年全国乐器学研讨会”在北京中国音乐学院科技系实验中心召开。来自中国音乐学院、中央音乐学院、上海音乐学院等音乐院校及艺术研究表演单位的50多位从事乐器学理论研究的专家、学者、教授及在读博士生、研究生、本科生参加了会议。

11月26日至28日，全国乐器标准化技术委员会2012年年会在江苏常州召开。来自全国乐器行业的47名乐标委委员及骨干企业领导参加了会议。会议由梁志伟副主任宣读国标委“关于调整全国乐器标准化技术委员会委员的复函”，并听取了钢琴标准制修订工作组筹备组负责人、广州珠江钢琴集团副总经理肖巍所做的说明。经委员们讨论审议，同意成立乐标委钢琴标准制修订工作组。会议重点审议了《乐器音乐信号采集规范》和《乐器声学品质评价方法》两项国家标准送审稿。

**12月**

12月6日至7日，中国乐器协会钢琴分会2012年年会暨中国钢琴行业首届企业发展高峰论坛在广州召开，全国30多家钢琴企业及相关分会代表参会。中国乐器协会钢琴分会会长、广州珠江钢琴集团公司董事长施少斌作了题为《转型升级、精诚协作，为建设文化强国努力奋斗》的主题发言，总结了钢琴行业近年来的发展概况、特点及趋势分析。

12月，国家统计局出版2012年《中国统计年鉴》，公布了2011年全国各地区城镇居民家庭平均每百户钢琴及其他中高档乐器拥有量，其中钢琴拥有量为2.65架/百户，同比增长1.15%；其它中高档乐器拥有量为4.21件/百户，同比减少13.37%。

12月，美国《音乐贸易》杂志2012年第12期公布了2011年全球乐器与音响制品行业225强榜单。全年225强销售收入205亿美元，较2010年增长3.86%，员工总数共计126138人，较2010年增长0.45%。225强榜单中中国企业共有37家入选，其中中国内地23家，中国香港4家，中国台湾10家。

12月28日，中国乐器协会材料配件专业委员会在浙江宁波召开2012年会。来自全国21家乐器材料配件生产企业参加会议。中国乐器协会副理事长齐建平出席会议并向与会企业了解2012年的经营情况，对材料配件行业加快调整产业结构、提升行业发展水平提出希望。

12月29日，中央音乐学院鼓浪屿钢琴学校五周年校庆汇报演出在厦门隆重举行。福州和声钢琴有限公司总经理池家森等领导出席并为该校获奖师生颁发“哈曼尼钢琴奖教、奖学金”。和声公司已连续5年向中央音乐学院鼓浪屿钢琴学校颁发“哈曼尼钢琴奖教奖学金”。

12月，国家知识产权局发布专利统计，2012年，我国共发布乐器专利943件，较上年的658件增长30.2%。其中发明专利354件，同比增长55%；实用新型301件，同比增长8%；外观设计专利288件，同比增长40.6%。本次乐器专利统计涵盖乐器综合，钢琴、吉他、提琴、口琴、民族乐器、管乐器、手风琴等各门类。乐器行业专利总量与全国专利申请基本保持同步增长。

2013 中国乐器年鉴

CHINA MUSICAL INSTRUMENT YEARBOOK


重要新闻篇 1

统计资料篇 10

协会工作篇 45

综合篇 85

海外信息篇 167

企业篇 274

专利篇 293

产品篇 332

# 2003～2012年中国社会经济主要指标数据

| 指标 | | 单位 | 2003年 | 2004年 | 2005年 | 2006年 | 2007年 | 2008年 | 2009年 | 2010年 | 2011年 | 2012年 |
|---|---|---|---|---|---|---|---|---|---|---|---|---|
| 人口 | 年末总人口 | 万人 | 129227 | 129988 | 130756 | 131448 | 132129 | 132802 | 133450 | 134091 | 134735 | 135404 |
| | 城镇人口 | 万人 | 52376 | 54283 | 56212 | 58288 | 60633 | 62403 | 64512 | 66978 | 69079 | 71182 |
| | 乡村人口 | 万人 | 76851 | 75705 | 74544 | 73160 | 71496 | 70399 | 68938 | 67113 | 65656 | 64222 |
| 各年龄段人口比重 | 0～14岁人口 | % | 22.1 | 21.5 | 20.3 | 19.8 | 19.4 | 19.0 | 18.5 | 16.6 | 16.5 | 16.5 |
| | 15～64岁人口 | % | 70.4 | 70.9 | 72.0 | 72.3 | 72.5 | 72.7 | 73.0 | 74.5 | 74.4 | 74.1 |
| | 65岁以上人口 | % | 7.5 | 7.6 | 7.7 | 7.9 | 8.1 | 8.3 | 8.5 | 8.9 | 9.1 | 9.4 |
| 就业和工资 | 就业人员（年底数） | 万人 | 73736 | 74264 | 74647 | 74978 | 75321 | 75564 | 75828 | 76105 | 76420 | 76704 |
| | 城镇单位就业人员工资总额 | 亿元 | 15329.6 | 17615.0 | 20627.1 | 24262.3 | 29471.5 | 35289.5 | 40288.2 | 47269.9 | 59954.7 | 70914.2 |
| | 城镇单位就业人员平均工资 | 元 | 13969 | 15920 | 18200 | 20856 | 24721 | 28898 | 32244 | 36539 | 41799 | 46769 |
| 消费 | 全体居民人均消费水平 | 元 | 4475 | 5032 | 5596 | 6299 | 7310 | 8430 | 9283 | 10522 | 12570 | 13946 |
| | 农村居民人均生活消费支出 | 元 | 1943.3 | 2184.7 | 2555.4 | 2829.0 | 3223.9 | 3660.7 | 3993.5 | 4381.8 | 5221.1 | 5908.0 |
| | 农村居民家庭恩格尔系数 | % | 45.6 | 47.2 | 45.5 | 43.0 | 43.1 | 43.7 | 41.0 | 41.1 | 40.4 | 39.3 |
| | 城镇居民人均消费性支出 | 元 | 6510.9 | 7182.1 | 7942.9 | 8696.6 | 9997.5 | 11242.9 | 12264.6 | 13471.5 | 15160.9 | 16674.3 |
| | 城镇居民家庭恩格尔系数 | % | 37.1 | 37.7 | 36.7 | 35.8 | 36.3 | 37.9 | 36.5 | 35.7 | 36.3 | 36.2 |
| | 城镇居民人均购买文化娱乐用品 | 元 | 264.5 | 256.7 | 280.2 | 310.3 | 343.2 | 354.8 | 381.3 | 407.0 | 449.6 | 451.9 |
| | 城镇居民人均文化娱乐服务 | 元 | 155.9 | 217.2 | 245.9 | 280.8 | 347.6 | 381.3 | 445.6 | 559.3 | 652.2 | 762.0 |
| | 城镇居民人均用于教育性支出 | 元 | 514.0 | 559.0 | 571.3 | 612.0 | 638.4 | 622.2 | 645.9 | 661.3 | 750.0 | 819.6 |
| | 农村居民人均用于文教娱乐支出 | 元 | 235.7 | 247.6 | 295.5 | 305.1 | 305.7 | 314.5 | 340.6 | 366.7 | 396.4 | 445.5 |
| 国民经济 | 国内生产总值 | 亿元 | 135822.8 | 159878.3 | 184937.4 | 216314.4 | 265810.3 | 314045.4 | 340902.8 | 401512.8 | 473104.0 | 519322.1 |
| 财政和金融 | 国家财政收入 | 亿元 | 21715.3 | 26396.5 | 31649.3 | 38760.2 | 51321.8 | 61330.4 | 68518.3 | 83101.5 | 103874.4 | 117209.8 |
| | 金融机构人民币存款余额 | 亿元 | 208055.6 | 241424.3 | 287163.0 | 335459.8 | 389371.2 | 466203.3 | 597741.1 | 718237.9 | 809368.3 | 917554.8 |

| 指标 | | 单位 | 2003年 | 2004年 | 2005年 | 2006年 | 2007年 | 2008年 | 2009年 | 2010年 | 2011年 | 2012年 |
|---|---|---|---|---|---|---|---|---|---|---|---|---|
| 住房 | 农村居民人均住房面积 | 平方米 | 27.2 | 27.9 | 29.7 | 30.7 | 31.6 | 32.4 | 33.6 | 34.1 | 36.2 | 37.1 |
| | 城镇居民人均住房建筑面积 | 平方米 | 25.3 | 26.4 | 27.8 | 28.5 | 30.1 | 30.6 | 31.3 | 31.6 | 32.7 | 32.9 |
| 对外贸易和利用外资 | 进出口总额 | 亿美元 | 8509.9 | 11545.5 | 14219.1 | 17604.4 | 21765.7 | 25632.6 | 22075.4 | 29740.0 | 36418.6 | 38667.6 |
| | 出口总额 | 亿美元 | 4382.3 | 5933.2 | 7619.5 | 9689.8 | 12204.6 | 14306.9 | 12016.1 | 15777.5 | 18983.8 | 20489.3 |
| | 进口总额 | 亿美元 | 4127.6 | 5612.3 | 6599.5 | 7914.6 | 9561.1 | 11325.6 | 10059.2 | 13962.4 | 17434.8 | 18178.3 |
| | 实际使用外资额 | 亿美元 | 561.4 | 640.7 | 638.1 | 670.8 | 783.4 | 952.5 | 918.0 | 1088.2 | 1177.0 | 1132.9 |
| | 外商直接投资 | 亿美元 | 535.1 | 606.3 | 603.3 | 630.2 | 747.7 | 924.0 | 900.3 | 1057.3 | 1160.1 | 1117.2 |
| 国内贸易和旅游 | 社会消费品零售总额 | 亿元 | 52516.3 | 59501.0 | 68352.6 | 79145.2 | 93571.6 | 114830.1 | 132678.4 | 156998.4 | 183918.6 | 210307.0 |
| | 入境过夜旅游者人数 | 万人次 | 3297.1 | 4176.1 | 4680.9 | 4991.3 | 5472.0 | 5304.9 | 5087.5 | 5566.5 | 5758.1 | 5772.5 |
| | 国际旅游外汇收入 | 亿美元 | 174.1 | 257.4 | 293.0 | 339.5 | 419.2 | 408.4 | 396.8 | 458.1 | 484.6 | 500.3 |
| | 国内旅游人数 | 亿人次 | 8.70 | 11.02 | 12.12 | 13.94 | 16.10 | 17.12 | 19.02 | 21.03 | 26.41 | 29.57 |
| | 国内旅游总花费 | 亿元 | 3442.3 | 4710.7 | 5285.9 | 6229.7 | 7770.6 | 8749.3 | 10183.7 | 12579.8 | 19305.4 | 22706.2 |
| 教育文化 | 学校数 | 所 | 631672 | 600909 | 578400 | 558409 | 533654 | 517514 | 498949 | 486048 | 485639 | 485373 |
| | 普通高等学校 | 所 | 1552 | 1731 | 1792 | 1867 | 1908 | 2263 | 2305 | 2358 | 2409 | 2442 |
| | 特殊教育学校 | 所 | 1551 | 1560 | 1593 | 1605 | 1618 | 1640 | 1672 | 1706 | 1767 | 1853 |
| | 职业高中 | 所 | 5824 | 5781 | 5822 | 5765 | 5916 | 5915 | 5652 | 5206 | 4802 | 4517 |
| | 普通中学 | 所 | 80509 | 79755 | 78578 | 77038 | 75065 | 73120 | 70927 | 68948 | 68662 | 66725 |
| | 普通小学 | 所 | 425846 | 394183 | 366213 | 341639 | 320061 | 300854 | 280184 | 257410 | 241249 | 228585 |
| | 学前教育 | 所 | 116390 | 117899 | 124402 | 130495 | 129086 | 133722 | 138209 | 150420 | 166750 | 181251 |
| | 在校学生数 | 万人 | 23950.2 | 23971.1 | 23847.7 | 23878.5 | 23823.4 | 23680.8 | 23570.4 | 23624.8 | 23901.8 | 23664.1 |
| | 普通本专科 | 万人 | 1108.6 | 1333.5 | 1561.8 | 1738.8 | 1884.9 | 2021.0 | 2144.7 | 2231.8 | 2308.5 | 2391.3 |
| | 职业高中 | 万人 | 455.8 | 516.9 | 582.4 | 655.6 | 725.2 | 750.3 | 778.4 | 726.3 | 681.0 | 623.0 |
| | 普通中学 | 万人 | 8655.7 | 8747.9 | 8624.0 | 8472.4 | 8258.6 | 8061.3 | 7875.2 | 7706.7 | 7521.6 | 7230.2 |
| | 特殊教育学校 | 万人 | 36.5 | 37.2 | 36.4 | 36.3 | 41.9 | 41.7 | 42.8 | 42.6 | 39.9 | 37.9 |
| | 普通小学 | 万人 | 11689.7 | 11246.2 | 10864.1 | 10711.5 | 10564.0 | 10331.5 | 10071.5 | 9940.7 | 9926.4 | 9695.9 |
| | 学前教育 | 万人 | 2003.9 | 2089.4 | 2179.0 | 2263.9 | 2348.8 | 2475.0 | 2657.8 | 2976.7 | 3424.4 | 3685.8 |
| | 艺术表演团体 | 个 | 2601 | 2759 | 2805 | 2866 | 4512 | 5114 | 6139 | 6864 | 7055 | 7340 |
| | 省、地市级群众艺术馆 | 个 | 382 | 380 | 375 | 395 | 411 | 389 | 361 | 374 | 379 | 382 |
| | 县市级文化馆 | 个 | 2846 | 2841 | 2851 | 2819 | 2806 | 2829 | 2862 | 2890 | 2905 | 2919 |

（数据来源：《2013中国统计摘要》 中国乐器协会信息部编辑）

# 2001～2011年全国各地区城镇居民家庭平均每百户钢琴拥有量

（按收入等级划分）

（单位：架）

| 居民收入层次 | 2001年 | 2002年 | 2003年 | 2004年 | 2005年 | 2006年 | 2007年 | 2008年 | 2009年 | 2010年 | 2011年 |
|---|---|---|---|---|---|---|---|---|---|---|---|
| 总 平 均 | 1.33 | 1.76 | 1.91 | 2.22 | 2.25 | 2.31 | 2.36 | 2.29 | 2.47 | 2.62 | 2.65 |
| 最低收入户 | 0.46 | 0.18 | 0.30 | 0.24 | 0.39 | 0.36 | 0.32 | 0.20 | 0.19 | 0.22 | 0.50 |
| 困 难 户 | 0.56 | 0.07 | 0.08 | 0.08 | 0.43 | 0.16 | 0.27 | 0.06 | 0.07 | 0.12 | 0.37 |
| 低 收 入 | 0.63 | 0.68 | 0.93 | 1.02 | 0.65 | 0.66 | 0.64 | 0.25 | 0.39 | 0.53 | 0.67 |
| 中等偏下户 | 0.75 | 0.96 | 0.85 | 0.97 | 0.81 | 0.97 | 1.12 | 0.92 | 1.16 | 1.23 | 1.15 |
| 中等收入户 | 1.01 | 1.29 | 1.28 | 1.75 | 1.79 | 2.05 | 2.09 | 1.95 | 1.88 | 2.06 | 2.07 |
| 中等偏上户 | 1.67 | 2.29 | 2.43 | 2.71 | 2.82 | 3.06 | 2.71 | 2.91 | 3.27 | 3.53 | 3.12 |
| 高收入户 | 2.32 | 2.75 | 2.94 | 3.71 | 3.60 | 3.43 | 4.35 | 4.33 | 4.63 | 4.82 | 4.88 |
| 最高收入户 | | 4.60 | 5.28 | 6.34 | 7.40 | 6.81 | 6.47 | 7.12 | 7.54 | 7.63 | 8.46 |

# 2001～2011年全国各地区城镇居民家庭平均每百户其他中高档乐器拥有量

（按收入等级划分）

（单位：件）

| 居民收入层次 | 2001年 | 2002年 | 2003年 | 2004年 | 2005年 | 2006年 | 2007年 | 2008年 | 2009年 | 2010年 | 2011年 |
|---|---|---|---|---|---|---|---|---|---|---|---|
| 总 平 均 | 6.12 | 6.38 | 6.88 | 7.23 | 6.63 | 7.07 | 6.03 | 4.33 | 4.65 | 4.86 | 4.21 |
| 最低收入户 | 1.75 | 1.24 | 1.55 | 1.68 | 1.54 | 1.39 | 1.80 | 0.84 | 1.12 | 1.16 | 1.23 |
| 困 难 户 | 1.34 | 0.87 | 0.92 | 1.54 | 0.79 | 1.22 | 1.18 | 0.56 | 0.85 | 1.03 | 0.92 |
| 低 收 入 | 3.56 | 2.93 | 3.05 | 3.88 | 2.54 | 3.34 | 2.75 | 1.72 | 2.09 | 2.59 | 2.02 |
| 中等偏下户 | 4.40 | 4.70 | 4.69 | 5.25 | 4.31 | 4.66 | 4.73 | 3.16 | 3.58 | 2.56 | 2.86 |
| 中等收入户 | 5.74 | 6.08 | 6.91 | 7.17 | 6.88 | 7.23 | 5.86 | 4.69 | 4.64 | 4.79 | 3.99 |
| 中等偏上户 | 8.04 | 8.50 | 8.66 | 9.24 | 8.73 | 9.33 | 7.27 | 5.51 | 6.12 | 6.38 | 5.69 |
| 高收入户 | 8.46 | 9.58 | 9.10 | 10.71 | 10.06 | 10.77 | 8.75 | 6.49 | 7.06 | 6.72 | 5.89 |
| 最高收入户 | 11.08 | 12.47 | 13.44 | 12.56 | 12.82 | 13.34 | 11.38 | 8.01 | 8.21 | 9.34 | 8.50 |

（摘自2012年《中国统计年鉴》）

# 2001～2011年全国各地区城镇居民家庭平均每百户钢琴拥有量

（按地区划分）

（单位：架）

| 地 区 | 2001年 | 2002年 | 2003年 | 2004年 | 2005年 | 2006年 | 2007年 | 2008年 | 2009年 | 2010年 | 2011年 |
|---|---|---|---|---|---|---|---|---|---|---|---|
| 全 国 | 1.33 | 1.76 | 1.91 | 2.22 | 2.25 | 2.31 | 2.36 | 2.29 | 2.47 | 2.62 | 2.65 |
| 北 京 | 2.70 | 3.23 | 3.74 | 4.18 | 4.12 | 4.55 | 3.80 | 3.64 | 3.99 | 4.92 | 4.38 |
| 天 津 | 0.60 | 1.35 | 1.40 | 1.13 | 1.27 | 1.27 | 1.16 | 1.48 | 1.68 | 1.85 | 1.32 |
| 河 北 | 0.63 | 1.24 | 1.18 | 1.38 | 1.51 | 1.47 | 1.14 | 2.03 | 1.95 | 1.80 | 1.72 |
| 山 西 | 1.18 | 1.06 | 1.22 | 1.41 | 0.72 | 1.42 | 1.02 | 2.04 | 2.00 | 1.76 | 1.68 |
| 内蒙古 | 0.80 | 0.91 | 0.90 | 1.18 | 1.11 | 1.18 | 1.10 | 1.90 | 1.39 | 1.41 | 1.54 |
| 辽 宁 | 1.46 | 2.24 | 2.46 | 2.47 | 2.38 | 2.09 | 2.10 | 3.09 | 3.56 | 3.49 | 2.67 |
| 吉 林 | 1.29 | 1.71 | 1.50 | 1.75 | 1.15 | 1.24 | 1.43 | 1.02 | 1.51 | 2.13 | 2.08 |
| 黑龙江 | 1.45 | 1.19 | 1.28 | 1.74 | 1.57 | 1.78 | 1.95 | 1.28 | 1.12 | 1.13 | 1.37 |
| 上 海 | 3.20 | 3.60 | 3.20 | 5.80 | 4.30 | 5.01 | 5.85 | 5.77 | 5.74 | 6.73 | 7.64 |
| 江 苏 | 1.01 | 1.64 | 1.67 | 1.86 | 2.56 | 2.66 | 2.50 | 2.47 | 2.65 | 2.86 | 3.31 |
| 浙 江 | 1.11 | 1.11 | 2.00 | 2.28 | 2.64 | 2.48 | 2.62 | 2.70 | 2.97 | 3.12 | 4.16 |
| 安 徽 | 1.09 | 1.17 | 1.29 | 1.52 | 1.96 | 2.01 | 2.21 | 0.97 | 0.94 | 1.11 | 1.45 |
| 福 建 | 1.88 | 1.75 | 2.03 | 3.15 | 2.85 | 4.04 | 3.90 | 3.32 | 3.75 | 3.97 | 3.44 |
| 江 西 | 0.80 | 1.41 | 1.52 | 1.44 | 1.50 | 1.49 | 1.71 | 1.03 | 1.15 | 1.28 | 1.37 |
| 山 东 | 2.13 | 2.66 | 3.06 | 3.14 | 3.02 | 3.45 | 3.40 | 3.38 | 3.55 | 3.88 | 4.24 |
| 河 南 | 0.76 | 1.41 | 1.95 | 1.96 | 2.08 | 1.80 | 1.60 | 1.72 | 1.92 | 1.87 | 1.61 |
| 湖 北 | 1.64 | 2.01 | 1.68 | 1.53 | 1.63 | 1.93 | 1.84 | 1.49 | 1.62 | 1.68 | 2.63 |
| 湖 南 | 1.02 | 1.36 | 1.47 | 2.39 | 2.21 | 1.45 | 2.45 | 1.94 | 1.87 | 2.06 | 1.36 |
| 广 东 | 2.76 | 2.98 | 2.89 | 3.50 | 4.12 | 3.75 | 4.17 | 3.36 | 4.16 | 4.24 | 4.51 |
| 广 西 | 0.60 | 1.26 | 1.16 | 1.57 | 1.77 | 1.62 | 1.35 | 1.80 | 1.61 | 1.96 | 1.08 |
| 海 南 | 0.67 | 0.76 | 0.76 | 0.76 | 2.01 | 1.92 | 1.04 | 2.05 | 1.91 | 1.90 | 0.76 |
| 重 庆 | 0.33 | 1.39 | 1.33 | 2.00 | 1.67 | 2.00 | 2.34 | 1.85 | 1.76 | 1.68 | 1.28 |
| 四 川 | 1.36 | 1.06 | 1.44 | 1.39 | 2.17 | 1.84 | 1.94 | 1.87 | 1.84 | 1.84 | 1.40 |
| 贵 州 | 1.13 | 1.43 | 2.07 | 2.07 | 1.72 | 1.91 | 1.06 | 1.84 | 1.88 | 1.79 | 2.07 |
| 云 南 | 1.26 | 1.17 | 1.39 | 2.78 | 2.25 | 2.43 | 2.68 | 1.91 | 2.30 | 1.96 | 2.00 |
| 西 藏 | 0.00 | 0.00 | 0.00 | 1.26 | 0.00 | 0.58 | 0.47 | 1.12 | 0.85 | 0.69 | 0.48 |
| 陕 西 | 0.36 | 0.97 | 1.26 |  | 1.07 | 1.59 | 1.49 | 1.33 | 1.56 | 2.26 | 2.66 |
| 甘 肃 | 0.91 | 1.91 | 2.57 | 1.69 | 1.89 | 1.53 | 1.99 | 1.14 | 1.33 | 1.48 | 1.20 |
| 青 海 | 0.55 | 1.43 | 1.19 | 1.50 | 1.46 | 2.27 | 2.44 | 1.12 | 1.34 | 1.95 | 1.23 |
| 宁 夏 | 0.81 | 0.86 | 0.87 | 0.70 | 0.92 | 1.32 | 0.89 | 0.76 | 1.36 | 1.31 | 0.93 |
| 新 疆 | 1.80 | 1.93 | 2.37 | 2.51 | 2.23 | 1.96 | 1.38 | 1.95 | 2.23 | 2.04 | 1.36 |

# 2001～2011年全国各地区城镇居民家庭平均每百户其他中高档乐器拥有量

（按地区划分）

（单位：件）

| 地 区 | 2001年 | 2002年 | 2003年 | 2004年 | 2005年 | 2006年 | 2007年 | 2008年 | 2009年 | 2010年 | 2011年 |
|---|---|---|---|---|---|---|---|---|---|---|---|
| 全 国 | 6.12 | 6.38 | 6.88 | 7.23 | 6.63 | 7.07 | 6.03 | 4.33 | 4.65 | 4.86 | 4.21 |
| 北 京 | 13.90 | 12.98 | 13.76 | 9.81 | 11.32 | 12.35 | 9.71 | 5.63 | 6.72 | 7.51 | 6.10 |
| 天 津 | 3.20 | 3.51 | 4.13 | 3.33 | 2.67 | 3.20 | 1.74 | 1.73 | 2.11 | 2.68 | 2.77 |
| 河 北 | 6.91 | 5.31 | 6.52 | 7.51 | 5.82 | 5.48 | 4.91 | 5.12 | 4.38 | 4.32 | 2.23 |
| 山 西 | 5.56 | 5.61 | 5.69 | 6.16 | 5.38 | 5.52 | 4.90 | 2.18 | 2.60 | 2.80 | 3.45 |
| 内蒙古 | 7.20 | 6.24 | 6.83 | 6.79 | 6.88 | 7.59 | 6.88 | 4.96 | 5.39 | 5.21 | 3.43 |
| 辽 宁 | 5.89 | 5.80 | 5.97 | 6.13 | 5.70 | 5.94 | 5.16 | 4.68 | 4.86 | 5.15 | 3.52 |
| 吉 林 | 6.01 | 5.24 | 6.83 | 7.43 | 6.87 | 7.03 | 6.76 | 4.13 | 5.30 | 5.35 | 5.10 |
| 黑龙江 | 3.73 | 3.80 | 4.77 | 5.97 | 5.56 | 6.37 | 6.65 | 2.28 | 2.49 | 2.52 | 2.26 |
| 上 海 | 5.20 | 6.33 | 6.80 | 7.70 | 7.20 | 7.52 | 7.51 | 6.47 | 7.52 | 7.32 | 7.44 |
| 江 苏 | 4.08 | 4.36 | 4.18 | 5.03 | 4.04 | 4.43 | 4.57 | 4.34 | 4.28 | 4.73 | 4.22 |
| 浙 江 | 8.54 | 6.99 | 6.50 | 8.19 | 7.83 | 8.99 | 7.16 | 4.59 | 5.85 | 6.11 | 4.53 |
| 安 徽 | 5.89 | 6.24 | 7.09 | 7.75 | 7.89 | 7.63 | 5.77 | 3.82 | 4.42 | 3.95 | 3.66 |
| 福 建 | 6.18 | 6.29 | 7.28 | 5.88 | 5.86 | 7.88 | 7.44 | 4.02 | 5.11 | 5.43 | 4.32 |
| 江 西 | 7.04 | 7.35 | 7.41 | 7.88 | 7.17 | 6.12 | 6.69 | 5.81 | 5.60 | 5.42 | 3.76 |
| 山 东 | 9.04 | 8.13 | 8.67 | 9.18 | 8.51 | 9.86 | 7.37 | 6.80 | 7.25 | 7.45 | 7.88 |
| 河 南 | 3.54 | 5.90 | 7.39 | 7.89 | 6.52 | 6.67 | 6.02 | 3.74 | 4.26 | 4.74 | 4.01 |
| 湖 北 | 6.58 | 7.11 | 7.09 | 7.27 | 5.84 | 5.68 | 6.29 | 4.56 | 5.16 | 5.32 | 3.82 |
| 湖 南 | 7.85 | 6.41 | 6.65 | 7.48 | 8.89 | 7.65 | 5.15 | 2.01 | 2.14 | 2.11 | 1.70 |
| 广 东 | 5.83 | 8.79 | 8.79 | 9.24 | 9.17 | 9.61 | 8.34 | 4.34 | 3.90 | 4.58 | 4.74 |
| 广 西 | 4.70 | 6.17 | 6.36 | 7.09 | 5.13 | 6.03 | 2.69 | 6.24 | 5.03 | 5.72 | 5.21 |
| 海 南 | 1.67 | 3.80 | 4.98 | 5.09 | 3.37 | 3.29 | 2.96 | 1.20 | 1.01 | 1.01 | 1.17 |
| 重 庆 | 7.67 | 2.94 | 3.00 | 6.33 | 5.00 | 8.00 | 5.13 | 2.62 | 2.74 | 2.55 | 2.35 |
| 四 川 | 7.03 | 4.59 | 6.22 | 5.45 | 4.66 | 5.20 | 4.61 | 3.21 | 3.90 | 3.95 | 2.64 |
| 贵 州 | 4.57 | 3.83 | 4.71 | 5.00 | 5.06 | 5.69 | 4.69 | 3.89 | 4.29 | 4.83 | 3.59 |
| 云 南 | 4.42 | 5.35 | 6.13 | 5.84 | 5.18 | 5.10 | 4.03 | 3.28 | 3.72 | 4.73 | 6.85 |
| 西 藏 | 2.00 | 2.00 | 2.00 | 2.00 | 2.00 | 2.28 | 1.60 | 0.63 | 0.95 | 0.95 | 1.22 |
| 陕 西 | 4.51 | 5.76 | 5.62 | 6.41 | 8.41 | 9.03 | 7.03 | 6.54 | 6.93 | 6.19 | 5.89 |
| 甘 肃 | 17.35 | 10.30 | 8.70 | 9.69 | 8.67 | 8.24 | 6.97 | 2.18 | 2.85 | 3.38 | 3.77 |
| 青 海 | 3.82 | 5.51 | 6.92 | 7.78 | 4.70 | 5.44 | 5.79 | 3.98 | 4.18 | 3.14 | 2.37 |
| 宁 夏 | 3.65 | 4.08 | 5.64 | 6.32 | 4.24 | 4.92 | 4.67 | 4.76 | 5.18 | 5.37 | 3.10 |
| 新 疆 | 9.20 | 12.66 | 13.57 | 12.24 | 5.97 | 6.78 | 7.02 | 4.82 | 6.63 | 6.54 | 5.05 |

（摘自2012年《中国统计年鉴》）

# 2012年乐器行业规模以上企业主要经济指标完成情况

（按产品类别划分）

（单位：千元）

| 行业名称 | | 中乐器制造 | 西乐器制造 | 电子乐器制造 | 其他乐器及零件制造 | 总计 |
|---|---|---|---|---|---|---|
| 汇总企业数（个） | | 28 | 106 | 34 | 38 | 206 |
| 工业总产值 | 2012年12月 | 311288 | 1257214 | 654627 | 287786 | 2510915 |
| | 2011年12月 | 212388 | 1230507 | 552414 | 280921 | 2276230 |
| | 同比% | 46.57 | 2.17 | 18.50 | 2.44 | 10.31 |
| | 2012年全年 | 3173288 | 13788878 | 5829025 | 3634976 | 26426167 |
| | 2011年全年 | 2273340 | 12947126 | 5400085 | 3010975 | 23631526 |
| | 同比% | 39.59 | 6.50 | 7.94 | 20.72 | 11.83 |
| 销售产值 | 2012年12月 | 301997 | 1221145 | 649021 | 283543 | 2455706 |
| | 2011年12月 | 202587 | 1208378 | 557632 | 272869 | 2241466 |
| | 同比% | 49.07 | 1.06 | 16.39 | 3.91 | 9.56 |
| | 2012年全年 | 3113829 | 13561263 | 5712983 | 3522240 | 25910315 |
| | 2011年全年 | 2231564 | 12735718 | 5355886 | 2952661 | 23275829 |
| | 同比% | 39.54 | 6.48 | 6.67 | 19.29 | 11.32 |
| 出口交货值 | 2012年12月 | 102641 | 363569 | 135379 | 74680 | 676269 |
| | 2011年12月 | 64018 | 410670 | 185693 | 51564 | 711945 |
| | 同比% | 60.33 | -11.47 | -27.10 | 44.83 | -5.01 |
| | 2012年全年 | 891328 | 4330949 | 2407699 | 855651 | 8485627 |
| | 2011年全年 | 818469 | 4334522 | 2248519 | 789753 | 8191263 |
| | 同比% | 8.90 | -0.08 | 7.08 | 8.34 | 3.59 |

（资料来源：国家统计局 中国乐器协会信息部编辑）

# 2012年乐器行业规模以上企业主要经济指标完成情况

（按地区划分）

表1 （单位：千元）

| 地区 | | 广东 | 山东 | 浙江 | 天津 | 河北 | 江苏 | 湖北 | 河南 | 北京 |
|---|---|---|---|---|---|---|---|---|---|---|
| 企业数 | | 48 | 32 | 25 | 13 | 15 | 18 | 6 | 13 | 6 |
| 工业总产值 | 2012年全年 | 6822752 | 4164808 | 3118158 | 3040541 | 2638672 | 2256658 | 966384 | 851802 | 570739 |
| | 2011年全年 | 5943360 | 3694433 | 2874099 | 2988058 | 2081962 | 2043141 | 705977 | 664611 | 596886 |
| | 同比% | 14.80 | 12.73 | 8.49 | 1.76 | 26.74 | 10.45 | 36.89 | 28.17 | -4.38 |
| 销售产值 | 2012年全年 | 6687676 | 4053627 | 3085684 | 3036574 | 2582155 | 2206200 | 924673 | 822746 | 540004 |
| | 2011年全年 | 5898971 | 3625461 | 2816547 | 2954981 | 2020579 | 2011474 | 732000 | 642932 | 574094 |
| | 同比% | 13.37 | 11.81 | 9.56 | 2.76 | 27.79 | 9.68 | 26.32 | 27.97 | -5.94 |
| 出口交货值 | 2012年全年 | 1957236 | 577781 | 1103824 | 2209314 | 912240 | 648364 | 36791 | 211705 | 176957 |
| | 2011年全年 | 1846593 | 415892 | 1073654 | 2371471 | 829492 | 570968 | 49185 | 155884 | 168084 |
| | 同比% | 5.99 | 38.93 | 2.81 | -6.84 | 9.98 | 13.56 | -25.20 | 35.81 | 5.28 |

表2 （单位：千元）

| 地区 | | 上海 | 重庆 | 福建 | 黑龙江 | 吉林 | 辽宁 | 四川 | 陕西 | 全国 |
|---|---|---|---|---|---|---|---|---|---|---|
| 企业数 | | 12 | 1 | 5 | 2 | 2 | 6 | 1 | 1 | 206 |
| 工业总产值 | 2012年全年 | 552253 | 428486 | 256296 | 114953 | 89061 | 85998 | 56215 | 28090 | 26426167 |
| | 2011年全年 | 567155 | 452240 | 262909 | 108284 | 49140 | 83340 | 73072 | 23729 | 23631526 |
| | 同比% | -2.63 | -5.25 | -2.52 | 6.16 | 81.24 | 3.19 | -23.07 | 18.38 | 11.83 |
| 销售产值 | 2012年全年 | 546325 | 410176 | 269111 | 106827 | 87877 | 85998 | 52399 | 27962 | 25910315 |
| | 2011年全年 | 558209 | 438257 | 253036 | 105594 | 48039 | 83650 | 69418 | 23457 | 23275829 |
| | 同比% | -2.13 | -6.41 | 6.35 | 1.17 | 82.93 | 2.81 | -24.52 | 19.21 | 11.32 |
| 出口交货值 | 2012年全年 | 83184 | 109354 | 147959 | 22417 | | | | | 8485627 |
| | 2011年全年 | 117353 | 123885 | 141683 | 25989 | | | | | 8191263 |
| | 同比% | -29.12 | -11.73 | 4.43 | -13.74 | | | | | 3.59 |

（资料来源：国家统计局 中国乐器协会信息部编辑）

# 2012年中国乐器海关出口量值

| 商品代码 | 商品名称 | 单位 | 数量 | | | 金额（美元） | | |
|---|---|---|---|---|---|---|---|---|
| | | | 2012年 | 2011年 | 同比% | 2012年 | 2011年 | 同比% |
| 92011000 | 立式钢琴，包括自动钢琴 | 台 | 43025 | 50007 | -13.96 | 57605370 | 67042529 | -14.08 |
| 92012000 | 三角钢琴，包括自动钢琴 | 台 | 7168 | 6756 | 6.10 | 26691161 | 25858838 | 3.22 |
| 92019000 | 拨弦古钢琴及其他键盘弦乐器 | 台 | 12200 | 9248 | 31.92 | 1395538 | 856918 | 62.86 |
| 92021000 | 弓弦乐器 | 只 | 1522046 | 1391635 | 9.37 | 71505515 | 60734197 | 17.74 |
| 92029000 | 其他弦乐器 | 只 | 12238990 | 12556168 | -2.53 | 366198805 | 335612025 | 9.11 |
| 92051000 | 铜管乐器 | 只 | 775406 | 840384 | -7.73 | 88082358 | 81221840 | 8.45 |
| 92059010 | 键盘管风琴;簧风琴等游离金属簧片键盘乐器 | 只 | 2029521 | 1727430 | 17.49 | 8066364 | 7156091 | 12.72 |
| 92059020 | 手风琴及类似乐器 | 只 | 496486 | 519132 | -4.36 | 18643847 | 17229821 | 8.21 |
| 92059030 | 口琴 | 只 | 8312281 | 7991286 | 4.02 | 14767787 | 12288680 | 20.17 |
| 92059090 | 其他管乐器，但游艺场风琴及手摇风琴除外 | 只 | 8537470 | 7840429 | 8.89 | 54399579 | 43679456 | 24.54 |
| 92060000 | 打击乐器 | 只 | 11721135 | 13132527 | -10.75 | 140125556 | 144779607 | -3.21 |
| 92071000 | 通过电产生或扩大声音的键盘乐器 | 只 | 5183171 | 4957157 | 4.56 | 350376121 | 309641549 | 13.16 |
| 92079000 | 其他通过电产生或扩大声音的乐器 | 个 | 2932790 | 3382968 | -13.31 | 211665851 | 221661474 | -4.51 |
| 92081000 | 百音盒 | 个 | 24380532 | 26103396 | -6.60 | 46688801 | 43405533 | 7.56 |
| 92089000 | 其他乐器;各种媒诱音响器、哨子、号角等 | 个 | 76849076 | 78506373 | -2.11 | 31568691 | 24668670 | 27.97 |
| 92093000 | 乐器用弦 | 千克 | 369121 | 377417 | -2.20 | 6522757 | 6012345 | 8.49 |
| 92099100 | 钢琴的零件、附件 | 千克 | 7849893 | 8111866 | -3.23 | 41302184 | 43055219 | -4.07 |
| 92099200 | 品目9202所列乐器的零件、附件 | 千克 | 3770483 | 4612005 | -18.25 | 30587927 | 37156637 | -17.68 |
| 92099400 | 品目9207所列乐器的零件、附件 | 千克 | 5050687 | 5632219 | -10.33 | 40438332 | 39350953 | 2.76 |
| 92099910 | 节拍器、音叉及定音管 | 千克 | 130081 | 119538 | 8.82 | 3327763 | 3389434 | -1.82 |
| 92099920 | 百音盒的机械装置 | 千克 | 583807 | 605535 | -3.59 | 4842612 | 5330747 | -9.16 |
| 92099990 | 其他乐器的零件、附件 | 千克 | 16215370 | 18325700 | -11.52 | 87771884 | 93618310 | -6.24 |
| 总计 | | | | | | 1702574803 | 1623750873 | 4.85 |

（资料来源：国家海关总署 中国乐器协会信息部编辑）

# 2012年中国乐器出口世界各大洲概况

| 洲别 | 国家和地区数量 | | 金额（万美元） | | |
|---|---|---|---|---|---|
| | 2012年 | 2011年 | 2012年 | 2011年 | 同比% |
| 亚　洲 | 44 | 43 | 49036 | 44555 | 10.06 |
| 北美洲 | 2 | 2 | 47487 | 45592 | 4.16 |
| 欧　洲 | 41 | 43 | 43454 | 45016 | -3.47 |
| 非　洲 | 44 | 47 | 5141 | 3333 | 54.26 |
| 南美洲 | 37 | 36 | 21167 | 20203 | 4.77 |
| 大洋洲 | 14 | 14 | 3969 | 3677 | 7.93 |
| 合　计 | 182 | 185 | 170254 | 162375 | 4.85 |

（资料来源：国家海关总署 中国乐器协会信息部编辑）

# 2012年中国乐器出口国家和地区

（按出口金额排序）

| 排名 | | 国家和地区 | 数量（件） | | | 金额（美元） | | |
|---|---|---|---|---|---|---|---|---|
| 2012年 | 2011年 | | 2012年 | 2011年 | 同比% | 2012年 | 2011年 | 同比% |
| 1 | 1 | 美国 | 36894652 | 36256523 | 1.76 | 441715971 | 424639890 | 4.02 |
| 2 | 2 | 德国 | 10585822 | 13082418 | -19.08 | 144470705 | 154648949 | -6.58 |
| 3 | 3 | 日本 | 12942842 | 11182395 | 15.74 | 107794805 | 94972766 | 13.50 |
| 4 | 4 | 巴西 | 4818220 | 4774774 | 0.91 | 78471916 | 86767953 | -9.56 |
| 5 | 5 | 中国香港 | 13081250 | 11040760 | 18.48 | 76350875 | 70304050 | 8.60 |
| 6 | 8 | 英国 | 4858797 | 5036371 | -3.53 | 64355252 | 57399654 | 12.12 |
| 7 | 7 | 韩国 | 4155197 | 5369843 | -22.62 | 55398391 | 58348629 | -5.06 |
| 8 | 6 | 荷兰 | 5948514 | 9266524 | -35.81 | 55093735 | 63448392 | -13.17 |
| 9 | 9 | 印度尼西亚 | 9543065 | 10972470 | -13.03 | 55064232 | 55077077 | -0.02 |
| 10 | 10 | 法国 | 1956354 | 2425940 | -19.36 | 43804688 | 42605320 | 2.82 |
| 11 | 12 | 澳大利亚 | 2262524 | 2183771 | 3.61 | 33861234 | 31038153 | 9.10 |
| 12 | 11 | 加拿大 | 2189644 | 2244949 | -2.46 | 33160997 | 31276031 | 6.03 |
| 13 | 15 | 墨西哥 | 2887164 | 2592489 | 11.37 | 30337749 | 22665274 | 33.85 |
| 14 | 14 | 泰国 | 2299109 | 2299109 | 0.00 | 27823417 | 27823417 | 0.00 |
| 15 | 20 | 马来西亚 | 4329801 | 4037056 | 7.25 | 27011824 | 16552944 | 63.18 |
| 16 | 13 | 意大利 | 2189948 | 3050452 | -28.21 | 23881198 | 29660157 | -19.48 |

| 排名 | | 国家和地区 | 数量（件） | | | 金额（美元） | | |
|---|---|---|---|---|---|---|---|---|
| 2012年 | 2011年 | | 2012年 | 2011年 | 同比% | 2012年 | 2011年 | 同比% |
| 17 | 17 | 智利 | 3826967 | 1790307 | 113.76 | 23831158 | 18882180 | 26.21 |
| 18 | 21 | 西班牙 | 5227946 | 4632120 | 12.86 | 18195323 | 16462103 | 10.53 |
| 19 | 19 | 土耳其 | 2688542 | 3067971 | -12.37 | 18190292 | 17031833 | 6.80 |
| 20 | 23 | 俄罗斯联邦 | 2284994 | 1900857 | 20.21 | 17984663 | 15559511 | 15.59 |
| 21 | 18 | 中国台湾 | 1440282 | 2232399 | -35.48 | 17224447 | 18147567 | -5.09 |
| 22 | 29 | 新加坡 | 967643 | 1137609 | -14.94 | 17192175 | 12136459 | 41.66 |
| 23 | 16 | 阿根廷 | 1401707 | 2606670 | -46.23 | 16403941 | 21706774 | -24.43 |
| 24 | 26 | 尼日利亚 | 1868512 | 4812689 | -61.18 | 15700988 | 14042419 | 11.81 |
| 25 | 27 | 阿联酋 | 2536324 | 3433809 | -26.14 | 15543266 | 13674580 | 13.67 |
| 26 | 25 | 印度 | 3087170 | 2460072 | 25.49 | 14613065 | 14370077 | 1.69 |
| 27 | 24 | 巴拿马 | 1461334 | 1190635 | 22.74 | 13885341 | 14747745 | -5.85 |
| 28 | 30 | 南非 | 1128236 | 1053304 | 7.11 | 12937267 | 9169026 | 41.10 |
| 29 | 22 | 比利时 | 1188725 | 1473425 | -19.32 | 12576507 | 16304974 | -22.87 |
| 30 | 28 | 菲律宾 | 1338039 | 2312550 | -42.14 | 11048195 | 12229813 | -9.66 |
| 31 | 34 | 哥伦比亚 | 1595667 | 1180459 | 35.17 | 9837455 | 8302183 | 18.49 |
| 32 | 32 | 秘鲁 | 1274729 | 1321606 | -3.55 | 9688631 | 8389122 | 15.49 |
| 33 | 41 | 波兰 | 4904667 | 949715 | 416.44 | 9395280 | 4643460 | 102.33 |
| 34 | 33 | 伊朗 | 2532286 | 3019570 | -16.14 | 8997095 | 8384018 | 7.31 |
| 35 | 36 | 越南 | 346250 | 992022 | -65.10 | 7957210 | 5743494 | 38.54 |
| 36 | 48 | 乌拉圭 | 719132 | 642665 | 11.90 | 7476116 | 2433119 | 207.26 |
| 37 | 35 | 瑞典 | 454992 | 570218 | -20.21 | 6917324 | 8133409 | -14.95 |
| 38 | 31 | 芬兰 | 601635 | 693788 | -13.28 | 6423866 | 8445610 | -23.94 |
| 39 | 37 | 捷克 | 880877 | 980515 | -10.16 | 6371828 | 5417395 | 17.62 |
| 40 | 45 | 加纳 | 1272560 | 504400 | 152.29 | 6303739 | 3555601 | 77.29 |
| 41 | 40 | 以色列 | 944201 | 798870 | 18.19 | 6148369 | 4762478 | 29.10 |
| 42 | 42 | 委内瑞拉 | 1363312 | 977695 | 39.44 | 5697609 | 4383921 | 29.97 |
| 43 | 43 | 新西兰 | 373093 | 353616 | 5.51 | 4217636 | 4094066 | 3.02 |
| 44 | 46 | 危地马拉 | 624872 | 661943 | -5.60 | 3611017 | 3527008 | 2.38 |
| 45 | 44 | 厄瓜多尔 | 1246309 | 881053 | 41.46 | 3437731 | 3839238 | -10.46 |
| 46 | 47 | 斯里兰卡 | 665437 | 891931 | -25.39 | 2901654 | 2753581 | 5.38 |
| 47 | 69 | 沙特阿拉伯 | 569012 | 611145 | -6.89 | 2874499 | 915391 | 214.02 |
| 48 | 38 | 丹麦 | 533188 | 440833 | 20.95 | 2840131 | 5244641 | -45.85 |
| 49 | 50 | 乌克兰 | 800194 | 510954 | 56.61 | 2756737 | 2131907 | 29.31 |
| 50 | 56 | 朝鲜 | 35503 | 28661 | 23.87 | 2619714 | 1818246 | 44.08 |
| 51 | 148 | 多哥 | 166491 | 43036 | 286.86 | 2276878 | 20532 | 10989.41 |

| 排名 | | 国家和地区 | 数量（件） | | | 金额（美元） | | |
|---|---|---|---|---|---|---|---|---|
| 2012年 | 2011年 | | 2012年 | 2011年 | 同比% | 2012年 | 2011年 | 同比% |
| 52 | 49 | 希腊 | 371505 | 1153587 | -67.80 | 1951602 | 2257547 | -13.55 |
| 53 | 52 | 瑞士 | 122304 | 120279 | 1.68 | 1948489 | 2070538 | -5.89 |
| 54 | 67 | 罗马尼亚 | 549527 | 637105 | -13.75 | 1913044 | 987568 | 93.71 |
| 55 | 101 | 阿曼 | 23136 | 16972 | 36.32 | 1825766 | 199511 | 815.12 |
| 56 | 53 | 挪威 | 301789 | 489453 | -38.34 | 1800839 | 1979405 | -9.02 |
| 57 | 51 | 爱尔兰 | 118387 | 158552 | -25.33 | 1796622 | 2071801 | -13.28 |
| 58 | 62 | 萨尔瓦多 | 235750 | 241340 | -2.32 | 1745398 | 1192744 | 46.33 |
| 59 | 73 | 洪都拉斯 | 179101 | 131285 | 36.42 | 1693791 | 797617 | 112.36 |
| 60 | 59 | 哈萨克斯坦 | 55695 | 63468 | -12.25 | 1681277 | 1552944 | 8.26 |
| 61 | 107 | 安哥拉 | 323456 | 91982 | 251.65 | 1638474 | 133088 | 1131.12 |
| 62 | 60 | 黎巴嫩 | 140986 | 235555 | -40.15 | 1558865 | 1335609 | 16.72 |
| 63 | 128 | 苏丹 | 386509 | 156751 | 146.58 | 1526691 | 57738 | 2544.17 |
| 64 | 58 | 奥地利 | 120407 | 108702 | 10.77 | 1490731 | 1721970 | -13.43 |
| 65 | 66 | 埃及 | 308336 | 755670 | -59.20 | 1421528 | 1063675 | 33.64 |
| 66 | 145 | 摩纳哥 | 246713 | 1677 | 14611.57 | 1355173 | 23714 | 5614.65 |
| 67 | 80 | 突尼斯 | 150767 | 157942 | -4.54 | 1315858 | 538077 | 144.55 |
| 68 | 61 | 巴布亚新几内亚 | 131464 | 162426 | -19.06 | 1187561 | 1286944 | -7.72 |
| 69 | 57 | 葡萄牙 | 157715 | 172229 | -8.43 | 1173690 | 1729481 | -32.14 |
| 70 | 70 | 约旦 | 579666 | 1272718 | -54.45 | 1161940 | 907608 | 28.02 |
| 71 | 87 | 伊拉克 | 1420168 | 605671 | 134.48 | 1125667 | 335633 | 235.39 |
| 72 | 75 | 立陶宛 | 161617 | 87052 | 85.66 | 1026210 | 635782 | 61.41 |
| 73 | 54 | 斯洛文尼亚 | 236033 | 262194 | -9.98 | 998759 | 1843473 | -45.82 |
| 74 | 55 | 巴基斯坦 | 2920005 | 2682349 | 8.86 | 994662 | 1836176 | -45.83 |
| 75 | 63 | 阿尔及利亚 | 252275 | 294061 | -14.21 | 898884 | 1109763 | -19.00 |
| 76 | 81 | 古巴 | 12423 | 59458 | -79.11 | 882550 | 472276 | 86.87 |
| 77 | 84 | 缅甸 | 11003 | 74523 | -85.24 | 872101 | 384842 | 126.61 |
| 78 | 68 | 克罗地亚 | 146960 | 86818 | 69.27 | 837254 | 925883 | -9.57 |
| 79 | 72 | 哥斯达黎加 | 171917 | 148708 | 15.61 | 816888 | 809983 | 0.85 |
| 80 | 65 | 波多黎各 | 98027 | 139586 | -29.77 | 794184 | 1098727 | -27.72 |
| 81 | 82 | 中国澳门 | 65815 | 20180 | 226.14 | 783574 | 430463 | 82.03 |
| 82 | 74 | 巴拉圭 | 102166 | 110395 | -7.45 | 745905 | 640686 | 16.42 |
| 83 | 113 | 也门 | 240068 | 198528 | 20.92 | 687611 | 106234 | 547.26 |
| 84 | 93 | 孟加拉国 | 212135 | 67391 | 214.78 | 669263 | 295695 | 126.34 |
| 85 | 89 | 肯尼亚 | 364184 | 550684 | -33.87 | 667286 | 325545 | 104.98 |
| 86 | 79 | 拉脱维亚 | 69928 | 26837 | 160.57 | 650204 | 549016 | 18.43 |

| 排名 | | 国家和地区 | 数量（件） | | | 金额（美元） | | |
|---|---|---|---|---|---|---|---|---|
| 2012年 | 2011年 | | 2012年 | 2011年 | 同比% | 2012年 | 2011年 | 同比% |
| 87 | 99 | 爱沙尼亚 | 110529 | 34418 | 221.14 | 642373 | 209869 | 206.08 |
| 88 | 94 | 科威特 | 133808 | 109430 | 22.28 | 634341 | 287293 | 120.80 |
| 89 | 116 | 巴林 | 50069 | 41987 | 19.25 | 620849 | 98503 | 530.28 |
| 90 | 39 | 乌兹别克斯坦 | 26688 | 7703 | 246.46 | 614063 | 5205826 | -88.20 |
| 91 | 134 | 利比亚 | 367448 | 126476 | 190.53 | 596269 | 37701 | 1481.57 |
| 92 | 114 | 坦桑尼亚 | 188633 | 261267 | -27.80 | 533473 | 105075 | 407.71 |
| 93 | 108 | 马耳他 | 35494 | 14046 | 152.70 | 519325 | 132184 | 292.88 |
| 94 | 95 | 尼泊尔联邦民主共和国 | 30679 | 13761 | 122.94 | 482402 | 276980 | 74.16 |
| 95 | 154 | 马拉维 | 12159 | 9959 | 22.09 | 457984 | 16030 | 2757.04 |
| 96 | 105 | 阿塞拜疆 | 46763 | 2044 | 2187.82 | 452677 | 149062 | 203.68 |
| 97 | 142 | 乌干达 | 30417 | 9994 | 204.35 | 449961 | 24834 | 1711.87 |
| 98 | 88 | 莫桑比克 | 113067 | 147238 | -23.21 | 434311 | 329092 | 31.97 |
| 99 | 86 | 尼加拉瓜 | 42050 | 42165 | -0.27 | 431967 | 337077 | 28.15 |
| 100 | 91 | 斯洛伐克 | 46221 | 66249 | -30.23 | 424098 | 310310 | 36.67 |
| 101 | 78 | 多米尼加共和国 | 97322 | 52378 | 85.81 | 413344 | 572578 | -27.81 |
| 102 | 85 | 保加利亚 | 88627 | 90322 | -1.88 | 392177 | 380281 | 3.13 |
| 103 | 109 | 牙买加 | 24175 | 32567 | -25.77 | 370983 | 124748 | 197.39 |
| 104 | 102 | 塞尔维亚 | 59365 | 18684 | 217.73 | 356114 | 165356 | 115.36 |
| 105 | 77 | 塞浦路斯 | 21568 | 21271 | 1.40 | 355959 | 589594 | -39.63 |
| 106 | 117 | 文莱 | 265382 | 16058 | 1552.65 | 326950 | 98402 | 232.26 |
| 107 | 115 | 津巴布韦 | 67852 | 201501 | -66.33 | 308983 | 104891 | 194.58 |
| 108 | 136 | 贝宁 | 20566 | 107738 | -80.91 | 304193 | 35270 | 762.47 |
| 109 | 110 | 吉布提 | 289718 | 8772 | 3202.76 | 302126 | 123767 | 144.11 |
| 110 | 64 | 匈牙利 | 36623 | 65643 | -44.21 | 301321 | 1104729 | -72.72 |
| 111 | 92 | 留尼汪 | 58139 | 16523 | 251.87 | 287952 | 299585 | -3.88 |
| 112 | 83 | 白俄罗斯 | 14605 | 53978 | -72.94 | 272083 | 412816 | -34.09 |
| 113 | 109 | 叙利亚 | 408240 | 32567 | 1153.54 | 255729 | 124748 | 105.00 |
| 114 | 122 | 蒙古 | 1748 | 435 | 301.84 | 251633 | 75416 | 233.66 |
| 115 | 103 | 科特迪瓦 | 211627 | 845873 | -74.98 | 249809 | 164086 | 52.24 |
| 116 | 100 | 卡塔尔 | 16395 | 146561 | -88.81 | 225713 | 206932 | 9.08 |
| 117 | 98 | 土库曼斯坦 | 7926 | 125 | 6240.80 | 219478 | 227618 | -3.58 |
| 118 | 129 | 巴哈马 | 9274 | 17769 | -47.81 | 219369 | 55934 | 292.19 |
| 119 | 123 | 几内亚 | 87337 | 121920 | -28.37 | 217791 | 68993 | 215.67 |
| 120 | 96 | 刚果(金) | 355705 | 1060176 | -66.45 | 210377 | 250904 | -16.15 |
| 121 | 119 | 加蓬 | 36205 | 6710 | 439.57 | 207924 | 91911 | 126.22 |

| 排名 | | 国家和地区 | 数量（件） | | | 金额（美元） | | |
|---|---|---|---|---|---|---|---|---|
| 2012年 | 2011年 | | 2012年 | 2011年 | 同比% | 2012年 | 2011年 | 同比% |
| 122 | / | 多民族玻利维亚国 | 7761 | / | / | 173290 | / | / |
| 123 | 90 | 毛里求斯 | 33942 | 47884 | -29.12 | 172830 | 310810 | -44.39 |
| 124 | 112 | 柬埔寨 | 15603 | 17825 | -12.47 | 166884 | 109737 | 52.08 |
| 125 | 166 | 格林纳达 | 4848 | 2019 | 140.12 | 154582 | 4846 | 3089.89 |
| 126 | 124 | 特立尼达和多巴哥 | 114931 | 56151 | 104.68 | 146813 | 67723 | 116.78 |
| 127 | 106 | 斐济 | 61450 | 23450 | 162.05 | 146505 | 138030 | 6.14 |
| 128 | 149 | 苏里南 | 9287 | 3616 | 156.83 | 130766 | 20479 | 538.54 |
| 129 | 121 | 阿尔巴尼亚 | 33827 | 20394 | 65.87 | 124393 | 82953 | 49.96 |
| 130 | 104 | 格鲁吉亚 | 36728 | 69106 | -46.85 | 121088 | 157036 | -22.89 |
| 131 | 97 | 马达加斯加 | 121279 | 530326 | -77.13 | 117073 | 238754 | -50.97 |
| 132 | 179 | 海地 | 8360 | 2958 | 182.62 | 114639 | 465 | 24553.55 |
| 133 | 138 | 摩尔多瓦 | 2624 | 371 | 607.28 | 111327 | 31328 | 255.36 |
| 134 | 140 | 博茨瓦那 | 58338 | 2928 | 1892.42 | 106623 | 26567 | 301.34 |
| 135 | 167 | 图瓦卢 | 230000 | 426 | 53890.61 | 102055 | 4370 | 2235.35 |
| 136 | 118 | 喀麦隆 | 100819 | 140355 | -28.17 | 87157 | 96381 | -9.57 |
| 137 | 132 | 塞内加尔 | 209799 | 50760 | 313.32 | 83694 | 40681 | 105.73 |
| 138 | 127 | 冰岛 | 1399 | 5615 | -75.08 | 75243 | 60950 | 23.45 |
| 139 | / | 老挝 | 2145 | / | / | 71104 | / | / |
| 140 | 150 | 佛得角 | 2328 | 1062 | 119.21 | 69586 | 18796 | 270.22 |
| 141 | 126 | 纳米比亚 | 26145 | 21574 | 21.19 | 58542 | 60962 | -3.97 |
| 142 | 125 | 埃塞俄比亚 | 6875 | 30280 | -77.30 | 54143 | 62976 | -14.03 |
| 143 | 120 | 新喀里多尼亚 | 16993 | 19417 | -12.48 | 53226 | 84037 | -36.66 |
| 144 | 153 | 圭亚那 | 42021 | 8180 | 413.70 | 44887 | 17506 | 156.41 |
| 145 | / | 基里巴斯 | 1134 | / | / | 43716 | / | / |
| 146 | 146 | 马提尼克 | 294 | 17 | 1629.41 | 42936 | 21385 | 100.78 |
| 147 | 168 | 巴巴多斯 | 6332 | 184 | 3341.30 | 39280 | 3578 | 997.82 |
| 148 | 139 | 亚美尼亚 | 15 | 1117 | -98.66 | 35909 | 26610 | 34.95 |
| 149 | 130 | 瓦努阿图 | 2311 | 3123 | -26.00 | 30176 | 51805 | -41.75 |
| 150 | 165 | 塞拉利昂 | 32539 | 33700 | -3.45 | 26917 | 5712 | 371.24 |
| 151 | / | 圣马力诺 | 16 | / | / | 22214 | / | / |
| 152 | 137 | 法属波利尼西亚 | 727 | 1548 | -53.04 | 22046 | 32836 | -32.86 |
| 153 | 143 | 萨摩亚 | 1215 | 16693 | -92.72 | 18532 | 24534 | -24.46 |
| 154 | 152 | 东帝汶 | 865 | 992 | -12.80 | 15755 | 17812 | -11.55 |
| 155 | 175 | 冈比亚 | 52768 | 10230 | 415.82 | 12698 | 1535 | 727.23 |
| 156 | 170 | 塞舌尔 | 149 | 134 | 11.19 | 11606 | 3100 | 274.39 |

| 排名 | | 国家和地区 | 数量（件） | | | 金额（美元） | | |
|---|---|---|---|---|---|---|---|---|
| 2012年 | 2011年 | | 2012年 | 2011年 | 同比% | 2012年 | 2011年 | 同比% |
| 157 | 144 | 毛里塔尼亚 | 10071 | 32028 | -68.56 | 11252 | 24218 | -53.54 |
| 158 | / | 圣文森特和格林纳丁斯 | 1960 | / | / | 11252 | / | / |
| 159 | 162 | 波黑 | 3949 | 515 | 666.80 | 11068 | 8909 | 24.23 |
| 160 | / | 非洲其他国家(地区) | 540 | / | / | 10541 | / | / |
| 161 | 157 | 黑山 | 8614 | 3909 | 120.36 | 9455 | 13068 | -27.65 |
| 162 | 174 | 赤道几内亚 | 1231 | 240 | 412.92 | 8121 | 1920 | 322.97 |
| 163 | 160 | 所罗门群岛 | 677 | 433 | 56.35 | 6633 | 9452 | -29.82 |
| 164 | 1 | 阿富汗 | 14602 | / | / | 6172 | / | / |
| 165 | / | 安提瓜和巴布达 | 39 | / | / | 5700 | / | / |
| 166 | / | 多米尼克 | 10200 | / | / | 5610 | / | / |
| 167 | / | 密克罗尼西亚联邦 | 250 | / | / | 4500 | / | / |
| 168 | 171 | 汤加 | 2388 | 64 | 3631.25 | 4358 | 2993 | 45.61 |
| 169 | 131 | 马尔代夫 | 248 | 5816 | -95.74 | 3659 | 44609 | -91.80 |
| 170 | 181 | 法属圭亚那 | 1348 | 26 | 5084.62 | 3623 | 228 | 1489.04 |
| 171 | 178 | 圣卢西亚 | 1304 | 1420 | -8.17 | 2032 | 596 | 240.94 |
| 172 | 151 | 伯利兹 | 2420 | 9650 | -74.92 | 1632 | 18675 | -91.26 |
| 173 | 161 | 库腊索岛 | 1500 | 54598 | -97.25 | 1462 | 9429 | -84.49 |
| 174 | / | 库克群岛 | 88 | / | / | 708 | / | / |
| 175 | 158 | 赞比亚 | 1001 | 2953 | -66.10 | 600 | 11259 | -94.67 |
| 176 | / | 布基纳法索 | 1000 | / | / | 570 | / | / |
| 177 | / | 索马里 | 1600 | / | / | 251 | / | / |
| 178 | 156 | 卢旺达 | 570 | 3727 | -84.71 | 204 | 13304 | -98.47 |
| 179 | / | 莱索托 | 100 | / | / | 190 | / | / |
| 180 | 147 | 塔吉克斯坦 | 1680 | 860 | 95.35 | 173 | 20600 | -99.16 |
| 181 | 135 | 利比里亚 | 3200 | 142837 | -97.76 | 144 | 36455 | -99.60 |
| 182 | / | 拉丁美洲其他国家（地区） | 200 | / | / | 80 | / | / |

（资料来源：国家海关总署　中国乐器协会信息部编辑）

# 2012年中国立式钢琴出口国家和地区

（按出口金额排序）

| 排名 | | 国家和地区 | 数量（台） | | | 金额（美元） | | |
|---|---|---|---|---|---|---|---|---|
| 2012年 | 2011年 | | 2012年 | 2011年 | 同比% | 2012年 | 2011年 | 同比% |
| 1 | 1 | 美国 | 8200 | 10457 | -21.58 | 12532743 | 15188011 | -17.48 |
| 2 | 2 | 中国香港 | 4546 | 4350 | 4.51 | 7542242 | 7354218 | 2.56 |
| 3 | 3 | 德国 | 4239 | 5397 | -21.46 | 5415229 | 7108606 | -23.82 |
| 4 | 6 | 法国 | 2053 | 2428 | -15.44 | 2378387 | 2832804 | -16.04 |
| 5 | 5 | 加拿大 | 1420 | 1807 | -21.42 | 2243229 | 2842982 | -21.10 |
| 6 | 13 | 伊朗 | 1535 | 1246 | 23.19 | 2104634 | 1527415 | 37.79 |
| 7 | 9 | 韩国 | 1584 | 1467 | 7.98 | 2056009 | 1818788 | 13.04 |
| 8 | 4 | 荷兰 | 1477 | 2363 | -37.49 | 1987456 | 3049964 | -34.84 |
| 9 | 12 | 日本 | 1486 | 1338 | 11.06 | 1975327 | 1662632 | 18.81 |
| 10 | 11 | 英国 | 1688 | 1565 | 7.86 | 1831537 | 1669148 | 9.73 |
| 11 | 10 | 新加坡 | 1190 | 1372 | -13.27 | 1567373 | 1770734 | -11.48 |
| 12 | 22 | 朝鲜 | 1663 | 462 | 259.96 | 1469220 | 697584 | 110.62 |
| 13 | 14 | 澳大利亚 | 1522 | 1595 | -4.58 | 1372817 | 1450547 | -5.36 |
| 14 | 15 | 土耳其 | 1056 | 1193 | -11.48 | 1249637 | 1405275 | -11.08 |
| 15 | 17 | 马来西亚 | 962 | 833 | 15.49 | 1129706 | 1000961 | 12.86 |
| 16 | 7 | 意大利 | 754 | 2179 | -65.40 | 910825 | 2431111 | -62.53 |
| 17 | 20 | 俄罗斯联邦 | 604 | 559 | 8.05 | 806040 | 748540 | 7.68 |
| 18 | 28 | 泰国 | 504 | 321 | 57.01 | 736283 | 377911 | 94.83 |
| 19 | 19 | 比利时 | 471 | 617 | -23.66 | 721123 | 779498 | -7.49 |
| 20 | 18 | 中国台湾 | 287 | 502 | -42.83 | 519704 | 907029 | -42.70 |
| 21 | 26 | 黎巴嫩 | 350 | 324 | 8.02 | 470608 | 393192 | 19.69 |
| 22 | 21 | 阿联酋 | 326 | 437 | -25.40 | 449767 | 714866 | -37.08 |
| 23 | 23 | 巴西 | 388 | 555 | -30.09 | 425789 | 588070 | -27.60 |
| 24 | 27 | 墨西哥 | 323 | 347 | -6.92 | 412198 | 385749 | 6.86 |
| 25 | 24 | 爱尔兰 | 378 | 498 | -24.10 | 400115 | 475733 | -15.90 |
| 26 | 16 | 捷克 | 132 | 341 | -61.29 | 393326 | 1017097 | -61.33 |
| 27 | 32 | 中国澳门 | 331 | 274 | 20.80 | 391654 | 302375 | 29.53 |
| 28 | 29 | 以色列 | 285 | 331 | -13.90 | 310797 | 361935 | -14.13 |
| 29 | 25 | 奥地利 | 203 | 301 | -32.56 | 291140 | 463345 | -37.17 |
| 30 | 31 | 印度尼西亚 | 530 | 262 | 102.29 | 265188 | 345171 | -23.17 |
| 31 | 36 | 新西兰 | 213 | 192 | 10.94 | 256682 | 214837 | 19.48 |

| 排名 | | 国家和地区 | 数量（台） | | | 金额（美元） | | |
|---|---|---|---|---|---|---|---|---|
| 2012年 | 2011年 | | 2012年 | 2011年 | 同比% | 2012年 | 2011年 | 同比% |
| 32 | 54 | 阿塞拜疆 | 173 | 32 | 440.63 | 232697 | 41468 | 461.15 |
| 33 | 51 | 古巴 | 53 | 13 | 307.69 | 202550 | 47668 | 324.92 |
| 34 | 30 | 西班牙 | 174 | 338 | -48.52 | 178325 | 359094 | -50.34 |
| 35 | 34 | 印度 | 144 | 225 | -36.00 | 177186 | 267649 | -33.80 |
| 36 | 38 | 越南 | 138 | 103 | 33.98 | 176788 | 121790 | 45.16 |
| 37 | 61 | 芬兰 | 128 | 16 | 700.00 | 146424 | 27267 | 437.00 |
| 38 | 39 | 哥伦比亚 | 107 | 103 | 3.88 | 138747 | 118010 | 17.57 |
| 39 | 46 | 秘鲁 | 112 | 77 | 45.45 | 135334 | 89168 | 51.77 |
| 40 | 33 | 希腊 | 141 | 324 | -56.48 | 129143 | 301522 | -57.17 |
| 41 | 42 | 南非 | 86 | 86 | 0.00 | 118198 | 109179 | 8.26 |
| 42 | 63 | 蒙古 | 95 | 19 | 400.00 | 111968 | 21854 | 412.35 |
| 43 | 47 | 丹麦 | 76 | 46 | 65.22 | 106945 | 62074 | 72.29 |
| 44 | 35 | 塞浦路斯 | 87 | 204 | -57.35 | 102113 | 226304 | -54.88 |
| 45 | 55 | 突尼斯 | 83 | 37 | 124.32 | 94026 | 38602 | 143.58 |
| 46 | 41 | 哈萨克斯坦 | 69 | 97 | -28.87 | 78344 | 110528 | -29.12 |
| 47 | / | 波兰 | 53 | / | / | 73614 | / | / |
| 48 | 52 | 埃及 | 49 | 36 | 36.11 | 62395 | 43096 | 44.78 |
| 49 | 71 | 冰岛 | 46 | 13 | 253.85 | 60394 | 16564 | 264.61 |
| 50 | 40 | 智利 | 40 | 65 | -38.46 | 60052 | 112488 | -46.61 |
| 51 | 43 | 菲律宾 | 29 | 67 | -56.72 | 57763 | 95665 | -39.62 |
| 52 | 37 | 瑞士 | 27 | 113 | -76.11 | 39004 | 182767 | -78.66 |
| 53 | 65 | 斯洛文尼亚 | 31 | 16 | 93.75 | 38680 | 18735 | 106.46 |
| 54 | 45 | 阿根廷 | 25 | 69 | -63.77 | 34101 | 89411 | -61.86 |
| 55 | 58 | 约旦 | 25 | 30 | -16.67 | 33995 | 31996 | 6.25 |
| 56 | 73 | 孟加拉国 | 25 | 12 | 108.33 | 32022 | 15400 | 107.94 |
| 57 | 53 | 马耳他 | 27 | 37 | -27.03 | 28497 | 42167 | -32.42 |
| 58 | 48 | 挪威 | 22 | 43 | -48.84 | 28168 | 53973 | -47.81 |
| 59 | / | 伊拉克 | 22 | / | / | 23080 | / | / |
| 60 | / | 危地马拉 | 16 | / | / | 22120 | / | / |
| 61 | 74 | 尼日利亚 | 15 | 9 | 66.67 | 22035 | 12693 | 73.60 |
| 62 | 56 | 阿尔巴尼亚 | 16 | 32 | -50.00 | 22013 | 37583 | -41.43 |
| 63 | / | 巴拉圭 | 16 | / | / | 21088 | / | / |
| 64 | / | 多民族玻利维亚国 | 18 | / | / | 20482 | / | / |
| 65 | 64 | 葡萄牙 | 16 | 17 | -5.88 | 17872 | 20042 | -10.83 |
| 66 | 75 | 波多黎各 | 14 | 12 | 16.67 | 16218 | 12120 | 33.81 |

| 排名 | | 国家和地区 | 数量（台） | | | 金额（美元） | | |
|---|---|---|---|---|---|---|---|---|
| 2012年 | 2011年 | | 2012年 | 2011年 | 同比% | 2012年 | 2011年 | 同比% |
| 67 | / | 圣马力诺 | 14 | / | / | 15796 | / | / |
| 68 | 44 | 厄瓜多尔 | 13 | 70 | -81.43 | 15590 | 90615 | -82.80 |
| 69 | 86 | 卡塔尔 | 12 | 1 | 1100.00 | 14820 | 1101 | 1246.05 |
| 70 | / | 肯尼亚 | 8 | / | / | 14740 | / | / |
| 71 | / | 克罗地亚 | 12 | / | / | 13818 | / | / |
| 72 | 59 | 巴拿马 | 13 | 33 | -60.61 | 13740 | 31851 | -56.86 |
| 73 | / | 乌克兰 | 8 | / | / | 9864 | / | / |
| 74 | 72 | 缅甸 | 15 | 15 | 0.00 | 9800 | 16266 | -39.75 |
| 75 | 57 | 匈牙利 | 9 | 24 | -62.50 | 7796 | 33446 | -76.69 |
| 76 | 66 | 留尼汪 | 6 | 14 | -57.14 | 7749 | 18088 | -57.16 |
| 77 | / | 亚美尼亚 | 4 | / | / | 4604 | / | / |
| 78 | 76 | 阿尔及利亚 | 3 | 10 | -70.00 | 3649 | 10510 | -65.28 |
| 79 | / | 乌拉圭 | 2 | / | / | 3586 | / | / |
| 80 | 68 | 毛里求斯 | 2 | 16 | -87.50 | 2924 | 17880 | -83.65 |
| 81 | / | 立陶宛 | 2 | / | / | 2258 | / | / |
| 82 | / | 几内亚 | 1 | / | / | 1650 | / | / |
| 83 | 79 | 柬埔寨 | 1 | 1 | 0.00 | 1387 | 4628 | -70.03 |
| 84 | 80 | 阿曼 | 1 | 2 | -50.00 | 1250 | 2800 | -55.36 |
| 85 | / | 利比亚 | 1 | / | / | 1183 | / | / |

（资料来源：国家海关总署　中国乐器协会信息部编辑）

# 2012年中国三角钢琴出口国家和地区

（按出口金额排序）

| 排名 | | 国家和地区 | 数量（台） | | | 金额（美元） | | |
|---|---|---|---|---|---|---|---|---|
| 2012年 | 2011年 | | 2012年 | 2011年 | 同比% | 2012年 | 2011年 | 同比% |
| 1 | 1 | 美国 | 3370 | 2884 | 16.85 | 11496978 | 9152697 | 25.61 |
| 2 | 2 | 德国 | 518 | 644 | -19.57 | 2194699 | 2545525 | -13.78 |
| 3 | 4 | 中国香港 | 185 | 150 | 23.33 | 2096036 | 1753065 | 19.56 |
| 4 | 5 | 加拿大 | 309 | 244 | 26.64 | 1190154 | 859238 | 38.51 |
| 5 | 7 | 英国 | 273 | 230 | 18.70 | 887484 | 750202 | 18.30 |
| 6 | 8 | 荷兰 | 205 | 219 | -6.39 | 780265 | 725794 | 7.51 |
| 7 | 6 | 澳大利亚 | 202 | 225 | -10.22 | 756251 | 803461 | -5.88 |
| 8 | 17 | 捷克 | 140 | 53 | 164.15 | 619595 | 250178 | 147.66 |
| 9 | 21 | 伊朗 | 179 | 59 | 203.39 | 524921 | 169178 | 210.28 |
| 10 | 9 | 法国 | 122 | 178 | -31.46 | 512962 | 706557 | -27.40 |
| 11 | 18 | 马来西亚 | 125 | 63 | 98.41 | 451540 | 231650 | 94.92 |
| 12 | 10 | 俄罗斯联邦 | 106 | 145 | -26.90 | 408722 | 590165 | -30.74 |
| 13 | 11 | 巴西 | 132 | 193 | -31.61 | 401458 | 583765 | -31.23 |
| 14 | 14 | 朝鲜 | 227 | 74 | 206.76 | 366774 | 338600 | 8.32 |
| 15 | 12 | 日本 | 92 | 147 | -37.41 | 354282 | 525539 | -32.59 |
| 16 | 13 | 意大利 | 73 | 125 | -41.60 | 331507 | 471589 | -29.70 |
| 17 | / | 比利时 | 87 | / | / | 322948 | / | / |
| 18 | 27 | 土耳其 | 60 | 34 | 76.47 | 217944 | 111423 | 95.60 |
| 19 | 72 | 芬兰 | 64 | 1 | 6300.00 | 182051 | 4562 | 3890.60 |
| 20 | 41 | 阿塞拜疆 | 47 | 13 | 261.54 | 176650 | 46566 | 279.35 |
| 21 | 15 | 韩国 | 45 | 75 | -40.00 | 176182 | 316381 | -44.31 |
| 22 | 37 | 波兰 | 32 | 13 | 146.15 | 156513 | 57680 | 171.35 |
| 23 | 30 | 中国台湾 | 34 | 19 | 78.95 | 150271 | 89152 | 68.56 |
| 24 | 24 | 爱尔兰 | 54 | 60 | -10.00 | 148344 | 157943 | -6.08 |
| 25 | 22 | 新加坡 | 34 | 46 | -26.09 | 134359 | 161832 | -16.98 |
| 26 | 28 | 黎巴嫩 | 37 | 31 | 19.35 | 130915 | 100219 | 30.63 |
| 27 | 25 | 墨西哥 | 30 | 30 | 0.00 | 127495 | 138746 | -8.11 |
| 28 | 16 | 奥地利 | 22 | 52 | -57.69 | 101325 | 286946 | -64.69 |
| 29 | 33 | 南非 | 25 | 15 | 66.67 | 97647 | 70891 | 37.74 |
| 30 | 36 | 泰国 | 26 | 17 | 52.94 | 94023 | 57842 | 62.55 |
| 31 | 34 | 以色列 | 29 | 22 | 31.82 | 93345 | 68163 | 36.94 |

| 排名 | | 国家和地区 | 数量（台） | | | 金额（美元） | | |
|---|---|---|---|---|---|---|---|---|
| 2012年 | 2011年 | | 2012年 | 2011年 | 同比% | 2012年 | 2011年 | 同比% |
| 32 | 23 | 阿联酋 | 24 | 38 | -36.84 | 81361 | 158727 | -48.74 |
| 33 | 26 | 哈萨克斯坦 | 23 | 39 | -41.03 | 80995 | 137903 | -41.27 |
| 34 | 35 | 哥伦比亚 | 18 | 19 | -5.26 | 72220 | 66847 | 8.04 |
| 35 | 42 | 丹麦 | 23 | 12 | 91.67 | 64771 | 43081 | 50.35 |
| 36 | 39 | 新西兰 | 17 | 18 | -5.56 | 57463 | 56395 | 1.89 |
| 37 | 48 | 秘鲁 | 18 | 11 | 63.64 | 51403 | 29621 | 73.54 |
| 38 | 43 | 越南 | 12 | 10 | 20.00 | 48650 | 41558 | 17.07 |
| 39 | 32 | 印度 | 10 | 24 | -58.33 | 44995 | 78121 | -42.40 |
| 40 | 29 | 埃及 | 13 | 26 | -50.00 | 41925 | 95980 | -56.32 |
| 41 | / | 亚美尼亚 | 8 | / | / | 31242 | / | / |
| 42 | / | 乌克兰 | 15 | / | / | 29049 | / | / |
| 43 | 40 | 西班牙 | 3 | 12 | -75.00 | 28800 | 51972 | -44.59 |
| 44 | / | 肯尼亚 | 7 | / | / | 28555 | / | / |
| 45 | 66 | 中国澳门 | 7 | 4 | 75.00 | 27897 | 6740 | 313.90 |
| 46 | 47 | 印度尼西亚 | 9 | 3 | 200.00 | 27666 | 30210 | -8.42 |
| 47 | 58 | 蒙古 | 6 | 4 | 50.00 | 27213 | 13422 | 102.75 |
| 48 | 57 | 卡塔尔 | 6 | 3 | 100.00 | 21637 | 15680 | 37.99 |
| 49 | 73 | 智利 | 5 | 3 | 66.67 | 20481 | 4104 | 399.05 |
| 50 | / | 厄瓜多尔 | 4 | / | / | 16542 | / | / |
| 51 | 31 | 瑞士 | 3 | 17 | -82.35 | 16417 | 84614 | -80.60 |
| 52 | 52 | 巴拿马 | 5 | 6 | -16.67 | 15798 | 20535 | -23.07 |
| 53 | 59 | 挪威 | 4 | 3 | 33.33 | 15160 | 12957 | 17.00 |
| 54 | 71 | 约旦 | 2 | 1 | 100.00 | 14542 | 4852 | 199.71 |
| 55 | 45 | 马耳他 | 4 | 6 | -33.33 | 13417 | 33184 | -59.57 |
| 56 | 49 | 波多黎各 | 4 | 8 | -50.00 | 13268 | 25554 | -48.08 |
| 57 | 38 | 塞浦路斯 | 4 | 17 | -76.47 | 13067 | 57445 | -77.25 |
| 58 | / | 留尼汪 | 1 | / | / | 12000 | / | / |
| 59 | 46 | 菲律宾 | 2 | 9 | -77.78 | 10800 | 33182 | -67.45 |
| 60 | / | 孟加拉国 | 3 | / | / | 10303 | / | / |
| 61 | 44 | 希腊 | 4 | 20 | -80.00 | 8377 | 40936 | -79.54 |
| 62 | 69 | 冰岛 | 3 | 2 | 50.00 | 8202 | 5264 | 55.81 |
| 63 | / | 危地马拉 | 2 | / | / | 7532 | / | / |
| 64 | / | 圣马力诺 | 2 | / | / | 6418 | / | / |
| 65 | 62 | 毛里求斯 | 1 | 2 | -50.00 | 5361 | 9480 | -43.45 |
| 66 | 56 | 阿根廷 | 1 | 4 | -75.00 | 4244 | 16382 | -74.09 |

| 排名 | | 国家和地区 | 数量（台） | | | 金额（美元） | | |
|---|---|---|---|---|---|---|---|---|
| 2012年 | 2011年 | | 2012年 | 2011年 | 同比% | 2012年 | 2011年 | 同比% |
| 67 | 68 | 乌拉圭 | 1 | 1 | 0.00 | 4205 | 5278 | -20.33 |
| 68 | / | 乌干达 | 3 | / | / | 3825 | / | / |
| 69 | / | 巴拉圭 | 1 | / | / | 3628 | / | / |
| 70 | / | 立陶宛 | 1 | / | / | 3623 | / | / |
| 71 | 55 | 尼日利亚 | 1 | 5 | -80.00 | 3387 | 16761 | -79.79 |
| 72 | 63 | 突尼斯 | 1 | 3 | -66.67 | 3098 | 9448 | -67.21 |
| 73 | / | 古巴 | 1 | / | / | 2837 | / | / |
| 74 | / | 委内瑞拉 | 1 | / | / | 2687 | / | / |
| 75 | 50 | 匈牙利 | 1 | 7 | -85.71 | 2460 | 23836 | -89.68 |

（资料来源：国家海关总署　中国乐器协会信息部编辑）

# 2012年中国主要乐器出口额前10位国家和地区

（按出口金额排序）

| 商品名称 | 国家和地区数量 | 排名 | 国家和地区 | 数量（件） | | | 金额（美元） | | |
|---|---|---|---|---|---|---|---|---|---|
| | | | | 2012年 | 2011年 | 同比% | 2012年 | 2011年 | 同比% |
| 立式钢琴 | 85 | 1 | 美国 | 8200 | 10457 | -21.58 | 12532743 | 15188011 | -17.48 |
| | | 2 | 中国香港 | 4546 | 4350 | 4.51 | 7542242 | 7354218 | 2.56 |
| | | 3 | 德国 | 4239 | 5397 | -21.46 | 5415229 | 7108606 | -23.82 |
| | | 4 | 法国 | 2053 | 2428 | -15.44 | 2378387 | 2832804 | -16.04 |
| | | 5 | 加拿大 | 1420 | 1807 | -21.42 | 2243229 | 2842982 | -21.10 |
| | | 6 | 伊朗 | 1535 | 1246 | 23.19 | 2104634 | 1527415 | 37.79 |
| | | 7 | 韩国 | 1584 | 1467 | 7.98 | 2056009 | 1818788 | 13.04 |
| | | 8 | 荷兰 | 1477 | 2363 | -37.49 | 1987456 | 3049964 | -34.84 |
| | | 9 | 日本 | 1486 | 1338 | 11.06 | 1975327 | 1662632 | 18.81 |
| | | 10 | 英国 | 1688 | 1565 | 7.86 | 1831537 | 1669148 | 9.73 |
| 三角钢琴 | 75 | 1 | 美国 | 3370 | 2884 | 16.85 | 11496978 | 9152697 | 25.61 |
| | | 2 | 德国 | 518 | 644 | -19.57 | 2194699 | 2545525 | -13.78 |
| | | 3 | 中国香港 | 185 | 150 | 23.33 | 2096036 | 1753065 | 19.56 |
| | | 4 | 加拿大 | 309 | 244 | 26.64 | 1190154 | 859238 | 38.51 |
| | | 5 | 英国 | 273 | 230 | 18.70 | 887484 | 750202 | 18.30 |
| | | 6 | 荷兰 | 205 | 219 | -6.39 | 780265 | 725794 | 7.51 |

| 商品名称 | 国家和地区数量 | 排名 | 国家和地区 | 数量（件） | | | 金额（美元） | | |
|---|---|---|---|---|---|---|---|---|---|
| | | | | 2012年 | 2011年 | 同比% | 2012年 | 2011年 | 同比% |
| 三角钢琴 | 75 | 7 | 澳大利亚 | 202 | 225 | -10.22 | 756251 | 803461 | -5.88 |
| | | 8 | 捷克 | 140 | 53 | 164.15 | 619595 | 250178 | 147.66 |
| | | 9 | 伊朗 | 179 | 59 | 203.39 | 524921 | 169178 | 210.28 |
| | | 10 | 法国 | 122 | 178 | -31.46 | 512962 | 706557 | -27.40 |
| 拨弦古钢琴及其他键盘弦乐器 | 48 | 1 | 美国 | 214 | 2412 | -91.13 | 270529 | 41070 | 558.70 |
| | | 2 | 西班牙 | 11 | 49 | -77.55 | 194569 | 8580 | 2167.70 |
| | | 3 | 韩国 | 4387 | 2619 | 67.51 | 142587 | 102935 | 38.52 |
| | | 4 | 日本 | 431 | / | / | 109873 | / | / |
| | | 5 | 荷兰 | 311 | / | / | 94129 | / | / |
| | | 6 | 土耳其 | 108 | 16 | 575.00 | 68707 | 36824 | 86.58 |
| | | 7 | 英国 | 1030 | 413 | 149.39 | 57108 | 59407 | -3.87 |
| | | 8 | 土库曼斯坦 | 46 | / | / | 55803 | / | / |
| | | 9 | 中国台湾 | 120 | 60 | 100.00 | 46630 | 15746 | 196.14 |
| | | 10 | 巴拿马 | 3001 | / | / | 43188 | / | / |
| 弓弦乐器 | 117 | 1 | 美国 | 434837 | 428077 | 1.58 | 25823206 | 22416621 | 15.20 |
| | | 2 | 德国 | 63119 | 60067 | 5.08 | 4711111 | 4121581 | 14.30 |
| | | 3 | 英国 | 102082 | 56568 | 80.46 | 4141507 | 3243856 | 27.67 |
| | | 4 | 韩国 | 79498 | 98297 | -19.12 | 3215903 | 3483396 | -7.68 |
| | | 5 | 巴西 | 66271 | 55138 | 20.19 | 2790563 | 1782184 | 56.58 |
| | | 6 | 日本 | 36943 | 24864 | 48.58 | 2224714 | 1846307 | 20.50 |
| | | 7 | 加拿大 | 21598 | 14452 | 49.45 | 2056321 | 1584057 | 29.81 |
| | | 8 | 土耳其 | 72832 | 52200 | 39.52 | 1927595 | 1457277 | 32.27 |
| | | 9 | 委内瑞拉 | 15998 | 10434 | 53.33 | 1835277 | 863075 | 112.64 |
| | | 10 | 墨西哥 | 57970 | 46140 | 25.64 | 1780385 | 1051487 | 69.32 |
| 其他弦乐器 | 159 | 1 | 美国 | 2483235 | 2761362 | -10.07 | 86385753 | 88436126 | -2.32 |
| | | 2 | 巴西 | 1059361 | 1342185 | -21.07 | 26673040 | 28805531 | -7.40 |
| | | 3 | 德国 | 814036 | 993781 | -18.09 | 25772316 | 28823475 | -10.59 |
| | | 4 | 韩国 | 396779 | 606537 | -34.58 | 15826219 | 17145370 | -7.69 |
| | | 5 | 英国 | 618140 | 479300 | 28.97 | 14537017 | 9631796 | 50.93 |
| | | 6 | 荷兰 | 373126 | 394969 | -5.53 | 14021920 | 18344851 | -23.56 |
| | | 7 | 泰国 | 546877 | 527727 | 3.63 | 13650427 | 10447820 | 30.65 |
| | | 8 | 澳大利亚 | 383279 | 324574 | 18.09 | 9502588 | 8466386 | 12.24 |
| | | 9 | 日本 | 213504 | 227151 | -6.01 | 9225333 | 8304043 | 11.09 |
| | | 10 | 法国 | 223490 | 269085 | -16.94 | 9188971 | 10555746 | -12.95 |

| 商品名称 | 国家和地区数量 | 排名 | 国家和地区 | 数量（件） | | | 金额（美元） | | |
|---|---|---|---|---|---|---|---|---|---|
| | | | | 2012年 | 2011年 | 同比% | 2012年 | 2011年 | 同比% |
| 铜管乐器 | 106 | 1 | 美国 | 188903 | 168704 | 11.97 | 25759853 | 23420635 | 9.99 |
| | | 2 | 德国 | 86203 | 79747 | 8.10 | 12224590 | 10637320 | 14.92 |
| | | 3 | 巴西 | 87321 | 104772 | -16.66 | 7690376 | 8204068 | -6.26 |
| | | 4 | 英国 | 47493 | 40225 | 18.07 | 5528682 | 4833288 | 14.39 |
| | | 5 | 墨西哥 | 29187 | 26620 | 9.64 | 3486233 | 2790009 | 24.95 |
| | | 6 | 法国 | 19690 | 88954 | -77.86 | 3447547 | 3021708 | 14.09 |
| | | 7 | 日本 | 22414 | 20237 | 10.76 | 2773867 | 2160853 | 28.37 |
| | | 8 | 韩国 | 19012 | 20989 | -9.42 | 2481930 | 2165310 | 14.62 |
| | | 9 | 中国台湾 | 10797 | 9103 | 18.61 | 2128435 | 1827064 | 16.49 |
| | | 10 | 智利 | 38726 | 25832 | 49.91 | 2000141 | 1583222 | 26.33 |
| 键盘管风琴;簧风琴等游离金属簧片键盘乐器 | 43 | 1 | 马来西亚 | 461035 | 395824 | 16.47 | 1871120 | 1757195 | 6.48 |
| | | 2 | 日本 | 182019 | 202264 | -10.01 | 1543487 | 1490822 | 3.53 |
| | | 3 | 土耳其 | 459702 | 526056 | -12.61 | 1372522 | 1528494 | -10.20 |
| | | 4 | 印度尼西亚 | 340195 | 246894 | 37.79 | 1273320 | 937145 | 35.87 |
| | | 5 | 厄瓜多尔 | 54814 | 35250 | 55.50 | 297369 | 197304 | 50.72 |
| | | 6 | 泰国 | 113624 | 30610 | 271.20 | 284135 | 152507 | 86.31 |
| | | 7 | 韩国 | 100764 | 46371 | 117.30 | 268932 | 112657 | 138.72 |
| | | 8 | 智利 | 41357 | 12212 | 238.66 | 162694 | 53332 | 205.06 |
| | | 9 | 墨西哥 | 18245 | 12480 | 46.19 | 123425 | 74377 | 65.95 |
| | | 10 | 斯里兰卡 | 24534 | 18068 | 35.79 | 102433 | 126617 | -19.10 |
| 手风琴及类似乐器 | 90 | 1 | 巴西 | 17851 | 12547 | 42.27 | 3253876 | 2259559 | 44.00 |
| | | 2 | 美国 | 33671 | 33799 | -0.38 | 2651875 | 2298461 | 15.38 |
| | | 3 | 德国 | 16884 | 11007 | 53.39 | 1776734 | 1480751 | 19.99 |
| | | 4 | 智利 | 39615 | 18351 | 115.87 | 1402567 | 752566 | 86.37 |
| | | 5 | 墨西哥 | 25056 | 19408 | 29.10 | 1339691 | 930628 | 43.96 |
| | | 6 | 韩国 | 67804 | 159753 | -57.56 | 1212573 | 2159785 | -43.86 |
| | | 7 | 哥伦比亚 | 17758 | 11351 | 56.44 | 908145 | 1206832 | -24.75 |
| | | 8 | 乌兹别克斯坦 | 1388 | 176 | 688.64 | 576020 | 86099 | 569.02 |
| | | 9 | 阿根廷 | 8636 | 18092 | -52.27 | 447958 | 843200 | -46.87 |
| | | 10 | 乌拉圭 | 48714 | 55619 | -12.41 | 427032 | 427215 | -0.04 |
| 口琴 | 92 | 1 | 美国 | 2585453 | 1817154 | 42.28 | 3120641 | 2684491 | 16.25 |
| | | 2 | 德国 | 623557 | 850043 | -26.64 | 1854310 | 1956817 | -5.24 |
| | | 3 | 日本 | 336822 | 368395 | -8.57 | 1727281 | 1784883 | -3.23 |
| | | 4 | 马来西亚 | 393932 | 158418 | 148.67 | 867490 | 276814 | 213.38 |

| 商品名称 | 国家和地区数量 | 排名 | 国家和地区 | 数量（件） | | | 金额（美元） | | |
|---|---|---|---|---|---|---|---|---|---|
| | | | | 2012年 | 2011年 | 同比% | 2012年 | 2011年 | 同比% |
| 口琴 | 92 | 5 | 印度 | 396874 | 217992 | 82.06 | 541867 | 284570 | 90.42 |
| | | 6 | 土耳其 | 398636 | 676368 | -41.06 | 502748 | 637619 | -21.15 |
| | | 7 | 英国 | 224430 | 346869 | -35.30 | 482151 | 375147 | 28.52 |
| | | 8 | 加拿大 | 146699 | 61194 | 139.73 | 425329 | 64110 | 563.44 |
| | | 9 | 新加坡 | 96398 | 74098 | 30.10 | 391577 | 79089 | 395.11 |
| | | 10 | 泰国 | 251360 | 286916 | -12.39 | 313193 | 267416 | 17.12 |
| 其他管乐器，但游艺场风琴及手摇风琴除外 | 126 | 1 | 美国 | 1863647 | 1777195 | 4.86 | 25630090 | 19021714 | 34.74 |
| | | 2 | 德国 | 429785 | 389861 | 10.24 | 3032077 | 3019258 | 0.42 |
| | | 3 | 巴西 | 204869 | 219198 | -6.54 | 2618605 | 2562811 | 2.18 |
| | | 4 | 英国 | 129379 | 133509 | -3.09 | 2544693 | 1946688 | 30.72 |
| | | 5 | 加拿大 | 102218 | 151112 | -32.36 | 2193881 | 1742473 | 25.91 |
| | | 6 | 中国香港 | 25912 | 64754 | -59.98 | 1614541 | 1518216 | 6.34 |
| | | 7 | 墨西哥 | 795457 | 493085 | 61.32 | 1444750 | 593787 | 143.31 |
| | | 8 | 意大利 | 145064 | 90408 | 60.45 | 1119074 | 1106224 | 1.16 |
| | | 9 | 尼日利亚 | 240195 | 265449 | -9.51 | 983966 | 854745 | 15.12 |
| | | 10 | 韩国 | 290882 | 251049 | 15.87 | 957819 | 994103 | -3.65 |
| 打击乐器 | 138 | 1 | 美国 | 2100369 | 2878605 | -27.04 | 34570393 | 36313967 | -4.80 |
| | | 2 | 德国 | 1746458 | 2240817 | -22.06 | 9880068 | 11998733 | -17.66 |
| | | 3 | 尼日利亚 | 132394 | 118518 | 11.71 | 8971752 | 7681703 | 16.79 |
| | | 4 | 巴西 | 244705 | 262720 | -6.86 | 8072755 | 9606858 | -15.97 |
| | | 5 | 墨西哥 | 176139 | 159100 | 10.71 | 5220215 | 4318521 | 20.88 |
| | | 6 | 日本 | 660537 | 230138 | 187.02 | 5007591 | 3959861 | 26.46 |
| | | 7 | 英国 | 323357 | 484444 | -33.25 | 4562609 | 4653748 | -1.96 |
| | | 8 | 荷兰 | 476210 | 472116 | 0.87 | 3907772 | 7195016 | -45.69 |
| | | 9 | 澳大利亚 | 171995 | 204571 | -15.92 | 3551246 | 3184149 | 11.53 |
| | | 10 | 韩国 | 495298 | 558229 | -11.27 | 3476739 | 3346442 | 3.89 |
| 通过电产生或扩大声音的键盘乐器 | 147 | 1 | 美国 | 1351773 | 1235221 | 9.44 | 90290821 | 82215190 | 9.82 |
| | | 2 | 德国 | 535604 | 569261 | -5.91 | 43233388 | 41556371 | 4.04 |
| | | 3 | 日本 | 355107 | 369282 | -3.84 | 36187236 | 27682263 | 30.72 |
| | | 4 | 中国香港 | 458020 | 576440 | -20.54 | 27473532 | 29977648 | -8.35 |
| | | 5 | 法国 | 149272 | 121224 | 23.14 | 15124044 | 10939191 | 38.26 |
| | | 6 | 韩国 | 103269 | 110346 | -6.41 | 13913643 | 10708136 | 29.94 |
| | | 7 | 英国 | 183931 | 170532 | 7.86 | 13116366 | 11819942 | 10.97 |
| | | 8 | 巴西 | 127104 | 134294 | -5.35 | 8347571 | 9564709 | -12.73 |

| 商品名称 | 国家和地区数量 | 排名 | 国家和地区 | 数量（件） | | | 金额（美元） | | |
|---|---|---|---|---|---|---|---|---|---|
| | | | | 2012年 | 2011年 | 同比% | 2012年 | 2011年 | 同比% |
| | | 9 | 阿联酋 | 114061 | 120479 | -5.33 | 7261642 | 7065063 | 2.78 |
| | | 10 | 马来西亚 | 90112 | 65610 | 37.34 | 6924079 | 3409091 | 103.11 |
| 其他通过电产生或扩大声音的乐器 | 129 | 1 | 美国 | 922392 | 991998 | -7.02 | 67755494 | 62667273 | 8.12 |
| | | 2 | 日本 | 230840 | 325656 | -29.12 | 23930018 | 24513048 | -2.38 |
| | | 3 | 荷兰 | 188411 | 218549 | -13.79 | 20677819 | 18617905 | 11.06 |
| | | 4 | 德国 | 195543 | 194064 | 0.76 | 14256094 | 18939727 | -24.73 |
| | | 5 | 巴西 | 219009 | 299018 | -26.76 | 11362416 | 15894258 | -28.51 |
| | | 6 | 英国 | 98291 | 137842 | -28.69 | 7703705 | 11011657 | -30.04 |
| | | 7 | 澳大利亚 | 70613 | 64800 | 8.97 | 4981348 | 4215106 | 18.18 |
| | | 8 | 墨西哥 | 80940 | 76069 | 6.40 | 4586264 | 3875832 | 18.33 |
| | | 9 | 加拿大 | 44742 | 52830 | -15.31 | 4159269 | 4431412 | -6.14 |
| | | 10 | 泰国 | 66889 | 56140 | 19.15 | 3537200 | 3261285 | 8.46 |
| 百音盒 | 117 | 1 | 美国 | 2379774 | 3976349 | -40.15 | 9082863 | 15852923 | -42.71 |
| | | 2 | 中国香港 | 6876291 | 4881086 | 40.88 | 8008468 | 4070963 | 96.72 |
| | | 3 | 英国 | 365121 | 329390 | 10.85 | 2503104 | 924986 | 170.61 |
| | | 4 | 荷兰 | 804220 | 539793 | 48.99 | 1604727 | 2462100 | -34.82 |
| | | 5 | 德国 | 502568 | 877086 | -42.70 | 1570786 | 1856910 | -15.41 |
| | | 6 | 巴西 | 1354165 | 880117 | 53.86 | 1537695 | 837644 | 83.57 |
| | | 7 | 马来西亚 | 604819 | 407318 | 48.49 | 1523215 | 444136 | 242.96 |
| | | 8 | 加拿大 | 242422 | 307998 | -21.29 | 1235727 | 412736 | 199.40 |
| | | 9 | 意大利 | 244416 | 381769 | -35.98 | 1095071 | 558792 | 95.97 |
| | | 10 | 日本 | 692358 | 951017 | -27.20 | 1050719 | 1215584 | -13.56 |
| 其他乐器；各种媒诱音响器、哨子、号角等 | 150 | 1 | 美国 | 16242575 | 13318981 | 21.95 | 7507563 | 6815706 | 10.15 |
| | | 2 | 西班牙 | 2661696 | 1527432 | 74.26 | 4120579 | 789640 | 421.83 |
| | | 3 | 日本 | 7635475 | 5900076 | 29.41 | 2174072 | 2053154 | 5.89 |
| | | 4 | 德国 | 2801707 | 3146353 | -10.95 | 1509911 | 1877690 | -19.59 |
| | | 5 | 马来西亚 | 1902870 | 2017350 | -5.67 | 802580 | 718635 | 11.68 |
| | | 6 | 巴西 | 746873 | 753890 | -0.93 | 695793 | 744350 | -6.52 |
| | | 7 | 法国 | 265482 | 480612 | -44.76 | 660769 | 673021 | -1.82 |
| | | 8 | 巴基斯坦 | 2799224 | 2576413 | 8.65 | 626941 | 564028 | 11.15 |
| | | 9 | 巴拿马 | 863282 | 458166 | 88.42 | 609281 | 350341 | 73.91 |
| | | 10 | 伊朗 | 1245459 | 1720823 | -27.62 | 546931 | 319287 | 71.30 |
| 乐器用弦 | 89 | 1 | 德国 | 34863 | 22555 | 54.57 | 1016497 | 794376 | 27.96 |
| | | 2 | 美国 | 24536 | 42611 | -42.42 | 608928 | 728299 | -16.39 |

| 商品名称 | 国家和地区数量 | 排名 | 国家和地区 | 数量（件） | | | 金额（美元） | | |
|---|---|---|---|---|---|---|---|---|---|
| | | | | 2012年 | 2011年 | 同比% | 2012年 | 2011年 | 同比% |
| 乐器用弦 | 89 | 3 | 日本 | 27556 | 25454 | 8.26 | 586248 | 409759 | 43.07 |
| | | 4 | 印度尼西亚 | 28303 | 25729 | 10.00 | 362730 | 383986 | -5.54 |
| | | 5 | 韩国 | 60825 | 69522 | -12.51 | 300119 | 445034 | -32.56 |
| | | 6 | 巴西 | 8129 | 10904 | -25.45 | 244192 | 249000 | -1.93 |
| | | 7 | 印度 | 12457 | 8276 | 50.52 | 215367 | 136935 | 57.28 |
| | | 8 | 中国香港 | 9934 | 7235 | 37.30 | 196008 | 91534 | 114.14 |
| | | 9 | 哥伦比亚 | 4690 | 7600 | -38.29 | 187150 | 219354 | -14.68 |
| | | 10 | 泰国 | 9045 | 11196 | -19.21 | 181842 | 156902 | 15.90 |
| 钢琴的零件、附件 | 53 | 1 | 印度尼西亚 | 5437431 | 5574236 | -2.45 | 26851891 | 29970788 | -10.41 |
| | | 2 | 捷克 | 589508 | 499187 | 18.09 | 3148379 | 2531912 | 24.35 |
| | | 3 | 日本 | 292182 | 267955 | 9.04 | 2944446 | 2594511 | 13.49 |
| | | 4 | 韩国 | 563596 | 779697 | -27.72 | 2394283 | 2932435 | -18.35 |
| | | 5 | 美国 | 58757 | 58131 | 1.08 | 1339488 | 627473 | 113.47 |
| | | 6 | 伊朗 | 265524 | 259293 | 2.40 | 1308268 | 1216397 | 7.55 |
| | | 7 | 德国 | 312052 | 336652 | -7.31 | 1285882 | 1383667 | -7.07 |
| | | 8 | 中国台湾 | 197136 | 208982 | -5.67 | 903179 | 868949 | 3.94 |
| | | 9 | 中国香港 | 55484 | 13046 | 325.30 | 519785 | 88685 | 486.10 |
| | | 10 | 巴西 | 14067 | 15491 | -9.19 | 133795 | 143297 | -6.63 |
| 弦乐器的零件、附件 | 106 | 1 | 美国 | 579039 | 727978 | -20.46 | 6812723 | 7250591 | -6.04 |
| | | 2 | 印度尼西亚 | 558282 | 584444 | -4.48 | 3602082 | 3647206 | -1.24 |
| | | 3 | 德国 | 560428 | 627682 | -10.71 | 2595732 | 3715422 | -30.14 |
| | | 4 | 日本 | 352305 | 381677 | -7.70 | 2157643 | 2341308 | -7.84 |
| | | 5 | 中国香港 | 118441 | 187844 | -36.95 | 1727604 | 3536514 | -51.15 |
| | | 6 | 英国 | 274365 | 164374 | 66.92 | 1645462 | 1278436 | 28.71 |
| | | 7 | 韩国 | 171141 | 208441 | -17.89 | 1028817 | 1820924 | -43.50 |
| | | 8 | 巴西 | 79233 | 110898 | -28.55 | 942337 | 1776826 | -46.97 |
| | | 9 | 新加坡 | 53749 | 180352 | -70.20 | 651290 | 439175 | 48.30 |
| | | 10 | 阿根廷 | 34734 | 28669 | 21.16 | 589716 | 361958 | 62.92 |
| 键盘电子乐器的零件、附件 | 92 | 1 | 美国 | 1447197 | 1144005 | 26.50 | 8581283 | 5536349 | 55.00 |
| | | 2 | 印度尼西亚 | 696248 | 675318 | 3.10 | 7636807 | 7089989 | 7.71 |
| | | 3 | 中国香港 | 402146 | 464722 | -13.47 | 7436140 | 6962244 | 6.81 |
| | | 4 | 日本 | 445360 | 513801 | -13.32 | 3811095 | 4182753 | -8.89 |
| | | 5 | 韩国 | 788255 | 1143879 | -31.09 | 3539113 | 5671833 | -37.60 |
| | | 6 | 德国 | 333315 | 463544 | -28.09 | 1638319 | 1999515 | -18.06 |

| 商品名称 | 国家和地区数量 | 排名 | 国家和地区 | 数量（件） | | | 金额（美元） | | |
|---|---|---|---|---|---|---|---|---|---|
| | | | | 2012年 | 2011年 | 同比% | 2012年 | 2011年 | 同比% |
| 键盘电子乐器的零件、附件 | 92 | 7 | 意大利 | 158431 | 202266 | -21.67 | 1534610 | 1678380 | -8.57 |
| | | 8 | 荷兰 | 73898 | 40682 | 81.65 | 1046273 | 502947 | 108.03 |
| | | 9 | 英国 | 82747 | 176543 | -53.13 | 564700 | 831896 | -32.12 |
| | | 10 | 丹麦 | 79698 | 64061 | 24.41 | 501678 | 419626 | 19.55 |
| 节拍器、音叉及定音管 | 80 | 1 | 美国 | 38813 | 31188 | 24.45 | 1352604 | 893801 | 51.33 |
| | | 2 | 中国香港 | 22899 | 19274 | 18.81 | 578628 | 503764 | 14.86 |
| | | 3 | 德国 | 10408 | 8136 | 27.93 | 293323 | 272400 | 7.68 |
| | | 4 | 英国 | 6905 | 4173 | 65.47 | 129547 | 85039 | 52.34 |
| | | 5 | 韩国 | 9864 | 1094 | 801.65 | 95433 | 45250 | 110.90 |
| | | 6 | 日本 | 2915 | 4339 | -32.82 | 87669 | 350146 | -74.96 |
| | | 7 | 墨西哥 | 1463 | 1155 | 26.67 | 54942 | 45676 | 20.29 |
| | | 8 | 俄罗斯联邦 | 2541 | 3740 | -32.06 | 54932 | 101654 | -45.96 |
| | | 9 | 荷兰 | 2120 | 2092 | 1.34 | 54571 | 43209 | 26.30 |
| | | 10 | 印度尼西亚 | 1874 | 1596 | 17.42 | 53536 | 5359 | 898.99 |
| 百音盒的机械装置 | 41 | 1 | 中国香港 | 149007 | 198461 | -24.92 | 1051372 | 1646760 | -36.16 |
| | | 2 | 斯里兰卡 | 59811 | 72153 | -17.11 | 603058 | 677957 | -11.05 |
| | | 3 | 美国 | 160519 | 32855 | 388.57 | 593715 | 418286 | 41.94 |
| | | 4 | 法国 | 34448 | 33537 | 2.72 | 592183 | 697702 | -15.12 |
| | | 5 | 德国 | 49310 | 45403 | 8.61 | 574095 | 485919 | 18.15 |
| | | 6 | 日本 | 71503 | 67566 | 5.83 | 508244 | 368811 | 37.81 |
| | | 7 | 英国 | 4739 | 1361 | 248.20 | 223436 | 23987 | 831.49 |
| | | 8 | 沙特阿拉伯 | 1726 | / | / | 87405 | / | / |
| | | 9 | 瑞士 | 3158 | 3058 | 3.27 | 79253 | 60840 | 30.26 |
| | | 10 | 荷兰 | 4655 | 15633 | -70.22 | 57436 | 78721 | -27.04 |
| 其它乐器的零件、附件 | 121 | 1 | 美国 | 3947461 | 4788876 | -17.57 | 19455817 | 22573979 | -13.81 |
| | | 2 | 德国 | 1455083 | 2149627 | -32.31 | 9550089 | 9843847 | -2.98 |
| | | 3 | 日本 | 1020995 | 879578 | 16.08 | 8121588 | 6120790 | 32.69 |
| | | 4 | 中国香港 | 1490098 | 1295248 | 15.04 | 4513798 | 4440407 | 1.65 |
| | | 5 | 中国台湾 | 324323 | 438166 | -25.98 | 3248873 | 4560585 | -28.76 |
| | | 6 | 法国 | 591354 | 587799 | 0.60 | 2959716 | 2866839 | 3.24 |
| | | 7 | 英国 | 500945 | 601534 | -16.72 | 2728291 | 3170774 | -13.96 |
| | | 8 | 荷兰 | 384566 | 498745 | -22.89 | 2711974 | 3870340 | -29.93 |
| | | 9 | 巴西 | 430182 | 434103 | -0.90 | 2706682 | 2620989 | 3.27 |
| | | 10 | 加拿大 | 543842 | 586664 | -7.30 | 2600670 | 3157759 | -17.64 |

（资料来源：国家海关总署　中国乐器协会信息部编辑）

# 2012年中国海关进口乐器量值

| 商品代码 | 商品名称 | 单位 | 数量 | | | 金额（美元） | | |
|---|---|---|---|---|---|---|---|---|
| | | | 2012年 | 2011年 | 同比% | 2012年 | 2011年 | 同比% |
| 92011000 | 立式钢琴，包括自动钢琴 | 台 | 102199 | 87310 | 17.05 | 82619867 | 68622874 | 20.40 |
| 92012000 | 三角钢琴，包括自动钢琴 | 台 | 4632 | 5073 | -8.69 | 37820500 | 37985997 | -0.44 |
| 92019000 | 拨弦古钢琴及其他键盘弦乐器 | 台 | 804 | 1092 | -26.37 | 647125 | 1220680 | -46.99 |
| 92021000 | 弓弦乐器 | 只 | 2198 | 1888 | 16.42 | 1470757 | 664394 | 121.37 |
| 92029000 | 其他弦乐器 | 只 | 71546 | 49218 | 45.37 | 5273598 | 3399623 | 55.12 |
| 92051000 | 铜管乐器 | 只 | 5422 | 5109 | 6.13 | 2605838 | 2561154 | 1.74 |
| 92059010 | 键盘管风琴;簧风琴等游离金属簧片键盘乐器 | 只 | 263 | 2571 | -89.77 | 2242145 | 261873 | 756.20 |
| 92059020 | 手风琴及类似乐器 | 只 | 579 | 596 | -2.85 | 125578 | 85968 | 46.08 |
| 92059030 | 口琴 | 只 | 53602 | 88750 | -39.60 | 370336 | 311795 | 18.78 |
| 92059090 | 其他管乐器，但游艺场风琴及手摇风琴除外 | 只 | 57108 | 60630 | -5.81 | 4476797 | 4644170 | -3.60 |
| 92060000 | 打击乐器 | 只 | 346505 | 288185 | 20.24 | 6587854 | 5617086 | 17.28 |
| 92071000 | 通过电产生或扩大声音的键盘乐器 | 只 | 31476 | 28628 | 9.95 | 10658396 | 8513179 | 25.20 |
| 92079000 | 其他通过电产生或扩大声音的乐器 | 个 | 50211 | 41837 | 20.02 | 6241893 | 6627141 | -5.81 |
| 92081000 | 百音盒 | 个 | 35561 | 78493 | -54.70 | 500261 | 213435 | 134.39 |
| 92089000 | 其他乐器;各种媒诱音响器、哨子、号角等 | 个 | 564265 | 890208 | -36.61 | 252421 | 282071 | -10.51 |
| 92093000 | 乐器用弦 | 千克 | 318894 | 277109 | 15.08 | 6003022 | 5865840 | 2.34 |
| 92099100 | 钢琴的零件、附件 | 千克 | 5271638 | 4815529 | 9.47 | 36652412 | 34418899 | 6.49 |
| 92099200 | 品目9202所列乐器的零件、附件 | 千克 | 658880 | 790203 | -16.62 | 12918670 | 10238172 | 26.18 |
| 92099400 | 品目9207所列乐器的零件、附件 | 千克 | 4180008 | 4493421 | -6.97 | 35842990 | 36793138 | -2.58 |
| 92099910 | 节拍器、音叉及定音管 | 千克 | 10318 | 6026 | 71.22 | 319472 | 235785 | 35.49 |
| 92099920 | 百音盒的机械装置 | 千克 | 56773 | 86479 | -34.35 | 611314 | 544625 | 12.24 |
| 92099990 | 其他乐器的零件、附件 | 千克 | 1389092 | 1567891 | -11.40 | 48674364 | 42757280 | 13.84 |
| 合计 | | | | | | 302915610 | 271865179 | 11.42 |

（资料来源：国家海关总署　中国乐器协会信息部编辑）

# 2012年中国从世界各大洲进口乐器概况

| 洲别 | 国家和地区数量 | | 数量（件） | | | 金额（美元） | | |
|---|---|---|---|---|---|---|---|---|
| | 2012年 | 2011年 | 2012年 | 2011年 | 同比% | 2012年 | 2011年 | 同比% |
| 亚 洲 | 17 | 16 | 12096583 | 12485899 | -3.12 | 247770999 | 224306793 | 10.46 |
| 非 洲 | 6 | 8 | 3597 | 42647 | -91.57 | 43055 | 45058 | -4.45 |
| 欧 洲 | 21 | 24 | 828632 | 806730 | 2.71 | 41888131 | 34999928 | 19.68 |
| 南美洲 | 4 | 8 | 2473 | 19039 | -87.01 | 467560 | 817889 | -42.83 |
| 北美洲 | 2 | 2 | 280427 | 311894 | -10.09 | 12675348 | 11649610 | 8.80 |
| 大洋洲 | 2 | 2 | 262 | 37 | 608.11 | 70517 | 45901 | 53.63 |
| 合 计 | 52 | 60 | 13211974 | 13666246 | -3.32 | 302915610 | 271865179 | 11.42 |

（资料来源：国家海关总署　中国乐器协会信息部编辑）

# 2012年中国海关进口乐器国家和地区

(按进口金额排序)

| 排名 | | 国家和地区 | 数量（件） | | | 金额（美元） | | |
|---|---|---|---|---|---|---|---|---|
| 2012年 | 2011年 | | 2012年 | 2011年 | 同比% | 2012年 | 2011年 | 同比% |
| 1 | 1 | 日本 | 5685552 | 5121086 | 11.02 | 135572354 | 123834550 | 9.48 |
| 2 | 2 | 印度尼西亚 | 2937075 | 2894038 | 1.49 | 55224800 | 38986221 | 41.65 |
| 3 | 3 | 德国 | 415277 | 422205 | -1.64 | 28595032 | 23089847 | 23.84 |
| 4 | 4 | 韩国 | 855960 | 974390 | -12.15 | 23202120 | 20457923 | 13.41 |
| 5 | 6 | 中国台湾 | 1239762 | 1445341 | -14.22 | 16591159 | 17720728 | -6.37 |
| 6 | 5 | 中国内地 | 1249970 | 1827596 | -31.61 | 14798384 | 17895853 | -17.31 |
| 7 | 7 | 美国 | 160002 | 216565 | -26.12 | 11535381 | 10886072 | 5.96 |
| 8 | 8 | 意大利 | 129305 | 125645 | 2.91 | 4783015 | 4365972 | 9.55 |
| 9 | 11 | 捷克 | 28540 | 601 | 4648.75 | 3341746 | 2143837 | 55.88 |
| 10 | 9 | 法国 | 8457 | 12256 | -31.00 | 1755725 | 2428726 | -27.71 |
| 11 | 15 | 加拿大 | 120425 | 95329 | 26.33 | 1139967 | 763538 | 49.30 |
| 12 | 13 | 奥地利 | 695 | 2932 | -76.30 | 1135514 | 852845 | 33.14 |
| 13 | 14 | 荷兰 | 2777 | 1348 | 106.01 | 689475 | 794172 | -13.18 |
| 14 | 12 | 中国香港 | 28825 | 149249 | -80.69 | 679611 | 2073272 | -67.22 |
| 15 | 24 | 瑞士 | 3517 | 1059 | 232.11 | 553803 | 79451 | 597.04 |
| 16 | 20 | 越南 | 5047 | 1539 | 227.94 | 540625 | 288181 | 87.60 |
| 17 | 17 | 英国 | 47765 | 61889 | -22.82 | 496911 | 494932 | 0.40 |

| 排名 | | 国家和地区 | 数量（件） | | | 金额（美元） | | |
|---|---|---|---|---|---|---|---|---|
| 2012年 | 2011年 | | 2012年 | 2011年 | 同比% | 2012年 | 2011年 | 同比% |
| 18 | 16 | 墨西哥 | 2118 | 3272 | -35.27 | 424618 | 655311 | -35.20 |
| 19 | 10 | 泰国 | 46961 | 27643 | 69.88 | 421063 | 2391094 | -82.39 |
| 20 | 18 | 马来西亚 | 10982 | 13950 | -21.28 | 325928 | 406164 | -19.75 |
| 21 | 21 | 罗马尼亚 | 2104 | 2133 | -1.36 | 278200 | 194097 | 43.33 |
| 22 | 19 | 西班牙 | 55725 | 83896 | -33.58 | 141280 | 350652 | -59.71 |
| 23 | 32 | 以色列 | 13940 | 784 | 1678.06 | 129748 | 21868 | 493.32 |
| 24 | 22 | 印度 | 3060 | 18772 | -83.70 | 107486 | 125037 | -14.04 |
| 25 | 29 | 朝鲜 | 1188 | 603 | 97.01 | 64825 | 36380 | 78.19 |
| 26 | 30 | 澳大利亚 | 229 | 23 | 895.65 | 59225 | 35804 | 65.41 |
| 27 | 38 | 土耳其 | 629 | 2724 | -76.91 | 42158 | 13019 | 223.82 |
| 28 | 25 | 匈牙利 | 259 | 28 | 825.00 | 41441 | 53465 | -22.49 |
| 29 | 37 | 加纳 | 2544 | 1188 | 114.14 | 37928 | 13785 | 175.14 |
| 30 | 31 | 尼泊尔联邦民主共和国 | 16566 | 7666 | 116.10 | 34852 | 34487 | 1.06 |
| 31 | 27 | 比利时 | 118228 | 2775 | 4160.47 | 29390 | 40471 | -27.38 |
| 32 | 28 | 阿根廷 | 151 | 347 | -56.48 | 24010 | 39635 | -39.42 |
| 33 | 33 | 新加坡 | 749 | 510 | 46.86 | 20910 | 20726 | 0.89 |
| 34 | 26 | 瑞典 | 402 | 61 | 559.02 | 17391 | 52199 | -66.68 |
| 35 | 49 | 菲律宾 | 257 | 8 | 3112.50 | 14496 | 1290 | 1023.72 |
| 36 | 0 | 特立尼达和多巴哥 | 43 | / | / | 11389 | / | / |
| 37 | 35 | 克罗地亚 | 108 | 1601 | -93.25 | 10405 | 17954 | -42.05 |
| 38 | 0 | 国(地)别不详 | 32 | / | / | 7656 | / | / |
| 39 | 23 | 巴西 | 161 | 1280 | -87.42 | 7543 | 117790 | -93.60 |
| 40 | 36 | 阿塞拜疆 | 1 | 37010 | -100.00 | 6000 | 17717 | -66.13 |
| 41 | 34 | 俄罗斯联邦 | 4 | 124 | -96.77 | 5411 | 19509 | -72.26 |
| 42 | 39 | 新西兰 | 1 | 14 | -92.86 | 3636 | 10097 | -63.99 |
| 43 | 54 | 斯洛伐克 | 260 | 34 | 664.71 | 3361 | 632 | 431.80 |
| 44 | 58 | 喀麦隆 | 203 | 34 | 497.06 | 3134 | 440 | 612.27 |
| 45 | 41 | 希腊 | 10405 | 38000 | -72.62 | 1447 | 6879 | -78.96 |
| 46 | 45 | 丹麦 | 4801 | 50001 | -90.40 | 1381 | 2770 | -50.14 |
| 47 | 42 | 芬兰 | 1 | 2 | -50.00 | 1174 | 4038 | -70.93 |
| 48 | 0 | 尼日利亚 | 29 | / | / | 790 | | / |
| 49 | 48 | 南非 | 2 | 3 | -33.33 | 592 | 1570 | -62.29 |
| 50 | 44 | 肯尼亚 | 555 | 3124 | -82.23 | 532 | 3105 | -82.87 |
| 51 | 0 | 蒙古 | 60 | / | / | 480 | / | / |
| 52 | 55 | 埃塞俄比亚 | 264 | 800 | -67.00 | 79 | 590 | -86.61 |
| 53 | 0 | 列支敦士登 | 1 | / | / | 29 | / | / |

（资料来源：国家海关总署　中国乐器协会信息部编辑）

# 2012年中国进口主要乐器基本情况

(按进口金额排序)

| 商品名称 | 国家和地区数量 | 排名 | 国家和地区 | 数量（件） | | | 金额（美元） | | |
|---|---|---|---|---|---|---|---|---|---|
| | | | | 2012年 | 2011年 | 同比% | 2012年 | 2011年 | 同比% |
| 立式钢琴 | 26 | 1 | 日本 | 51338 | 46046 | 11.49 | 50445733 | 46252918 | 9.06 |
| | | 2 | 印度尼西亚 | 10991 | 7234 | 51.94 | 17400209 | 10462582 | 66.31 |
| | | 3 | 韩国 | 38718 | 32920 | 17.61 | 10079842 | 7488128 | 34.61 |
| | | 4 | 德国 | 311 | 301 | 3.32 | 2489224 | 2600628 | -4.28 |
| | | 5 | 捷克 | 472 | 287 | 64.46 | 1931972 | 1322395 | 46.10 |
| | | 6 | 英国 | 101 | 136 | -25.74 | 69676 | 138140 | -49.56 |
| | | 7 | 中国内地 | 96 | 182 | -47.25 | 51741 | 115700 | -55.28 |
| | | 8 | 意大利 | 10 | 18 | -44.44 | 43844 | 45186 | -2.97 |
| | | 9 | 美国 | 44 | 30 | 46.67 | 37014 | 60140 | -38.45 |
| | | 10 | 中国台湾 | 12 | 10 | 20.00 | 19507 | 16516 | 18.11 |
| | | 11 | 加拿大 | 24 | 1 | 2300.00 | 11312 | 450 | 2413.78 |
| | | 12 | 奥地利 | 18 | 6 | 200.00 | 6651 | 4164 | 59.73 |
| | | 13 | 阿塞拜疆 | 1 | / | / | 6000 | / | / |
| | | 14 | 瑞士 | 13 | / | / | 5383 | / | / |
| | | 15 | 国(地)别不详 | 25 | / | / | 4414 | / | / |
| | | 16 | 新西兰 | 1 | 13 | -92.31 | 3636 | 9296 | -60.89 |
| | | 17 | 中国香港 | 5 | 24 | -79.17 | 3000 | 18190 | -83.51 |
| | | 18 | 比利时 | 5 | 1 | 400.00 | 2607 | 19371 | -86.54 |
| | | 19 | 菲律宾 | 5 | 3 | 66.67 | 1632 | 1016 | 60.63 |
| | | 20 | 西班牙 | 1 | / | / | 1200 | / | / |
| | | 21 | 丹麦 | 1 | / | / | 1189 | / | / |
| | | 22 | 芬兰 | 1 | / | / | 1174 | / | / |
| | | 23 | 俄罗斯联邦 | 2 | 65 | -96.92 | 905 | 12350 | -92.67 |
| | | 24 | 法国 | 1 | 8 | -87.50 | 807 | 17327 | -95.34 |
| | | 25 | 荷兰 | 1 | 2 | -50.00 | 603 | 359 | 67.97 |
| | | 26 | 南非 | 2 | 2 | 0.00 | 592 | 1442 | -58.95 |
| 三角钢琴 | 18 | 1 | 日本 | 2440 | 2643 | -7.68 | 15203872 | 17628989 | -13.76 |
| | | 2 | 德国 | 344 | 213 | 61.50 | 12044716 | 9439787 | 27.60 |
| | | 3 | 印度尼西亚 | 1458 | 1399 | 4.22 | 6495208 | 6179448 | 5.11 |
| | | 4 | 意大利 | 29 | 26 | 11.54 | 1667767 | 1402707 | 18.90 |

| 商品名称 | 国家和地区数量 | 排名 | 国家和地区 | 数量（件） | | | 金额（美元） | | |
|---|---|---|---|---|---|---|---|---|---|
| | | | | 2012年 | 2011年 | 同比% | 2012年 | 2011年 | 同比% |
| 三角钢琴 | 18 | 5 | 奥地利 | 21 | 21 | 0.00 | 837036 | 740561 | 13.03 |
| | | 6 | 美国 | 32 | 16 | 100.00 | 514442 | 255818 | 101.10 |
| | | 7 | 捷克 | 29 | 71 | -59.15 | 480378 | 778834 | -38.32 |
| | | 8 | 韩国 | 173 | 36 | 380.56 | 270388 | 25577 | 957.15 |
| | | 9 | 英国 | 75 | 68 | 10.29 | 181358 | 153048 | 18.50 |
| | | 10 | 澳大利亚 | 1 | 1 | 0.00 | 51655 | 600 | 8509.17 |
| | | 11 | 法国 | 11 | 2 | 450.00 | 35370 | 201 | 17497.01 |
| | | 12 | 比利时 | 3 | / | / | 14856 | / | / |
| | | 13 | 中国台湾 | 1 | 2 | -50.00 | 5000 | 3110 | 60.77 |
| | | 14 | 西班牙 | 3 | / | / | 4514 | / | / |
| | | 15 | 俄罗斯联邦 | 2 | 3 | -33.33 | 4506 | 660 | 582.73 |
| | | 16 | 加拿大 | 2 | / | / | 3920 | / | / |
| | | 17 | 国(地)别不详 | 7 | / | / | 3242 | / | / |
| | | 18 | 中国大陆 | 1 | 560 | -99.82 | 2272 | 1361138 | -99.83 |
| 弓弦乐器 | 19 | 1 | 意大利 | 24 | 9 | 166.67 | 862493 | 225137 | 283.10 |
| | | 2 | 德国 | 206 | 98 | 110.20 | 379957 | 234595 | 61.96 |
| | | 3 | 奥地利 | 3 | 4 | -25.00 | 65975 | 1441 | 4478.42 |
| | | 4 | 罗马尼亚 | 630 | 1535 | -58.96 | 51560 | 119240 | -56.76 |
| | | 5 | 美国 | 77 | 7 | 1000.00 | 26364 | 1947 | 1254.08 |
| | | 6 | 中国大陆 | 448 | 87 | 414.94 | 17067 | 6663 | 156.15 |
| | | 7 | 捷克 | 13 | 1535 | -99.15 | 12930 | 119240 | -89.16 |
| | | 8 | 菲律宾 | 252 | / | / | 12864 | / | / |
| | | 9 | 西班牙 | 43 | / | / | 9629 | / | / |
| | | 10 | 法国 | 4 | / | / | 7628 | / | / |
| 其他弦乐器 | 22 | 1 | 印度尼西亚 | 63833 | 31327 | 103.76 | 3560623 | 1805060 | 97.26 |
| | | 2 | 美国 | 954 | 266 | 258.65 | 867050 | 192184 | 351.16 |
| | | 3 | 日本 | 231 | 360 | -35.83 | 279930 | 132076 | 111.95 |
| | | 4 | 墨西哥 | 337 | 188 | 79.26 | 95569 | 27510 | 247.40 |
| | | 5 | 中国大陆 | 3843 | 14783 | -74.00 | 89957 | 326982 | -72.49 |
| | | 6 | 意大利 | 11 | 23 | -52.17 | 81010 | 580609 | -86.05 |
| | | 7 | 加拿大 | 797 | 443 | 79.91 | 63033 | 33143 | 90.18 |
| | | 8 | 德国 | 148 | 201 | -26.37 | 59442 | 129453 | -54.08 |
| | | 9 | 韩国 | 400 | 224 | 78.57 | 59000 | 21019 | 180.70 |
| | | 10 | 西班牙 | 183 | 178 | 2.81 | 48332 | 56600 | -14.61 |

| 商品名称 | 国家和地区数量 | 排名 | 国家和地区 | 数量（件） | | | 金额（美元） | | |
|---|---|---|---|---|---|---|---|---|---|
| | | | | 2012年 | 2011年 | 同比% | 2012年 | 2011年 | 同比% |
| 铜管乐器 | 12 | 1 | 中国台湾 | 1610 | 1077 | 49.49 | 718028 | 512964 | 39.98 |
| | | 2 | 美国 | 1307 | 1058 | 23.53 | 678798 | 658447 | 3.09 |
| | | 3 | 德国 | 255 | 192 | 32.81 | 398199 | 304835 | 30.63 |
| | | 4 | 日本 | 493 | 815 | -39.51 | 319458 | 740472 | -56.86 |
| | | 5 | 法国 | 774 | 1132 | -31.63 | 173519 | 209723 | -17.26 |
| | | 6 | 越南 | 524 | 230 | 127.83 | 162459 | 55466 | 192.90 |
| | | 7 | 奥地利 | 34 | 76 | -55.26 | 91018 | 8597 | 958.72 |
| | | 8 | 中国大陆 | 193 | 414 | -53.38 | 34610 | 29218 | 18.45 |
| | | 9 | 意大利 | 74 | 96 | -22.92 | 25650 | 28620 | -10.38 |
| | | 10 | 英国 | 153 | 15 | 920.00 | 3751 | 7518 | -50.11 |
| 键盘管风琴;簧风琴等游离金属簧 | 8 | 1 | 德国 | 4 | 1 | 300.00 | 1714944 | 190094 | 802.16 |
| | | 2 | 捷克 | 1 | / | / | 457538 | / | / |
| | | 3 | 意大利 | 9 | 7 | 28.57 | 48788 | 26267 | 85.74 |
| | | 4 | 中国台湾 | 210 | 52 | 303.85 | 13600 | 1620 | 739.51 |
| | | 5 | 美国 | 6 | 1 | 500.00 | 3680 | 320 | 1050.00 |
| | | 6 | 日本 | 17 | 5 | 240.00 | 3437 | 10953 | -68.62 |
| | | 7 | 中国大陆 | 15 | / | / | 90 | / | / |
| | | 8 | 英国 | 1 | 2 | -50.00 | 68 | 411 | -83.45 |
| 手风琴及类似乐器 | 7 | 1 | 朝鲜 | 448 | 523 | -14.34 | 61948 | 34835 | 77.83 |
| | | 2 | 意大利 | 37 | 55 | -32.73 | 52645 | 48199 | 9.22 |
| | | 3 | 中国大陆 | 85 | / | / | 9680 | / | / |
| | | 4 | 印度 | 2 | / | / | 222 | / | / |
| | | 5 | 日本 | 5 | / | / | 806 | / | / |
| | | 6 | 美国 | 1 | / | / | 148 | / | / |
| | | 7 | 荷兰 | 1 | / | / | 129 | / | / |
| 口琴 | 6 | 1 | 日本 | 12883 | 7728 | 66.71 | 319573 | 191572 | 66.82 |
| | | 2 | 德国 | 1946 | 5963 | -67.37 | 28890 | 61460 | -52.99 |
| | | 3 | 中国大陆 | 38671 | 74953 | -48.41 | 19525 | 56941 | -65.71 |
| | | 4 | 印度尼西亚 | 65 | 45 | 44.44 | 1961 | 1400 | 40.07 |
| | | 5 | 中国台湾 | 36 | / | / | 386 | / | / |
| | | 6 | 澳大利亚 | 1 | / | / | 1 | / | / |
| 其他管乐器 | 18 | 1 | 日本 | 5537 | 5733 | -3.42 | 2317127 | 2409493 | -3.83 |
| | | 2 | 法国 | 4481 | 4852 | -7.65 | 827756 | 917075 | -9.74 |
| | | 3 | 德国 | 71 | 193 | -63.21 | 493030 | 381151 | 29.35 |

| 商品名称 | 国家和地区数量 | 排名 | 国家和地区 | 数量（件） | | | 金额（美元） | | |
|---|---|---|---|---|---|---|---|---|---|
| | | | | 2012年 | 2011年 | 同比% | 2012年 | 2011年 | 同比% |
| 其他管乐器 | 18 | 4 | 中国台湾 | 10636 | 12530 | -15.12 | 393543 | 413773 | -4.89 |
| | | 5 | 越南 | 1151 | 1004 | 14.64 | 262149 | 208958 | 25.46 |
| | | 6 | 美国 | 1472 | 449 | 227.84 | 110294 | 148795 | -25.88 |
| | | 7 | 印度尼西亚 | 13062 | 3113 | 319.60 | 22832 | 46922 | -51.34 |
| | | 8 | 英国 | 16743 | 3120 | 436.63 | 22460 | 5641 | 298.16 |
| | | 9 | 中国大陆 | 2408 | 11331 | -78.75 | 15572 | 23236 | -32.98 |
| | | 10 | 意大利 | 57 | / | / | 6326 | / | / |
| 打击乐器 | 31 | 1 | 美国 | 23166 | 23065 | 0.44 | 1464517 | 1152694 | 27.05 |
| | | 2 | 德国 | 50215 | 32934 | 52.47 | 1216441 | 852164 | 42.75 |
| | | 3 | 中国台湾 | 78532 | 109729 | -28.43 | 833247 | 1041567 | -20.00 |
| | | 4 | 印度尼西亚 | 105706 | 37748 | 180.03 | 666144 | 273514 | 143.55 |
| | | 5 | 荷兰 | 337 | 316 | 6.65 | 537398 | 613153 | -12.35 |
| | | 6 | 日本 | 6434 | 1521 | 323.01 | 446432 | 483211 | -7.61 |
| | | 7 | 加拿大 | 8323 | 8389 | -0.79 | 386161 | 384465 | 0.44 |
| | | 8 | 中国大陆 | 10712 | 17121 | -37.43 | 225869 | 454892 | -50.35 |
| | | 9 | 泰国 | 6299 | 4397 | 43.26 | 197528 | 113609 | 73.87 |
| | | 10 | 瑞士 | 2787 | 460 | 505.87 | 162429 | 48985 | 231.59 |
| 通过电产生或扩大声音的键盘乐器 | 11 | 1 | 印度尼西亚 | 20085 | 5797 | 246.47 | 7094130 | 3589565 | 97.63 |
| | | 2 | 日本 | 1248 | 1206 | 3.48 | 2108037 | 1638042 | 28.69 |
| | | 3 | 中国大陆 | 9935 | 21542 | -53.88 | 1304154 | 3162047 | -58.76 |
| | | 4 | 意大利 | 69 | 34 | 102.94 | 101124 | 53532 | 88.90 |
| | | 5 | 中国台湾 | 75 | / | / | 17911 | / | / |
| | | 6 | 瑞典 | 16 | 40 | -60.00 | 13588 | 50909 | -73.31 |
| | | 7 | 美国 | 6 | 4 | 50.00 | 12061 | 5007 | 140.88 |
| | | 8 | 韩国 | 9 | 2 | 350.00 | 6051 | 1622 | 273.06 |
| | | 9 | 越南 | 28 | / | / | 693 | / | / |
| | | 10 | 中国香港 | 2 | / | / | 497 | / | / |
| 其他通过电产生或扩大声音的乐器 | 18 | 1 | 日本 | 31957 | 20235 | 57.93 | 2703640 | 2342638 | 15.41 |
| | | 2 | 印度尼西亚 | 10099 | 14262 | -29.19 | 1357908 | 1503126 | -9.66 |
| | | 3 | 美国 | 2270 | 2150 | 5.58 | 1169380 | 1651902 | -29.21 |
| | | 4 | 韩国 | 1314 | 1227 | 7.09 | 342841 | 251731 | 36.19 |
| | | 5 | 墨西哥 | 827 | 1585 | -47.82 | 285415 | 594705 | -52.01 |
| | | 6 | 中国大陆 | 2650 | 1130 | 134.51 | 141236 | 93714 | 50.71 |
| | | 7 | 意大利 | 63 | 12 | 425.00 | 114218 | 13886 | 722.54 |

| 商品名称 | 国家和地区数量 | 排名 | 国家和地区 | 数量（件） | | | 金额（美元） | | |
|---|---|---|---|---|---|---|---|---|---|
| | | | | 2012年 | 2011年 | 同比% | 2012年 | 2011年 | 同比% |
| | | 8 | 越南 | 517 | 14 | 3592.86 | 49179 | 2437 | 1918.01 |
| | | 9 | 德国 | 109 | 3 | 3533.33 | 24449 | 874 | 2697.37 |
| | | 10 | 中国台湾 | 142 | 510 | -72.16 | 19055 | 71400 | -73.31 |
| 钢琴的零件、附件 | 12 | 1 | 日本 | 4897930 | 4439174 | 10.33 | 27068748 | 26158766 | 3.48 |
| | | 2 | 德国 | 128272 | 151228 | -15.18 | 6263404 | 5769653 | 8.56 |
| | | 3 | 韩国 | 63468 | 37763 | 68.07 | 2213543 | 1524217 | 45.22 |
| | | 4 | 印度尼西亚 | 176553 | 128445 | 37.45 | 1003812 | 696208 | 44.18 |
| | | 5 | 意大利 | 866 | 3280 | -73.60 | 38611 | 65174 | -40.76 |
| | | 6 | 加拿大 | 1068 | 2315 | -53.87 | 19683 | 50437 | -60.98 |
| | | 7 | 中国台湾 | 709 | 1227 | -42.22 | 18193 | 21951 | -17.12 |
| | | 8 | 中国大陆 | 2560 | 3737 | -31.50 | 17111 | 6545 | 161.44 |
| | | 9 | 英国 | 45 | 95 | -52.63 | 6914 | 3472 | 99.14 |
| | | 10 | 美国 | 86 | 45102 | -99.81 | 1084 | 92624 | -98.83 |

（资料来源：国家海关总署　中国乐器协会信息部编辑）

2013 中国乐器年鉴

CHINA MUSICAL INSTRUMENT YEARBOOK


重要新闻篇 1

统计资料篇 10

**协会工作篇 45**

综合篇 85

海外信息篇 167

企业篇 274

专利篇 293

产品篇 332

工作要点

# 中国乐器协会2012年工作要点

党的十七届六中全会审议通过了《中共中央关于深化文化体制改革、推动社会主义文化大发展大繁荣若干重大问题的决定》，提出了社会主义核心价值体系是兴国之魂；创作生产更多无愧于历史、无愧于时代、无愧于人民的优秀作品，是文化发展的重要标志；满足人民基本文化要求是社会主义文化建设的基本任务；发展文化产业是社会主义市场经济条件下满足人民多样化精神文化需求的重要途径；文化引领时代风气之先，是最需要创新的领域；推动社会主义文化大发展大繁荣，队伍是基础，人才是关键。全会精神为文化产业创新提供了强大的动力，也为乐器行业发展创造了新的机遇。党中央经济工作会议也明确提出，2012年要突出把握好稳中求进的总基调，面对复杂多变的国际政治经济环境和国内经济运行新情况新变化，我们必须保持清醒的头脑。2012年乐器行业工作的指导思想是：认真贯彻落实党的十七届六中全会和中央经济工作会议精神，坚持科学发展观，加快行业结构调整和产业升级，扩大城乡乐器市场需求，提高自主创新能力，大力推进自主品牌建设，提高乐器产品质量和企业管理水平，加强行业内外交流合作，保障消费安全，节能减排，为实现乐器行业优质高效和可持续发展而努力。

**1、认真学习和落实十七届六中全会精神，把握文化发展的大好机遇**

2012年乐器行业迎来国家文化大发展、大繁荣的良机，我们首先要扎扎实实地练好内功，落实“十二五”规划的发展措施，一是下决心调整产业结构、产品结构，促进产业升级；二是从产品经营向文化产业经营转化，将企业生产经营活动融入文化产业的发展之中；三是由粗旷型经营向精细化、集约型转变，以满足人民文化需求为目的，关注自然资源和环境的保护。乐器行业在练好内功的同时，要认真学习党和国家关于文化体制改革的方针政策，广泛深入地把行业、企业的生产经营活动与国家音乐教育、社会文化活动、人民文化生活紧密结合起来，创造更广阔的市场空间，实现乐器行业健康、持续地发展。

**2、完善行业科技创新平台，整合资源，提升乐器行业科技创新能力**

2012年协会继续加强三个平台建设，在科技创新平台方面做好三件事，一是分期分批组织好乐器行业专家库。结合首批专家资源，有计划地组织开展一些行业专业活动；二是创建乐器行业科研基地。为了整合社会及行业的科技资源，推动行业科技创新和转型升级，采取单位创建、协会授牌的方法，由行业企业共同开发和建设乐器行业专项科研基地（实验室）；三是加强乐器标准制修订、贯标和监督检查工作。充分发挥行业企业和专家的作用，完善标准体系建设，积极组织贯标活动，协助工商、质检部门完善标准的实施检查工作。通过三方面重点工作的落实，支持行业、企业科技创新和技术进步，提升乐器行业的核心竞争力。

**3、实施品牌建设战略，提升乐器行业、企业品牌影响力**

积极支持企业品牌建设，大力宣传行业知名品牌和优秀企业。2012年继续开展轻工（乐器）10强、乐器行业50强评选活动，认真总结行业企业的宝贵经验，并在行业广泛宣传推广。一要支持省市级以上知名品牌、著名商标的申报和市场推广活动；二要积极组织行业防伪打假活动，落实知识产权保护措施；三要加强与政府有关部门和国际同行业在保护知识产权及企业合法权益方面的合作，共同创建良好的市场环境。

**4、认真落实乐器行业“十二五”人才发展战略，完善行业人才培训和考核机制**

按照中轻联、人力资源部人才战略部署和乐器行业人才发展规划，2012年一要进一步组织完善乐器行业国家职业技能标准的制修订工作，在已有职业标准的基础上，有计划地制定其他专业的职业技能标准，上报有关部门审批；二要在有条件的行业，组织编写职业技能培训教材，例如：提琴、西管乐器等；三要完善国家和地区职业技能鉴定站的技能培训与考核工作，扩展培训专业和培训人数，完善考核机制。在做好以上三方面的同时，积极支持企业的人才培训活动，开展行业交流，推广先进单位的经验，营造乐器行业人才脱颖而出的和谐环境。

**5、加强特色产业基地建设，支持行业文化创意产业项目**

乐器行业已有4个经过批准的行业特色产业基地，即：江苏泰兴黄桥“中国提琴产业之都”、北京平谷“中国提琴产业基地”、山东昌乐“中国电声乐器产业基地”、杭州中泰“中国竹笛之乡”，扬州古筝行业被文化部系统命名为“古筝之乡”。近期浙江德清洛舍镇钢琴产业集群、营口乐器产业集群和山东郯城妙山镇二胡产业集群等正在积极创建特色产业基地。2012年要继续深入做好产业基地的调研、协调工作，同时与大专院校合作，研究乐器行业产业集群的发展规律和特点，组织交流学习活动，力争特色产业基地健康有序地发展。

大力支持企业的文化创意产业项目，积极组织行业及社会资源，为行业、企业文化创意产业项目服务，同时积极与政府有关部门沟通协调，争取更多的文化产业扶持政策。

**6、加强业内交流与合作，创造良好的行业发展环境**

首先要加强乐器行业内部的交流与合作，各分支机构积极开展多种形式的活动，围绕技术进步、品牌建设、人才培养、行业合作等方面开展交流活动，克服个别不协调现象；二是加强跨行业的合作，与中国音协管乐学会、民族管弦乐学会、中国音乐学院等单位开展专家咨询、乐器改革、乐器制作比赛和人才培训等方面的合作；三是加强与国际同行业的交流合作，继续与欧洲音乐产业联盟、美国音乐制品协会及各国乐器制造商、经销商协会开展广泛的交流合作，争取在行业信息、品牌推广、知识产权保护等方面有新的发展；四是积极组织行业专项活动，组织轻工消费品展的音乐文化特色展示推广活动、组织第二届西管乐器（木管类）制作比赛、筹备2013年第二届中国国际提琴制作比赛、筹备2013年第18届国际钢琴技师、调律师大会等重要活动。

**7、深入抓好协会基本建设，提升行业服务能力和社会影响力**

一要加强行业信息平台建设，充分发挥行业企业通讯员网络的作用，适时召开通讯员工作交流会，继续办好行业刊物，强化网站的作用，加强跨界和国际信息交流；二要继续与中外合作伙伴一起，积极办好上海国际乐器展，办好行业论坛及音乐推广活动，提升展会的专业水平和服务质量，使之成为有国际影响力的品牌展会；三要加强协会制度建设、组织建设，提高协会服务政府、服务行业的能力，加强协会自身建设，完成民政部社会组织等级评估验收工作。

2012年是我国社会主义文化大发展、大繁荣的重要一年，也是乐器行业结构调整、产业升级的关键一年，我们要处理好发展与稳定、速度与质量、规模与效益的关系，既要有满腔的热情，又要保持清醒的头脑，认真学习，善于思考，把握住行业企业发展的大好时机，结合行业、企业的实际情况，不盲目追风、不贪大求洋，扎扎实实地在改革创新、品牌建设、技术进步、企业管理、人才培养等方面努力工作，加强行业团结协作，一步一个脚印地实现乐器行业2012年工作目标。

# 中国乐器协会2012年工作总结

2012年，在党中央文化大发展、大繁荣的方针政策指引下，乐器行业努力克服欧债危机、国际市场疲软造成的出口下行、生产成本增加和市场竞争激烈等诸多困难，取得了较好的成绩。乐器规模企业年工业总产值达到264亿元，同比增长11.83%；年工业销售产值259.10亿元，同比增长11.32%；出口交货值84.86亿元，同比增长3.59%。乐器行业坚持科技创新，调整结构，扩大内需市场，产品创新与用户需求相联，内部改革与行业交流结合，在经济复杂多变的环境下保持了稳中有升的发展局面。

## 一、2012年协会完成的主要工作

### 1、坚持例会制度，开展行业创优争先活动

认真组织召开了协会理事扩大会议和常务理事会，积极贯彻党的方针政策。协会于4月召开了六届七次常务理事会和六届四次理事扩大会议，安志理事长做工作报告，会议表彰乐器行业50强、先进集体和优秀人物，审议通过了“关于创建乐器行业科研基地的意见”、“关于组建乐器行业专家库的意见”、“关于乐器行业职业标准及职业培训与考核工作的意见”以及“行业自律公约”、“行业自律惩戒制度”和“行业职业道德规范”。会议还组织专业培训和企业经验交流活动。9月，协会召开了常务理事通讯会议，审议通过“乐器行业科研基地（试验室）项目”、“关于开展乐器行业节能减排的意见”和“关于开展轻工品牌培育体系建设先进企业和轻工优势品牌产品评选活动实施方案”。理事和会员单位十分关注和支持协会的重点工作，积极参与出谋划策。

按照中轻联部署，开展了轻工行业（乐器）十强以及乐器行业50强评选工作。根据指标测评和广泛征求意见，决定授予广州珠江钢琴集团股份有限公司等50家单位“2011年度中国乐器行业50强”称号，授予西管乐器专业委员会、琴行分会和北京乐器研究所“先进集体”称号，授予王润培等16名同志“优秀人物”称号。广州珠江、武汉艾立卡荣获中国轻工业联合会授予的全国轻工业科技创新先进集体，肖巍、李书、庄严荣获“先进个人”称号；珠江钢琴、海伦钢琴先后成功上市；吟飞、天鹅、乐海喜获中国驰名商标，一批企业获省市级名牌和著名商标。

### 2、深入开展行业调研，反映行业企业诉求

①组织多批调研小组，先后赴广州红棉吉他、成都川雅木业、盛音公司、扬州古筝、营口乐器产业集群、英昌乐器公司、金斯波格钢琴、广州珠江钢琴股份公司、吟飞电子科技、宜昌金宝乐器、宁波音王、三益钢琴（印尼）工厂等企业学习调研，并及时总结报道好的经验，对行业发展起到了一定的促进作用。

②反映行业诉求，根据企业反映问题和市场调研情况，协会整理了“关于劣质二手钢琴的情况反映”专题报告，在中轻联的支持帮助下，上报国家商务部、质检总局、海关总署和国标委，均得到回复，进一步的措施还在积极探讨之中。

③ 在产业集群方面，重点走访了营口乐器产业集群和扬州古筝产业集群，对其发展现状、经验和问题进行了较深入的研究，提出了一些合理化建议。

### 3、落实行业科技平台建设措施，促进行业技术交流与合作

坚持抓好乐器行业五大平台建设（信息、科技、商贸、音乐教育、行业合作）。2012年重点落实科技平台建设有关措施。

① 筹建行业专家库。已落实民族乐器社会专家15名，业内专家已有7个分支机构推荐了30名候选人，后续工作正在积极推进之中；

② 制定了行业科研基地（试验室）实施办法。对已正式申请的6个项目进行了初审，征求分支机构意见和行业公示。组织行业内外专家组成的项目评估审定小组，完成3个项目的评估审定工作，并通过协会理事长审核予以确认。通过审定的项目有：海南东盛弘蟒业科技股份有限公司的“全国蟒皮乐器材料研发基地”，江阴金杯安琪乐器公司的“全国

手风琴簧片研发基地”，成都川雅木业有限公司的“全国乐器声学木材研发基地”。

③ 按照中轻联的统一部署，完善乐器行业部分国家职业标准的修订，组建了《钢琴制作工》资格考试委员会和《提琴制作工》技术培训教材编制小组。2012年通过行业职业技能鉴定站培训和认证的钢琴调律师有409名，其中：初级技能、中级技能、高级技能390名，技师13名，高级技师6名。

**4、服务政府、服务会员和服务社会**

① 努力完成中轻联、商务部、海关总署等政府主管部门交办的各项任务，为国家制定法律、法规及发展规划提供行业信息和政策建议。如：乐器行业发展趋势、海关关税调整建议、区域发展规划等。

② 开展乐器行业数据统计分析，采集国家统计局、海关总署和国际同行业乐器产销信息，组织行业年度报告，运用杂志、网站、年鉴和专刊等渠道，及时在行业发布，为行业发展提供信息服务。

③ 配合国家林业局开展蟒皮乐器市场调研，推行蟒皮乐器标识管理。申报2013年蟒皮乐器调研管理项目，获得批准。

④ 及时为会员单位提供行业资质证明；应邀参加企业的专题活动并给予宣传报道；协会法律顾问组织律师顾问团，免费为会员提供知识产权、商标、经济合同、劳动合同等多方面的法律咨询服务；为会员单位提供产品信誉标识和防伪标识服务等。

**5、积极开展行业交流与合作**

① 协会分支机构活动明显好于往年，各分会（专业委员会）交流活动不断创新，针对行业的实际情况组织年会、研讨会、参观交流、行业发展论坛等丰富多彩的活动。提琴分会年会将行业交流与讨论标准及组织技术培训教材编写工作结合；提琴制作师分会召开十周年纪念会并组织提琴制作师成果展；钢琴调律师分会积极筹备2013年国际钢琴调律师大会，组团参加韩国调律师技术交流活动；口琴专业委员会活动结合行业参观交流；手风琴专业委员会结合行业科研基地的评估认证组织企业参观座谈；琴行分会与乐海公司合作，厂商联手，扩大活动影响力。民族乐器年会与行业发展论坛及民乐改革专家论坛结合；民乐分会完成领导班子换届，总结交流经验，商讨行业发展措施；钢琴分会年会总结近期行业发展经验，以“品牌建设与资本运作”为主题组织了首届钢琴行业发展论坛，邀请材料配件分会、吉他分会、调律师分会领导参加，还特邀广州证券公司、著名大学教授作嘉宾发言；材料配件分会针对行业专业化合作等课题开展专题活动。2012年除个别分支机构因一些特殊原因未能组织活动以外，其余分支机构全都组织了各类行业活动，2012年是协会分支机构开展活动最活跃、内容最丰富的一年。

②协会与中国民族管弦乐学会民乐改革专业委员会合作组织了民族乐器改革座谈会，并组织了民族乐器改革成果展。

③ 协会两次与欧洲音乐联盟组织研题会议，讨论中欧乐器行业交流与音乐推广合作，以及知识产权、乐器进口关税等问题；与美国国际音乐制品协会组织行业论坛和培训课程；组织电鸣乐器企业代表与美国MIDI协会座谈，探讨行业的发展；与中国音乐学院合作组建“扬琴研发中心”。

**6、标准化建设与技术专利有所突破**

乐器标准化工作，完成了13项国家、行业标准的制修订，其中：国家方法类标准1项、基础通用类标准1项；行业基础类标准3项、方法类标准1项、产品类标准7项；进一步完善乐器标准化体系；完成中轻联“关于编制轻工业标准化发展规划（2012-2015）”的基础调研、信息采集、立项论证和编制工作；审议通过的《乐器音乐信号采集规范》和《乐器声学品质评价方法》两项国家标准，填补了乐器及相关行业技术标准的空白。2012年全行业共发布专利943项，其中：发明专利354项，实用新型专利301项，外观设计专利288项。

**7、搭好行业商贸平台，扩大音乐人口**

成功举办了2012年第11届上海国际乐器展览会，展会面积86000平方米，比上年增长9.55%，是2002年第一届的5.73倍；参展商数量1606家，比上年增长13.17%，其中国内参展商1241家，比上年增长16.47%，国外及港澳台地区参展商365家比上年增长3.36%；海内外参观人数达60172名。展会同期组织了NAMM CMIA行业论坛、华乐论坛、NAMM培训课程、名家讲坛等音乐推广活动，收到较好的效果。中国轻工业联合会钱桂敬副会长到展会参观指导。协会年内组团参观了美国NAMM乐器展、德国法兰克福乐器展；参观了法国、德国、罗马尼亚和北美乐器制造企业和琴行；协会先后与德国钢琴制造商协会、法兰克福展览公司等举行了会谈；按照中轻联部署，协会协办了“第二届全国轻工业消费品展”。

**8、协会自身建设**

完成了国家民政部组织的社团等级评估工作，通过了民政部组织的专家评审。协会制度建设、自律建设和基础工作有了较大幅度的提升。2012年协会新增会员56家，会员会费收缴情况也有一定改善。

**9、存在的问题**

① 乐器行业结构调整、转型升级工作还不够平衡，品牌建设还没有突破性进展。

② 企业基础工作和行业产业集群创新还存在一些薄弱环节。

③乐器行业职工队伍的职业技能培训及考核工作覆盖面偏窄，除了钢琴调律师培训考核已进入常态化以外，其他行业还没有开展起来。

## 协会活动

# 中国乐器协会六届四次理事会在京召开

2012年4月16日～18日，中国乐器协会六届四次理事会在北京隆重召开。

会议首先听取安志理事长代表理事会作的工作汇报。报告全面总结了乐器行业2011年的工作情况，阐述了当前乐器行业发展形势及特点，并提出下一步的工作重点。提出了乐器行业加强科技进步等三项措施，并强调落实行业自律公约和职业道德规范。

**一、2011年中国乐器行业总体形势**

2011年我国乐器经济发展态势可概括为“上半年好于下半年、国内市场好于国际市场、民族乐器销售好于西洋乐器、乐器进口增幅高于出口”。

在国际经济不景气，经营成本增高的大环境下，广大乐器企业面对结构调整和产业升级的困难，承受了原材料、能源持续涨价，劳动力成本上升和人民币升值造成的成本压力，坚持技术、产品和市场创新，积极开发新材料、新产品、新工艺，提高企业的机械化、自动化、标准化和市场适应能力，取得了可喜的成绩。全年乐器行业193家规模以上企业工业总产值238.76亿元，比上年增长19.04%。

协会制定、落实行业发展规划，围绕结构调整和产业升级，积极开展行业交流活动，有计划地做好各项基础工作，积极开展交流与合作，收到了较好的成效。

**二、当前乐器行业存在的问题**

一是行业发展不平衡，产业结构、产品结构仍存在创新能力不足，资金紧张等许多问题；

二是乐器企业品牌建设仍较薄弱，企业定牌加工比例仍然较大，在国际乐器市场上，大多以外国品牌形象出现，一些地方和企业过于追求规模扩张的现象仍然存在；

三是乐器行业人才匮乏的局面没有根本转变，乐器设计加工、声学品质和经营管理等方面人才仍紧缺，阶段性“用工荒”也困扰一些企业，部分特殊技能后继无人，人才培养成为乐器行业亟待解决的问题。

**三、当前乐器行业形势分析**

乐器行业总体上发展形势依然严峻，不容乐观。从国际上看，世界经济回暖放缓，失业率居高不下，影响消费和需求；从国内来看，我国企业仍面临综合成本上升等多重压力。我国深层次的一些重大比例关系失衡，对外依存度过高、投资拉动偏高，消费拉动偏低，增长方式粗放等矛盾没有实质性扭转。就乐器行业本身而言，乐器行业三大难点仍较突出，一是品牌知名度低，产品话语权少；二是结构调整难度大；三是国内消费增长需要一个过程，国外市场不景气，新市场开发有难度。

对乐器行业发展的有利因素中，首先是党的十七届六中全会通过的《中共中央关于深化文化体制改革、推动社会主义文化大发展大繁荣若干重大问题的决定》，为文化产业创新发展提供了强大的动力，也为乐器行业发展创造了新的机遇；其次是我国工业化、城镇化进程加快，将进一步推动文化市场的快速发展，为国内乐器市场的品牌化、规模化和地区化构成了多元化的发展空间；三是乐器行业大部分企业经历了改革开放30多年和入世10年的历炼，具备了一定的经济、技术实力和较强的市场适应能力。

因此，在新的发展阶段中，我们要努力做好四个转变，即由劳动密集型向技术密集型转变；由量的扩张向质的提升转变；由低成本、低价格向高附加值、高利润转变；由出口贴牌加工向自主品牌生产转变。

**四、协会下一步的工作重点**

为了更充分发挥行业综合服务职能，利用行业内外资源，充分调动各分支机构的积极性，发挥骨干企业及产业集群的带动和聚集作用，群策群力，以坚定的信念和坚守的精神去克服重重困难，打好2012年乐器行业调结构、转方式的攻坚战。中国乐器协会将重点抓好以下工作：

1、认真学习和贯彻落实党的十七届六中全会精神，把握好文化大发展的历史机遇；

2、继续完善三个平台建设，提升乐器行业科技创新能力；

3、加强品牌建设，提升乐器行业、企业品牌影响力；

4、认真落实乐器行业“十二五”人才发展战略，完善行业人才培训和考核机制；

5、加强特色产业基地建设，支持行业文化创意产业项目；

6、加强行业交流与合作，创造良好的行业发展环境；

7、深入抓好协会自身建设，提升行业服务能力和社会影响力。

会议向获得“2011年度中国乐器50强、先进集体和优秀个人”颁发了证书。会议审议并通过了“会费收支报告”、“关于调整增补理事的提议”、“关于创建乐器行业科研基地（实验室）的实施细则”、“中国乐器行业职业道德规范”、“行业自律公约”等文件。

会议邀请浙江清华长三角研究院区域发展与产业合作中心尚宇主任和上海天闻律师事务所翁才林律师，为参会代表分别作了“中国文化产业发展趋势及乐器行业发展思路”、“市场竞争中乐器企业维权与维护消费者权益”的专题讲座。

大会交流中，功学社（天津）商贸有限公司总经理蓝汉民从公司全球化的品牌战略，特别是乐器支架品牌“HERCULES”的创立、发展、设计理念、几种不同的行销策略等，详细阐述了国际品牌的建设要点。琴行分会会长、四川盛音乐器有限公司总经理黄茂强从当前乐器销售市场的形势入手，详细分析了乐器市场“年轻化和职业化”、“规范化和专业化”、“多元化和聚焦化”、“规模化和精细化”的特点，针对乐器市场新动向，提出在未来经营中应当把握的重点方向和主要工作。协会副秘书长、成都川雅木业有限公司总经理张华君从乐器对木材的极高要求而资源稀少的行业实际出发，讲述了在木材采购和使用中要注意的问题，并通过公司多年积累的经验，总结了资源利用与创新的做法和体会。

分组讨论中，代表们对理事会工作报告以及行业发展中遇到和存在的问题进行了深入探讨。

会后，代表们参观了北京现代汽车集团。

# 2012年中国乐器协会行业调研

2012年，协会先后对广东、四川、北京、辽宁和江苏等地区的乐器企业进行调研。总结企业科技创新和先进管理经验在行业中推广；掌握行业动态，反映企业诉求；深入了解产业集群，对其发展现状、经验和问题进行研究，提出合理化建议。

**广东地区调研**

2月29日，中国乐器协会安志理事长一行到广州红棉吉它有限公司考察。何志强董事长陪同参观了位于广州海珠区的吉他工厂。座谈中，何志强介绍了位于河源高新开发区的公司新工业园，新工业园占地面积8万平方米，建筑面积12万平方米，将设立乐器博物馆、产品展示中心、产品研发中心、音乐鉴赏中心、培训中心，并制定了三年内发展成为全球最具规模的吉他、提琴制造基地。目前园区已经破土动工，年内完成第一期工程。公司现有6个厂区很分散，吉他生产8线条，2011年有130万把吉他订单，实际完成了90多万把。公司与河源理工学院联合开办了两个职业培训班，积极调整红棉产品的市场定位，将红棉吉它分为普及、经典和奢饰品级，同时产品链向文化、旅游产品延伸。安理事长说，“红棉”的牌子是宝贵的财富，在新形势下怎么提升是关键。公司为行业发展做了大量工作，自身也有很好的发展规划，值得期待和庆贺。

公司副总经理郑胜洲、办公室主任张坚参加了座谈。就吉他行业自主品牌建设、科技进步等问题展开了热烈的讨论。

**四川地区调研**

2月22日～24日中国乐器协会安志理事长、曾泽民秘书长赴成都考察，先后走访了川雅木业有限公司和四川盛音乐器有限公司及十几家琴行。

2月22日下午，安志理事长一行考察成都川雅木业有限公司并进行了座谈。座谈中，张华君总经理介绍说，川雅木业在十几年的创业中，十分注重资源的挖掘和选择。经过多年的努力，已在加拿大、美国、欧洲、南美洲、亚洲7个盛产木材的国家和地区，建立了长期保持稳定的声学木材供应基地，并以国内林业基地为补充，形成了坚实的供应链。在厂区一侧的世界各地云杉木材展示区，整齐地码放着不同产地的木料，注明产地和特点，一目了然。

公司先后成立了设计中心、生产基地、物流商贸中心，广泛招聘一流的专家，聚集了包括中外著名木材学家、建筑大师在内的一大批专家作为公司顾问，形成由12名教授、大师级人才，26名中级工程技术人才组成的科研团队，配备了领先的科研设备和检测仪器，依托资源和产业优势，与东京大学、京都大学、东北林学院、南京林大、重庆大学和中国木材科学学会等科研院所合作，共建材料科研实验室，以满足专业市场需求。

公司先后起草参编了《木结构设计规范》、《木结构工程施工质量验收规范》、《胶合木结构技术规范》以及《钢琴音板》等国家和行业标准，截至2010年底，川雅公司已获得《木结构金属连接件》、《钢琴复合音板》等42项国家专利，其中发明专利4项，木结构建材专利26项，乐器部件专利16项，企业从一般木件加工步入标准化尖端构件产业。公司以资源优化综合利用为宗旨，产业多元化发展，走出了绿色、高端和可持续的发展路线，实现了经济效益、社会效益双丰收。

随后参观了厂区，首先来到了木部件加工区，露天整齐码放的木材垛，均按照不同产地、树种、用途和采购时间码放，进行自然风干。全数控木材处理设备，每批材料均严格按照工艺要求，按合理周期进行木材干燥、改性处理。进入加工生产线，国际水准的开解、砂磨、粘接设备，精心选材、拼粘的技术工人，使访者耳目一新。从刨皮、砂磨、拼粘到机械加工，从车间看板管理到岗位责任制，处处体现了专业的技术和精细化的管理。特别是绿色环保的理念贯穿生产全过程，粘接车间没有刺鼻扎眼的胶味。严谨的技术工艺和合理的批量生产周期，确保了产品质量和稳定性，引来了越来越多的高端用户，产品供不应求。

2月23日，安志理事长一行在琴行分会会长、四川盛音乐器有限公司总经理黄茂强的陪同下，走访了四川音乐学院老校区乐器一条街的十几家琴行，并考察了四川盛音乐器有限公司的品牌旗舰店，了解成都乐器市场乐器销售、器乐培训和售后服务等情况，探讨市场需求变化和行业对策。

四川音乐学院是国内九大音乐学院之一，在武侯区的老校区周围有60多家大大小小琴行，占成都琴行总数的60%以上。规模较大的琴行是盛音乐器有限公司，盛音是从校办企业改制为现在的乐器经销公司，拥有批发、直销和加盟连锁三大体系，经销着国内大部分知名乐器品牌。

从成都琴行的整体看，可分为四种类型，一是综合性批零兼营的乐器公司，像盛音；二是品牌代理店，如知名品牌乐器专卖店或品牌店；三是二三线品牌琴行，多为小琴行，缺乏稳定的知名品牌产品，走差异化经营之路；四是二手钢琴琴行，以经营二手钢琴为主。四类琴行规模、经营方式、经营品牌、门店装饰各异，情况各有不同。大部分琴行设有音乐培训项目和技术服务。

近年来，随着德国德曼琴行等国际乐器企业网购经验的传播，乐器市场也刮起一股网络营销风，有的生产企业、经销商加强网站建设，探讨品牌整合，研究物流、网银等问题，国内知名乐器连锁店和网站，积极探讨线上线下结合的网络销售。

**北京地区调研**

3月14日下午，中国乐器协会安志理事长一行来到乐兰电子公司北京分公司数字音乐中心参观学习。

程建铜董事长首先通过宣传片简要介绍了乐兰公司概况和主要业务及2012年春节期间乐兰公司在各地的乐队所参加的庆祝演出活动。

随后，安志理事长一行来到乐兰公司的样品展示厅，听取工作人员的演示和讲解，其中：GW-8电子合成器能够自如表现出钢琴、弦乐、锣鼓、二胡、琵琶等中西乐器音效，特别是26种主要民乐音色非常专业，可以为京剧等传统戏曲进行伴奏；V-piano电子三角钢琴改变传统采样方式，完全用数字合成，通过不同的按键选择和转盘细腻地调整来改变触键力度和音色变化。程建铜董事长评价这种技术是新的电子乐器的革命；WRE网络视频直播设备，通过辅以一台笔记本电脑就能够轻松实现网络视频直播，操作简便，功能丰富。随后，程建铜董事长还介绍了C-330经典电子风琴以及古筝、二胡效果器等新产品。

离开样品展示厅，安志理事长一行来到乐兰数字音乐中心，亲自体验了动感电鼓、快乐钢琴的教学课程，并欣赏了电子键盘乐的教学演示。

程晋垣副总经理表示乐兰公司作为世界数字音乐前沿的引领者，已经从单纯销售向为客户服务转变，全力扩展音乐教育培训工作，而且数字音乐是未来的发展趋势，它的发展也会更加迅猛。这种创新的教学模式，不仅激发了儿童学习的兴趣，更是提高了教学的效率。

安志理事长表示，这次丰富多彩的参观学习，长知识、长见识、开眼界，充分感受到了电声乐器的发展，数字音乐教育的广阔前景。快乐学习很重要，只有在音乐学习中体会到快乐，音乐才能让人们的生活更美好。

安志理事长一行还来到位于公司5层的“留念音乐工作室”。卞留念老师介绍了2010年广州亚运会开幕式音乐的设计过程以及他将音乐比作“乐药”，用以平和人的内心，并现场演示。

**辽宁地区调研**

5月15日，中国乐器协会理事长安志应邀专程前往辽宁（营口）乐器产业基地进行工作调研，一同参加调研的有副理事长齐建平、秘书长曾泽民，全国乐器检测中心主任陈晋武等。

安志一行首先到乐器产业园规划区实地调研，听取了园区规划、项目建设等方面的介绍。营口市副市长高炜、营口市经信委副主任张凤春等领导陪同考察。

晚上，营口市委书记魏小鹏、市长葛乐夫在营口迎宾馆会见了安志一行。首先，魏小鹏书记欢迎安志和中国乐器协会的专家们到营口市指导乐器产业发展，并向调研组介绍了营口的发展历史和规划框架。他说，营口市地处沈阳和大连之间，经济总量位居辽宁省第四位，增速第一位，是一座因港而生的生态宜居城市。乐器产业在营口有一定的基础，市委、市政府决定重振营口乐器雄风，再现往日的辉煌，在辽宁（营口）沿海产业基地建设营口乐器产业园，打造乐器产业集群，建成中国乐器生产制造、销售、人才培养以及演艺的重要基地。目前，营口乐器行业还缺少龙头企业，品牌知名度较低，产品档次有待提高，产品结构较单一，希望中国乐器协会的专家们为营口乐器产业提建设性的意见。

参观辽宁（营口）乐器产业园后，安志表示，营口产业基地的规模、基础设施以及规划令人震撼，营口市委、市政府有决心打造全国领先的乐器产业园区是件好事。营口市乐器产业有历史基础，“诺的斯卡”钢琴曾经也是乐器行业中的佼佼者，获得“中国名牌”称号。希望今后能在市委市政府的大力支持下，整合、盘活现有资源，重振往日辉煌，为促进中国乐器行业的发展起到积极作用，中国乐器协会愿为营口发展乐器产业集群服务献策。

16日，调研组一行与营口市副市长高炜、营口市经信委主任张凤春以及省市各相关负责人举行座谈会。

座谈会上，副市长高炜介绍了目前营口乐器产业园建设的基本情况，市经信委副主任张凤春介绍了营口产业发展的情况，并希望协会就辽宁（营口）乐器产业基地的发展及招商引资、首届乐器博览会和恢复乐器质量监督检测站等有关具体事项给予大力支持。

协会对营口市委市政府大力发展文化产业，振兴乐器产业的决心和决策表示赞赏，并就创建乐器产业基地、发展展会经济、加强人才培养和提升乐器产业技术质量水准等方面提出建设性建议。

**江苏地区调研**

6月19日~20日，安志理事长一行3人到扬州古筝之乡进行调研，进一步了解扬州地区民族乐器的生产经营情况。

19日上午，安志理事长一行首先拜访了扬州古筝协会，常务副会长张弓和周平、熊立群、李同志副会长、周丹军主任、汪扬总经理等一起座谈。张弓副会长首先介绍了近年扬州古筝产业以及扬州古筝协会活动情况，并对中国乐器协会专程到扬州考察表示欢迎。

随后，安志理事长一行按照预定计划先后到扬州市天艺乐器厂、扬州正声民族乐器厂、扬州华韵乐器有限公司、扬州天韵琴筝有限公司、扬州龙凤琴筝乐器有限公司和扬州金韵乐器御工坊有限公司等进行学习考察。

20日上午，安志理事长一行人首先来到扬州市天艺乐器厂。汪扬总经理介绍了企业的情况和经营理念并陪同参观了公司的车间。结束对扬州市天艺乐器厂的走访，安志理事长一行在周平总经理的陪同下，来到了扬州市正声民族乐器厂 。周平总经理详细介绍了公司生产经营情况、扬州古筝发展现状和“碧泉”古筝的特色，陪同参观了样品厅、收藏厅、生产车间和备料库。特别值得一提的是备料车间储备的珍贵木材，一堆堆直径一米多的楠木，一垛垛花梨、红木、黄杨木厚板，还有几乎绝迹的沉江古木，数量大且质优，非常罕见。

在扬州华韵乐器有限公司，田步高董事长和田泉总经理陪同安志理事长一行，参观了“扬州华夏琴筝艺术博物馆”。博物馆二层的“百琴堂”一眼望见二十几米的书法长卷、精心仿制的故宫古琴、历代名琴、琴谱等，展示的每张琴都附有精辟的注释。在广泛收集古琴文字、图片资料的同时，还收集了大量古琴的三维影视资料和相关文化背景资料，精心选料，耗时数年，投资200余万元，完成了件件佳作，为挖掘和保护古琴的非物质文化遗产做出贡献。博物馆开馆一年后举办了“中华古代名琴复制成果展”。广为流传的”四大名琴“（号钟、绕梁、绿绮、焦尾），世人罕见的故宫皇家藏琴，五弦琴、瑟、箜篌等，这里展示的不仅仅是一般的古琴、古筝复制品，而是将古琴音乐、文化内涵融入展品之中，力求保持传世古琴筝的千年灵气。座谈中，田步高总经理介绍公司基本情况，公司自成立以来，一直坚持科技兴厂，以教促销，琴筝双百的企业文化，公司组建了华韵音乐艺术培训中心，聘请各类乐器的专业老师，实施售后培训服务。每年暑期的古筝师资集训班，为青少年宫、学校、琴行代培师资，推动了古筝的普及。

下午，安志理事长一行来到扬州天韵琴筝有限公司。李同志总经理陪同参观了厂区、生产车间、样品室，介绍了公司生产经营形势及未来的发展目标，以及公司在规模化生产、标准化、网络化和开展社会音乐培训方面，从传统的营销模式转向强化网络销售与音乐培训结合转变的经验。

在扬州龙凤琴筝乐器有限公司，刘永发董事长陪同参观了生产车间、培训教室和多功能厅，边走边讲解。座谈中感受到公司的文化创意项目不断推动企业品牌建设，企业先后获得江苏省著名商标，“雅韵”古筝成为江苏省名牌产品，市场影响力不断提高。

最后安志理事长一行来到扬州金韵乐器御工坊有限公司。熊立群总经理介绍了公司的基本情况。公司地处扬州开发区，由于开发区新规划涉及企业搬迁，公司采取了多地、多元化和产品差异化的经营方式，将古筝古琴产品研发与涂饰、组装设在开发区，大规模的备料和生产工序集中在另一厂区，并另外组建了“尚高”钢琴公司。下一步将在钢琴厂区整体规划，实现集约型规模化发展。公司坚持产品创新，追求前卫，积极与专业院校合作等。

20日下午，在扬州市文化广电新闻出版局会议室安志理事长一行参加了由扬州文化局产业处、古筝协会和骨干企业参加的座谈会。

会上，文化产业处周志钧处长首先介绍了扬州文化产业发展情况，扬州市文化局十分重视古筝行业的发展，此次安理事长亲自带队专程到扬州考察，可见中国乐器协会非常重视扬州乐器企业的发展。安志理事长谈了参观后的体会，并对扬州市文化局、古筝协会和乐器企业表示感谢。他指出，此次中国乐器协会来扬州地区一是学习，二是服务，希望在大家的共同努力下，扬州古筝行业会发展得更好。扬州古筝协会常务副会长张弓介绍了协会工作和组织全国性古筝文化活动情况。座谈会就当前古筝、古琴行业面临的问题、推广扬州“中国古筝之乡”品牌、完善行业协会服务平台和大家关心的问题进行了讨论。

# 2012年中国乐器协会国际交流与合作

## 1月

1月14日，应加拿大海资曼钢琴公司邀请，中国乐器协会副理事长齐建平和上海国际展览中心有限公司一行6人前往加拿大考察加拿大乐器市场并参观Piano House和Tom Lee琴行。

据Piano House琴行经理Luke Ma介绍，琴行目前主要销售的是北京生产的海资曼钢琴，以及卡瓦依、雅马哈、博兰斯勒、施坦威、罗兰等品牌的钢琴和电钢琴，同时还从事二手钢琴收购和销售。每年的钢琴销量大概在300多台。琴行分为400多平方米的经营区域、30平米左右的维修区域以及100多平方米的教学和办公区。在经营区展示的三角、立式钢琴有40多架，除了几个主要品牌，还有Mozart、Petrof、Singspiel、Rosenstock、Steigerman、Schumann等品牌二手钢琴。

Tom Lee琴行的总部在香港，是加拿大最大的一家综合性乐器经销店，开有多家分店。本次参观的琴行位于Richmond地区，Dean Hanson经理详细介绍了钢琴、管乐、电声、吉他、配件及乐谱等各个分区以及所经营的主要品牌。该琴行目前销售额最多的是吉他，包括电吉他，其次才是钢琴，每年钢琴的销售量大概有400台左右。

目前加拿大乐器市场基本饱和，市场规模很难有大的突破，来琴行学琴的也以华裔为主。Luke Ma经理坦言，非常看好中国的乐器市场前景，有机会愿意到中国进一步发展。

1月18日，应美国国际音乐制品协会（NAMM）邀请，中国乐器协会作为全球乐器行业重要成员参加国际乐器联盟会议并交流中国乐器市场信息。会议由美国国际音乐制品协会组织，每年选取全球乐器行业的热点、焦点问题作为主题，同时全球乐器行业协会和著名企业借此机会进行交流。

参加2012年国际乐器联盟会议的主要有来自美国、中国大陆、德国、法国、英国、日本、巴西、俄罗斯、泰国、中国台湾等国家和地区的代表40余位，齐建平副理事长代表中国乐器协会参加了2012年国际乐器联盟会议。本次会议主要内容是针对雷斯法案实施中的情况进行交流，同时就新兴和有发展潜力的俄罗斯、泰国乐器市场进行介绍。

美国NAMM总裁兼首席执行官Joe Lamond致欢迎词，强调了NAMM的工作视角、使命以及目标。除了乐器展、成员管理、专业技术研发外，还特别突出了市场推广和全球市场开发。此次国际联盟会议还特别邀请了日本乐器协会代表就“3•11”日本大地震后成立的恢复儿童音乐项目进行介绍，该项活动旨在帮助中小学校对损坏的乐器进行维修、检查和维护，帮助儿童重拾对音乐的兴趣。

1月19日，中国乐器协会组团参观在美国阿纳海姆举行的第110届NAMM乐器展。本届展会共有来自世界各地的1441家展商参加，其中首次参展的有236家，中国参展商共有153家（包括中国香港、中国台湾）。4天共有95709名观众参观了展会，同比增长6%。其中国际观众11981名，同比增长15%。

参展的中国展商主要有广州珠江、北京星海、宁波海伦、上海民乐一厂、AXL、天津津宝、上海华新、台湾功学社、江阴金杯、广州吉声、北京华东、北京长安、北京艺苑、泰山管乐、宁波音王、深圳蔚科、江苏吟飞、江苏大风等企业，共计153家，其中中国内地126家，同比增长5%，中国台湾25家，中国香港2家。

2012年美国NAMM展的主题是“Make It Count”，就是让它发挥作用的意思。主要强调通过在乐器使用方法和产品样式上的创新，使得消费者玩乐器比以往更加简便。展会中举办了29场会议和论坛，47场大学课程，内容不仅涉及音乐制品行业经营各个方面，更紧贴时代发展方向，对行业发展起到积极的指导和引导作用。

美国NAMM总裁兼首席执行官Joe Lamond评价此次展会说：“NAMM再一次为来自全球的乐器和音响产品生产商、零售商以及他们的客户服务。感谢所有的NAMM会员、音乐教育家、艺术家、合作伙伴和媒体，是你们使第110届 NAMM展取得了巨大的成功，并预示着全球乐器行业在2012年有好的发展。”

**3月**

3月21日，2012年法兰克福国际乐器展览会在德国法兰克福开幕，应主办方德国法兰克福展览公司邀请，中国乐器协会秘书长曾泽民、上海国际展览中心有限公司总经理吴江红、北京乐器研究所所长陈晋武等参观考察了展览会。

曾泽民一行实地走访了参展的部分中国乐器企业，拜访了广州珠江钢琴、北京星海钢琴、上海民乐一厂、泰兴凤灵乐器、河北金音乐器、天津津宝乐器、北京华东提琴、广州红棉吉它、江阴激扬乐器和天鹅乐器等国内企业，同时也走访了AXL公司、功学社集团等三资企业，与企业负责人亲切交谈，实地了解企业的国际市场经营情况。

本届展会为期4天，共有来自51个国家和地区的1512家展商参展，再次刷新了2011年来自50个国家和地区的1504家展商参展记录。

3月21日，中国乐器协会秘书长曾泽民、上海国际展览中心有限公司总经理吴江红等会见了德国法兰克福展览公司董事Detlef Braun、副总经理可莉•范•金、法兰克福展览（上海）公司总经理沙怡文。双方重点围绕提升上海国际乐器展览会的国际化、专业化水平交换了意见。

曾泽民表示，2011年度上海国际乐器展的成功举办离不开各主办方的有效协作和通力配合。近期中国政府出台了一系列鼓励文化产业大发展、大繁荣的政策，为中国乐器市场和展会的发展提供了有利的政策契机，当前中国乐器市场方兴未艾，蓬勃发展，上海国际乐器展应继续朝着规模化、专业化、国际化方向发展，尤其要着力提高国际专业观众比例。各主办方应着力在此方面下功夫，努力吸引更多国际经销商参加展会。

可莉•范•金向中方介绍了2012法兰克福国际乐器展览会总体情况，并请转达对中国乐器协会主要领导的诚挚问候。她着重介绍了本届法兰克福国际乐器展览会为提高专业观众比例的有效做法，展会主办方积极通过参展展商邀请其各自经销商参观展览会，既增加了国际观众数量，又提高了专业买家比重。可莉•范•金还介绍了即将于5月由国际音乐制品协会和法兰克福展览公司联合在俄罗斯举办的莫斯科国际乐器展览会。

3月21日下午，曾泽民、吴江红等与国际音乐制品协会（NAMM）主席凯文•克雷利、国际事务部主管贝蒂举行会谈。

双方肯定了中美乐器行业协会过去一年的良好合作。围绕当前成人音乐教育这一中国乐器市场显著特点，NAMM大学论坛和如何操作培训课程取得了很大成功。2012年行业论坛紧扣乐器市场的总体发展形势，将围绕两方面做好论坛的组织筹备工作：一是如何适应乐器大众客户的多元化需求，满足大众乐器需求——质量、品牌、服务与音乐培训；如何运用现代信息手段降低学乐器的门槛，扩展音乐培训效果；细化青少年、成年人和中老年音乐消费市场。二是新形势下的乐器品牌经营，包括著名乐器品牌的创建、成长和推广；品牌与知识产权保护；乐器品牌的多种经营模式等方面提前做好各项准备工作。

为满足更多买家、专业观众的需求，考虑到日益增长的专业院校音乐学生和刚刚步入音乐制品零售界的初级人士的需求，NAMM培训课程将进一步细化、突出特点。双方还就活动场地选择等方面做了初步交流，在技术层面和市场调研分析基础上，提出满足更多观众参加讲座需求的具体措施，如将讲座视频上载网络，让更多的人有机会学习到成功的乐器制造商、经销商的先进经营经验。

3月22日，中国乐器协会与欧洲音乐产业联盟在法兰克福召开专题座谈会。曾泽民、吴江红、常杰和天津津宝乐器有限公司总经理刘运斌等中方代表与欧洲音乐产业联盟秘书长温弗莱德、西班牙乐器协会主席胡安•格雷科斯、法国布非乐器公司总裁安托宁、德国B&S乐器公司总裁梅奈尔•格哈德、乌克兰乐器制造、分销和音响行业协会会长、斯洛文尼亚琴行负责人等11位欧洲多国代表参加本次研讨会。

曾泽民就欧方关心的问题提出三点具体建议，一是欧洲品牌企业可在上海国际乐器展览会上举行新产品首发，拓展销售网络，增强其在中国乐器市场的关注度；二是与国内九大专业音乐院校、众多音乐院系以及规模化琴行建立合作关系，整合有效资源进行专业营销；三是中国乐器协会将进一步加强与海关等有关职能部门沟通，提供客观、合理的政策建议，推动中国乐器市场向国际化、品牌化的高端方向发展。

双方还就中国乐器市场网络销售前景展开热烈讨论。此次座谈会在积极、热烈的氛围中进行，进一步加强了中欧乐器行业间的沟通，双方一致表示，2012年10月将在上海国际乐器展览会上继续举办合作研讨会。温弗莱德还向协会通报了今年欧洲音乐产业联盟换届的最新情况，法国布菲乐器公司总裁安托宁将担任欧洲音乐产业联盟主席，期待与中国乐器协会继续加强在知识产权、专利商标保护、乐器市场开发、专业演艺等方面的交流。

3月26日，应法国塞尔玛管乐器公司邀请，中国乐器协会秘书长曾泽民、上海国际展览中心有限公司总经理吴江红、北京乐器研究所所长陈晋武及代表团全体人员在结束参观德国法兰克福国际展览会后，参观了位于巴黎市郊曼蒂斯拉维利镇的塞尔玛管乐生产厂。

受塞尔玛公司总裁帕特里克塞尔玛委托，负责管乐生产的巴蒂奥经理热情接待了代表团一行，在陪同参观过程中，他细致地讲解了从原材料储存、选配、加工，到焊接、抛光、调音等管乐器生产各环节。据了解，塞尔玛公司总部位于法国巴黎市，其生产厂位于巴黎市郊，现有员工近700名，乐器生产人员占一半多，管理层均为塞尔玛家族成员。塞尔玛公司创办一百多年来，形成以萨克斯和木管乐器为主打品牌的特色模式，其内销仅占15%，高达85%的产品供应国际市场，一直以来，其高端管乐以精准音质和专业工艺而畅销国际高端管乐市场。

近一个半小时的参观结束后，曾泽民秘书长代表全体成员对塞尔玛生产厂的热情接待表示由衷感谢，并向塞尔玛公司赠送了带有浓郁中国特色的漆雕制品。他表示，中国乐器协会将积极为塞尔玛和中国管乐制造商的交流、合作创造条件，增进中国和法国管乐行业的了解，为推动乐器市场的蓬勃发展做出积极贡献。

3月29日，中国乐器协会曾泽民秘书长一行来到罗马尼亚普拉霍瓦首府普罗耶斯蒂，与普拉霍瓦工商协会举行座谈。普拉霍瓦工商会主席古格列斯库、经济分析家及外事联络部主任安德烈等与代表团进行会谈。普拉霍瓦工商协会主席格古列斯库热情欢迎中国乐器协会代表团一行来访并具体介绍了罗马尼亚国情、普拉霍瓦省情以及有关投资环境和优惠政策。

罗马尼亚普拉霍瓦工商会成立于1990年，是由政府组织的、非营利性咨询机构。通过提供世界性的商业服务招商引资，为政府高层的交往和中小企业的双向考察搭建信息平台。商会致力于协助两国的企业在中国和罗马尼亚的贸易和投资活动，帮助中国和罗马尼亚的企业更好的了解两国的贸易环境、财经资讯、市场信息、投资政策以及相关的法律法规，从而开发和促进多样化的双边贸易。

3月29日，中国乐器协会一行在罗马尼亚首都布加勒斯特的主要琴行进行调研。据了解，布加勒斯特人口约250万人，在各家琴行里，电钢琴和电吉他等展示空间较大，市场仍以雅马哈等电声乐器品牌为主。最大的Musica琴行有4家分店，年营业额数百万美元。

欧洲是世界音乐文化的重要发祥地之一，不少具有百年历史的著名乐器制造商均集中在欧洲地区。罗马尼亚自2007年加入欧盟后，在税收、物流等政策层面享受欧洲一体化经济待遇，因此各琴行在物流和现金支付方面均享受较为优惠的政策，借地缘优势，多数欧洲品牌乐器制造商在罗马尼亚实行“先销售后结算”的营销模式并在物流方面提供配送服务，极大减轻了琴行的资金和库存压力，为乐器产品销售创造了便利条件。

总体来看，布加勒斯特乐器市场规模不大但较为平稳，各主要琴行经营有序，然而要形成一个统一、有序的乐器行业协会尚待时日。

**5月**

5月20日下午，中国乐器协会安志理事长在京会见了来访的德国钢琴制造商协会（BVK）会长、德国博兰斯勒钢琴制造公司总裁博斯进（Christina Bluthner）。双方在热烈的氛围中就当前钢琴发展形势及行业合作交换了看法。秘书长曾泽民，博兰斯勒钢琴（中国）有限公司总经理方阳以及德国工商总会北京代表处媒体关系与外联部项目经理李季参加会见。

安志理事长对博兰斯勒钢琴公司创立近160年来取得的成就表示祝贺，并表示将对博兰斯勒在中国市场的进一步发展给予关注和支持，他希望今后双方应密切交流，深化合作，为中德钢琴行业发展注入新的活力。

5月25日上午，中国乐器协会理事长安志在京亲切会见了专程前来协会拜访的德国法兰克福展览公司副总裁可莉•范•金一行，协会副理事长齐建平、秘书长曾泽民、德国法兰克福（香港）展览公司项目经理Judy参加会见。协会领导听取了可莉•范•金有关当前欧美乐器市场形势、世界主要国家乐器展会的情况介绍。在谈到当前欧洲乐器市场形势时，可莉•范•金说，欧盟内部各国经济表现不尽相同，德国经济相对平稳，就业率稳步增长，在整个欧元经济区内表现最好。法国、西班牙、意大利和希腊等经济表现略低于整体发展水平。受欧债危机影响，敏感的市场消费者更加注重实用性投资方式，如购买钢琴、学习乐器，积极培养音乐爱好成为提升自身价值的重要投资方式。会谈中，德国法兰克福（香港）展览公司项目经理Judy对上海国际乐器展的国际招展工作向协会领导作了介绍。

会谈在积极气氛中进行。在全面听取有关情况后，安志理事长指出，上海国际乐器展各主办方应及时把握国际乐器市场变化和发展特点，继续保持经常性联系和沟通，精心策划，扎实工作，在前期打下的良好基础上，积极准备迎接上海国际乐器展下一个辉煌十年的到来。

**6月**

6月22日至24日，应韩国钢琴调律师协会邀请，由中国乐器协会钢琴调律师分会冯高昆会长带队，一行8人（冯高昆、黄苏东、刘为明、王文琦、刘勇、金华日、胡丽萍、杜志钟）前往韩国庆州参加韩国钢琴调律师协会成立三十周年庆祝活动，参加此活动的有日本、中国大陆、中国台湾的调律师代表和韩国调律师协会会员代表共300余名。

冯高昆会长在大会致辞中代表中国乐器协会对韩国钢琴调律师协会成立三十周年的热烈祝贺，并盛情邀请大家参加2013年10月在中国杭州召开的第18届IAPBT国际钢琴技师调律师年会。日本、韩国、中国台湾的代表都表示将积极组织会员参加，共同组织一次国际钢琴调律界的盛会。冯高昆会长还接受了韩国专业钢琴杂志“PIANO”的专访，介绍中国钢琴及调律师行业的发展情况。

本次韩国钢琴调律师成立三十周年庆祝活动，除了庆祝大会，欢迎晚宴、技术讲座，还特别邀请了中国大陆、中国台湾和日本的调律师组织参加，共同探讨如何加强亚洲地区调律师联系、更好地组织交流活动的一些建议。大家同意在亚洲范围内，每两年举办一次技术交流活动，由各国和地区调律师组织轮流做东道主，共同为促进亚洲地区的钢琴调律技术而努力。

**10月**

10月10日，2012年中国（上海）国际乐器展览会开幕前夕，中国乐器协会在上海与欧洲音乐产业联盟(CAFIM)再度举行中欧乐器行业座谈会。会议围绕乐器贸易关税、音乐教育合作、知识产权保护、行业信息交流、乐器有害物质限量等多项议题进行了广泛、深入讨论。中国乐器协会安志理事长、齐建平副理事长、曾泽民秘书长，上海国际展览中心有限公司总经理吴江红、副总经理吴国斌，协会琴行分会会长黄茂强、副会长周宝强，管乐分会代表、河北金音乐器集团副总经理陈鹏及协会法律顾问翁才林等出席座谈会。

新当选的欧洲音乐产业联盟主席、法国布菲管乐集团总裁安托宁，欧洲音乐产业联盟副主席、意大利乐器零售商协会会长克劳迪亚弗斯玛以及捷克工业和贸易部、捷克乐器协会、德国乐器制造商协会、德国钢琴协会及法国乐器协会等12位来自政府部门和行业协会的代表与会。

本次会议由中国乐器协会秘书长曾泽民、欧洲音乐产业联盟秘书长、德国乐器制造商协会（BDMH）会长温弗莱德共同主持。安志理事长首先在致辞中对来自德国、法国、捷克、意大利、英国等欧洲音乐产业联盟代表前来中国参加2012上海国际乐器展表示欢迎，希望双方就信息交流，行业标准、音乐教育等议题展开深入探讨、扩大共识。本次会议紧凑而热烈，双方各抒己见，充分表达了对行业发展的期待。会议结束时，曾泽民希望欧洲乐器界继续加强与协会各相关专业委员会、分支机构的交流，进一步增进相互沟通和了解。会后晚餐会上，中欧双方继续交流信息，温弗莱德秘书长建议2013年NAMM乐器展期间能与协会琴行分会就音乐培训等项目深入探讨。整个活动在亲切友好的氛围中圆满结束。

10月12日，应中国乐器协会邀请，美国MIDI制造商协会（MMA）主席汤姆•怀特前来上海国际乐器展，与协会电鸣乐器分会企业代表召开座谈会。会议由中国乐器协会秘书长曾泽民主持，中音公司总经理赵易天、得理电子公司总工程师葛兴华、吟飞科技公司副总经理秦宏伟、广东艾莱森电子乐器公司总经理刘春清、武汉艾立卡电子公司黄桦平等主要电鸣乐器企业代表、协会法律顾问翁才林以及《中国乐器》、《乐器》、《中外乐器信息》、《音乐周报》、《演艺器材》等业内媒体参加座谈会。曾泽民对汤姆来访表示欢迎，并表示，电鸣乐器企业应加强国内外信息交流，与国际同行业保持良好沟通共同营造推广普及、正确运用MIDI的良好氛围。

座谈期间，MIDI制造商协会主席汤姆与中国电鸣乐器制造商做了友好交流，并重点介绍了美国MIDI协会最新活动进展。2013年，美国MIDI制造商协会即将迎来成立三十周年庆典，MIDI协会将通过协会网站、专业出版物、主流媒体向社会广泛宣传，提高人们对MIDI技术的认识和兴趣，推进MIDI技术广泛应用于信息时代。业内展会是宣传MIDI科普的重要平台，将在近期美国洛杉矶AES展、日本东京电子合成器展上争取艺术家支持，2013年美国NAMM乐器展举办期间，也将组织培训课程，介绍30年来MIDI发展轨迹，帮助制造商更好地理解MIDI概念。

## 分支机构活动

# 口琴专业委员会五届三次会议在江苏靖江召开

5月8日，中国乐器协会口琴专业委员会五届三次会议在江苏靖江举行。中国乐器协会理事长安志出席会议。靖江市副市长沈雪松到会致辞并对会议在靖江召开表示祝贺。

参加本次会议的有上海口琴总厂、上海国光口琴厂有限公司、江苏天鹅乐器有限公司、江苏奇美乐器有限公司、江苏东方乐器有限公司、上海兰生豪呐乐器有限公司、江阴激扬乐器有限公司等近二十家口琴生产和配套加工企业。会议由口琴专业委员会副会长、江苏天鹅乐器有限公司董事长陈红梅主持。

口琴专业委员会会长蒋林森在会上传达了中国乐器协会六届四次理事会议精神，副会长兼秘书长周伟义作口琴专业委员会2011年工作总结及2012工作计划报告。江苏天鹅乐器有限公司、江苏奇美乐器有限公司和江苏东方乐器有限公司分别就扩大生产规模、加大资金投入、进行技术设备改造、采用新工艺、开发新产品、加强知识产权保护、加快企业转型升级等方面进行经验介绍。代表们一致认为只有不断提高产品质量和调整市场定位，才能保证口琴生产企业的生存发展空间。

会议学习了乐器行业自律公约和职业道德规范等文件，要求会员单位自觉遵守。会议讨论了关于组建乐器行业专家库的意见，共同探讨了工艺装备的改革和创新，以此提高劳动生产率，降低劳动成本。

中国乐器协会理事长安志认真听取了大家的发言，对口琴专业委员会所做工作予以充分肯定。他在讲话中强调要加强行业团结，正确对待竞争，努力营造一个既有竞争又有合作的理想氛围，为中国乐器行业的繁荣发展多做工作，并建议口琴专业委员会年会每次可选一、两个专题进行深入研讨，切实解决行业的实际问题。

会后，代表们参观了江苏天鹅乐器有限公司并参加了公司成立30周年庆典活动。

# 提琴分会二届三次会议在北京召开

5月22日，中国乐器协会提琴分会二届三次会议在北京平谷东高村镇中国提琴产业基地华东乐器公司召开，中国乐器协会理事长安志、副理事长、提琴分会会长李书、全国人大常委、提琴分会顾问郑荃教授，全国乐器质量技术监督检测中心主任陈晋武，中国乐器协会秘书长曾泽民等100余人参加会议。会议由提琴分会秘书长钱富民主持。

北京市平谷区区委常委、宣传部长、中国乐谷管委会主任韦小玉，平谷区东高村镇党委书记李强，中国提琴产业之都、泰兴市黄桥镇镇长钱军也到会祝贺，表示对提琴产业发展的重视，并就两个提琴产业聚集区的发展现状、模式和前景等做了深入探讨。

会议听取李书会长做的分会工作报告，报告对二届二次会议以来，提琴行业发展形势以及提琴分会开展的工作进行全面回顾，总结当前存在的主要问题和差距，并提出了“十二•五”期间提琴产业的发展目标、工作思路及措施。在当前严峻的国际国内经济形势下，为了使提琴产业做大、做强、做久，要抓好以下四个方面工作：1、矢志不渝，努力抓好产业结构的转型升级工作；2、齐心协力，努力营造公平竞争的良好氛围；3、奋力攻关，努力抢占产品技术的制高点；4、统筹兼顾，努力做好分会的其他各项工作。

提琴分会顾问、提琴制作大师、中央音乐学院郑荃教授应邀在会议上作《提琴产业提升与对策》的报告，他对当前提琴产业发展形势作了深入分析，认为当前提琴行业具有增速减缓、附加值提升、内销比例扩大等特点。在发展中要注意加强行业管理，提高技术力量，实现管理现代化，搞好市场营销等几方面工作。

中国乐器协会理事长安志简要介绍了当前国际国内乐器行业的总体形势，充分肯定了提琴分会在行业发展中起到的积极作用，对今后分会活动的组织提出了建议，对会议提及的由“大而全”向“小而精”转变的思路表示赞同。

会议代表共同学习了中国乐器协会六届四次理事会通过的《中国乐器行业职业道德规范》、《中国乐器行业自律公约》以及《中国乐器行业自律奖惩制度》等文件。

会后，代表们参观了华东乐器公司的提琴制作体验馆和生产车间。召开了关于提琴标准和编写提琴制作职业技能培训教材的专题会议，落实了培训教材专家委员会、编辑领导小组及行业、企业推荐的编委会成员等工作。

# 钢琴调律师分会赴韩参加交流活动

6月22日至24日，由中国乐器协会钢琴调律师分会会长冯高昆一行8人赴韩国参加韩国钢琴调律师协会成立三十周年庆祝活动，参加此次活动的有日本、中国大陆、中国台湾的调律师代表和韩国调律师协会会员代表共300余人。

会议决定，在亚洲范围内，每两年举办一次技术交流活动，由各国和地区调律师组织轮流做东道主，共同为促进亚洲地区的钢琴调律技术而努力。

冯高昆会长在大会致辞中代表中国乐器协会钢琴调律师分会对韩国钢琴调律师协会成立三十周年的热烈祝贺，并盛情邀请大家参加2013年10月在中国杭州召开的第18届IAPBT国际钢琴技师调律师年会。日本、韩国、中国台湾的代表都表示将积极组织会员参加，共同组织一次国际钢琴调律界的盛会。冯高昆会长还接受了韩国专业性钢琴杂志《PIANO》的专访，介绍中国钢琴及调律师行业的发展情况。

会议邀请了韩国调律界名宿，中国大陆、中国台湾、日本的调律师代表以及卡瓦依、雅马哈、三益、英昌等公司钢琴技师进行了十余场技术讲座。中国乐器协会钢琴调律师分会副会长王文琦在会上作了《论听觉调律和视觉调律的辩证关系》的专题发言，得到调律同行的赞赏。中国乐器协会钢琴调律师分会副会长陈重生因故未能参加此次活动，但他撰写的《钢琴调律相关技术——基准音组调律》一文刊登在会议文件中，供与会调律师学习交流。

# 琴行分会2012年年会在河北肃宁召开

9月13日-14日，中国乐器协会琴行分会年会暨厂商助推文化产业论坛在河北肃宁召开。来自全国各地的琴行、乐器制造企业、媒体等150余名代表参加了会议。中国乐器协会理事长安志、河北省文化厅文化产业处处长韩朝旗和肃宁县委副书记王立宾出席会议并讲话。

9月13日，琴行分会秘书长刘为明主持会议，秦川副会长和河北乐海乐器有限公司宋从甲董事长代表会议承、协办单位致辞，安志理事长代表中国乐器协会，对大会召开表示祝贺，并发表讲话：中国乐器行业在经历了多年的快速发展之后，受到国际金融危机的影响，2012年特点是“增速放缓，稳中有进”。行业发展总是波浪式前进螺旋式成长的，如今中国乐器制造业低成本发展时期已经过去，在困难面前行业、企业要有信心，保持淡定的心态；要相互支持，同舟共济；一定要坚守诚信经营、守法经营的原则。随后琴行分会顾问单位代表珠江钢琴股份公司总经理李建宁、河北省文化厅、肃宁县领导分别致辞，对大会召开表示热烈的祝贺。

上午9点40分，刘为明秘书长、黄茂强会长分别作秘书处和分会工作报告。黄会长介绍了分会一年来在发展会员、维护良好的市场秩序、积极开展音乐艺术培训和开展丰富多彩的文化推广活动等方面所做的工作。

会议组织了两场论坛。主题论坛题目是“厂商合作助推中国文化产业”。主题论坛围绕当前文化产业市场需求、厂商合作的途径与方法、嘉宾代表的经验及建议三方面展开。

下午，会议安排了“民族乐器改良与教育发展”论坛。嘉宾是国内知名的民族乐器演艺、教育界专家：中国音乐学院副院长、著名二胡演奏家宋飞、民族管弦乐学会古筝专业委员会秘书长、著名古筝演奏家王中山等。

会议对新加入的会员单位代表和顾问单位举行了授证仪式。会后代表们饶有兴趣地参观了乐海乐器公司，受到了宋从甲董事长及全体员工的热烈欢迎。

# 民族乐器分会五届一次会员代表大会在上海召开

10月13日，中国乐器协会民族乐器分会五届一次会员代表大会在上海紫竹国际大厦召开。

会议由上海民族乐器一厂技术科周力副科长主持。安志理事长首先代表协会对换届大会的召开表示祝贺。王国振会长作了分会工作汇报。会议就“民族乐器企业市场发展前景及营销策略”方面的专题进行深入探讨。王国振会长发言讲到：在上海国际乐器展上，民族乐器展位的艺术风格、装潢投入、乐器展示都有大幅提高，在这个国际舞台上中国民族乐器的整体形象得到了提升。宋从甲副会长介绍了管理企业的经验和本企业如何争取国家对民乐文化政策的财政支持、如何进行文化营销，包括产品创新、产品的文化内涵、产品定位等。田永逸、熊立群副会长也先后发言。王国振会长希望民族乐器分会成员互相交流，共同提高，促进民族乐器的发展。

会议选举产生了新一届民族乐器分会领导班子成员：会长：王国振（上海民族乐器一厂厂长）；副会长：田永逸（苏州民族乐器一厂有限公司总经理）、宋从甲（河北乐海乐器有限责任公司董事长）、熊立群（扬州金韵乐器御工坊有限公司总经理）；秘书长周力（上海民族乐器一厂技术科副科长）。

# 提琴制作师分会会员大会在上海召开

10月9日，中国乐器协会提琴制作师分会会员大会在上海音乐学院召开。会前，召开了提琴制作师分会理事会。

会员大会由华天礽副会长主持，由郑荃会长做工作报告。报告回顾了提琴制作师分会10年的历程，分会从无到有，不断壮大，见证了我国提琴制作界发展最快的时期。会员队伍不断扩大，现已有254名会员，并成立了外围组织“提琴之友”。2011年分会在中国乐器协会指导下，评选出33名中国提琴制作高级工艺师，得到国家人力资源和社会保障部颁发的证书。分会十年间举办了各种展览、讲座、音乐会等活动上百次，提高了会员专业水平。分会坚持为会员服务，增强了队伍的凝聚力。并积极支持会员参加国际提琴制作比赛，十年间取得了丰硕的成果，一批批参赛选手获奖，创作了一大批优秀的工艺提琴作品。报告中，播放了分会活动珍贵历史的照片，记载了难以忘却的记忆。郑荃会长最后说，希望大家利用这次会员大会的机会，在分组讨论中各抒己见、集思广益，齐心协力把分会工作做得更好。

胡雪平秘书长作了活动费用情况报告。随后，会议分成3个小组进行讨论，分组代表在大会作讨论汇总发言。会后安排了由华天礽、朱明江两位副会长主讲的学术报告。

# 钢琴分会2012年年会在广州召开

12月6日～7日，中国乐器协会钢琴分会2012年年会暨中国钢琴行业首届企业发展高峰论坛在广州召开。中国乐器协会理事长安志，广东省轻工业协会会长杨大行，广州市国资委主任、党委书记黄伟林，钢琴分会会长、广州珠江钢琴集团股份有限公司董事长施少斌，中国乐器协会秘书长曾泽民等领导出席了会议，全国30多家钢琴企业及相关分会代表参会。

12月6日下午，在珠江钢琴集团副总经理梁志伟的陪同下，与会嘉宾来到珠江钢琴集团位于南海松岗大沥的木材加工厂参观，了解珠江钢琴木材处理、加工全过程。随后，嘉宾们来到珠江钢琴集团总部渔尾桥厂区，参观了立式琴总装配生产车间、技术中心和产品展示厅，零距离了解珠江钢琴集团钢琴生产、技术、创新、研发等情况。

12月7日上午召开钢琴分会2012年年会，会议由钢琴分会秘书长、珠江钢琴集团董事麦俊桦主持。钢琴分会施少斌会长作了题为《转型升级、精诚协作，为建设文化强国努力奋斗》的主题发言，总结了钢琴行业近年来的发展概况、特点及趋势分析。施少斌会长强调：随着钢琴企业品牌意识的加强、产品转型加速，以及珠江、海伦两家钢琴企业成功登陆资本市场，中国乐器行业开始面对资本市场的竞争，将加快在全球范围内实现行业资源的优化配置。

为推动钢琴产品质量，弘扬“中国制造”的信誉、形象，赢得全球消费者的满意和信赖，由中国乐器协会钢琴分会发起倡议，参会代表共同签署了中国钢琴企业全球质量信誉承诺书。

7日下午，举行“中国钢琴行业首届企业发展高峰论坛”。论坛从自主品牌发展之路到行业发展前景，以及如何加强优势资源的战略合作等议题，钢琴分会各参会代表互动交流，各抒己见，讨论热烈。此外，特邀嘉宾——西班牙圣加贝尔大学（中方）梁国荣教授、广州证券有限责任公司梁伟文副总裁、杭州天目琴行刘为明董事长等，分别就品牌建设与资本的主题参与谈论，共同探讨加强钢琴品牌建设与合理有效利用资本市场资源。

# 材料配件专业委员会2012年年会在宁波召开

12月28日，中国乐器协会材料配件专业委员会2012年年会在浙江宁波召开。来自全国21家乐器材料配件生产企业参加会议。

会议由中国乐器协会材料配件专业委员会会长罗建峰主持。成都川雅木业有限公司总经理张华君在会议发言中，对当前行业出现的“竞争淘汰”、“规模化与专业化的演进推动”、“专业技术人才短缺”等现象与同行进行探讨，并对目前存在的材料配件行业的影响力与行业地位不对等问题提出建议。

参会代表们分别介绍本企业的发展情况，沟通信息，并就材料配件企业面临的问题进行了讨论。

罗建峰会长重点强调产业协作问题，提出要加强上下游企业广泛和紧密的合作，促进钢琴制造企业和钢琴行业的健康发展。材料配件行业发展前景，乐器行业对材料配件企业的认识不应局限于螺钉螺帽、边角辅料的浅层面上，而作为材料配件生产企业来说，也要不断提高自身素质，在产业结构和产品构成上不断提升和拓展，加强行业的技术研发能力和行业竞争力，如提高对乐器产品关键部件、大部件的生产与配套加工能力等。通过对材料配件等基础加工企业的技术和生产能力的提升，才能保证乐器整机产品的生产水平，为乐器产品质量的不断提升创造更大空间。

会后，代表们参观了北仑乐器配件制造有限公司。

## 会员名录

# 中国乐器协会团体会员名录

(截止2013年6月30日)

| 序号 | 企业（单位）名称 | 会员证号 | 行政区划 | 邮编 | 地址 | 联系人 | 协会任职 |
|---|---|---|---|---|---|---|---|
| 1 | 北京星海钢琴集团有限公司 | 0001 | 01 | 101111 | 北京市通州区光机电一体化产业基地科创东五街8号 | 祝宁伟 | 副理事长 |
| 2 | 北京乐器研究所 | 0002 | 01 | 100021 | 北京市朝阳区南新园西路甲6号 | 陈晋武 | 副理事长 |
| 3 | 功学社(天津)商贸有限公司 | 0219 | 01 | 100061 | 北京市东城区左安门内大街76号1栋401室(龙潭湖体育馆4楼) | 蓝汉民 | 副理事长 |
| 4 | 天津市津宝乐器有限公司 | 0094 | 02 | 301800 | 天津市宝坻区海泰路1-2号 | 刘运斌 | 副理事长 |
| 5 | 河北金音乐器集团有限公司 | 0076 | 03 | 053300 | 河北省武强县周窝乡工业区 | 陈学孔 | 副理事长 |
| 6 | 河北乐海乐器有限责任公司 | 0152 | 03 | 062350 | 河北省肃宁县师素工业区 | 宋从甲 | 副理事长 |
| 7 | 大连铜管乐器有限公司 | 0106 | 06 | 116001 | 辽宁省大连市中山区鲁迅路88号308室 | 焦永达 | 副理事长 |
| 8 | 上海钢琴有限公司 | 0019 | 09 | 201900 | 上海市宝山区宝扬路2222号 | 杨盛惠 | 副理事长 |
| 9 | 上海民族乐器一厂 | 0020 | 09 | 201101 | 上海闵行区七宝镇联明路400号 | 王国振 | 副理事长 |
| 10 | 上海华新乐器有限公司 | 0109 | 09 | 200120 | 上海浦东崂山一村35号 | 林伯龙 | 副理事长 |
| 11 | 上海艾克斯尔乐器音响有限公司 | 0126 | 09 | 201808 | 上海市嘉定区徐行镇新建一路2411号 | 刘卫国 | 副理事长 |
| 12 | 上海知音琴行有限公司 | 0138 | 09 | 200051 | 上海市长宁路1200号贝多芬广场3楼 | 朱文玉 | 副理事长 |
| 13 | 江苏凤灵乐器集团 | 0114 | 10 | 225419 | 江苏省泰兴市溪桥镇华溪中路18号 | 李书 | 副理事长 |
| 14 | 吟飞科技(江苏)有限公司 | 0240 | 10 | 213032 | 江苏省常州市新北区汉江西路101号 | 范廷国 | 副理事长 |
| 15 | 森鹤乐器股份有限公司 | 0050 | 11 | 315323 | 浙江省慈溪市胜山镇樟新公路1928号 | 罗建峰 | 副理事长 |
| 16 | 海伦钢琴股份有限公司 | 0118 | 11 | 315805 | 浙江省宁波市北仑科技园区普陀山路8号 | 陈海伦 | 副理事长 |
| 17 | 武汉艾立卡电子有限公司 | 0124 | 17 | 430023 | 湖北省武汉市东西湖将军五路12号 | 张琳 | 副理事长 |
| 18 | 宜昌金宝乐器制造有限公司 | 0146 | 17 | 443003 | 湖北省宜昌市宜昌东山经济技术开发区珠海路1号 | 吴天延 | 副理事长 |
| 19 | 广州珠江钢琴集团股份有限公司 | 0030 | 19 | 510388 | 广州荔湾区花地大道南渔尾西路8号 | 施少斌 | 副理事长 |
| 20 | 广州红棉吉它有限公司 | 0038 | 19 | 510330 | 广东省广州市海珠区新港东路2440号 | 何志强 | 副理事长 |
| 21 | 四会市华声乐器有限公司 | 0073 | 19 | 526200 | 广东省四会市东城开发区 | 黄志康 | 副理事长 |

| 序号 | 企业（单位）名称 | 会员证号 | 行政区划 | 邮编 | 地址 | 联系人 | 协会任职 |
|---|---|---|---|---|---|---|---|
| 22 | 得理乐器(珠海)有限公司 | 0311 | 19 | 519090 | 广东珠海金湾区联港工业区大林山片区双林东路2号得理工业园 | 盛子斐 | 副理事长 |
| 23 | 四川盛音乐器有限公司 | 0310 | 23 | 610021 | 四川省成都市新生路6号 | 黄茂强 | 副理事长 |
| 24 | 北京中加海资曼钢琴有限公司 | 0003 | 01 | 101111 | 北京市通州区光机电一体化产业基地科创东五街8号 | 王树清 | 常务理事 |
| 25 | 北京华东乐器有限公司 | 0010 | 01 | 101200 | 北京市平谷区东高村镇大旺务西路21号 | 刘云东 | 常务理事 |
| 26 | 天津华韵乐器有限公司 | 0087 | 02 | 301615 | 天津市静海县中旺镇 | 罗松森 | 常务理事 |
| 27 | 河北省怀来锣厂 | 0055 | 03 | 075431 | 河北省怀来县新保安镇幸福村 | 张全富 | 常务理事 |
| 28 | 饶阳北方民族乐器制造有限责任公司 | 0129 | 03 | 053900 | 河北省饶阳县大官厅 | 杨俊朋 | 常务理事 |
| 29 | 河北秦川文体乐器有限公司 | 0137 | 03 | 050011 | 河北省石家庄市建设北大街38号 | 秦传功 | 常务理事 |
| 30 | 饶阳成乐民族乐器有限责任公司 | 0143 | 03 | 053900 | 河北省饶阳县大官厅开发区 | 李铁成 | 常务理事 |
| 31 | 长春新威琴行有限公司 | 0369 | 07 | 130021 | 吉林省长春市工农大路1796号 | 周宝强 | 常务理事 |
| 32 | 上海国光口琴厂有限公司 | 0023 | 09 | 200124 | 上海浦东林浦路800弄8号 | 周伟义 | 常务理事 |
| 33 | 上海口琴总厂 | 0025 | 09 | 201906 | 上海市宝山区蕰川路510号 | 蒋林森 | 常务理事 |
| 34 | 上海钢琴研究所 | 0123 | 09 | 201900 | 上海市宝山区宝扬路2222号 | 陈惠庆 | 常务理事 |
| 35 | 上海中雅钢琴有限公司 | 0127 | 09 | 201771 | 上海市青浦区清赵路6158号 | 马惠忠 | 常务理事 |
| 36 | 上海玛珂琴业有限公司 | 0134 | 09 | 215324 | 江苏省昆山市锦溪镇锦裕路158号 | 李军华 | 常务理事 |
| 37 | 上海国际展览中心有限公司 | 0199 | 09 | 200366 | 上海市长宁区娄山关路55号新虹桥大厦8楼 | 吴江红 | 常务理事 |
| 38 | 上海奋达乐器有限公司 | 0280 | 09 | 201808 | 上海市嘉定区徐行镇新建一路2411号 | 成民根 | 常务理事 |
| 39 | 苏州民族乐器一厂有限公司 | 0043 | 10 | 215003 | 江苏省苏州市平江区学士街梵门桥弄15号 | 田永逸 | 常务理事 |
| 40 | 江苏天鹅乐器有限公司 | 0045 | 10 | 214526 | 江苏省靖江市马桥镇北首 | 陈红梅 | 常务理事 |
| 41 | 扬州华韵乐器有限公司 | 0071 | 10 | 225015 | 江苏省扬州市隋杨路槐泗工业园 | 田步高 | 常务理事 |
| 42 | 南京摩德利钢琴有限公司 | 0112 | 10 | 210039 | 江苏省南京市雨花经济开发区龙藏大道9号 | 王永和 | 常务理事 |
| 43 | 扬州龙凤琴筝有限公司 | 0159 | 10 | 225008 | 江苏省扬州市西区新盛街道蜀岗果园 | 刘永发 | 常务理事 |
| 44 | 扬州市天艺民族乐器厂 | 0173 | 10 | 225123 | 江苏省扬州市邗江区甘泉镇姚湾村 | 汪扬 | 常务理事 |
| 45 | 江苏奇美乐器有限公司 | 0178 | 10 | 214500 | 江苏省靖江市经济开发区兴业路 | 张龙贵 | 常务理事 |
| 46 | 江阴金杯安琪乐器有限公司 | 0251 | 10 | 214443 | 江苏省江阴市申港镇亚包大道128号 | 时建明 | 常务理事 |
| 47 | 浙江中盟文化发展有限公司(浙江天目琴行有限公司) | 0151 | 11 | 310012 | 浙江省杭州市学院路135号 | 刘为明 | 常务理事 |
| 48 | 杭州嘉德威钢琴有限公司 | 0184 | 11 | 310021 | 浙江省杭州市江干区丁桥镇临丁路1191号 | 陈莲琴 | 常务理事 |

| 序号 | 企业（单位）名称 | 会员证号 | 行政区划 | 邮编 | 地址 | 联系人 | 协会任职 |
|---|---|---|---|---|---|---|---|
| 49 | 福州和声钢琴有限公司 | 0119 | 13 | 350008 | 福建福州市仓山区金山工业集中区浦上工业园B区红江路2号 | 池家森 | 常务理事 |
| 50 | 山东泰山管乐器制造有限公司 | 0131 | 15 | 265701 | 山东省龙口市东莱大李 | 梁维民 | 常务理事 |
| 51 | 烟台博斯纳钢琴制造有限公司 | 0188 | 15 | 264670 | 山东省烟台市莱山区解甲庄工业园 | 孙强 | 常务理事 |
| 52 | 武汉致嘉钢琴制造有限公司 | 0100 | 17 | 430050 | 湖北省武汉市经济开发区民营科技工业园12号M栋 | 周致嘉 | 常务理事 |
| 53 | 鲍德温（中山）钢琴乐器有限公司 | 0032 | 19 | 528412 | 广东省中山市东升镇观栏村工业区 | 周有恩 | 常务理事 |
| 54 | 广州市红棉提琴有限公司 | 0033 | 19 | 510430 | 广东省广州市石井镇石沙公路红星工业区15号 | 陈钊明 | 常务理事 |
| 55 | 广州古声琴业有限公司 | 0067 | 19 | 510170 | 广东省广州市西华路桃源街41号 | 梁泽敏 | 常务理事 |
| 56 | 美得理电子（深圳）有限公司 | 0128 | 19 | 518031 | 广东省深圳市燕南路404栋西三楼 | 徐俊 | 常务理事 |
| 57 | 成都川雅木业有限公司 | 0132 | 23 | 610101 | 四川省成都市龙泉驿区大面镇 | 张华君 | 常务理事 |
| 58 | 北京双喜乐器有限公司 | 0008 | 01 | 101200 | 北京市平谷区东高村镇大旺务西路37号 | 陈祖华 | 理事 |
| 59 | 北京天力凯业贸易有限公司 | 0092 | 01 | 102615 | 北京市大兴区长子营镇郑二营村 | 杨凯 | 理事 |
| 60 | 北京星海钢琴集团有限公司北京民族乐器厂 | 0104 | 01 | 100053 | 北京市宣武区槐柏树街乙9号楼 | 宋从甲 | 理事 |
| 61 | 北京长安乐器有限公司 | 0153 | 01 | 100195 | 北京市海淀区西四环北路15号依斯特大厦610号 | 马雪松 | 理事 |
| 62 | 北京华韵阿波罗艺术发展中心 | 0374 | 01 | 100070 | 北京市丰台区百强大道6号2座2610号 | 姚远 | 理事 |
| 63 | 北京中筝文化发展有限公司 | 0392 | 01 | 100022 | 北京市朝阳区东三环中路39号建外SOHO七号楼901 | 王晓光 | 理事 |
| 64 | 北京育鹏乐器有限公司 | 0436 | 01 | 100012 | 北京市朝阳区慧忠北里110号楼 | 张振州 | 理事 |
| 65 | 新跨乐(北京)艺术有限公司 | 0473 | 01 | 100022 | 北京市朝阳区东三环中路24号乐成中心B座606 | 韦凯元 | 理事 |
| 66 | 北京福韵国际工贸有限公司 | 0492 | 01 | 102605 | 北京市大兴区青云店镇垡上电镀厂院内 | 李宝红 | 理事 |
| 67 | 天津盛兴元乐器有限公司 | 0103 | 02 | 301605 | 天津市静海县子牙镇潘庄子 | 王泽云 | 理事 |
| 68 | 天津圣迪乐器有限公司 | 0284 | 02 | 301646 | 天津市静海县蔡公庄镇四党口中村 | 王玉春 | 理事 |
| 69 | 河北华声乐器制造有限公司 | 0213 | 03 | 053871 | 河北省深州市前么头工业区 | 张明健 | 理事 |
| 70 | 大厂回族自治县华丰铸造有限责任公司 | 0252 | 03 | 065301 | 河北省大厂回族自治县夏垫村西 | 杨山 | 理事 |
| 71 | 上海雅特曼钢琴有限公司 | 0158 | 09 | 201108 | 上海市闵行区颛桥镇向阳路1158号 | 王永金 | 理事 |
| 72 | 上海欧亚钢琴乐器有限公司 | 0162 | 09 | 201608 | 上海松江张泽民发经济城（浦亭路88号） | 郑明统 | 理事 |
| 73 | 上海威堡钢琴有限公司 | 0239 | 09 | 201314 | 上海市南汇坦直工业园古翠路33号 | 蒋维国 | 理事 |

| 序号 | 企业（单位）名称 | 会员证号 | 行政区划 | 邮编 | 地址 | 联系人 | 协会任职 |
|---|---|---|---|---|---|---|---|
| 74 | 上海和乐钢琴有限公司 | 0337 | 09 | 201716 | 上海市青浦区练塘工业园区蒸夏路200-8号 | 姚建芳 | 理事 |
| 75 | 泰兴斯坦特乐器有限公司 | 0041 | 10 | 225419 | 江苏省泰兴市溪桥乡翁庄村 | 李荣富 | 理事 |
| 76 | 江苏东方乐器有限公司 | 0090 | 10 | 214415 | 江苏省江阴市祝塘云顾路8号 | 孔文忠 | 理事 |
| 77 | 扬州金韵乐器御工坊有限公司 | 0095 | 10 | 225009 | 江苏省扬州市开发区裴庄新河东 | 熊立群 | 理事 |
| 78 | 南京密尔顿钢琴有限公司 | 0135 | 10 | 211100 | 江苏省南京江宁开发区菲尼克斯路79号 | 陆雅 | 理事 |
| 79 | 扬州市正声民族乐器厂 | 0145 | 10 | 225000 | 江苏省扬州市江阳工业园西湖双塘路 | 周平 | 理事 |
| 80 | 南京新辉琴行有限公司 | 0266 | 10 | 210009 | 江苏省南京市中山北路42号 | 刘小辉 | 理事 |
| 81 | 扬州天韵琴筝有限公司 | 0299 | 10 | 211407 | 江苏省扬州市仪征刘集盘古工业园 | 李同志 | 理事 |
| 82 | 南京乐博乐器股份有限公司 | 0423 | 10 | 210000 | 江苏省南京市洪武路340号苏发大厦三楼 | 姚广生 | 理事 |
| 83 | 德清县中德利钢琴有限公司 | 0136 | 11 | 313216 | 浙江省德清县城关西郊路158号 | 王惠林 | 理事 |
| 84 | 德清县海尔乐器制造有限公司 | 0171 | 11 | 313218 | 浙江省德清县洛舍经济开发区文明东路2号 | 王惠忠 | 理事 |
| 85 | 湖州华谱钢琴制造有限公司 | 0174 | 11 | 313218 | 浙江省湖州市德清县洛舍经济开发区 | 姚小林 | 理事 |
| 86 | 湖州杰士德钢琴有限公司 | 0176 | 11 | 313218 | 浙江省莫干山技术开发区杨树湾工业园区洛德大道198号 | 鲍海尔 | 理事 |
| 87 | 宁波市北仑乐器配件制造有限公司 | 0203 | 11 | 315806 | 浙江省宁波市北仑区大矸镇俞王村 | 俞兆祥 | 理事 |
| 88 | 宁波四海琴业有限公司 | 0211 | 11 | 315137 | 浙江省宁波鄞州区云龙镇前后陈村 | 何四海 | 理事 |
| 89 | 宁波市江北珂乐乐器有限公司 | 0321 | 11 | 315000 | 浙江省宁波市江北区北岸琴森财富创意港295号 | 蔡赋勇 | 理事 |
| 90 | 浙江乐韵钢琴有限公司 | 0389 | 11 | 313218 | 浙江省德清洛舍工业园顺达路18号 | 杨伟忠 | 理事 |
| 91 | 福建省爱乐钢琴有限公司 | 0147 | 13 | 353200 | 福建省顺昌县双溪镇货场路142、144号 | 柯松理 | 理事 |
| 92 | 烟台金斯波格钢琴有限责任公司 | 0052 | 15 | 264006 | 山东省烟台市经济技术开发区长白山路5号 | 李德明 | 理事 |
| 93 | 龙口锦盛乐器有限公司 | 0084 | 15 | 265701 | 山东省龙口市东莱街道大李村 | 李传术 | 理事 |
| 94 | 青岛海韵琴行有限公司 | 0242 | 15 | 266071 | 山东省青岛市江西路98号乙 | 莫蓓茜 | 理事 |
| 95 | 开封中原民族乐器有限公司 | 0186 | 16 | 475312 | 河南省兰考县固阳镇 | 代胜民 | 理事 |
| 96 | 武汉银可可琴行有限责任公司 | 0303 | 17 | 430060 | 湖北省武汉市彭刘杨路228号金榜名苑一楼 | 何浩 | 理事 |
| 97 | 国家轻工业乐器质量监督检测中心（广州） | 0172 | 19 | 510370 | 广东省广州市荔湾区茂香园13号 | 潘绮珊 | 理事 |
| 98 | 广州格利蒙那提琴有限公司 | 0208 | 19 | 511430 | 广东省广州市番禺区大石街涌口村雅苑大街2号 | 关尚持 | 理事 |

| 序号 | 企业（单位）名称 | 会员证号 | 行政区划 | 邮编 | 地址 | 联系人 | 协会任职 |
|---|---|---|---|---|---|---|---|
| 99 | 广州市罗曼士乐器制造有限公司 | 0241 | 19 | 510860 | 广东广州市花都区狮领镇育才路13号 | 郑玉棠 | 理事 |
| 100 | 广州市大同琴行有限公司 | 0397 | 19 | 510100 | 广东省广州市越秀区东川路37号 | 佟伟彦 | 理事 |
| 101 | 广州艾茉森电子有限公司 | 0426 | 19 | 510163 | 广东省广州市荔湾区珠江大桥桥中中路223号 | 刘春清 | 理事 |
| 102 | 玉屏侗族自治县箫笛厂 | 0063 | 24 | 554000 | 贵州省玉屏市中山路465号 | 姚懿洲 | 理事 |
| 103 | 昆明乐器用品有限责任公司 | 0064 | 25 | 650031 | 云南省昆明市东风西路289号 | 伍俊武 | 理事 |
| 104 | 西安音乐学院乐器厂 | 0224 | 27 | 710061 | 陕西省西安市长安中路108号 | 黄勇 | 理事 |
| 105 | 陕西省音乐家协会金钟琴行 | 0387 | 27 | 710054 | 陕西省西安市文艺北路明胜街146号 | 张喜鹏 | 理事 |
| 106 | 陕西省文化物资公司 | 0502 | 27 | 710016 | 陕西省西安市龙首北路东段4号 | 张忠民 | 理事 |
| 108 | 北京管乐器厂 | 0004 | 01 | 101111 | 北京市通州区光机电一体化产业基地科创东五街8号 | 赵彤 | |
| 109 | 北京乐器城 | 0180 | 01 | 101200 | 北京市平谷区东高村镇镇政府 | 马魁 | |
| 110 | 北京市产品质量监督检验所 | 0255 | 01 | 100000 | 北京市顺义区顺兴路9号 | 陈梨 | |
| 111 | 北京敦善文化艺术有限公司 | 0259 | 01 | 100005 | 北京市东城区建国门内大街7号光华长安大厦1座302室 | 于添 | |
| 112 | 北京星海福音琴业有限公司 | 0278 | 01 | 100061 | 北京市崇文区夕照寺中街4号 | 胆美珍 | |
| 113 | 北京龙羽时代科技有限公司 | 0351 | 01 | 100088 | 北京市海淀区北三环中路77号27号楼509室 | 魏剑羽 | |
| 114 | 北京蓝摇惠好乐器有限公司 | 0410 | 01 | 100083 | 北京市海淀区五道口华清嘉园18-3-102 | 张学民 | |
| 115 | 北京爱芝音教教学设备有限公司 | 0425 | 01 | 102202 | 北京市海淀区上庄梅所屯207号 | 宁爱中 | |
| 116 | 维斯曼(北京)乐器制造有限公司 | 0438 | 01 | 101102 | 北京市通州区中关村科技园区通州园金桥科技产业基地环科东一路14号90号楼B | 闫丕铸 | |
| 117 | 北京现代乐手广告有限公司 | 0440 | 01 | 100062 | 北京市崇文区西花市南里东区8-2-1202 | 蒋宁湛 | |
| 118 | 北京妙思科国际贸易有限责任公司 | 0446 | 01 | 100027 | 北京市朝阳区东直门外大街26号B座312室 | 王珺 | |
| 119 | 威柏尔乐器(北京)有限公司 | 0454 | 01 | 100740 | 北京市东城区王府井大街277号好友写字楼2505室 | 刘勇 | |
| 120 | 北京唯才树文化传播有限公司 | 0460 | 01 | 100011 | 北京市东城区安德路55号22-2-502 | 黄宜龙 | |
| 121 | 北京兆森工贸有限公司 | 0484 | 01 | 100141 | 北京市房山区韩村河镇西东村南 | 孙伟 | |
| 122 | 北京中音新雅科技有限公司 | 0486 | 01 | 100022 | 北京市朝阳区建国路88号SOHO现代城D座0711-0712室 | 赵易天 | |
| 123 | 北京连怡乐商贸有限公司 | 0493 | 01 | 102403 | 北京市房山区琉璃河工业区 | 苗文来 | |
| 124 | 北京索达文化传播有限公司 | 0500 | 01 | 100070 | 北京市丰台区南四环188号总部基地1区24栋 | 叶彩萍 | |

| 序号 | 企业（单位）名称 | 会员证号 | 行政区划 | 邮编 | 地址 | 联系人 | 协会任职 |
|---|---|---|---|---|---|---|---|
| 125 | 北京中广华音文化传媒有限公司 | 0508 | 01 | 100022 | 北京市朝阳区百子湾路28号 | 赵广 | |
| 126 | 北京奥宇新材料科技开发有限公司 | 0509 | 01 | 102600 | 北京市大兴工业开发区金苑路2号 | 时春利 | |
| 127 | 德鑫开元(北京)贸易发展有限责任公司 | 0525 | 01 | 101102 | 北京市通州区马驹桥镇景盛北一街17号珠江逸景家园122号楼122-1202 | 王武 | |
| 128 | 北京卓邦乐米文化传播有限公司 | 0526 | 01 | 100070 | 北京市丰台区南四环西路188号总部基地十一区27号楼6层 | 张新峰 | |
| 129 | 北京安平乐乐器有限责任公司 | 0539 | 01 | 100089 | 北京市海淀区紫竹院路100号信弘大厦A221 | 安青 | |
| 130 | 北京琴语琴愿文化传播有限公司 | 0556 | 01 | 100021 | 北京市朝阳区郎辛庄北路58号院扬州水乡3036号 | 周鹏 | |
| 131 | 北京佳期提琴制作有限公司 | 0570 | 01 | 101100 | 北京市通州区潞城镇武窑村119号 | 李洪源 | |
| 132 | 国韵盛世文化传媒股份有限公司 | 0589 | 01 | 100020 | 北京市朝阳区东大桥路8号soho尚都北塔A座22层 | 任晓锋 | |
| 133 | 北京诺健科技发展有限公司 | 0592 | 01 | 100039 | 北京市海淀区复兴路甲36号百朗园1122号 | 李腊 | |
| 134 | 天津通宝乐器有限公司 | 0015 | 02 | 300230 | 天津市河北区白庙工业区南口支路6号 | 姜静 | |
| 135 | 天津市民族乐器厂 | 0018 | 02 | 300230 | 天津市河北区南吱路1号 | 郭建文 | |
| 136 | 天津市隆兴集团进出口有限公司 | 0107 | 02 | 300211 | 天津市河西区新围堤道5号 | 韩延林 | |
| 137 | 天津市佰笛乐器有限公司 | 0189 | 02 | 300162 | 天津市河东区程林庄路华冠丝绸有限公司院内 | 赵景萱 | |
| 138 | 天津金雅佳乐器有限公司 | 0231 | 02 | 300402 | 天津市北辰区铁东路霍家嘴工业区四号路五门 | 侯新宇 | |
| 139 | 通宝国际贸易（天津）有限公司 | 0264 | 02 | 300000 | 天津市河西区苏州道白楼仕嘉6-2-502 | 恽林 | |
| 140 | 天津吉驰国际贸易有限公司 | 0273 | 02 | 301800 | 天津市宝坻区津围公路西侧 | 王贵山 | |
| 141 | 天津天同音工贸有限公司 | 0274 | 02 | 300170 | 天津市河东区六纬路神州花园26-3-101 | 王琳 | |
| 142 | 天津吉华国际贸易有限公司 | 0275 | 02 | 300380 | 天津市西青区中北工业园阜盛道22号 | 于秉勋 | |
| 143 | 天津英昌乐器有限公司 | 0335 | 02 | 300300 | 天津市东丽区崔家码头东侧 | 陈香菊 | |
| 144 | 天津奥维斯乐器有限公司 | 0354 | 02 | 301646 | 天津市静海县蔡公庄乐器城 | 张国民 | |
| 145 | 天津乐海城乐器配件有限公司 | 0364 | 02 | 300450 | 天津市塘沽区春风路紫云国际5栋1门201室 | 王锡华 | |
| 146 | 天津扬昇国际贸易有限公司 | 0408 | 02 | 300192 | 天津市南开区鞍山西道信诚大厦704室 | 许心缇 | |
| 147 | 比扬(天津)乐器制造有限公司 | 0429 | 02 | 300200 | 天津空港物流加工区宏亮工业园宏亮大街28号 | 杨秀娟 | |

| 序号 | 企业（单位）名称 | 会员证号 | 行政区划 | 邮编 | 地址 | 联系人 | 协会任职 |
|---|---|---|---|---|---|---|---|
| 148 | 天津市万德弗劳乐器有限责任公司 | 0444 | 02 | 300011 | 天津市河东区新开路春华里11-2-401 | 高志伟 | |
| 149 | 天津市松林乐器厂 | 0450 | 02 | 300204 | 天津市市河西区永安道泰达园28号门401 | 卢玉松 | |
| 150 | 天津劳伦斯乐器有限公司 | 0476 | 02 | 301700 | 天津市武清经济技术开发区 | 刘瑞 | |
| 151 | 天津创丰乐器进出口贸易有限公司 | 0483 | 02 | 300150 | 天津市河北区红星路万科城市花园F-409 | 贺天宝 | |
| 152 | 天津雨融泽服装装具有限公司 | 0487 | 02 | 300000 | 天津市西青区大明道营瑞路2-1号 | 仇家军 | |
| 153 | 天津市东丽区乐林乐器厂 | 0491 | 02 | 300000 | 天津市东丽区大毕庄工业区国信路10号 | 卢启恒 | |
| 154 | 天津市至上乐器有限公司 | 0498 | 02 | 301800 | 天津市宝坻区史各庄工业园 | 袁洪立 | |
| 155 | 邢台市冶金艺术学校 | 0048 | 03 | 054000 | 河北邢台市冶金子弟学校 | 董耀海 | |
| 156 | 河北省文安县鑫森乐器有限公司 | 0170 | 03 | 065802 | 河北省文安县新镇 | 王景川 | |
| 157 | 霸州市威名乐器有限公司 | 0177 | 03 | 065700 | 河北省霸州市大高各庄工业区 | 张维明 | |
| 158 | 饶阳乐之洋琴业有限责任公司 | 0191 | 03 | 053900 | 河北省饶阳县大官厅工业园566号 | 赵爱敏 | |
| 159 | 沧州市金狮乐器有限公司 | 0227 | 03 | 061026 | 河北省沧州市纸房头工业区 | 吕宝合 | |
| 160 | 石家庄永宏乐器音响设备有限公司 | 0230 | 03 | 050000 | 河北省石家庄市中山东路55号中江文化城四层A1 | 张奕 | |
| 161 | 廊坊市永信实业有限公司 | 0261 | 03 | 065000 | 河北省廊坊市安欠区杨税务 | "刘家庆段以晴" | |
| 162 | 张家口市桥东新星海乐器商店 | 0375 | 03 | 075000 | 河北省张家口市桥东区胜利北路30号平安办公大厦2楼 | 李立鸣 | |
| 163 | 三河市海燕乐器有限公司 | 0393 | 03 | 065200 | 河北省三河市辛集镇 | 李宝玉 | |
| 164 | 河北中轻北方乐器有限公司 | 0407 | 03 | 053400 | 河北省衡水市武邑县东风路96号 | 史占秋 | |
| 165 | 廊坊市日升文体乐器有限公司 | 0432 | 03 | 065004 | 河北省廊坊市安次区葛渔城镇西街 | 胡汝刚 | |
| 166 | 廊坊市金力铖乐器有限公司 | 0434 | 03 | 065004 | 河北省廊坊市安次区葛渔城镇西街 | 胡志鹏 | |
| 167 | 沧州市运西梦同琴行 | 0461 | 03 | 061001 | 河北省沧州市水月寺南大街31号 | 孙梦桐 | |
| 168 | 秦皇岛市海港区利通琴行 | 0464 | 03 | 066000 | 河北省秦皇岛市海港区燕山大街210号 | 王鹤立 | |
| 169 | 保定市北市区钟鸣琴行 | 0472 | 03 | 071000 | 河北省保定市莲池北大街173号 | 刘金刚 | |
| 170 | 衡水新星乐器有限公司 | 0482 | 03 | 053000 | 河北省衡水市人民西路西段20号(赵圈工业区) | 付吉茂 | |
| 171 | 饶阳县海之韵乐器有限公司 | 0597 | 03 | 053900 | 河北省饶阳县东草芦村七区46号 | 李广敖 | |
| 172 | 大同市新百灵音乐文化传播有限责任公司 | 0271 | 04 | 037008 | 山西省大同市迎宾街龙新小区 28号A8座 | 库秀荣 | |
| 173 | 山西普晋琴行有限公司 | 0334 | 04 | 030001 | 山西省太原市青年路12号 | 董武斌 | |

| 序号 | 企业（单位）名称 | 会员证号 | 行政区划 | 邮编 | 地址 | 联系人 | 协会任职 |
|---|---|---|---|---|---|---|---|
| 174 | 营口西尔伯曼钢琴有限公司 | 0270 | 06 | 115000 | 辽宁省营口市西市区民兴河北街 | 丁弘戬 | |
| 175 | 营口东方明珠钢琴有限公司 | 0318 | 06 | 115000 | 辽宁省营口市老边区路南镇大水塘 | 王彬 | |
| 176 | 阿托拉斯乐器制造(大连)有限公司 | 0356 | 06 | 116600 | 辽宁省大连市保税区罗湖路9号 | 王明海 | |
| 177 | 大连德克森电子钢琴乐器有限公司 | 0378 | 06 | 116100 | 辽宁省大连市西岗区人民广场南纪念街1-1号 | 孙永斌 | |
| 178 | 沈阳旺族琴行有限公司 | 0494 | 06 | 110003 | 辽宁省沈阳市沈河区青年大街165-9号 | 于法芝 | |
| 179 | 营口乐器协会 | 0503 | 06 | 115000 | 辽宁省营口市站前区渤海大街东19号 | 郝铁成 | |
| 180 | 营口(辽宁)乐器产业基地 | 0567 | 06 | 115003 | 辽宁省营口市新联大街东1号 | 张东 | |
| 181 | 沈阳星辉震东音教设备有限公司 | 0588 | 06 | 110004 | 辽宁省沈阳市和平区三好街54号A座4门 | 王渤 | |
| 182 | 延吉市民族乐器研究所 | 0154 | 07 | 133000 | 吉林省延吉市北山街爱丹路125-2号 | 赵基德 | |
| 183 | 上海迪笙乐器有限公司 | 0088 | 09 | 202159 | 上海市崇明县合五公路88号 | 黄志昌 | |
| 184 | 上海兰生-豪呐乐器有限公司 | 0111 | 09 | 201722 | 上海市青浦区西岭镇莲盛西首 | 徐建华 | |
| 185 | 上海华黎民族乐器厂 | 0161 | 09 | 201311 | 上海市南汇区大团镇永定北路19弄2号 | 唐华军 | |
| 186 | 上海韵乐电器有限公司 | 0166 | 09 | 201800 | 上海市嘉定区昌徐路88号 | 柯应岳 | |
| 187 | 上海东韵钢琴有限公司 | 0181 | 09 | 201800 | 上海市嘉定区嘉罗公路2210号 | 马湧 | |
| 188 | 上海敦煌乐器有限公司 | 0185 | 09 | 201400 | 上海市奉贤区运河北路1025号 | 陆敏 | |
| 189 | 上海英赫曼琴业有限公司 | 0187 | 09 | 201201 | 上海浦东新区合庆镇星升路500弄100号 | 唐海林 | |
| 190 | 中华乐器网 | 0232 | 09 | 200000 | 上海南泉北路1015弄401室 | 窦晓明 | |
| 191 | 上海百灵金钟乐器有限公司 | 0238 | 09 | 200001 | 上海市天津路189号 | 周有为 | |
| 192 | 激声博韵(上海)乐器贸易有限公司 | 0258 | 09 | 200031 | 上海市徐汇区衡山路10号甲 | 李文东 | |
| 193 | 赛乐尔三益乐器(上海)有限公司 | 0269 | 09 | 201401 | 上海市奉贤区环城北路753号 | 李炯国 | |
| 194 | 上海邦加琴业有限公司 | 0287 | 09 | 201505 | 上海市金山区亭林镇东村南4062号 | 朱荣玮 | |
| 195 | 上海渐华科技发展有限公司 | 0294 | 09 | 200233 | 上海市徐汇区桂箐路69号25号楼5层 | 高建勋 | |
| 196 | 星夜钢琴网 | 0295 | 09 | 200120 | 上海市浦东新区张杨路628号3号楼26楼C座（第一八佰伴附近） | 曾继桂 | |
| 197 | 法兰山德乐器(上海)有限公司 | 0297 | 09 | 201501 | 上海市金山区枫泾工业园区钱明东路1338弄35号 | 陈德鹏 | |
| 198 | 上海斯坦罗琴行 | 0316 | 09 | 200051 | 上海市玉屏南路309号乙 | 罗兴海 | |
| 199 | 上海晨川琴业材料有限公司 | 0320 | 09 | 201705 | 上海市青浦区华新镇民兴工业园区徐华公路3029弄民兴一路59号 | 郑纪海 | |
| 200 | 上海管乐器厂有限公司 | 0323 | 09 | 201806 | 上海市嘉定区外冈镇恒乐路188号 | 赵时渔 | |

| 序号 | 企业（单位）名称 | 会员证号 | 行政区划 | 邮编 | 地址 | 联系人 | 协会任职 |
|---|---|---|---|---|---|---|---|
| 201 | 河合贸易(上海)有限公司 | 0349 | 09 | 200120 | 上海市浦东南路528号证券大厦北楼2308室 | 森口昌基 | |
| 202 | 上海顶胜钢琴修理厂 | 0409 | 09 | 201108 | 上海市闵行区都会路100号 | 顾名迈 | |
| 203 | 上海乐圣乐器有限公司 | 0412 | 09 | 200030 | 上海市裕德路45弄1号1008室 | 胡祖庭 | |
| 204 | 上海凯恩乐器有限公司 | 0413 | 09 | 202180 | 上海市崇明县合兴镇东首 | 张伟明 | |
| 205 | 巨吉贸易(上海)有限公司 | 0435 | 09 | 201108 | 上海市闵行区都会路1885号丽琴大厦1楼 | 司马健 | |
| 206 | 上海德宝乐器有限公司 | 0442 | 09 | 310000 | 浙江省杭州余杭区白鹭郡北61幢1单元201 | 葛义云 | |
| 207 | 温克尔曼(上海)乐器有限公司 | 0467 | 09 | 200000 | 上海市南京西路大田路129号 | 应利星 | |
| 208 | 施坦威钢琴(上海)有限公司 | 0499 | 09 | 200131 | 上海市外高桥保税区富特北路201号第一层A部位 | 高琼 | |
| 209 | 上海东方教具有限公司 | 0516 | 09 | 201601 | 上海市松江区泗泾镇方泗路88号 | 季祥义 | |
| 210 | 上海乐兰电子有限公司 | 0522 | 09 | 100022 | 北京市朝阳区西大望路63号阳光财富大厦3层 | 程晋垣 | |
| 211 | 上海朱里士福里希乐器有限公司 | 0524 | 09 | 200051 | 上海市长宁区仙霞路8号仲盛金融中心303A | 周文华 | |
| 212 | 卡西欧(上海)贸易有限公司 | 0554 | 09 | 200051 | 上海市长宁区遵义路100号虹桥上海城A座10楼 | 韩天 | |
| 213 | 上海云鹤钢琴有限公司 | 0569 | 09 | 201803 | 上海市嘉定区黄渡镇宝丰路88弄21号 | 李凤强 | |
| 214 | 上海灵江乐器有限公司 | 0598 | 09 | 201702 | 上海市青浦区前云路100号 | 黄正达 | |
| 215 | 无锡铃木乐器有限公司 | 0039 | 10 | 214415 | 江苏省江阴市祝塘镇人民路1号 | 缪志兴 | |
| 216 | 南通市乐王琴业有限公司 | 0046 | 10 | 226001 | 江苏省南通市环城东路93号 | 王夕林 | |
| 217 | 扬州市广陵区新盛民族乐器厂 | 0093 | 10 | 225000 | 江苏省扬州市湾头镇茱萸路368号 | 唐月琴 | |
| 218 | 无锡市新区古月琴坊 | 0101 | 10 | 214112 | 江苏省无锡市新区梅村镇新南路10号 | 万其兴 | |
| 219 | 江阴激扬乐器有限公司 | 0113 | 10 | 214443 | 江苏省江阴市申港镇镇澄路1531号 | 时国兴 | |
| 220 | 南京伊柯雅钢琴制造有限公司 | 0163 | 10 | 211101 | 江苏省南京市东山邵圣工业园区 | 尹松林 | |
| 221 | 奥玛尔(扬州)钢琴制造有限公司 | 0164 | 10 | 225115 | 江苏省扬州市槐泗工业园 | 李鉴宁 | |
| 222 | 苏州市平江区周万春乐器行 | 0193 | 10 | 215001 | 江苏省苏州市工业园区扬东路277号晶汇大厦1619-1620室 | 周健 | |
| 223 | 无锡市锡艺乐器厂 | 0194 | 10 | 214112 | 江苏省无锡市新区梅村镇梅里路 | 万建平 | |
| 224 | 苏州恒生进出口有限公司 | 0200 | 10 | 215004 | 江苏省苏州市西环路1638号国际经贸大厦 | 周奇生 | |
| 225 | 苏州凯声乐器有限公司 | 0201 | 10 | 215004 | 江苏省苏州市西环路1638号国际经贸大厦3楼321室 | 王德强 | |

| 序号 | 企业（单位）名称 | 会员证号 | 行政区划 | 邮编 | 地址 | 联系人 | 协会任职 |
|---|---|---|---|---|---|---|---|
| 226 | 扬中市华联手风琴有限公司 | 0214 | 10 | 212219 | 江苏省扬中市八桥镇太平北路60号 | 朱士本 | |
| 227 | 扬州市邗江华音民族乐器厂 | 0235 | 10 | 225000 | 江苏省扬州市凯莱巴黎春天小区136栋201室 | 周杰 | |
| 228 | 扬州市思美民族乐器厂 | 0282 | 10 | 225244 | 江苏省扬州江都市武坚镇黄思工业区(邮局对面) | 胡思林 | |
| 229 | 苏州市卓特乐器工艺五金厂 | 0298 | 10 | 215008 | 江苏省苏州市白洋湾大街洋南路8号 | 史超 | |
| 230 | 扬州音美尔民族乐器有限公司 | 0312 | 10 | 225006 | 江苏省扬州开发区运西路运西镇逸居路118号 | 刘庆阳 | |
| 231 | 扬州市维扬区御声乐器厂 | 0322 | 10 | 225000 | 江苏省扬州市西湖镇司徒庙路西首-胡场 | 杨国富 | |
| 232 | 淮安市楚州区淮城镇寒舟乐器批发部 | 0338 | 10 | 223200 | 江苏省淮安市楚州区南门大街名都花园88-15 | 韩周 | |
| 233 | 昆山德邦木业有限公司 | 0358 | 10 | 215347 | 江苏省昆山市巴城镇正仪高科技术产业园富丽路 | 唐亮 | |
| 234 | 南京宏盛毛毡制品有限公司 | 0367 | 10 | 210000 | 江苏省南京市溧水区白马工业集中区工业北路2号 | 赵清双 | |
| 235 | 无锡万声乐器有限公司 | 0376 | 10 | 214112 | 江苏省无锡市新区梅村镇新南科技园新南路10号 | 万小红 | |
| 236 | 南京协和琴行有限责任公司 | 0401 | 10 | 210008 | 江苏省南京市玄武区北京东路46号 | 郝健 | |
| 237 | 溧阳市溧城银月琴行 | 0421 | 10 | 213300 | 江苏省溧阳市东大街金东花园 | 张晓明 | |
| 238 | 泰兴市钱氏乐器有限公司 | 0431 | 10 | 225400 | 江苏省泰兴市曲霞镇西桥 | 钱长征 | |
| 239 | 南京爱韵贸易实业有限公司 | 0433 | 10 | 210008 | 江苏省南京市玄武区珠江路88号新世界中心A座3501 | 童磊 | |
| 240 | 扬州市百家筝鸣筝业管理有限公司 | 0445 | 10 | 225000 | 江苏省扬州市梅岭西路28号东四楼 | 曲玉利 | |
| 241 | 泰兴市爱艺乐器厂 | 0457 | 10 | 225419 | 江苏省泰兴市溪桥镇解放路1号 | 孙伟 | |
| 242 | 君琴提琴工作室 | 0458 | 10 | 225419 | 江苏省泰兴市溪桥镇华溪中路149号 | 刘治均 | |
| 243 | 江阴兄弟乐器有限公司 | 0466 | 10 | 214422 | 江苏省江阴市云亭镇建设路50号 | 孔文金 | |
| 244 | 南京爱乐书店 | 0471 | 10 | 210000 | 江苏省南京市秦淮区秦虹创业大市场B区3号 | 梅彦岭 | |
| 245 | 扬州市江都金艺民族乐器厂 | 0474 | 10 | 225231 | 江苏省扬州市江都宜陵工业区2号路 | 冷步年 | |
| 246 | 江苏大风乐器有限公司 | 0480 | 10 | 221637 | 江苏省徐州市沛县张庄镇工业区 | 徐宝华 | |
| 247 | 镇江市杰伦乐器有限公司 | 0489 | 10 | 212003 | 江苏省镇江市京口区京口路京岘山庄29幢1407室 | 朱剑 | |
| 248 | 连云港市邦乐琴行有限公司 | 0505 | 10 | 222000 | 江苏省连云港市陇海步行中街28-238号 | 丁丽君 | |
| 249 | 扬州市邗江嫦娥乐器厂 | 0506 | 10 | 225107 | 江苏省扬州市邗江区李典镇长生村 | 尤永妹 | |
| 250 | 扬州天音乐器厂 | 0513 | 10 | 225000 | 江苏省扬州市城北乡槐南路 | 郑桂珠 | |

| 序号 | 企业（单位）名称 | 会员证号 | 行政区划 | 邮编 | 地址 | 联系人 | 协会任职 |
|---|---|---|---|---|---|---|---|
| 251 | 江苏至善教育投资管理有限公司 | 0519 | 10 | 210002 | 江苏省南京市白下区游府西街46号20楼 | 徐德平 | |
| 252 | 苏州市金阊区采长尧民乐工作室 | 0529 | 10 | 215000 | 江苏省苏州市相城区黄桥镇胡湾工业区旺盛路向东100米富虹塑胶院内3楼 | 采长尧 | |
| 253 | 江苏乾坤科教设备有限公司 | 0534 | 10 | 223229 | 江苏省淮安市淮安区施河镇工业园区 | 董玉乾 | |
| 254 | 江阴市鹏程乐器厂 | 0542 | 10 | 214407 | 江苏省江阴市徐霞客镇上东村 | 陆文庆 | |
| 255 | 淮安市经纬教学设备有限公司 | 0552 | 10 | 223229 | 江苏省淮安市楚州区施河镇德福北路186号 | 瞿继淮 | |
| 256 | 江苏锡光科教设备有限公司 | 0555 | 10 | 223229 | 江苏省淮安市淮安区施河镇太平路西首 | 钱剑峰 | |
| 257 | 江苏航天光电科技有限公司 | 0558 | 10 | 223229 | 江苏省淮安市淮安区施河镇工业园区淮河路西首 | 胡建波 | |
| 258 | 江苏华辰科教设备有限公司 | 0560 | 10 | 223229 | 江苏省淮安市施河镇工业园区人民路南首 | 管益武 | |
| 259 | 江苏柠檬科教设备有限公司 | 0563 | 10 | 223600 | 江苏省沭阳县章集工业园区柠檬3号 | 徐兴俊 | |
| 260 | 江苏省诚信教学设备有限公司 | 0564 | 10 | 223600 | 江苏省沭阳县工业园区北区 | 祁军 | |
| 261 | 江苏省华茂科教设备有限公司 | 0565 | 10 | 223600 | 江苏省沭阳县经济开发区永嘉路40号 | 祁霞 | |
| 262 | 淮安市华光教学设备有限公司 | 0571 | 10 | 223229 | 江苏省淮安市淮安区施河镇世纪大道8号 | 吴斌 | |
| 263 | 吴江市飞浪文化传播有限公司 | 0573 | 10 | 215228 | 江苏省吴江市盛泽镇东方花园钻石商业广场三楼 | 盛志荣 | |
| 264 | 宿迁市金利普教学仪器设备有限公司 | 0581 | 10 | 223600 | 江苏省宿迁市沭阳县公园东路怀文小学门西第一家 | 沈念兵 | |
| 265 | 苏州音华琴行 | 0585 | 10 | 215000 | 江苏省苏州市东环路1500号407室 | 包林庆 | |
| 266 | 扬州太古琴坊有限公司 | 0586 | 10 | 225000 | 江苏省扬州市仪征刘集镇盘古工业园1号 | 刘霄 | |
| 267 | 泰州裕泰乐器有限公司 | 0590 | 10 | 225400 | 江苏省泰兴市黄桥镇城黄西路168号(黄桥镇环保所对面) | 王庆华 | |
| 268 | 江苏名帝教育设备有限公司 | 0600 | 10 | 223600 | 江苏省沭阳县珠江路东侧名城2号楼6号商铺 | 周跃齐 | |
| 269 | 南通一诺乐器有限公司 | 0603 | 10 | 226001 | 江苏省南通市南大街38号银河大厦20层 | 钱军建 | |
| 270 | 扬州清和文化发展有限公司 | 0611 | 10 | 225000 | 江苏省扬州市广陵区食品工业园绿禾路6号 | 金峰 | |
| 271 | 扬州正和民族乐器厂 | 0615 | 10 | 225007 | 江苏省扬州市广陵区头桥镇迎新村 | 杨越 | |
| 272 | 海湾乐器（嘉善）有限公司 | 0148 | 11 | 314100 | 浙江省嘉善县谈公北路368号 | 胡益兰 | |

| 序号 | 企业（单位）名称 | 会员证号 | 行政区划 | 邮编 | 地址 | 联系人 | 协会任职 |
|---|---|---|---|---|---|---|---|
| 273 | 永康市前仓永固乐器厂 | 0204 | 11 | 321305 | 浙江省永康市前仓镇前仓村金鸡路53号 | 蒋学良 | |
| 274 | 杭州雅马哈乐器有限公司 | 0212 | 11 | 311241 | 浙江省杭州市萧山区瓜沥镇沙田头村 | 小林孝一 | |
| 275 | 萧山雅马哈乐器有限公司 | 0215 | 11 | 311215 | 浙江省杭州市萧山经济开发区建设二路31号 | 船户实 | |
| 276 | 湖州华尔森钢琴有限公司 | 0222 | 11 | 313200 | 浙江省德清县莫干山经济开发区长安街25号 | 王惠安 | |
| 277 | 浙江珠江德华钢琴有限公司 | 0229 | 11 | 313200 | 浙江省莫干山经济开发区北湖东街288号 | 伍锐伟 | |
| 278 | 海盐东方口琴厂 | 0249 | 11 | 314300 | 浙江省海盐县海兴西路288号 | 丁文良 | |
| 279 | 浙江友谊电子有限公司 | 0262 | 11 | 325600 | 浙江省乐清市经济开发区纬八路 | 陈天浩 | |
| 280 | 全球乐器网 | 0263 | 11 | 310017 | 浙江杭州艮山西路78号东门大厦9C | 徐登朝 | |
| 281 | 杭州沃尔特数码钢琴有限公司 | 0267 | 11 | 310023 | 浙江省杭州市余杭区五常工业区荆长路31号-A | 赵为民 | |
| 282 | 宁波超拨电子有限公司 | 0285 | 11 | 315600 | 浙江省宁波市新兴工业园区C区 | 华宣兴 | |
| 283 | 杭州艺威电子音响设备厂 | 0291 | 11 | 311118 | 浙江省杭州市余杭区黄湖宏图路68号 | 蔡忠伟 | |
| 284 | 宁波音王电声股份有限公司 | 0306 | 11 | 315104 | 浙江省宁波市鄞州投资创业园诚信路818号 | 王祥贵 | |
| 285 | 丽水括苍琴行 | 0344 | 11 | 323400 | 浙江省丽水市括苍路222号 | 叶菊香 | |
| 286 | 临海市均华乐器有限公司 | 0380 | 11 | 317000 | 浙江省临海市古城街道聚景路9号 | 金云声 | |
| 287 | 杭州爱尔科电子有限公司 | 0406 | 11 | 311258 | 浙江省杭州市萧山区闻堰镇长安工业区 | 朱伟柳 | |
| 288 | 宁波市四明琴行有限公司 | 0420 | 11 | 315000 | 浙江省宁波市海曙区望京路146号 | 石海岳 | |
| 289 | 杭州珠江三毛琴行有限公司 | 0443 | 11 | 310012 | 浙江省杭州市文二路456号 | 蒋淳荣 | |
| 290 | 宁波职业技术学院乐器制造系 | 0452 | 11 | 315800 | 浙江省宁波市北仑新大路1069号 | 胡晓光 | |
| 291 | 浙江学全科教仪器有限公司 | 0475 | 11 | 321300 | 浙江省永康市前仓镇前仓村金鸡路140号 | 蒋学全 | |
| 292 | 宁波波鹰乐器制造有限公司 | 0481 | 11 | 315800 | 浙江省宁波市奉化市西坞街道南路85号 | 曾观华 | |
| 293 | 温州市中联异型紧固件有限公司 | 0485 | 11 | 325000 | 浙江省温州市瓯海区郭溪下屿工业区 | 李凯胜 | |
| 294 | 杭州顺和硅橡胶制品有限公司 | 0530 | 11 | 310000 | 浙江省杭州市余杭区临平南街道高地工业园 | 沈国水 | |
| 295 | 平湖市飞阳琴行 | 0545 | 11 | 314200 | 浙江省平湖市当湖西路1号 | 冯玉飞 | |
| 296 | 永康市天目琴行 | 0575 | 11 | 321300 | 浙江省永康市华丰西路87弄2幢1号 | 李依伟 | |
| 297 | 杭州市滨江区艺树琴行 | 0584 | 11 | 310052 | 浙江省杭州市滨江区香溢路128号 | 金丽梅 | |
| 298 | 嘉善县歌特乐器商行 | 0595 | 11 | 314100 | 浙江省嘉善县魏塘街道文化综合市场1-98号 | 孙刚 | |

| 序号 | 企业（单位）名称 | 会员证号 | 行政区划 | 邮编 | 地址 | 联系人 | 协会任职 |
|---|---|---|---|---|---|---|---|
| 299 | 铜陵市教育琴行 | 0296 | 12 | 244000 | 安徽省铜陵市北京东路35号 | 潘益田 | |
| 300 | 合肥市佳音琴行有限责任公司 | 0388 | 12 | 230061 | 安徽省合肥市长江西路53号 | 王琦 | |
| 301 | 安徽和信教学仪器设备有限公司 | 0514 | 12 | 234000 | 安徽省宿州市武夷商业城B1区210-222室 | 陈静 | |
| 302 | 淮南泰博阳光科技有限公司 | 0515 | 12 | 232001 | 安徽省淮南市人民南路财富中心B座1601室 | 郑喜书 | |
| 303 | 蚌埠市实力电脑系统集成有限公司 | 0517 | 12 | 233000 | 安徽省蚌埠市中荣街120号 | 江娥 | |
| 304 | 合肥永信信息产业股份有限公司 | 0527 | 12 | 230001 | 安徽省合肥市荣事达大道100号振信大厦B座2楼政教事业部 | 陶满 | |
| 305 | 合肥信卓网络科技有限公司 | 0538 | 12 | 230000 | 安徽省合肥市庐阳区荷塘路50号杏花印务2号楼5层 | 靳自隐 | |
| 306 | 合肥振邦信息科技有限公司 | 0543 | 12 | 230022 | 安徽省合肥市高新区望江西路502号西蜀名苑6栋101室 | 王俊 | |
| 307 | 安徽联正信息工程有限公司 | 0582 | 12 | 230000 | 安徽省合肥市金寨路155号黄金广场5幢B座2704室 | 徐胡静 | |
| 308 | 合肥海知音乐器销售有限责任公司 | 0583 | 12 | 230061 | 安徽省合肥市庐阳区长江路276号 | 李扬秋 | |
| 309 | 安徽泰隆教育用品有限公司 | 0591 | 12 | 231300 | 安徽省舒城县城关镇工业园区(梅河东路) | 曹长友 | |
| 310 | 安徽省国声琴行有限公司 | 0596 | 12 | 230001 | 安徽省合肥市桐城路77号1号门面 | 杨保海 | |
| 311 | 安徽新华教育图书发行有限公司 | 0601 | 12 | 230041 | 安徽省合肥市庐阳区砀山路10号 | 谢正华 | |
| 312 | 厦门三乐钢琴有限公司 | 0120 | 13 | 361000 | 厦门市湖里区金山街道五道缘特色商业街项目二期B区10号 | 黄三元 | |
| 313 | 晋江力达电子有限公司 | 0288 | 13 | 362261 | 福建省晋江市安海镇第二工业区力达工业楼 | 吴希达 | |
| 314 | 钰丰乐器(福建)有限公司 | 0313 | 13 | 363612 | 福建省南靖县丰田华侨经济开发区 | 陈永茂 | |
| 315 | 龙人古琴文化投资(长泰)有限公司 | 0490 | 13 | 361012 | 福建省厦门市思明区体育路95号文化艺术中心龙人琴坊 | 陈义文 | |
| 316 | 福州市鼓楼区正大琴行 | 0495 | 13 | 350000 | 福建省福州市鼓楼区安泰中心A座2F9-12号 | 江其忠 | |
| 317 | 厦门律动钢琴有限公司 | 0510 | 13 | 362000 | 福建省泉州市迎津街建材公寓B幢501室 | 彭清燕 | |
| 318 | 余干县民族乐器有限公司 | 0319 | 14 | 335100 | 江西省余干县玉亭镇沙窝大街 | 张仕先 | |
| 319 | 123爱乐网 | 0528 | 14 | 253000 | 山东省济南市历下区经十路12588号名士豪庭5号市级公建1712号 | 郭东波 | |
| 320 | 江西省宏声文化艺术发展有限公司 | 0579 | 14 | 330000 | 江西省南昌市国安路112号 | 刘宏 | |
| 321 | 青岛世正乐器有限公司 | 0108 | 15 | 266109 | 山东省青岛市城阳区春阳路新城工业园 | 周始雷 | |

| 序号 | 企业（单位）名称 | 会员证号 | 行政区划 | 邮编 | 地址 | 联系人 | 协会任职 |
|---|---|---|---|---|---|---|---|
| 322 | 聊城山石麦尔乐器有限公司 | 0243 | 15 | 252000 | 山东省聊城市花园北路38号 | 刘冰 | |
| 323 | 兖州声远乐器有限公司 | 0245 | 15 | 272112 | 山东省兖州市谷村镇杨村 | 颜廷学 | |
| 324 | 济宁开发区爱乐琴行 | 0386 | 15 | 272000 | 山东省济宁市光河路10号商务楼116号 | 高峰 | |
| 325 | 青岛玄华涂料有限公司 | 0395 | 15 | 266108 | 山东省青岛市城阳区流亭街道赵红路南侧 | 崔丙杰 | |
| 326 | 山东省济宁市颜氏调律工具有限公司 | 0453 | 15 | 272000 | 山东省济宁市红星西路54号 | 颜婷婷 | |
| 327 | 青岛吉他平方商贸有限公司 | 0399 | 15 | 266023 | 山东省青岛市标山路128号甲 | 张豪 | |
| 328 | 青岛青大琴行有限公司 | 0400 | 15 | 266000 | 山东省青岛市市南区宁夏路127-6号 | 周克岭 | |
| 329 | 昌乐乐吉乐器制造有限公司 | 0411 | 15 | 262417 | 山东省潍坊市昌乐县崔家庄政府驻地 | 张立强 | |
| 330 | 昌乐县东方乐器厂 | 0417 | 15 | 262409 | 山东省昌乐县郚部镇政府驻地 | 李凤英 | |
| 331 | 潍坊惠好乐器有限公司 | 0419 | 15 | 262409 | 山东省昌乐县郚部镇工业园 | 刘志江 | |
| 332 | 莱阳市知音琴行 | 0430 | 15 | 265200 | 山东省莱阳市蚬河路30号 | 盖永政 | |
| 333 | 济南旭秋乐器有限公司 | 0441 | 15 | 250100 | 山东省济南市高新区世纪大道理想嘉园2号楼19层1909室(小鸭集团) | 董念春 | |
| 334 | 荷泽市八音乐器有限公司 | 0469 | 15 | 274000 | 山东省荷泽市牡丹区刘寨 | 马宏川 | |
| 335 | 龙口特达经贸有限公司 | 0477 | 15 | 265701 | 山东省龙口黄城怡园南路19号 | 王献结 | |
| 336 | 山东省鲁杰民族乐器厂 | 0511 | 15 | 276113 | 山东省郯城县庙山镇驻地 | 李杰 | |
| 337 | 临沂宗沛斋工贸有限公司 | 0518 | 15 | 276034 | 山东省临沂市河东区华龙路 | 张宗沛 | |
| 338 | 龙口市博奥乐器制造有限公司 | 0536 | 15 | 265709 | 山东省龙口市兰高镇仪乐李家村 | 邹梦纯 | |
| 339 | 滕州市北辛华彩琴行 | 0544 | 15 | 277500 | 山东省滕州市善国北路人才市场对过 | 梁景永 | |
| 340 | 山东艺达民族乐器有限公司 | 0614 | 15 | 276000 | 山东省临沂市郯城县李庄镇205国道西侧 | 何秀亮 | |
| 341 | 郑州铁路职业技术学院艺术系 | 0396 | 16 | 451460 | 郑州市郑州新区职教园区前程路9号 | 从云飞 | |
| 342 | 河南省宏声琴行有限公司 | 0547 | 16 | 450000 | 河南省郑州市西里路56号 | 刘慧波 | |
| 343 | 开封三好乐器有限公司 | 0566 | 16 | 475312 | 河南省兰考县固阳镇固牛路 | 吴大平 | |
| 344 | 武汉市海平乐器制造有限公司 | 0125 | 17 | 430334 | 湖北省武汉市黄陂区甘棠街甘棠大道230号 | 王长海 | |
| 345 | 武汉市曾宪勇民族拉弦乐工作室 | 0198 | 17 | 430014 | 湖北省武汉市蔡锷路滨江里7号 | 曾宪勇 | |
| 346 | 武汉豪乐特进出口贸易有限公司 | 0283 | 17 | 430012 | 湖北省武汉市江岸区百步亭花园新江岸五村188号豪乐特大厦 | 黄小萍 | |
| 347 | 武汉市乐王乐器有限公司 | 0293 | 17 | 430060 | 湖北省武汉市东湖高新技术开发区武大科技园路7号武大航域办公楼A8栋6楼 | 邢福志 | |

| 序号 | 企业（单位）名称 | 会员证号 | 行政区划 | 邮编 | 地址 | 联系人 | 协会任职 |
|---|---|---|---|---|---|---|---|
| 348 | 湖北华都钢琴制造有限公司 | 0427 | 17 | 432721 | 湖北省广水市广办西河路二路2号 | 汪其见 | |
| 349 | 武汉开菱电器有限公司 | 0439 | 17 | 430077 | 湖北省武汉市武昌区黄鹂路15号 | 李爽 | |
| 350 | 武汉天歌电子有限公司 | 0449 | 17 | 430074 | 湖北省武汉市洪山区民院路15号 | 周小雯 | |
| 351 | 长沙飞达琴行有限公司 | 0289 | 18 | 410005 | 湖南省长沙市芙蓉区东牌楼新世界商贸西1号 | 劳绍立 | |
| 352 | 广州市大铃乐器制造有限公司 | 0091 | 19 | 511495 | 广东省广州市番禺区钟村镇胜石村区 | 罗少宏 | |
| 353 | 揭阳市长城乐器有限公司 | 0097 | 19 | 515541 | 广东省揭阳市新亨镇白石村 | 徐金河 | |
| 354 | 揭西县美声电子电器厂 | 0167 | 19 | 515400 | 广东省揭阳市揭西县城美声路1号 | 张燕雄 | |
| 355 | 广州传音乐器厂 | 0168 | 19 | 510620 | 广东省广州市天河区天河路228号广晟大厦1710室 | 苏常青 | |
| 356 | 佛山市三水区白坭镇鸿锋五金乐器制品有限公司 | 0175 | 19 | 528131 | 广东省三水市白坭镇新生开发区27号 | 李大鉴 | |
| 357 | 揭西县美科电子电器厂 | 0206 | 19 | 515400 | 广东省揭西县城环城路西段 | 张远青 | |
| 358 | 广东哈利臣钢琴有限公司 | 0209 | 19 | 510403 | 广东省广州市三元里大道棠溪合益西街8号 | 佟炳才 | |
| 359 | 惠阳区秋长全丰育乐用品厂 | 0234 | 19 | 516221 | 广东省惠阳区秋长镇长兴路鹏岭工业城 | 蔡赖丰 | |
| 360 | 广州市奥琴琴业有限公司 | 0236 | 19 | 511487 | 广东广州市番禺区沙湾镇陈涌工业区创业东路15号 | 肖鈺 | |
| 361 | 广州保嘉乐器制造厂有限公司 | 0253 | 19 | 510500 | 广东广州大道北197号新达城广场北座17楼 | 邢保嘉 | |
| 362 | 广州市朗晴发展有限公司 | 0268 | 19 | 510623 | 广东 广州市珠江新城华就路23号皓瀚华轩20楼C座 | 周旗 | |
| 363 | 广州市芳村区共鸣乐器厂 | 0277 | 19 | 510378 | 广东省广州市龙溪中路44号B4 | 李志伟 | |
| 364 | 深圳市蔚科电子科技开发有限公司 | 0279 | 19 | 518018 | 广东省深圳市南山西丽南岗第二工业园A2栋5-6楼 | 徐建 | |
| 365 | 深圳市伊诺乐器有限公司 | 0300 | 19 | 518000 | 广东省深圳市南山区前海路4号深圳能源工业小区1栋6楼 | 袁雁 | |
| 366 | 广州市鹏联乐器有限公司 | 0305 | 19 | 510545 | 广东省广州市白云区钟落潭镇良沙路3663号 | 邹建全 | |
| 367 | 佛山市三水区美莱迪乐器制造有限公司 | 0307 | 19 | 528133 | 广东省佛山市三水区河口工业大道27号 | 苏佳年 | |
| 368 | 广州市新艺宝乐器有限公司 | 0309 | 19 | 510620 | 广东省广州市天河区黄浦大道西177号二楼 | 凌建聪 | |
| 369 | 深圳市爱乐文化艺术发展有限公司 | 0336 | 19 | 518031 | 广东省深圳市福田区上步南路国企大厦3楼 | 姜秀菊 | |
| 370 | 深圳市和普乐器有限公司 | 0341 | 19 | 518034 | 广东省深圳市福田区商报东路新景苑1栋603房 | 毛建平 | |
| 371 | 东莞市超联电子有限公司 | 0348 | 19 | 523400 | 广东省东莞市石排镇中坑民营工业区 | 陈志安 | |

| 序号 | 企业（单位）名称 | 会员证号 | 行政区划 | 邮编 | 地址 | 联系人 | 协会任职 |
|---|---|---|---|---|---|---|---|
| 372 | 广州韵天箱包制造有限公司 | 0350 | 19 | 510620 | 广东省广州市天河南二路31号丰兴广场中兴阁2003号 | 董剑辉 | |
| 373 | 佛山市奥格诗乐器制造有限公司 | 0353 | 19 | 528241 | 广东省佛山市南海区里水镇和顺共同工业区 | 王永红 | |
| 374 | 深圳市中艺盈科电子有限公司 | 0355 | 19 | 518101 | 广东省深圳市宝安35区安华工业区一巷8栋A5 | 钟永津 | |
| 375 | 佛山市三水龙声乐器制造有限公司 | 0362 | 19 | 528131 | 广东省佛山市三水区白坭镇白沙南街一号 | 李庆炎 | |
| 376 | 廉江市吉他配件厂 | 0368 | 19 | 524400 | 广东省廉江市城北区新华五路46号 | 黄仁忠 | |
| 377 | 佛山市万正涂料有限公司 | 0390 | 19 | 528131 | 广东省佛山市三水区西南镇金本工业园B区 | 肖亚亮 | |
| 378 | 佛山市冠球家具有限公司 | 0394 | 19 | 528131 | 广东省佛山市三水区白坭镇工业大道177号 | 侯炳炎 | |
| 379 | 潮安县吉星乐器有限公司 | 0405 | 19 | 515636 | 广东省潮安县龙湖镇三英村石桥头片 | 成国器 | |
| 380 | 惠州市惠阳区秋长侑成乐器木器厂 | 0414 | 19 | 516221 | 广东省惠州市惠阳区秋长镇桃南路11号 | 蔡国宏 | |
| 381 | 东莞市三基音响科技有限公司 | 0428 | 19 | 523800 | 广东省东莞市大朗镇水平村象和路28号 | 何永忠 | |
| 382 | 汕头市长合乐器厂 | 0455 | 19 | 515041 | 广东省汕头市龙湖区金泰庄北区23-24幢115号 | 张艺远 | |
| 383 | 深圳市伏荣科技开发有限公司 | 0459 | 19 | 518101 | 广东省深圳市宝安46区D栋厂房8F | 李卫 | |
| 384 | 广州市锦桦乐器有限公司 | 0465 | 19 | 510460 | 广东省广州市白云区江高镇五丰东路68号 | 李德雄 | |
| 385 | 广东省乐器协会 | 0470 | 19 | 510080 | 广东省广州市署前路33号1号楼430室 | 李爱群 | |
| 386 | 深圳市瑞孚科技有限公司 | 0479 | 19 | 518133 | 广东省深圳市宝安区创业一路宏牧中心大厦1010 | 贾鬶 | |
| 387 | 汕头市乐童乐器有限公司 | 0488 | 19 | 515000 | 广东省汕头市丹阳庄东区59栋802 | 孙丽松 | |
| 388 | 广州市雅迪数码科技有限公司 | 0496 | 19 | 510163 | 广东省广州市荔湾区广东光电园东海南路87号Q1栋215室 | 胡伟 | |
| 389 | 广州弦尚文化传播有限公司 | 0501 | 19 | 510000 | 广东省广州市天河区东圃二马路61号东湖工业区 | 隋细华 | |
| 390 | 佛山市高明区子昊钢琴有限公司 | 0504 | 19 | 528511 | 广东省佛山市高明区荷城街道三洲旧清公路(精工发品厂南侧) | 温日辉 | |
| 391 | 汕头市粤升乐器实业有限公司 | 0507 | 19 | 515063 | 广东省汕头市大学路叠金工业区三路 | 吴汉军 | |
| 392 | 佛山市南海区海韵乐器制造有限公司 | 0520 | 19 | 528222 | 广东省佛山市南海区狮山镇小塘三路西路江湄工业区 | 胡冬花 | |
| 393 | 深圳市卓乐科技有限公司 | 0521 | 19 | 518133 | 广东省深圳市宝安28区陆氏工业大厦2楼 | 李国飞 | |

| 序号 | 企业（单位）名称 | 会员证号 | 行政区划 | 邮编 | 地址 | 联系人 | 协会任职 |
|---|---|---|---|---|---|---|---|
| 394 | 东莞市增旺精密五金有限公司 | 0531 | 19 | 523700 | 广东省东莞市塘厦镇莆心湖大道北七号 | 姜有文 | |
| 395 | 珠海汇吉洋电子科技有限公司 | 0532 | 19 | 519000 | 广东省珠海市斗门区白蕉工业园新科二路26号 | 王超 | |
| 396 | 珠海顺奇电子科技有限公司 | 0533 | 19 | 519000 | 广东省珠海市斗门区白蕉工业园新科二路26号双骏工业园 | 张志峰 | |
| 397 | 揭西县美乐斯电子电器厂实业有限公司 | 0537 | 19 | 515400 | 广东省揭阳市揭西县河婆镇溪西管区 | 张伟雄 | |
| 398 | 惠州市惠阳区新圩曼棱乐器厂 | 0540 | 19 | 516000 | 广东省惠州市惠阳区新圩镇塘口工业区 | 李秋云 | |
| 399 | 德国博兰斯勒钢琴（中国)有限公司 | 0541 | 19 | 510620 | 广东省广州市天河北路595-599号创新科技广场二楼 | 方扬 | |
| 400 | 班恩乐器箱包(深圳)有限公司 | 0551 | 19 | 518021 | 广东省深圳市罗湖区嘉宾路(23号大院)4025号航运综合楼1栋七层B771 | 吴树妹 | |
| 401 | 广州市和必括乐器制造有限公司 | 0553 | 19 | 510430 | 广东省广州市白云区石井红星工业路10号B座2号 | 黄斌 | |
| 402 | 广州大明抛光腊有限公司 | 0568 | 19 | 511495 | 广东省广州市番禺区钟村镇胜石工业区 | 胡华明 | |
| 403 | 深圳戎马广告有限公司(琴行经营报) | 0578 | 19 | 518000 | 广东省深圳市福田区车公庙泰然六路物业大厦207栋301室 | 林凯 | |
| 404 | 广州市鸣雅玛丁尼乐器制造有限公司 | 0587 | 19 | 510800 | 广东省广州市花都区新华镇凤凰北路三东工业区 | 汪宏齐 | |
| 405 | 深圳市魔耳乐器有限公司 | 0593 | 19 | 518000 | 广东省深圳市宝安区28区新安三路建达工业区三栋二楼 | 袁文海 | |
| 406 | 深圳市宏伟顺科技发展有限公司 | 0599 | 19 | 518100 | 广东省深圳市宝安区新安街道44区富源商贸中心B1403 | 段建军 | |
| 407 | 鹤山市挚雅乐器有限公司 | 0602 | 19 | 529737 | 广东省江门市鹤山市龙口镇兴龙工业区 | 杨建勋 | |
| 408 | 广州市恒胜箱包有限公司 | 0606 | 19 | 520800 | 广东省广州市天河区平云路177-1号马赛国际公寓D-3206 | 彭兰 | |
| 409 | 天津滨海琴行有限公司 | 0290 | 2 | 300450 | 天津市塘沽区上海道1329号 | 刘祥清 | |
| 410 | 南宁市嘉诚琴行有限公司 | 0546 | 20 | 530022 | 广西省南宁市教育路7-2号 | 林李斌 | |
| 411 | 海南东盛弘蟒业科技股份有限公司 | 0572 | 21 | 570125 | 海南省海口市国贸大道2号时代广场19楼B座 | 林明栋 | |
| 412 | 重庆斯威特钢琴有限公司 | 0089 | 22 | 400709 | 重庆江北碚区童家溪镇建设村 | 王建华 | |
| 413 | 重庆市万州区龙宝雅韵乐器城 | 0403 | 22 | 404000 | 重庆市万州区白岩路152号艺术大厦(2-6楼) | 陈联全 | |
| 414 | 成都朝阳浪琴乐器制品有限责任公司 | 0210 | 23 | 610200 | 四川省双流县东升镇清泰村 | 黎明强 | |
| 415 | 成都市皇冠琴行 | 0437 | 23 | 610021 | 四川省成都市武侯区龙江路22-8号 | 徐蕾 | |
| 416 | 成都余梦乐器有限公司 | 0447 | 23 | 610012 | 四川省成都市武候区龙江路28号16-20号 | 于委 | |

| 序号 | 企业（单位）名称 | 会员证号 | 行政区划 | 邮编 | 地址 | 联系人 | 协会任职 |
|---|---|---|---|---|---|---|---|
| 417 | 自贡市贝尔吉教学仪器设备有限公司 | 0559 | 23 | 643000 | 四川省自贡市国家高新技术产业区川南中小企业创业园金川路15号附10号 | 兰金 | |
| 418 | 石阡县泉都民族乐器厂 | 0512 | 24 | 555100 | 贵州省石阡县汤山镇洋溪村一组 | 杨大军 | |
| 419 | 云南民族民间音乐艺术品开发公司 | 0062 | 25 | 650000 | 云南省昆明市阳光花园旭苑27栋4单元501 | 杨声 | |
| 420 | 昆明盛乐乐器有限公司 | 0377 | 25 | 650032 | 云南省昆明市西昌路259号北商贸楼 | 刘玉萍 | |
| 421 | 安康市秦艺贸易有限公司 | 0276 | 27 | 725000 | 陕西省安康市汉滨区解放路体育巷2号 | 姚立宪 | |
| 422 | 西安市曹氏乐器修理服务中心 | 0359 | 27 | 710016 | 陕西省西安市新兴路3号院12号楼2门5层2号 | 曹西歧 | |
| 423 | 建设路莺鸣琴行 | 0326 | 28 | 737100 | 甘肃省金昌市建设路113号中(新华书店对面) | 任庆根 | |
| 424 | 兰州海王星乐器音响有限责任公司 | 0360 | 28 | 730000 | 甘肃省兰州市城关区白银路中广千龙家园1号商铺 | 王圭 | |
| 425 | 酒泉园丁琴行有限公司 | 0398 | 28 | 735000 | 甘肃省酒泉市肃州区尚武街欧洲苑斜对面 | 查继堂 | |

2013 中国乐器年鉴

CHINA MUSICAL INSTRUMENT YEARBOOK

重要新闻篇 1
统计资料篇 10
协会工作篇 45
**综合篇 85**
海外信息篇 167
企业篇 274
专利篇 293
产品篇 332

年度报告

# 2012年中国乐器行业年度报告

## 一、综述

跌宕起伏的2012年已经过去，人们平心静气地回顾乐器行业不寻常的一年，可以用“前松后紧、此起彼伏”和“五彩缤纷、百花争艳”来形容。让我们打开清晰和犹新的记忆，搜索其中的奥秘。

### 经济指标继续保持稳步增长，小幅震荡考验业内人士定力

按惯例，经济指标是市场风向标。年初业内人士对乐器市场前景做出了较为谨慎的估计，预计乐器行业发展不容乐观。从一季度情况看，国外市场并不那么悲观，国内也不那么乐观。随着国内市场淡旺季的转换，二、三季度开始好转，尤其是团购乐器明显上升。党的文化强国战略为乐器行业开辟了广阔的市场空间，企业八仙过海、各显神通，业内人士的勇气和信心大增，以此支撑了行业的发展。

2012年乐器行业206家规模以上企业工业总产值264.26亿元，同比增长11.83%；工业销售产值259.10亿元，同比增长11.32%；出口交货值84.86亿元，同比增长3.59%。海关总署数据显示，2012年乐器出口金额17.03亿美元，比上年15.54亿美元增长4.85%；乐器进口金额3.03亿美元，比上年2.7亿美元增长11.42%。

### 2012年中国乐器经济发展主要特点

前紧后松是特点之一。年初预测乐器市场不乐观，结果一季度乐器出口比预期好，国内“两节”乐器市场下行，房价波动对乐器影响，特别是钢琴市场。加上钢琴企业受成本压力，陆续上浮了价格，主要琴行反映年初内销基本持平或下降5%左右。到了二季度国内乐器市场开始复苏。

小幅震荡是特点之二。二季度中国经济增速“破8”，乐器行业仍保持两位数增长，乐器规模以上企业工业总产值达到122.96亿元，同比增长14.87%，三季度虽然受到原材料、用工成本增高和汇率波动的影响，但乐器国内外市场仍然稳步增长。1～9月206家乐器规模以上企业工业总产值达到193.22亿元，同比增长13.18%；出口交货值63.77亿元，同比增长6.34%。到了四季度一路顺风的出口出现小幅波动，11月份有的产品出口订单骤减，让一些出口为主的企业倒吸了一口凉气，好在12月平安无事，又有所回升。

各类乐器发展不一，民乐市场十分火爆是特点之三。乐器主要产品钢琴、管乐、民乐、提琴、电声乐器、手风琴和口琴等产量均有不同幅度的上升，吉他受国际市场影响一度有所下降，手风琴供不应求，民乐市场仍然火热。上民一厂上半年销售收入达到1.47亿元，同比增长27.2%，中高档乐器供不应求。1～9月份各类乐器主要指标完成情况，中国乐器工业总产值22.23亿元，同比增长41.33%，工业销售产值21.90亿元，同比增长40.87%，出口交货值6.22亿元，同比增长13.30%；西乐器工业总产值100.85亿元，同比增长7.22%，电声乐器工业总产值43.51亿元，同比增长11.65%。

出口增幅继续小于进口是特点之四。继2011年出口增幅小于进口之后，2012年贸易顺差继续缩小。2012年中国乐器出口金额17.03亿美元，同比增长4.85%,进口3.03亿美元，同比增长11.42%，进出口总金额20.06亿美元，同比增长5.8%。其中钢琴比较特殊，各类钢琴进口106831架，（大部分是二手钢琴）同比增长15.64%，其中：立式钢琴102199架，增长17.08%，三角钢琴4632架，同比下降8.48%；同期出口钢琴50193架，同比下降11.57%，三角钢琴7168架，增长6.10%。二手钢琴市场成为业内关注的热点。中国乐器协会接到钢琴行业、企业诉求后，对二手钢琴经营中劣质二手琴市场存在的问题展开调研，并向政府有关部门提交了专题报告。

**以品牌建设和科技创新为支撑，加速结构调整和转型升级**

乐器行业品牌建设更加重视，科技创新列入企业重点。继珠江、星海、津宝、凤灵、嘉德威、金杯、ORIENT（森隆）、YAMAHA（雅马哈）、奇美、鹦鹉先后荣获中国驰名商标之后，2012年吟飞、乐海、天鹅获得中国驰名商标，目前中国乐器行业已有13个中国驰名商标和一大批省级著名商标和品牌。珠江钢琴集团、武汉艾立卡公司荣获全国轻工行业科技创新先进集体，肖巍、李书、庄严获先进个人称号。

各企业加速新产品研发，加大市场投入力度。新产品开辟新市场，品牌创新更显强势。珠江恺撒堡、星海海德、珠江与功学社战略合作的德洛伊钢琴、轻便式系列金杯手风琴、哈曼尼“G”系列等等层出不穷。在第11届上海国际乐器展期间充分展示了创新是乐器的生命源泉。巨型乐器让人震撼，创新乐器引人入胜，纪念版限量版乐器大行其道，工艺型乐器成为市场新宠。

乐器行业科研基地建设实现重大突破。中国乐器协会制定了行业科研基地（试验室）实施办法，对已正式申请的6个项目进行了初审，征求分支机构意见和进行行业公示。组织行业内外专家组成的项目评估审定小组，完成3个项目的评估审定工作，并通过协会理事长通讯会议审核予以确认。通过审定的项目有：海南东盛弘蟒业科技股份有限公司的“全国蟒皮乐器材料研发基地”、江阴金杯安琪乐器公司的“全国手风琴簧片研发基地”、成都川雅木业有限公司的“全国乐器声学木材研发基地”。乐器行业还积极筹建行业专家库，已落实民族乐器社会专家15名，业内专家已有7个分支机构推荐了30名候选人。后续工作正在积极推进之中。

乐器标准化更加引起行业重视。2012年完成了13项国家、行业标准的制修订，其中：方法类国家标准1项、通用基础类标准1项；基础行业类标准3项、方法类标准1项、产品类标准7项；进一步完善乐器标准化体系；审议通过的《乐器音乐信号采集规范》和《乐器声学品质评价方法》两项国家标准，填补了乐器及相关行业技术标准的空白。全行业2012年共发布专利943项，其中：发明专利354项，实用新型专利301项，外观设计专利288项。

**乐器行业资本运作推动产业结构调整**

上市公司促进产业结构调整。珠江钢琴、海伦钢琴成功上市，实现了中国乐器行业上市公司零的突破。随着两家上市公司进入资本市场，乐器行业产业调整力度明显加大。柏斯音乐集团10月收购青岛世正乐器公司，成立新的山东劳力斯世正乐器有限公司，引起业内高度关注。不少企业纷纷探讨联手与合作。12月在广州召开的全国钢琴行业年会暨首届高峰论坛，会上签署了中国钢琴企业全球质量信誉承诺倡议书，会议主题是“品牌建设与资本运作”，不仅邀请了材料配件分会、调律师分会和提琴、吉他分会领导参加，还特邀了广州证券公司、著名大学教授参加，展开品牌建设和资本运作大讨论。3月27日珠江钢琴国家文化产业示范基地在广东增城隆重奠基，基地占地168亩，总建筑面积76000平方米；海伦钢琴新厂区、广州红棉吉他公司新基地、河北金音集团国际乐器产业园等一批改扩建项目相继建设或投入使用。

厂商联合实践市场共赢。为了扩大国内乐器市场，行业各企业纷纷调整市场经营战略，强化营销网络，加强与经销商的多元化合作，各种类型的定货会、工贸洽谈会、业务培训会等等此起彼伏、层出不穷。琴行分会年会与河北乐海公司联合举办，除了年会报告之外，精心组织了两场论坛，一是“厂商合作助推中国文化产业”、二是“民族乐器改良与教育发展”，特邀著名演奏家、教育家参加。“一会两坛”之后，会议组织了管理培训和项目交流，收到了一举多得的效果。上海国际乐器展期间组织的NAMM CMIA行业论坛、NAMM培训课程和名家讲坛等主题活动巩固了业内国际合作交流的平台。

**产业集群抱团经营，各级政府大力支持**

特色产业聚集区企业抱团经营尝到甜头。乐器行业属于劳动密集、技术密集型行业，产业集群比较突出。目前已有中轻联、中国乐器协会命名的特色产业基地4个，文化部命名的2个，即：江苏泰兴黄桥的“中国提琴立业之都”、北京平谷东高村镇的“中国提琴产业基地”、山东昌乐鄌郚镇的“中国电声乐器产业基地”和杭州中泰“中国竹笛之乡”；文化部系统命名的“扬州古筝之乡”、“玉屏竹笛之乡”。这些特色产业基地基本保持了良好的发展态势。还有几家正在积极创建的产业基地也尝试抱团经营加强合作，如：浙江德清洛舍钢琴产业集群几家骨干企业，联合出国参加德国法兰克福国际乐器展，联手组织产品技术质量鉴定；扬州古筝骨干企业加强交流与合作，积极参加乐器标准制修订；山东昌乐电声乐器产业基地积极开展品牌创新和行业交流活动等。

地方政府加大对乐器行业的支持力度。文化强国战略提升了各级政府对文化产业的重视度，各地文化品牌项目、音乐节、产业基地得到了迅猛发展。10月13日国务委员刘延东到河北金音乐器集团调研；5月26日上海市副市长张学兵视察上海民族乐器一厂，参观了民乐陈列室和生产车间，观看了馨忆民族室内乐团的精彩演出；营口市政府制定了振兴乐器产业规划，从城市规划、产业投入、政策扶持多方面给予大力支持，体现了地方政府的决心；河北武强全方位发展文化产业，从产业园、音乐小镇到音乐培训学校，实践多元化发展；泰兴市发展乐器产业组建了省级质量检测中心、电声乐器产业基地组建了研发中心；不少地方政府领导亲自出马，探讨乐器行业发展方法与途径。

国家在文化产业、出口基地、品牌建设等重点项目中给予乐器行业大力支持。2011～2012年度乐器行业国家文化出口重点企业多达23家；3月28日国家工信部审查确定的全国141家“品牌培育试点企业名单”中，珠江钢琴集团股份有限公司、上海民族乐器一厂名列其中；北京平谷乐器基地被评为北京市首批外贸转型示范基地，可享受检测、研发设计、展示、交易、物流、国际营销、孵化器等12类公共服务平台提供的优惠服务，还将优先获得国际市场开拓基金支持；上海乐器展再次荣获“中国轻工十大品牌及优秀特色展会”称号；昌乐县鄌郚镇被潍坊市列入首批“旅游小镇”建设规划；河北乐海（肃宁）乐器基地入选“河北省十大文化产业项目”；国家对乐器行业非物质文化遗产保护更加重视，先后在北京、上海、辽宁、山东、新疆等地举办非遗保护成果展示交流会，上海民乐一厂等不少乐器企业参加。

**乐器行业开展音乐培训和文化活动热情更加高涨**

2012年乐器行业各企业积极开展丰富多彩的文化活动。7月12日珠江恺撒堡艺术家系列钢琴鉴赏音乐会在北京人民大会堂举行，文化部、中国文联、中国音协、广州市政府、中央音乐学院和中国乐器协会领导以及全国著名的钢琴教育家、演奏家出席，见证了中国民族品牌钢琴的跨越性进步；11月，第二届长江钢琴音乐节暨高校音乐教育高峰论坛，云集了全国音乐院校、音协的音乐教育家、演奏家和乐器经销商上千人。高水平的音乐会、专家讲座和高峰论坛，吸引了几万人踊跃参加；4月29日～5月1日，2012年上海之春管乐艺术节在上海举行，来自国内13个省市、港台地区及欧美亚等国家34支管乐团队近2000名乐手参加了展演；颇具影响的“敦煌杯”、“吟飞”、“星海杯”、“魔鲨杯”、“海伦杯”、“鄌郚杯”等器乐大赛和各地琴行的音乐培训、音乐会、公益活动遥相呼应，其蝴蝶效应辐射到全国各地。

综上所述，2012年是中国乐器行业攀升、蝉变的重要一年，它不仅记载了中国乐器行业的诸多第一，而且在行业科技进步、品牌建设和市场规范等深层领域都取得了可喜成绩。让我们领悟“空谈误国、实干兴邦”的真谛，走好2013年的每一步。

## 二、钢琴制造业

2012年，世界经济增长总体上呈现放缓态势，发达经济体复苏动力不足，乐器行业继续处在恢复调整状态。区域性产业转移加速、新兴市场抬头、制造成本增高，中国钢琴产业在中国经济发展和文化大繁荣、大发展政策拉动下，稳中有升，市场继续火热，但竞争明显加剧。2013年，面对国际强势品牌的竞争、工料成本继续攀升和进口二手钢琴的影响，中国钢琴产业将面临新的挑战。

**2012年世界钢琴市场简况**

国际业内人士分析，“成熟市场面临危机重重，与新兴市场充满活力的增幅形成鲜明对比，中产阶级不断扩大，教育体系日益完善以及清晰流畅的分销渠道，都在促进消费需求快速增长，企业家痛惜欧美市场惨败的同时，将希望寄托在中国、巴西以及印度这些发展中国家的腾飞。”根据各国行业信息和杂志数据分析，2012年国际钢琴市场受国际经济形势的影响，仍然处在平淡萧条状态，在房贷紧缩、失业率居高不下的压力下，钢琴像家具等大件商品一样被列入谨慎考虑之列。

北美洲——根据美国《音乐贸易》第11期数据反映，2012年1～9月美国钢琴市场钢琴销售额累计为28443.4万美元，同比2011年28614.1万美元下降0.6%；其中立式钢琴18388.4万美元，同比下降0.8%，三角钢琴10055万美元，同比下降0.3%。从东南西北四大区域看，销量最大的西部下降略多一点，立式琴下降8%。三角琴下降5%。

美国乐器市场数据反映，2012年美国钢琴市场总体变化不大。二季度数据显示，从中国进口的三角琴增长57%，占美国进口三角琴总量的33%，但是进口中国的立式钢琴下降15.9%。从美国乐器零售商200强数据分析，“大部分琴行没有太大变化”，“前200强各类琴行中，65%预计2012年销售增幅为0%～3%之间”，对未来经营预测也较为保守。乐器市场表现最佳的产品是声学吉它、电子套鼓和音响产品，像三角钢琴、零售价高于1500美元的电子合成器、电子套鼓和高端吉它功放销售明显疲软。

美国梅森·汉姆林钢琴公司反映，尽管美国经济受到一定影响，由于公司开发特色产品，用碳纤维复合材料制作钢琴击弦机；智能自动演奏钢琴升级；设计的IQ Flash版自动演奏钢琴，设有USB接口、SD卡与电脑衔接，实现人机有效音乐互动，促进了市场的增长。

欧洲——欧洲钢琴行业基本稳定，主要生产企业仍以中高端产品为主，凭借独特的设计、悠久的品牌和精湛技艺，主要针对国际钢琴专业用户市场，其中施坦威钢琴发展较快，博兰斯勒、佩卓夫等品牌也有较好的业绩。德国钢琴零部件和辅件在2011年增长24%，三角钢琴增长17%的基础上，2012年仍呈增长趋势。欧洲各国进口钢琴变化不大。

2012年上海乐器展期间，德国原产地钢琴品牌认证新闻发布会在上海举行。中国德国商会Daniel Abel，德国钢琴协会会长、博兰斯勒钢琴公司总裁Christian Bluthner，戈特里安-史坦威总裁 Burkhard-Steinweg，中国乐器协会理事长安志，法兰克福展览公司副总裁 Cordelia Von Gymnich及媒体代表出席了新闻发布会。德国商会安达闻表示，近期信息数据显示，60%的德国公司把中国市场列入前三名重要市场，要通过市场透明度和诚实、准确的市场信息，确保消费者的利益。德国商会支持德国钢琴协会通过商会网络平台，解决市场上的欺骗消费者和提高市场进口德国钢琴透明度等问题。博兰斯勒、戈特里安、戈特里安-史坦、福斯特、海斯勒、卡尔劳力士、萨德、舒密尔等被授予德国原产地钢琴。

亚洲——受经济低迷的影响，日本钢琴产销量

**附表：**

**2012年世界钢琴产量分布**

| 洲别 | 国家和地区 | 2012年 | | 2011年 | |
|---|---|---|---|---|---|
| | | 企业数量 | 产量（万架） | 企业数量 | 产量（万架） |
| 亚洲 | 中国 | 22 | 37.97 | 25 | 35.14 |
| | 韩国 | 2 | 1 | 2 | 1.5 |
| | 日本 | 3 | 4.2 | 3 | 5 |
| | 印尼 | 3 | 4.1 | 3 | 2 |
| 欧洲 | 德国 | 8 | 1.1 | 8 | 1.2 |
| | 法国 | 4 | 0.4 | 4 | 0.5 |
| 美洲 | 美国 | 4 | 0.6 | 4 | 0.6 |
| 合计 | | 46 | 49.37 | 49 | 45.94 |

注：中国钢琴企业数中不含小型组装企业

继续下滑，伴随电声乐器的进步和发展，数码钢琴保持高位运行。日本国内钢琴生产维持在4万余架左右，前些年快速增长的日、韩在印尼的工厂，也因工人罢工受到一定影响，在中国生产及合作的钢琴产销量却大幅增长，由2011年的6.8万架增到近8万架，增幅达17.6%。韩国钢琴骨干企业继续呈现行业转移的趋势，本土生产已经很少，在中国、印尼生产增长较快，韩资控股的青岛世正乐器公司也于10月被柏斯音乐集团收购。值得一提的是朝鲜钢琴市场，中国出口朝鲜的钢琴从2011年536架增到1890架，增长2.5倍。2012年中国钢琴出口1000架以上的国家有：美国、德国、法国、英国、澳大利亚、加拿大、荷兰、日本、朝鲜、伊朗、新加坡、土耳其等。

**中国钢琴产业基本情况**

据中国乐器协会和国家轻工业乐器信息中心统计，2012年中国钢琴总产量379746架，比同期增长8.05%，其中立式钢琴351470架，增长9.15%，三角钢琴16578架，下降11.61%。产量在2万架以上的企业有5家，分别是珠江、杭州雅马哈、宜昌金宝、星海和海伦，合计29.2万架，占总产量的77.86%，体现了强者愈强的趋势。

据中国海关总署数据显示，2012年中国出口钢琴50193架，同比下降11.57%。出口立式钢琴平均价格1338.88美元，三角钢琴3723.66美元。全年进口钢琴106831架，同比增长15.64%，其中立式钢琴102199架，增长17.05%，三角钢琴4632架，下降8.7%；进口立式钢琴平均价格为808.42美元（含二手钢琴）。进口日本立式钢琴51338架，同比增长11.49%，平均价格982.62美元（含二手钢琴）；韩国进口38718架，同比增长17.61%，平均价格260.34美元（绝大部分是二手钢琴）；印尼10991架，同比增长51.94%，平均价格1583.13美元。按进口产品结构分析，除了欧美进口的少量品牌钢琴外，主要是从日本、韩国进口的二手钢琴。2012年中国钢琴生产仍然分布在10个省市，产量前三名是广东、浙江、北京，增长较快的有湖北、广东、辽宁等省。

经部分钢琴企业和琴行了解，2012年中国钢琴市场继续保持稳步增长态势，产品结构、需求结构发生一些变化，消费者品牌意识更加显现，对技术服务和教学培训需求更加刚性和多元化。概括分析2012年中国钢琴市场有以下特点：

**1、总量稳中有升、产品更新换代加快**

为了适应不断成熟的市场需求，各钢琴制造企业加速开发新产品，积极寻求技术、品牌合作伙伴，大大促进了钢琴新产品开发与推广。珠江钢琴与功学社集团10月举行战略合作签字仪式，携手打造“德洛伊”钢琴品牌，将传统的手工制造和现代化生产完美结合；柏斯音乐集团斥资2亿元，并购青岛世正乐器公司，在青岛成立“山东劳力斯世正乐器公司”生产钢琴和吉他，计划近年达到年产销钢琴7万架规模；星海在稳定星海品牌市场同时，强势推出“海德”系列精品钢琴；和声钢琴公司“哈曼尼G系列”在保持真空铸造浮雕式铁板、镶嵌式弦枕等专利技术外，增加了高音共鸣锤和可调节键盘，使钢琴更趋人性化、个性化；海伦公司“启航”系列钢琴集中了一系列新技术、新工艺，使新产品更具特色和稳定。还有许多制造企业在推出市场新产品的同时，以创新的观念和科技手段，制造了一批特色琴、工艺琴和纪念版、限量版钢琴，为中国钢琴市场增添不少色彩。

**2、资本运作为中国钢琴行业发展注入了活力**

2012年珠江钢琴集团股份有限公司和海伦钢琴股份有限公司先后成功上市，实现了中国乐器行业上市公司零的突破。随着两家上市公司进入资本市场，钢琴企业纷纷采取积极的态度，寻求各种形式的合作。3月27日珠江钢琴国家文化产业示范基地在广东增城隆重奠基；海伦钢琴新厂区已进入搬迁阶段；嘉德威、玛珂等新园区也相继投入生产。12月6-7日，中国乐器协会钢琴分会2012年年会暨中国钢琴行业首届企业发展高峰论坛在广州召开。中国乐器协会理事长安志，广东省轻工业协会会长杨大行，广州国资委主任、党委书记黄伟林，钢琴分会会长、广州珠江钢琴集团股份有限公司董事长施少斌，中国乐器协会秘书长曾泽民等领导出席了会议，全国30多家钢琴企业及相关分会代表参会。本次年会和论坛由中国乐器协会钢琴分会主办，广州珠江钢琴集团股份有限公司承办，广州证券有限责任公司协办。会议总结近年钢琴行业的发展状况和下步工作目标，签署了“中国钢琴企业全球质量信誉承诺书”，并组织了以“品牌建设和资本运营”为主题的行业高峰论坛。

**3、国内企业品牌意识不断提高，国际知名钢琴品牌加大中国市场投入**

2012年钢琴品牌经营呈现三个趋势，一是年产2万架以上的规模化生产企业，一方面推主力品牌，另一方面采取差异化战略推出高附加值品牌；年产5000～10000架的特色经营企业走精品路线，强化特色精品；上海、浙江、营口等地中小企业则发挥产业集群优势积极开展企业合作，收到了较好的成效。珠江钢琴在中央音乐学院和人民大会堂举办“恺撒堡音乐会钢琴专家鉴定及音乐会”；恺撒堡杯、星海杯、希望杯、海伦杯等众多钢琴比赛此起彼伏；钢琴企业与经销商丰富多彩的品牌宣传推广活动，大大提升了品牌知名度和影响力；浙江洛舍钢琴骨干企业联手出国参展，并在全国乐器质量检测中心帮助下坚持组织专家鉴定活动，产品质量稳步提升。

国际知名品牌更是看好中国钢琴市场，有的扩大产能，有的加强市场推广力度。施坦威钢琴公司坚持经销商业务培训，并不断推出新颖独特的钢琴文化活动，例如：为纪念波士顿品牌20周年，推出“波士顿之蓝”限量版钢琴；雅马哈钢琴强化市场开发和网络管理，加大中国市场投入，2012年杭州雅马哈钢琴产量增长了22.9%；德国钢琴企业在政府有关部门支持下联合组织德国原产地钢琴品牌认证活动，打假正名；韩国三益召开经销商会，安排到印尼工厂参观考察；梅森·汉姆林钢琴以不断推出新技术、新产品，坚持特色经营；佩卓夫、卡瓦依等钢琴品牌加强市场调研，积极调整在中国的经营策略。大量国际知名钢琴在中国市场的推广，不仅提升了消费者品牌意识和鉴赏水平，同时也大大促进了国内钢琴企业的成长。

随着钢琴主机厂的调整与发展，钢琴零配件企业也在森隆、川雅、华丰等强势企业带动下稳定、健康发展。产品已有相当一部分供应欧美、日韩钢琴厂商，可见中国钢琴配件企业已步入成熟发展期。

**4、钢琴音乐培训和钢琴文化活动丰富多彩**

全国各大中城市的乐器经销商开展音乐培训中，钢琴培训仍然居首位；全国二十几个艺术类考级体系中，钢琴考级成为少儿钢琴学习的助推器；各制造企业、琴行组织绚丽多彩的培训班、音乐会、大师班等音乐推广活动，为钢琴爱好者提供了便捷有效的学习、实践的平台。这些钢琴培训及文化活动已成为我国城镇文化生活和家庭音乐的重要组成部分。

11月第二届长江钢琴音乐节暨高校音乐教育高峰论坛，云集了全国音乐院校、音协的音乐教育家、演奏家和乐器经销商上千人。高水平的音乐会、专家讲座和高峰论坛，吸引了几万人踊跃参加；10月6日第14届星海杯全国少年儿童钢琴比赛在国家大剧院举行隆重的颁奖仪式和获奖选手音乐会。中央音乐学院、国家大剧院、企业领导和专家评委及参赛选手、家长、观众等近千人参加；广州珠江钢琴承办“第七届珠江•恺撒堡钢琴高校专业基本功比赛”、在天津、大连、吉林、石家庄等市举办“钢琴大师中国行”活动；福州和声钢琴与中央音乐学院厦门鼓浪屿钢琴分校长期合作等等。在钢琴制造企业深入持久开展钢琴文化活动的同时，全国绝大部分琴行都有钢琴教学培训和考级项目，也有力地推动了钢琴的普及。

**5、进口钢琴突破10万大关，部分劣质二手钢琴冲击正常市场**

2012年中国钢琴行业进出口情况反映，由于国际市场驱动，钢琴进口增速仍然大于出口，全年进口钢琴106831架，同比增长15.64%，出口钢琴50193架，同比下降11.57%。由此可见，中国钢琴市场持续火热，但也反映出中国钢琴国际市场竞争力不足，日本钢琴在国际钢琴市场仍有较大优势。

2012年中国进口钢琴超过10万架，增幅达到15.64%，其中立式钢琴102199家，三角琴4632架。进口钢琴中约有7万架是二手钢琴，其中劣质二手琴对国内钢琴市场造成较大影响。中国乐器协会接到钢琴分会和部分制造企业和琴行的诉求后，对二手钢琴市场情况进行了初步调查，了解到存在一系列的问题。例如：不少进口二手钢琴达不到国家及行业标准、超低价进口（有的二手琴260美金，合人民币1600多元）、超低价冲击市场（韩国二手琴最低3000元就卖）、无质量保证和市场欺诈等等。协会组织撰写了专题报告，并经中国轻工业联合会向国家商务部、海关总署、国标委、工商管理总局等部门反映情况，引起有关部门的重视，均给予批复。

综上所述，近年来钢琴行业发生较大变化，可以说是挑战与机遇共存，风险和收获同行。中国钢琴市场更加国际化、品牌化，消费者更趋成熟。2012年虽然面临不断增加的困难和压力，中国钢琴制造企业和经销商携手努力，适逢中国经济改革发展大潮，音乐文化市场火热，致使钢琴行业保持着连续增长的势头，2012年钢琴总产量增长8%，占全球钢琴总产量的76.91%。但是我们也要清醒地看到，中国钢琴市场上欧美、日韩钢琴增速高于国内企业，中国钢琴销售近40万架钢琴中约有18万架是国外产品或国外企业在中国境内生产的钢琴，如果按销售额统计分析，国外钢琴营业额约占中国钢琴市场总金额的50%左右。

## 三、民族乐器制造业

**【主要经济指标完成情况】**

2012年民族乐器行业规模以上企业共计28家，实现工业总产值31.73亿元，同比增长39.59%；工业销售产值31.13亿元，同比增长39.54%；出口交货值8.91亿元，同比增长8.9%。其中，按工业总产值排名，分别为河北、江苏、山东、河南、上海、广东、湖北、福建、陕西、浙江。各地区主要经济指标完成情况见下表：

根据中国乐器协会和国家轻工业乐器信息中心联合发布部分民族乐器产量统计，2012年我国共生产各类民族乐器65.6万件，同比下降2.77%，其中：古筝21.51万架，同比下降6.87%；琵琶5.78万把，同比下降10.71%；二胡22.26万把，同比下降4.51%；扬琴4.41万台，同比增长32.55%；阮3.51万把，同比下降21.1%；京胡1.47万把，同比增长33.32%；月琴1.19万把，同比增长28.96%；古琴1.48万架，同比下降47.01%。

**【领导视察】**

1月，澳门特别行政区文化局殷立民一行在贵州省文化厅非遗处张诗莲处长和玉屏自治县文体广电旅游局局长伍洪能等陪同下，冒着严寒，到该县箫笛厂考察非物质文化遗产——箫笛制作传统技艺，观看了箫笛制作的全过程，并参观了箫笛展览馆。

5月26日，上海市副市长、市公安局局长张学兵来到上海民族乐器一厂参观指导工作。张学兵曾任市文教用品工业公司党委副书记，是上海民族乐器一厂的老领导。上海红双喜（集团）有限公司董事长黄勇武，上海民族乐器一厂厂长王国振、副厂长孙云、陈民杰等陪同参观，感谢老领导对企业的关心与支持。

8月24日，中共上海市委原副书记、上海市政协原主席王力平，中共上海市委原常委朱达人，中共上海市委宣传部原副部长孙刚等市委老领导来到上海民族乐器一厂视察指导工作。王力平一行在厂长

| 地区 | | 河北 | 江苏 | 山东 | 河南 | 上海 | 广东 | 湖北 | 福建 | 陕西 | 浙江 | 全国 |
|---|---|---|---|---|---|---|---|---|---|---|---|---|
| 企业数 | | 5 | 2 | 3 | 8 | 3 | 3 | 1 | 1 | 1 | 1 | 28 |
| 工业总产值 | 2012年累计 | 1071259 | 581007 | 522013 | 431412 | 175076 | 172623 | 149183 | 32187 | 28090 | 10438 | 3173288 |
| | 去年同期 | 706801 | 378153 | 330882 | 353562 | 144682 | 169423 | 106114 | 36022 | 23729 | 23972 | 2273340 |
| | 同比% | 51.56 | 53.64 | 57.76 | 22.02 | 21.01 | 1.89 | 40.59 | -10.65 | 18.38 | -56.46 | 39.59 |
| 销售产值 | 2012年累计 | 1064423 | 567722 | 515920 | 415790 | 162691 | 169353 | 149183 | 30545 | 27962 | 10240 | 3113829 |
| | 去年同期 | 691673 | 364220 | 330001 | 345506 | 140422 | 175469 | 106114 | 30730 | 23457 | 23972 | 2231564 |
| | 同比% | 53.89 | 55.87 | 56.34 | 20.34 | 15.86 | -3.49 | 40.59 | -0.6 | 19.21 | -57.28 | 39.54 |
| 出口交货值 | 2012年累计 | 278957 | 245548 | 0 | 211705 | 9023 | 105712 | 0 | 30545 | 0 | 9838 | 891328 |
| | 去年同期 | 274479 | 207262 | 0 | 155884 | 9262 | 117044 | 0 | 30566 | 0 | 23972 | 818469 |
| | 同比% | 1.63 | 18.47 | | 35.81 | -2.58 | -9.68 | | -0.07 | | -58.96 | 8.9 |

王国振等企业领导班子的陪同下，参观了企业设立的民族乐器陈列馆，并欣赏“敦煌新语”组合的民乐演奏。

**【乐改工作】**

1月5日，中国民族管弦乐学会乐器改革与制作专业委员会完成换届选举，确定了2012年工作要点，乐改委将在“加强组织建设、推进乐器改革、作好舆论宣传”等三个方面开展工作。

9月13日，中国乐器协会琴行分会2012年年会在河北肃宁举行，下午会议安排了一场有关“民族音乐与民族乐器发展”的论坛。论坛嘉宾邀请到我国著名二胡演奏家宋飞、琵琶演奏家李光华，古筝演奏家王中山、周望，扬琴演奏家黄河、李玲玲以及西安金钟琴行总经理张喜鹏。论坛的主题是“民族乐器产品的改良与教育事业的发展”。在历时一个半小时里，演奏家们通过现场演奏河北乐海乐器有限公司提供的二胡、琵琶、古筝、扬琴等民族乐器，一边演奏，一边讲解，深入浅出地介绍了中国民族乐器的历史，改革要点，如何鉴定产品质量，维护保养等知识，使到会代表上了一堂生动的民族乐器知识普及课。

10月12日，由中国民族管弦乐学会、中国乐器协会主办，中国民族管弦乐学会乐器改革制作专业委员会、中国乐器协会民族乐器分会、中国（上海）国际乐器展览会组委会承办的“2012中国民族乐器改革工作座谈会”在中国（上海）国际乐器展览会期间举行，这次会议是改革开放以来我国民族乐器改革史上一次十分重要的会议，会议在总结和回顾改革开放以来民族乐器改革工作成败得失的基础上，统一思想，达成共识，明确了今后民族乐器改革的目标和方向。文化部文化科技司科技处处长陈樱、赵一红，国家林业局野生动植物保护司副处长斯萍、中国乐器协会理事长安志、中央民族乐团团长席强、中国广播民族乐团团长张高翔、上海民族乐团团长王甫建、中国音乐学院音乐科技系主任韩宝强、著名音乐制作人卞留念、香港中乐团乐器研究室主任阮士春、中国民族管弦乐学会乐器改革制作专业委员会会长丰元凯、中国乐器协会民族乐器分会会长、上海民族乐器一厂厂长王国振、河北乐海乐器有限责任公司董事长宋从甲等出席座谈会。参加这次会议的还有来自全国各地的民族乐器演奏家、教育家、民族乐器生产企业领导、技术人员以及社会各界乐改兴趣爱好者，共计100余人。会议与会人员达成了“2012年中国民族乐器改革上海共识”（简称上海共识）。为配合“2012年中国民族乐器改革工作座谈会”召开，在上海国际乐器展览会举办期间，还举办了“改革开放以来民族乐器改革成果展”，共有10件改革乐器展出。

12月25日，中国民族管弦乐学会乐器改革制作专业委员会在北京科技大学会议中心召开2012会长办公扩大会议。文化部文化科技司科技处处长陈樱、中国民族管弦乐学会会长刘锡津、中国音乐学院副院长宋飞、中国民族管弦乐学会副会长王书伟、中国广播民族乐团团长张高翔、上海民族乐团团长王甫建、中国音乐学院音乐科技系主任韩宝强、中国艺术研究院音乐研究所所长乔建中、上海民族乐器一厂厂长王国振等近40位来自政府部门、管理机构、演出团体、专业院校、生产企业和媒体代表参加。本次会议的主要内容是从中国民族乐器中长期改良发展规划纲要及2013年中国民族乐器改革实施计划出发，讨论并确立中国民族乐器改革项目方案，并讨论中国民族乐器改良创新奖励办法。

**【蟒皮乐器标识管理】**

6月～8月，国家林业局野生动植物保护与自然保护区管理司组织中国野生动物保护协会、中国乐器协会、中科院动物所、全国野生动植物研发中心、全国野生动植物检测中心等行业协会和科研院所专家组成的若干检查组，赴全国重点地区对蟒皮乐器加工经营状况进行了专项监督检查，各地林业主管部门予以大力支持和积极配合。中国乐器协会参与了赴京、津、沪、苏四地检查组的监督检查工作。此次在北京、天津、上海、江苏4省市重点检查了7家蟒皮乐器加工企业和20余家琴行。

11月13日～14日，中国乐器协会在海南省文昌市组织专家对海南东盛弘蟒业科技股份有限公司上报的“关于建立《全国蟒皮乐器材料研发基地》项目申请书”进行认证。中国乐器协会秘书长曾泽民，副秘书长丰元凯，中国乐器协会民族乐器分会会长、上海民族乐器一厂厂长王国振，供应科科长胡维勇，民族乐器分会副会长、苏州民族乐器一厂有限公司总经理田永逸等以认证组专家身份参加了这次认证工作。

**【产业基地】**

6月19日～20日，中国乐器协会理事长安志、秘书长曾泽民到扬州古筝产业集群调研，先后参观了天艺、正声、华韵、天韵、龙凤、金韵等古筝骨干企业，拜访了扬州市古筝协会，并与扬州市文化局主管部门领导及骨干企业座谈，共同商讨“古筝之乡”的发展之路。

9月29日，河北省文化体制改革和发展工作领导小组办公室公布全省文化产业“三个十”推荐名单。河北乐海（肃宁）乐器制造基地进入河北省“十大文化产业项目”。

**【获奖情况】**

3月，中国轻工业联合会对150家全国轻工业卓越绩效先进企业予以表彰。民族乐器行业中的上海民族乐器一厂名列其中。大会还授予上海民族乐器一厂等16家连续3次获此称号的企业全国轻工业卓越绩效先进企业特别奖。

3月，经工业和信息化部有关司局审查，全国共有141家工业企业被确定为品牌培育试点企业，上海民族乐器一厂榜上有名。

4月27日，国家工商行政管理总局商标局公布了在商标管理案件中认定的410件驰名商标名单：其中，河北乐海乐器有限责任公司注册的“乐海THE OCEAN OF MUSIC及图”（商标类别：15；请求认定商品/服务：扬琴、琵琶）荣获“中国驰名商标”称号。

7月，商务部，文化部公布了2011—2012年度国家文化出口重点项目。乐器行业有23家企业列入名单，其中民族乐器生产企业河北省怀来锣厂入选。

2011年度中国轻工业（乐器）行业十强企业，上海民族乐器一厂入选。

**【专利发布】**

国家知识产权局专利资料显示，2012年民族乐器专利发布共计173项，同比增长36.22%。其中，发明专利15项，同比下降16.66%；实用新型专利110项，同比增长66.66%；外观设计专利47项，同比增长13.17%。按民族乐器各类别划分，吹管乐器专利39项，其中，巴乌2项、笛子12项、葫芦丝5项、笙4项、唢呐2项、陶笛2项、箫10项、埙2项。弹拨乐器专利69项，其中，古筝51项、琵琶8项、阮2项、扬琴8项。拉弦乐器专利63项，其中，板胡3项、二胡41项、胡琴18项、马头琴1项、民族乐器综合类2项。弹拨乐器专利发布数量列居首位，单件乐器中，古筝专利数量最多，二胡次之。

按地区划分：东北地区有19项民乐专利发布，华北地区25项，华东地区93项，华南地区3项，华中地区11项，西北地区3项，西南地区19项。华东地区民族乐器专利发布数量最多，占整个民族乐器专利发布的53.75%。江苏、上海、山东、浙江民乐专利发布数量排在各省市前四位，分别发布了28项、18项、18项、17项。

在全部173项民族乐器专利中，发明专利较有特色的是福建陈志亮申报的“一种宽音域巴乌”，河北宋从甲、卞渝申报的“扬琴踩止式制音器”，实用新型专利中较有特点的是北京余文胜申报的“可以变调的笛子”，河南高运举申报的“一种宽音域双音组合葫芦丝乐器”，外观设计专利中比较有特色的是上海民族一厂最新设计各种款式的古筝（贝雕孔雀1141、金色年华1148、凤凰舞姿1144、金玉满堂1143、清供梦帘1142、清歌蝶舞1147、花丛似锦1145）、琵琶、二胡（花样年华1111、吉祥如意1112）。

**【企业动态】**

2012年是上海民族乐器一厂锐意进取的一年，继续推行文化营销战略，并对营销文化作出新尝试，取得新进展。这一年上海民乐一厂与上海城市剧院携手成立了“国粹民乐演艺基地”，举办了“敦煌国乐”系列8场专题讲座和3场民乐音乐会，得到了中央民族乐团、上海爱乐乐团以及闵惠芬、吴玉霞、王中山、龚一、刘英、唐俊乔等民乐演奏名家的大力支持，成为上海市闵行区宣传民乐的大本营；同时出资主办了三场高规格民乐音乐会；赞助了“2012 CCTV民族器乐电视大赛”；参与协办了“敦煌杯”全国青少年古筝大赛等民乐演奏赛事，并成功举办了“敦煌之夜”系列民乐音乐会。此外，积极参加国内外专业乐器展会、非遗展览、轻工展览。2012年的上海国际乐器展展位设计融入“琴棋书画”元素，新品乐器令人瞩目，乐团一天两场的精彩民乐演出人气高涨，受到观众、媒体的关注。2012年，上海民族乐器一厂旗下的乐队欧洲巡演顺利告捷。敦煌新语组合注册为上海馨艺民族室内乐团，在捷克“布拉格之春”国际音乐节、巴黎文化中心、里昂领事节专场音乐会、第二届法国中国电影节戛纳影展开幕式及马赛影展开幕式等舞台上演出并获得成功，上海电视台艺术人文频道对此作了《中国民乐欧洲行》专题报道，国内外反响热烈。2012年是上海民族乐器一厂创新发展的一年，申请了10项专利，推出了31种新品乐器。其中，巨型低音芒筒组合、徐振高80寿诞限量版古筝、游龙戏珠老红木纪念版二胡等乐器非常引人瞩目，登上了报刊杂志的版面。2012年是上海民族乐器一厂硕果累累的一年，经济数据再攀新高，品牌发展得到社会各界的认可。企业荣膺中国轻工业乐器行业十强企业、全国实施用户满意工程先进单位。

2012年河北乐海乐器有限公司也取得丰硕的成果，8月3日，“河北省与首都院所校文化产业对接活动暨签约仪式”在北京举行，本次河北省与首都院所校签约的项目共有11个，其中宋从甲总经理代表河北乐海乐器有限责任公司与中国音乐学院副院长马彪签订了合作建设音乐培训教育基地项目。中国音乐学院院长赵塔里木也出席这次活动。

**【民族乐器分会活动】**

10月13日，中国乐器协会民族乐器分会在上海浦东新区召开第五届一次会议，通过换届选举，产生了新一届民族乐器分会领导班子，同时会议就“民族乐器企业市场发展前景及营销策略”专题进行深入探讨。中国乐器协会理事长安志，中国乐器协会副理事长、民族乐器分会会长、上海民族乐器一厂厂长王国振，中国乐器协会秘书长曾泽民，中国乐器协会副秘书长、中国民族管弦乐学会乐器改革制作专业委员会会长丰元凯及国内20多家民族乐器企业负责人出席会议。会议选举产生了新一届民族乐器分会领导班子：民族乐器分会会长王国振（上海民族乐器一厂厂长）、副会长田永逸（苏州民族乐器一厂有限公司总经理）、副会长宋从甲（河北乐海乐器有限责任公司董事长）、副会长熊立群（扬州金韵乐器御工坊有限公司总经理），秘书长周力（上海民族乐器一厂技术科副科长）。王国振会长做民乐分会工作报告。

**【科技创新】**

1月19日～20日，中国音乐学院音乐科技系主任韩宝强教授，乐器学博士王欣副教授一行前往河北肃宁乐海乐器有限责任公司进行工作调研，中国乐器协会副秘书长丰元凯陪同调研。中国音乐学院音乐科技系成立于2011年7月1日，并于当年10月与中国乐器协会建立“战略合作伙伴关系”。肃宁县主管工业的副县长耿树凯亲自会见来访客人，河北乐海乐器有限公司总经理宋从甲陪同实地考察与座谈。

2月10日，中国音乐学院音乐科技系、中国乐器协会、中国民族管弦乐学会乐器改革制作专业委员会在中国音乐学院召开联席会议，研究组建“中国扬琴研发中心”事宜。

**【非物质文化遗产】**

1月31日，国家级非物质文化遗产生产性保护示范基地颁牌仪式在文化部举行，41家企业和单位被授予第一批国家级非物质文化遗产生产性保护示范基地称号。乐器行业新疆维吾尔自治区疏附县吾库萨克乡热合曼•阿布都拉传习所——民族乐器制作技艺（维吾尔族乐器制作技艺）名列其中。文化部党组副书记、副部长赵少华，副部长王文章，部长助理、人事司司长高树勋等出席仪式，并为入选首批示范基地的企业和单位颁发了牌匾。

2月5日～15日，“中国非物质文化遗产生产性保护成果大展”在北京全国农业展览馆新馆举行。中共中央政治局常委李长春14日下午来到全国农业展览馆新馆，参观中国非物质文化遗产生产性保护成果大展。乐器行业参加此次展览的有国家级非物质文化遗产生产性保护示范基地“新疆维吾尔自治区疏附县吾库萨克乡热合曼•阿布都拉传习所”、延吉市民族乐器研究所以及被列入第三批国家级非物质文化保护遗产名录的“上海民族乐器制作技艺”制作单位上海民族乐器一厂。

“五一”前，宏音斋（中国吴氏管乐社）管乐器典藏馆经过4年的装修及配置在北京昌平开馆。“吴氏管乐器”典藏馆，将吴氏家族收藏的几百件凝聚几代人改革、研发、具有历史文物价值的乐器作为展品展览，并在馆中设立“宏音斋吴氏笙管乐器”的演奏和制作培训基地，以进一步传承宏音斋笙管乐器的制作技术。

8月19日~24日，2012喀什上海文化周——沪喀两地非物质文化遗产交流展示、“上海书展”喀什专场、“我眼中的喀什——上海”摄影展以及上海汽车展四大联展于新疆喀什国际会展中心举办。中共上海市委常委、宣传部部长杨振武，新疆维吾尔自治区党委常委、宣传部部长胡伟，中央新疆工作协调小组办公室副主任张国立，喀什地委书记程振山等出席开幕式。上海民族乐器制作技艺和维吾尔族乐器制作技艺非物质文化遗产项目共同参加展示。

9月6日～1 0日，由国家文化部和山东省人民政府主办，文化部非物质文化遗产司、中国非物质文化遗产保护中心、山东省文化厅、枣庄市人民政府承办的第二届中国非物质文化遗产博览会在枣庄市台儿庄古城举行。本届博览会汇聚了来自全国31个省市自治区和港澳台的760余个优秀非遗项目。上海民族乐器一厂应邀参展，向数十万名外地游客和枣庄市民展示了上海民族乐器制作技艺，普及民族乐器知识。作为新疆仅有的7个参展项目之一，新和县依其艾日克乡加依村民间艺人制作的民族乐器亮相该博览会。据了解，这是新和县民间手工制作乐器首次到内地参展，携带了56件乐器参展，开幕当日便售出5件乐器，加依村民间艺人精彩的乐器弹奏和制作表演引起了上百名内地客商对手工乐器的极大兴趣。

10月16日～19日，第三届丝路明珠——喀什噶尔国际旅游文化节暨首届南疆少数民族乐器博览会在喀什举行。这是新疆首届南疆地区民族乐器的制作、演示、展示、展销、研讨会议。通过民族乐器博览这种形式，挖掘展示民族传统文化和传统手工艺。

**【上海华乐国际论坛】**

10月12日～13日，由中国（上海）国际乐器展览会组委会主办、中国民族管弦乐学会协办的“第三届上海华乐国际论坛”在“中国（上海）国际乐器展览会”期间举办。本次论坛成功邀请到国内外多位从事乐团管理、创作、理论、演艺、教学以及行业机构等方面的顶尖人物参加。其中包括中国民族管弦乐学会会长刘锡津、中国广播民族乐团团长张高翔，国家一级作曲兼演奏家、北京奥运会闭幕式音乐总设计师卞留念，著名古琴演奏家李祥霆，著名古筝演奏家王中山以及著名二胡演奏家高韶青等。重量级嘉宾们通过鲜明的论点、精辟的阐释、激烈的思想交锋以及实践案例剖析，紧密围绕论坛主题开展多种交流，吸引了数百余位听众的热情参与，会场座无虚席。

**【音乐活动】**

1月8日，中国民族管弦乐学会陶笛艺术委员会在北京海淀弘彧大厦举行“2012年首都陶笛乐友新春联谊会”，来自日本、印度、厄瓜多尔等国家和在京100多位从事陶笛艺术的爱好者参加了联谊会。中国民族管弦乐学会专家委员会副主任张殿英，秘书长刘裕升出席联谊会，联谊会由陶笛艺术委员会会长赖达富主持。风雅陶笛、乐土木笛、洪啸陶笛、宗沛斋陶笛、龙韵陶笛等生产企业也参加了这次联谊会，并提供了奖品。联谊会上中外陶笛演奏者同台表演了数十首陶笛乐曲，参加演出的有陶笛艺术专家、学生、社区退休职工，年龄从6～70岁不等。他们用别致的乐器，精彩的乐曲，高超的技艺，使整场联谊高潮迭起，掌声此起彼伏，人们在一片优美的陶笛声中享受音乐带给人们的快乐。

6月8日～9日，中国音乐家协会二胡学会成立三十周年庆祝大会在北京举行。庆典活动由中国音乐家协会、中国音乐家协会二胡学会主办，历时两天的活动包括庆祝大会、学术研讨会、二胡新秀音乐会、庆典音乐会等内容。中国二胡学会成立三十周年庆典活动受到乐器行业的普遍关注，中国乐器协会及上海民族乐器一厂、河北北方民族乐器有限公司、无锡梅村林生乐器工场，无锡古月琴坊，苏州国兴乐器厂、天津乃政乐器厂、北京满瑞兴乐器工作室、北京吕建华二胡工作室、江西九江民族乐器厂，湖北人造蟒皮研究室等十余家二胡生产企业及兴趣爱好者到会，为不断提高二胡制作技艺，与众多二胡演奏家相互交流，切磋技艺。二胡演奏界的盛会已经成为二胡制作界不断提高产品质量，扩大销售市场，推动二胡进一步发展的难得机遇。

7月26日，由吉林省委宣传部、省文化厅、中国民族管弦乐学会和辽源市委、市政府共同主办的“辽源首届国际琵琶文化艺术节”在辽源市开幕。让琵琶节“亮起来”是千余乐手携手共奏的宏伟景象。开幕式现场，2012名小琵琶乐手共同弹奏起中国民乐名曲《金蛇狂舞》，场面蔚为壮观。当吉尼斯世界纪录认证官吴晓红向辽源市委书记姜有为颁发联合国总部认证的“最大规模合奏琵琶纪录”证书时，现场1.5万名观众与国际友人、国内外音乐界著名艺术家、专家学者，共同沉浸在欢呼声和感动中。盛大和高规格的琵琶节，还吸引了坦桑尼亚、泰国、美国、韩国等国家驻中国大使馆的全权公使和文化参赞纷纷出席参观。

## 四、西管乐器制造业

**【主要经济指标完成情况】**

经中国乐器协会与国家轻工业乐器信息中心对主要西管乐器企业产量统计，2012年西管乐器产量达到124.41万支，同比增长3.19%，西管乐器出口数量84.99万支，同比下降1.53%，出口比例为68.32%，总产量名列前三名的是河北金音乐器制造有限公司、天津市津宝乐器有限公司、天津圣迪乐器有限公司，占西管乐器总产量的75.35%。

据海关统计数据，2012年中国管乐器出口数量931万支，同比增长7.26%，出口金额1.42亿美元，同比增长14.52%。其中：铜管乐器出口77.5万支，同比减少7.73%，出口金额8808万美元，同比增长8.45%。其它管乐器出口853万件，同比增长8.89%，出口金额5440万美元，同比增长24.54%。

中国生产的西管乐器出口世界106个国家和地区，出口金额前10位的国家和地区是美国、德国、巴西、英国、墨西哥、法国、日本、韩国、中国台湾、智利。中国内地生产的其他管乐器出口世界126个国家和地区，出口金额前10位的国家和地区是美国、德国、巴西、英国、加拿大、中国香港、墨西哥、意大利、尼日利亚、韩国。

2012年中国进口各类管乐器共计62530支，同比减少4.88%，进口金额708万美元，同比减少1.67%。其中，进口西管乐器5422支，同比增长6.13%，进口金额为260万美元，同比增长1.56%。进口其他管乐器57108件，同比下降5.81%，进口金额为447万美元，同比减少3.51%。进口的西管乐器来自世界12个国家和地区，主要是中国台湾、美国、法国、越南、日本。进口的其他管乐器来自世界18个国家和地区，主要是英国、印尼、中国台湾、日本、法国。

**【行业动态】**

5月11日，美国赛西里欧乐器有限公司乐器生产基地项目奠基仪式在武强县工业区内隆重举行。衡水市委常委、宣传部长解晓勇、衡水市人大副主任郑新秋、衡水市政协副主席石金义、武强县委书记刘玉华及省市相关部门领导参加了奠基仪式。美国赛西里欧乐器有限公司是美籍华人姜胡少芳女士在洛杉矶注册设立的乐器品牌公司，主要经营弦乐器、铜管乐器、木管乐器、打击乐器以及各种乐器配件等。公司在武强建设的乐器生产基地项目，总投资1.2亿美元，按照“核心企业——产业链延伸——产业聚集——产业基地”的发展模式，打造集产品研发、乐器、灯光、音响和配件生产、物流仓储、销售于一体的乐器产业链。项目全部竣工投产后，年主营业务收入可达3.2亿美元，实现利税3500万美元，安排就业人员2000人。

10月13日，中共中央政治局委员、国务委员刘延东在河北省委书记、省人大主任张庆黎，河北省委副书记、省长张庆伟等领导的陪同下，到河北金音乐器集团有限公司进行考察调研。刘延东听取了有关情况介绍，参观考察了金音集团展览厅和质控中心。周国芳董事长、陈学孔总经理就有关乐器生产、销售及产品研发等情况进行了汇报。刘延东对金音集团所取得的成绩给予了充分肯定，对金音集团今后的发展目标给予了指导，对金音乐器集团“产业链延伸——产业聚集——产业基地”的发展模式，以及与国内外知名公司合作打造中国武强乐器文化产业基地的做法给予高度评价。

**【专利及标准】**

2012年国家知识产权局共发布乐器专利943件，其中西管乐器专利47项，同比增长189%，包括发明专利21项，实用新型专利23项，外观设计专利3项。

【展览展示】

2012中国（上海）国际乐器展览会共有112家西管乐器生产企业参展，其中海外参展商50家，分别来自德国、法国、加拿大、韩国、捷克、美国、日本、意大利、英国、西班牙、奥地利、瑞士、中国台湾。中国内地有62家西管乐器生产企业参加展览，北京8家，天津17家，河北17家，山东12家。

【形势分析】

2012年，中国西管乐器行业发展保持平稳向好的趋势，企业各项指标增长幅度在8%～20%，国际和国内市场保持稳定状态，但企业也都居安思危，积极拓展国内市场，以应对随时可能到来的国际市场疲软局面。国际品牌看好中国市场，加强市场推广。管乐器的质量和档次提升仍是今后很长一段时间的工作重点，企业仍然要长期不懈地坚持产品质量第一的原则，加强与业内及演奏专家的合作，发挥产品特色，抓住国家大力发展文化产业的契机，做好服务与市场开发，在未来管乐行业的竞争中占据有利位置。

## 五、打击乐器制造业

【主要经济指标完成情况】

2012年中国出口各类打击乐器1172万件，同比下降10.75%；出口金额1.40亿美元，同比下降3.21%。在出口的138个国家和地区中，出口金额最大的前十个国家依次为：美国、德国、尼日利亚、巴西、墨西哥、日本、英国、荷兰、澳大利亚和韩国。其中出口到美国的打击乐器210万件，同比下降27.04，金额345万美元，同比下降4.8%。

2012年中国大陆从世界31个国家和地区进口各类打击乐器34.65万件，同比增长20.24%，进口金额658.78万美元，同比增长17.28%。主要进口国家和地区为美国、德国、中国台湾、印尼、荷兰、日本，进口金额分别为146万美元、121万美元、83万美元、66万美元、53万美元和44万美元，其中从印尼进口金额增幅最大，达到143.55%，进口数量最多，为10.57万件。

【行业动态】

7月1日，河北省音乐家协会西洋打击乐艺术委员会首家“A级团体会员暨培训基地”挂牌仪式在秦川音乐艺术学校举行。河北省文联副主席、河北省音乐家协会主席曹贤邦、河北省音乐家协会副主席、河北省音乐家协会西洋打击乐艺术委员会会长张建钢、荣誉会长陈顺生、副会长王保军等领导以及省内打击乐界专家教师出席了挂牌仪式。石家庄市秦川音乐艺术学校经过25年的不懈努力，打造了一支优秀的打击乐师资队伍，并拥有省内一流的教学设施和教学环境，为大专院校或文艺团体输送了大批优秀人才，为全省西洋打击乐的发展做出了贡献。

7月22日～23日，由中国马林巴协会、北京乐器学会等多家单位联合举办的首届中国马林巴艺术节在北京举行，来自海内外马林巴演奏家、业余爱好者近百人欢聚一堂，共展马林巴艺术，共奏马林巴音乐，激荡优美的琴声时时回荡在音乐厅每一个角落。

7月24日，第三届全国鼓手大赛河北赛区决赛在保定举行。来自石家庄、沧州、保定市区及各县等地，代表十几家鼓手俱乐部的89名选手齐聚保定二中体育馆，比赛分6个年龄组，最终产生金奖6名，银奖12名，铜奖18名。

【专利发布】

2012年打击乐器专利发布共计87项，其中，发明专利27项，实用新型专利37项，外观设计专利23项。天津津宝乐器有限公司发布50项，占比达57.47%。

【行业分析】

2012年中国打击乐器行业发展基本保持平稳态势，全年产量变化不大，几大知名厂家中除个别企业有下降外，均保持略有上升的局面。自主品牌在品质上缺乏国际竞争力仍然是主要问题，材料科技和人才培养也是需要重点关注的方面。

## 六、提琴制造行业

【主要经济指标完成情况】

经中国乐器协会与国家轻工业乐器信息中心对主要提琴制造企业产量统计，2012年我国提琴产量102.78万把，同比增长6.47%，出口提琴78.47万把，增长4.55%，出口占总产量的76.35%，江苏凤灵乐器集团、河北金音乐器集团有限公司、北京华东乐器有限公司位居中国提琴生产企业的前三名，合计产量达到82.28万把，占中国提琴总量的82.00%。

据海关数据统计，2012年中国弓弦乐器（提琴）出口世界117个国家和地区，出口总额7150万美元，同比增长17.74%，出口额前十位的国家和地区依次为：美国、英国、德国、韩国、巴西、日本、加拿大、土耳其、委内瑞拉和墨西哥。中国出口到美国的弓弦乐器数量达43.48万把，同比增长1.58%，出口金额2582万美元，增长15.20%，但出口韩国的提琴数量和金额有所下降，降幅分别为19.12%和7.68%。

2012年中国从意大利、德国、奥地利等19个国家和地区进口弓弦乐器（提琴），共计2198把，同比增长16.42%，进口额147.07万美元，增长121.36%。中国从意大利进口各类弓弦乐器86.24万美元，同比增长283.10%，位居第一；从进口量来看，从罗马尼亚进口630把，虽同比下降58.96%，仍位居第一。

**【行业动态】**

5月4日，江苏省委宣传部副部长梁勇一行视察泰州市泰兴黄桥镇乐器产业发展情况，江苏凤灵乐器集团董事长李书等陪同。梁勇一行视察了凤灵集团新厂区——福仕特公司吉他生产基地、凤灵集团本部——提琴生产基地、凤灵产品展示厅和“乐器博览馆”，并专门就如何进一步把乐器文化产业做大做强，新形势下乐器生产企业如何转型升级、体制创新等议题进行了座谈。

5月22日，中国乐器协会提琴分会二届三次会议在北京平谷东高村镇提琴产业基地的华东乐器公司召开，就泰兴和平谷提琴产业聚集区的发展现状、模式和前景等做了深入探讨。

5月，经中国轻工业联合会会长办公会审定通过，江苏凤灵乐器集团获得“2011年度中国轻工业乐器行业十强企业”。

7月8日，由中国乐器协会提琴分会和江苏凤灵乐器集团主办的2012年“凤灵杯”全国青少年小提琴大赛全国总决赛在南京圆满落下帷幕。来自全国20多个省市的近200名选手在各地选拔赛中脱颖而出，进行最后的角逐。大赛以选拔青少年优秀小提琴人才为目的，将普及青少年小提琴艺术、推进我国艺术教育发展作为主要目标，为广大音乐演奏人才搭建广阔的展示与交流的平台。

8月，平谷乐器基地入选北京市级外贸转型基地，基地内的企业可享受检测、研发设计、展示、交易、物流、国际营销、孵化器、贸易促进、培训等12类公共服务平台提供的优惠服务。中小型企业还将优先获得本市中小企业国际市场开拓基金的支持。

10月9日，中国乐器协会提琴制作师分会会员大会在上海召开。郑荃会长做工作报告，会后安排了两场学术报告，分别由华天礽、朱明江两位副会长主讲。

**【专利发布】**

2012年提琴专利发布共计57项，其中，发明专利10项，实用新型专利18项，外观设计专利29项。

**【展览展示】**

2012中国（上海）国际乐器展览会共有206家提琴制造企业参展，其中有15个国家和地区的62家海外提琴制造商参展，分别来自意大利、法国、德国、韩国、美国、日本、中国香港、澳大利亚、捷克、斯洛伐克、挪威、西班牙、中国台湾、英国、印度。国内参展商144家，主要集中在北京、江苏、上海以及广东。

**【形势分析】**

2012年提琴市场基本处于增速放缓趋势，尤其第四季度下滑明显。国际市场受欧债危机影响，欧美采购量不断减少，在各种交易会与法兰克福展览会有所反映。国内市场略好于国际市场，但是通过发展文化产业促进提琴销售效果并不明显。另外，由于提琴属手工密集型生产，近年来提琴市场近于饱和，提价幅度不大，而工人工资成本不断提升，提琴利润越来越小，因此而造成提琴产业工人流失现象日趋严重。

## 七、吉他制造业

**【主要经济指标完成情况】**

据中国乐器协会与国家轻工业乐器信息中心对

主要吉他制造企业产量统计，2012年我国吉他产量423.78万把，同比下降4.97%，出口吉他354.43万把，下降5.85%，出口占总量的83.64%，广州红棉吉它有限公司、四会市华声乐器有限公司、江苏凤灵乐器集团位居中国吉他生产企业的前三名。

据海关统计数据，2012年中国向世界159个国家和地区出口其他弦乐器（吉他）3.66亿美元，同比增长9.11%，出口额前十位的国家和地区依次为：美国、巴西、德国、韩国、英国、荷兰、泰国、澳大利亚、日本和法国。其中，出口到美国的吉他等弦乐器共计248.32万把，同比下降10.07%，出口额8638.57万美元，下降2.32%。排名前十位的国家及地区中，除英国、泰国和澳大利亚的出口量及金额有所增长外，其他均呈不同幅度的下降。

2012年中国从印度尼西亚、美国、日本等22个国家和地区进口吉他类产品共计7.15万把，同比增长45.37%，进口额527.35万美元，增长55.12%。从印尼进口吉他等弦乐器63833把，同比增长103.76%，进口额356.06万美元，增长97.26%，位居第一。

**【行业动态】**

2012年初，山东省下发《关于表彰2011年创建山东省优质产品生产基地及龙头骨干企业的通报》，昌乐县电声乐器产业基地和潍坊惠好乐器有限公司榜上有名。

2月19日，广州市工商行政管理局发布公告，经广州市著名商标认定委员会审议通过，认定广州吉声琴业有限公司的“吉声牌”为广州市著名商标。

2月29日，中国乐器协会理事长安志一行前往广州红棉吉它公司考察，公司董事长兼总经理何志强陪同参观了位于广州海珠区的吉他工厂，并就自主品牌建设、科技进步等相关问题交换了意见。

3月27日，广州红棉吉它有限公司的“光敏漆结合木吉他静电喷涂技术的运用”获得2011年度中国轻工业联合会科学技术奖励三等奖。广州红棉吉它有限公司、四会市华声乐器有限公司入选“2011-2012年度国家文化出口重点企业”。

**【专利发布】**

2012年吉他专利发布共计213项，发明专利11项，实用新型专利39项，外观设计专利163项。

**【展览展示】**

2012中国（上海）国际乐器展览会共有154家吉他制造企业参展，其中，有来自11个国家和地区的62家制造商参展，同比增长112%。国内来自9个省市的120家企业参展，同比增长27.65%，其中，广东共计90家企业参展，占国内吉他参展商的75%。

**【形势分析】**

2012年，国内吉他市场整体呈现放缓甚至下降趋势，国际市场基本平稳，外销比例约为85%左右，国内行业竞争越来越激励，促使各企业加大技术创新力度，以应对市场的挑战。吉它企业产业工人招工越来越难，劳动力严重缺乏。

## 八、电声乐器制造业

**【主要经济指标完成情况】**

经中国乐器协会与国家轻工业乐器信息中心对主要电声乐器制造企业产量统计，2012年我国电声乐器产量达到125.99万件，同比增长1.16%，其中电子琴62.93万件，数码钢琴18.46万件。出口电声乐器106.52万件，出口占总量的84.55%。

据海关统计数据，2012年中国出口通过电产生或扩大声音的键盘乐器518.32万件，同比增长4.56%，金额3.50亿美元，增长13.16%；其他通过电产生或扩大声音的乐器293.28万件，同比下降13.31%，金额2.11亿美元，下降4.51%。两类电声乐器出口金额共计5.62亿美元，同比增长5.79%。

2012年中国生产电子键盘乐器出口世界147个国家和地区，出口额前十位的国家和地区依次为：美国、德国、日本、中国香港、法国、韩国、英国、巴西、阿联酋和马来西亚。出口美国的电子键盘乐器共计135.17万件，同比增长9.447%，出口额9029.08万美元，增长9.82%。其他电声乐器出口世界129个国家和地区，出口额前十位为：美国、日本、荷兰、德国、巴西、英国、澳大利亚、墨西哥、加拿大和泰国。

2012年中国从印度尼西亚、日本等11个国家和地区进口电子键盘类产品，共计3 1 4 7 6件，同比增长9.95%，进口额1065.83万美元，增长25.20%。从日本、印尼、美国等18个国家和地区进口电子键盘类产品，共计50211件，同比增长20.02%，进口额624.18万美元，下降5.81%。

【行业动态】

3月，武汉艾立卡电子有限公司被中国轻工业联合会授予“全国轻工业卓越绩效先进企业”，并获得表彰。

3月14日，应上海乐兰电子有限公司董事长程建铜的邀请，中国乐器协会理事长安志一行来到乐兰电子公司北京分公司数字音乐中心参观考察。公司副总经理程晋垣向来宾介绍了乐兰公司近几年来在数字音乐教学方面所取得的成就和未来发展前景。

4月27日，吟飞科技(江苏)有限公司注册的“吟飞Ringway”被国家工商行政管理总局商标评审委员会认定为“中国驰名商标”称号。

5月，美得理电子（深圳）有限公司获得“2011年度中国轻工业乐器行业十强企业”。武汉艾立卡电子有限公司投资美国S H S公司项目入选“2011-2012年度国家文化出口重点项目”。吟飞（科技）江苏有限公司、宁波音王电声股份有限公司、武汉艾立卡电子有限公司、得理乐器（珠海）有限公司入选“2011-2012年度国家文化出口重点企业”。

8月19日至22日，由吟飞科技（江苏）有限公司主办的“吟飞”国际电子管风琴比赛在常州圆满落下帷幕。比赛旨在为推动电子管风琴事业发展而创立的一项专业赛事，通过展示教学成就、促进作品创作、选拔演奏人才、推动普及教育，并通过比赛及系列的学术活动，创造良好学术交流平台，促进电子管风琴事业健康快速发展。

10月12日，美国MIDI制造商协会与中国乐器协会电鸣分会企业代表召开座谈会。双方一致认为应该开展的一系列市场普及推广活动，让用户认识到MIDI的重要意义，从而激发人们体验MIDI技术的兴趣，最终扩大MIDI制品销售。MIDI协会鼓励中国乐器制造商积极加入MIDI协会，共同遵循国际标准，增强内部协同性。

【专利发布】

2012年，电声乐器专利共计发布50项，其中发明专利3项，实用新型专利18项，外观设计专利29项。

【展览展示】

2012中国（上海）国际乐器展览会共有67家电声乐器制造企业参展，其中，海外有来自11个国家和地区的62家制造商参展，在对参观展览会的观众进行的调查分析中显示，观众感兴趣的产品中，电声乐器占到22%，继续被广大青少年发烧友所追捧。

【形势分析】

2012年，电声乐器增速减缓，国际市场基本平稳，国内略有增长。从产品分析，电子琴略有下降，电钢琴、电子鼓有所上升，合成器的功能由于可以被电脑音乐软件所取代，产销量在不断减少。2012年电声乐器产品质量与国际先进企业的距离在缩小，技术人员的技术水平在不断提升。

## 九、手风琴、口琴、竖笛制造业

【主要经济指标完成情况】

据海关数据统计，2012年手风琴及类似产品出口49.65万件，同比下降4.36%，出口金额1864万美元，同比增长8.21%；出口世界90个国家和地区，前10位的国家和地区分别为巴西、美国、德国、智利、墨西哥、韩国、哥伦比亚、乌兹别克斯坦、阿根廷、乌拉圭。其中出口巴西金额最高为325万美元，出口韩国数量最多为6.78万支。

口琴出口数量831万支，同比增长4.02%，出口金额1476万美元，同比增长20.17%。口琴出口到世界92个国家和地区，前10位的国家和地区分别为美国、德国、日本、马来西亚、印度、土耳其、英国、加拿大、新加坡、泰国。其中，出口美国258万支，同比增长42.28%，出口金额312万美元，同比增长16.25%。

2012年中国从7个国家和地区进口手风琴，分别为朝鲜、意大利、中国（复进口）、日本、印度、美国、荷兰，共计进口579架，进口金额12.56万美元，其中从朝鲜进口448架，金额6.19万美元。

2012年中国从6个国家和地区进口口琴，分别为日本、德国、中国大陆（复进口）、印度尼西亚、中国台湾、澳大利亚，共计进口5.36万支，进口金额37万美元。其中，从日本进口12883支，金额32万美元。

经中国乐器协会和全国乐器信息中心共同统

计，2012年国内手风琴企业共生产手风琴11.77万台，同比增长4.57%；其中48BS以上大型手风琴60850台，同比增长22.68%。生产口琴约3187万支，同比增长18.97%；口风琴502万支，同比增长15.14%；竖笛1011万支，同比下降8%。

**【行业动态】**

4月27日，国家工商行政管理总局商标局公布了在商标管理案件中认定的410件驰名商标名单，其中，江苏天鹅乐器有限公司注册的“天鹅及图”（商标类别：15；请求认定商品/服务：口琴、口风琴）认定为“中国驰名商标”。

5月8日，中国乐器协会口琴专业委员会五届三次会议在江苏靖江举行。中国乐器协会理事长安志出席会议。参加本次会议的单位有上海口琴总厂、上海国光口琴厂有限公司、江苏天鹅乐器有限公司、江苏奇美乐器有限公司、江苏东方乐器有限公司、上海兰生豪吶乐器有限公司、江阴激扬乐器有限公司等近20家口琴生产和配套加工企业。

8月，江苏奇美乐器有限公司被中共泰州市委宣传部、泰州市文化广电新闻出版局授予“泰州市级文化产业示范基地”荣誉称号。被商务部、文化部、国家广播电影电视总局、国家新闻出版总署授予“国家文化出口重点企业”。

11月1日下午，江苏省国土厅领导在泰州市和靖江市国土局领导、城南园区党工委书记罗晓东的陪同下参观了奇美公司，奇美公司总经理张龙贵热情接待。国土厅领导对奇美公司老厂区节约利用土地表示肯定和支持，也希望奇美公司能够再接再厉，在有效节约利用土地的基础上，生产出更多优质的乐器产品，为国内和国际音乐文化教育事业再做贡献。

11月16日，中国乐器协会组织有关行业专家和领导，对江阴金杯安琪乐器有限公司的“手风琴簧片研发基地”申请进行认证考核。并结合手风琴专业委员会工作开展交流活动，与会代表还参观了江苏扬中手风琴厂。

**【形势分析】**

2012年，手风琴行业依旧呈现市场形势喜人，人才后继乏力，技术亟待提升的特点。据了解，尽管手风琴的价格受到各种成本上升的影响而逐年提升，但手风琴行业现有的十几家企业都处于产品供不应求的局面，2012年，企业销售收入普遍提升5%～15%。由于手风琴的结构和制作工艺十分复杂，很难吸引年轻人进入这个行业，系统培训的学校也缺乏，基本靠企业培训为主，行业后继乏人的问题已经引起了企业的重视。另外，手风琴制作工序中很少能够进行自动化加工，人工操作的比例较高，产品的质量与工人技术能力直接相关，因此，手风琴品质的提高也较缓慢。簧片等主要材料的研制也是影响手风琴品质的一个主要原因。为此，江阴金杯公司申请设立“手风琴簧片研发基地”，力求通过原材料的研发提高整个手风琴行业的产品品质。

口琴口风琴行业形势保持平稳，国际经济形势对产品出口的影响不大，但一般企业的利润率还较低，个别规模较小的企业在发展上面临道路选择等问题，而行业龙头企业发展形势依然较好，技术和工艺的提升依然是行业的主要课题，同时，口琴行业在当前国家大力发展文化产业的形势下，要继续深化与教育部门的合作，扩大在中小学的应用，同时加大成年人学习力度，扩展市场空间。

## 十、乐器零配件制造业

**【主要经济指标完成情况】**

据海关统计，2012年各类乐器零配件出口金额2.07亿美元，同比下降2.4%，占中国乐器总出口额的12.13%，其中乐器用弦出口金额652万美元，同比增长8.49%；钢琴零件附件出口金额4130万美元，同比下降4.07%；弓弦乐器零配件3059万美元，同比下降17.68%；电声乐器零配件4044万美元，同比增长2.76%；其他零配件8777万美元，同比下降6.24%。

2012年，乐器零配件进口总金额为1.4亿美元，同比增长7.7%，占中国乐器总进口额的46.22%。其中，乐器用弦进口600万美元，同比增长2.34%；钢琴零件附件3665万美元，同比增长6.49%；弓弦乐器零配件1291万美元，同比增长26.18%；电声乐器零配件3584万美元，同比下降2.58%；其他乐器零配件4867万美元，同比增长13.84%。

**【行业动态】**

11月13日，中国乐器协会组织有关行业专家和领导，对海南东盛弘蟒业科技有限公司提出的“蟒蛇人工养殖及膜鸣乐器材料研发基地”申请进行认证考核。该基地成功实现蟒蛇人工繁育和规模养殖，所提供的乐器用蟒皮占全国年用量的50%左右。

11月30日，中国乐器协会组织有关行业专家和领导，对成都川雅木业有限公司提出的“乐器声学木材研发基地”申请进行认证考核。该项目有东北林学院专家团队加盟，受到业内高度关注。

**【专利发布】**

2012年乐器零配件专利发布147项，其中发明专利65项，实用新型专利48项，外观设计专利34项。

**【展览展示】**

2012年参加中国（上海）国际乐器展览会的乐器零配件企业有353家，其中，国外乐器零配件参展企业有73家，分别来自16个国家和地区，其中：德国14家、韩国11家、日本8家、美国8家、法国7家。国内共有280家企业参展，分别来自15个省市，其中江苏（69家）、广东（65）、北京（29家）、河北（28家）、浙江（26家）、山东（19家）、天津（16家）、上海（14家）。

**【行业形势】**

零配件行业受上游乐器产品行业的影响较大，特别是企业进货渠道的不稳定对于配件企业结构调整造成困难，同时，原材料缺乏也影响了配件企业的生产。一些眼光长远，提前布局的企业生存状态较好。但整体来说，目前的配件行业依然处于不容乐观的局面。广大配件企业都在积极提高品质，扩大内销比例，努力使企业、行业更健康的发展。

# 2012年中国乐器行业规模以上生产企业经济运行情况

国家统计局发布统计信息，2012年我国乐器行业206家规模以上企业实现工业总产值264.26亿元，同比增长11.83%，销售产值259.10亿元，同比增长11.32%，出口交货值84.86亿元，同比增长3.59%。我国乐器行业规模以上生产企业主要经济指标继续保持平稳持续增长态势。

2012年，各类乐器主要经济指标完成情况，中乐器工业总产值31.73亿元，同比增长39.59%，销售产值31.13亿元，同比增长39.54%，出口交货值8.91亿元，同比增长8.9%；西乐器工业总产值137.88亿元，同比增长6.5%，销售产值135.61亿元，同比增长6.48%，出口交货值43.30亿元，同比下降0.08%；电子乐器工业总产值58.29亿元，同比增长7.94%，销售产值57.12亿元，同比增长6.67%，出口交货值24.07亿元，同比增长7.08%；其他乐器及零件工业总产值36.34亿元，同比增长20.72%，销售产值35.22亿元，同比增长19.29%，出口交货值8.55亿元，同比增长8.34%。

2012年，乐器行业规模以上生产企业分布国内17个省和直辖市，工业总产值达到20亿元以上的有广东、山东、浙江、天津、河北和江苏6个省市，合计完成工业总产值220.41亿元，同比增长12.31%，占整个乐器行业总产值的83.40%，企业数量151家，占国内规模乐器企业总数的73.30%。其中，广东工业总产值68.22亿元，同比增长14.80%，占全国乐器行业规模以上企业工业总产值的25.81%；

2012年，工业总产值同比增长的有11个省市，其中，吉林增长81.24%，湖北增长36.89%，河南增长28.17%，河北增长26.74%、；四川、辽宁、重庆、北京、上海和福建是负增长，四川下降23.07%。

天津、广东、浙江继续位于我国乐器出口前三位，合计出口52.70亿元，占乐器总出口交货值的62.10%，其中天津22.09亿元，同比下降6.84%，广东19.57亿元，同比增长5.99%，浙江11.03亿元，同比增长2.81%。14个乐器出口的省市中，9个省市出口同比增长，河南增长35.81%，江苏增长13.56%，上海、湖北、黑龙江、重庆和天津均有所下降。

# 2012年中国乐器进出口数据分析

国家海关总署公布2012年中国乐器进出口数据，2012年中国乐器出口金额17.03亿美元，同比增长4.85%，进口乐器金额3.03亿美元，同比增长11.42%，进出口贸易总额20.06亿美元，同比增长5.8%，贸易顺差13.99亿美元，顺差比值为5.62：1，顺差比值继续缩小，较2011年缩小了0.35。2012年纳入海关乐器编号的22大类乐器中，14类乐器出口额呈增长态势，其中，拨弦古钢琴及其他键盘弦乐器增长62.86%，各种媒诱音响器、哨子、号角等增长27.97%，其他管乐器增长24.54%，口琴增长20.17%。包括弦乐器零附件、立式钢琴等8类乐器出口金额下降，其中，弦乐器零附件及立式钢琴的降幅达到两位数，分别下降17.68%和14.08%。

2012年出口立式和三角钢琴共计50193架，同比下降11.57%，其中出口立式钢琴43025架，同比下降13.96%，出口世界85个国家和地区，较2011年减少3个国家和地区。其中出口国家和地区排在前五位的是美国、中国香港、德国、法国、加拿大，共计出口立式钢琴数量为20458架，占立式钢琴总出口数量的47.55%。2012年中国向美国出口立式钢琴8200架，同比下降21.58%；向中国香港出口4546架，增长4.51%；向德国出口4239架，下降21.46%；向法国出口2053架，下降15.44%；向加拿大出口1420架，下降21.42%。

2012年有46个国家和地区进口中国立式钢琴架数同比有所增长，其中，卡塔尔、芬兰、阿塞拜疆、蒙古、古巴、朝鲜等10个国家和地区增长幅度都在100%以上。2012年进口的国家和地区中，有14个国家2011年没有进口中国立式钢琴，有39个国家和地区进口中国立式钢琴的比重有所减少，其中，意大利下降65.40%，中国台湾下降42.83%。2012年中国出口三角钢琴7168架，同比增长6.10%，出口世界75个国家和地区，较2011年减少4个国家和地区。按架数统计，中国三角钢琴主要出口到美国、德国、中国香港、加拿大、英国，共计出口4655架，占出口总量的64.94%。出口美国3370架，同比增长16.85%；出口德国518架，下降19.57%；出口中国香港185架，增长23.33%；出口加拿大309架，增长26.64%；出口英国273架，增长18.70%。有30个国家和地区进口中国三角钢琴数量较上年有所增长或持平，朝鲜、伊朗、印尼、中国台湾等增幅较大；2012年进口的国家和地区中，有14个国家2011年没有进口中国三角钢琴，有31个国家和地区进口中国三角钢琴较上年有所减少，并且大多降幅都达到两位数。

2012年中国共向182个国家和地区出口乐器，较2011年减少3个国家，亚洲增加1个，非洲减少3个、欧洲减少2个，南美洲增加1个，北美洲和大洋洲持平。2012年中国乐器出口国家和地区的数量占全世界国家和地区总数的81.25%，中国乐器出口国家和地区的数量较2011年创造的新高有所减少，下降2.42%，但出口金额同比增长4.63%。2012年中国乐器主要出口北美、亚洲、欧洲，出口总额13.99亿美元，占中国乐器总出口额的82.22%，平均增长幅度为3.56%，中国向南美洲、非洲、大洋洲乐器出口共计3.03亿美元，占中国乐器总出口金额的17.78%，平均增长11.26%。

2012年中国乐器出口前10位的国家和地区是美国、德国、日本、巴西、中国香港、英国、韩国、荷兰、印尼、法国。中国乐器出口这10个国家和地区的总额为11.23亿美元，占中国乐器总出口额的65.93%。出口美国4.42亿美元，同比增长4.02%，占中国乐器总出口额的25.94%，2012年美国从中国主要进口的乐器是通过电产生或扩大声音的键盘乐器、其他弦乐器、其他通过电产生或扩大声音的乐器、打击乐器等，总额为2.79亿美元，占中国乐器出口美国乐器总金额的63.16%。2012年中国出口美国的钢琴总额为2402万美元，占中国乐器出口美国金额比例的5.44%。在中国乐器出口世界182个国家和地区中，2012年有110个国家和地区出口金额呈增长态势，占67.66%，56个国家和地区呈下降趋势，15个国家和地区上年没有从中国进口乐器。中国向53个国家和地区出口乐器增幅在100%以上。

在中国海关进口乐器方面，2012年中国从53个国家和地区进口乐器，进口金额3.03亿美元，同比增长11.42%。中国进口乐器主要来自亚洲、欧洲和北美洲，进口总额近3.02亿美元，占中国乐器进口金额的99.81%，主要进口国家和地区是日本、印尼、德国、韩国、中国台湾，共计进口金额为2.59亿美元，占中国进口乐器85.56%。其中，从日本进口乐器1.36亿美元，同比增长9.48%；从印尼进口乐器5522万美元，增长41.65%；从德国进口乐器2859万美元，增长23.84%；从韩国进口乐器2320万美元，增长13.41%；从中国台湾进口乐器1659万美元，下降6.37%。

2012年有23个国家和地区向中国出口乐器处于增长态势，其中，菲律宾、喀麦隆、瑞士等国家向中国出口乐器金额分别增长了1023.72%、612.27%、597.04%。25个国家和地区向中国出口乐器处于下降趋势，有5个国家首次向中国出口乐器。

2012年中国共计进口106831架钢琴，其中从26个国家和地区进口102199架立式钢琴，同比增长17.08%；从18个国家和地区进口4632架三角钢琴，下降8.48%，其中，从日本进口立式钢琴51338架，增长11.49%，金额5044万美元，增长9.06%；进口三角钢琴2440架，下降7.68%，金额1520万美元，下降13.76%；从印尼进口立式钢琴10991架，增长51.94%，金额1740万美元，增长66.31%；进口三角钢琴1458架，增长4.22%，金额649万美元，增长5.11%；从韩国进口立式钢琴38718架，增长17.61%，金额1008万美元，增长34.61%；进口三角钢琴173架，增长380.56%，金额27万美元，增长957.15%；从德国进口立式钢琴311架，增长3.32%，金额1204万美元，增长27.60%；进口三角钢琴344架，增长61.50%，金额1024万美元，增长27.60%。

**2012年中国乐器进出口形势呈现以下特点：**

1、2012年中国乐器出口出现倒V字型增长，即世界金融危机后2009年中国乐器出口大幅下降，2010年、2011年中国乐器出口有了恢复性增长，但2012年中国乐器出口从两位数增长下降至一位数增长，增长幅度较上一年下降了5.86%。

2、中国乐器出口产品比例从常规乐器向非常规乐器转变。如拨弦古钢琴及其他键盘弦乐器出口金额同比增长了62.86%，而打击乐器、竖式钢琴出口金额比上一年下降了3.21%和14.08%

3、亚洲、欧洲、北美洲仍然是中国乐器出口的重点地区，占中国乐器出口额的82.21%，但中国乐器出口欧洲首次出现了负增长，而中国乐器出口到发展中国家都有了较大幅度地增长，尤其向非洲出口的中国乐器历史性地达到54.26%。

4、世界向中国进口乐器的速度也出现了缓慢增长的态势，快速增长的态势有所缓解。中国乐器进口速度已经从20%的增幅下降为10%左右。

5、进口钢琴数量增长幅度继续扩大，2011年中国进口钢琴106831架，同比增长15.63%,而中国钢琴出口却只有50193架，下降11.57%，2012年进口钢琴数量高于出口112%，比上年增长幅度几乎高出一倍。进口钢琴数量大大高于出口的状态，表现出中国国内钢琴市场需求向中高档品牌钢琴转变，中国出口钢琴数量下降一方面反映出国际钢琴市场的萎缩，同时也说明国产钢琴进一步升级换代已经势在必行。

# 2012年中国钢琴产量统计分析

中国乐器协会，国家轻工业乐器信息中心联合发布2012中国钢琴产量统计数据。2012年全国钢琴产量，是在国内主要钢琴生产企业自报产量基础上，通过行业调研及充分征求业内相关企业意见后汇总分析的。

2012年全国钢琴总产量为379746架，同比增长8.05%。其中立式钢琴产量363168架，同比增长9.15%；三角钢琴16578架，同比减少11.61%。立式钢琴与三角钢琴合计出口52906架，同比下降6.58%。

纳入2012年全国钢琴产量统计的有22家钢琴生产企业，其中，年产2万架钢琴以上企业有5家，合计产量29.62万架，占全国钢琴总产量的78%；年产5000～20000架钢琴企业有9家，合计产量为5.85架，占总产量的15.41%；年产5000架钢琴以下的企业有8家，合计产量25025架，占总产量的6.59%。

2012年中国钢琴企业主要分布在9个省市，产量排在前四位的分别是广东、浙江、湖北和北京。与去年相比，除湖北、福建、广东、浙江、山东分别增长30.38%、21.65%、20.90%、14.42%和13.38%外，其它地区的钢琴产量均有所下降。

按企业的经济类型分析，2012年国有企业钢琴产量合计为170963架，同比增长9.04%，占总产量的45%。其中，三角钢琴产量5648架，同比下降8.5%；出口18622架，同比下降8.55%。

民营企业钢琴产量合计89037架，同比增长3.22%，占总产量23.45%。其中，立式钢琴80719架，同比增长4.52%；三角钢琴8318架，同比下降7.84%；出口钢琴22297架，同比增长4.11%。

外资企业钢琴产量合计119746架，同比增长10.44%，占总量的31.53%。其中，立式钢琴117134架，同比增长11.70%；三角钢琴2612架，同比下降26.55%，出口钢琴11987架，同比下降19.30%。

## 2012年多种经济类型企业钢琴产量及出口量

（单位：架）

| 经济类型 | 企业数量 | 总产量 | | | 立式钢琴产量 | | | 三角钢琴产量 | | | 钢琴出口量 | | |
|---|---|---|---|---|---|---|---|---|---|---|---|---|---|
| | | 2012 | 2011 | 同比 | 2012 | 2011 | 同比 | 2012 | 2011 | 同比 | 2012 | 2011 | 同比 |
| 国有 | 3 | 170963 | 156791 | 9.04% | 165315 | 150618 | 9.76% | 5648 | 6173 | -8.50% | 18622 | 20364 | -8.55% |
| 民营 | 14 | 89037 | 86257 | 3.22% | 80719 | 77231 | 4.52% | 8318 | 9026 | -7.84% | 22297 | 21417 | 4.11% |
| 外资 | 5 | 119746 | 108422 | 10.44% | 117134 | 104866 | 11.70% | 2612 | 3556 | -26.55% | 11987 | 14853 | -19.30% |
| 合计 | 22 | 379746 | 351470 | 8.05% | 363168 | 332715 | 9.15% | 16578 | 18755 | -11.61% | 52906 | 56634 | -6.58% |

# 2012年中国钢琴产量地区分布图

年度评选

# 2012年度中国轻工业乐器行业十强企业评价结果公告

2012年度中国轻工业行业十强企业评价结果公告：本着严谨、科学、公平、公正的原则，2012年度中国轻工业乐器行业十强企业评价结果经中轻联信息统计部评价、各行业协会确认，中国轻工业联合会会长办公会审定通过了乐器、自行车等37个行业的十强企业。广州珠江钢琴集团股份有限公司等402家企业进入十强榜单。评价结果以“2012年度中国轻工业行业十强企业”向社会公布。

评价工作由企业自愿申报、行业协会对企业数据进行审核并推荐、中国轻工业联合会按统一评价体系进行综合评价三个部分组成。本次评价范围涉及25个行业协会推荐的40个行业的轻工企业。

对于轻工业行业十强企业，中国轻工业联合会将加强扶持力度，在科技创新、技术改造等方面给予大力支持。希望行业十强企业再接再厉，在加强技术创新、促进转型升级、引领行业发展方面做出更大的贡献。中国轻工业行业十强企业在称号使用方面，按国家相关规定执行。

中国轻工业联合会
2013年6月4日

附：

## 2012年度中国轻工业乐器行业十强企业名单

广州珠江钢琴集团股份有限公司
宜昌金宝乐器制造有限公司
天津市津宝乐器有限公司
河北金音乐器集团有限公司
江苏凤灵乐器集团
海伦钢琴股份有限公司
功学社（天津）商贸有限公司
森鹤乐器股份有限公司
得理乐器（珠海）有限公司
上海民族乐器一厂

# 关于表彰2012年度中国乐器行业50强及先进集体的决定

中乐协［2013］018号

2012年，面对复杂多变的国内外经济形势，乐器行业牢牢抓住科学发展这个主题和加快转变经济发展方式这条主线，认真落实乐器行业“十二五”规划，大胆创新、锐意改革，继续保持“稳中有升”的良好局面。

中国乐器协会按照历年行业评选规则，根据企业所报数据指标测评和广泛征求意见并公示，决定授予：广州珠江钢琴集团股份有限公司等50家企业“2012年度中国乐器行业50强”称号、授予中国乐器协会钢琴分会等3个分支机构“先进集体”称号。

希望受表彰的企业和单位，戒骄戒躁，再接再厉，把握机遇，迎接挑战，以先进为榜样，开拓进取，齐心协力，为实现乐器行业的更大进步和发展而不懈奋斗，为我国乐器行业发展再立新功。

附件：

1、2012年度中国乐器行业50强名单（按首字汉语拼音排序）

2、2012年度中国乐器行业先进集体名单

中国乐器协会

2013年3月19日

附件1：

# 2012年度中国乐器行业50强名单

（按首字汉语拼音排序）

| 序号 | 公司名称 |
|---|---|
| 1 | 北京华东乐器有限公司 |
| 2 | 北京星海钢琴集团有限公司 |
| 3 | 成都川雅木业有限公司 |
| 4 | 得理乐器（珠海）有限公司 |
| 5 | 东莞市三基音响科技有限公司 |
| 6 | 福州和声钢琴有限公司 |
| 7 | 功学社(天津)商贸有限公司 |
| 8 | 广州格利蒙那提琴有限公司 |
| 9 | 广州红棉吉它有限公司 |
| 10 | 广州市罗曼士乐器制造有限公司 |
| 11 | 广州珠江钢琴集团股份有限公司 |
| 12 | 海伦钢琴股份有限公司 |
| 13 | 海南东盛弘蟒业科技股份有限公司 |
| 14 | 杭州嘉德威钢琴有限公司 |
| 15 | 河北华声乐器制造有限公司 |
| 16 | 河北金音乐器集团有限公司 |
| 17 | 河北乐海乐器有限责任公司 |
| 18 | 河北秦川文体乐器有限公司 |
| 19 | 河北省怀来锣厂 |
| 20 | 江苏东方乐器有限公司 |
| 21 | 江苏凤灵乐器集团 |
| 22 | 江苏奇美乐器有限公司 |
| 23 | 江苏天鹅乐器有限公司 |
| 24 | 江阴金杯安琪乐器有限公司 |

| 序号 | 公司名称 |
|---|---|
| 25 | 开封中原民族乐器有限公司 |
| 26 | 南京舒曼钢琴制造有限公司 |
| 27 | 南京新辉琴行有限公司 |
| 28 | 宁波音王电声股份有限公司 |
| 29 | 森鹤乐器股份有限公司 |
| 30 | 上海乐兰电子有限公司 |
| 31 | 上海玛珂琴业有限公司 |
| 32 | 上海民族乐器一厂 |
| 33 | 上海欧亚钢琴乐器有限公司 |
| 34 | 上海知音琴行有限公司 |
| 35 | 四川盛音乐器有限公司 |
| 36 | 四会市华声乐器有限公司 |
| 37 | 苏州民族乐器一厂有限公司 |
| 38 | 泰兴斯坦特乐器有限公司 |

| 序号 | 公司名称 |
|---|---|
| 39 | 天津华韵乐器有限公司 |
| 40 | 天津圣迪乐器有限公司 |
| 41 | 天津市津宝乐器有限公司 |
| 42 | 武汉艾立卡电子有限公司 |
| 43 | 武汉银可可琴行有限责任公司 |
| 44 | 烟台博斯纳钢琴制造有限公司 |
| 45 | 烟台金斯波格钢琴有限责任公司 |
| 46 | 扬州金韵乐器御工坊有限公司 |
| 47 | 扬州天韵琴筝有限公司 |
| 48 | 宜昌金宝乐器制造有限公司 |
| 49 | 吟飞科技(江苏)有限公司 |
| 50 | 浙江中盟文化发展有限公司<br>（浙江天目琴行有限公司） |

附件2：

# 2012年度中国乐器行业先进集体名单

中国乐器协会钢琴分会

中国乐器协会民族乐器分会

中国乐器协会电鸣乐器分会

## 乐器展览

# 2012中国(上海)国际乐器展览会(Music China 2012)总结报告

中国（上海）国际乐器展览会组委会

**＊展位逆势增长，展馆面积增至86000平方米，参展商1606家**

**＊国内观众数量持续增长，海内外参观人数达60172名**

**＊顶尖乐器竞相展示，产品呈现多样化优质化**

**＊特色民乐馆盛装登场，引发国乐热潮**

**＊展会活动多元化，推进行业信息交流，共享音乐盛宴**

由中国乐器协会、上海国际展览中心有限公司和法兰克福展览（香港）有限公司共同主办的2012中国（上海）国际乐器展览会（Music China 2012）于10月14日在上海新国际博览中心圆满闭幕。作为亚太地区最大的音乐盛事，展会自2002年首次在上海举办至今，在业内广受赞誉，吸引了来自世界各地的供应商、经销商、专业买家、音乐家及教育家汇聚一堂，成为了业界人士必到的年度聚会，也获得了亲临展会指导的中国轻工业联合会、文化部、商务部、上海市文广局等有关领导的高度评价。可喜的是，今年上海市文化广播影视管理局也成为了展会的支持单位，为上海展今后的发展增加了有利条件。

### 一、展商概况

虽然2012年整体经济大环境并不理想，全球经济增长放缓，但这并未阻挡国内外企业对于上海乐器展的参展热情，展会逆势增长，展出面积、参展企业数量的增长幅度均超过了预期。本届展会规模增至86000平方米，共有来自30个国家和地区的1606家企业参展，展商数较2011年增长了13%，其中国家和地区展团增至11个，再一次刷新了展团参展数的纪录。上海乐器展在世界舞台上的作用和影响日益显著。

展会汇聚了珠江、雅马哈、超拨、功学社、Peavey、乐兰、星海、施坦威、河合、英昌、敦煌、柏斯琴行、知音琴行、凤灵、金音、津宝、美得理等国内外知名乐器企业和品牌。各企业竞相展示、发布新品，如施坦威的限量版钢琴，设计者是设计宝马507的格尔茨，舒意钢琴定制的“红色方程式”钢琴，上海民乐一厂的巨型芒筒，吟飞的RS1000电子管风琴，Roland的VT-12 声乐教练机，中音的珍珠MASTERS系列MCX套鼓等等，各类展出产品呈现多样化、优质化，企业从重“量”走向重“质”，从产品制造转向产品创造。

中国民族乐器一直以来都是上海乐器展独有的特色之一，今年主办方加强了民乐区域的规划和包装，一方面首次把所有的民乐企业安排在一个独立的展馆内；另一方面，更是花了极大的人力物力，统一标摊设计，并用色彩划分展品区域，积极引导和培育民乐企业展示形象的意识，取得了良好的效果。今年展会现场民乐馆的超高人气也体现了我国民族乐器行业发展日趋繁荣，同时也成为上海乐器展独特而又亮丽的一道风景线。

### 二、观众概况

4天展会共吸引了来自国内外共60172名观众，比去年增加了15.3%。受欧美经济复苏乏力及国际政治不稳定因素影响，海外观众数量略有回落，共计3245名。不过受益于国家文化大发展政策，国内乐器市场活跃，再加上主办方全方位的观众推广方案，今年国内观众数量激增，专业买家质量仍保持较高水准，展会吸引到了来自经销代理商、音乐院校、文艺院团等高质量的专业观众。展期又恰逢双休日，公众参观人数也达到了历史新高，观众参观热情高涨，展馆内人气爆满。

今年我们依旧加强了对国内专业观众的推广，希望通过高质量的买家群体，持续拉动国内乐器市场的内需，从而促进整个行业更加健康、繁荣的发展。首先，今年对展会庞大的观众数据库进行了细致的分类、分级，还专门建立了会议、论坛数据库，针对每一部分数据我们都专门制定了相应的推广计划，层层推进、有的放矢；为了让观众在参展之余能够收获更多，通过高质量的会议、论坛活动来吸引更多专业买家。

**观众数据分析**

91%的展商对现场订单表示满意；94%的展商通过展会建立了新的业务关系；94%的展商对观众质量表示满意；88%的展商对观众数量予以肯定。

**观众感兴趣的产品**

| | |
|---|---|
| 民族乐器 | 43% |
| 铜管、木管乐器 | 35% |
| 钢琴及键盘 | 30% |
| 弦乐器 | 30% |
| 乐器配件 | 24% |
| 打击乐器 | 23% |
| 电声乐器 | 22% |
| 乐谱 | 20% |
| 口琴手风琴 | 13% |
| 音乐相关电脑硬件软件 | 12% |
| 协会/媒体 | 6% |
| 其他 | 3% |

数据显示民族乐器、管乐器、钢琴、弦乐器依然是观众最为感兴趣产品。

**观众业务性质**

| | |
|---|---|
| 音乐类院校及音乐培训机构 | 18% |
| 零售/批发 | 17% |
| 文艺团体 | 13% |
| 青少年活动中心/幼儿园/中小学/大学 | 13% |
| 进出口/代理 | 13% |
| 制造商 | 12% |
| 媒体 | 2% |
| 协会 | 2% |
| 其他 | 9% |

今年来自音乐类培训机构、音乐院校的人群比例跃居第一，批发、文艺团体、代理等专业观众的比例达到73%，观众的专业化程度较高。

**参观目的**

| | |
|---|---|
| 看样订货 | 36% |
| 收集市场和产品信息 | 25% |
| 观看现场表演 | 24% |
| 参加会议论坛 | 20% |
| 寻求合作伙伴 | 13% |
| 比较不同产品/供货商/同行竞争者 | 11% |
| 联络固有的供应商和销售商 | 10% |

看样订货、收集市场和产品信息、参加专业性会议或论坛的比例较去年均有小幅增长，这三项也是观众参观最主要的目的。

## 三、同期活动

完善展会商贸平台的同时，主办方不断总结经验，听取多方建议，努力打造多形式的展会活动，拓展高质量的观众群体，塑造行业交流、教育、文化、演艺的多元化平台功能。

**NAMM CMIA行业论坛**

本届论坛吸引了280位听众到现场聆听，参与行业交流。多位国内外重量级嘉宾的同台亮相和观点交锋，引发了会场的空前热度和听众的高度评价。在现场收集到的109份意见征询表中，96位听众对本次论坛总体评价满意，97人表示论坛对自身业务发展有积极的促进作用，并将会推荐给其他人。

**NAMM大学课程**

本次8节NAMM大学课程，以其全面的内容设置和代表性的演讲嘉宾，为1450余位听众提供了上佳的学习平台。其中，既有国内专家带来的解决中国企业目前面临实际问题的课程，又有海外嘉宾带来的具有国际先进经验的指导课程。同时，还有几位非常年轻，且开创了崭新商业模式的青年企业家。他们的课程也给听众带来很好的启发。

**第三届华乐国际论坛**

本届华乐国际论坛，合计吸引860人次听众。根据现场调研显示，八成的听众给予了高度评价，赞誉本次论坛为“美妙的音乐盛会”。其中，主题论坛的4位嘉宾，刘锡津、卞留念、张高翔、王中山，分别从行业协调、作曲演艺、乐团实践、演奏教学这四大角度出发，深入探究民乐的创新与文化定位，观点精辟新颖，使行业内外均有所启迪。由李祥霆、王中山、高韶青分别主讲的古琴、古筝、胡琴讲坛，以3位名家的“讲、演、评”立体结合，深入浅出，妙语连珠，深为现场听众喜爱。民族乐器改革工作座谈会也是高朋满座，包括中央民族乐团团长席强、中国广播民族乐团团长张高翔、上海民族乐团团长王甫建均列座发言，为民乐改革献计献策。在E2民乐综合馆内的“古今民族乐器精品展”以及“华乐专场演出”，动静相宜，以其人文品位吸引了众多观众驻足欣赏。

**校园群音汇**

活动由校园器乐达人PK、校园乐队表演、明星助阵和现场互动组成。器乐达人PK分为吉他组和电子琴组，这些在校园中非常风靡的乐器高手分别进行了三轮激烈的竞争，让台下的观众一饱耳福。6支校园乐队表演，展现了当今上海校园摇滚乐队的最高水平，其中不乏外籍留学生乐队、跨校组合乐队。《声动亚洲》的明星选手“音乐天行者”霍尊和“音乐小精灵”刘雪婧也亲临现场助阵，两位明星的到来引起了极大的轰动，将活动推入了高潮。期间成立的上海高校音乐联盟，也将为今后高校音乐活动储备充足的能量。

**鼓舞飞扬鼓乐季**

活动邀请到了多位国内外知名的大牌鼓手和儿童打击乐的小明星们，现场聚集了多方人气。鼓手包括“二手玫瑰乐队”的孙权、“液态氧乐队”的鼓手大伟、“信乐团”的鼓手黄迈可、中国好声音的现场鼓手鼓怪卢炜以及美国爵士鼓教育大师Dom Famularo等。这些明星通过现场表演为台下的观众现身说法，大家在欣赏精彩演出的同时还可以与明星们互动，了解各种鼓乐知识。儿童打击乐小明星们也在第二天登场，她们代表了国内最顶尖的儿童打击乐队的水平，人小鬼大，各种技艺引得了台下的阵阵掌声。本次活动也成了儿童打击乐的普及课，吸引了很多家长带孩子来到现场观摩学习。“齐鼓乐”活动也成功延续了往年的互动模式，以其多样的打击乐器和活泼的参与方式，汇集了不少观众停下脚步，一齐感受音乐节奏带来的快乐。

**音乐缤纷季－现场演奏会**

3个室外舞台带来近70场的演出，不仅为展商提供了一个很好的展示舞台，更为现场观众带来音乐的享受。现场既有激情澎湃的电子乐器让心跳加速，也有悠扬舒缓的管弦乐器娓娓道来，让展会真正成为一个音符的世界。其中，来自法国的三人爵士、卡通金属强团MÖrglbl以及唐朝乐队的陈磊等知名乐手更是吸引了众多眼球，成为全场瞩目的焦点。台上台下互动连连，精彩缤纷，俨然成为乐展一道亮丽的风景线，让前来参观的观众身临其境，体会到音乐的无穷魅力。

**四、媒体推广综述**

专业媒体方面，展会选择了13家杂志和8家网站，在展前、展中及展后对展会进行跟踪报导，精心准备针对各个活动的新闻和背景介绍等资料，并根据不同杂志、网站的特性，分门别类的配合展会整体的宣传，取得了不错的效果。为进一步扩大展会的宣传范围，今年新增了虾米网、古曲网、123爱乐网三家媒体，将展会讯息传达给更多的音乐爱好者。与此同时，加强电子化的宣传手段，通过展会官网定期发布展会资讯、活动内容、观展配套服务等，并结合展会微博，与观众和展商进行互动，实现信息的实效性、有效性，以达到展会宣传的高效化和多样化。

公众媒体方面，选择了在8个电视频道，12个电视栏目，3个电台频率，7个广播栏目和8家点击率较高的门户网站进行宣传。本届展会在保持传统新闻宣传的同时，继续力邀上海娱乐频道、艺术人文频道、星尚频道和外语频道各大重要栏目到场拍摄，扩大在高端人群中的影响力。同时，艺术人文频道和外语频道还进行专题报道，达到了提升展会知名度的宣传效果。根据展会特点，电台报道方面选择了上海东方广播电台音乐频率为主要宣传的广播频率。在为期20天的宣传期中，硬性广告的滚动播放和软性报道相结合，并在展会开展前及现场进行节目专访。

此外，平面宣传方面采用硬性广告、软性广告、新闻报道三种方式相结合。宣传以上海为中心，兼顾江浙两省、北京、广州、香港等地，具有较强的针对性，同时也继续采用报纸门票夹送方式，扩大在上海的宣传范围与力度。

户外宣传方面，利用人流量聚集的地铁视频以及户外电子屏硬广告，覆盖上海主要地铁线路和交通枢纽地区，起到了良好的宣传效果。

## 各地媒体报道一览表

| 报纸 | |
|---|---|
| 上海 | 解放日报 |
| | 文汇报 |
| | 新民晚报 |
| | 天天新报 |
| | 新闻晚报 |
| | 青年报 |
| | 东方早报 |
| | 劳动报 |
| | 时代报 |
| | 申江服务导报 |
| | 生活周刊 |
| | 周末画报 |
| | 完全生活手册 |
| | 上海一周 |
| | 上海电视 |
| | 上海商报 |
| | 国际商报 |
| | China Daily |
| | 上海金融报 |
| | 浦东时报 |
| 北京 | 中国文化报 |
| | 精品购物指南 |
| | 北京娱乐信报 |
| 江苏 | 扬子晚报 |
| | 周末 |
| 浙江 | 钱江晚报 |
| | 都市周报 |
| 广东 | 广州日报 |
| | 羊城晚报 |
| | 南方都市报 |
| | 信息时报 |
| | 南方日报 |
| | 中山日报 |
| | 广东科技报 |
| | 亚太经济时报 |
| | 民营经济报 |
| | 深圳特区报 |
| | 深圳商报 |
| | 深圳晚报 |
| | 佛山日报 |
| | 广东文化参考报 |
| | 中国工业报 |
| 香港 | 香港大公报 |
| | 香港文化报 |
| 门票夹送 | 新民晚报 |
| | 新闻晨报 |
| | 申江服务导报 |
| | 东方早报 |
| | 文汇报 |

| 电视 |
|---|
| 新闻综合频道《看东方》 |
| 东方卫视频道《爱尚》 |
| 艺术人文频道《新青年》 |
| 新娱乐频道《娱乐在线》 |
| 生活时尚频道《今日印象》 |
| 生活时尚频道《左右时尚》 |
| 生活时尚频道《风格上海》 |

| | |
|---|---|
| 生活时尚频道《聚焦上海》 | |
| ICS外语频道《City Beat》 | |
| ICS外语频道《Cosmo Time》 | |
| 教育频道《新闻报道》 | |
| 浙江电视台 | |
| **网站** | |
| 北京 | 新华社 |
| | 搜狐网 |
| | 网易 |
| | 新民网 |
| | 中新社 |
| | 南方网 |
| | 新浪网 |
| 上海 | 东方网 |
| **电台** | |
| 103.7《早安新发现》 | |
| 103.7《音乐随心听》 | |
| 103.7《娱乐正当时》 | |
| 990《新闻报道》 | |
| 94.7《永恒经典》 | |
| 94.7《音乐下午茶》 | |
| 94.7《智慧妈妈》 | |

**五、展会服务**

总的来说，今年主办方的服务得到了参展企业的广泛认可，96%的展商对主办方展前工作持满意态度，97%的展商对主办方现场服务予以肯定。就往年反应比较集中和仍需提高的一些问题，主办方与场馆等各方面进行反复沟通协调，积极寻找解决方案之后，今年都有了进一步的改善。

1、以往民乐馆拼展情况严重，今年主办方就民乐馆的部分区域进行了形象统一的展位搭建、设计，同时，加强拼展管理，在前期参展报名时便与企业反复强调，严禁拼展，并加强现场管理，总体效果还是不错的。

2、为满足更多参展企业和观众的需求，主办方不仅在W1及E3馆通向室外广场的入口醒目位置搭设了免费上网区，而且在E6馆特别设置了免费WIFI的上网休息区域，更好地为展商和观众提供便利。

3、合理有效的使用电子化手段，及时将展会的一些注意事项告知展商，对于特别重要的一些规定和措施通过邮件、短信等多样化途径进行反复提醒，使参展企业更清楚地了解各项规定和参展布展步骤。

4、通过各种有效方式积极组织会议听众，加强展前的电话邀请、资料群发、传真确认以及现场短信提醒等工作，确保了会议、论坛的听众数量与质量。

为更好地服务展商和观众，会后主办方都会汇总各方的建议和意见，总结经验和不足，并及时采取有效措施。今年反映较多的音控问题将是明年工作的重点之一，为更好的改善噪音问题，三方主办单位将积极配合，把相关规定作为合同附件，做好展前的劝诫工作，并加强展中的执行力度，以缓解这一问题。

**六、展望未来**

全球经济尚未迎来春天，2013年，对于上海乐器展也将是一个严峻的考验，对此我们将更为努力，加强展会的专业性和国际性，塑造音乐教育、文化演艺的平台功能，开展多形式、多方位的展会活动，从而提高展会的质量与品质。

2013年10月10日～13日，中国（上海）国际乐器展览会，上海新国际博览中心，敬请期待！

# 2012中国(上海)国际乐器展览会数据分析

中国乐器协会信息部

## 展会规模

展会面积86000平方米，比上届增长9.55%，是2002第一届展览会的5.73倍。

## 参展商数量

参展商数量1606家，比上届增长13.17%，是第一届展会参展商的5.86倍，其中国内参展商1241家，比上届增长16.47%，是第一届展会的6.98倍。国外及港澳台地区参展商达到365家，比上届增长了3.36%，是第一届展会的3.8倍。

## 国内参展商地区分布

国内参展商主要来自：华东地区546家，比上届增长20%，占国内参展商的44.13%；华北地区362家，比上届增长7.73%，占国内参展商的29.263%；中南地区285家，比上届增长22.31%，占23.03%；东北地区29 家，比上届增长26.08%，占2.34%；西南地区12家，与上届持平，占0.97%；西北地区3家，与上届持平，占0.24%。东部沿海地区参展商数量达到1152家，占国内参展商比例93.12%，中西部地区参展商数量85家，占国内参展商比例6.82%。

国内参展商来自24个省市。参展商最多的省市是广东、江苏、北京、上海、浙江。广东省参展商241个，江苏参展商215个，北京参展商168个，上海参展商123个，浙江参展商113个。增长幅度较大的地区是浙江、江苏、广东、云南、河北，与上届相比，分别增长了32.94%、17.49%、16.43%、12.50%、12.33%。福建、北京、河南、山西、安徽等省市参展商分别比上届有所减少。国内参展商主要集中在华北、华东和中南地区，共计1152个，比上届增长12.50%，占国内参展商的93.12%；中西部和东北地区有85家企业参展，占6.82%，中西部地区参展商数量比上届增加1.4倍，上届仅有35家企业参展。

## 海外参展商地区分布

本届乐器展览会共有来自国外及港澳台的29个国家和地区的365家参展商参展，参展国家比上届增加了3个，参展商数量比上届增长3.36%，占全部参展商的22.97%。

海外参展商来自地区从四大洲扩大到五大洲，南美洲巴西和亚洲阿塞拜疆首次参展，欧洲参展商数量为202家，比上届增长了10.38%，占海外参展商的54.74%；亚洲参展商133家，比上届增长32.22%，占36.04%；北美洲参展商28家，比上届增长12%，占7.5%；大洋洲的澳大利亚有4家企业参展，比上届少了1家企业。日本、意大利、德国、中国台湾、法国参展商数量位于海外参展商的前五位，在28个参展国和地区中，有21个国家和地区参展商数量超过或者与上届持平，其中，日本参展商数量比上届增加了1.5倍，英国增长64.29%，捷克、西班牙、韩国、美国参展商数量都比上届有所上升，澳大利亚、瑞典、新加坡则有所下降，俄罗斯上届有3个企业参展，这次没有企业参展。

## 参展产品类别划分

2012上海乐器展览会，在总计1606家参展商中，西乐器参展商达到720家，比上届增长14.64%，占总参展商的44.83%；中乐器222家，比上届增长13.14%，占13.82%；乐器零配件353家，比上届增长2.06%，占21.98%；乐器销售商166家，比上届增长18.57%；音乐出版商43家，比上届增加了3家，其中国内出版商5家，国外出版商38家，德国9家、比利时7家，荷兰7家，英国4家。

在942家成品乐器参展商中，按乐器类别划分，所有乐器参展商数量均比上届有所增加，增长幅度较大的是吉他、民族乐器、打击乐器、手风琴，分别增长40%、21.31%、20.75%、13.33%。其它类别产品，管乐器增长9.8%、口琴增长8.33%、电声乐器增长8.05%、提琴增长5.64%、钢琴增长5.26%。

## 参展乐器类别所在地区分布

钢琴参展商80家，来自海外6个国家和地区有

10个企业，德国5家、意大利、阿塞拜疆、捷克、日本、中国香港各1家；内地69家企业参展，比上届多了5家，分布地区为：上海31家，浙江12家，辽宁7家，广东5家、北京6家，湖北3家、江苏2家，福建、天津、山东各1家。

西管乐器参展商112家，海外参展商来自13个国家和地区的50家企业参展，包括中国台湾13家、日本9家、法国6家、美国5家、英国4家、意大利3家、德国2家、捷克2家、西班牙2家，奥地利、韩国、加拿大、瑞士各1家；内地参展商62家，主要集中在河北17家、天津17家、山东12家、北京8家，其他地区：上海、浙江、福建、辽宁、河南有少量企业参展。

提琴参展商206家，来自海外15个国家和地区的62家企业，包括意大利23家、法国8家、德国5家、韩国4家、美国4家、日本4家、中国香港3家，澳大利亚、捷克、斯洛伐克各2家，挪威、西班牙、中国台湾、英国，印度各1家。意大利提琴参展商数量比上届有明显增长，上届只有17家参展。提琴内地参展商144家，其中，北京74家、江苏35家，上海11家、广东9家、河北5家、天津3家、辽宁2家、河南、黑龙江、湖南、山东、四川各1家。

吉他参展商154家，海外有来自11个国家和地区的34家企业参展，与上届展会相比，海外吉他参展商数量增长了112%，比历史最好水平的2010年还增长了25.20%，西班牙上届只有6家单位参展，本届13家参展，另外，韩国4家、中国台湾4家、英国4家，日本、中国香港各2家，德国、加拿大、捷克、意大利、美国各1家。内地展商来自9个省市120家参展，比上届增长了27.65%，主要来自广东省，有90家参展，占国内吉他参展商的75%。

民族乐器有222家企业参展，来自国内17个省市，主要省市：江苏71家、浙江53家、天津21家、河北20家、上海12家、山东12家，云南9家、河南7家。一些海外参展商，如日本也携带他们本民族的乐器（日本筝、鼓）来参展，显示出上海乐器展的国际化色彩越来越浓。

乐器配件353家，主要来自海外16个国家和地区的73家企业，包括德国14家、韩国11家、日本8家、美国8家、法国7家、中国台湾5家、奥地利2家、巴西2家、斯洛伐克2家，澳大利亚、加拿大、捷克、西班牙、中国香港、英国各1家。内地参展商来自15个省市280家企业，主要集中在江苏69家、广东65家、北京20家、河北28家、浙江26家、山东19家、天津16家，上海14家。

**乐器相关产品参展商**

乐器相关产品主要指仪器仪表，化工油漆，五金材料，专用机械等产品，本届上海乐器展共计有45家企业参展，其中，海外4个国家和地区6家企业参展，其中有，来自日本的调音器和节拍器，泰国的银乐队制服，美国的木管乐器修复制造工具，中国台湾的与音乐相关造型文具礼品及生活用品。国内有39家企业参展，其中有青岛将军电子有限公司开发的钢琴音准仪，音乐音图纹；济南速刻数控有限公司开发的乐器雕刻机，青岛速霸数控设备有限公司开发的数控雕刻机、乐器雕刻机；北京鑫三芙教学设备制造有限公司开发的ZN系列五线谱音乐电教板、SZ系列五线谱音乐电教板、DK系列五线谱音乐电教板；SZYP-3电钢琴（电子琴）管理控制系统等都在展会上亮相。

**乐器相关部门参展商**

乐器相关部门主要指乐器经营及从事音乐教育、宣传媒体、音像资料、音乐书刊，中介组织等单位。本届上海乐器展有167家企业参展，海外有97家单位参展。

从事音乐制品经营的贸易公司和琴行企事业单位有166家，来自海外33家，国内133家，国内琴行主要分布在：上海34家，天津25家，广东21家；从事音乐教育单位有19家，其中，新跨乐（北京）艺术有限公司、美国德贝肯钢琴艺术中心、上海康乃尔教育信息咨询有限公司、北京龙羽时代科技有限公司、伦敦圣三一学院都设有展位。行业组织19家，中国乐器协会提琴制作师分会、中国民族管弦乐学会乐器改革制作专业委员会、中国社会音乐研究会、辽宁（营口）乐器产业基地以及意大利对外贸易委员会、日本株式会社音乐贸易社、日本东京乐器制造协会等单位都参加了这次展会。

**观众情况**

为期4天的展会共吸引了来自82个国家和地区的60172名海内外观众参观上海国际乐器展，比2011年增加15.29%。其中，国内观众56927人，同比增长17.13%；

海外观众来自81个国家和地区，比上届少了16个国家和地区，观众3245人，比上届减少了9.61%，海外观众占整个观众人数5.39%，比上届下降2.053个百分点。其中来自亚洲22个国家，观众2272人，欧洲27个国家452人，北美洲2个国家257人，南美洲13个国家125人，大洋洲2个国家108人，非洲8个国家31人。观众超过100人以上的国家和地区是韩国（560人）、中国台湾（472人）、美国（229人）、中国香港（350人），日本（202人），马来西亚（160人），泰国（130人）、新加坡（105人），德国（100人）。2012年上海乐器展81个海外观众所在国家和地区中，有46个国家和地区的观众数量高于去年，占53.79%，英国观众数量比上届增加了47.06%，新加坡增加了41.89%，德国增加了16.28%，韩国增加了13.13%，香港和台湾分别增长了9.38%和7.27%。

# 历届中国（上海）国际乐器展览会数据分析

## 2002～2012年历届上海乐器展基本情况

| | 2002年 | 2003年 | 2004年 | 2005年 | 2006年 | 2007年 | 2008年 | 2009年 | 2010年 | 2011年 | 2012年 |
|---|---|---|---|---|---|---|---|---|---|---|---|
| 展览会总面积（平方米） | 15000 | 26000 | 30000 | 40000 | 60000 | 60000 | 65000 | 65000 | 70000 | 78500 | 86000 |
| 参展商国家和地区数量（个） | 14 | 15 | 18 | 19 | 24 | 22 | 22 | 23 | 27 | 26 | 29 |
| 参展商总数（家） | 274 | 419 | 619 | 756 | 999 | 1019 | 1112 | 1171 | 1274 | 1419 | 1606 |
| 国内参展商数量（家） | 177 | 317 | 437 | 554 | 747 | 760 | 895 | 898 | 969 | 1062 | 1241 |
| 海外参展商数量（家） | 97 | 102 | 182 | 202 | 252 | 259 | 218 | 273 | 305 | 357 | 365 |

## 2002～2011年历届上海乐器展总面积

（单位：平方米）

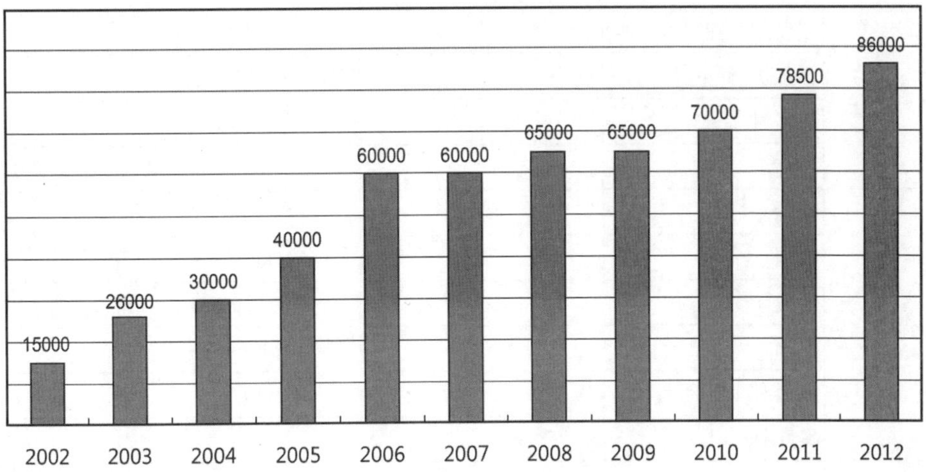

## 2002、2011、2012年上海乐器展国内、海外参展商组成

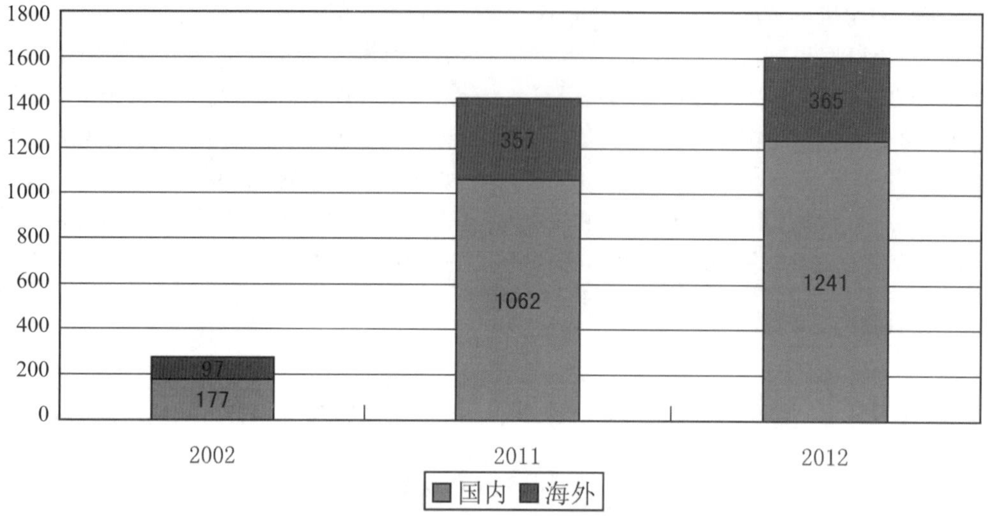


## 2007～2012年中国（上海）国际乐器展览会海外参展商国家和地区分布

| 序号 | 洲别 | 国家（地区） | 2007年 | 2008年 | 2009年 | 2010年 | 2011年 | 2012年 |
|---|---|---|---|---|---|---|---|---|
| 1 | 亚洲 | 中国台湾 | 26 | 24 | 27 | 36 | 37 | 38 |
| 2 | | 韩国 | 24 | 24 | 27 | 31 | 21 | 26 |
| 3 | | 中国香港 | 10 | 9 | 15 | 20 | 19 | 17 |
| 4 | | 日本 | 8 | 9 | 12 | 18 | 18 | 45 |
| 5 | | 印度 | 2 | 2 | 2 | 1 | 1 | 1 |
| 6 | | 马来西亚 | 1 | / | / | / | / | / |
| 7 | | 泰国 | 1 | 2 | / | 1 | / | / |
| 8 | | 土耳其 | 1 | / | / | / | / | / |
| 9 | | 印度尼西亚 | / | 1 | 1 | 1 | / | / |
| 10 | | 新加坡 | / | 1 | / | 3 | 5 | 2 |
| 11 | | 阿塞拜疆 | / | / | / | / | / | 1 |
| | | 小计 | 73 | 72 | 84 | 111 | 101 | 130 |
| 12 | 欧洲 | 德国 | 39 | 41 | 36 | 44 | 42 | 39 |
| 13 | | 法国 | 27 | 24 | 30 | 27 | 26 | 26 |
| 14 | | 西班牙 | 19 | 18 | 13 | 13 | 14 | 17 |
| 15 | | 英国 | 16 | 17 | 25 | 16 | 14 | 22 |
| 16 | | 意大利 | 13 | 29 | 30 | 32 | 44 | 45 |
| 17 | | 奥地利 | 11 | 5 | 1 | 3 | 4 | 4 |

| 序号 | 洲别 | 国家（地区） | 2007年 | 2008年 | 2009年 | 2010年 | 2011年 | 2012年 |
|---|---|---|---|---|---|---|---|---|
| 18 | | 荷兰 | 10 | 10 | 10 | 10 | 9 | 9 |
| 19 | | 捷克 | 7 | 12 | 11 | 9 | 9 | 11 |
| 20 | | 比利时 | 2 | / | / | 1 | 8 | 8 |
| 21 | | 塞尔维亚 | 1 | / | / | / | / | / |
| 22 | | 瑞士 | 1 | 1 | / | 1 | 1 | 2 |
| 23 | | 丹麦 | / | 2 | 2 | 2 | 1 | 3 |
| 24 | | 冰岛 | / | / | 1 | / | / | / |
| 25 | 欧洲 | 芬兰 | / | / | 2 | 3 | 1 | 3 |
| 26 | | 瑞典 | / | / | 5 | / | 2 | 1 |
| 27 | | 斯洛伐克 | / | / | 1 | 2 | 3 | 4 |
| 28 | | 挪威 | / | / | 1 | 1 | 1 | 2 |
| 29 | | 俄罗斯 | / | / | / | 1 | 3 | / |
| 30 | | 波兰 | / | / | / | / | 1 | 3 |
| 31 | | 克罗地亚 | / | / | / | / | / | 1 |
| | | 小计 | 146 | 159 | 168 | 165 | 183 | 200 |
| 32 | | 澳大利亚 | 3 | 2 | 2 | 2 | 5 | 3 |
| 33 | 大洋洲 | 新西兰 | / | / | / | / | / | 1 |
| | | 小计 | 3 | 2 | 2 | 2 | 5 | 4 |
| 34 | | 美国 | 36 | 16 | 17 | 25 | 23 | 26 |
| 35 | 北美洲 | 加拿大 | / | 2 | 2 | 2 | 2 | 3 |
| | | 小计 | 36 | 18 | 19 | 27 | 25 | 29 |
| 36 | 南美洲 | 巴西 | / | / | / | / | / | 2 |
| 合计 | | | 292 | 303 | 273 | 305 | 357 | 365 |

# 2002、2011、2012年上海乐器展海外参展商地区分布图

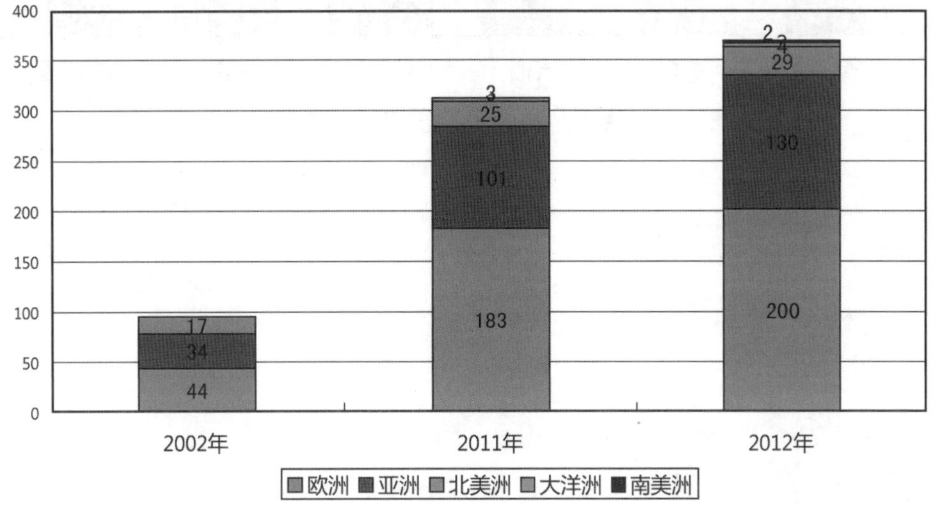

## 2002、2011、2012年上海乐器展国内参展商地区分布图

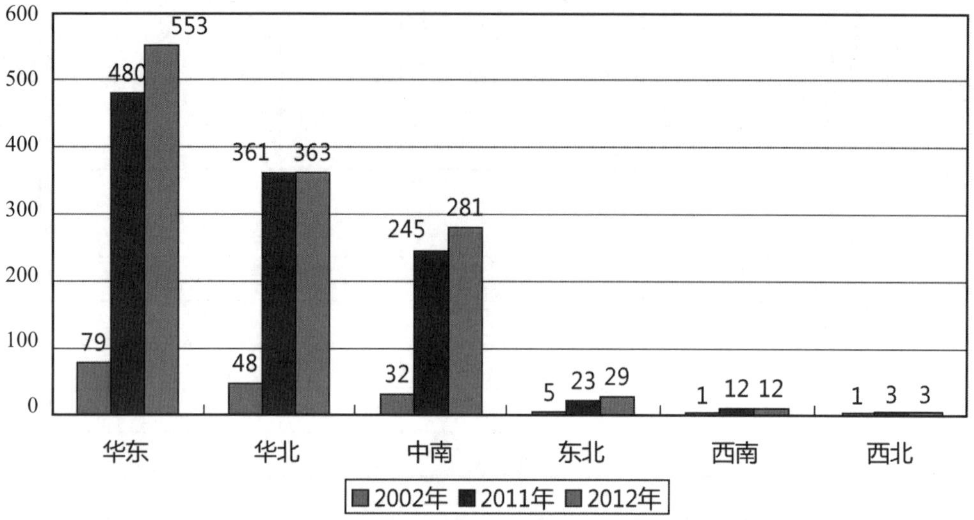


## 2002、2011、2012年上海乐器展参展商产品类别分布图

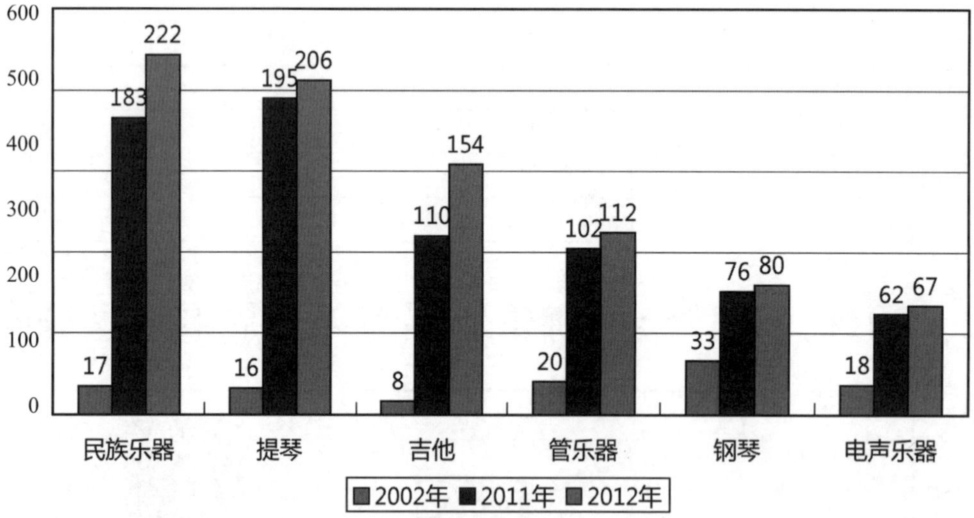

# 2002～2012年中国（上海）国际乐器展览会国内参展商地区（省、直辖市）分布

| 序号 | 大区 | 地区 | 2002年 | 2003年 | 2004年 | 2005年 | 2006年 | 2007年 | 2008年 | 2009年 | 2010年 | 2011年 | 2012年 |
|---|---|---|---|---|---|---|---|---|---|---|---|---|---|
| 1 | | 辽宁 | 3 | 6 | 11 | 16 | 16 | 13 | 10 | 9 | 23 | 18 | 19 |
| 2 | 东北 | 黑龙江 | 2 | 3 | 2 | 3 | 5 | 5 | 5 | 6 | 2 | 4 | 8 |
| 3 | | 吉林 | / | 2 | 1 | 2 | 1 | 3 | 2 | 3 | 6 | 1 | 2 |
| 4 | | 北京 | 18 | 38 | 58 | 71 | 112 | 118 | 132 | 136 | 153 | 178 | 169 |
| 5 | | 天津 | 20 | 35 | 48 | 52 | 70 | 73 | 85 | 93 | 92 | 107 | 108 |
| 6 | 华北 | 河北 | 10 | 18 | 30 | 38 | 51 | 45 | 59 | 63 | 63 | 73 | 82 |
| 7 | | 山西 | / | / | / | / | / | 2 | 2 | 1 | / | 2 | 1 |
| 8 | | 内蒙古 | / | / | / | / | / | 1 | 1 | 1 | 1 | 1 | 3 |
| 9 | | 江苏 | 24 | 61 | 74 | 86 | 117 | 116 | 140 | 136 | 161 | 183 | 216 |
| 10 | | 上海 | 38 | 59 | 85 | 96 | 82 | 88 | 90 | 87 | 104 | 117 | 124 |
| 11 | | 浙江 | 7 | 21 | 25 | 49 | 73 | 62 | 64 | 69 | 70 | 85 | 113 |
| 12 | 华东 | 山东 | 5 | 8 | 18 | 20 | 31 | 47 | 51 | 70 | 71 | 71 | 76 |
| 13 | | 福建 | 4 | 3 | 5 | 7 | 11 | 12 | 16 | 16 | 17 | 19 | 18 |
| 14 | | 江西 | 1 | 1 | 1 | 2 | 1 | 4 | 2 | 3 | 4 | 3 | 5 |
| 15 | | 安徽 | / | / | 2 | 1 | / | 1 | 1 | 1 | 2 | 2 | 1 |
| 16 | | 陕西 | 1 | 1 | 1 | 1 | 2 | 2 | 1 | 1 | 2 | 2 | 2 |
| 17 | 西北 | 宁夏 | / | 1 | 1 | 1 | 1 | 1 | / | / | / | | |
| 18 | | 甘肃 | / | 1 | 1 | / | / | / | / | / | 1 | 1 | 1 |
| 19 | | 云南 | / | / | 4 | 5 | 6 | 9 | 8 | 7 | 7 | 8 | 9 |
| 20 | 西南 | 重庆 | / | / | / | / | / | 3 | 3 | 1 | 1 | 1 | |
| 21 | | 四川 | 1 | / | 1 | 3 | 1 | 1 | 1 | 2 | 1 | 3 | 3 |
| 22 | | 贵州 | / | / | / | 1 | / | / | 1 | / | / | | |
| 23 | | 湖北 | 5 | 5 | 10 | 9 | 14 | 16 | 12 | 15 | 15 | 16 | 16 |
| 24 | | 广东 | 26 | 50 | 62 | 85 | 113 | 124 | 122 | 167 | 160 | 207 | 242 |
| 25 | 中南 | 河南 | 1 | 3 | 3 | 2 | 7 | 11 | 8 | 9 | 8 | 17 | 16 |
| 26 | | 湖南 | / | 1 | / | / | 3 | 3 | 3 | 2 | 4 | 3 | 4 |
| 27 | | 广西 | / | / | / | / | / | / | 1 | / | / | 2 | 3 |
| 合计 | | | 166 | 315 | 441 | 549 | 716 | 759 | 820 | 898 | 989 | 1062 | 1241 |

# 2002～2012中国（上海）国际乐器展览会参展商产品类别分布

| 序号 | 产品与业务类别 | 2002年 | 2003年 | 2004年 | 2005年 | 2006年 | 2007年 | 2008年 | 2009年 | 2010年 | 2011年 | 2012年 |
|---|---|---|---|---|---|---|---|---|---|---|---|---|
| 1 | 民族乐器 | 17 | 39 | 54 | 87 | 99 | 123 | 127 | 140 | 171 | 183 | 222 |
| 2 | 提琴 | 16 | 43 | 73 | 107 | 109 | 101 | 138 | 144 | 138 | 195 | 206 |
| 3 | 吉他 | 8 | 21 | 25 | 80 | 69 | 85 | 90 | 105 | 123 | 110 | 154 |
| 4 | 管乐器 | 20 | 27 | 36 | 62 | 66 | 60 | 78 | 89 | 100 | 102 | 112 |
| 5 | 钢琴 | 33 | 46 | 52 | 79 | 66 | 54 | 57 | 72 | 64 | 76 | 80 |
| 6 | 电声乐器 | 18 | 24 | 39 | 30 | 56 | 42 | 59 | 58 | 63 | 62 | 67 |
| 7 | 打击乐器 | 9 | 15 | 25 | 29 | 34 | 32 | 38 | 42 | 63 | 53 | 64 |
| 8 | 口琴 | 7 | 9 | 8 | 7 | 6 | 7 | 9 | 11 | 16 | 12 | 13 |
| 9 | 手风琴 | 3 | 4 | 8 | 15 | 17 | 9 | 9 | 11 | 11 | 15 | 17 |
| 10 | 竖琴 | 1 | 2 | 3 | 1 | 5 | 4 | 5 | 3 | 4 | 3 | 2 |
| 11 | 配件 | 11 | 36 | 46 | 181 | 214 | 240 | 300 | 299 | 310 | 346 | 353 |
| 12 | 销售商 | 21 | 42 | 63 | 20 | 118 | 99 | 106 | 69 | 104 | 140 | 166 |
| 13 | 媒体（期刊） | 2 | 9 | 11 | 14 | 9 | 27 | 39 | 79 | 64 | 26 | 16 |

# 2002～2012年上海乐器展观众分析——参观目的

| 参观目的 | 2002年 | 2003年 | 2004年 | 2005年 | 2006 | 2007 | 2008年 | 2009年 | 2010年 | 2011年 | 2012年 |
|---|---|---|---|---|---|---|---|---|---|---|---|
| 看样订货 | 10% | 17.30% | 24.01% | 16.61% | 19.26% | 20.69% | 27.37% | 36% | 36% | 33% | 36% |
| 收集市场和产品信息 | 22% | 16.20% | 21.43% | 16.07% | 17.74% | 13.78% | 17.19% | 23% | 27% | 24% | 25% |
| 观看现场表演 | 3% | 4.80% | 13.37% | 11.31% | 9.59% | 13.29% | 12.15% | 21% | 20% | 26% | 24% |
| 参加会议论坛 | 5% | 4.20% | 3.62% | 2.87% | 2.71% | 2.23% | 6.73% | 29% | 36% | 19% | 20% |
| 寻求合作伙伴 | 12% | 8.30% | 11.02% | 7.64% | 9.38% | 6.82% | 8.48% | 13% | 14% | 14% | 13% |
| 比较不同产品/供货商/同行竞争者 | 7% | 5.80% | 7.07% | 5.48% | 5.34% | 2.73% | 5.33% | 9% | 11% | 10% | 11% |
| 联络固有的供应商和销售商 | 9% | 5.30% | 50.65% | 3.62% | 4.57% | 4.83% | 4.59% | 8% | 10% | 10% | 10% |
| 确定下届是否参展 | / | / | / | / | / | / | 1.67% | 5% | 6% | / | / |
| 其他 | 2% | 2.50% | 0.29% | / | 4.21% | 0.81% | 2.78% | / | / | / | / |

# 2002～2012年上海乐器展观众分析——从事职业

| 从事的职业 | 2002年 | 2003年 | 2004年 | 2005年 | 2006年 | 2007年 | 2008年 | 2009年 | 2010年 | 2011年 | 2012年 |
|---|---|---|---|---|---|---|---|---|---|---|---|
| 音乐类院校及音乐培训机构 | 16% | 7.30% | 10% | 17.49% | 6.42% | 11.76% | 15.01% | 14% | 14% | 15% | 18% |
| 零售/批发 | 11% | 24.50% | 16% | 15.02% | 11.50% | 17.07% | 19.29% | 21% | 23% | 22% | 17% |
| 文艺团体 | 6% | 3.60% | 10% | 9.74% | 21.52% | 7.73% | 13.60% | 13% | 14% | 14% | 13% |
| 青少年活动中心/幼儿园/中小学/大学 | / | / | / | / | / | / | / | 12% | 12% | 12% | 13% |
| 进出口/代理 | 26% | 33.90% | 26% | 27.33% | 26.70% | 34.45% | 32.99% | 11% | 11% | 11% | 13% |
| 制造商 | 27% | 21.30% | 14% | 13.80% | 14.71% | 11.28% | 11.27% | 16% | 12% | 13% | 12% |
| 媒体 | 2% | 0.70% | 3% | 2.36% | 2.17% | 2.73% | 2.91% | 2% | 2% | 2% | 2% |
| 协会 | 2% | 0.70% | 4% | 2.54% | 1.55% | 1.82% | 2.27% | 2% | 2% | 2% | 2% |
| 其他 | 10% | 7.10% | 12% | 7.05% | 15.43% | 13.16% | 2.66% | 9% | 8% | 9% | 9% |

# 2002～2012年上海乐器展观众分析——感兴趣产品

| 感兴趣产品 | 2002年 | 2003年 | 2004年 | 2005年 | 2006年 | 2007年 | 2008年 | 2009年 | 2010年 | 2011年 | 2012年 |
|---|---|---|---|---|---|---|---|---|---|---|---|
| 民族乐器 | 8% | 14% | 28.63% | 14.35% | 32.81% | 23.66% | 17.63% | 45% | 43% | 43% | 43% |
| 铜管、木管乐器 | 8% | 17.20% | 34.31% | 15.61% | 34.39% | 25.34% | 15.13% | 37% | 38% | 37% | 35% |
| 钢琴及键盘 | 28% | 14.70% | 31.61% | 15.03% | 31.52% | 20.97% | 14.27% | 31% | 33% | 30% | 30% |
| 弦乐器 | 6% | 10.90% | 27.24% | 12.92% | 28.22% | 18.78% | 12.52% | 29% | 31% | 29% | 30% |
| 乐器配件 | 12% | 7.90% | 10.77% | 5.33% | 10.66% | 6.85% | 6.61% | 22% | 24% | 25% | 24% |
| 打击乐器 | 6% | 8.20% | 20.29% | 10.11% | 23.56% | 16.59% | 10.29% | 23% | 25% | 23% | 23% |
| 电声乐器 | 18% | 9.40% | 26.24% | 11.69% | 26.17% | 18.87% | 10.56% | 25% | 26% | 24% | 22% |
| 乐谱 | 1.50% | 4.40% | 15.26% | 7.48% | 15.93% | 10.13% | 5.65% | 20% | 20% | 20% | 20% |
| 口琴手风琴 | / | / | / | / | / | / | / | / | / | / | 13% |
| 音乐相关电脑硬件软件 | 1.50% | 3% | 9.64% | 3.97% | 8.15% | 4.65% | 4.27% | 11% | 12% | 11% | 12% |
| 协会/媒体 | 4% | 2.30% | 5.57% | 2.45% | 5.28% | 3.04% | 1.82% | 6% | 6% | 6% | 6% |
| 其他 | / | / | / | 1.06% | 3.17% | 2.15% | 1.25% | 3% | 3% | 3% | 3% |

# 2012中国（上海）国际乐器展览会展会知识产权工作报告

北京市捷诚信通知识产权代理有限公司

2012年10月11日～14日，北京市捷诚信通知识产权代理有限公司受大会组委会的委托，做为本届展览会知识产权办公室的主要成员协助主办方在展会期间，对知识产权侵权纠纷进行了调查、取证、协调、处理、咨询等项工作。本届展会的突出特点是境外企业的投诉量比历年投诉的数量有所增加，涉及侵权的事由包括：外观专利侵权、实用新型专利侵权、发明专利侵权、商标侵权案件。下面对我公司在本届展会中的工作做如下总结：

1、投诉方：ALGAM
展位号（E2B72）
被投诉方：广州威丽雅乐器制造有限公司
展位号（W2A42）
侵权商品：吉他
投诉内容：被诉方参展商品的装修部分侵犯商标权
处理结果：我办公室人员对被诉方进行现场调查，被诉方参展商品因未直接使用投诉方注册商标。在我方的协调下，同意撤出部分参展商品及宣传海报。

2、投诉方：专利权人：汪宏齐
展位号（WIF30）
被诉方：广州市花都区炭步古唐乐器厂
展位号（E5A78）
投诉内容：外观专利侵权
专利号：201130096387.2
侵权商品：吉他（外观）
处理结果：我办公室人员对被诉方进行现场调查，被诉方展示产品与投诉方产品外观相同，且被诉方无任何证据提供表明自己产品也具有相关知识产权的保护，被投诉方外观专利已构成侵权，被诉方将商品撤出展位

3、投诉方：G7有限公司（境外展商）
展位号（E5C12）
被投诉方：福盛乐器有限公司
展位号（E4B28）
投诉内容：发明专利侵权
专利号：ZL00141630.0
侵权商品：吉他变调夹
处理结果：我办公室人员对被诉方进行现场调查，被诉方提供了《实用新型》专利证书，但其实用新型专利取得证书的时间晚于投诉人发明专利的时间，不具备法律效力，经主办协调被投诉方将两幅侵权产品的广告宣传画遮盖。

4、投诉方：宁波市黄洲奥创电子有限公司
展位号（W5D52）
被投诉方1：宁波市黄洲奥创电子有限公司
展位号（W2B30）
被投诉方2：上海帅音电子有限公司
展位号（W5F29）
投诉内容：实用新型专利侵权
专利号：ZL200820083608.5
侵权商品：防风屏
处理结果：我办公室人员对被诉方进行现场调查，被诉方展示产品商标与投诉方注册商标相同，且被诉方无任何证据提供表明自己产品也具有相关知识产权的保护，2家被投投诉方将展出的侵权商品遮盖。

5、投诉方：梁志辉
被诉方1：宇音（香港）电子有限公司
展位号（E2F38）
被诉方2：惠州市吉艺乐品有限公司
展位号（E4F61）

投诉内容：外观专利侵权

专利号：ZL201130342249.8

侵权商品：变调夹

处理结果：我办公室人员对被诉方进行现场调查，被诉方展示产品与投诉方产品外观相同，且被诉方无任何证据提供表明自己产品也具有相关知识产权的保护，2家被诉方的产品进行了撤除处理。

6、投诉方：菲什曼传感器公司

展位号（E488）

被投诉方：卓乐科技

展位号（E2D01）

投诉内容：外观专利侵权

专利号：ZL201030628384.4

侵权商品：均衡器

处理结果：投诉方提供的外观专利权人与参展企业名称不符，知识产权办公室工作人员要求投诉方再次提供权利人身份证复印件。投诉方未能提供，我方未进行调查。

7、投诉方：美国莎嘎乐器公司（境外展商）

展位号（E4E52）

被投诉方：惠州市华顿乐器厂

投诉内容：商标侵权

注册号：3997762

处理结果：我办公室人员经进调查，投诉方及被诉方均提供了有效的商标注册证书，因此不构成实际意义上的商标侵权行为。被诉方在此次展会上属于仅商标使用不当，不构成商标侵权。我办公室工作人员未对展出商品进行撤展处理。

8、投诉方：乐盟国际股份有限公司

被投诉方1：宏声乐器厂

展位号（E6A81）

被投诉方2：佰添柏滔乐器制造有限公司

展位号（E5C72）

被投诉方3：广州佳华吉他厂

被投诉方4：国富乐器企业公司

展位号（E2F40）

被投诉方5：苏州市洛比克商贸有限公司

展位号（E4B85）

被投诉方6：恩雅国际乐器（香港）有限公司

展位号（E4F61）

（另有2家被诉方材料未留存）

投诉内容：外观专利侵权

专利号：ZL201130314330.5

侵权商品：四弦琴外观专利

处理结果：我办公室人员对被诉方进行现场调查，被诉方展示产品与投诉方产品外观相同，且被诉方无任何证据提供表明自己产品也具有相关知识产权的保护，8家被诉方的产品进行了撤展处理。

# 第110届美国NAMM乐器、灯光、音响展览会（2012 NAMM SHOW）简况

2012年1月19日~22日，第110届美国NAMM乐器展览会在洛杉矶阿纳海姆会议中心隆重举行，共有来自世界各地的1441家展商参加，其中首次参展的有236家，中国参展商共有153家（包括中国香港、中国台湾）。4天共有95709名观众参观了展会，同比增长6%。其中国际观众11981名，同比增长15%。

2012年美国NAMM展的主题是“Make It Count”，就是让它发挥作用的意思。主要强调通过在乐器使用方法和产品样式上的创新，使得消费者玩乐器比以往更加简便。展会中举办了29场会议和论坛，47场大学课程，内容不仅涉及音乐制品行业经营各个方面，更紧贴时代发展方向，对行业发展起到积极的指导和引导作用。

美国NAMM总裁兼首席执行官Joe Lamond评价此次展会说：“NAMM再一次为来自全球的乐器和音响产品生产商、零售商以及他们的客户服务。感谢所有的NAMM会员、音乐教育家、艺术家、合作伙伴和媒体，是你们使第110届 NAMM展取得了巨大的成功，并预示着全球乐器工业在2012年有好的发展。”

美国的NAMM展参展商须是会员单位，面对世界各地的音乐爱好者，因此，说它是一个业内的联谊会也许更为恰当。众多来自世界各地的乐器制造商、经销商以及音乐演奏家、教育家等汇聚一堂，共同欣赏最新的乐器、聆听鉴赏它带来的优美乐曲。这一点，从众多展商那类似咖啡厅、酒吧的开放式展位设计就可以看出，大家来到阿纳海姆是来参加一次聚会，而不是来采购的。

美国乐器市场仍然是全球最大的乐器市场，受到全球各大乐器厂商的重视，NAMM展是覆盖范围最广的乐器展之一。而从整个展览中的展品，我们能够看出NAMM乐器展更贴近美国人自由、奔放的生活习惯，吉他类和电声类产品占据了整个展览的半壁江山。Gibson、Peavey、Fender、Martin、Yamaha、Roland等世界知名吉他、电声乐器生产企业悉数到场。

此次参展的中国展商主要有广州珠江、北京星海、宁波海伦、上海民乐一厂、AXL、天津津宝、上海华新、台湾功学社、江阴金杯、广州吉声、北京华东、北京长安、北京艺苑、泰山管乐、宁波音王、深圳蔚科、江苏吟飞、江苏大风等企业，共计153家，其中中国内地126家，同比增长5%，中国台湾25家，中国香港2家。

通过对中国企业参展情况的考察，企业数量的增加，反映了企业参展的积极性都很高，像珠江、星海、海伦、AXL、津宝、功学社等很多企业更是连续多年参展。另外，众多中小企业的展位搭建都很简单，这既反映出企业间实力的差距，也表明中国企业在贴牌加工中获利有限，尽管工艺技术水平在不断提高，但自主的品牌还缺乏知名度。再者，就整个NAMM展会的氛围来讲，由于文化习俗的差异，中国乐器企业仍有被边缘化的感觉，语言上的障碍也使得展位上的交流不太方便，总之是还没有完全融入西方的音乐圈子，对于很多企业来讲，真正走出国门、站稳国际市场的道路还很漫长。

# 第33届德国法兰克福国际乐器乐谱及附件展览会(2012 Musikmesse)简况

3月21日至24日，第33届德国法兰克福国际乐器展览会在德国举办，本届展会共有来自51个国家和地区的1512家展商参展，再次刷新了2011年来自50个国家和地区的1504家展商参展记录。

应主办方德国法兰克福展览公司邀请，中国乐器协会秘书长曾泽民、上海国际展览中心有限公司总经理吴江红、北京乐器研究所所长陈晋武等参观考察了展览会。曾泽民一行实地走访了参展的部分中国乐器企业，拜访了广州珠江钢琴、北京星海钢琴、上海民乐一厂、泰兴凤灵乐器、河北金音乐器、天津津宝乐器、北京华东提琴、广州红棉吉它、江阴激扬乐器和天鹅乐器等国内企业，同时也走访了AXL公司、功学社集团等三资企业，与企业负责人亲切交谈，实地了解企业的国际市场经营情况。

展会期间，曾泽民、吴江红一行会见了德国法兰克福展览公司董事Detlef Braun、副总经理可莉•范•金、法兰克福展览（上海）公司总经理沙怡文，北京乐器研究所所长陈晋武一同会见。曾泽民首先转达了中国乐器协会理事长安志对法兰克福国际乐器展览公司负责人的亲切问候和良好祝愿，双方重点围绕提升上海国际乐器展览会的国际化、专业化水平交换了意见。

3月21日下午，曾泽民、吴江红等与国际音乐制品协会（NAMM）主席凯文•克雷利、国际事务部主管贝蒂举行会谈。

双方肯定了中美乐器行业协会过去一年的良好合作。围绕当前成人音乐教育这一中国乐器市场显著特点，中国上海国际乐器展览会期间，双方合作举办的NAMM大学论坛和如何操作培训课程取得了很大成功。今年行业论坛将紧扣乐器市场的总体发展形势，将围绕两方面做好论坛的组织筹备工作：一是如何适应乐器大众客户的多元化需求，满足大众乐器需求---质量、品牌、服务与音乐培训；如何运用现代信息手段降低学乐器的门槛，扩展音乐培训效果；细化青少年、成年人和中老年音乐消费市场。二是新形势下的乐器品牌经营，包括著名乐器品牌的创建、成长和推广；品牌与知识产权保护；乐器品牌的多种经营模式等方面提前做好各项准备工作。

3月22日，在德国乐器展期间，考察团与欧洲音乐产业联盟召开专题座谈会。继2011年10月上海国际乐器展览会期间，中国乐器协会和欧洲音乐产业联盟举行合作签约仪式后，此次专题会就知识产权、交流合作等具体事宜作进一步研究探讨。

曾泽民、吴江红、常杰和天津津宝乐器有限公司总经理刘运斌等中方代表与欧洲音乐产业联盟秘书长温弗莱德、西班牙乐器协会主席胡安•格雷科斯、法国布非乐器公司总裁安托宁、德国B&S乐器公司总裁梅奈尔•格哈德、乌克兰乐器制造、分销和音响行业协会会长、斯洛文尼亚琴行负责人等11位欧洲多国代表参加本次中欧乐器行业协会研讨会。

# 第21届中国国际专业音响•灯光•乐器及技术展览会(Plam expo 2012)简况

5月24日至27日，由中国演艺设备技术协会与中国技术市场管理促进中心、新加坡国研会展有限公司共同主办的第21届中国国际专业音响•灯光•乐器及技术展览会在中国国际展览中心（新馆）举行，这是该展会首次在位于北京顺义区的中国国展中心新馆举行。本届展会展览面积11万平方米，其中包括6

个灯光音响和2个乐器展馆，乐器展览面积为2.67万平方米。

5月24日上午展会举行了隆重的开幕式。文化部办公厅副主任社团管理办公室主任熊远明、文化部文化产业司副司长吴江波、国家统计局社科文司司长马京奎、副巡视员刘巍、民政部社团管理局副局长杨岳、全国人大常委、中国提琴制作大师郑荃，中国演艺设备技术协会理事长朱新村出席开幕式并参观展会。

参加乐器展的有498家乐器生产企业和琴行，其中弦乐器、民族乐器和乐器配件企业所占比重较大，分别为157、131和121家。

北京珠江钢琴有限公司在北京乐器展上处于突出的位置，他们带来了京珠全系列高端专业演奏型钢琴，河北金音乐器集团带来的展品有电声小提琴、低音提琴、管乐器等多种乐器，其价位更加合理、层次分明，以适合不同的音乐消费者。天津市津宝乐器有限公司在展览会上展出的主要产品有铜管乐器、木管乐器、爵士鼓、军鼓、乐器支架、乐器包等六大系列368个品种。广州市罗曼士乐器制造有限公司在展台上推出了AW478-SL民谣吉他等多款民谣吉他，以及校音器和变调夹。

本项展览会的特色活动之一——第七届贝塔斯瑞乐队大赛在展览会期间成功举办。经过7年的发展，贝塔斯瑞乐队比赛的选拔和历练，目前已有多位新人脱颖而出，成为国内乐坛的新鲜血液，为推进我国音乐事业的发展发挥着积极作用。本届比赛以乐队比赛为主，以发掘摇滚乐队新生力量为核心目标，同时特别保留原创电吉他组单元，继续为乐手们提供广阔的展示舞台。

# 2012年中国（广州）国际专业音响、灯光、乐器展览会简况

由广东省科学技术厅、广东省文化厅、恩平市人民政府、国家轻工业乐器信息中心以及广东省对外科技交流中心共同主办的2012“第十届广州国际专业音响、灯光、乐器展览会”于2月29至3月3日隆重举行。本次展会总展览面积达9万平方米，规模扩至9个馆（5个音响馆、2个灯光馆、2个乐器馆），并搬至面积更大、档次更高的广交会展馆A区举办。企业参展踊跃，展商数目共计1085家，其中音响灯光展商757家，乐器展商328家，与去年同比增长28.8%。

广州乐器展自2003年由广东国际科技贸易展览公司（广东科展）创办，十年来，展览规模由最初的8000平方米、102家展商，发展到如今的9万平方米、1085家展商，逐步发展为在行业具有影响力的年度盛会，并得到了中国录音师协会、中国演出家协会、广东省演出行业协会、广东录音师协会、上海市演出行业协会、恩平市电声行业协会、广州大学声像与灯光技术研究所、广东省高新技术企业协会、全国乐器标准化中心、广州珠江钢琴集团有限公司、香港中华音乐协会、珠海吉他学会及深圳乐器城等行业协会及同仁的长期支持和广泛关注。

2012年，广州乐器展无论从展商数量、同期活动、买家质量、服务水平等方面都力求与国际接轨，并且有了较大突破。在往届的基础上，本届展会旨在进一步促进文化交流和贸易往来，激励行业的技术创新，推动音乐文化产业的可持续发展，共襄盛举。

# 2012年世界乐器展综述

2012年，中国、美国、德国、俄罗斯、日本、印度、阿联酋、意大利、巴西等国家和地区成功举办了乐器行业展览会，在世界经济发展缓慢复苏背景下，为推动乐器市场繁荣发展做出了积极贡献。

不少国家举办了两个或两个以上展会。按冬夏时间段，美国NAMM在阿纳海姆和纳什维尔举办两次NAMM展览会；按主办单位划分，俄罗斯莫斯科举办两个乐器展览；按展出乐器类别，日本分别举办了东京吉他展和弦乐器展。中国规模性乐器展在北京、上海和广州举办了3个展览会，数量最多。

由美国NAMM和法兰克福展览公司合作，在俄罗斯莫斯科举办了首届“NAMM-法兰克福乐器展”，这是2012年新“诞生”的乐器展会。国际音乐制品协会总裁拉蒙德表示，称“此举意在帮助会员在新兴市场中寻求新的发展机遇。”本土化的第17届莫斯科乐器展也于9月举办，彰显出俄罗斯作为新兴市场的潜在活力。此外，印度、阿联酋、意大利、巴西等国乐器展则充满了浓郁的地域文化特色。

作为亚太地区最具影响力的国际性乐器展览会，金秋十月，中国（上海）国际乐器展览会在上海隆重拉开帷幕，2012年度上海国际乐器展览会面积再创新高达86500平米，参展商共计1606家，较上年增长13%，观众人数69172人，较上年增加15%，充分显示出上海乐器展在亚太地区发挥的带动和辐射作用。上海国际乐器展览会在国家文化大发展大繁荣产业政策引导下，继续保持稳定发展势头。

# 2012年世界乐器展览会一览

| 展会名称 | 展会届别 | 展会日期 | 展会地点 | 主办单位 | 展品范围 | 2012年展会规模 |
|---|---|---|---|---|---|---|
| 洛杉矶阿纳海姆乐器展(The NAMM Show) | 第110届 | 2012.1.19-1.22 | 阿纳海姆 | 美国国际音乐制品协会（NAMM） | 各种乐器、音响 | 展商1441家，观众95709人 |
| 中国（广州）国际专业音响、灯光、乐器展览会 | 第10届 | 2012.2.29-3.3 | 广州 | 广东省科学技术厅、广东省文化厅、国家轻工业乐器信息中心 | 西乐器、民族乐器 | 展商共计1085家，其中乐器展商328家 |
| 德国法兰克福国际乐器、乐谱及附件展览会(Musikmesse 2012) | 第33届 | 2012.3.21-3.24 | 法兰克福 | 德国法兰克福展览公司 | 各类乐器、乐器配件、乐谱、音乐硬软件、音乐出版物等 | 来自51个国家和地区的1512家展商，观众109851人， |
| 中东（迪拜）乐器博览会(MUSAC 2012) | 第10届 | 2012.5.1-5.3 | 阿联酋迪拜 | 中东IIR展览公司 | 东西方各类乐器、阿拉伯民俗乐器等 | 展会面积1万平米，展商数量144家，观众人数5517名。 |
| NAMM&法兰克福俄罗斯乐器展 | 第1届 | 2012.5.16-5.19 | 莫斯科 | 国际音乐制品协会、法兰克福展览公司 | 乐器综合类、钢琴、弦乐器、打击乐器、电声乐器、配件、乐谱、音响设备等 | 来自18个国家和地区的190家，观众6275人 |

| 展会名称 | 展会届别 | 展会日期 | 展会地点 | 主办单位 | 展品范围 | 2012年展会规模 |
|---|---|---|---|---|---|---|
| 加拿大乐器展 (MIAC 2012) | 第41届 | 2012.5.13-5.14 | 多伦多 | 加拿大乐器协会（MIAC） | 乐器及配件、键盘、音乐软件、专业音响等 | 展商80余家，观众2900人 |
| 中国国际专业音响•灯光•乐器及技术展览会 (PALM Expo) | 第21届 | 2012.5.24-5.27 | 北京 | 中国演艺设备技术协会 | 灯光音响、乐器等 | 乐器展部分约2万平方米 |
| 印度乐器展 (Musician Expo 2012) | 第11届 | 2011.5.31-6.2 | 孟买 | 印度DIVERSIFIED公司 | 电声乐器为主 | 为期3天，展商130家，观众11000人 |
| 日本东京吉他展 | 第11届 | 2012.6.23-6.24 | 东京 | 日本山野乐器店和Fender集团 | 各式吉他 | 观众4300名 |
| 美国NAMM夏季乐器展（Summer NAMM Show) | 每年夏季 | 2012.7.12-7.14 | 纳什维尔 | 美国国际音乐制品协会 | 以美国国内乐器商展示和音乐教育人士使用的乐器为主 | 参展商372家 |
| 台北两岸乐器大展 | 第4届 | 2012.7.6-.7.9 | 台北 | 台北市乐器商业同业公会、台北上联国际展览有限公司 | 管乐器、弦乐器、键盘乐器、电子乐器、打击乐器、零配件等 | 面积约2万平方米 |
| 莫斯科乐器展 | 第17届 | 2012.9.20-9.23 | 莫斯科 | 莫斯科乐器展览会组委会 | 电声乐器、钢琴、管乐器及打击乐器等 | 展会面积近2万平方米 |
| 巴西圣保罗国际乐器展览会（Expomusic 2012） | 第29届 | 2012.9.19-9.23 | 圣保罗 | FRANCAL展览公司 | 各种乐器、音响及配件、相关媒体及专业刊物 | 展会面积3.4万平方米，展商176家 |
| 意大利克雷蒙娜乐器展（Cremona MondonMusica 2012） | 第25届 | 2012.9.28-9.30 | 克雷蒙娜 | 克雷蒙娜乐器展组委会 | 以提琴等弦乐器为主，兼展弹拨乐器、琴弓、配件、乐谱等 | 232家展商，其中59%来自国外 |
| 中国（上海）国际乐器展览会（Music China） | 第11届 | 2012.10.11-10.14 | 上海 | 中国乐器协会，上海国际展览中心有限公司，法兰克福（香港）展览公司 | 钢琴、弦乐器、电声乐器、乐器配件、民族乐器、铜管乐器、打击乐器、相关协会媒体、乐谱、音乐书籍等。 | 展会面积86500平方米，国内外参展商1606家，观众总数60172人。 |
| 日本弦乐器展 | 第55届 | 2012.11.2-11.4 | 东京 | 日本弦乐器制作者协会 | 提琴等弦乐器及配件、制作工具，吉他、曼陀铃、乐谱、箱包 | 含制作师、企业法人、协会团体等各类形式展商共97家 |

## 职业技能鉴定

# 2012年中国钢琴调律职业资格考核情况

2012年，中国乐器行业钢琴调律职业资格考核工作进一步开展，据中国乐器协会钢琴调律师分会了解，2012年我国钢琴社会保有量约为530万架，钢琴调律师近万人。从2002年实行国家职业技能考核制度以来，截止2012年共有4363名钢琴调律师取得各级职业资格证书，其中取得初级技能证书1371人、中级技能证书1383人、高级技能证书1335人、技师证书164人、高级技师证书110人。

2012年又有409名钢琴调律师取得各个级别的国家职业资格证书，其中，取得高级技师证书6人，技师证书13人，高级技能证书69人，中级技级证书146人，初级技能证书175人。其中，男性328人，占80.2%，女性81人，占19.8%。在北京鉴定站获得证书的有169人（含北京电子科技职业学院、北京联大特教学院应届毕业生35人），广州鉴定站110人，上海鉴定所107人，长春大学音乐学院23人。

# 2012年全国钢琴调律师职业资格考核鉴定情况统计表

| 鉴定站(所) | 鉴定日期 | 五级/初级技能 | 四级/中级技能 | 三级/高级技能 | 二级/技师 | 一级/高级技师 | 合计 |
|---|---|---|---|---|---|---|---|
| 北京鉴定站 | 2012年3月（调律班） | 9 | | | | | 9 |
| | 2012年4月（考核鉴定） | 31 | 17 | 19 | | | 67 |
| | 2012年9月(盲人调律大赛) | | | 2 | | | 2 |
| | 2012年10月(调律班) | 18 | | | | | 18 |
| | 2012年10月(考核鉴定) | 16 | 8 | 14 | | | 38 |
| 小计 | | 74 | 25 | 35 | 0 | 0 | 134 |
| 广州鉴定站 | 2012年4月(考核鉴定) | 14 | 5 | 5 | | | 24 |
| | 2012年4月(学院) | | 20 | | | | 20 |
| | 2012年5月(调律班) | 15 | 1 | | | | 16 |
| | 2012年8月(考核鉴定) | 12 | | | | | 12 |
| | 2012年10月(考核鉴定) | 14 | 11 | 6 | | | 31 |
| | 2012年10月(技师考核鉴定) | | | 1 | 5 | 1 | 7 |
| 小计 | | 55 | 37 | 12 | 5 | 1 | 110 |

| 鉴定站(所) | 鉴定日期 | 五级/初级技能 | 四级/中级技能 | 三级/高级技能 | 二级/技师 | 一级/高级技师 | 合计 |
|---|---|---|---|---|---|---|---|
| 上海鉴定所 | 2012年4月(考核鉴定) | 19 | 20 | 7 | | | 46 |
| | 2012年4月（安徽） | 7 | 6 | 3 | 3 | | 19 |
| | 2012年10月(考核鉴定) | 20 | 12 | | 5 | 5 | 42 |
| 小计 | | 46 | 38 | 10 | 8 | 5 | 107 |
| 长春大学 | 2012年4月(考核鉴定) | | 2 | 4 | | | 6 |
| | 2012年10月(考核鉴定) | | 9 | 8 | | | 17 |
| 小计 | | 0 | 11 | 12 | 0 | 0 | 23 |
| 北京电子科技职业学院(毕业生) | | | 21 | | | | 21 |
| 北京联合大学特殊教育学院(毕业生) | | | 14 | | | | 14 |
| 2012年合计 | | 175 | 146 | 69 | 13 | 6 | 409 |

# 2012年通过钢琴调律师国家职业资格考核鉴定名单

## 北京鉴定站

| 姓名 | 性别 | 证书号 | 级别 |
|---|---|---|---|
| 吕 超 | 男 | 1258003001300025 | 三级/高级技能 |
| 韩 琦 | 男 | 1258003001300015 | 三级/高级技能 |
| 刘 畅 | 男 | 1258003001300029 | 三级/高级技能 |
| 赵冬玲 | 女 | 1258003001300031 | 三级/高级技能 |
| 谢俊锋 | 男 | 1258003001300027 | 三级/高级技能 |
| 黄 勇 | 男 | 1258003001300016 | 三级/高级技能 |
| 杨 风 | 男 | 1258003001300028 | 三级/高级技能 |
| 王良化 | 男 | 1258003001300032 | 三级/高级技能 |
| 韩 广 | 男 | 1258003001300022 | 三级/高级技能 |
| 王 凯 | 男 | 1258003001300030 | 三级/高级技能 |
| 吴培强 | 男 | 1258003001300021 | 三级/高级技能 |
| 王海涛 | 男 | 1258003001300033 | 三级/高级技能 |
| 王青岭 | 男 | 1258003001300023 | 三级/高级技能 |
| 杨 琳 | 女 | 1258003001300018 | 三级/高级技能 |
| 赵治宇 | 男 | 1258003001300019 | 三级/高级技能 |

| 姓名 | 性别 | 证书号 | 级别 |
|---|---|---|---|
| 边　洋 | 男 | 1258003001300020 | 三级/高级技能 |
| 司宏斌 | 男 | 1258003001300024 | 三级/高级技能 |
| 王　静 | 女 | 1258003001300026 | 三级/高级技能 |
| 彭　乐 | 男 | 1258003001300017 | 三级/高级技能 |
| 陈少华 | 男 | 1258003001300034 | 三级/高级技能 |
| 郑琳琳 | 女 | 1258003001300035 | 三级/高级技能 |
| 张　淼 | 男 | 1258003001300054 | 三级/高级技能 |
| 王　泽 | 男 | 1258003001300056 | 三级/高级技能 |
| 程　琳 | 女 | 1258003001300052 | 三级/高级技能 |
| 刘　兵 | 男 | 1258003001300048 | 三级/高级技能 |
| 刘　晶 | 女 | 1258003001300051 | 三级/高级技能 |
| 冯　毓 | 男 | 1258003001300047 | 三级/高级技能 |
| 林金池 | 男 | 1258003001300055 | 三级/高级技能 |
| 张媛媛 | 女 | 1258003001300045 | 三级/高级技能 |
| 王海军 | 男 | 1258003001300050 | 三级/高级技能 |
| 路廷博 | 男 | 1258003001300053 | 三级/高级技能 |
| 张大伍 | 男 | 1258003001300057 | 三级/高级技能 |
| 杜小勇 | 男 | 1258003001300044 | 三级/高级技能 |
| 李云鹏 | 男 | 1258003001300046 | 三级/高级技能 |
| 韩瑞涛 | 男 | 1258003001300049 | 三级/高级技能 |
| | | | |
| 杨五纲 | 男 | 1258003001400037 | 四级/中级技能 |
| 吴南军 | 男 | 1258003001400030 | 四级/中级技能 |
| 唐大勇 | 男 | 1258003001400031 | 四级/中级技能 |
| 李衍铿 | 男 | 1258003001400033 | 四级/中级技能 |
| 雷文廷 | 男 | 1258003001400039 | 四级/中级技能 |
| 冯树德 | 男 | 1258003001400041 | 四级/中级技能 |
| 杜海顺 | 男 | 1258003001400032 | 四级/中级技能 |
| 蔡裕琨 | 男 | 1258003001400042 | 四级/中级技能 |
| 高海龙 | 男 | 1258003001400036 | 四级/中级技能 |
| 李天雨 | 男 | 1258003001400038 | 四级/中级技能 |
| 方海夫 | 男 | 1258003001400040 | 四级/中级技能 |
| 梁　君 | 男 | 1258003001400029 | 四级/中级技能 |
| 郭玉芬 | 女 | 1258003001400045 | 四级/中级技能 |
| 李　伟 | 男 | 1258003001400034 | 四级/中级技能 |
| 于树成 | 男 | 1258003001400035 | 四级/中级技能 |

| 姓名 | 性别 | 证书号 | 级别 |
|---|---|---|---|
| 史国旗 | 男 | 1258003001400043 | 四级/中级技能 |
| 高叶青 | 男 | 1258003001400044 | 四级/中级技能 |
| 李红磊 | 男 | 1258003001400107 | 四级/中级技能 |
| 刘　刚 | 男 | 1258003001400108 | 四级/中级技能 |
| 贾佑俊 | 男 | 1258003001400102 | 四级/中级技能 |
| 魏　丹 | 女 | 1258003001400104 | 四级/中级技能 |
| 皇　波 | 男 | 1258003001400103 | 四级/中级技能 |
| 田　准 | 男 | 1258003001400109 | 四级/中级技能 |
| 范成礁 | 男 | 1258003001400105 | 四级/中级技能 |
| 李华涛 | 男 | 1258003001400106 | 四级/中级技能 |
| | | | |
| 杜　斌 | 男 | 1258003001500001 | 五级/初级技能 |
| 刘彦君 | 女 | 1258003001500002 | 五级/初级技能 |
| 党育超 | 男 | 1258003001500003 | 五级/初级技能 |
| 刘　洋 | 男 | 1258003001500004 | 五级/初级技能 |
| 李一平 | 男 | 1258003001500005 | 五级/初级技能 |
| 李　萌 | 男 | 1258003001500006 | 五级/初级技能 |
| 吴新辉 | 男 | 1258003001500007 | 五级/初级技能 |
| 郭有志 | 男 | 1258003001500008 | 五级/初级技能 |
| 陈思含 | 女 | 1258003001500009 | 五级/初级技能 |
| 杨俊宇 | 男 | 1258003001500042 | 五级/初级技能 |
| 周　杨 | 男 | 1258003001500044 | 五级/初级技能 |
| 王　伟 | 男 | 1258003001500041 | 五级/初级技能 |
| 郭玉田 | 男 | 1258003001500039 | 五级/初级技能 |
| 郭鹏丽 | 女 | 1258003001500062 | 五级/初级技能 |
| 林晓桦 | 女 | 1258003001500053 | 五级/初级技能 |
| 田　涛 | 男 | 1258003001500036 | 五级/初级技能 |
| 刘嘉璐 | 男 | 1258003001500037 | 五级/初级技能 |
| 王永胜 | 男 | 1258003001500038 | 五级/初级技能 |
| 于　航 | 男 | 1258003001500040 | 五级/初级技能 |
| 李　刚 | 男 | 1258003001500049 | 五级/初级技能 |
| 王　栋 | 男 | 1258003001500043 | 五级/初级技能 |
| 常　城 | 男 | 1258003001500045 | 五级/初级技能 |
| 裴尚彬 | 男 | 1258003001500046 | 五级/初级技能 |
| 叶　佳 | 女 | 1258003001500047 | 五级/初级技能 |
| 孙　涛 | 男 | 1258003001500048 | 五级/初级技能 |

| 姓名 | 性别 | 证书号 | 级别 |
|---|---|---|---|
| 李一鸣 | 女 | 1258003001500050 | 五级/初级技能 |
| 刘景春 | 男 | 1258003001500051 | 五级/初级技能 |
| 刘佳博 | 男 | 1258003001500052 | 五级/初级技能 |
| 李欣林 | 男 | 1258003001500054 | 五级/初级技能 |
| 古　丽 | 女 | 1258003001500055 | 五级/初级技能 |
| 王志新 | 女 | 1258003001500056 | 五级/初级技能 |
| 高　昂 | 男 | 1258003001500057 | 五级/初级技能 |
| 方　杏 | 女 | 1258003001500058 | 五级/初级技能 |
| 哈森高娃 | 女 | 1258003001500059 | 五级/初级技能 |
| 田　天 | 男 | 1258003001500060 | 五级/初级技能 |
| 周银利 | 男 | 1258003001500061 | 五级/初级技能 |
| 忻胜慧 | 男 | 1258003001500063 | 五级/初级技能 |
| 栗菲菲 | 男 | 1258003001500064 | 五级/初级技能 |
| 刘云飞 | 男 | 1258003001500065 | 五级/初级技能 |
| 马永清 | 男 | 1258003001500066 | 五级/初级技能 |
| 沈　涛 | 男 | 1258003001500088 | 五级/初级技能 |
| 刘东明 | 男 | 1258003001500094 | 五级/初级技能 |
| 朱江华 | 男 | 1258003001500095 | 五级/初级技能 |
| 李　强 | 男 | 1258003001500100 | 五级/初级技能 |
| 石　倩 | 女 | 1258003001500102 | 五级/初级技能 |
| 马欣睿 | 男 | 1258003001500101 | 五级/初级技能 |
| 党　哲 | 男 | 1258003001500087 | 五级/初级技能 |
| 游　鋆 | 男 | 1258003001500089 | 五级/初级技能 |
| 雪　晴 | 女 | 1258003001500090 | 五级/初级技能 |
| 杨　勇 | 男 | 1258003001500091 | 五级/初级技能 |
| 陈玲玲 | 女 | 1258003001500092 | 五级/初级技能 |
| 王　希 | 男 | 1258003001500093 | 五级/初级技能 |
| 徐雅轩 | 女 | 1258003001500096 | 五级/初级技能 |
| 杜易蓉 | 女 | 1258003001500097 | 五级/初级技能 |
| 何元钊 | 男 | 1258003001500098 | 五级/初级技能 |
| 王　瑜 | 女 | 1258003001500099 | 五级/初级技能 |
| 何佩玲 | 女 | 1258003001500103 | 五级/初级技能 |
| 靳　涛 | 男 | 1258003001500104 | 五级/初级技能 |
| 刘　峰 | 男 | 1258003001500116 | 五级/初级技能 |
| 周成杨 | 男 | 1258003001500108 | 五级/初级技能 |
| 王　苛 | 男 | 1258003001500106 | 五级/初级技能 |

| 姓名 | 性别 | 证书号 | 级别 |
|---|---|---|---|
| 李本权 | 男 | 1258003001500117 | 五级/初级技能 |
| 周　华 | 男 | 1258003001500111 | 五级/初级技能 |
| 王秋实 | 男 | 1258003001500109 | 五级/初级技能 |
| 黄娅玲 | 女 | 1258003001500118 | 五级/初级技能 |
| 迟行健 | 男 | 1258003001500110 | 五级/初级技能 |
| 王　帅 | 男 | 1258003001500107 | 五级/初级技能 |
| 赵守武 | 男 | 1258003001500120 | 五级/初级技能 |
| 张志国 | 男 | 1258003001500114 | 五级/初级技能 |
| 傅兴风 | 男 | 1258003001500115 | 五级/初级技能 |
| 李　燕 | 女 | 1258003001500105 | 五级/初级技能 |
| 杨朝钧 | 男 | 1258003001500113 | 五级/初级技能 |
| 刘　智 | 男 | 1258003001500112 | 五级/初级技能 |
| 舒　静 | 男 | 1258003001500119 | 五级/初级技能 |

# 广州鉴定站

| 姓 名 | 性别 | 证书号 | 级别 |
| --- | --- | --- | --- |
| 袁佳佳 | 男 | 1258003002100001 | 一级/技师 |
| | | | |
| 谢凤文 | 女 | 1258003002200004 | 二级/高级技师 |
| 谢 维 | 男 | 1258003002200005 | 二级/高级技师 |
| 汤 强 | 男 | 1258003002200002 | 二级/高级技师 |
| 李建国 | 男 | 1258003002200001 | 二级/高级技师 |
| 宗小伟 | 男 | 1258003002200003 | 二级/高级技师 |
| | | | |
| 吴江怀 | 男 | 1258003002300001 | 三级/高级技能 |
| 吴新涛 | 男 | 1258003002300004 | 三级/高级技能 |
| 李科文 | 男 | 1258003002300003 | 三级/高级技能 |
| 罗陈宾 | 男 | 1258003002300002 | 三级/高级技能 |
| 谢滴浓 | 男 | 1258003002300005 | 三级/高级技能 |
| 何等耀 | 男 | 1258003002300009 | 三级/高级技能 |
| 徐永前 | 男 | 1258003002300011 | 三级/高级技能 |
| 曾海平 | 男 | 1258003002300012 | 三级/高级技能 |
| 耿腾三郎 | 男 | 1258003002300007 | 三级/高级技能 |
| 龚 涛 | 男 | 1258003002300008 | 三级/高级技能 |
| 鲁毅成 | 男 | 1258003002300010 | 三级/高级技能 |
| 梁炳林 | 男 | 1258003002300006 | 三级/高级技能 |
| | | | |
| 马雯婷 | 女 | 1258003002400001 | 四级/中级技能 |
| 苏洁文 | 女 | 1258003002400002 | 四级/中级技能 |
| 刘世亮 | 男 | 1258003002400003 | 四级/中级技能 |
| 陈英强 | 男 | 1258003002400004 | 四级/中级技能 |
| 谢金明 | 男 | 1258003002400006 | 四级/中级技能 |
| 王建行 | 男 | 1258003002400015 | 四级/中级技能 |
| 陆 锋 | 男 | 1258003002400016 | 四级/中级技能 |
| 黄华强 | 男 | 1258003002400017 | 四级/中级技能 |
| 陈 枫 | 女 | 1258003002400019 | 四级/中级技能 |
| 王 昌 | 男 | 1258003002400020 | 四级/中级技能 |
| 陈恺骐 | 女 | 1258003002400005 | 四级/中级技能 |
| 陈学然 | 男 | 1258003002400007 | 四级/中级技能 |
| 刘 颖 | 女 | 1258003002400008 | 四级/中级技能 |

| 姓 名 | 性别 | 证书号 | 级别 |
|---|---|---|---|
| 唐廷尉 | 女 | 1258003002400009 | 四级/中级技能 |
| 林洁姗 | 女 | 1258003002400010 | 四级/中级技能 |
| 林　青 | 男 | 1258003002400011 | 四级/中级技能 |
| 吴烨宏 | 男 | 1258003002400012 | 四级/中级技能 |
| 宋沛轶 | 女 | 1258003002400013 | 四级/中级技能 |
| 张　弦 | 男 | 1258003002400014 | 四级/中级技能 |
| 朱国权 | 男 | 1258003002400018 | 四级/中级技能 |
| 陈亚四 | 男 | 1258003002400021 | 四级/中级技能 |
| 卢庆龙 | 男 | 1258003002400025 | 四级/中级技能 |
| 曹　金 | 男 | 1258003002400023 | 四级/中级技能 |
| 金春铎 | 男 | 1258003002400022 | 四级/中级技能 |
| 刘国栋 | 男 | 1258003002400024 | 四级/中级技能 |
| 叶广跃 | 男 | 1258003002400036 | 四级/中级技能 |
| 孔家棋 | 男 | 1258003002400027 | 四级/中级技能 |
| 梁开琴 | 女 | 1258003002400028 | 四级/中级技能 |
| 张政伟 | 男 | 1258003002400033 | 四级/中级技能 |
| 李勇兵 | 男 | 1258003002400034 | 四级/中级技能 |
| 凌　刚 | 男 | 1258003002400029 | 四级/中级技能 |
| 林振武 | 男 | 1258003002400035 | 四级/中级技能 |
| 岳浪舟 | 男 | 1258003002400032 | 四级/中级技能 |
| 阮洪溪 | 男 | 1258003002400030 | 四级/中级技能 |
| 孙春亮 | 男 | 1258003002400031 | 四级/中级技能 |
| 谷展展 | 男 | 1258003002400037 | 四级/中级技能 |
| 杨宗宝 | 男 | 1258003002400026 | 四级/中级技能 |
| | | | |
| 王本超 | 男 | 1258003002500011 | 五级/初级技能 |
| 戴日平 | 男 | 1258003002500009 | 五级/初级技能 |
| 陈振宇 | 男 | 1258003002500010 | 五级/初级技能 |
| 邸亚雄 | 男 | 1258003002500006 | 五级/初级技能 |
| 李赞清 | 男 | 1258003002500005 | 五级/初级技能 |
| 罗　成 | 男 | 1258003002500003 | 五级/初级技能 |
| 余国清 | 男 | 1258003002500007 | 五级/初级技能 |
| 江伟业 | 男 | 1258003002500008 | 五级/初级技能 |
| 李嘉雯 | 女 | 1258003002500001 | 五级/初级技能 |
| 黄天铎 | 男 | 1258003002500002 | 五级/初级技能 |
| 何培光 | 男 | 1258003002500004 | 五级/初级技能 |

| 姓 名 | 性别 | 证书号 | 级别 |
|---|---|---|---|
| 祁正荣 | 男 | 1258003002500013 | 五级/初级技能 |
| 李 强 | 男 | 1258003002500014 | 五级/初级技能 |
| 周自浩 | 男 | 1258003002500012 | 五级/初级技能 |
| 李桂凤 | 女 | 1258003002500015 | 五级/初级技能 |
| 徐旅程 | 男 | 1258003002500016 | 五级/初级技能 |
| 刘翔龙 | 男 | 1258003002500018 | 五级/初级技能 |
| 劳明霞 | 女 | 1258003002500022 | 五级/初级技能 |
| 李孟兴 | 男 | 1258003002500023 | 五级/初级技能 |
| 李盼盼 | 男 | 1258003002500024 | 五级/初级技能 |
| 陈 忠 | 男 | 1258003002500025 | 五级/初级技能 |
| 邱能康 | 男 | 1258003002500020 | 五级/初级技能 |
| 付伟才 | 男 | 1258003002500026 | 五级/初级技能 |
| 艾 玲 | 女 | 1258003002500027 | 五级/初级技能 |
| 黄 臻 | 男 | 1258003002500021 | 五级/初级技能 |
| 龙小庭 | 男 | 1258003002500019 | 五级/初级技能 |
| 郑 磊 | 男 | 1258003002500029 | 五级/初级技能 |
| 庄楚钊 | 男 | 1258003002500028 | 五级/初级技能 |
| 王一帆 | 男 | 1258003002500017 | 五级/初级技能 |
| 孙晓明 | 男 | 1258003002500030 | 五级/初级技能 |
| 罗 威 | 男 | 1258003002500031 | 五级/初级技能 |
| 余春香 | 女 | 1258003002500032 | 五级/初级技能 |
| 罗炳锐 | 男 | 1258003002500033 | 五级/初级技能 |
| 林瑶强 | 男 | 1258003002500034 | 五级/初级技能 |
| 李英毅 | 男 | 1258003002500035 | 五级/初级技能 |
| 姬 帅 | 男 | 1258003002500036 | 五级/初级技能 |
| 方 成 | 男 | 1258003002500037 | 五级/初级技能 |
| 陈均平 | 男 | 1258003002500038 | 五级/初级技能 |
| 陈竞开 | 男 | 1258003002500039 | 五级/初级技能 |
| 陈 兰 | 男 | 1258003002500040 | 五级/初级技能 |
| 陈 刚 | 男 | 1258003002500041 | 五级/初级技能 |
| 裴浩弘 | 男 | 1258003002500054 | 五级/初级技能 |
| 林 亮 | 男 | 1258003002500044 | 五级/初级技能 |
| 范 东 | 男 | 1258003002500053 | 五级/初级技能 |
| 姚清倩 | 女 | 1258003002500050 | 五级/初级技能 |
| 张南华 | 男 | 1258003002500051 | 五级/初级技能 |
| 陈佐霆 | 男 | 1258003002500042 | 五级/初级技能 |

| 姓 名 | 性别 | 证书号 | 级别 |
|---|---|---|---|
| 涂东师 | 男 | 1258003002500047 | 五级/初级技能 |
| 全玫瑰 | 女 | 1258003002500046 | 五级/初级技能 |
| 郑文泽 | 男 | 1258003002500052 | 五级/初级技能 |
| 何兆堂 | 男 | 1258003002500043 | 五级/初级技能 |
| 欧阳钊 | 男 | 1258003002500045 | 五级/初级技能 |
| 吴 波 | 男 | 1258003002500049 | 五级/初级技能 |
| 王文舒 | 男 | 1258003002500048 | 五级/初级技能 |
| 张水生 | 男 | 1258003002500055 | 五级/初级技能 |

# 上海鉴定所

| 姓 名 | 性别 | 证书号 | 级别 |
|---|---|---|---|
| 张 旺 | 男 | 1258003001100004 | 一级/技师 |
| 郝 键 | 男 | 1258003001100005 | 一级/技师 |
| 李雨森 | 男 | 1258003001100001 | 一级/技师 |
| 刘智良 | 男 | 1258003001100002 | 一级/技师 |
| 江 伟 | 男 | 1258003001100003 | 一级/技师 |
| | | | |
| 郭寒松 | 男 | 1258003001200002 | 二级/高级技师 |
| 杨志军 | 男 | 1258003001200001 | 二级/高级技师 |
| 倪铁峰 | 男 | 1258003001200007 | 二级/高级技师 |
| 周志奋 | 男 | 1258003001200006 | 二级/高级技师 |
| 徐 军 | 女 | 1258003001200004 | 二级/高级技师 |
| 赵 晨 | 男 | 1258003001200005 | 二级/高级技师 |
| 康绿新 | 男 | 1258003001200008 | 二级/高级技师 |
| 程健健 | 男 | 1258003001200003 | 二级/高级技师 |
| | | | |
| 刘 丽 | 女 | 1258003001300013 | 三级/高级技能 |
| 张江平 | 男 | 1258003001300014 | 三级/高级技能 |
| 温福君 | 男 | 1258003001300012 | 三级/高级技能 |
| 沈连树 | 男 | 1258003001300006 | 三级/高级技能 |
| 金 波 | 女 | 1258003001300001 | 三级/高级技能 |
| 刘 亮 | 男 | 1258003001300005 | 三级/高级技能 |
| 徐 扬 | 男 | 1258003001300003 | 三级/高级技能 |
| 王继业 | 男 | 1258003001300004 | 三级/高级技能 |
| 任宪京 | 男 | 1258003001300007 | 三级/高级技能 |
| 任安石 | 男 | 1258003001300002 | 三级/高级技能 |
| | | | |
| 訾冉冉 | 女 | 1258003001400005 | 四级/中级技能 |
| 王 正 | 男 | 1258003001400003 | 四级/中级技能 |
| 张 斌 | 男 | 1258003001400017 | 四级/中级技能 |
| 王百平 | 男 | 1258003001400013 | 四级/中级技能 |
| 齐 伟 | 男 | 1258003001400010 | 四级/中级技能 |
| 吴俊峰 | 男 | 1258003001400004 | 四级/中级技能 |
| 张国兴 | 男 | 1258003001400001 | 四级/中级技能 |
| 许光达 | 男 | 1258003001400007 | 四级/中级技能 |

| 姓 名 | 性别 | 证书号 | 级别 |
|---|---|---|---|
| 王　雪 | 女 | 1258003001400008 | 四级/中级技能 |
| 吴　丹 | 女 | 1258003001400018 | 四级/中级技能 |
| 孙增杰 | 男 | 1258003001400002 | 四级/中级技能 |
| 张廷锋 | 男 | 1258003001400019 | 四级/中级技能 |
| 许攀桂 | 男 | 1258003001400020 | 四级/中级技能 |
| 葛均松 | 男 | 1258003001400011 | 四级/中级技能 |
| 刘伟东 | 男 | 1258003001400012 | 四级/中级技能 |
| 班胜友 | 男 | 1258003001400014 | 四级/中级技能 |
| 李华伟 | 男 | 1258003001400015 | 四级/中级技能 |
| 刘　罡 | 男 | 1258003001400016 | 四级/中级技能 |
| 贾凯诺 | 男 | 1258003001400006 | 四级/中级技能 |
| 钱晓华 | 男 | 1258003001400009 | 四级/中级技能 |
| 秦　龙 | 男 | 1258003001400023 | 四级/中级技能 |
| 李　智 | 男 | 1258003001400028 | 四级/中级技能 |
| 程明柱 | 男 | 1258003001400025 | 四级/中级技能 |
| 周爱国 | 男 | 1258003001400026 | 四级/中级技能 |
| 屈　波 | 男 | 1258003001400027 | 四级/中级技能 |
| 胡　岭 | 男 | 1258003001400024 | 四级/中级技能 |
| 王　龚 | 男 | 1258003001400081 | 四级/中级技能 |
| 张艳芸 | 女 | 1258003001400082 | 四级/中级技能 |
| 朱孟佳 | 男 | 1258003001400083 | 四级/中级技能 |
| 宋晓波 | 男 | 1258003001400086 | 四级/中级技能 |
| 张志国 | 男 | 1258003001400084 | 四级/中级技能 |
| 吴　迪 | 男 | 1258003001400090 | 四级/中级技能 |
| 于学帅 | 男 | 1258003001400089 | 四级/中级技能 |
| 时　阳 | 男 | 1258003001400087 | 四级/中级技能 |
| 刘　岗 | 男 | 1258003001400088 | 四级/中级技能 |
| 刘　赣 | 男 | 1258003001400085 | 四级/中级技能 |
| 郭缝春 | 男 | 1258003001400091 | 四级/中级技能 |
| 窦　健 | 男 | 1258003001400092 | 四级/中级技能 |
| | | | |
| 万阜鑫 | 男 | 1258003001500020 | 五级/初级技能 |
| 张　银 | 女 | 1258003001500012 | 五级/初级技能 |
| 杨　森 | 女 | 1258003001500013 | 五级/初级技能 |
| 周留君 | 男 | 1258003001500014 | 五级/初级技能 |
| 王凯旋 | 女 | 1258003001500015 | 五级/初级技能 |

| 姓 名 | 性别 | 证书号 | 级别 |
|---|---|---|---|
| 王 悦 | 女 | 1258003001500016 | 五级/初级技能 |
| 史军波 | 男 | 1258003001500017 | 五级/初级技能 |
| 陈 彬 | 男 | 1258003001500018 | 五级/初级技能 |
| 袁 飞 | 男 | 1258003001500019 | 五级/初级技能 |
| 姜栋栋 | 男 | 1258003001500022 | 五级/初级技能 |
| 曾善伟 | 男 | 1258003001500026 | 五级/初级技能 |
| 陈礼福 | 男 | 1258003001500027 | 五级/初级技能 |
| 沈 茜 | 男 | 1258003001500025 | 五级/初级技能 |
| 牛 锋 | 男 | 1258003001500028 | 五级/初级技能 |
| 陈思聪 | 男 | 1258003001500010 | 五级/初级技能 |
| 彭帮辉 | 男 | 1258003001500023 | 五级/初级技能 |
| 袁 远 | 男 | 1258003001500024 | 五级/初级技能 |
| 沈林斌 | 男 | 1258003001500021 | 五级/初级技能 |
| 章 胜 | 男 | 1258003001500011 | 五级/初级技能 |
| 刘富忠 | 男 | 1258003001500034 | 五级/初级技能 |
| 马 建 | 男 | 1258003001500032 | 五级/初级技能 |
| 朱晓东 | 男 | 1258003001500035 | 五级/初级技能 |
| 李 艺 | 女 | 1258003001500030 | 五级/初级技能 |
| 孙俊婷 | 女 | 1258003001500033 | 五级/初级技能 |
| 黄文波 | 男 | 1258003001500031 | 五级/初级技能 |
| 唐羽中 | 男 | 1258003001500029 | 五级/初级技能 |
| 张圣全 | 男 | 1258003001500079 | 五级/初级技能 |
| 陈利剑 | 男 | 1258003001500080 | 五级/初级技能 |
| 金星日 | 男 | 1258003001500083 | 五级/初级技能 |
| 李寒娇 | 女 | 1258003001500084 | 五级/初级技能 |
| 赵 方 | 男 | 1258003001500085 | 五级/初级技能 |
| 张 雨 | 女 | 1258003001500086 | 五级/初级技能 |
| 高建新 | 男 | 1258003001500077 | 五级/初级技能 |
| 林 勋 | 男 | 1258003001500073 | 五级/初级技能 |
| 高月昊 | 男 | 1258003001500067 | 五级/初级技能 |
| 贺小龙 | 男 | 1258003001500068 | 五级/初级技能 |
| 刘第哲 | 男 | 1258003001500069 | 五级/初级技能 |
| 贾 睿 | 男 | 1258003001500070 | 五级/初级技能 |
| 马梓淳 | 男 | 1258003001500071 | 五级/初级技能 |
| 周 宇 | 男 | 1258003001500072 | 五级/初级技能 |
| 施培磊 | 男 | 1258003001500076 | 五级/初级技能 |

| 姓 名 | 性别 | 证书号 | 级别 |
|---|---|---|---|
| 吴凤秀 | 女 | 1258003001500081 | 五级/初级技能 |
| 柳 盈 | 女 | 1258003001500082 | 五级/初级技能 |
| 王聪聪 | 男 | 1258003001500075 | 五级/初级技能 |
| 张天福 | 男 | 1258003001500074 | 五级/初级技能 |
| 于 悦 | 男 | 1258003001500078 | 五级/初级技能 |

# 长春大学

| 姓名 | 性别 | 证书号 | 级别 |
|---|---|---|---|
| 宋雪鑫 | 男 | 1258003001300008 | 三级/高级技能 |
| 张 睿 | 女 | 1258003001300009 | 三级/高级技能 |
| 刘 莹 | 女 | 1258003001300010 | 三级/高级技能 |
| 王晓瑞 | 男 | 1258003001300011 | 三级/高级技能 |
| 沈俊丞 | 男 | 1258003001300036 | 三级/高级技能 |
| 杜 尧 | 男 | 1258003001300037 | 三级/高级技能 |
| 郑凯夫 | 男 | 1258003001300038 | 三级/高级技能 |
| 郝涌浩 | 男 | 1258003001300039 | 三级/高级技能 |
| 李 颖 | 女 | 1258003001300040 | 三级/高级技能 |
| 吴鑫龙 | 男 | 1258003001300041 | 三级/高级技能 |
| 张德才 | 男 | 1258003001300042 | 三级/高级技能 |
| 苏 舒 | 女 | 1258003001300043 | 三级/高级技能 |
| | | | |
| 张育博 | 男 | 1258003001400021 | 四级/中级技能 |
| 卫国荣 | 女 | 1258003001400022 | 四级/中级技能 |
| 曹 晨 | 女 | 1258003001400093 | 四级/中级技能 |
| 马雯隽 | 女 | 1258003001400094 | 四级/中级技能 |
| 裴秀芹 | 女 | 1258003001400095 | 四级/中级技能 |
| 刘永芳 | 女 | 1258003001400096 | 四级/中级技能 |
| 孙晨迪 | 女 | 1258003001400097 | 四级/中级技能 |
| 殷瑶瑶 | 女 | 1258003001400098 | 四级/中级技能 |
| 孙 旭 | 男 | 1258003001400099 | 四级/中级技能 |
| 曲建杰 | 男 | 1258003001400100 | 四级/中级技能 |
| 郭大尉 | 男 | 1258003001400101 | 四级/中级技能 |

# 北京电子科技职业学院

| 姓名 | 性别 | 证书号 | 级别 |
|---|---|---|---|
| 周圣朋 | 男 | 1258003001400046 | 四级/中级技能 |
| 崔文建 | 男 | 1258003001400047 | 四级/中级技能 |
| 苗　磊 | 男 | 1258003001400048 | 四级/中级技能 |
| 王潇寒 | 男 | 1258003001400049 | 四级/中级技能 |
| 任国淼 | 男 | 1258003001400050 | 四级/中级技能 |
| 张红韵 | 女 | 1258003001400051 | 四级/中级技能 |
| 李　皓 | 男 | 1258003001400052 | 四级/中级技能 |
| 王思维 | 男 | 1258003001400053 | 四级/中级技能 |
| 邓　亚 | 男 | 1258003001400054 | 四级/中级技能 |
| 郭　杨 | 男 | 1258003001400055 | 四级/中级技能 |
| 孙亚奇 | 男 | 1258003001400056 | 四级/中级技能 |
| 赵宝银 | 男 | 1258003001400057 | 四级/中级技能 |
| 贾佳骏 | 男 | 1258003001400058 | 四级/中级技能 |
| 王　晨 | 男 | 1258003001400059 | 四级/中级技能 |
| 罗　旭 | 男 | 1258003001400060 | 四级/中级技能 |
| 贾骏夫 | 男 | 1258003001400061 | 四级/中级技能 |
| 梁迎东 | 女 | 1258003001400062 | 四级/中级技能 |
| 崔　欣 | 女 | 1258003001400063 | 四级/中级技能 |
| 翟希颖 | 女 | 1258003001400064 | 四级/中级技能 |
| 洪　运 | 男 | 1258003001400065 | 四级/中级技能 |
| 陶　然 | 女 | 1258003001400066 | 四级/中级技能 |

# 北京联合大学特殊教育学院

| 姓名 | 性别 | 证书号 | 级别 |
|---|---|---|---|
| 陈瑶瑶 | 女 | 1258003001400067 | 四级/中级技能 |
| 袁基浩 | 男 | 1258003001400068 | 四级/中级技能 |
| 王 昶 | 女 | 1258003001400069 | 四级/中级技能 |
| 于 蕾 | 女 | 1258003001400070 | 四级/中级技能 |
| 王 辰 | 男 | 1258003001400071 | 四级/中级技能 |
| 田 冬 | 男 | 1258003001400072 | 四级/中级技能 |
| 盘铭径 | 男 | 1258003001400073 | 四级/中级技能 |
| 王一峰 | 男 | 1258003001400074 | 四级/中级技能 |
| 刘 通 | 男 | 1258003001400075 | 四级/中级技能 |
| 游其元 | 男 | 1258003001400076 | 四级/中级技能 |
| 田依滨 | 男 | 1258003001400077 | 四级/中级技能 |
| 李 华 | 男 | 1258003001400078 | 四级/中级技能 |
| 方发群 | 男 | 1258003001400079 | 四级/中级技能 |
| 李秋龙 | 男 | 1258003001400080 | 四级/中级技能 |

## 检测标准

# 国家轻工业乐器质量监督检测中心 2012年工作总结

2012年，国家轻工业乐器质量监督检测中心（以下简称检测中心）度过了最为忙碌的一年。在领导的正确决策和全体同事的共同努力下，在广大行业企业的大力支持协助下，检测中心各项工作按年度计划已经圆满顺利完成，并在所开展工作的各个方面都取得了不错的成绩，在向前发展的道路上迈出了非常坚实的一步。

### 一、业务开展

**1、产品检测**

作为检测中心基础性业务，全年共检测各类乐器产品592批次；出具合格产品《检测报告》555份。其中重大检测工作包括2012年度钢琴产品质量国家监督抽查工作；对与检测中心签订了“定点检测服务协议”的12家企业的产品检测工作；对浙江德清地区40余家钢琴制造企业的第三次年度产品检测工作等等。

**2、全面开展“产品检测定点服务企业”项目工作**

为带动全行业提高产品质量意识，自2011年开始，检测中心在乐器行业中开展了“产品检测定点服务企业”工作，2012年新增签约企业8家，目前与检测中心签订《定点检测服务协议》的企业共计12家。至此，该项工作已经基本达到预期效果。签约企业均为行业骨干企业。产品种类涉及钢琴、管乐、民乐、打击乐、电声乐器、簧片类乐器。

### 二、承担上级下达任务

本年度，检测中心承担了国家质检总局下达的“2012年第4批钢琴产品质量国家监督抽查”任务。3月12日，在参加总局监督司国抽工作任务部署会后，中心领导组织全体工作人员认真、系统地学习了会议精神和内容。召开了多次专项工作会，一再重申国抽工作重要性，并按《产品质量国家监督抽查承检工作规范》要求，制定了详尽的工作流程、工作细则，以及具体的人员分工安排。

6月5日，检测中心按工作要求和工作计划正式启动“2012年第4批钢琴产品质量国家监督抽查”工作。本次共抽查企业40家，企业分布涉及11个省、市、直辖市。为了保证本次抽查工作的公正性、科学性，结合钢琴行业以及产品特点在多个环节都制定了相应的确保公正性方案以及应急预案。为确保工作进度，参加检测的同志主动放弃了年假。历时3个月的紧张工作，按总局要求认真完成了各项工作，上报材料通过审查后，得到了总局领导多次在会上的表扬，并将检测中心列为参与本批次产品国抽各机构的先进典型。时隔8年，检测中心又一次向国家质检总局递交了一份满意的答卷。

**4、行业服务**

检测中心在开展基础业务的同时，一直秉承服务行业、服务社会的宗旨。不断的探索行业、社会需求，除进一步加强检测中心网站的宣传服务力度外，在钢琴国抽工作结束后，又编辑出版了《中国钢琴——2012产品质量国家监督抽查报告》，该刊物的出版受到行业企业以及广大消费者的广泛好评，对于消费者在进行钢琴选购时具有非常良好地指导意义。同时，检测中心积极开发行业适用的各类产品。

### 三、科研工作

本年度，检测中心积极申请各类科研项目，充分利用科研经费，在领导的全力支持下，完成了在声学测试、理化试验方面的设备更新与升级工作，极大地提高了实验室的综合科研能力。与此同时，成立了专项课题组，承担了研究所声学研究方法调研项目，课题组人员历时近半年时间走访大量企业、科研院所，遍访业内专家，搜集整理了大量国内国外的专业文献资料，最终高水平的完成了4万余字的《乐器声学研究方法调研报告》。为即将展开的北京乐器研究所“十二五”重点项目——乐器声学研究项目打下了良好的理论基础。

## 四、实验室建设

**1、队伍建设**

人才队伍建设是检测中心长久发展之根本。为适应发展需要，本年度检测中心在人员、岗位设置方面也作出了精细的安排与调整，逐步形成了以产品质检、业务拓展、科研开发为主的三支专业人才队伍，同时实行统分结合的灵活形式，很大程度上提高了中心的综合工作效率。

**2、环境改造**

7月初至8月底，在上级单位的大力支持投入下，检测中心进行了实验室环境改造工程。改造后的检测中心焕然一新，按照规划设计，目前已经形成了声学、理化、材料三个专业实验平台。

**3、设备更新**

本年度，利用科研经费投入，先后购置了包括声学频谱分析设备、三维扫描测量设备、大型VOC实验舱、化学分析设备、材料性能测试设备等一大批先进的实验设施、设备。跨越式的提高了检测中心的整体实力。为今后开展各项科研工作打下了良好的基础。

**4、体系运行**

本年度检测中心体系运行状况良好，实验室年度内审、管理评审工作按计划如期进行，内审组于2—3月份完成了实验室体系文件的换版修订工作。新增检测项目12项，其中包括11月1日发布实施的《乐器产品有毒有害物质限值》国家标准等项目，目前已向中国合格评定国家认可委员会（CNAS）提出扩项申请。

## 五、经验与教训

按照总体规划、分步实施的大方针指导下，检测中心工作在各个方面都取得了长足的进展，工作内容与工作量都大幅增加。在领导一再强调的合规合法的工作要求下，各项工作都得以顺利进行。因此，“总体规划、分步实施、合规合法的开展工作”将作为检测中心今后要长期坚定不移、坚持贯彻的大方针。另外，为适应市场发展变化，检测中心要认真研究制定相应的应急措施，紧跟市场形势，继续完善和提高工作严谨度。

## 六、2013年工作重点

1、加强人员技术培训，提高服务水平、服务质量；

2、确保乐器声学研究方法项目平稳顺利开展，并取得声学科研项目阶段性成果；

3、确保《乐器有毒有害物质限值》国家标准顺利执行；

4、继续利用网站、活动专刊方式，充分服务行业；

5、做好充分调研工作，积极争取承担各类科研项目；

6、充分发挥现有设备设施优势，开展行业服务、行业合作；

7、做好产品检测技术手段的升级、更新工作。

# 国家轻工业乐器质量监督检测中心（广州）2012年工作总结

2012年，在检测中心全体人员同心协力下，将各项工作有序地完成。如委托检测、监督检测、出口产品商检和新产品检测等等。检测工作都是在数量多，时间紧的情况下完成的。另外，中心还积极参与行业标准化工作，承担标准起草任务。积极做好职业技能培训和鉴定工作，为行业不断培训技能人才。

## 一、检测工作

1．为配合企业开发新产品和对产品质量的控制，开展产品检测和产品的鉴定工作。

2．监督检测方面：根据广州市质量技术监督局2012年的监督抽查计划，中心对钢琴、吉它、提琴、鼓乐等产品进行监督抽查，按时完成抽检任务。

3．产品标准验证方面：江苏天鹅乐器有限公司委托，对其企业承担的《半音阶口琴》标准制定做产品验证的工作。

4．进出口检验方面：一般进出口检验时间十分紧，我们坚持加班加点积极做好进出口检验检疫局委托的出口乐器检测工作，不影响企业产品的出口。

## 二、标准化工作

1. 我中心主持或参与完成了《钢琴击弦机》、《小提琴》、《小提琴弓》、《大提琴》、《大提琴弓》、《提琴弓通用技术条件》6项行业标准的修订工作，参与完成了《乐器声学品质评价方法》和《乐器音乐信号采集规范》2项国家标准制定工作。

在标准制、修订工作方面，我中心成立了标准起草工作组，负责标准文本的起草、编制、数据试验、验证等诸项工作。同时我中心还会同全国乐器标准化中心广泛收集国内主要提琴生产厂家对标准的修订意见，对提琴产品进行测试和验证，并收集国内主要提琴弦生产厂的企业标准进行分析对比，组织主要起草单位对标准中的产品分类、技术要求、测试方法、检验规则及标志、包装、运输、贮存等项内容进行逐一讨论和研究，编写出标准草案，并将标准草案公开征求业内各方面意见，对反馈的意见进行认真分析研究，根据目前国内提琴生产的实际情况，及相关的法律法规要求，我们采纳了部分厂家的意见，没有采纳的意见也作了详细的说明，并对标准草案进行修改，提出标准送审稿。对《乐器声学品质评价方法》和《乐器音乐信号采集规范》2项国家标准我们也积极参与制定，承担一定的标准调研工作。

2. 组织在河源市召开的《吉他》、《电吉他》2项行业标准的工作组第一次会议，确定2项行业标准修订的工作任务及完成时间。

3. 去江苏江阴金杯手风琴厂做《手风琴》标准修订调研，并为标准的修订进行验证。

4. 对乐器企业进行《乐器有害物质限量》国家标准宣贯工作，使标准的实施更加顺利。

5. 参与钢琴标准制修订工作组的筹建工作，并作为工作组的秘书处单位，负责筹建工作组的申报及与工作组成员单位之间的沟通工作，使工作组顺利成立，并成功地举行了第一次工作组会议，明确了工作组的任务和职责。

## 三、技能培训和鉴定工作

为了进一步做好职业技能培训和鉴定工作，今年中心做了如下工作：

1. 参与组织钢琴制作工资考委的组建工作，并为开展钢琴制作工的鉴定评审工作做好准备。

2. 按计划完成今年2期的钢琴调律师技能鉴定工作，做好资格审核工作，组织做好考试、改卷、成绩计算、网站成绩上传、成绩及鉴定材料上报等工作。

3. 组织文艺职业学院和星海音乐学院应届毕业生进行钢琴调律师考前培训及鉴定。

4. 组织一次钢琴调律技师、高级技师的鉴定工作，组织技师考试考前培训和鉴定工作的实施。

5. 为学员宿舍进行装修，改善学员的住宿环境，更有利于学员的学习和生活。

6. 做好培训教学和学员管理工作，特别是定期对学员宿舍进行防火、安全、卫生监督检查，发现问题，及时进行整改；加强对学员的管理，防止事故发生。中心还积极与广州消安防火宣传中心联系，对教师和学生进行消防知识的培训，提高了教师和学生的消防意识，反应良好。

# 全国乐器标准化技术委员会 2012年工作总结

## 一、2012年乐器标委会主要工作

1、国标委、工信部、中轻联等标准化主管部门下达乐器标准制修订项目计划共18项（见附件2），有5项为跨年度计划。其中制定国家标准2项，制定行业标准5项，修订行业标准11项。这些标准按级别分：涉及国家、行业两级；按体系分：涉及弦鸣乐器、气鸣乐器、电鸣乐器、体鸣乐器、膜鸣乐器等门类；按类别分：涉及基础通用、方法和产品，其中：方法类国家标准2项；基础通用类行业标准3项；方法类行业标准1项；产品类行业标准12项。武汉艾立卡电子有限公司、广州珠江钢琴集团有限公司、森鹤乐器股份有限公司、吟飞科技（江苏）有限公司、江苏天鹅乐器有限公司、福州和声钢琴有限公司、北京星海钢琴集团有限公司、杭州嘉德威钢琴有限公司、国家轻工业乐器质量监督检测中心（广州）、上海邦加琴业有限公司、上海民族乐器一厂、烟台金斯伯格钢琴有限公司、东莞三基音响科技有限公司、杭州艺威电子音响设备厂、武汉开棱电器有限公司、广州市红棉提琴有限公司、江阴金杯乐器有限公司、江苏奇美乐器有限公司、北京乐器研究所等19个单位分别承担了18项标准的制修订工作。截止2012年底，其中11项行业标准、2项国家标准的审定、报批工作已完成，余下5项行业标准的修订将在2013年上半年完成。至此，乐器标委会在上级标准化主管部门、中国乐器协会、各委员和有关单位的关注和支持下，保质保量很好的完成和落实了2012年度各项标准的制修订工作。

2、根据国家标准委《2012年国家标准项目立项指南》的要求，乐器标委会依据《乐器标准化体系》对行业现状进行了分析，在征求行业意见后，向国家标准化行政管理部门提出了2013年国家、行业标准制修订项目的计划。提出申报的国家标准项目是：制定《废弃乐器产品回收利用通用规范》、修订《钢琴》；申报的行业标准项目是：制定《木琴（马林巴）》、《定音鼓》、《管钟》。这些标准拟由吟飞科技（江苏）有限公司、广州珠江钢琴集团股份有限公司、国家轻工业乐器质量监督检测中心（广州）、杭州嘉德威钢琴有限公司、天津津宝乐器有限公司、北京乐器研究所等单位承担。

3、按照中轻联“关于编制轻工业标准化发展规划（2012-2015）”的总体要求，乐器标委会着重做了以下几方面的工作：1.做好基础调查、信息收集和乐器标准项目计划立项的论证工作；2.从乐器行业整体发展的角度出发，对国内外同行业标准化体系进行对比分析研究；3.对现行乐器行业标准和相关行业标准资源进行系统梳理，明晰乐器行业标准化体系能力建设思路；4.提出加快制定乐器行业急需的基础通用、环保和方法类标准制定的计划和进度；5.提出“十二五”后3年乐器标准制修订重点项目；6.按中轻联的部署，完成了《2012-2015乐器行业标准化发展规划》的编制。

4、为落实工信部和中轻联两级标准化主管部门提出的“关于编制工业‘十二五’技术标准体系建设方案和技术标准体系提升工程实施方案”的总体要求，乐器标委会按“轻工业标准化体系编制要求”编写了《乐器标准化体系提升工程实施方案》，对现有乐器标准化体系框图、体系架构，重新进行了调整和编制。

5、乐器标委会参加了工信部分别于2012年2月和5月召开的“轻工行业标准立项评审答辩会议”，并按要求说明了乐器行业标准项目现有情况；对拟立项乐器标准项目的动因进行了阐述；对申报标准计划项目在体系表中的位置、对产业发展的作用和意义、与国际标准（国外先进标准）的对比分析情况、与现有标准协调配套的情况和需立项标准的急迫性、创新性、国际性等方面作了说明。申报的项目计划得到评审专家认可，现场通过了评审专家的审查。

6、2012年初，乐器标委会对本年度应完成的标准项目做出了安排，责成标准项目承担单位组建成立了标准制修订工作组。乐器标委会秘书长先后派员参加了各标准制修订工作组的会议，协助工作组确定了标准制修订工作方案、制修订内容以及排定了调研、数据实验验证、文本起草阶段的时间表。

7、乐器标委会秘书处在现有乐器标准体系的基础上，始终坚持对乐器标准化体系进行动态管理，并在现有体系框架下进行梳理，广泛征求意见，继续完善和补充了乐器标准化体系的规划，提出了能真实反映和符合乐器领域实际现状的近期计划和远期目标。

8、乐器标委会优先着手拟定和提出了接近或达到复审时限、技术内容相对滞后的乐器类标准作为2012年～2013年乐器标准制修订的项目，得到了工信部、中轻联两级标准化主管部门的认可和批准。

9、根据工作需要及加强乐器标委会的自身建设，并依据《全国专业标化技术委员会管理规定》、《全国乐器标准化技术委员会章程》和《全国乐器标准化技术委员会工作组管理办法》等规定，在2012年提出了对部分委员进行调整和增补的方案，以及继成立《全国乐器标委会电鸣乐器类标准制修订工作组》后，指导和协助筹备组建了《全国乐器标委会钢琴标准制修订工作组》。

10、电鸣乐器类标准制修订工作组在2012年做了以下工作：

① 在《电鸣乐器标准化体系表》前两稿的基础上，经工作组成员集体论证和修改意见以及在征求电鸣分会意见后，按乐器标委会秘书处的要求，第3次对《电鸣乐器标准化体系表》进行了全面的调整和补充；

② 组织工作组成员参加了由广东省质检局、广东省标准化研究院相继举办的IEC国际标准化综合理论、GB/T1.1标准编写、GB 8898等标准化理论知识和国家标准的宣贯与培训；

③ 完成乐器标委会下达的4项电鸣乐器类行业标准的制定；

④ 拟定了2013年标准项目的计划。

11、标委会财务收支情况待年终决算后报告。由于乐器行业技术标准基础薄弱，且乐器标准涉及音乐教育和文化演艺界，工作难度大、周期长，所以标准工作经费不足，需要多方筹措。

## 二、2013年乐器标准化工作

### 1、指导思想和基本原则

面对瞬息万变的市场挑战，科技创新是提升企业核心竞争力的关键，因此标准化工作更加重要。2013年要认真落实党的十八大精神，充分认识标准化工作主体源于市场，加强对标准化工作的责任感、使命感，继续依托委员单位和行业骨干企业，从全行业角度考虑乐器标准化体系建设；优化标准化工作机制，加快重点标准制修订速度，优先解决好先进技术、科技成果向标准转换；扩大和利用现有渠道，加强标准化工作信息平台的构建；积极推进标准在市场经济规则中的主导作用和地位，乐器标准的制定将遵循市场化原则，把以满足政府、制造商、用户利益的需求作为乐器标准化工作的方向与目标；针对我国乐器行业的发展方向和国内外市场有需求的产品，加大标准制定力度，加快标准制定速度，将进一步提升标准制定的水平，把握标准化工作的科学性、民主性、系统性、权威性、服务性；坚持“系统管理、重点突破、整体提升”的基本要求，强调标准化工作要创新工作机制，推进系统管理，着力加强标准分类管理、标准制修订全过程管理、标准与科技紧密结合、标准化协调推进四大机制建设；重点突破和加强标准的创新性与国际性，提升标准制定的采标率；调动和依靠各方对标准工作的积极性，在完成规划中的工作目标、工作任务的同时，继续研究和探讨乐器标准化体系的时效性。

2、工作目标

乐器标委会在继续完善乐器标准化体系的前提下，将目前尚无标准且发展较快的领域，特别是将乐器行业中缺失较多的基础标准、方法标准列为工作重点，拓宽范围，优先并着重对污染物排放、废弃物回收等涉及人身健康领域标准的制定，加快采用国际标准和国外先进标准的步伐。与此同时，根据国家对标准修订原则，做好接近或达到时限标准的复审工作。并在以下几方面纳入到今后的工作当中：

(1) 建立市场化标准制修订的运作机制，按照公开、公平、公正的原则，鼓励技术先进的龙头骨干企业承担更多乐器标准的制定工作，促进以标准赢得市场先机，全面提升我国乐器标准化工作的水平；

(2) 拓宽标准制订范围，制定环境保护、资源节约、综合利用、清洁生产与循环经济，污染物排放及危险废物处理标准，推动乐器制造业向资源节约型、环境友好型发展；

(3) 积极开展乐器检测标准体系建设，以标准形式确定统一检验手段，以应对和减少贸易摩擦。加快先进检测技术的开发并快速形成标准，增加标准技术含量，提高标准水平，更好地保护行业利益和促进乐器产品出口；

(4) 加强乐器标准化科研工作，以科研带动标准化水平跨越式提升，将标准制定与科研、开发、设计、制造相结合，支持具有自主创新能力的企业建立标准研发基地；

(5) 加强国际标准化工作，提高参与国际标准化活动能力，一要推进加快采用国际标准和国外先进标准的步伐，尤其是涉及人身健康、安全领域的乐器标准；二要实质性参与国内外有关乐器的各类学术活动，努力把我国具有自主知识产权的技术更多地转化并应用到标准中，提高我国乐器在国际标准化领域的影响力；三要从标准层面确保所有乐器出口产品符合进口国（地区）的法律和法规；

(6) 加大乐器标准化工作宣传和标准宣贯力度，充分利用各种形式的行业媒体，大力加强标准化知识的普及、宣传以及重要标准的宣贯工作，增进乐器行业企业领导及广大员工对标准化事业的了解，提高企业以及全社会的标准化意识；

(7) 建立标准化的多元化工作机制，充分发挥市场作用，广泛吸引社会团体、企业、个人共同关心支持标准化事业。

3、乐器标准化工作存在的问题

我国乐器制造业已有60多年的历史，但由于基础较薄弱，缺乏在设计上形成自主理论，造成中国乐器标准化工作整体水平不高：

⑴ 目前标准立项的动因未能紧跟市场需求，由此造成标准对应性较差；

⑵ 企业参与标准化活动的积极性不够高，对标准、标准化工作与之对应生产的各个环节的重要性及标准的贯彻，还缺乏透彻的认识，实行力度不够。表现在标准征求意见稿反馈不够及时，少数委员会议出勤率不高等；

⑶ 标准在各类经济活动中没有真正起到它应有的作用；标准情报工作滞后，未能将国际新技术、新工艺的资料及时更新；

⑷ 标准工作经费不足，造成目前乐器标准项目的部分缺失；标准整体技术水平较低，导致门槛过低，影响了产品质量和行业整体水平的提高；

⑸ 由于乐器产品品种繁多，工艺、技术及材料差异大，较大程度存在标准间缺乏相互配套的问题；例如：在已制定的标准中，对乐器的主要技术特性“声学指标”量化偏少，大部分凭借主观鉴定，造成结果判定摸糊；

⑹ 缺少高水平现代化的专业技术检测手段、方法和仪器设备，不能辅助标准水平的提升；标准化基础工作薄弱，执行标准不力；缺少既懂专业又熟知标准化理论的复合性人材。

4、2013年标准工作重点

⑴ 2013年，乐器标准标委会将继续积极贯彻国家对标准化工作有关的方针和政策，认真学习领会国家对标准工作的精神及要点，并给予积极的宣传与贯彻。力争将标准修订周期控制在3年以内，标龄控制在5年以内。积极采用先进国家标准，使乐器标准工作确实达到国际先进水平。在现行的近百项乐器标准中多为产品标准，占到总数的67.8%，基础通用、方法类等标准只占32.2%。从乐器种类和乐器标准化体系上看，现行标准和已批准立项标准的数量

与乐器标准化体系表对比，标准制修订工作任务量仍然很大，远未达到乐器标准化体系中明确列出的标准项目和数量。目前，乐器标委会正在着手这方面的工作，如《乐器声学品质评价方法》、《乐器音乐信号采集规范》等方法标准以及《废弃乐器产品回收利用通用规范》等环保标准的制定或申报。

⑵ 继续完善乐器标准化体系的建立，做好顶层设计。根据国家标准委《国家标准化体系建设工程》总体要求和编制原则，待论证后拟先将电鸣乐器标准工作组编制的《电鸣乐器门类》标准化体系纳入到乐器标准化体系的大框架中。积累经验，然后逐步开展对其它乐器门类体系的编制工作。

⑶ 充分调动和发挥专业标准工作组和行业骨干企业的积极性与创造力，支持更多的企业参与乐器标准化工作。同时积极发现和培养标准化工作技术人才，组织好乐器标委会成员的业务学习，提高乐标委团队的综合业务素质。

⑷ 加强和重视标准的宣贯工作，切实把标准的宣贯列入年度计划和纳入到日常议程中，拟于2013年与中国乐器协会联合开展对《乐器有害物质限量》国家标准的宣贯，以便为标准的贯彻、实施与执行打下良好的基础。

⑸ 确保2012年延续至2013年标准制修订项目计划的完成，以及计划项目的编制、申报与答辩等相关工作。

⑹ 继续做好标准的复审工作，优先对接近或达到复审时限、技术内容相对滞后的标准作为2013年的工作重点。要注意研究新的市场环境变化和新技术投入给标准修订提出的新课题，坚持科学严谨、与时俱进的原则。

**三、几点建议**

1、企业不但是标准的执行者，更要积极参与标准化工作，而且应该积极争取标准制定的主导权。企业在各种竞争中不但是游戏规则的执行者，有能力的企业更要积极争取成为游戏规则制定者；

2、企业在积极参与的同时，首先要建立完善和完备的企业标准化体系，并在技术层面上以此作为对行业标准化体系建设的支撑；

3、标准化是科技创新成果转化的途径，在把科研成果、技术专利转化或应用到产品上的同时，亦可将科研成果、技术专利转化为标准，以带动和促进行业整体的共同进步，这也是对标准化工作的一种贡献；

4、希望乐器标委会委员、龙头骨干企业在行业中站位要高，要有责任感、使命感，要从全行业和国家的角度考虑乐器标准化体系的建设，打破领域界限，跨领域（类属）、跨种类（产品）的提出乐器行业急需填补和补充的基础通用、检测方法、环保、评价等标准项目，并承担这些项目的制定，以推进乐器标准化事业的发展。

**附件1：2012年乐器国家、行业标准制修订项目完成情况汇总表**

| 标准类别 | 国家标准 | 行业标准 | 合计制修订数 |
|---|---|---|---|
| 基础通用 | —— | 3 | 3 |
| 方法标准 | 2 | 1 | 3 |
| 产品标准 | —— | 7 | 7 |
| 总　计 | 2 | 11 | 13 |

**附件2：2012年～2013年乐器国、行标准制修订项目明细表**

| 序号 | 项目名称 | 标准级别 | 标准性质 | 标准类别 | 制定或修订 | 完成年限 |
|---|---|---|---|---|---|---|
| 1 | 乐器声学品质评价方法 | 国家 | 推荐 | 方法 | 制定 | 2012 |
| 2 | 乐器音乐信号采集规范 | 国家 | 推荐 | 方法 | 制定 | 2012 |
| 3 | 提琴弓通用技术条件 | 行业 | 推荐 | 基础 | 制定 | 2012 |
| 4 | 4/4小提琴 | 行业 | 推荐 | 产品 | 修订 | 2012 |
| 5 | 4/4大提琴 | 行业 | 推荐 | 产品 | 修订 | 2012 |
| 6 | 4/4小提琴弓 | 行业 | 推荐 | 产品 | 修订 | 2012 |
| 7 | 4/4大提琴弓 | 行业 | 推荐 | 产品 | 修订 | 2012 |
| 8 | 钢琴击弦机 | 行业 | 推荐 | 产品 | 修订 | 2012 |
| 9 | 电子管风琴 | 行业 | 推荐 | 产品 | 修订 | 2012 |
| 10 | 电鸣乐器电声性能测量方法 | 行业 | 推荐 | 方法 | 制定 | 2012 |
| 11 | 电鸣乐器电源适配器通用技术条件 | 行业 | 推荐 | 基础 | 制定 | 2012 |
| 12 | 电鸣乐器放音设备踏板控制器通用技术条件 | 行业 | 推荐 | 基础 | 制定 | 2012 |
| 13 | 半音阶口琴 | 行业 | 推荐 | 产品 | 制定 | 2012 |
| 14 | 手风琴通用技术条件 | 行业 | 推荐 | 基础 | 修订 | 2013 |
| 15 | 口风琴 | 行业 | 推荐 | 产品 | 修订 | 2013 |
| 16 | 爵士鼓 | 行业 | 推荐 | 产品 | 修订 | 2013 |
| 17 | 吉他 | 行业 | 推荐 | 产品 | 修订 | 2013 |
| 18 | 电吉他 | 行业 | 推荐 | 产品 | 修订 | 2013 |

# 《中华人民共和国国家、行业标准（轻工）目录》乐器部分

**国家标准**

| 序号 | 标准编号及年代号 | 标准名称 |
|---|---|---|
| 1 | GB/T 10159-2008 | 钢琴 |
| 2 | GB/T 12105-2007 | 电子琴通用技术条件 |
| 3 | GB/T 12106-2007 | 电子琴的环境试验要求和试验方法 |
| 4 | GB/T 23146-2008 | 十二平均律的频率与音分的计算 |
| 5 | GB/T 23151-2008 | 乐器产品使用说明的编制原则 |
| 6 | GB/T 23173-2008 | 乐器分类 |
| 7 | GB/T 25454-2010 | 电鸣乐器均衡类音效装置通用技术条件 |
| 8 | GB/T 25455-2010 | 电鸣乐器放音设备 设备音乐性能评价规范 |
| 9 | GB/T 25456-2010 | 钢琴用毡 |
| 10 | GB/T 25457-2010 | 钢琴弦轴板 |
| 11 | GB/T 28484-2012 | 电鸣乐器压缩与扩展类音效装置通用技术条件 |
| 12 | GB/T 28489-2012 | 乐器有害物质限量 |

**行业标准**

| 序号 | 标准编号及年代号 | 标准名称 |
|---|---|---|
| 1 | QB/T 1153-2006 | 吉他 |
| 2 | QB/T 1207.1-2011 | 民族弦鸣乐器通用技术条件 |
| 3 | QB/T 1207.2-2011 | 琵琶 |
| 4 | QB/T 1207.3-2011 | 筝 |
| 5 | QB/T 1207.4-2011 | 阮 |
| 6 | QB/T 1207.5-2011 | 三弦 |
| 7 | QB/T 1207.6-2011 | 月琴 |
| 8 | QB/T 1207.7-2011 | 京胡 |
| 9 | QB/T 1207.8-2011 | 二胡 |
| 10 | QB/T 1298-2006 | 手风琴通用技术条件 |
| 11 | QB/T 1299-2011 | 口琴 |
| 12 | QB/T 1477-2012 | 电子钢琴 |
| 13 | QB/T 1657.1-2012 | 唇振动气鸣乐器通用技术条件 |
| 14 | QB/T 1657.2-2012 | 小号 |

| 序号 | 标准编号及年代号 | 标准名称 |
|---|---|---|
| 15 | QB/T 1657.3-2012 | 圆号 |
| 16 | QB/T 1657.4-2012 | 长号 |
| 17 | QB/T 1657.5-2012 | 中音号 |
| 18 | QB/T 1657.6-2012 | 低音号 |
| 19 | QB/T 1658.1-2012 | 簧振动和边棱音气鸣乐器通用技术条件 |
| 20 | QB/T1658.2-2012 | 长笛 短笛 |
| 21 | QB/T 1658.3-2012 | 单簧管 |
| 22 | QB/T 1658.4-2012 | 高音双簧管 |
| 23 | QB/T 1658.5-2012 | 低音双簧管 |
| 24 | QB/T 1658.6-2012 | 萨克斯管 |
| 25 | QB/T 1817-2010 | 琴弦通用技术条件 |
| 26 | QB/T 1818-2010 | 提琴弦 |
| 27 | QB/T 1947.1-2012 | 民族气鸣乐器通用技术条件 |
| 28 | QB/T 1947.2-2012 | 笛子 |
| 29 | QB/T 1947.3-2012 | 笙 |
| 30 | QB/T 1947.4-2012 | 箫 |
| 31 | QB/T 1947.5-2012 | 唢呐 |
| 32 | QB/T 1948-2011 | 柳琴 |
| 33 | QB/T 1949-2011 | 扬琴 |
| 34 | QB/T 1984-2000(2010) | 风琴 |
| 35 | QB/T 1985-2000(2010) | 风琴音簧 |
| 36 | QB 2100-2007 | 十二平均律音名标注方法 |
| 37 | QB/T 2167-2003 | 4/4小提琴 |
| 38 | QB/T 2168-2003 | 4/4小提琴弓 |
| 39 | QB/T 2169-2006 | 电吉他 |
| 40 | QB/T 2175.1-1995(2009) | 响铜体鸣乐器通用技术条件 |
| 41 | QB/T2175.2-1995(2009) | 虎音锣 |
| 42 | QB/T 2175.3-1995(2009) | 武锣 |
| 43 | QB/T 2175.4-1995(2009) | 苏锣 |
| 44 | QB/T 2175.5-1995(2009) | 手锣 |
| 45 | QB/T 2175.6-1995(2009) | 抄锣 |
| 46 | QB/T 2175.7-1995(2009) | 水镲 |
| 47 | QB/T 2175.8-1995(2009) | 吊镲 |
| 48 | QB/T 2175.9-1995(2009) | 军镲 |
| 49 | QB/T 2279-2004 | 钢琴击弦机 |
| 50 | QB/T 2417-2011 | 校音器 |

| 序号 | 标准编号及年代号 | 标准名称 |
|---|---|---|
| 51 | QB/T 2444-2010 | 钢琴零部件名称 |
| 52 | QB/T 2587-2003 | 4/4大提琴 |
| 53 | QB/T 2607-2003 | 提琴弓通用技术条件 |
| 54 | QB/T 2663-2003 | 4/4大提琴弓 |
| 55 | QB/T 2740-2005 | 口风琴 |
| 56 | QB/T 4131-2010 | 键盘乐器键宽尺寸系列 |
| 57 | QB/T 2838-2006 | 爵士鼓 |
| 58 | QB/T 2841-2007 | 乐器调音装置准确度级判定 |
| 59 | QB/T 2916-2007 | 自由低音手风琴 |
| 60 | QB/T 2978-2008 | 钢琴音板 |
| 61 | QB/T 2979-2008 | 乐器用材 钢琴锯材 |
| 62 | QB/T 4014-2010 | 电子鼓通用技术条件 |
| 63 | QB/T 4015-2010 | MIDI键盘通用技术条件 |
| 64 | QB/T 4016-2010 | 中提琴弓 |
| 65 | QB/T 4017-2010 | 倍大提琴弓 |
| 66 | QB/T 4018-2010 | 倍大提琴 |
| 67 | QB/T 4019-2010 | 中提琴 |
| 68 | QB/T 4129-2010 | 吉他弦 |
| 69 | QB/T 4130-2010 | 竖笛 |
| 70 | QB/T 4181-2011 | 古琴 |
| 71 | QB/T 4220-2011 | 乐器用材 提琴锯材 |
| 72 | QB/T 4323-2012 | 钢琴弦 |
| 73 | QB/T 4324-2012 | 电鸣乐器用效果器通用技术条件 |
| 74 | QB/T 4325-2012 | 电鸣乐器放音设备 多功能音箱 |
| 75 | QB/T 4326-2012 | 电鸣乐器放音设备 电吉他用音箱 |
| 76 | QB/T 4327-2012 | 键盘乐器用音箱通用技术条件 |
| 77 | QB/T 4328-2012 | 电子鼓用音箱通用技术条件 |

全国乐器标准化技术委员会秘书处 提供

## 名牌产品

# 乐器产品获中国驰名商标，国家、省（市）级名牌产品、著名商标名录

| 分类 | | 品牌(商标)名称 | 企业名称 | 产品类别 |
| --- | --- | --- | --- | --- |
| 中国名牌产品 | | 珠江 | 广州珠江钢琴集团股份有限公司 | 钢琴 |
| | | 星海 | 北京星海钢琴集团有限公司 | 钢琴 |
| | | Nordiska | 营口东北钢琴（集团）公司 | 钢琴 |
| | | HAILUN | 海伦钢琴股份有限公司 | 钢琴 |
| 中国驰名商标 | | 珠江 | 广州珠江钢琴集团股份有限公司 | 钢琴 |
| | | 星海XINGHAI及图 | 北京星海钢琴集团有限公司 | 钢琴 |
| | | 津宝及图 | 天津津宝乐器有限公司 | 爵士鼓、军鼓、萨克斯 |
| | | Taishan | 山东泰山管乐器有限公司 | 管乐器 |
| | | 嘉德威 | 杭州嘉德威钢琴有限公司 | 钢琴 |
| | | 金杯及图 | 江阴市金杯乐器有限公司 | 手风琴、簧（管）乐器等 |
| | | 凤灵fitness及图 | 泰兴凤灵乐器有限公司 | 小提琴、中提琴等 |
| | | ORIENT | 宁波森隆乐器股份有限公司 | 钢琴配件 |
| | | YAMAHA及图 | 雅马哈株式会社 | 钢琴 |
| | | 奇美 | 江苏奇美乐器有限公司 | 竖笛、口风琴、口琴 |
| | | 鹦鹉YINGWU及图 | 天津鹦鹉乐器有限公司 | 手风琴、提琴 |
| | | 龙凤 | 扬州市邗江天籁乐器厂 | 古筝、胡琴、琵琶 |
| 省(市)名牌产品 | 上海市 | 施特劳斯 | 上海钢琴有限公司 | 钢琴 |
| | | 敦煌牌 | 上海民族乐器一厂 | 古筝、二胡、琵琶 |
| | | 海曼 | 上海中雅钢琴有限公司 | 钢琴 |
| | | 华星 | 上海华新电子电器总厂 | 电子琴 |
| | 天津市 | 津宝 | 天津津宝乐器有限公司 | 爵士鼓、西管乐器 |
| | | 鹦鹉 | 天津鹦鹉乐器有限公司 | 手风琴 |
| | | 雅乐 | 天津华韵乐器有限公司 | 脚踏风琴、手风琴 |
| | | Singer's day | 天津圣迪乐器有限公司 | 萨克斯、小号 |
| | 江苏省 | 润韵 | 扬州天韵琴筝有限公司 | 古筝 |
| | | 碧泉 | 扬州市正声民族乐器厂 | 古筝 |
| | | 凤灵 | 泰兴凤灵乐器有限公司 | 吉他、提琴系列产品 |
| | | 奇美 | 江苏奇美乐器有限公司 | 竖笛、口风琴、口琴 |

| 分类 | | 品牌(商标)名称 | 企业名称 | 产品类别 |
|---|---|---|---|---|
| 省(市)名牌产品 | 江苏省 | 摩德利 | 南京摩德利钢琴有限公司 | 钢琴 |
| | | 天鹅 | 江苏天鹅乐器有限公司 | 琴笛 |
| | | 雅韵 | 扬州龙凤琴筝有限公司 | 古筝 |
| | | 凤韵 | 扬州龙凤琴筝有限公司 | 古筝 |
| | | 大风 | 江苏大风乐器有限公司 | 古筝 |
| | | 蜜蜂 | 江苏东方乐器有限公司 | 口琴 |
| | | 英杰 | 扬中市华联手风琴有限公司 | 手风琴 |
| | | 虎丘 | 苏州民族乐器一厂有限公司 | 二胡 |
| | 广东省 | 珠江 | 广州珠江钢琴集团股份有限公司 | 钢琴 |
| | | 恺撒堡 | 广州珠江钢琴集团股份有限公司 | 钢琴 |
| | | 里特米勒 | 广州珠江钢琴集团股份有限公司 | 钢琴 |
| | | Blue Diamond | 广州保嘉乐器制造厂有限公司 | 鼓乐 |
| | | 星臣starsun | 四会市华声乐器有限公司 | 吉他 |
| | | 红棉 | 广州珠江钢琴集团股份有限公司 | 提琴 |
| | | Ayalea | 揭阳市长城乐器有限公司 | 吉他 |
| | | 杜鹃花 | 揭阳市长城乐器有限公司 | 吉他 |
| | | 美得理 MEDELI | 得理电子（深圳）有限公司 | 电子琴 |
| | 河北省 | JY | 河北金音乐器制造集团有限公司 | 西管乐器 |
| | | 乐海 | 乐海乐器有限责任公司 | 民族乐器 |
| | | 月坛 | 饶阳北方民族乐器制造有限公司 | 二胡 |
| | | 成乐 | 饶阳成乐民族乐器有限责任公司 | 扬琴 |
| | 山东省 | 金斯波格 | 烟台金斯波格钢琴有限公司 | 钢琴 |
| | | SEJUNG（世正） | 青岛世正乐器有限公司 | 钢琴 |
| | | 仙乐 | 百灵乐器公司 | 电吉他 |
| | | 飞灵 | 潍坊惠好乐器有限公司 | 电吉他 |
| | 湖北省 | TOYAMA(托雅玛) | 宜昌金宝乐器制造有限公司 | 钢琴 |
| | | 艾立卡 | 武汉艾立卡电子有限公司 | 电声器件 |
| | 福建省 | HARMONY（哈曼尼） | 福州和声钢琴有限公司 | 钢琴 |
| | 河南省 | 中州 | 开封中原民族乐器有限公司 | 古筝 |
| 省(市)著名商标 | 上海市 | 施特劳斯 | 上海钢琴有限公司 | 钢琴 |
| | | 海曼 | 上海中雅钢琴有限公司 | 钢琴 |
| | | 敦煌 | 上海民族乐器一厂 | 民族乐器 |
| | 天津市 | 津宝 | 天津津宝乐器有限公司 | 军鼓、爵士鼓、萨克斯 |
| | | 鹦鹉 | 天津鹦鹉乐器有限公司 | 手风琴、提琴 |
| | | 雅乐 | 天津市雅乐尔乐器有限公司 | 风琴 |

| 分类 | | 品牌(商标)名称 | 企业名称 | 产品类别 |
|---|---|---|---|---|
| 省(市)著名商标 | 江苏省 | 摩德利 | 南京摩德利钢琴有限公司 | 钢琴 |
| | | 天鹅及图 | 江苏天鹅乐器有限公司 | 口琴、口风琴、竖笛等 |
| | | 凤灵及图 | 泰兴凤灵乐器有限公司 | 小提琴、吉他、大提琴等 |
| | | 奇美 | 江苏奇美乐器有限公司 | 手风琴、钢琴、口琴等 |
| | | 雅韵 | 扬州龙凤琴筝有限公司 | 打击乐器、胡琴、筝等 |
| | | 虎丘 | 苏州民族乐器一厂有限公司 | 二胡 |
| | 广东省 | 珠江 | 广州珠江钢琴集团股份有限公司 | 长笛、小号、萨克斯 |
| | | 吉声 | 广州吉声琴业有限公司 | 吉他 |
| | 河北省 | JY | 河北金音乐器制造集团有限公司 | 管乐器 |
| | | 成乐 | 饶阳成乐民族乐器有限责任公司 | 扬琴 |
| | | 月坛 | 北方民族乐器制造有限公司 | 二胡 |
| | | 秦川 | 河北秦川文体乐器有限公司 | 琴行 |
| | | 乐海 | 乐海乐器有限责任公司 | 民族乐器 |
| | 山东省 | KINGSBURG及图 | 烟台金斯波格钢琴有限公司 | 钢琴 |
| | | 仙乐及图 | 昌乐百灵乐器有限公司 | 吉他 |
| | 浙江省 | HAILUN | 海伦钢琴股份有限公司 | 钢琴 |
| | | 嘉德威 | 杭州嘉德威钢琴有限公司 | 钢琴 |
| | 湖北省 | 芳鸥 | 武汉市海平乐器制造有限公司 | 铜锣 |
| | 福建省 | HARMONY（哈曼尼） | 福州和声钢琴有限公司 | 钢琴 |
| | 河南省 | 中州 | 开封中原民族乐器有限公司 | 古筝、琵琶 |

注：中国名牌战略推进委员会2008年第3号公告，2005、2006、2007年公布的中国名牌产品，有效期满后不再继续使用。“中国名牌”评选机制待完善后再议定。

## 地方协会

# 上海市乐器行业协会2012年工作总结

在上海市经信委和上海市社团局的领导和支持下，上海市乐器行业协会严格遵守章程，认真贯彻执行协会二届六次理事会的工作部署，团结合作、勤奋进取，积极主动为会员企业服务，严格规范协会的行规行约，着力提高协会管理和服务水平，着力夯实各项基础工作，促进了企业生产和经营的发展，各项工作取得了成效。主要有：

一、为做好换届选举工作，协会在前期做了大量的工作：召开理事会听取意见，开展换届审计工作，换届会文件起草等工作，在2012年3月顺利进行了协会的换届选举工作。

二、年初和年中分别召开理事会议各一次，年会上向全体会员汇报了协会的年度工作，倾听企业会员对协会工作的意见和建议，为协会2012年工作开展打下扎实的基础。年中协会又召开了理事会，交流了企业上半年的经营状况和市场分析，对协会下一步工作提出意见和建议。

三、积极为会员单位和行业服务

1、承担起接待消费者对乐器质量的投诉工作，维护乐器市场正常秩序。上海地区消费者对标有外国标识的钢琴质量问题投诉比较集中，接到这类投诉，协会都会认真听取消费者意见，切实地帮助消费者解决实际问题。并结合乐器保养，介绍乐器的基本常识，很受消费者欢迎，也同时保护了会员企业的信誉。

2、为会员单位提供信息服务。协会依靠上海市经济团体联合会、上海市轻工协会、上海市咨询业行业协会、上海市服务业联合会等社会团体，联合举办国家有关政策、市场经济信息、企业管理等一系列辅导讲座，为帮助企业了解和掌握更多的信息和政策，受到会员企业的欢迎。

四、 继续协助中国乐器协会办好上海国际乐器展览会

上海国际乐器展自2002年首次举办以来，历经十年发展，在社会各界和业内人士的大力支持和帮助下不断壮大，展会面积增至86000平方米，参展商1606家，国内观众数量持续增长，海内外参观人数达60172，名顶尖乐器竞相展示，推进行业信息交流，成为备受瞩目的业内盛会。协会组织了会员单位积极参展，以求扩大影响，抢占市场。在展会期间协会领导组织有关人员走访各有关展商摊位，了解对展会期间的组织工作等情况，并在展览会结束后二个星期向上海国际展览中心有限公司提交一份报告，反映参展商对上海国际乐器展的评价和各种改进工作的建议，以期上海乐器展办得更好！该份报告得到上海国际展览中心有限公司领导的好评。

五、抓好钢琴调律师的鉴定工作，为企业发展培养专业人才

2012年开展了1次钢琴调律师技师的鉴定工作，有二级技师6名，高级技师5名通过；开展了2次调律师的鉴定工作，有44名初级调律师，37名中级调律师， 9名高级调律师通过。其次是受上海市劳动和社会保障局委托对上海地区钢琴调律师进行了7次鉴定工作。协会通过调律师技术等级鉴定工作，不仅培养壮大了钢琴调律师队伍，提高了职工的技能素质水平，也为企业发展培养了一批专业技术人才。

六、积极组织全国行业性的钢琴调律师技术讲座及国际交流活动

在2012年10月14日组织了一次钢琴调律师技术讲座，并邀请了美国钢琴调律师协会的注册钢琴技师、主考官助理黄智炜先生进行“钢琴调音和整音”的技术讲座。参加讲座人数之多出乎意料，会场上人头济济，有相当一部人只能站着听课。使广大调律师可以进行现场交流切磋技艺，推进钢琴调律师在整音、调律等技能上与国际的接轨。

七、协会学术部和奥地利音乐出版商进行了专业和普及人士所不同需求的乐谱交流和探讨；学术部和德国、法国等参展商进行了地区性的乐器维

护、保养等交流学习，一年来学术部经常为新创业的乐器经营者出谋献策，提供了相关技术支持并解答疑难问题。

八、协会适应市场需求，在杨浦区提篮桥街道文化中心的配合下，深入社区，宣传乐器乐理知识，介绍乐器保养知识，开展国乐欣赏音乐会，在支持群众文艺活动等方面迈出了新的步伐，受到社区居民的欢迎，也进一步扩大了乐器协会在群众中的影响。

九、为了推动口琴行业的发展和社会影响力，协会协助中华口琴会，上联口琴会多次联系演出场地举办各种音乐会活动。

十、为了解决上海市维修乐器难的问题，经过协会与会员单位的探索，选择了高祥乐器公司为试点单位，建立了上海乐器协会高祥乐器管乐器维修分中心。

十一、 协会党支部2012年在市工经联党委的领导下做了以下工作：

1.在党建工作中坚持以“三个代表”重要思想和科学发展观为主要内容，认真学习上海市委第十次党代会精神，深入开展“创先争优”活动，在上海市工经联党委的具体指导下，取得了新的进展。

2.党支部认真组织学习和宣传贯彻党的十八大精神，把广大党员、干部和群众思想统一到十八大新的精神，新的要求上来。

3.继续加强党的廉政建设，与上海市工经联党委领导签订了党支部廉政建设协议书，组织党员干部观看警示教育片，并从制度上强化保障，使协会工作在推进党务公开全面落实上，取得进一步成就。

4.协会工会在轻工联合工会的指导下，今年选送2名“新生代产业工人”先进代表，在基层群众中树立了学习榜样。

# 广东省乐器行业协会2012年工作总结

2012年，广东省乐器产业取得了骄人的成绩——乐器产量产值位居全国第一，电声乐器、钢琴、吉他、高端提琴、琴弦等在全国独占鳌头。2012年，广东省委、省政府加大了对文化产业政策支持，政府重视人才培养造就了强大的产业动能。自2011年广东省人社厅批准恢复乐器设计专业技术人员系列职称的评审工作以来，截止发稿，广东省乐器设计从业技术人员获高级职称的有22人、中级职称的有25人、助理级职称的有61人，2012年评审通过尚未发证的高级5人、中级7人、助理级16人。广东省乐器行业协会推荐得理乐器技术总监顾冰峰、广州格利蒙那提琴技术总监关尚持、广州珠江钢琴集团工会主席麦俊桦为全国轻工行业劳动模范获批准。

2012年，广东乐器制造屡获殊荣，得到政府、社会与世界的肯定——麦钧球获意大利第十三届斯特拉底瓦利国际提琴制作比赛中提琴第四名优秀奖，林海德和吴祖亮获美国第二十届国际提琴制作比赛四重奏组比赛大提琴工艺和音色优异奖，陈石金和麦水德获四重奏组比赛中提琴音色、小提琴音色优异奖。广州珠江钢琴集团股份有限公司、得理乐器（珠海）有限公司、四会市华声乐器有限公司、四会市华凯乐器有限公司、广州红棉吉它有限公司、揭阳市长城乐器有限公司6家企业被评为“2010-2011年广东省文化出口重点企业”；海韵爵士鼓、吉星吉他2个乐器产品项目被列入“2010-2011年广东省文化出口重点项目”，获得省文化出口政策的资金扶持。广州珠江钢琴集团股份有限公司、得理乐器（珠海）有限公司、四会市华声乐器有限公司、四会市华凯乐器有限公司、广州红棉吉它有限公司5家乐器制造企业被评为“2011-2012年度国家文化出口重点企业”，获得政府资金的奖励。广州吉声琴业拥有的自主品牌吉他“Martin”首获“广东省著名商标”，广州红棉吉它有限公司的“红棉”商标通过“广东省著名商标”复评。截至发稿，广东省乐器制造业已拥有5个“广东省著名商标”，8个“广东省名牌产品”。珠江钢琴列入政府免费宣传项目广东省“培育广东优质制造打造GMC新广货新品牌”推广对象资格。

2012年，广东省乐器企业不遗余力为社会服务——广州珠江钢琴恺撒堡之夜新年音乐会，博兰斯勒钢琴（广州）有限公司“欧米勒孖宝钢琴也疯狂”音乐会，广州红棉吉它有限公司举办“红棉乐器”之声专场演出，广州市罗曼士乐器制造有限公司为台湾佛光山大慈育幼院赠送琴弦，广州格利蒙那提琴有限公司为优秀视障琴童赠送琴弓……丰富多彩的各类推广活动不仅以多样的形式让艺术的魅力走进千家万户，为乐器发展提供有利条件，更彰显着广东乐器制造业的社会责任感。这份责任是让艺术提升国民素质，提高人民的精神文化生活水平，为建设和谐幸福的社会作贡献，加强国际文化交流与合作，向世界传播、弘扬中国文化。

2012年，广东省乐器产业加快了发展方式转变的步伐。加快结构调整，特别是珠江钢琴上市，成为乐器行业率先进入资本市场的企业，改变了传统的赢利模式，为乐器行业带来新的启示。发展模式的转变还体现在多个方面。一是产业链延长，相关联产品多元化，加大新产品开发力度；二是产品的升级，低端向高端加速迈进，仿制向专利产品、高科技产品的生产开发升级；三是品牌塑造意识的加强，打造自有品牌，提升品牌内涵和产品价值及服务质量；四是销售渠道多样化及规范力度的提高；五是营销模式扩展，由生产型企业向文化经营型企业转变，变单一生产型为文化经营、旅业服务和艺术培训教育为一体，注重内外销平衡，培育开发内需市场。

广东省乐器制造业的发展离不开协会对行业的引导、策划、宣传、服务等工作的开展。《广东乐器世界》与协会的商务平台不遗余力为行业发展和企业交流创造条件，打造服务平台。配合转型升级的战略实施，组织提琴制作师赴台湾考察奇美提琴典藏馆，有效促进广东高端提琴制作水平的提高。向政府建言，给行业注入推动发展的政策。为弘扬中国优秀的音乐文化，在协会的宣传平台中设置专栏，大篇幅的宣传“纪念马思聪先生诞辰一百周年”活动，撰写了大量文章宣传中国的优秀作品与优秀音乐人物，为行业与社会注入了正能量。

2013 中国乐器年鉴
CHINA MUSICAL INSTRUMENT YEARBOOK


重要新闻篇 1 ☆
统计资料篇 10 ☆
协会工作篇 45 ☆
综合篇 85 ☆
海外信息篇 167 ★
企业篇 274 ☆
专利篇 293 ☆
产品篇 332 ☆

# 海外信息篇之一：全球乐器与音响制品行业225强

# 2011年全球乐器与音响制品行业225强综述

225强榜单中涉及30个国家和地区的乐器制造企业和供应商，但他们之间的共性寥寥无几。印度箱包制造商所要面对的挑战与机遇，与瑞典的软件公司、美国的吉他公司、日本的电子公司应对的挑战，彼此之间几乎没有任何的关联。尽管乐器行业的225家佼佼者在2011年的表现各不相同，但随着2011年全球经济回暖，榜单中大多企业都沐浴到春风，销售收入有所增长。在后金融危机时代，225强的销售总收入继续增长，较2010年197亿美元增长3.8%，达到205亿美元，员工总数持平，共计126133人，乐器行业生产力不断提高并持续发展。

尽管225强销售总收入回到2007年创造的峰值，但却很难为之欢欣鼓舞。在发达国家，诸如北美、欧洲、日本，由于市场需求缓慢增长、原材料成本不断攀升、市场竞争激烈，行业受其波及，大多企业资金吃紧。在发达国家，那些主要的上市公司彼此之间是互相角斗的竞争对手，可能很难达成一致。然而，对于当前的市场环境，他们的观点和评估保持一致。雅马哈公司CEO Mitsuru Mick Umemura表示，“雅马哈集团继续要面对一个复杂又变幻莫测的市场环境，以至于我们很难完成预计的销售计划”。罗兰公司主席Hidekazu Tanaka也提出了相似的观点，“尽管罗兰公司在中国、巴西以及俄罗斯等新兴国家的市场销售保持稳定增长态势，但日本、北美以及欧洲等发达国家，受到个人消费能力下降，经济不稳定等不利因素影响，销售严重受挫，前者不足以弥补后者带来的创伤”。Steinway公司的报告指出，美国市场继续低靡，低于历史平均水平。尽管公司在美国以及多数欧洲、亚洲国家的销量有所增长，但前景堪忧。2011年，Harman Professional公司销售收入较2010年增长5.9%，但遗憾的是，增长完全是由新兴市场的强劲表现所驱动，已经开发的市场仍旧一路荆棘，挑战与危机并存。

全球乐器与音响制品225强销售收入一览

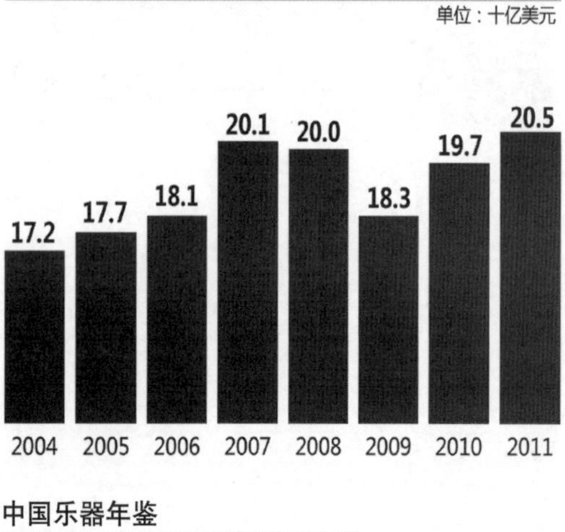


成熟市场面临的危机重重，与新兴市场充满活力的增幅形成鲜明对比。在那里，中产阶级队伍不断扩大、教育体系日益完善以及清晰流畅的分销渠道，都在促使潜在消费需求快速增长。那些企业家痛惜在欧美市场惨败的同时，将希望寄托在中国、巴西以及印度这些发展中国家的腾空飞跃。受到中国国内市场支持，广州珠江钢琴公司在2011年销售收入上扬20%，雅马哈公司在中国的钢琴销售收入也有相同幅度的增长。据悉，还有为数不少的公司在这些新兴国家的市场销售收入均有不同幅度的增长。

225强几乎涵盖了这个行业各个领域的各个类别。排在榜首的雅马哈公司，生产制造除小提琴以外几乎所有的乐器。然而，在榜单中，你也会发现一些软件公司（Avid Technology排名第13位，Propellerhead排名第219位），管乐器制造商（Buffet公司 排名第43位，河北金音乐器排名第98位），吉他制造商（Gibson排名第12位，Larrivee排名第220位），以及经销商（JAM排名第11位，Algam排名第

34位）。榜单中甚至还有Mapes Wire公司，它是一家专业生产钢琴弦的配件公司，以及专业制造卡拉OK设备的Ace Laraoke公司。

225强榜单也反应出全球贸易在世界范围内的表象。榜单上的企业都被贴上一个所属国家或地区的标签，但事实上，他们都依存于一个全球范围的销售渠道来获取利润。例如，榜单上名列第2位的罗兰公司，公司所属日本，但事实上，罗兰公司销售收入中仅有22%来自日本市场，这一现象要归结于全球网络和公司在世界范围内构建的分销渠道。由此类推，总部设在美国的Fender公司，其销售总额仅有48%来源于美国市场。无论规模大小，榜单中的每一家企业都已经将其产品销往世界各地。

全球经济的回暖使得榜单中大多数企业的销售收入增长，但是最主要的受益者还是终端用户。毫无例外，从最顶级的交响乐团到死亡金属乐队或者DJ，他们所使用的乐器来自世界各个角落。如果他们仅局限于在本国选择乐器，那么，势必会影响他们的演奏效果。

与此同时，任何公司都想把市场拓展到世界范围内，然而事实上，行业内顶级品牌的分布并不均衡，只有少数国家能够拥有。榜单中，日本公司共同创造83亿美元的销售收入，成为榜单中所占比重最大的国家，世界上最大的乐器制造商雅马哈公司功不可没，当然，Roland、Korg，Pearl，Hoshino以及Zoom公司也付出很多努力；排在第二的是美国，入榜的80家企业共创造56亿美元销售收入；德国以17家入榜14亿美元位居第三；快速增长的中国大陆企业共计24家入榜，销售收入总计11亿美元。

值得一提的是中国香港地区，人口总数仅有700万。5家企业入榜却创造出6.99亿美元的销售收入，这个傲人成绩源于中国大陆这个强大的后盾，入榜的这5家企业销售收入中很大份额来自中国大陆的市场消费。

想要深度剖析225强榜单，我们首先要回答一个模棱两可的问题："究竟什么样的公司能被定义为乐器公司？"，答案很难被界定。自从2005年，GaragBand软件问世以来，苹果公司预计出售了2000万套多轨录音系统。然而，GarageBand创造的收入很难被量化，并且音乐相关软件也不是苹果公司的核心产品，因此我们没有将苹果公司纳入统计之

2011年全球乐器与音响制品225强组成结构

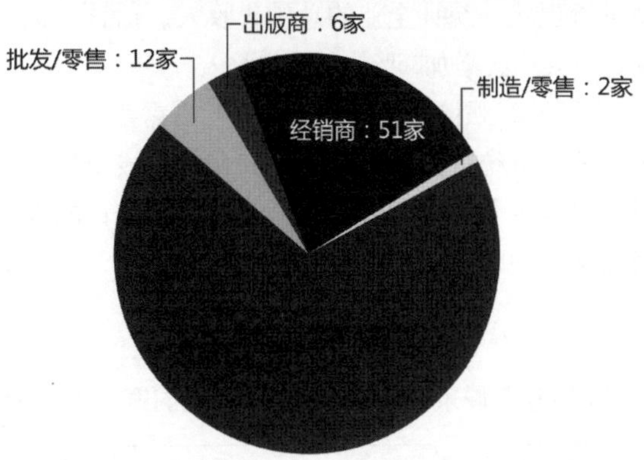


列。作为DJ设备的龙头企业，Pioneer和Denon公司理论上是应该列入榜单的，但由于DJ设备的收入和很多甚至几十亿美元的非音响产品捆绑在一起，因此很难确认其准确的收入数据。简言之，我们尽可能获取所有的销售数据，缺乏数据时，我们就此略过。除此之外，我们的榜单还是能够反应出当前的行业发展态势。

榜单中一部分企业主营业务不同于我们定义的传统乐器行业的概念，或者说毫不相干。例如，Sennheiser生产的耳套式耳机被用于通讯设备、家用音响以及广播设备等领域；Roland还生产专业的电脑打印机；Crown为影院音响设备提供扩音器；Yamaha生产了很多家用电器。在进行榜单统计时，我们尽可能不把非乐器产品的销售收入计算在内，但如果不能精确区分出非乐器销售收入，则只能将其全部计算在内。

2011年列入统计的国家和地区乐器市场销售收入共计163亿美元，但225强榜单中的销售收入共计205亿美元，两者相差较大。造成误差的其中一个原因就是将非乐器销售收入也统计在榜单中。另一个原因则是销售收入的重复计算。以金山集团为例，2011年销售收入2.31亿美元，其收入的大部分来自于旗下生产的产品，这其中相当一部分产品又被榜单中其他企业进行再销售，最终，这两次销售的收入均被统计在225强的总销售收入中，造成数据的重复计算。再如，Peavey扩音器的销售收入被计算在Peavey公司的年度销售收入之中，但同时也被计算在榜单中销售Peavey扩音器的经销商的销售收入之

中，造成重复计算。因此，在缺少行之有效的方法解决统计中重复计算的问题之前，我们所能做的就是维持现状，统计企业的总销售收入。估计，因重复计算大约会增加35%的总销售收入。

关于225强榜单的统计工作有几点需要说明：首先，该榜单统计的数据是根据2010年度或最后一个财政年度各企业的报表或评估。其次，统计的数据来源于不同渠道：榜单中有21家上市公司，它们的销售情况有案可查。一些欧洲公司尤其是法国、英国和意大利的公司，公告使我们能够获取详细的销售数据。如果没有公告的公司，我们则参考企业提交的数据以及相关协会提供的数据，进行综合评估汇总统计。为了便于比较，销售数据均转换为美元后进行统计和计算。

（高萍）

**1、2011年全球乐器与音响制品225强国家和地区分布概况**

| 排名 | | 国家和地区 | 公司数量 | | 销售收入（美元） | | |
|---|---|---|---|---|---|---|---|
| 2011年 | 2010年 | | 2011年 | 2010年 | 2011年 | 2010年 | 同比% |
| 1 | 1 | 日本 | 28 | 27 | 8321113590 | 8124437519 | 2.42 |
| 2 | 2 | 美国 | 80 | 82 | 5674155766 | 5431831450 | 4.46 |
| 3 | 3 | 德国 | 18 | 16 | 1660013000 | 1552021000 | 6.96 |
| 4 | 4 | 中国大陆 | 23 | 23 | 851046946 | 760698587 | 11.88 |
| 5 | 5 | 中国香港 | 4 | 4 | 682964000 | 565200000 | 20.84 |
| 6 | 6 | 中国台湾 | 10 | 11 | 536425000 | 519557000 | 3.25 |
| 7 | 7 | 加拿大 | 6 | 6 | 486650000 | 474450000 | 2.57 |
| 8 | 8 | 韩国 | 5 | 5 | 426753000 | 408968000 | 4.35 |
| 9 | 10 | 法国 | 3 | 4 | 254330000 | 273632000 | -7.05 |
| 10 | 9 | 意大利 | 7 | 7 | 250855000 | 281819000 | -10.99 |
| 11 | 16 | 瑞典 | 4 | 4 | 203649000 | 222540000 | -8.49 |
| 12 | 13 | 巴西 | 4 | 3 | 188500000 | 118550000 | 59.00 |
| 13 | 12 | 澳大利亚 | 4 | 4 | 161900000 | 201466005 | -19.64 |
| 14 | 14 | 丹麦 | 1 | 1 | 135000000 | 135000000 | 0.00 |
| 15 | 11 | 英国 | 5 | 6 | 117397765 | 136297000 | -13.87 |
| 16 | 17 | 俄罗斯 | 4 | 3 | 107400000 | 91800000 | 16.99 |
| 17 | 15 | 瑞士 | 2 | 2 | 89300000 | 90050000 | -0.83 |
| 18 | 20 | 阿根廷 | 2 | 2 | 72685000 | 55650000 | 30.61 |
| 19 | 19 | 比利时 | 1 | 1 | 51500000 | 51695000 | -0.38 |
| 20 | 18 | 西班牙 | 3 | 3 | 44111701 | 47050000 | -6.25 |
| 21 | 21 | 菲律宾 | 1 | 1 | 36250000 | 36500000 | -0.68 |
| 22 | 24 | 墨西哥 | 1 | 1 | 27250000 | 26400000 | 3.22 |
| 23 | 25 | 以色列 | 1 | 1 | 24550000 | 25220000 | -2.66 |
| 24 | 22 | 捷克 | 2 | 2 | 19800000 | 26375000 | -24.93 |
| 25 | 26 | 印度 | | 1 | 18660000 | 22150000 | -15.76 |

| 排名 | | 国家和地区 | 公司数量 | | 销售收入（美元） | | |
|---|---|---|---|---|---|---|---|
| 2011年 | 2010年 | | 2011年 | 2010年 | 2011年 | 2010年 | 同比% |
| 26 | 23 | 奥地利 | 1 | 1 | 16000000 | 16200000 | -1.23 |
| 27 | 28 | 智利 | 1 | 1 | 14800000 | 15200000 | -2.63 |
| 28 | 30 | 波兰 | 1 | 1 | 14200000 | 13275000 | 6.97 |
| 29 | 27 | 泰国 | 1 | 1 | 13800000 | 13850000 | -0.36 |
| 30 | 29 | 挪威 | 1 | 1 | 12100000 | 11500000 | 5.22 |

**2、2011年全球乐器与音响制品225强榜单**

| 排名 | | 公司名称 | 2011年销售收入（美元） | 2011年员工数 | 负责人 | 国家和地区 |
|---|---|---|---|---|---|---|
| 2011年 | 2010年 | | | | | |
| 1 | 1 | YAMAHA CORPORATION | 4553930000 | 26557 | Misuru Umemura | JAPAN |
| 2 | 2 | ROLAND CORPORATION | 955963000 | 2650 | Hidekazu Tanaka | JAPAN |
| 3 | 3 | KAWAI MUSICAL INSTRUMENTS MFG. Co.,LTD. | 741785000 | 2900 | Hirotaka Kawai | JAPAN |
| 4 | 5 | FENDER MUSICAL INSTRUMENTS | 700000000 | 2800 | Larry Thomas | USA |
| 5 | 4 | SENNHEISER ELECTRONIC | 687000000 | 2183 | Jorg Sennheiser | GERMANY |
| 6 | 6 | HARMAN PROFESSIONAL | 613282000 | 1875 | Dinesh C. Paliwal | USA |
| 7 | 7 | SHURE INC. | 427000000 | 2350 | Sandy LaMantia | USA |
| 8 | 8 | STEINWAY MUSICAL INSTRU-MENTS | 347000000 | 1750 | Michael Goledn | USA |
| 9 | 10 | 功学社乐器股份有限公司 | 318000000 | 4050 | 梁钦贵 | 中国台湾 |
| 10 | 9 | AUDIO-TECHNICA CORPORATION | 304948000 | 536 | Kazuo Matsushita | JAPAN |
| 11 | 11 | JAM INDUSTRIES | 290000000 | 460 | Martin Golden | CANADA |
| 12 | 13 | GIBSON GUITAR CORP. | 285000000 | 2600 | Henry E. Juskiewicz | USA |
| 13 | 12 | AVID TECH.(M-Audio,Digidesign) | 275000000 | 555 | Garry Greenfield | USA |
| 14 | 16 | 柏斯琴行有限公司 | 257185000 | 3600 | 吴天延 | 中国香港 |
| 15 | 15 | MUSIC GROUP(Parent of Behringer, Midas,Turbosound) | 255000000 | 3500 | Uli Behringer | GERMANY |
| 16 | 14 | INMUSIC(Parent of Akai, Alesis, Numark, M-Audio) | 251450000 | 310 | John O'Donnell | USA |
| 17 | 17 | YAMANO MUSIC COMPANY, LTD. | 236000000 | 618 | Masamitsu Yamano | JAPAN |
| 18 | 18 | 金山工业公司 | 231779000 | 1500 | 罗仲荣 | 中国香港 |
| 19 | 19 | PEAVEY ELECTRONICS CORP. | 185500000 | 447 | Hadley Peavey | USA |
| 20 | 24 | 广州珠江钢琴集团股份有限公司 | 185000000 | 3400 | 王润培 | 中国内地 |
| 21 | 20 | KORG, INC. | 179000000 | 300 | Seiki Kato | JAPAN |
| 22 | 22 | CASIO ELECTRONIC MUSICAL INSTRUMENTS | 175000000 | N/A | Kazuo Kashio | JAPAN |

| 排名 | | 公司名称 | 2011年销售收入（美元） | 2011年员工数 | 负责人 | 国家和地区 |
|---|---|---|---|---|---|---|
| 2011年 | 2010年 | | | | | |
| 23 | 25 | LOUD TECHNOLOGIES | 165000000 | 187 | Mark Graham | USA |
| 24 | 21 | HAL LEONARD CORPORATION | 163750000 | 439 | Keith Mardak | USA |
| 25 | 28 | D'ADDARIO & COMPANY | 158060000 | 1125 | James D'Addario | USA |
| 26 | 35 | ESP CO., LTD. | 153826000 | 800 | Masatoshi Chuma | JAPAN |
| 27 | 29 | SAMICK MUSICAL INSTRUMENTS COMPANY LTD. | 146808000 | 3000 | Jong Sup Kim | SOUTH KOREA |
| 28 | 26 | HOSHINO GAKKI CO., LTD. | 138500000 | 148 | Toshitsugu Tanaka | JAPAN |
| 29 | 23 | MRH/LUTHMAN/4SOUND | 138000000 | 400 | Peo Persson | SWEDEN |
| 30 | 30 | TC-GROUP | 135000000 | 380 | Anders Fauerskov | DENMARK |
| 31 | 34 | 通利琴行有限公司 | 135000000 | 450 | 李敬章 | 中国香港 |
| 32 | 31 | SOUND HOUSE, INC. | 131000000 | 150 | Rick Nakajima | JAPAN |
| 33 | 32 | YOUNG CHANG AKKI LTD. | 130000000 | 2600 | Chang-Hwan,Suh | SOUTH KOREA |
| 34 | 33 | ALGAM | 120150000 | 230 | Gerard Garneier | FRANCE |
| 35 | 27 | AUSTRALIAN MUSIC GROUP | 110000000 | 625 | John Helme | AUSTRALIA |
| 36 | 36 | QSC AUDIO | 105000000 | 376 | Joe Pham | USA |
| 37 | 39 | MARTIN GUITAR COMPANY | 100400000 | 883 | Christian F. Martin IV | USA |
| 38 | 48 | SAMSON TECHNOLOGIES CORP. | 91000000 | 135 | Jack Knight | USA |
| 39 | 37 | GEWA MUSIC GMBH | 90500000 | 265 | Hans Peter Messener | GERMANY |
| 40 | 38 | 宁波音王集团有限公司 | 90000000 | 2200 | 王祥贵 | 中国内地 |
| 41 | 40 | PEARL MUSICAL INSTRUMENTS CO., LTD. | 89732000 | 650 | Masakatsu Yanagisawa | JAPAN |
| 42 | 42 | 北京星海钢琴集团有限公司 | 89000000 | 3800 | 祝宁伟 | 中国内地 |
| 43 | 51 | BUFFET GROUP | 86600000 | 550 | Antoine Beaussant | FRANCE |
| 44 | 56 | TAYLOR GUITAR | 85400000 | 721 | Kurt Listug | USA |
| 45 | 41 | HOHNER MUSIK INSTRUMENTE GMBH&CO.KG | 82700000 | 326 | Clay Edwards | GERMANY |
| 46 | 43 | MUSIK MEYER GROUP | 81000000 | 200 | Matthias Meyer | GERMANY |
| 47 | 45 | CORT MUSICAL INSTRUMENT CO., LTD. | 80200000 | 2600 | Young H. Park | SOUTH KOREA |
| 48 | 53 | FIRST ACT | 80000000 | 223 | Mark Izen | USA |
| 49 | 47 | MUSIK HUG AG | 79500000 | 330 | Erica Hug | SWITZERLAND |
| 50 | 46 | LINE 6 | 77500000 | 285 | Mike Muench | USA |
| 51 | 49 | KYORITSU CORP. | 77060000 | 108 | Shinichi Suzuki | JAPAN |
| 52 | 63 | PRO SHOWS | 72000000 | 69 | H.Martellotta&V.de Souza | BRAZIL |
| 53 | 55 | ERNIE BALL / MUSIC MAN | 71500000 | 441 | Sterling Ball | USA |

| 排名 | | 公司名称 | 2011年销售收入（美元） | 2011年员工数 | 负责人 | 国家和地区 |
|---|---|---|---|---|---|---|
| 2011年 | 2010年 | | | | | |
| 54 | 52 | ALFRED MUSIC PUBLISHING | 69750000 | 229 | Ron Manus | USA |
| 55 | 57 | YORKVILLE SOUND | 67250000 | 295 | Steve Long | CANADA |
| 56 | 54 | ROLAND MEINL MUSIKINSTRU-MENTE GMBH | 67000000 | 200 | Reinhold Meinl | GERMANY |
| 57 | 60 | A&T TRADE | 65100000 | 334 | Aleksey Kurochkin | RUSSIA |
| 58 | 58 | HERMES | 63500000 | 225 | Alberto Kreimerman | USA |
| 59 | 59 | ZOOM CORPORATION | 61700000 | 58 | Masahiro Lijima | JAPAN |
| 60 | 68 | THE RAPCO HORIZON COMPANY | 60500000 | 582 | Dale Williams | USA |
| 61 | 50 | PROEL SPA | 60000000 | 120 | Fabrizio Sorbi | ITALY |
| 62 | 78 | 得理电子有限公司 | 59000000 | 1200 | 郑荃文 | 中国香港 |
| 63 | 134 | ZEN-ON MUSIC CO., LTD. | 58900000 | 126 | Noriyuki Honma | JAPAN |
| 64 | 179 | FUJIGEN INC. | 55890000 | 189 | Yuichiro Yokouchi | JAPAN |
| 65 | 64 | BEYERDYNAMIC | 55500000 | 300 | Fred R. Beyer | GERMANY |
| 66 | 65 | 宏寰贸易股份有限公司 | 53500000 | 50 | 陈少宏 | 中国台湾 |
| 67 | 61 | ADAM HALL GMBH | 53000000 | 130 | David John Kirby | GERMANY |
| 68 | 67 | EMD MUSIC GROUP | 51500000 | 134 | Leonardo Baldocci | BELGIUM |
| 69 | 84 | SUZUKI MUSICAL INSTRUMENT MFG. CO.,LTD. | 51275000 | 180 | Manji Suzuki | JAPAN |
| 70 | 70 | TROPICAL MUSIC GROUP | 51000000 | 22 | Oscar Mederos | USA |
| 71 | N | GIANNINI S/A | 50000000 | 500 | Giorgio Giannini | BRAZIL |
| 72 | 66 | AVEDIS ZILDJIAN COMPANY | 49050000 | 115 | Craigie Zildjian | USA |
| 73 | 81 | GODIN GUITAR COMPANY | 48950000 | 385 | Robert Godin | CANADA |
| 74 | 71 | REM0, INC. | 48500000 | 144 | Brock Kaericher | USA |
| 75 | 77 | COSMOS CORP. | 48495000 | 89 | Kwankil Min | SOUTH KOREA |
| 76 | 62 | MONZINO SPA | 48048000 | 102 | Antonio Monzino | ITALY |
| 77 | 73 | EKO MUSIC GROUP SPA | 48000000 | 70 | Stelvio Lorenzetti | ITALY |
| 78 | 80 | STAMER GROUP(Parent of Hughes & Kettner,HK Audio) | 47800000 | 185 | Hans & Lothar Stamer | GERMANY |
| 79 | 105 | PRESONUS AUDIO ELECTRONICS | 47740000 | 83 | Jim Mack | USA |
| 80 | 102 | HENRI SELMER, ET CIE | 47580000 | 475 | Patrick Selmer | FRANCE |
| 81 | 86 | SKB CORPORATION | 47000000 | 355 | Dave Sanderson | USA |
| 82 | 98 | 宁波海伦乐器制品有限公司 | 46200000 | 850 | 陈海伦 | 中国内地 |
| 83 | 79 | KANDA SHOKAI CORPORATION | 45500000 | 80 | Tsutomu Yokoyama | JAPAN |
| 84 | 74 | C.BECHSTEIN PIANO FOR TEFABRIK AG | 45051000 | 350 | Karl Schulze | GERMANY |

| 排名 | | 公司名称 | 2011年销售收入（美元） | 2011年员工数 | 负责人 | 国家和地区 |
|---|---|---|---|---|---|---|
| 2011年 | 2010年 | | | | | |
| 85 | 76 | NONAKA BOEKI CO., LTD. | 45000000 | 100 | John Nonaka | JAPAN |
| 86 | 82 | TASCAM PRO AUDIO(Div.TEAC Corp.) | 45000000 | 110 | Yuji Hanabusa | JAPAN |
| 87 | 89 | KONIG & MEYER | 44500000 | 270 | Gabriela Konig | GERMANY |
| 88 | 83 | SF MARKETING | 44000000 | 125 | Sol Fleising | CANADA |
| 89 | 88 | 上海知音琴行有限公司 | 43500000 | 250 | 朱文玉 | 中国内地 |
| 90 | 131 | 天津津宝乐器有限公司 | 40000000 | 2600 | 刘运斌 | 中国内地 |
| 91 | 118 | TODOMUSICA S.A. | 39685000 | 100 | Rafael Pedace | ARGENTINA |
| 92 | 75 | 浙江东方琴业有限公司 | 39630000 | 1000 | 罗森鹤 | 中国内地 |
| 93 | 94 | HANSER MUSIC GROUP | 39500000 | 89 | Jack Hanser | USA |
| 94 | 99 | THE MUSIC PEOPLE | 39000000 | 54 | James Hennessey | USA |
| 95 | 125 | ARAI & CO., INC. | 38456000 | 54 | Shrio Arai | JAPAN |
| 96 | 96 | ROYAL INSTRUMENTS | 37500000 | 140 | Rene Moura | BRAZIL |
| 97 | 91 | EM NORDIC AB | 37250000 | 100 | Benny Englund | SWEDEN |
| 98 | 117 | 河北金音乐器制造有限公司 | 37150000 | 2500 | 陈学孔 | 中国内地 |
| 99 | 93 | 高琳乐器制造有限公司 | 37000000 | 75 | 吴懋仁 | 中国台湾 |
| 100 | 101 | DUNLOP MFG. | 36500000 | 251 | James Dunlop | USA |
| 101 | 95 | G.A. YUPANGCO & CO. | 36250000 | 280 | Philip Yupangco | PHILIPPINES |
| 102 | 100 | B&S GMBH MARKNEUKIRCHEN | 36150000 | 240 | Gerhard A Meinl | GERMANY |
| 103 | 177 | 天津金雅佳乐器有限公司 | 36000000 | 325 | 侯新宇 | 中国内地 |
| 104 | 87 | MOGAR MUSIC S.P.A. | 35607000 | 58 | Massimo Barbini | ITALY |
| 105 | 92 | WARWICK GMBH & CO.-MUSIC EQUIPMENT | 35000000 | 70 | Hans-Peter Wilfer | GERMANY |
| 106 | 103 | PAUL REED SMITH GUITARS | 34556000 | 260 | Paul Reed Smith | USA |
| 107 | 97 | MARSHALL AMPLIFICATION PLC | 33636000 | 160 | JonathanEllery | U.K |
| 108 | 107 | TEVELAM S.R.L, | 33000000 | 50 | Hugo Martellotta | ARGENTINA |
| 109 | 104 | ViC FIRTH, INC. | 32645000 | 160 | Vic Firth | USA |
| 110 | 132 | MORIDAIRA MUSICAL INSTRUMENTS CO., LTD. | 32000000 | 46 | Tamio Minagawa | JAPAN |
| 111 | 126 | GLOBAL&CO.,INC. | 30765000 | 55 | Kazu Matsuda | JAPAN |
| 112 | 113 | EMINENCE SPEAKER LLC. | 30120000 | 130 | Chris Rose | USA |
| 113 | 198 | 吟飞电子（上海）有限公司 | 29500000 | 900 | 赵平 | 中国内地 |
| 114 | 111 | PRIDE MUSIC | 29000000 | 60 | Lucio Grossman | BRAZIL |
| 115 | 114 | DRUM WORKSHOP, INC. | 28500000 | 104 | Chris Lombardi | USA |
| 116 | 106 | HARRIS-TELLER INC. | 28177985 | 65 | Michael Harris | USA |
| 117 | 123 | ARMADILLO ENTERPRISES | 27500000 | 48 | Elliott Rubinson | USA |
| 118 | 116 | SOUND TECHNOLOGY PLC | 27450000 | 45 | David Marshall | U.K. |

| 排名 | | 公司名称 | 2011年销售收入（美元） | 2011年员工数 | 负责人 | 国家和地区 |
|---|---|---|---|---|---|---|
| 2011年 | 2010年 | | | | | |
| 119 | 115 | CASA VEERKAMP S.A. DE C.V. | 27250000 | 125 | Thomas Veerkamp | MEXICO |
| 120 | 142 | EASTMAN MUSIC COMPANY | 27100000 | 70 | Qian Ni | USA |
| 121 | 124 | ELECTRO-HARMONIX | 27000000 | 75 | Mike Matthews | USA |
| 122 | 120 | SABIAN LTD. | 26250000 | 125 | Andy Zildjian | CANADA |
| 123 | 108 | GEMINI SOUND | 26100000 | 40 | Alan & Artie Cabasso | USA |
| 124 | 110 | GHS / R0CKTRON | 26000000 | 86 | Russell S. McFee | USA |
| 125 | 112 | M. CASALE BAUER SPA | 25900000 | 25 | Patrizia Bauer | ITALY |
| 126 | 168 | FERNANDES CO., LTD | 25637000 | 25 | Shigeki Saito | JAPAN |
| 127 | 69 | PRIMA GAKKI CO., LTD. | 25600000 | 30 | Hitoshi Ohashi | JAPAN |
| 128 | 109 | GRAND GLOBE鼓厂 | 25500000 | 398 | Tony Huang | 中国台湾 |
| 129 | 122 | SCHIMMEL PIANOFORTEFABRIC | 25000000 | 190 | Hannes Schimmel Vogel | GERMANY |
| 130 | 136 | PIANODISC | 24775000 | 157 | Gary& Kirk Burgett | USA |
| 131 | 121 | RBX INTERNATIONAL CO.LTD. | 24550000 | 119 | Yoel Brand | ISRAEL |
| 132 | 130 | TKL PRODUCTS CORPORATION | 24500000 | 80 | Thomas Dougherty | USA |
| 133 | 129 | M&M MERCHANDISERS, INC. | 24125000 | 85 | Marty Stenzler | USA |
| 134 | 119 | NADY SYSTEMS | 24000000 | 65 | John Nady | USA |
| 135 | 196 | 冠舟企业有限公司 | 22250000 | 600 | 陈国瑶 | 中国台湾 |
| 136 | 147 | FISHMAN TRANDUCERS | 22240781 | 67 | Larry Fishman | USA |
| 137 | 138 | 深圳市帕思高电子有限公司 | 22150000 | 125 | 林俊杰 | 中国 |
| 138 | 137 | AMERICAN D.J. | 22000000 | 55 | Charles Davies | USA |
| 139 | 153 | HHB COMMUNICATIONS LTD. | 21550000 | 53 | lan Jones | U.K. |
| 140 | 140 | 雅歌乐器企业股份有限公司 | 21500000 | 500 | 廖明幸 | 中国台湾 |
| 141 | 171 | SHIMRO | 21250000 | 46 | Won Jung Kim | SOUTH KOREA |
| 142 | 135 | SCHECTER GUITAR RESEARCH | 21000000 | 42 | Michael Ciravolo | USA |
| 143 | 145 | TAKAMINE GUITARS, LTD. | 20510000 | 90 | Hayami Tate | JAPAN |
| 144 | 143 | WHIRLWIND | 20250000 | 117 | Michael Laiacona | USA |
| 145 | 155 | ST.LOUIS MUSIC | 20000000 | 48 | Mark Ragin | USA |
| 146 | 156 | 广东四会市华声乐器有限公司 | 19900000 | 1800 | 黄炳金 | 中国内地 |
| 147 | 148 | 泰兴凤灵乐器有限公司 | 19800000 | 1300 | 李书 | 中国内地 |
| 148 | 139 | JOHN HORNBY SKEWES & COMPANY LTD. | 19761765 | 80 | Dennis Drumm | U.K. |
| 149 | 157 | BLUE MICORPHONES | 19750000 | 40 | John Maier | USA |
| 150 | N | 广州红棉吉它有限公司 | 19700000 | 800 | 何志强 | 中国内地 |
| 151 | 146 | MAPES PLANO STRING COMPANY | 19500000 | 120 | William L. Schaff | USA |

| 排名 | | 公司名称 | 2011年销售收入（美元） | 2011年员工数 | 负责人 | 国家和地区 |
|---|---|---|---|---|---|---|
| 2011年 | 2010年 | | | | | |
| 152 | N | MURAMATSU INC. | 19285000 | 59 | Osamu Muramatsu | JAPAN |
| 153 | 150 | THE MUSIC LINK | 19200000 | 40 | Steve Patrino | USA |
| 154 | 133 | SARA-TRANS GROUP | 18660000 | 578 | Jasbeer Singh | INDIA |
| 155 | 154 | RANE CORPORATION | 18500000 | 102 | George Sheppard | USA |
| 156 | 169 | CLAVIA DIGITAL MUSIC INSTRUMENTS | 18400000 | 27 | Hans Nordelius | SWEDEN |
| 157 | 151 | EQUIPSON S.A. | 18300000 | 50 | Jose Vila Ortiz | SPAIN |
| 158 | 141 | FATAR S.R.L. | 18200000 | 90 | Dario Ragni | ITALY |
| 159 | 128 | 全域股份有限公司 | 17775000 | 200 | 王敏烈 | 中国台湾 |
| 160 | 160 | 秋长全丰音乐用品厂 | 17700000 | 750 | 蔡经纬 | 中国内地 |
| 161 | 163 | AUSTRALASIAN MUSIC SUPPLIES PTY, LTD | 17600000 | 52 | Kevin Hague | AUSTRALIA |
| 162 | 161 | CARVIN CORP. | 17541000 | 88 | Carson Kieset | USA |
| 163 | 175 | 允有兴业股份有限公司 | 17500000 | 315 | N/A | 中国台湾 |
| 164 | 197 | 深圳市蔚科电子科技开发有限公司 | 17250000 | 400 | 徐建 | 中国内地 |
| 165 | 170 | CMI MUSIC&AUDIO | 17200000 | 34 | Drago Trojkovic | AUSTRALIA |
| 166 | N | DANSR INC.(Distributor of Vandoren Reeds) | 17150000 | 23 | Michael Skinner | USA |
| 167 | 149 | AUSTRALIS MUSIC GROUP PTY. LTD. | 17100000 | 29 | Trevor Morrow | AUSTRALIA |
| 168 | 162 | LTM | 17000000 | 55 | Victor Yakubovskiy | RUSSIA |
| 169 | 152 | ALLEN ORGAN COMPANY,LLC | 16750000 | 179 | Steve Markowitz | USA |
| 170 | 166 | RICKENBACKER INTERNATIONAL | 16500000 | 90 | John C. Hall | USA |
| 171 | 167 | CALZONE / ANVIL CASE CO. | 16250000 | 77 | Joseph E. Calzone III | USA |
| 172 | 174 | LOUIS RENNER GMBH | 16212000 | 150 | Clemens von Arnim | GERMANY |
| 173 | 173 | IAG国际音响集团 | 16200000 | 165 | Bernard Chang | 中国内地 |
| 174 | 172 | THOMASTIK-INFELD GMBH | 16000000 | 190 | Peter Infeld | AUSTRIA |
| 175 | 158 | MAKEMUSIC! INC. | 15854000 | 100 | Karen van Lith | USA |
| 176 | 176 | ABLETON | 15800000 | 129 | Gerhard Behles | GERMANY |
| 177 | 165 | 乐盟国际股份有限公司 | 15771000 | 46 | 蔡志强 | 中国内地 |
| 178 | 187 | CONNOLLY MUSIC COMPANY | 15750000 | 24 | John M. Connolly III | USA |
| 179 | 182 | COMMUNITY PROFESSIONAL | 15500000 | 85 | Bruce Howze | USA |
| 180 | 189 | KIKUTANI MUSIC CO., LTD. | 15251590 | 25 | Toshi Kikutani | JAPAN |
| 181 | 185 | SEYMOUR DUNCAN/D-TAR | 15200000 | 120 | Cathy Duncan | USA |
| 182 | 178 | VISCOUNT INTERNATIONAL | 15100000 | 100 | Loriana Galanti | ITALY |
| 183 | 181 | STENTOR MUSIC CO., LTD. | 15000000 | 31 | Michael C. Doughty | U.K. |

| 排名 | | 公司名称 | 2011年销售收入（美元） | 2011年员工数 | 负责人 | 国家和地区 |
|---|---|---|---|---|---|---|
| 2011年 | 2010年 | | | | | |
| 184 | 183 | CHARLES DUMONT & SON | 14950000 | 40 | Charles J. Dumont | USA |
| 185 | 200 | MESA BOOGIE | 14900000 | 113 | Randall Smith | USA |
| 186 | 184 | AUDIOMUSICA S.A. | 14800000 | 100 | Armando Gotelli | CHILE |
| 187 | 186 | 武汉艾立卡电子有限公司 | 14645946 | 320 | 张鉴堂 | 中国内地 |
| 188 | 164 | 广州保嘉乐器制造厂有限公司 | 14400000 | 1200 | 邢宝嘉 | 中国内地 |
| 189 | 202 | MEGA MUSIC SP. Z.O.O; | 14200000 | 35 | Dariusz Adamowicz | POLAND |
| 190 | 201 | 聊城山石麦尔乐器有限公司 | 14000000 | 250 | 刘树广 | 中国内地 |
| 191 | 203 | ARSENAL MUSIC | 13900000 | 58 | Vlasimir Cherepanov | RUSSIA |
| 192 | 193 | TYCOON MUSIC CO.,LTD. | 13800000 | 157 | Stephen Yu | THAILAND |
| 193 | 192 | RODGERS INSTRUMENTS LLC | 13750000 | 76 | Ikutaro Kakehashi | USA |
| 194 | 207 | FOSTEX COMPANY | 13600000 | 41 | Tad Takahashi | JAPAN |
| 195 | 213 | EMG | 13500000 | 100 | Robert A. Turner | USA |
| 196 | 199 | WAVES, INC. | 13250000 | 19 | Gilad Keren | USA |
| 197 | 191 | ENRIQUE KELLER S.A | 13100000 | 80 | Jorge Keller | SPAIN |
| 198 | 204 | CHESBRO MUSIC | 13000000 | 50 | Vanetta Chesbro Wilson | USA |
| 199 | N | SHADOW ELEKTROAKUSTIK | 12900000 | 120 | Joe Marinic | GERMANY |
| 200 | 188 | MANUFACTURAS ALHAMBRA, S.L. | 12711701 | 124 | Jose Maria Vilaplana | SPAIN |
| 201 | 221 | CORDOBA MUSIC GROUP | 12250000 | 26 | Tim Miklaucic | USA |
| 202 | N | 佛山市三水龙声乐器制造有限公司 | 12200000 | 500 | 李庆炎 | 中国内地 |
| 203 | 215 | NEIL A. KJOS MUSIC COMPANY | 12150000 | 70 | Neil A. Kjos. Jr. | USA |
| 205 | 211 | GETZEN COMPANY | 12100000 | 88 | Thomas R. Getzen | USA |
| 204 | 214 | LYDROMMET AS | 12100000 | 22 | Christian Wille | NORWAY |
| 206 | 194 | 国巧乐器木器厂 | 11900000 | 300 | 蔡经茂 | 中国台湾 |
| 207 | 210 | MEL BAY PUBLISHING | 11750000 | 65 | Bryndon Bay | USA |
| 208 | 212 | UNIVERSAL PERCUSSION,LNC. | 11539000 | 36 | Thomas W. Shelley | USA |
| 209 | 217 | ANGEL实业公司 | 11500000 | 125 | Frank Yang | 中国台湾 |
| 210 | 206 | CARL FISCHER | 11500000 | 25 | Sonya Kim | USA |
| 211 | N | LUTNER SPB LTD. | 11400000 | 16 | Sergey Antonov | RUSSIA |
| 212 | 190 | 广州市大铃乐器制造有限公司 | 11350000 | 265 | N/A | 中国内地 |
| 213 | 209 | WESTHEIMER CORP. | 11250000 | 10 | Larua Gabel | USA |
| 214 | 208 | LYON & HEALY HARPS | 11000000 | 124 | Antonio Forero | USA |
| 215 | 219 | MARK OF THE UNICORN | 10500000 | 33 | Robert Nathaniel | USA |
| 216 | 220 | LARRIVEE GUITARS | 10200000 | 75 | Jean Larrivee | CANADA |

| 排名 | | 公司名称 | 2011年销售收入（美元） | 2011年员工数 | 负责人 | 国家和地区 |
|---|---|---|---|---|---|---|
| 2011年 | 2010年 | | | | | |
| 217 | 216 | AMATI-DENAK S.R.O. | 10100000 | 200 | Vaclav Hnilicka | CZECH REPUBLIC |
| 218 | 223 | PETERSON ELECTRO-MUSICAL PRODUCTS | 10000000 | 50 | Scott Peterson | USA |
| 219 | 224 | PROPELLERHEAD SOFTWARE AB | 9999000 | 52 | Ernst Nathorst | SWEDEN |
| 220 | N | MIRAPHONE | 9900000 | 105 | Markus Theinert | GERMANY |
| 221 | 218 | PAISTE HOLDING AG | 9800000 | 75 | Erik Paiste | SWITZERLAND |
| 222 | N | CAE,INC. | 9750000 | 59 | Jim Fackert | USA |
| 223 | 180 | PETROF | 9700000 | 193 | Zuzana Petrof | CZECH REPUBLIC |
| 224 | N | ACE KARAOKE CORP | 9600000 | 40 | David Su | USA |
| 225 | N | EVENTIDE INC. | 9500000 | 52 | C.J.Scioscia | USA |

### 3、中国内地乐器企业进入2011年全球乐器与音响制品225强基本情况

| 排名 | 公司名称 | 销售收入（美元） | 员工数 | 负责人 |
|---|---|---|---|---|
| 20 | 广州珠江钢琴集团股份有限公司 | 185000000 | 3400 | 王润培 |
| 40 | 宁波音王集团有限公司 | 90000000 | 2200 | 王祥贵 |
| 42 | 北京星海钢琴集团有限公司 | 89000000 | 3800 | 祝宁伟 |
| 82 | 宁波海伦乐器制品有限公司 | 46200000 | 850 | 陈海伦 |
| 89 | 上海知音琴行有限公司 | 43500000 | 250 | 朱文玉 |
| 90 | 天津津宝乐器有限公司 | 40000000 | 2600 | 刘运斌 |
| 92 | 浙江东方琴业有限公司 | 39630000 | 1000 | 罗森鹤 |
| 98 | 河北金音乐器制造有限公司 | 37150000 | 2500 | 陈学孔 |
| 103 | 天津金雅佳乐器有限公司 | 36000000 | 325 | 侯新宇 |
| 113 | 吟飞电子（上海）有限公司 | 29500000 | 900 | 赵平 |
| 137 | 深圳市帕思高电子有限公司 | 22150000 | 125 | 林俊杰 |
| 146 | 广东四会市华声乐器有限公司 | 19900000 | 1800 | 黄炳金 |
| 147 | 泰兴凤灵乐器有限公司 | 19800000 | 1300 | 李书 |
| 150 | 广州红棉吉它有限公司 | 19700000 | 800 | 何志强 |
| 160 | 秋长全丰音乐用品厂 | 17700000 | 750 | 蔡经纬 |
| 164 | 深圳市蔚科电子科技开发有限公司 | 17250000 | 400 | 徐建 |
| 173 | IAG国际音响集团 | 16200000 | 165 | Bernard Chang |
| 177 | 乐盟国际股份有限公司 | 15771000 | 46 | 蔡志强 |
| 187 | 武汉艾立卡电子有限公司 | 14645946 | 320 | 张鉴堂 |
| 188 | 广州保嘉乐器制造厂有限公司 | 14400000 | 1200 | 邢宝嘉 |

| 排名 | 公司名称 | 销售收入（美元） | 员工数 | 负责人 |
|---|---|---|---|---|
| 190 | 聊城山石麦尔乐器有限公司 | 14000000 | 250 | 刘树广 |
| 202 | 佛山市三水龙声乐器制造有限公司 | 12200000 | 500 | 李庆炎 |
| 212 | 广州市大铃乐器制造有限公司 | 11350000 | 265 | N/A |

**4、中国香港乐器企业进入2011年全球乐器与音响制品225强基本情况**

| 排名 | 公司名称 | 销售收入（美元） | 员工数 | 负责人 |
|---|---|---|---|---|
| 14 | 柏斯琴行有限公司 | 257185000 | 3600 | 吴天延 |
| 18 | 金山工业公司 | 231779000 | 1500 | 罗仲荣 |
| 31 | 通利琴行有限公司 | 135000000 | 450 | 李敬章 |
| 62 | 得理电子有限公司 | 59000000 | 1200 | 郑荃文 |

**5、中国台湾乐器企业进入2011年全球乐器与音响制品225强基本情况**

| 排名 | 公司名称 | 销售收入（美元） | 2011年员工数 | 负责人 |
|---|---|---|---|---|
| 9 | 功学社乐器股份有限公司 | 318000000 | 4050 | 梁钦贵 |
| 66 | 宏寰贸易股份有限公司 | 53500000 | 50 | 陈少宏 |
| 99 | 高琳乐器制造有限公司 | 37000000 | 75 | 吴懋仁 |
| 128 | GRAND GLOBE鼓厂 | 25500000 | 398 | Tony Huang |
| 135 | 冠舟企业有限公司 | 22250000 | 600 | 陈国瑶 |
| 140 | 雅歌乐器企业股份有限公司 | 21500000 | 500 | 廖明幸 |
| 159 | 全域股份有限公司 | 17775000 | 200 | 王敏烈 |
| 163 | 允有兴业股份有限公司 | 17500000 | 315 | N/A |
| 206 | 国巧乐器木器厂 | 11900000 | 300 | 蔡经茂 |
| 209 | ANGEL实业公司 | 11500000 | 125 | Frank Yang |

（高萍 编译自：美国《音乐贸易》2012 No.12）

# 海外信息篇之二：全球乐器市场评估

## 2011年全球主要乐器市场评估报告

准确评估2011年全球主要乐器市场的表现，要从两方面来讲：第一，我们乐观地发现，2011年全球主要乐器市场创造了163亿美元的销售收入，较2010年增长3%，可以说，自2009年的经济危机以来，行业终于收回失地，重振山河；然而另一种悲观的态度认为，即便取得了一定的增长，但较历史最高纪录182亿美元的销售收入还是下降了10%。显然，这两种观点都没有错，只是角度不同。乐器行业的产品范围宽泛，种类众多，市场需求与其他的耐用消费品相比，反弹力较强。例如，近几年，高尔夫产品销售收入下降24%，摩托车销量下降18%，数码相机下降11%。然而，全球范围内的信贷危机和消费谨慎无疑将继续制约销售收入的增长，市场前景荆棘密布。

“音乐制品”这个术语是个宽泛的概念，不同人有不同的定义和理解。该报告中所指的音乐制品包括电子及声学弦乐器、管乐器、键盘乐器、打击乐器、功放、录音设备、音乐软件、计算机终端、乐谱以及各类相关产品的配件。

报告中涉及的数据及评论主要来自世界贸易组织的数据库、各国行业协会的统计资料、上市公司发布的公开报表。二十多年前，在关税及贸易总协定（GATT）的支持下，世贸组织就为各类产品代码制定了统一标准，为报告获取全球进出口数据提供了便捷条件，数据的精确度大大提升。通过监控贸易流向，我们能更精准地评估当地市场规模。我们能够准确地统计到中国吉他和音源扩大器出口到丹麦的数量以及美国生产的吉他出口到日本的数量。仅仅以上两个例子，足以证明我们的统计数据可高度精确地评估全球乐器市场规模。

本报告囊括了39个国家和地区的乐器市场，约占世界人口的72%。由于中东、中亚以及非洲等国家没有建立规模化的销售网络以及乐器销量过于微少，不具备统计价值，因此该报告中没有纳入这些国家。为便于比较，按2011年12月31日当日汇率，将各国的销售收入转换为美元后进行统计。

发达的科技以及便捷的交通拉近了世界的距离，但同时各个地区的市场又保持着其特性。在希腊，将近50%的民众收入主要依赖于政府，由于欧债危机，希腊减赤目标无法达成，政府濒临破产，这直接导致2011年希腊乐器市场遭遇滑铁卢，销售收入同比下降27%。与此同时，2011年印度尼西亚销售收入增长16.2%，印度增长12.3%，中国增长8.5%。民众收入不断上涨，产品竞争力提升以及有利的人口结构（12至28岁的青少年人口比重较大），这些因素决定了这些新兴市场的快速增长。

除上述几个正在崛起的新兴市场，各国乐器市场销售收入增长率一般为2-4%。在日本，由于经济不景气，加之这个国家严重的老龄化现状，导致2011年销售收入仅增长1.8%。与之相反，加拿大正处于经济复苏期，人口结构又较为年轻化，因此，市场获得了较为稳健的发展，销售收入增长4.1%。尽管全球各个国家的市场表现各不相同，但都面临着两大挑战：在网络时代，如何管理分销网络？如何进行技术革新，提高生产力？

分销网络面临的挑战在欧洲尤为显著。十年前，整个欧洲地区，消费者大多选择在当地的琴行购买乐器产品。然而，随着网络时代的来临，以及世界范围内运输的便捷，局面发生了变化。包括德国Thomann及英国Digital Village在内的大型购物网站，物美价廉，运输便捷，消费者从中尝到了甜头，在欧洲积累了大量的客户。然而，对于制造商来说，面对消费者已经形成的网购模式，唯一可做的就是转变销售策略，适应新市场运作规则。至此，制造商还会坚持在本国委任代理商吗？他们又该如何制定“跨欧洲”的产品价格？

这种跨边界的贸易往来不仅仅出现在人口密度高，各国之间的距离相对较近的欧洲。美国Musician’s Friend以及eBay，他们的快速发展正在影响着远在3500英里外的澳大利亚。对于澳大利亚的消费者来说，他们购买进口乐器，不但省去了高额的税金，同时对于网站的经营者来说，获取了同样的利润，一举两得。

近年来,导致整个行业萎靡不振的罪魁祸首还是全球范围内的经济危机。然而，科学进步也“难逃其责”。正如iPhone问世后，消费者无需再购买相机、随身听、电话簿以及百科全书，仅手持一个iPhone就满足了所有的需求。一个笔记本电脑，可以安装价值1000美元的软件、程序以及合成器插件，甚至以低于几年前四至五倍的价格安装上录音台。同样，iPhone的软件，从0.99至19.99美元的价格，把过去的传统的乐器分割成几部分，包括效果器、调音台，甚至是吉他弦。

过去这四年，发达国家都在进行着令人沮丧的经济调整：陷入困境的金融部门、不透明的政府支出和收益、过度负债的消费者、萧条的房地产以及高失业率，这些是导致低水平经济增长的主要因素。目前，巴西、中国、印度尼西亚及波兰，正在以轻快的步伐前进。虽然这些发展中国家行业的基数较小，但市场的潜力不容小觑。

**2011年世界主要国家（地区）乐器产销一览表**

| 排序 | 国家（地区） | 乐器销售额（万美元） | 较2010年增长（%） | 人均乐器消费（美元/人） | 占全球份额（%） | 平均年龄（岁） | 人口总数（人） | GNP（亿美元） | 人均GNP（美元/人） | GNP增长（%） |
|---|---|---|---|---|---|---|---|---|---|---|
| 1 | 美国 | 663000 | 3.8 | 21.12 | 40.5 | 37.1 | 313847456 | 150033 | 47803 | 2.4 |
| 2 | 日本 | 218800 | 1.8 | 17.18 | 13.4 | 45.4 | 127368088 | 43901 | 34467 | 1.1 |
| 3 | 中国内地 | 106000 | 8.5 | 0.79 | 6.5 | 35.9 | 1343239923 | 114400 | 8516 | 7.5 |
| 4 | 德国 | 102000 | 4.1 | 12.55 | 6.2 | 45.3 | 81305856 | 30450 | 37451 | 3.3 |
| 5 | 法国 | 77200 | 2.3 | 11.76 | 4.7 | 40.7 | 65630692 | 21950 | 33444 | 1.2 |
| 6 | 加拿大 | 71800 | 4.1 | 20.93 | 4.4 | 41.2 | 34300083 | 13700 | 39941 | 3 |
| 7 | 英国 | 54800 | -5.2 | 8069 | 3.3 | 40.2 | 63047162 | 21980 | 34862 | 0.81 |
| 8 | 澳大利亚 | 35500 | 2.2 | 16.12 | 2.2 | 37.9 | 22015576 | 9077 | 41229 | 2.5 |
| 9 | 韩国 | 28200 | 3.3 | 5.77 | 1.7 | 39 | 48860500 | 15002 | 30699 | 3.7 |
| 10 | 意大利 | 27200 | -1.1 | 4.44 | 1.7 | 43.8 | 61261254 | 17690 | 28876 | 0.9 |
| 11 | 巴西 | 27100 | 8.4 | 1.36 | 1.7 | 29.6 | 199321413 | 23240 | 11659 | 7.5 |
| 12 | 俄罗斯 | 21700 | 4.3 | 1.54 | 1.3 | 38.8 | 140517670 | 22143 | 15756 | 2.1 |
| 13 | 荷兰 | 17800 | -1.1 | 10.64 | 1.1 | 41.5 | 16730632 | 6961 | 41600 | 2.1 |
| 14 | 比利时 | 15500 | 3.3 | 14.85 | 0.9 | 42.6 | 10438353 | 4186 | 40102 | 1.95 |
| 15 | 中国香港 | 13200 | 3.9 | 18.45 | 0.8 | 43.9 | 7153519 | 3456 | 48311 | 6.2 |
| 16 | 瑞士 | 12900 | 4 | 16.7 | 0.8 | 42 | 7725517 | 3383 | 43764 | 3.3 |
| 17 | 墨西哥 | 11400 | 1.3 | 1.4 | 1 | 27.4 | 114975406 | 16192 | 14081 | 4.2 |
| 18 | 西班牙 | 11200 | -6.6 | 2.38 | 0.7 | 40.9 | 47042984 | 13502 | 28697 | -1.1 |
| 19 | 中国台湾 | 9950 | 1.8 | 4.28 | 0.6 | 38.1 | 23234936 | 8528 | 36703 | 4.7 |
| 20 | 瑞典 | 9330 | 1.3 | 10.25 | 0.6 | 42.1 | 9103788 | 3710 | 40763 | 3.1 |
| 21 | 奥地利 | 9200 | -1.1 | 11.19 | 0.6 | 43.4 | 8219743 | 3565 | 43371 | 1.5 |
| 22 | 阿根廷 | 9020 | -3.2 | 2.14 | 0.6 | 30.7 | 42192494 | 6105 | 14469 | 6.9 |
| 23 | 印度 | 8650 | 12.3 | 0.07 | 0.5 | 26.5 | 1205073612 | 45150 | 3746 | 4.8 |

| 排序 | 国家（地区） | 乐器销售额（万美元） | 较2010年增长（%） | 人均乐器消费（美元/人） | 占全球份额（%） | 平均年龄（岁） | 人口总数（人） | GNP（亿美元） | 人均GNP（美元/人） | GNP增长（%） |
|---|---|---|---|---|---|---|---|---|---|---|
| 24 | 丹麦 | 8320 | 2.7 | 15.01 | 0.5 | 41.2 | 5543453 | 2092 | 37738 | 2.1 |
| 25 | 芬兰 | 7350 | 2.8 | 13..97 | 0.4 | 42.7 | 5262930 | 1982 | 37659 | 3.1 |
| 26 | 挪威 | 7200 | 0.4 | 15.3 | 0.4 | 40.3 | 4707270 | 2648 | 56233 | 2.9 |
| 27 | 菲律宾 | 7190 | 4.3 | 0.69 | 0.4 | 23.1 | 103775002 | 3812 | 3673 | 5.1 |
| 28 | 新加坡 | 5500 | 1.9 | 10.27 | 0.3 | 33.4 | 5353494 | 3041 | 56804 | 6.2 |
| 29 | 波兰 | 5300 | 3.9 | 1.38 | 0.3 | 38.8 | 38415284 | 7492 | 19502 | 3.9 |
| 30 | 以色列 | 5270 | 3.3 | 6.94 | 0.3 | 29.5 | 7590758 | 2292 | 30194 | 4.4 |
| 31 | 捷克 | 4620 | -3.3 | 4.54 | 0.3 | 41.1 | 10177300 | 2603 | 25576 | 2.2 |
| 32 | 智利 | 4100 | 0 | 2.4 | 0.3 | 32.8 | 17067369 | 2484 | 14554 | 5 |
| 33 | 哥伦比亚 | 2970 | 6.1 | 0.66 | 0.2 | 28.4 | 45239079 | 4782 | 10570 | 2.2 |
| 34 | 委内瑞拉 | 2760 | -1.5 | 0.98 | 0.2 | 26.3 | 28047038 | 3789 | 13509 | 1 |
| 35 | 爱尔兰 | 2180 | -0.9 | 4.62 | 0.1 | 35.1 | 4722028 | 1789 | 37886 | 1 |
| 36 | 印度尼西亚 | 2150 | 16.2 | 0.09 | 0.1 | 28.5 | 248645008 | 10590 | 4259 | 3.4 |
| 37 | 土耳其 | 2110 | 2.4 | 0.26 | 0.1 | 28.8 | 79749461 | 9880 | 12388 | 5.1 |
| 38 | 葡萄牙 | 2100 | -8.7 | 1.95 | 0.1 | 40.4 | 10781459 | 2522 | 23392 | -0.7 |
| 39 | 希腊 | 1600 | -27.3 | 1.49 | 0.1 | 42.8 | 10767827 | 2981 | 27684 | -5.8 |

译者注：本表数据主要源于世界贸易组织产品进出口情况数据库。

中国内地乐器规模以上企业销售收入应为234.24亿元，合37.67亿美元

（高萍 编译自：美国《音乐贸易》2012 No.12）

## 海外信息篇之三：美国乐器市场

# 2012年美国乐器市场调查

2012年，美国音乐制品行业销售额从上年的66.2亿美元增至2012年的67.4亿美元，同比增长1.7%。尽管增幅不大，但其持续发展的轨迹让人们看到曙光，逐步从2008年严重金融危机的后遗症中恢复。可以说，经济危机的恐慌已经过去，业界正踌躇满志迎接行业未来的新发展。

音乐制品属可选择性较强的耐用消费品，易受经济结构改变的影响。毫无疑问，过去5年经济形势下滑对音乐制品销售造成严重影响。消费者面临就业低迷，房产价值缩水，债务上升等多方面负面经济影响，导致市场消费意愿较低。但是，如果仅从经济角度评价过去5年行业发展的表现，就易使人们忽视这些年来技术革新和进步，尤其是数码技术持续发展，大大改变了器乐娱乐、演奏模式，为音乐制品勾勒出新的前景。另一方面，技术进步使音乐制品价格不断降低。高端键盘的声学性能和演奏性能均体现在平板电脑的应用软件中，该模式成本低廉，效果显著，往往能与同类原声乐器达到同样效果。不少吉他爱好者在吉他上安装转换功放，直接将乐器与电脑或ipad相连；再如，电子套鼓简便易携，轻便型特点突出，再加上静音耳麦设计，无疑受到那些传统套鼓客户的关注。

技术革新使传统零售琴行经营受到一定冲击：传统乐器销量减少，销售价格降低。尽管如此，这种趋势造就了一批受益者，为购买大众提供了物美价廉的新乐器。对于专业音乐爱好者而言，仅需2000美元左右就能通过技术手段在家中组装出高效录音演奏棚。行业发展的历史经验表明，技术革新带来的进步，将大大方便人们参与器乐演奏。

### 弦乐器

**(含声学吉他、电吉他、贝斯、功放、吉他效果器等)**

2012年弦乐器零售额为16亿美元，同比增长3.4%，超过音乐制品行业1.7%的平均增速。2012年，声学吉他是弦类乐器中最热门的产品类别，零售额同比增长10.1%，达5.322亿美元；销量同比增长1.1%，达132.65万件。另值得一提的是尤克里里琴(吉他型四弦拨奏乐器)销量增长21.5%，达108.7万把，零售总额7700万美元。

在经济低迷境况下，高档吉他价格增幅尤为明显。价位在1500美元以上的吉他增长19.2%，抵消了初级产品下滑的影响。高端市场蕴藏的活力受到吉他制造商和零售商极大关注。业界分析原因是多方面的，首先是经济形势从五年低迷期恢复后带来的井喷式需求；其次是高端吉他具有收藏价值高，产品限量供应的特点。

在由ipad、智能手机为主导的数码时代中，传统声学吉他价格提高似乎“不合时宜”。业界一直在努力寻求运用数码手段替代木材、金属等吉他制作原材料。电吉他销售额小幅增长3.7%，达4.684亿美元，高端电吉他收益最大，价位1250美元以上的电吉他零售额同比增长22%，而600美元以下的电吉他销售下降3%，但由于入门级产品价格降低，电吉他整体销量同比下滑3.2%，为116.2万把；

弦乐配件方面，电吉他产量降低相应地使效果器销售下降3%。初级电吉他销售下滑，影响了其他关联产品，功放销售所受影响最大，降幅为11.7%。电吉他比传统声学吉他更换琴弦的频率更高。电吉他产量降低一定程度使琴弦销售减少了1个百分点。

总体而言，弦乐器及相关制品的的销售额约占行业销售总额的23%，吉他手堪称器乐演奏人数最多的群体，该消费群体对行业的影响较为深远。

### 家用键盘乐器

**(含声学、数码钢琴，自动演奏钢琴等)**

2012年对于数码钢琴业务而言是一个富有挑战性年份，该门类产品的市场零售额下滑3.8%，为3.418亿美元；产量降低9.4%，为3.72万架。数码三角钢琴产量为11350架，零售额为1.791亿美元（2011年销量为11554架，零售额1.753亿）。

数码立式钢琴市场受到一定影响，产量下滑13.3%，达22070架，零售额减少11%，达到1.026亿。带有自动演奏系统的钢琴产量也降至3780架，降幅9.4%，零售额6010万美元。

钢琴市场与房地产密切相关，受美国经济下滑影响较大，钢琴受到较为严重冲击。由于房屋开工率降低，消费者出手审慎，信贷融资困难等因素，近五年来钢琴销售呈下滑态势。而低价位更易被接受，带有静音功能及耳机设备的数码钢琴则更为突出，市场份额逐步扩大，逐步成为更多普通消费者的购买首选。此外，据琴行反映，2012年二手钢琴销售有所增加。上世纪80年代中叶，韩国高品质进口钢琴蜂拥进入美国市场，一度引起钢琴消费热潮。经过近30余年发展，战后婴儿潮出生的美国人逐年退休，改换居所，更新乐器。据零售商反映，从接待客户情况看，想买新琴的人往往想先卖掉旧琴。很多人都在转让原有钢琴，这也是2012年钢琴市场的另一特点。

**校园乐器**

**(含铜管乐器、木管乐器、弦类乐器)**

由于校园乐器活动频繁，2012年以铜管乐器、木管乐器、弦乐器为主的校园乐器销售情况良好，成为音乐制品行业表现最突出的门类之一。销量同比增长2.1%，达968515件，零售额增长8.5%，达6.202亿美元；长笛销售额减少24%，萨克斯增长28%，但就价格而言，与上年相比变化不大。

对参与器乐活动的在校生人数一直难以统计，因此新乐器的销售情况成为衡量参与器乐活动人数的指标之一。近十年来，尽管经济波动，但木管乐器、铜管乐器的销量均能反映出学生参与音乐活动情况。2012年，各类在校生人数为5520万人，校园管乐销量968515件，器乐人均普及率为1.75%；十年前的2003年，管乐销量911639件，当时入学人数5300万，人均普及率为1.74%。十年间，器乐普及率一直在1.79%-1.66%间徘徊。销量和人数间保持稳定性是音乐制品其他行业所难以企及的，也是管乐行业的特色之一。由于国际音乐制品协会着力推动音乐教育工作及近百年来校园音乐活动项目成功传承，音乐有益于丰富孩子生活的观念被美国学生家长广为接受。在当前电子游戏充斥着，考试压力加大的环境下，乐器更显得别致优雅，对于充实子女生活起着潜移默化的引领作用。校园乐器表现良好很大程度上得益于家长的大力支持，只要家长不断支持，校园乐器活动依然稳健。

**管风琴**

**(含家用管风琴及教堂管风琴)**

2012年，管风琴零售额下滑8.3%。厂家认为，推销管风琴的零售商数量减少成为家用管风琴销售下滑的主要原因。应加强市场培育力度和有效课程培训，拓展家用管风琴需求。近十年来，教堂用管风琴份额稳步下降，越来越多教堂倾向于采用大众、多元化器乐形式，庄重严肃音乐风格的管风琴渐渐淡出。

**乐器配件**

**(含箱包、支架、调音器、节拍器、背带、簧片、口琴及其他)**

本部分产品范围广阔，涵盖支架、背带、箱包、调音器、口琴及其他产品。2012年，此类产品销售收入同比增长5.2%，超过音乐制品行业平均增速。这种结果并不出人意料：吉他背带、簧片等绝大多数配件价格低于100美元，因此销量不错；而对于大件乐器，用户往往出于价格原因比较踌躇。有的琴行也反映，配件柜台区一般客流较多。另外，新产品层出不穷，电吉他手套、Ipad夹包等过去未曾出现的小配件，随着数码技术发展也逐渐流行起来。

**打击乐器**

**(含传统打击乐器和电子打击乐器)**

打击乐器技术不断革新，传统套鼓类细化为镲片、鼓皮、鼓槌等，分类更加明晰，传统套鼓爱好者坚持认为，电子套鼓无法取代声学套鼓木质外壳的音色质量和表现力，因此传统套鼓在表演类舞台上依旧占据主流地位。但对初学者或家用娱乐用户而言，使用静音耳机，自主调节鼓乐音量，使用MP3电子接口，会使电子套鼓更有吸引力。正如立式数码钢琴取代传统声学钢琴成为最为流行的家用键盘乐器，数码套鼓已成为入门级鼓乐爱好者的重要选择，也成为传统套鼓的竞争产品。从调查反馈结果看，琴行反映电子套鼓销售占到2012年第4季度音乐制品销售的“半壁江山”。打击乐器主要配件销售亦有所增长。例如，多数电子套鼓鼓皮比声学鼓鼓皮柔软，作为主要配件的电子鼓槌破损折断率也较低，受到用户青睐，这从客观上也带动了打击乐器配件销售增长。

**便携式键盘乐器**

尽管便携式键盘销售量下滑，但零售额却增长9.1%。200美元以下的乐器销量为715085件，同比减少13.2%，零售额为6650万美元。但价格高于200美元的销量为363035件，零售额同比增长33.4%。键盘乐器制造商将销售额增长归结为高端乐器价格提高。

本调查报告数据源自多种渠道，进出口数据主要来自世界贸易组织（WTO）统计，其他数据来源于行业15家上市公司发布的年报公开信息、行业协会信息等。总体而言，报告较为综合地反映出2012年全美近6000家乐器琴行的经营情况。

**2008年～2012年美国吉他市场概况**

（单位：把）

| | 2012年销量 | 同比% | 2011年销量 | 同比% | 2010年销量 | 同比% | 2009年销量 | 同比% | 2008年销量 | 同比% |
|---|---|---|---|---|---|---|---|---|---|---|
| 声学吉他 | | | | | | | | | | |
| 200美元以下 | 645000 | 0.60 | 641000 | 9.00 | 588211 | 13.10 | 520201 | -3.10 | 537000 | 2.00 |
| 201-500美元 | 120900 | -2.50 | 124000 | 8.60 | 114220 | -7.40 | 123357 | -20.70 | 155500 | 2.20 |
| 501-1500美元 | 94000 | 18.70 | 79200 | 18.20 | 67000 | 3.90 | 64461 | -19.60 | 80200 | -8.50 |
| 1500美元以上 | 24200 | 5.70 | 22885 | 15.00 | 19900 | 14.60 | 17361 | -26.90 | 23750 | -8.30 |
| 声学电吉他 | | | | | | | | | | |
| 200美元以下 | 127000 | -4.00 | 132300 | -2.10 | 135200 | -6.7 | 144947 | -18.10 | 177000 | 1.10 |
| 201-500美元 | 197000 | 1.00 | 195000 | 11.40 | 175000 | 12.80 | 155187 | -34.50 | 237000 | -10.60 |
| 501-1500美元 | 107750 | 17.10 | 92000 | 14.60 | 80300 | 21.80 | 65936 | -18.60 | 81000 | -7.00 |
| 1500美元以上 | 28650 | 13.70 | 25200 | 20.00 | 21000 | 14.80 | 18288 | -29.90 | 26100 | -8.10 |
| 声学吉他小计 | 1344500 | 2.50 | 1311585 | 9.20 | 1200831 | 8.20 | 1109738 | -15.80 | 1317550 | -2.30 |
| 电吉他 | | | | | | | | | | |
| 200美元以下 | 401000 | -4.10 | 418250 | -2.30 | 428250 | 0.70 | 425117 | -13.80 | 493000 | -0.60 |
| 201-600美元 | 318000 | -4.40 | 332500 | 3.90 | 319877 | 4.40 | 306253 | -22.50 | 395000 | -7.70 |
| 601-1250美元 | 119520 | 2.90 | 116200 | 5.40 | 110250 | -0.90 | 111272 | -24.30 | 147000 | -5.00 |
| 1251-2000美元 | 24800 | 24.60 | 19900 | 3.40 | 19250 | 6.90 | 18005 | -28.60 | 25200 | -6.70 |
| 2000美元以上 | 13000 | 16.10 | 11200 | 3.50 | 10820 | 3.30 | 10477 | -29.70 | 14900 | -6.30 |
| 空体电吉他 | | | | | | | | | | |
| 200-500美元 | 28520 | 8.60 | 26250 | -11.90 | 29800 | -13.40 | 34412 | 3.70 | 33200 | -15.10 |
| 500美元以上 | 13650 | 6.60 | 12800 | 23.60 | 10355 | 1.70 | 10177 | -63.00 | 27500 | -11.60 |
| 电吉他小计 | 918490 | -2.00 | 937100 | 0.90 | 928602 | 1.40 | 915713 | | 1135800 | |

| | 2012年销量 | 同比% | 2011年销量 | 同比% | 2010年销量 | 同比% | 2009年销量 | 同比% | 2008年销量 | 同比% |
|---|---|---|---|---|---|---|---|---|---|---|
| 电贝斯 | | | | | | | | | | |
| 250美元以下 | 113000 | -2.60 | 116000 | -1.90 | 118233 | -6.20 | 126093 | -20.20 | 158000 | -1.40 |
| 251-500美元 | 72500 | -2.30 | 74200 | -2.50 | 76122 | 2.40 | 74353 | -23.30 | 97000 | -4.00 |
| 501-1000美元 | 54500 | 2.40 | 53200 | 7.20 | 49622 | 11.30 | 44597 | -23.10 | 58000 | -7.90 |
| 1000美元以上 | 4400 | 7.30 | 4100 | 5.10 | 3900 | 27.00 | 3072 | -6.90 | 3300 | -15.40 |
| 电贝斯小计 | 244400 | -1.30 | 247500 | -0.20 | 247877 | -0.90 | 248115 | -21.60 | 316300 | -3.60 |
| 吉他总计 | 2507390 | 0.40 | 2496185 | 5.00 | 2377310 | 4.60 | 2273566 | -10.40 | 2769650 | -3.40 |

**2008年～2012年美国声学钢琴市场概况**

（单位：架）

| | 2012年销量 | 同比% | 2011年销量 | 同比% | 2010年销量 | 同比% | 2009年销量 | 同比% | 2008年销量 | 同比% |
|---|---|---|---|---|---|---|---|---|---|---|
| 按型号划分 | | | | | | | | | | |
| 立式钢琴 | | | | | | | | | | |
| 44″以下 | 4633 | -6.70 | 4966 | -20.20 | 6255 | 57 | 3955 | -30.58 | 5697 | -21 |
| 44″-47″ | 12796 | -16 | 15225 | -4.70 | 15977 | 59 | 10017 | -41 | 16977 | 4.30 |
| 工作室用琴 | 4641 | -11.80 | 5259 | 1.60 | 5177 | -13 | 5955 | -28.89 | 8374 | 2.60 |
| 自动演奏钢琴 | 395 | -7.10 | 425 | -6.60 | 455 | 40 | 325 | -21.31 | 413 | -13.10 |
| 立式钢琴总计 | 22465 | -13.20 | 25875 | -7.00 | 27834 | 37 | 20252 | -33.46 | 30435 | -5.40 |
| 三角钢琴 | | | | | | | | | | |
| 5′以下 | 1855 | -6.20 | 1977 | -19.50 | 2455 | 24.30 | 1974 | -50.14 | 3959 | -11.80 |
| 5′-5′5″ | 4014 | 4.90 | 3825 | -7.00 | 4115 | 18.70 | 3466 | -44.19 | 6210 | -15.20 |
| 5′6″-5′10″ | 1855 | -5.60 | 1966 | -11.30 | 2217 | 18.10 | 1877 | -37.41 | 2999 | -21.20 |
| 5′11″-6′4″ | 1522 | -3.40 | 1575 | -6.60 | 1687 | 27.20 | 1326 | -45.99 | 2455 | -18.50 |
| 6′5″-7′10″ | 1016 | -4.00 | 1058 | -8.60 | 1158 | 53.30 | 755 | -54.68 | 1666 | -32.50 |
| 7′11″及以上 | 1088 | -5.60 | 1153 | 20.70 | 955 | 50.30 | 635 | -37.13 | 1010 | -4.30 |
| 自动演奏钢琴 | 3385 | -6.60 | 3625 | 8.00 | 3357 | 20.90 | 2775 | -49.06 | 5448 | -34.50 |
| 三角钢琴总计 | 14735 | -2.90 | 15179 | -4.80 | 15944 | 24.40 | 12808 | -46.06 | 23747 | -21.90 |
| 声学钢琴总计 | 37200 | -9.40 | 41054 | -6.20 | 43778 | 32.42 | 33060 | -38.98 | 54182 | -13.40 |
| 按单价划分 | | | | | | | | | | |
| 立式钢琴 | | | | | | | | | | |
| 4000美元以下 | 14277 | -12.20 | 16266 | -17.30 | 19679 | 38.05 | 14255 | -21.86 | 18244 | -7 |
| 4000美元以上 | 8188 | -14.80 | 9609 | 17.80 | 8155 | 35.98 | 5997 | -50.81 | 12191 | -2.80 |
| 三角钢琴 | | | | | | | | | | |
| 10000美元以下 | 3325 | 3.40 | 3215 | 4.80 | 3067 | 3.79 | 2955 | -43.98 | 5275 | 2.90 |
| 10000美元以上 | 11410 | -4.60 | 11964 | -7.10 | 12877 | 30.69 | 9853 | -46.66 | 18472 | -26.90 |

**2008年～2012年美国声学钢琴主要进口来源国**

| | 2012年销量 | 同比% | 2011年销量 | 同比% | 2010年销量 | 同比% | 2009年销量 | 同比% | 2008年销量 | 同比% |
|---|---|---|---|---|---|---|---|---|---|---|
| 立式钢琴 | | | | | | | | | | |
| 中国 | 7758 | -24.70 | 10309 | -13.30 | 11885 | 69.80 | 6999 | -28.00 | 9721 | -13.30 |
| 印尼 | 5626 | 6.30 | 5292 | -18.60 | 6504 | 52.00 | 4277 | -44.31 | 7680 | 37 |
| 日本 | 4522 | -4.70 | 4743 | 11.50 | 4255 | 32.10 | 3221 | -25.01 | 4295 | -8.70 |
| 三角钢琴 | | | | | | | | | | |
| 中国 | 3798 | -6.20 | 4048 | 0.60 | 4025 | 46.10 | 2755 | -41.83 | 4736 | -43 |
| 印尼 | 3316 | -21.30 | 4211 | -6.70 | 4515 | 35.70 | 3325 | -53.65 | 7173 | 25 |
| 日本 | 4162 | -10.00 | 4625 | -6.70 | 4955 | 44.80 | 3420 | -50.38 | 6893 | -4.30 |
| 美国 | 1125 | -19.60 | 1400 | 9.80 | 1275 | 1.50 | 1255 | -34.81 | 1925 | -15 |

**2012年美国乐器市场零售概览**

（金额单位：美元）

| 年份 | 销量 | 同比% | 批发额 | 零售额 | 同比% | 平均单价 |
|---|---|---|---|---|---|---|
| 吉他 | | | | | | |
| 声学吉他 | | | | | | |
| 2012年 | 1326500 | 1.10 | 356606194 | 532248050 | 10.10 | 401 |
| 2011年 | 1311585 | 9.20 | 323856694 | 483368200 | 15.50 | 369 |
| 2010年 | 1200831 | 8.20 | 280455000 | 418589000 | 6.90 | 349 |
| 2009年 | 1109000 | -15.77 | 262253000 | 391423000 | -17.21 | 353 |
| 2008年 | 1317550 | -2.30 | 312042390 | 472791500 | -8.20 | 359 |
| 2007年 | 1348000 | -9.50 | 345007000 | 514936000 | -6.10 | 382 |
| 2006年 | 1490260 | -9.70 | 367438000 | 548415000 | 2.20 | 367 |
| 2005年 | 7657074 | 2.00 | 359521000 | 536599000 | 10.90 | 325 |
| 2004年 | 1618700 | 38.60 | 324274000 | 483991000 | 16.70 | 299 |
| 2003年 | 1168237 | 20.00 | 289377000 | 415142000 | -6.30 | 355 |
| 电吉他 | | | | | | |
| 2012年 | 1162890 | -3.20 | 313846814 | 468428080 | 3.70 | 403 |
| 2011年 | 1200831 | 2.10 | 302574178 | 451603250 | 7.40 | 381 |
| 2010年 | 1176479 | 1.10 | 281675000 | 420411000 | -2.10 | 357 |
| 2009年 | 1163000 | -19.85 | 287646000 | 429323000 | -24.20 | 369 |
| 2008年 | 1452100 | -4.50 | 376630464 | 566361600 | -5.90 | 390 |
| 2007年 | 1520000 | 1.30 | 403286000 | 601920000 | 6.90 | 396 |
| 2006年 | 1501000 | -9.50 | 382154000 | 562875000 | -8.30 | 380 |
| 2005年 | 1658648 | -1.50 | 416735000 | 621993000 | 15.40 | 375 |

| 年份 | 销量 | 同比% | 批发额 | 零售额 | 同比% | 平均单价 |
|---|---|---|---|---|---|---|
| 2004年 | 1683970 | 43.50 | 361043000 | 538870000 | 10.40 | 320 |
| 2003年 | 1173314 | 21.00 | 305920000 | 488119000 | 2.10 | 416 |
| 吉他总计 | | | | | | |
| 2012年 | 2489390 | -0.90 | 670453007 | 1000676130 | 7.00 | 402 |
| 2011年 | 2512416 | 5.70 | 626430872 | 934971450 | 11.40 | 372 |
| 2010年 | 2377310 | 4.60 | 562130000 | 839000000 | 0.022 | 353 |
| 2009年 | 2273000 | -17.91 | 549900000 | 820746000 | -0.210 | 361 |
| 2008年 | 2769650 | -3.40 | 691036812 | 1039153100 | -7.00 | 375 |
| 2007年 | 2868000 | -4.10 | 748293000 | 1116856000 | 0.50 | 389 |
| 2006年 | 2991260 | -9.60 | 749593000 | 1111290000 | -4.10 | 372 |
| 2005年 | 3309722 | 0.20 | 776256000 | 1158592000 | 13.30 | 350 |
| 2004年 | 3302670 | 41.00 | 686317000 | 1022861000 | 13.30 | 309 |
| 2003年 | 2341551 | 20.50 | 595297000 | 903261000 | -1.90 | 386 |
| 注1：声学吉他类含班卓琴、曼陀林、冬不拉及其他声学弦乐器，不含夏威夷四弦琴 | | | | | | |
| 注2：电吉他类含电贝斯 | | | | | | |
| | | | | | | |
| 功放 | | | | | | |
| 2012年 | 8444000 | -5.20 | 125080800 | 192432000 | -11.70 | 228 |
| 2011年 | 890000 | -1.30 | 141732500 | 218050000 | -5.10 | 245 |
| 2010年 | 901400 | 3.20 | 149407000 | 229857000 | -9.20 | 255 |
| 2009年 | 873200 | -20.33 | 164598200 | 253228000 | -25.47 | 290 |
| 2008年 | 1096000 | -1.40 | 220844000 | 339760000 | -9.90 | 310 |
| 2007年 | 1112000 | 1.80 | 245029000 | 376968000 | 4.60 | 339 |
| 2006年 | 1092000 | -12.00 | 234234000 | 360360000 | -9.20 | 330 |
| 2005年 | 1240921 | -3.00 | 258111000 | 397094000 | 6.70 | 320 |
| 2004年 | 1279300 | 31.30 | 241979000 | 372276000 | 9.80 | 291 |
| 2003年 | 974000 | 18.00 | 220318000 | 338952000 | -5.60 | 348 |
| | | | | | | |
| 钢琴 | | | | | | |
| 三角钢琴 | | | | | | |
| 2012年 | 11350 | -1.80 | 100297680 | 179103000 | 2.10 | 15780 |
| 2011年 | 11554 | -8.20 | 98035000 | 175375000 | 0.20 | 15179 |
| 2010年 | 12587 | 25.50 | 97977000 | 174959000 | 36.20 | 13900 |
| 2009年 | 10033 | -45.17 | 71916000 | 128422000 | -48.18 | 12800 |
| 2008年 | 18299 | -17.50 | 138789924 | 247839150 | 18.50 | 13544 |
| 2007年 | 22189 | -17.60 | 170234000 | 303989000 | -5.10 | 13700 |
| 2006年 | 26935 | -23.50 | 179313000 | 320203000 | -19.90 | 11887 |

| 年份 | 销量 | 同比% | 批发额 | 零售额 | 同比% | 平均单价 |
|---|---|---|---|---|---|---|
| 2005年 | 35211 | 8.80 | 224077000 | 400137000 | 12.60 | 11364 |
| 2004年 | 32377 | 3.00 | 202634000 | 355499000 | -1.70 | 10980 |
| 2003年 | 31433 | 2.10 | 207862000 | 361500000 | -6.80 | 11500 |
| 立式钢琴 | | | | | | |
| 2012年 | 22070 | -13.30 | 57470280 | 102625500 | -11.00 | 4650 |
| 2011年 | 25450 | -7.00 | 65408000 | 115358000 | 2.80 | 4533 |
| 2010年 | 27379 | 37.40 | 63984000 | 112253000 | 54.80 | 4100 |
| 2009年 | 19927 | -33.63 | 41344000 | 72534000 | -37.49 | 3640 |
| 2008年 | 30022 | -5.20 | 66140121 | 116035300 | -3.10 | 3865 |
| 2007年 | 31681 | -20.50 | 68259000 | 119754000 | -7.20 | 3780 |
| 2006年 | 39862 | -17.80 | 73571000 | 129073000 | 14.20 | 3237 |
| 2005年 | 48527 | -1.90 | 85747000 | 150433000 | 1.70 | 3100 |
| 2004年 | 49453 | -12.30 | 85761000 | 147864000 | 15.60 | 2990 |
| 2003年 | 56401 | 5.90 | 100771000 | 175255000 | -3.20 | 3107 |
| 自动演奏钢琴 | | | | | | |
| 2012年 | 3780 | -6.70 | 33657120 | 60102000 | -6.90 | 15900 |
| 2011年 | 4050 | 6.20 | 36089000 | 64559000 | 16.00 | 15940 |
| 2010年 | 3812 | 23.00 | 31166000 | 55655000 | 32.90 | 14600 |
| 2009年 | 3100 | -47.11 | 23436000 | 41850000 | -48.26 | 13500 |
| 2008年 | 5861 | -32.40 | 45293808 | 80881800 | -33.20 | 13800 |
| 2007年 | 8666 | -14.30 | 67844000 | 121150000 | -8.70 | 13980 |
| 2006年 | 10169 | -13.70 | 74286000 | 132654000 | -10.30 | 13044 |
| 2005年 | 11780 | 0.90 | 82822000 | 147897000 | 4.10 | 12555 |
| 2004年 | 11670 | 22.50 | 79598000 | 142140000 | 26.20 | 12180 |
| 2003年 | 9530 | -0.20 | 62925000 | 112595000 | -9.30 | 11815 |
| 钢琴销售总计 | | | | | | |
| 2012年 | 37200 | -9.40 | 191425080 | 341830500 | -3.80 | 9189 |
| 2011年 | 41054 | -6.20 | 199532000 | 355292000 | 3.60 | 8654 |
| 2010年 | 43778 | 32.40 | 193128000 | 342868000 | 41 | 7832 |
| 2009年 | 33060 | -38.98 | 136697000 | 242806680 | -45.41 | 7344 |
| 2008年 | 54182 | -13.40 | 250223853 | 444756250 | 18.40 | 8209 |
| 2007年 | 62536 | -18.80 | 306338000 | 544894000 | -64 | 8713 |
| 2006年 | 76966 | -19.40 | 327170000 | 581930000 | 16.60 | 7560 |
| 2005年 | 95518 | 2.20 | 392647000 | 698469000 | 8.20 | 7312 |
| 2004年 | 93500 | -4.00 | 367993000 | 645503000 | -0.60 | 6903 |
| 2003年 | 97364 | 4.00 | 371558000 | 649350000 | -6.30 | 6669 |
| 数码钢琴 | | | | | | |

| 年份 | 销量 | 同比% | 批发额 | 零售额 | 同比% | 平均单价 |
|---|---|---|---|---|---|---|
| 2012年 | 128000 | 6.50 | 95232000 | 158720000 | 6.20 | 1240 |
| 2011年 | 120200 | 1.90 | 87986400 | 146644000 | 13.00 | 1220 |
| 2010年 | 118000 | 15.70 | 77880000 | 129800000 | 29.90 | 1100 |
| 2009年 | 102000 | -16.97 | 59976000 | 99960000 | -17.64 | 980 |
| 2008年 | 122850 | 1.80 | 72825480 | 121375800 | -1.30 | 988 |
| 2007年 | 120620 | -3.50 | 73819000 | 123032000 | 14.40 | 1020 |
| 2006年 | 125000 | -13.20 | 86250000 | 143750000 | 16.80 | 1150 |
| 2005年 | 144000 | 20.80 | 103680000 | 172800000 | 4.60 | 1200 |
| 2004年 | 119240 | 43.10 | 99088000 | 165147000 | 10.00 | 1385 |
| 2003年 | 83300 | 3.80 | 90330000 | 149000000 | -2.20 | 1788 |
| | | | | | | |
| **校园乐器** | | | | | | |
| 铜管乐器 | | | | | | |
| 2012年 | 248055 | 9.90 | 124294500 | 225990000 | 15.10 | 911 |
| 2011年 | 225741 | 4.40 | 108027000 | 196394000 | 5.10 | 870 |
| 2010年 | 216315 | 3.30 | 102787000 | 186886000 | -1.10 | 864 |
| 2009年 | 209500 | -11.90 | 103957000 | 189012000 | -15.89 | 902 |
| 2008年 | 237800 | -0.40 | 123596550 | 224721000 | -4.00 | 945 |
| 2007年 | 238800 | 8.10 | 128713000 | 234024000 | 11.50 | 980 |
| 2006年 | 220950 | 4.50 | 115446000 | 209902000 | 5.60 | 949 |
| 2005年 | 211400 | -6.70 | 109293000 | 198716000 | -2.60 | 940 |
| 2004年 | 226595 | 7.50 | 112164000 | 203935000 | -1.90 | 900 |
| 2003年 | 210836 | -3.30 | 114381000 | 207967000 | -3.10 | 986 |
| 木管乐器 | | | | | | |
| 2012年 | 342500 | -2.80 | 154695750 | 281265000 | 5.00 | 821 |
| 2011年 | 352462 | 1.30 | 147343000 | 267871000 | 2.80 | 760 |
| 2010年 | 348022 | -3.10 | 143312000 | 260567000 | -1.90 | 749 |
| 2009年 | 359300 | -8.19 | 146162000 | 265749000 | -7.61 | 740 |
| 2008年 | 391347 | 4.70 | 158202025 | 287640045 | 1.90 | 735 |
| 2007年 | 373800 | 1.70 | 155220000 | 282219000 | 2.40 | 755 |
| 2006年 | 367580 | 2.00 | 151626000 | 275685000 | 1.50 | 750 |
| 2005年 | 360282 | -2.20 | 149408000 | 271652000 | 5.50 | 754 |
| 2004年 | 368336 | 7.20 | 141606000 | 257466000 | -4.50 | 699 |
| 2003年 | 343714 | 0.43 | 148171000 | 269402000 | 10.80 | 784 |
| 弦乐器 | | | | | | |
| 2012年 | 377960 | 2.10 | 62120300 | 112946000 | 5.20 | 299 |
| 2011年 | 370200 | 24.80 | 59046000 | 107358000 | 27.40 | 290 |

| 年份 | 销量 | 同比% | 批发额 | 零售额 | 同比% | 平均单价 |
|---|---|---|---|---|---|---|
| 2010年 | 296610 | 1.90 | 46330000 | 84237000 | 3.60 | 284 |
| 2009年 | 290845 | -16.70 | 44714000 | 81299000 | -16.70 | 280 |
| 2008年 | 350850 | -16.70 | 36277890 | 65959800 | -19.70 | 188 |
| 2007年 | 421074 | 2.90 | 45160000 | 82109000 | 5.60 | 195 |
| 2006年 | 409131 | 1.60 | 42754000 | 77734000 | 13.60 | 189 |
| 2005年 | 382331 | 11.00 | 37633000 | 68425000 | 12.90 | 178 |
| 2004年 | 341016 | -4.50 | 32822000 | 58677000 | 3.20 | 170 |
| 校园乐器总计 | | | | | | |
| 2012年 | 968515 | 2.10 | 341110550 | 620201000 | 8.50 | 640 |
| 2011年 | 948403 | 10.20 | 314416000 | 571623000 | 7.50 | 603 |
| 2010年 | 860947 | 0.20 | 292430000 | 531691000 | -0.80 | 618 |
| 2009年 | 859645 | -12.28 | 294833625 | 536061137 | -12.12 | 624 |
| 2008年 | 979997 | -5.20 | 318076465 | 578320845 | -3.30 | 590 |
| 2007年 | 1033674 | 3.60 | 329093000 | 598352000 | 6.20 | 579 |
| 2006年 | 997661 | 2.40 | 309826000 | 563321000 | 4.50 | 564 |
| 2005年 | 954013 | 4.10 | 296336000 | 538793000 | 3.40 | 553 |
| 2004年 | 935947 | 2.60 | 286336000 | 521078000 | 2.60 | 556 |
| | | | | | | |
| | | | 电声乐器 | | | |
| 键盘合成器 | | | | | | |
| 2012年 | 81500 | -3.60 | 67811260 | 99430000 | -3.90 | 1220 |
| 2011年 | 84500 | -4.20 | 70595525 | 103512500 | -2.20 | 1225 |
| 2010年 | 88200 | 19.50 | 72182000 | 105840000 | 8.70 | 1200 |
| 2009年 | 73779 | -7.27 | 66418807 | 97388280 | -17.29 | 1320 |
| 2008年 | 79560 | 4.00 | 80304682 | 117748800 | -3.20 | 1480 |
| 2007年 | 76523 | -3.80 | 82980000 | 121671000 | 5.50 | 1590 |
| 2006年 | 79530 | 11.30 | 78647000 | 115315000 | 3.10 | 1449 |
| 2005年 | 71460 | 9.50 | 76271000 | 117834000 | 3.90 | 1565 |
| 2004年 | 65240 | -0.50 | 73199000 | 107646000 | 3.30 | 1650 |
| 键盘控制器 | | | | | | |
| 2012年 | 88000 | -6.40 | 13203520 | 19360000 | 9.00 | 220 |
| 2011年 | 94000 | -6.00 | 12116412 | 17766000 | -8.90 | 189 |
| 2010年 | 100000 | 34.20 | 13299000 | 19500000 | 19.00 | 195 |
| 2009年 | 74500 | -15.34 | 11177000 | 16390000 | -13.37 | 220 |
| 2008年 | 88000 | 11.40 | 12903440 | 18920000 | 4.60 | 215 |
| 2007年 | 79000 | 6.80 | 12338062 | 18091000 | 45.50 | 229 |
| 2006年 | 74000 | 421.00 | 8478000 | 12432000 | 22 | 168 |

| 年份 | 销量 | 同比% | 批发额 | 零售额 | 同比% | 平均单价 |
|---|---|---|---|---|---|---|
| 2005年 | 14200 | 184.00 | 6972000 | 10224000 | 127 | 720 |
| 2004年 | 5000 | -20.60 | 3150000 | 4500000 | -52.40 | 900 |
| 电钢琴、专业管风琴 | | | | | | |
| 2012年 | 12200 | -23.30 | 14976720 | 21960000 | -22.80 | 1800 |
| 2011年 | 15900 | 3.20 | 19410402 | 28461000 | 7.10 | 1790 |
| 2010年 | 15400 | -4.90 | 18117000 | 26565000 | -7.90 | 1725 |
| 2009年 | 16200 | -18.18 | 19666152 | 28836000 | -19.09 | 1780 |
| 2008年 | 19800 | -8.40 | 24306480 | 35640000 | -12.80 | 1800 |
| 2007年 | 21620 | -18.40 | 27867000 | 40861000 | -8.20 | 1890 |
| 2006年 | 26500 | -19.70 | 30362000 | 44520000 | -27.00 | 1680 |
| 2005年 | 33000 | -8.30 | 41636000 | 61050000 | -16.40 | 1850 |
| 2004年 | 36800 | -0.70 | 51133000 | 73048000 | -8.40 | 1985 |
| 电子鼓 | | | | | | |
| 2012年 | n/a | n/a | 33077000 | 48500000 | 4.10 | n/a |
| 2011年 | n/a | n/a | 31781200 | 46600000 | -3.90 | n/a |
| 2010年 | n/a | n/a | 33077000 | 48500000 | 3.60 | n/a |
| 2009年 | n/a | n/a | 31938060 | 46830000 | -16.00 | n/a |
| 2008年 | n/a | n/a | 38022741 | 55751819 | 2.10 | n/a |
| 2007年 | n/a | n/a | 37240000 | 54605000 | 5.20 | n/a |
| 2006年 | n/a | n/a | 35399000 | 51906000 | 5.50 | n/a |
| 2005年 | n/a | n/a | 33554000 | 49200000 | 11.10 | n/a |
| 2004年 | n/a | n/a | 30996000 | 44280000 | 7.30 | n/a |
| 电声乐器销售总计 | | | | | | |
| 2012年 | n/a | n/a | 147112740 | 215730000 | -2.70 | n/a |
| 2011年 | n/a | n/a | 151244763 | 221791500 | -1.90 | n/a |
| 2010年 | n/a | n/a | 142364000 | 226070000 | 14.10 | n/a |
| 2009年 | n/a | n/a | 135073292 | 198054680 | -16.82 | n/a |
| 2008年 | n/a | n/a | 162385066 | 238101269 | -3.10 | n/a |
| 2007年 | n/a | n/a | 167632000 | 245794000 | 4.00 | n/a |
| 2006年 | n/a | n/a | 161117000 | 236243000 | -3.20 | n/a |
| 2005年 | n/a | n/a | 166588000 | 244265000 | 1.00 | n/a |
| 2004年 | n/a | n/a | 166830000 | 241756000 | -7.40 | n/a |
| | | | | | | |
| **打击乐器** | | | | | | |
| 套鼓 | | | | | | |
| 2012年 | 158300 | -9.00 | 62686800 | 94980000 | -7.50 | 600 |
| 2011年 | 174000 | -3.20 | 67755600 | 102660000 | -2.40 | 590 |

| 年份 | 销量 | 同比% | 批发额 | 零售额 | 同比% | 平均单价 |
|---|---|---|---|---|---|---|
| 2010年 | 179800 | 7.00 | 69420000 | 105183000 | 6.10 | 585 |
| 2009年 | 168000 | -15.80 | 65419200 | 99120000 | -19.74 | 590 |
| 2008年 | 199520 | -10.20 | 81511901 | 123502880 | 18.30 | 619 |
| 2007年 | 222300 | -18.00 | 99768000 | 151164000 | -9.80 | 680 |
| 2006年 | 271167 | -3.80 | 110603000 | 167587000 | -3.30 | 617 |
| 2005年 | 281878 | 5.10 | 114414000 | 173355000 | 7.90 | 615 |
| 鼓（含支架、踏板、相关零件等） | | | | | | |
| 2012年 | n/a | n/a | 38614286 | 58506494 | -7.80 | n/a |
| 2011年 | n/a | n/a | 41881004 | 63456067 | 2.50 | n/a |
| 2010年 | n/a | n/a | 40859000 | 61908000 | 6.00 | n/a |
| 2009年 | n/a | n/a | 38546713 | 58404111 | -12.70 | n/a |
| 2008年 | n/a | n/a | 44154311 | 66900471 | -6.00 | n/a |
| 2007年 | n/a | n/a | 46972000 | 71170000 | -7.00 | n/a |
| 2006年 | n/a | n/a | 50508000 | 76527000 | 0.90 | n/a |
| 2005年 | n/a | n/a | 39399000 | 75769000 | 9.10 | n/a |
| 教学用打击乐器（含行进打击乐器、槌棒、工具等） | | | | | | |
| 2012年 | n/a | n/a | 35260013 | 53424262 | 1.50 | n/a |
| 2011年 | n/a | n/a | 35796968 | 54237830 | 1.50 | n/a |
| 2010年 | n/a | n/a | 36342000 | 55063000 | -1.00 | n/a |
| 2009年 | n/a | n/a | 36709191 | 55619986 | -7.00 | n/a |
| 2008年 | n/a | n/a | 39472248 | 59806437 | -1.00 | n/a |
| 2007年 | n/a | n/a | 39870000 | 60410000 | 3.30 | n/a |
| 2006年 | n/a | n/a | 38597000 | 58480000 | 5.10 | n/a |
| 2005年 | n/a | n/a | 36689400 | 55590000 | 9.00 | n/a |
| 镲片 | | | | | | |
| 2012年 | n/a | n/a | 42728850 | 64740682 | -9.50 | n/a |
| 2011年 | n/a | n/a | 47214199 | 71536665 | 2.00 | n/a |
| 2010年 | n/a | n/a | 46288000 | 70133000 | 3.50 | n/a |
| 2009年 | n/a | n/a | 44723121 | 67762305 | -9.50 | n/a |
| 2008年 | n/a | n/a | 49417814 | 74875475 | -6.00 | n/a |
| 2007年 | n/a | n/a | 52572000 | 79654000 | -2.00 | n/a |
| 2006年 | n/a | n/a | 53645000 | 87280000 | 6.60 | n/a |
| 2005年 | n/a | n/a | 41936000 | 76248000 | 8.00 | n/a |
| 鼓槌和槌棒 | | | | | | |
| 2012年 | n/a | n/a | 58680715 | 88910174 | -4.00 | n/a |
| 2011年 | n/a | n/a | 61125744 | 92614764 | 3.00 | n/a |
| 2010年 | n/a | n/a | 59345000 | 89917000 | 1.00 | n/a |

| 年份 | 销量 | 同比% | 批发额 | 零售额 | 同比% | 平均单价 |
|---|---|---|---|---|---|---|
| 2009年 | n/a | n/a | 58757805 | 89026977 | -4.50 | n/a |
| 2008年 | n/a | n/a | 61526497 | 93221966 | 1.10 | n/a |
| 2007年 | n/a | n/a | 60857000 | 92207000 | 6.00 | n/a |
| 2006年 | n/a | n/a | 57412000 | 86988000 | 6.90 | n/a |
| 2005年 | n/a | n/a | 41500000 | 81373000 | 12.00 | n/a |
| 手鼓 | | | | | | |
| 2012年 | n/a | n/a | 23781289 | 37748078 | 2.50 | n/a |
| 2011年 | n/a | n/a | 23201258 | 36827393 | 4.00 | n/a |
| 2010年 | n/a | n/a | 22308000 | 35410000 | 9.00 | n/a |
| 2009年 | n/a | n/a | 20466882 | 32487115 | -12.00 | n/a |
| 2008年 | n/a | n/a | 23257821 | 36917176 | -5.00 | n/a |
| 2007年 | n/a | n/a | 24481000 | 38860000 | -9.00 | n/a |
| 2006年 | n/a | n/a | 26903000 | 42703000 | -2.00 | n/a |
| 2005年 | n/a | n/a | 27452000 | 43575000 | 5.00 | n/a |
| 鼓皮 | | | | | | |
| 2012年 | n/a | n/a | 37334936 | 59261804 | -7.00 | n/a |
| 2011年 | n/a | n/a | 40145093 | 63722370 | 4.00 | n/a |
| 2010年 | n/a | n/a | 38601000 | 61271000 | 5.00 | n/a |
| 2009年 | n/a | n/a | 36762906 | 58353818 | -8.00 | n/a |
| 2008年 | n/a | n/a | 39959680 | 63428064 | -5.00 | n/a |
| 2007年 | n/a | n/a | 42062000 | 66766000 | -1.00 | n/a |
| 2006年 | n/a | n/a | 42487000 | 67440000 | 1.00 | n/a |
| 2005年 | n/a | n/a | 42067000 | 66773000 | 5.50 | n/a |
| 打击乐器总计 | | | | | | |
| 2012年 | n/a | n/a | 299086889 | 457571494 | -5.70 | n/a |
| 2011年 | n/a | n/a | 317119866 | 485055089 | 1.30 | n/a |
| 2010年 | n/a | n/a | 313166000 | 478888000 | 3.90 | n/a |
| 2009年 | n/a | n/a | 301385819 | 460774313 | -11.16 | n/a |
| 2008年 | n/a | n/a | 339300272 | 518652468 | -7.40 | n/a |
| 2007年 | n/a | n/a | 366585000 | 560234000 | -3.60 | n/a |
| 2006年 | n/a | n/a | 380155000 | 580999000 | 1.40 | n/a |
| 2005年 | n/a | n/a | 343458000 | 572684000 | 8.20 | n/a |

注："n/a"表示数据不适用、无统计

（常杰 编译自美国《音乐贸易》2013 No.4）

# 2012年美国音乐制品行业回顾

有句谚语："好的开始是成功的一半"。年初举办的美国NAMM乐器展览会上，乐器制造商带着厚厚的订单满载而归，经销商谈吐乐观，脸上洋溢着自信笑容，经济危机的阴霾历经4年之后似乎"重现天日"。NAMM展会开局良好，让人们有理由相信2012年会是业务活跃的年份。然而好景不长，经济复苏步伐到6月份即有所减缓，之后一路下滑直至第4季度嘎然而止。

2012年是美国总统选举之年，根据近30年数据分析，总统大选并不会对音乐制品行业造成显著影响。如果政治因素对行业无所影响，那么究竟是何种因素造成当前行业增幅放缓?

市场信心不振，产品销售放缓，失业率居高不下，零售前景黯淡，这些仅是症状而非原因。为深入了解行业究竟受到何种影响，首先应当对美国业内最大的音乐制品经销商"吉他中心"做一分析。

作为市场领军者，吉他中心的业绩反映了其坚实基础和占据绝对优势的市场份额。如果不是5年前出现的融资风波，公司发展速度要比现在还快。当时，贝恩投资公司出资21亿美元收购这家龙头乐器连锁零售商，并期待着在资本力量的推动作用下能够再次快速扩张，但此举却使公司在扩张过程中背负沉重债务负担。在近1万余名辛勤的员工共同努力下，当年吉他中心经营性收入达7200万美元，却依然难以抵消公司每年1.65亿美元的成本。

根据吉他中心的负债情况，评级机构"穆迪"和"标普"公司曾一度下调公司信用评级。收不抵支已成不争事实。人人都在猜测究竟应如何破解负债难题，而在这段过渡期内，本应更好地保住并拓展市场份额，但吉他中心管理层却不得不把大量时间和精力花在优化公司财务结构上。类似吉他中心这样的故事不胜枚举，这充分说明，只有有效化解不良债务，才能不断促进经济复苏和增长。

2012年，各家企业均或多或少受到宏观经济形势影响。庆幸的是，由于强化产品技术创新，经营管理得当，注重财务收支比例平衡，行业里有为数不少的公司表现出色。例如，声学吉他基本未受经济危机困扰：2012年，马丁吉他在墨西哥的纳维亚拓建了生产基地，以此满足该品牌吉他的全球市场需求，此外，为更快地处理成品发货，马丁吉他公司还在宾夕法尼亚州新开了一家乐器分销中心；2012年，由于吉他需求强劲，加之在中国的生产成本上涨，芬达吉他公司也宣布在墨西哥的恩赛纳达设厂降低成本，提高产量。与此同时，芬达公司的新总部迁往亚利桑那州。

过去十年，世界生产趋势一直是从西方高成本地区向东方低成本地区转移。但2012年，由于中国人工成本一路走高，首次出现制造业回流美国的迹象。美国康塞尔玛管乐公司总裁约翰·斯托纳表示，制造回迁美国后，公司生产的产品品质更高，为经销商供货更及时；克鲁格公司也采取了相似策略，将其生产从中国迁回加州。"尽管美国人工成本比中国高出四倍，但效率却高出三倍，这样有助于最大限度减少运输成本、发货时间和产品质量问题。"

生产基地转移受多重因素驱动，包括劳动成本、制度规则、汇率货币和交通运输，这是全球经济发展的现实情况。中国目前是世界最大的乐器和音响制造商，但随着时间推移，这种情形，起码从产量而言不会永久持续下去。回想1955年，美国管乐制造商曾集体游说华盛顿，要求对法国制造的便宜长笛和萨克斯予以限制。产品生产地总是处于不断变化中，要想营销成功，必须采用多元化市场战略，在主要国家和地区均占据一定市场份额。如韩国三益乐器集团加大在印度尼西亚投资力度，加强吉他和钢琴的质量，以此更好适应全球乐器市场。同样，作为行业协会，国际音乐制品协会也积极在全球寻找新的市场开发机会，2012年与德国法兰克福展览公司在莫斯科联合举办了首届展会。NAMM总裁拉蒙德表示，"要更好地帮助会员寻求新兴市场机会。"

2012年，网络乐器销售的快速发展，迅速聚拢了35岁以下消费群体的关注。网络销售的重要性无可置疑，过去12个月音乐制品行业发展形势表明，要想快速取得市场认可，商品发货速度在一定程度上比零售形态更重要。为强化库存管理能力，在网络销售持续增长情况下，Sweetwarter琴行在印第安纳州原面积20万平方英尺分销中心的基础上增加11万平方英尺。同时，不少网络乐器销售商表示，即使乐器网站展示全面，产品有价格竞争力和具备良好仓库条件，也并不能确保市场营销成功。网上提供的乐器折扣价往往会陷于价格竞争，如何规范网络销售秩序，对网络销售商提出新的挑战。

另据传统琴行反馈，2012年情况也是喜忧参半。2012年前3季度，美国前几大零售商销售额为2.49亿美元，相对上年同期的2.67亿美元下滑7%。随着信息技术加速发展，顾客往往先去琴行旗舰店试用某乐器，离开后旋即在苹果网站订购。这种新型消费模式让百思买公司防不胜防，只能宣布关闭50家琴行。

在行业前进过程中，重组和并购也是衡量未来发展潜力的一项重要指标。通常而言，若发展前景不明朗，人们不会斥巨资收购公司。2012年的几宗并购显示出行业未来发展的活力。吉普森吉他公司收购了三家音响公司，将其整合为公司旗下的一个部门，此举强化了吉普森在音响市场中的地位，吉普森总裁亨利表示，"并购后将大大增强公司竞争实力"。另外，一家私募投资公司斥资5800万欧元收购法国管乐制造商布非。广州珠江钢琴集团公司也在深圳证券交易所上市，发行股票募集资金约1亿美元。2011年，这家中国最大钢琴生产公司的产量超过10万架，销售额1.85亿美元，净利润2300万美元。相对于中国乐器界的投资热情，美国同行则显得较为平静。2012年，美国芬达吉他公司也曾考虑公开上市，但市场投资者热情不足，最终公司不得不撤销上市申请。

从音乐教育层面分析，2012年，美国各州财政预算经费紧张，教育体系遇到新问题，政府可支配收入减少，但本年度各类校园管弦乐器销售额却增长4%，成为表现最佳的产品门类，原因何在？我们认为这恰恰体现出家长对子女教育的重视，当开展校园乐器活动时，家长都会鼓励子女积极参与。

在行业发展过程中，技术进步一直是提高音乐制品附加值的有力因素，它也可以协助乐器演奏者提升表现力，营造出更具创造力的音乐空间。

100年前，生产流水线工艺技术不断进步，有力地提高了零件组装效率，从而在单位时间内生产出更多更好的钢琴。与此情况相似，2012年行业发展受社会数字技术进步推动，苹果软件，平板电脑，教学课程，虚拟软件及各类应用程序如雨后春笋般发展起来，这类低成本甚至免费应用软件均在一定程度上推动了乐器销售，丰富了行业内涵。

近20年来，乐器和音响销售反映出人口结构在不断调整，有竞争力产品脱颖而出，行业销售一直稳步增长。无论吉他、键盘还是耳机，消费者面临的选择更丰富。由于电脑技术与音乐制品结合的趋势越来越明显，可以预见，今后数字型乐器的开发将成为厂家研发的重点，大众将不断提高对音乐的创意要求。尽管传统的摇滚、爵士、古典或乡村等音乐形式依然受大众追捧，但通过数码技术创造、开发、合成的音乐表演形式也在日渐风靡，在流行音乐文化的发展过程中扮演着越来越重要作用，反过来也有力地推进了乐器市场销售。

回溯历史，音乐制品行业曾在历经世界大战、自然灾害的重创后依然生机勃勃，焕发活力，那么当前8%的失业率和房地产形势下滑带来的暂时性困难根本不在话下。正如希腊哲学家柏拉图所言，"音乐是人性中最为自然的美好表达"。在业界人士勤奋努力下，行业总会蒸蒸日上，繁荣进步！

（常杰 编译自美国《音乐贸易》2013年第1期）

# 2012年度美国乐器、音响供应商100强分析

2012年，美国各音乐制品公司经营起起伏伏，前100强乐器、音响供应商业务收入增长3.3%，总体收益反映出其平均发展水平。然而要想恢复到过去十年的快速发展阶段，市场还有很长的路要走。在当前可支配收入有所停滞，消费者心态略显疑虑的市场环境下，要想销售像音乐制品这样的耐用商品、非生活必需品并非易事。

经济困境并不是销售乏力的唯一原因。就产量而言，中国是世界最大的乐器、音响生产国。由于中国劳动力成本上升，过去12个月，主要乐器制造商在劳动力成本上增长了20%～30%，这又转嫁到下游各个小生产厂。技术的不断成熟进步，使过去成本上千的乐器现在都能用成本低廉、便捷有效的网上软件替代。现在一台400美元便携式键盘乐器的功效及声乐质量要比十年前2000美元的键盘拾音器强得多。此次上榜的公司名录反映出，只要产品恰当定位，价位合适，供应商还有大量机会制胜于市场。

那么，作为行业“第一梯队”，前百强供应商规模到底多大呢？尽管在零售商和音乐演艺界看来规模不小，但和整体经济大环境相比，该“集团军”体量则显得很小。前100强乐器、音响供应商的营业收入总值为79亿美元，这一数字仅仅相当于沃尔玛连锁集团5天的营业额。即使将前百强供应商合并比作一家公司，那么它在全球《财富500强》排名中也仅仅排在第368位，实力仅仅是克尔罗格食品公司的一半，或略微高于奥利弗连锁餐饮集团。

如仅从数字来看，供应商重量轻并不能说明其分量轻。正是由于音乐制品的丰富性，才为人们生活带来多姿多彩的音乐图景。像芬达公司，其卓著的品牌影响力、专业的物流仓储管理水平、精巧熟练的手工工艺享誉全球业界；艾维德公司则将尖端技术与音乐软件完美结合，为消费者带来高品质产品体验。

每年前100强供应商榜单都不会出现大的变化。芬达乐器、雅马哈和哈曼音响牢牢锁定榜单前三甲，其余上榜的公司在业内也是耳熟能详。然而随着时间推移，榜单不时会出现不少“戏剧性”变化。自1993年本刊（《音乐贸易》）首次发布排行榜以来，已有35家公司因兼并破产或效益下滑从榜单消失，与此同时新公司不断递补。让人称奇的是，尽管本轮金融危机遭遇“战后最严重经济下滑”，但对供应商排名影响甚微，榜单排名几乎没有什么变化，2012年，没有一家公司因收购或兼并从榜单消失。同时，银行信贷紧缩也抑制了新公司创办：今年排名中，仅有两家新入围者。

榜单的相对稳定性，也从另一个侧面反映出前100强企业家具备卓著的管理才能。2012年，行业未发生较大波动，也在一定程度上说明管理者找到了应对需求下降的有效之策。

另对此次统计数据做一说明。前100强供应商主要按音乐制品公司在美国的销售额进行排名。除本土公司外，本刊还选取了一些跨国公司在美国的分公司或营销代表机构。因此像美国本土的施坦威、芬达以及Peavey公司等均包括其全球业务收入，而对日本雅马哈、罗兰这样的跨国公司，仅统计其在美国市场的销售收入。

在美国音乐制品行业调查中，我们预计美国乐器和音响市场零售总额为67亿美元，但为何仅前100强供应商的销售额就达78亿美元——这还不包括没有上榜的数百家其他公司？答案从两方面考虑：首先，销售数据很大一部分包括出口，像美国施坦威、芬达、Peavey、马丁公司收入的很大一部分来自美国之外。此外，像特洛普和赫尔姆斯公司只经营出口业务；第二，像雅马哈、哈曼公司等不少大公司的销售收入来源于乐器行业之外，包括音响和其他消费电子产品。因无法准确划分并统计这些公司的非乐器收入，本刊倾向于统计其各类产品销售收入；第三，榜单统计的各公司销售收入可能出现重复计算。如Ernie琴弦公司卖给下家达维特公司的乐器配件后，如果达维特公司再转卖给另一家公司时，也会算作达维特公司收入，所以同样一笔琴弦

收入可能出现重复计算。在统计整体市场状况时，两者收支相抵；而在分类叠加统计时则会重复计算，造成榜单销售数据“膨胀”。

在这样一份拥有各类公司的名录中，不禁让人提出疑问：“到底何为音乐制品公司？”从最基本层面看，它既包括各类乐器及配件制造商，也涵盖生产音响、扩音器、录音设备的大公司；另外，话筒、DJ产品生产公司也声称属于“音乐制品”行业。如果按照该定义，GarageBand是使用最广的音乐录音软件，那么发明该软件的“苹果”公司是否属于音乐制品行业？过去，本刊在归纳公司类别时，往往看其产品是否依赖于特定的乐器经销渠道。而现在界限越来越模糊，像百思买和亚马逊这样的大型百货商店均辟有专区经销乐器产品。电脑制作商是否属于音乐制品公司？那么和iphone相关的公司呢？这些均有待于讨论，但为便于统计，符合条件且主营业务收入来源于乐器渠道的公司均被纳入榜单。

在一个产品门类多、销售渠道分散的行业里，要想精确收集和分析数据并非易事。统计数据中我们认为会有部分假设和估算可能受到读者质疑，但只要合理运用统计方法，也不失为把脉行业发展轨迹的一把有效标尺。

# 2012年美国音乐制品行业前100强供应商名录

| 排名 | 公司名称 | 销售收入（美元） | 员工人数 | 首席执行官 |
|---|---|---|---|---|
| 1 | 芬达乐器集团 | 707000000 | 2950 | Larry Thomas |
| 2 | 哈曼音响 | 630731000 | 1955 | Dinesh C.Paliwal |
| 3 | 雅马哈美国分公司 ※ | 534232000 | 414 | Hitoshi Fukutome |
| 4 | 吉普森吉他公司 | 477039472 | 2530 | Henry E.Juszkiewicz |
| 5 | Shure Inc. | 452000000 | 2350 | Sandy LaMantia |
| 6 | 施坦威乐器集团 | 381706000 | 1700 | Michael Sweeney |
| 7 | Jam Industries | 285000000 | 560 | Martin Szpiro |
| 8 | Inmusic Brands | 283570000 | 376 | Jack O'Donnell |
| 9 | Avid Audio | 210000000 | 350 | Louis Hernandez Jr. |
| 10 | Sennheiser Electronic Group | 178516000 | 130 | Greg Beebe |
| 11 | Peavey Electronic Group | 175000000 | 411 | Hartley Peavey |
| 12 | Loud Technologies | 170000000 | 199 | Mark Graham |
| 13 | Hal Leonard | 168211000 | 427 | Keith Mardak |
| 14 | D'Addario&Company | 163000000 | 1119 | James D'Addario |
| 15 | 罗兰美国分公司 | 124523000 | 125 | Kim Nunney |
| 16 | QSC Audio | 112000000 | 355 | Joe Pham |
| 17 | 马丁吉他公司 | 108700000 | 948 | Christian F.Martin IV |
| 18 | 卡西欧美国分公司 | 95200000 | 180 | Shigenori Itoh |
| 19 | Samson Technologies Corp. | 95000000 | 130 | Jack Knight |
| 20 | 泰勒吉他公司 | 92900000 | 659 | Kurt Listug |
| 21 | First Act | 81000000 | 192 | Mark Izen |

| 排名 | 公司名称 | 销售收入（美元） | 员工人数 | 首席执行官 |
|---|---|---|---|---|
| 22 | Music Group USA | 80000000 | 75 | Uli Behringer |
| 23 | 英国Korg美国分公司 ※ | 71500000 | 95 | Joe Castronovo |
| 24 | Ernie Ball | 71000000 | 440 | Sterling Ball |
| 25 | Line 6 | 70000000 | 253 | Paul Foeckler |
| 26 | Alfred Publishing Company | 70000000 | 250 | Ron Manus |
| 27 | Yorkville Sound | 69000000 | 295 | Steve Long |
| 28 | Hermes Music | 63000000 | 225 | Alberto Kreimerman |
| 29 | Audio-Technica ※ | 62000000 | 100 | Phil Cajka |
| 30 | The Papco Horizon Company | 58800000 | 530 | Dale Williams |
| 31 | 卡瓦依钢琴美国分公司 ※ | 55860000 | 64 | Naoki Mori |
| 32 | Presonus Audio Electronics | 55530000 | 109 | Jim Mack |
| 33 | Hoshino USA | 53500000 | 98 | Bill Reim |
| 34 | Godin吉他公司 | 51300000 | 390 | Robert Godin |
| 35 | Tropical Music Group | 51000000 | 21 | Oscar Mederos |
| 36 | SKB Corporation | 48000000 | 350 | Dave Sanderson |
| 37 | Avedis Zildjian Company | 48000000 | 108 | Craigie Zildjian |
| 38 | Remo | 45400000 | 140 | Brock Kaericher |
| 39 | SF Marketing | 43000000 | 125 | Sol Fleising |
| 40 | 功学社美国分公司 ※ | 43000000 | 70 | Tabor Stamper |
| 41 | The Music People | 41000000 | 62 | James Hennessey |
| 42 | Hanser Music Group | 40900000 | 84 | Gary Hanser |
| 43 | Dunlop Manufacuering | 37200000 | 250 | James Dunlop |
| 44 | Pearl Corporation | 36385037 | 76 | Terry West |
| 45 | Hohner Inc ※ | 36108000 | 62 | Clay Edwards |
| 46 | Paul Reed Smith Guitars | 34500000 | 260 | Paul Reed Smith |
| 47 | Vic Firth Inc | 33000000 | 160 | Vic Firth |
| 48 | TCI Group America ※ | 30000000 | 50 | Anders Fauerskov |
| 49 | Eastman Music Company | 28100000 | 75 | Qian Ni |
| 50 | Harris-Teller | 27191000 | 60 | Mike Harris |
| 51 | Electro-Harmonix | 27000000 | 80 | Mike Matthews |
| 52 | Sabian Ltd. | 26550000 | 125 | Andy Zildjian |
| 53 | GHS/Rocktron | 26300000 | 90 | Russell S.McFee |
| 54 | Drum Workshop | 26200000 | 100 | Chris Lombardi |
| 55 | 法国布菲管乐器美国分公司 ※ | 26100000 | 20 | Antonine Beaussant |
| 56 | Eminence Speaker LLC | 26000000 | 130 | Chris Rose |

| 排名 | 公司名称 | 销售收入（美元） | 员工人数 | 首席执行官 |
|---|---|---|---|---|
| 57 | Blue Microphones | 25872000 | 40 | John Maier |
| 58 | TKL Products Corporation | 25500000 | 80 | Thomas Dougherty |
| 59 | 韩国三益美国分公司 ※ | 24750000 | 30 | Baik Lee |
| 60 | Fishman Tranducers | 24553000 | 70 | Larry Fishman |
| 61 | M&M Merchandiser Inc | 24400000 | 85 | Marty Stenzler |
| 62 | Armadillo Enterprises | 24100000 | 54 | Elliott Rubinson |
| 63 | ESP USA ※ | 22895991 | 43 | Matt Masciandaro |
| 64 | ST.Louis Music | 22500000 | 46 | Mark Ragin |
| 65 | Tascam ※ | 22500000 | 20 | Norio Tamura |
| 66 | Schecter Guitar Research ※ | 20900000 | 47 | Michael Ciravolo |
| 67 | Mapes Piano Strings Company | 20865000 | 122 | William L.Schaff |
| 68 | PianoDisk | 20750000 | 142 | Gary/Kirt Burgett |
| 69 | American DJ | 20500000 | 50 | Charles Davies |
| 70 | Whirlwind Audio | 20250000 | 115 | Michael Laiacona |
| 71 | Universal Audio | 19800000 | 106 | Bill Putnam Jr. |
| 72 | The Music Link | 19800000 | 45 | Steve Patrino |
| 73 | Rane Corporation | 18000000 | 102 | George Sheppard |
| 74 | Carvin Corp | 17495000 | 115 | Carson Kiesel |
| 75 | Make Music Inc | 16994000 | 100 | Karen van Lith |
| 76 | Allen Organ Company | 16000000 | 172 | Steve Markowitz |
| 77 | Connolly Music Company | 15500000 | 25 | John M.Connolly Ⅲ |
| 78 | Community Professional | 15400000 | 85 | Bruce Howze |
| 79 | Rodgers Instruments LLC | 15100000 | 60 | Duane Kuhn |
| 80 | Seymour Duncan | 15000000 | 112 | Cathy Carter Duncan |
| 81 | Apogee Electronics Corp. | 14500000 | 52 | Betty Bennett |
| 82 | 韩国英昌美国分公司 | 15250000 | 27 | Chang Hwan Suh |
| 83 | Charles Dumont Sons | 14400000 | 40 | Charles J.Dumont |
| 84 | Cordoba Music Group | 14395000 | 28 | Tim Miklaucic |
| 85 | EMG Pickups | 13500000 | 100 | Robert A.Turner |
| 86 | Mesa Boogie | 13900000 | 110 | Randall Smith |
| 87 | Chesbro Music | 13250000 | 50 | Vanetta Chesbro Wilson |
| 88 | Neil A.Kjos Music Company | 12750000 | 70 | Neil A.Kjos,Jr. |
| 89 | Universal Percussion | 11979460 | 49 | Thomas W.Shelley |
| 90 | Getzen Company | 11300000 | 92 | Thomas R.Getzen |
| 91 | Peterson Electro-Musical Products | 10800000 | 50 | Scott Peterson |

| 排名 | 公司名称 | 销售收入（美元） | 员工人数 | 首席执行官 |
|---|---|---|---|---|
| 92 | Mel Bay Publishing | 10500000 | 51 | Bryndon Bay |
| 93 | Lyon&Healy Harps | 10290000 | 116 | Antonio Forero |
| 94 | Larrivee Guitar Inc. | 10200000 | 75 | Jean Larrivee |
| 95 | Verne Q.Powell Flutes | 10000000 | 65 | Steven Wasser |
| 96 | Rickenbacker International LLC | 9900000 | 90 | John C.Hall |
| 97 | CAE,Inc. | 9750000 | 60 | Jim Fackert |
| 98 | IK Multimedia Production | 9500000 | 12 | Enrico Iori |
| 99 | Collings Guitars | 9200000 | 88 | Bill Collings |
| 100 | Mark of the Unicorn | 9200000 | 32 | Rober Nathaniel |

注：※ 为外国在美设立的分公司

（常杰编译自美国《音乐贸易》2013 No.4）

## 海外信息篇之四：日本乐器市场

# 1996年～2012年日本国产乐器销售实绩

编者按：根据（日本）全国乐器制造协会、经济产业省和财务省相关数据，《日本音乐贸易》于每年4月例行公布上年度日本乐器生产、国内销售、乐器进出口数据。所统计乐器分钢琴、风琴、弦乐器、管乐器、打击乐器、教学乐器、电声乐器等。本刊经整理编译，供广大读者参考。

| 类别<br>年份 | 声学钢琴总计 | | 立式钢琴 | | 三角钢琴 | | 电钢琴 | | 电风琴 | |
|---|---|---|---|---|---|---|---|---|---|---|
| | 数量 | 金额（千日元） | 数量 | 金额（千日元） | 数量 | 金额（千日元） | 数量 | 金额（千日元） | 数量 | 金额（千日元） |
| 1996 | 153425 | 55640000 | 123879 | 33342000 | 29546 | 22297000 | 245168 | 28705000 | 51922 | 15677000 |
| 1997 | 162046 | 58350000 | 130225 | 33823000 | 31821 | 24527000 | 284437 | 32222000 | 45751 | 14563000 |
| 1998 | 155830 | 56566000 | 122678 | 29982000 | 33152 | 26583000 | 277142 | 32484000 | 42056 | 17671000 |
| 1999 | 138451 | 54178000 | 105384 | 28417000 | 33067 | 25761000 | 248759 | 26249000 | 37101 | 12989000 |
| 2000 | 133772 | 52372000 | 98442 | 24325000 | 35330 | 28047000 | 252466 | 25309000 | 32653 | 10372000 |
| 2001 | 117779 | 44726000 | 87474 | 21024000 | 30305 | 23702000 | 240062 | 22715000 | 27751 | 8704000 |
| 2002 | 112785 | 43325000 | 81923 | 19552000 | 30862 | 23773000 | 263707 | 21611000 | 27705 | 7549000 |
| 2003 | 117294 | 42835000 | 85306 | 19218000 | 31988 | 23617000 | 233902 | 19545000 | 21647 | 4526000 |
| 2004 | 115007 | 40850000 | 84065 | 17524000 | 30942 | 23326000 | 209582 | 17662000 | 34295 | 11948000 |
| 2005 | 116173 | 40132000 | 84285 | 17100000 | 31888 | 23032000 | 199881 | 16302000 | 25581 | 7729000 |
| 2006 | 128784 | 40545000 | 97476 | 17712000 | 31308 | 22833000 | 168423 | 15370000 | 16054 | 5215000 |
| 2007 | 128041 | 41296000 | 97406 | 17495000 | 30635 | 23801000 | 176123 | 15704000 | 15993 | 4800000 |
| 2008 | 131900 | 36547000 | 103945 | 15991000 | 27955 | 20556000 | 189251 | 16302000 | 16600 | 4825000 |
| 2009 | 97799 | 24781000 | 82962 | 12433000 | 14837 | 12348000 | 156657 | 13022000 | 14180 | 3860000 |
| 2010 | 119276 | 26515000 | 100315 | 12402000 | 18961 | 14113000 | 180021 | 14423000 | 14630 | 3597000 |
| 2011 | 44159 | 23555000 | | | | | 160204 | 15568000 | | |
| 2012 | 40308 | 23010000 | | | | | 155504 | 15184000 | | |

| 类别<br>年份 | 各类电子键盘总计 | | 电子键盘 | | 键盘集音器 | | 小型电子键盘 | | 管乐器合计 | |
|---|---|---|---|---|---|---|---|---|---|---|
| | 数量 | 金额（千日元） | 数量 | 金额（千日元） | 数量 | 金额（千日元） | 数量 | 金额（千日元） | 数量 | 金额（千日元） |
| 1996 | 890159 | 28351000 | 743319 | 18069000 | 146840 | 10282000 | 305234 | 1684000 | 290968 | 17118000 |
| 1997 | 1048781 | 32118000 | 902740 | 21702000 | 146041 | 10416000 | 138786 | 806000 | 264833 | 17714000 |
| 1998 | 918248 | 30839000 | 790129 | 20768000 | 128119 | 10071000 | 184819 | 1004000 | 280127 | 19917000 |
| 1999 | 848422 | 25661000 | 729767 | 16777000 | 118655 | 8884000 | | | 283462 | 19726000 |
| 2000 | 608588 | 19616000 | 495330 | 10571000 | 113258 | 9045000 | | | 274055 | 18692000 |
| 2001 | 525647 | 17670000 | 396769 | 8029000 | 128878 | 9641000 | | | 257750 | 18637000 |

| 类别<br>年份 | 各类电子键盘总计 | | 电子键盘 | | 键盘集音器 | | 小型电子键盘 | | 管乐器合计 | |
|---|---|---|---|---|---|---|---|---|---|---|
| | 数量 | 金额(千日元) | 数量 | 金额(千日元) | 数量 | 金额(千日元) | 数量 | 金额(千日元) | 数量 | 金额(千日元) |
| 2002 | 294084 | 14601000 | 174771 | 4918000 | 119313 | 9683000 | | | 257831 | 18503000 |
| 2003 | 246006 | 12167000 | 114076 | 2794000 | 131930 | 9373000 | | | 268424 | 20196000 |
| 2004 | 274010 | 13133000 | 129030 | 2750000 | 144980 | 10383000 | | | 269301 | 21140000 |
| 2005 | 261949 | 13782000 | | | | | | | 251349 | 20622000 |
| 2006 | 266626 | 13453000 | | | | | | | 264255 | 22333000 |
| 2007 | 226370 | 12671000 | | | | | | | 277890 | 24077000 |
| 2008 | 224284 | 11965000 | | | | | | | 235229 | 22372000 |
| 2009 | 218156 | 7079000 | | | | | | | 212679 | 18183000 |
| 2010 | 197125 | 7723000 | | | | | | | 204098 | 18278000 |
| 2011 | 127331 | 6737000 | | | | | | | 169874 | 17050000 |
| 2012 | 129178 | 5405000 | | | | | | | 163706 | 15922000 |

注：1999年及以后发布的关于电子键盘的各类数据中不包括小型电子键盘数据，该类别数据不再统计。2005年起，电子键盘和键盘集音器等两个类别（均不含小型电子键盘）调整后列入“各类电子键盘总计”中。

| 类别<br>年份 | 木管乐器 | | 铜管乐器 | | 吉他总计 | | 声学吉他 | | 电吉他 | |
|---|---|---|---|---|---|---|---|---|---|---|
| | 数量 | 金额(千日元) | 数量 | 金额(千日元) | 数量 | 金额(千日元) | 数量 | 金额(千日元) | 数量 | 金额(千日元) |
| 1996 | 191452 | 5059000 | 99516 | 5526000 | 422849 | 11190000 | 116709 | 2602000 | 306140 | 8588000 |
| 1997 | 194732 | 12197000 | 70101 | 5523000 | 445362 | 11265000 | 151625 | 3108000 | 293737 | 8157000 |
| 1998 | 201094 | 13387000 | 79033 | 6530000 | 475831 | 12282000 | 167882 | 3272000 | 307949 | 9010000 |
| 1999 | 197832 | 13075000 | 85630 | 6651000 | 413953 | 10759000 | 154380 | 3152000 | 259573 | 7607000 |
| 2000 | 187075 | 11996000 | 86980 | 6696000 | 348418 | 9431000 | 139286 | 3167000 | 209132 | 6264000 |
| 2001 | 171405 | 11810000 | 86345 | 6827000 | 271591 | 7624000 | 108160 | 2555000 | 163431 | 5069000 |
| 2002 | | | | | 241703 | 7177000 | | | | |
| 2003 | | | | | 247963 | 7334000 | | | | |
| 2004 | | | | | 236272 | 7326000 | | | | |
| 2005 | | | | | 266594 | 8657000 | | | | |
| 2003 | | | | | 295072 | 8514000 | | | | |
| 2007 | | | | | 323410 | 9616000 | | | | |
| 2008 | | | | | 309427 | 9291000 | | | | |
| 2009 | | | | | 216998 | 6571000 | | | | |
| 2010 | | | | | 215621 | 6091000 | | | | |
| 2011 | | | | | 254794 | 6684000 | | | | |
| 2012 | | | | | 211400 | 5766000 | | | | |

注：2002年起目录分类有变动，木管乐器、铜管乐器、声学吉他和电吉他的数据不再单列，列入“管乐器总计”、“吉他总计”。

# 2003年～2012年日本全国乐器产销量统计

编者按：2010年起，“统计基准”发生改变，统计中扣除了“KD生产”和“中介贸易”的统计数据。小计中，增加了“其他”一栏项目，指用于参展、展示、试验研究、报废等个人使用之外的用途。KD生产，指将零部件送到海外工场，加工组装成成品的生产模式；中介贸易：指从海外生产厂出品后，直接销售到日本国之外的市场，即制品实物不经过日本。

| 品目 | | 类别 | 年度 | 海外产量 | 国内产量 | 总产量 | 销售 | | | | | | 库存量 |
|---|---|---|---|---|---|---|---|---|---|---|---|---|---|
| | | | | | | | 出口 | | 内销 | | 销售总计 | | |
| | | | | | | | 数量 | 金额（千日元） | 数量 | 金额（千日元） | 数量 | 金额（千日元） | |
| 声学乐器 | 钢琴 | 总计 | 2003 | 17023 | 116553 | 133576 | 96978 | 25564726 | 37356 | 21230153 | 134334 | 46794879 | 9249 |
| | | | 2004 | 17206 | 11555 | 132756 | 101814 | 27329710 | 31199 | 17638861 | 133013 | 44968571 | 8971 |
| | | | 2005 | 14383 | 121520 | 135903 | 10546 | 28057605 | 29309 | 16766395 | 134455 | 44824000 | 10399 |
| | | | 2006 | 17777 | 132480 | 150257 | 121355 | 29428196 | 28788 | 16706698 | 150143 | 46134894 | 10470 |
| | | | 2007 | 22966 | 133139 | 156105 | 129415 | 31935716 | 27029 | 16336800 | 156444 | 48272516 | 10115 |
| | | | 2008 | 24737 | 139726 | 164463 | 139385 | 29609913 | 22553 | 13835609 | 161938 | 43445522 | 12632 |
| | | | 2009 | 17816 | 97952 | 115768 | 99361 | 17183037 | 20132 | 11982490 | 119493 | 29165527 | 9173 |
| | | | 2010 | 1836 | 41483 | 43319 | 26496 | 13269060 | 16356 | 10358457 | 42852 | 23627517 | 10340 |
| | | | 2011 | 5714 | 37632 | 43346 | 26003 | 13033003 | 18164 | 10528472 | 44167 | 23561475 | 3064 |
| | | | 2012 | 5458 | 37429 | 42887 | 22986 | 11950454 | 17330 | 11348982 | 40316 | 23299436 | 5636 |
| | | 立式钢琴 | 2003 | 13394 | 84285 | 97679 | 71339 | 9844558 | 27478 | 11763619 | 98817 | 21608177 | 6747 |
| | | | 2004 | 14635 | 83427 | 98062 | 75469 | 10269774 | 22996 | 9752559 | 98465 | 20022333 | 6326 |
| | | | 2005 | 9488 | 89463 | 98951 | 76069 | 10344765 | 21388 | 9074880 | 97457 | 19419645 | 7806 |
| | | | 2006 | 13391 | 100461 | 113852 | 93047 | 11910751 | 20983 | 9021326 | 114030 | 20932077 | 7593 |
| | | | 2007 | 19284 | 102234 | 121518 | 102721 | 14142355 | 18821 | 8161477 | 121542 | 22303832 | 7564 |
| | | | 2008 | 20852 | 110710 | 131562 | 113456 | 13982543 | 15998 | 6858993 | 129454 | 20841536 | 9668 |
| | | | 2009 | 15773 | 83240 | 99013 | 87653 | 9570375 | 14521 | 6224943 | 102174 | 15795318 | 6779 |
| | | | 2010 | 1811 | 27245 | 29056 | 16570 | 5243423 | 11672 | 5187443 | 28242 | 10430866 | 8393 |
| | | | 2011 | 5486 | 23512 | 28998 | 16275 | 5094925 | 13366 | 5204755 | 29641 | 10299680 | 1635 |
| | | | 2012 | 5171 | 23358 | 28529 | 14405 | 4644360 | 12515 | 5558462 | 26920 | 10202822 | 3245 |
| | | 三角钢琴 | 2003 | 3629 | 32268 | 35897 | 25639 | 15720168 | 9878 | 9466534 | 35517 | 25186702 | 2502 |
| | | | 2004 | 2571 | 32123 | 34694 | 26345 | 17059936 | 8203 | 7886302 | 34548 | 24946238 | 2645 |
| | | | 2005 | 4895 | 32057 | 36952 | 29077 | 17712840 | 7921 | 7691515 | 36998 | 25404355 | 2593 |
| | | | 2006 | 4386 | 32019 | 36405 | 28308 | 17517445 | 7805 | 7685372 | 36113 | 25202817 | 2877 |
| | | | 2007 | 3682 | 30905 | 34587 | 26694 | 17793361 | 8208 | 8475323 | 34902 | 25968684 | 2551 |

| 品目 | | 类别 | 年度 | 海外产量 | 国内产量 | 总产量 | 销售 | | | | | | 库存量 |
|---|---|---|---|---|---|---|---|---|---|---|---|---|---|
| | | | | | | | 出口 | | 内销 | | 销售总计 | | |
| | | | | | | | 数量 | 金额（千日元） | 数量 | 金额（千日元） | 数量 | 金额（千日元） | |
| 声学乐器 | 钢琴 | 三角钢琴 | 2008 | 3885 | 29016 | 32901 | 25929 | 15627370 | 6555 | 6976616 | 32484 | 22603986 | 2964 |
| | | | 2009 | 2043 | 14712 | 16755 | 11708 | 7612662 | 5611 | 5757547 | 17319 | 13370209 | 2394 |
| | | | 2010 | 25 | 14238 | 14263 | 9926 | 8025637 | 4684 | 5171014 | 14610 | 13196651 | 1947 |
| | | | 2011 | 228 | 14120 | 14348 | 9728 | 7938078 | 4798 | 5323717 | 14526 | 13261795 | 1429 |
| | | | 2012 | 287 | 14071 | 14358 | 8581 | 7306094 | 4815 | 5790520 | 13396 | 13096614 | 2391 |
| | 弦乐器 | 总计 | 2003 | 569097 | 98572 | 667669 | 551075 | 5131457 | 109320 | 3111270 | 660395 | 8242727 | 27372 |
| | | | 2004 | 592466 | 84248 | 676714 | 580580 | 5000454 | 99183 | 2804105 | 679763 | 7804559 | 22800 |
| | | | 2005 | 517966 | 84039 | 602005 | 507459 | 4566525 | 95833 | 2721767 | 603292 | 7288292 | 20348 |
| | | | 2006 | 508960 | 108852 | 617812 | 505110 | 5325928 | 102845 | 6301359 | 607955 | 11627287 | 36337 |
| | | | 2007 | 577791 | 116561 | 694352 | 574746 | 5953037 | 113668 | 6655128 | 688414 | 12608165 | 40489 |
| | | | 2008 | 554118 | 251978 | 806096 | 698797 | 6527369 | 97619 | 3012100 | 796416 | 9539469 | 39876 |
| | | | 2009 | 713433 | 57944 | 771377 | 667333 | 5267344 | 86142 | 2246633 | 753475 | 7513977 | 64319 |
| | | | 2010 | 80361 | 47215 | 127576 | 57436 | 520767 | 68270 | 1864113 | 125706 | 2384880 | 29395 |
| | | | 2011 | 86106 | 47186 | 133292 | 56517 | 770771 | 78868 | 2173028 | 135385 | 2943799 | 25693 |
| | | | 2012 | 85402 | 48314 | 133716 | 49667 | 449951 | 80210 | 2110486 | 129877 | 2560437 | 27216 |
| | | 吉他 | 2003 | 562290 | 33472 | 595762 | 538270 | 4728025 | 55613 | 1220186 | 593883 | 5948211 | 16283 |
| | | | 2004 | 587968 | 26461 | 614429 | 568323 | 4592249 | 49335 | 1152829 | 617658 | 5745078 | 12403 |
| | | | 2005 | 509413 | 33783 | 543196 | 492006 | 4049296 | 53069 | 1168987 | 545075 | 5218283 | 11017 |
| | | | 2006 | 487328 | 48045 | 535373 | 485509 | 4322548 | 44946 | 1006256 | 530455 | 5328804 | 15455 |
| | | | 2007 | 511795 | 60596 | 572391 | 516298 | 4842344 | 55550 | 1316861 | 571848 | 6159205 | 15439 |
| | | | 2008 | 501585 | 199399 | 700984 | 633933 | 5852407 | 54725 | 1769244 | 688658 | 7621651 | 28291 |
| | | | 2009 | 670372 | 9637 | 680009 | 627268 | 4844108 | 41849 | 1098572 | 669117 | 5942680 | 46305 |
| | | | 2010 | 24115 | 4338 | 28453 | 1322 | 84441 | 27790 | 850356 | 29112 | 934797 | 9124 |
| | | | 2011 | 61175 | 8469 | 69644 | 23974 | 522111 | 41502 | 1270323 | 65476 | 1792434 | 12980 |
| | | | 2012 | 62280 | 8419 | 70699 | 22582 | 210732 | 43950 | 1212422 | 66532 | 1423154 | 16257 |
| | | 大正琴 | 2003 | 1565 | 23504 | 25069 | 5 | 118 | 25471 | 846992 | 25476 | 847110 | 976 |
| | | | 2004 | | 17223 | 17223 | 22 | 572 | 17475 | 522085 | 17497 | 522657 | 512 |
| | | | 2005 | | 14722 | 14722 | 5 | 103 | 14697 | 467082 | 14702 | 467185 | 558 |
| | | | 2006 | | 17809 | 17809 | 9 | 453 | 17553 | 535245 | 17562 | 535698 | 924 |
| | | | 2007 | 1894 | 12978 | 14872 | 75 | 1285 | 14708 | 469788 | 14783 | 471073 | 941 |
| | | | 2008 | 1482 | 9695 | 11177 | | | 10673 | 426102 | 10673 | 426102 | 1557 |
| | | | 2009 | 788 | 7742 | 8530 | | | 9390 | 353714 | 9390 | 353714 | 1132 |
| | | | 2010 | 960 | 5709 | 6669 | | | 7037 | 275143 | 7037 | 275143 | 560 |

| 品目 | 类别 | | 年度 | 海外产量 | 国内产量 | 总产量 | 销售 | | | | | | 库存量 |
|---|---|---|---|---|---|---|---|---|---|---|---|---|---|
| | | | | | | | 出口 | | 内销 | | 销售总计 | | |
| | | | | | | | 数量 | 金额（千日元） | 数量 | 金额（千日元） | 数量 | 金额（千日元） | |
| 声学乐器 | 弦乐器 | 大正琴 | 2011 | 866 | 5492 | 6358 | 12 | 234 | 6547 | 252354 | 6559 | 252588 | 441 |
| | | | 2012 | 780 | 5262 | 6042 | 12 | 898 | 5806 | 228243 | 5818 | 229141 | 788 |
| | | 其他弦乐器 | 2003 | 5242 | 41596 | 46838 | 12800 | 403314 | 28236 | 1044092 | 41036 | 1447406 | 10113 |
| | | | 2004 | 4498 | 40564 | 45062 | 12235 | 407633 | 32373 | 1129191 | 44608 | 1536824 | 9885 |
| | | | 2005 | 8553 | 35534 | 44087 | 15448 | 517126 | 28067 | 1085698 | 43515 | 1602824 | 8773 |
| | | | 2006 | 9420 | 32877 | 42297 | 14091 | 494047 | 24804 | 816058 | 38895 | 1310105 | 11308 |
| | | | 2007 | 51176 | 33267 | 84443 | 53722 | 597708 | 25946 | 901379 | 79668 | 1499087 | 14928 |
| | | | 2008 | 51051 | 42884 | 93935 | 64864 | 674962 | 32221 | 816754 | 97085 | 1491716 | 10028 |
| | | | 2009 | 42273 | 40565 | 82838 | 40065 | 423236 | 34903 | 794347 | 74968 | 1217583 | 16882 |
| | | | 2010 | 55286 | 37168 | 92454 | 56114 | 426326 | 33443 | 738614 | 89557 | 1174940 | 19711 |
| | | | 2011 | 24065 | 33225 | 57290 | 32531 | 248426 | 30819 | 650351 | 63350 | 898777 | 12272 |
| | | | 2012 | 22342 | 34633 | 56975 | 27073 | 238321 | 30454 | 669821 | 57527 | 908142 | 10171 |
| | 管乐器 | 总计 | 2003 | 5569 | 283143 | 288712 | 226078 | 14128942 | 62415 | 6940251 | 288493 | 21069193 | 47766 |
| | | | 2004 | 4086 | 283837 | 287923 | 231744 | 14726826 | 66381 | 7388848 | 298125 | 22115674 | 38205 |
| | | | 2005 | 3442 | 289529 | 292971 | 219212 | 14376697 | 70484 | 7675891 | 289696 | 22052588 | 41519 |
| | | | 2006 | 9869 | 296056 | 305925 | 237873 | 15516783 | 74627 | 8744852 | 312500 | 24261635 | 43601 |
| | | | 2007 | 89833 | 311926 | 401759 | 328696 | 19789494 | 76889 | 9165017 | 405585 | 28954511 | 39602 |
| | | | 2008 | 80702 | 326964 | 407666 | 328039 | 18993157 | 71459 | 8999111 | 399498 | 27992268 | 48483 |
| | | | 2009 | 175126 | 191589 | 366715 | 265264 | 14048634 | 61132 | 7602264 | 326396 | 21650898 | 89638 |
| | | | 2010 | 176670 | 108028 | 284698 | 274954 | 14125669 | 57800 | 7380064 | 332754 | 21505733 | 41917 |
| | | | 2011 | 50915 | 116612 | 167527 | 115953 | 9460478 | 56900 | 7932726 | 172853 | 17393204 | 22808 |
| | | | 2012 | 54568 | 131634 | 186202 | 111631 | 8705463 | 55464 | 7688016 | 167095 | 16393479 | 41856 |
| | | 木管乐器 | 2003 | 4453 | 201914 | 206367 | 163855 | 9435579 | 40076 | 4868408 | 203931 | 14303987 | 31716 |
| | | | 2004 | 3801 | 200904 | 204705 | 167146 | 9848249 | 43835 | 5246909 | 210981 | 15095158 | 26122 |
| | | | 2005 | 3262 | 204180 | 207442 | 156730 | 9362511 | 46875 | 5512453 | 203605 | 14874964 | 29892 |
| | | | 2006 | 9051 | 207759 | 216810 | 174742 | 10198210 | 51597 | 6532338 | 226339 | 16730548 | 28917 |
| | | | 2007 | 67186 | 216925 | 284111 | 231833 | 12942464 | 52691 | 6781619 | 284524 | 19724083 | 28343 |
| | | | 2008 | 76828 | 223934 | 300762 | 244277 | 12807856 | 48742 | 6740487 | 293019 | 19548343 | 36597 |
| | | | 2009 | 95573 | 142876 | 238449 | 178930 | 8823661 | 42273 | 5677971 | 221203 | 14501632 | 54800 |
| | | | 2010 | 125921 | 81820 | 207741 | 195905 | 9488804 | 39664 | 5415127 | 235569 | 14903931 | 27307 |
| | | | 2011 | 31473 | 84799 | 116272 | 82493 | 6281776 | 38426 | 5625370 | 120919 | 11907146 | 14934 |
| | | | 2012 | 48566 | 87948 | 136514 | 84825 | 5844558 | 37181 | 5419216 | 122006 | 11263774 | 29383 |

| 品目 | | 类别 | 年度 | 海外产量 | 国内产量 | 总产量 | 销售 | | | | | | 库存量 |
|---|---|---|---|---|---|---|---|---|---|---|---|---|---|
| | | | | | | | 出口 | | 内销 | | 销售总计 | | |
| | | | | | | | 数量 | 金额（千日元） | 数量 | 金额（千日元） | 数量 | 金额（千日元） | |
| 声学乐器 | 管乐器 | 笛子 | 2003 | 3674 | 114567 | 118241 | 94936 | 4302299 | 21299 | 2648265 | 116235 | 6950564 | 18317 |
| | | | 2004 | 3146 | 111369 | 114515 | 96521 | 4312575 | 22353 | 2793965 | 118874 | 7106540 | 14640 |
| | | | 2005 | 2510 | 114449 | 116959 | 91282 | 4244030 | 22226 | 2736076 | 113508 | 6980106 | 18074 |
| | | | 2006 | 5115 | 106873 | 111988 | 93774 | 4018605 | 25163 | 3476469 | 118937 | 7495074 | 11391 |
| | | | 2007 | 33071 | 111658 | 144729 | 121097 | 4943316 | 25515 | 3536847 | 146612 | 8480163 | 9194 |
| | | | 2008 | 42764 | 109850 | 152614 | 121688 | 4623221 | 23823 | 3607581 | 145511 | 8230802 | 16813 |
| | | | 2009 | 75064 | 45236 | 120300 | 89505 | 2980194 | 21938 | 3220312 | 111443 | 6200506 | 25541 |
| | | | 2010 | 70418 | 28305 | 98723 | 91013 | 3116841 | 21064 | 3259854 | 112077 | 6376695 | 12473 |
| | | | 2011 | 6759 | 40732 | 47491 | 28424 | 1697855 | 20033 | 3318186 | 48457 | 5016041 | 5315 |
| | | | 2012 | 27466 | 27182 | 54648 | 28006 | 1494596 | 19397 | 3259088 | 47403 | 4753684 | 12501 |
| | | 黑管 | 2003 | 166 | 29859 | 30025 | 24776 | 1181444 | 6815 | 653226 | 31591 | 1834670 | 5723 |
| | | | 2004 | 24 | 30565 | 30589 | 22053 | 1162982 | 7505 | 748564 | 30558 | 1911546 | 5754 |
| | | | 2005 | | 31488 | 31492 | 22772 | 1162367 | 7905 | 759451 | 30677 | 1921318 | 6569 |
| | | | 2006 | 18 | 36234 | 36216 | 25052 | 1283667 | 7470 | 724713 | 32522 | 2008380 | 10263 |
| | | | 2007 | 12306 | 35972 | 48278 | 43245 | 1879072 | 7635 | 741765 | 50880 | 2620837 | 7661 |
| | | | 2008 | 21226 | 36985 | 58211 | 53850 | 2113552 | 7115 | 719001 | 60965 | 2832553 | 4907 |
| | | | 2009 | 11299 | 39438 | 50737 | 35110 | 1347685 | 6161 | 515725 | 41271 | 1863410 | 14373 |
| | | | 2010 | 23174 | 18534 | 41708 | 43807 | 1549835 | 6094 | 482265 | 49901 | 2032100 | 6200 |
| | | | 2011 | 10714 | 13429 | 24143 | 18319 | 936578 | 6046 | 527573 | 24365 | 1464151 | 5184 |
| | | | 2012 | 13142 | 19003 | 32145 | 23401 | 1016660 | 5834 | 492031 | 29235 | 1508691 | 8094 |
| | | 萨克斯 | 2003 | 595 | 56938 | 57533 | 44059 | 3881820 | 11487 | 1453890 | 55546 | 5335710 | 7542 |
| | | | 2004 | 607 | 57494 | 58101 | 47474 | 4291288 | 12744 | 1560167 | 60218 | 5851455 | 5425 |
| | | | 2005 | 747 | 57113 | 57860 | 42570 | 3862495 | 15662 | 1863685 | 58232 | 5726180 | 5053 |
| | | | 2006 | 3965 | 64013 | 67978 | 55819 | 4806062 | 18368 | 2173455 | 74137 | 6979517 | 7182 |
| | | | 2007 | 21807 | 68222 | 90029 | 67100 | 5945230 | 18695 | 2235938 | 85795 | 8181168 | 11416 |
| | | | 2008 | 12849 | 75862 | 88711 | 68432 | 5875477 | 16974 | 2150378 | 85406 | 8025855 | 14721 |
| | | | 2009 | 9206 | 55618 | 64824 | 52831 | 4206050 | 13389 | 1661777 | 66220 | 5867827 | 13956 |
| | | | 2010 | 32326 | 31654 | 63980 | 58146 | 4424914 | 11786 | 1463947 | 69932 | 5888861 | 8004 |
| | | | 2011 | 13994 | 26850 | 40844 | 32698 | 3240909 | 11773 | 1603910 | 44471 | 4844819 | 3722 |
| | | | 2012 | 7958 | 38440 | 46398 | 30791 | 3041547 | 11412 | 1510674 | 42203 | 4552221 | 7917 |

| 品目 | | 类别 | 年度 | 海外产量 | 国内产量 | 总产量 | 销售 | | | | | | 库存量 |
|---|---|---|---|---|---|---|---|---|---|---|---|---|---|
| | | | | | | | 出口 | | 内销 | | 销售总计 | | |
| | | | | | | | 数量 | 金额(千日元) | 数量 | 金额(千日元) | 数量 | 金额(千日元) | |
| 声学乐器 | 管乐器 | 其他木管乐器 | 2003 | 18 | 550 | 568 | 84 | 70016 | 475 | 113027 | 559 | 183043 | 134 |
| | | | 2004 | 24 | 1476 | 1500 | 98 | 81404 | 1233 | 144213 | 1331 | 225617 | 303 |
| | | | 2005 | 1 | 1130 | 1131 | 106 | 93619 | 1082 | 153241 | 1188 | 246860 | 196 |
| | | | 2006 | 11 | 639 | 628 | 97 | 89876 | 596 | 157701 | 693 | 247577 | 81 |
| | | | 2007 | 2 | 1073 | 1075 | 391 | 174846 | 846 | 267069 | 1237 | 441915 | 72 |
| | | | 2008 | 11 | 1237 | 1226 | 307 | 195606 | 830 | 263527 | 1137 | 459133 | 156 |
| | | | 2009 | 4 | 2584 | 2588 | 1484 | 289732 | 785 | 280157 | 2269 | 569889 | 930 |
| | | | 2010 | 3 | 3327 | 3330 | 2939 | 397214 | 720 | 209061 | 3659 | 606275 | 630 |
| | | | 2011 | 6 | 3788 | 3794 | 3052 | 406434 | 574 | 175701 | 3626 | 582135 | 713 |
| | | | 2012 | | 3323 | 3323 | 2627 | 291755 | 538 | 157423 | 3165 | 449178 | 871 |
| | | 铜管乐器 | 2003 | 1116 | 81229 | 82345 | 62223 | 4693363 | 22339 | 2071843 | 84562 | 6765206 | 16050 |
| | | | 2004 | 285 | 82933 | 83218 | 64598 | 4878577 | 22546 | 2141939 | 87144 | 7020516 | 12083 |
| | | | 2005 | 180 | 85349 | 85529 | 62482 | 5014186 | 23609 | 2163438 | 86091 | 7177624 | 11627 |
| | | | 2006 | 818 | 88297 | 89115 | 63131 | 5318573 | 2303 | 2212514 | 86161 | 7531087 | 14684 |
| | | | 2007 | 22647 | 95001 | 117648 | 96863 | 684703 | 24198 | 2383398 | 121061 | 9230428 | 11259 |
| | | | 2008 | 3874 | 103030 | 106904 | 83762 | 6185301 | 22717 | 2258624 | 106479 | 8443925 | 11886 |
| | | | 2009 | 79553 | 48713 | 128266 | 86334 | 5224973 | 18859 | 1924293 | 105193 | 7149266 | 34838 |
| | | | 2010 | 50749 | 26208 | 76957 | 79049 | 4636865 | 18136 | 1964937 | 97185 | 6601802 | 14610 |
| | | | 2011 | 19442 | 31813 | 51255 | 33460 | 3178702 | 18474 | 2307356 | 51934 | 5486058 | 7874 |
| | | | 2012 | 6002 | 43686 | 49688 | 26806 | 2860905 | 18283 | 2268800 | 45089 | 5129705 | 12473 |
| | | 小号类 | 2003 | 496 | 43184 | 43680 | 31197 | 1281805 | 11994 | 673679 | 43191 | 1955484 | 9281 |
| | | | 2004 | 73 | 41721 | 41794 | 31803 | 1308710 | 11853 | 675885 | 43656 | 1984595 | 7419 |
| | | | 2005 | 243 | 41453 | 41696 | 30917 | 1397943 | 13163 | 765133 | 44080 | 2163076 | 5119 |
| | | | 2006 | 851 | 43905 | 44756 | 30546 | 1497229 | 12589 | 766856 | 43135 | 2264085 | 6809 |
| | | | 2007 | 14616 | 47574 | 62190 | 51688 | 2218697 | 13295 | 853162 | 64983 | 3071859 | 4016 |
| | | | 2008 | 3334 | 52122 | 55456 | 41878 | 1802752 | 12260 | 772310 | 54138 | 2575062 | 5536 |
| | | | 2009 | 52686 | 19701 | 72387 | 48049 | 1816462 | 10129 | 659256 | 58178 | 2475718 | 20077 |
| | | | 2010 | 26544 | 16725 | 43269 | 45687 | 1648603 | 9550 | 688425 | 55237 | 2337028 | 8109 |
| | | | 2011 | 7328 | 11952 | 19280 | 10749 | 739339 | 9851 | 830136 | 20600 | 1569475 | 2550 |
| | | | 2012 | 1409 | 18757 | 20166 | 7647 | 566060 | 9396 | 768452 | 17043 | 1334512 | 5673 |
| | | 长号 | 2003 | 288 | 12772 | 13060 | 9491 | 540170 | 4154 | 383763 | 13645 | 923933 | 2694 |
| | | | 2004 | 204 | 13601 | 13805 | 10312 | 628254 | 4278 | 386469 | 14590 | 1014723 | 1909 |
| | | | 2005 | 6 | 14526 | 14520 | 9029 | 547239 | 4705 | 433999 | 13734 | 981238 | 2699 |

| 品目 | | 类别 | 年度 | 海外产量 | 国内产量 | 总产量 | 销售 | | | | | | 库存量 |
|---|---|---|---|---|---|---|---|---|---|---|---|---|---|
| | | | | | | | 出口 | | 内销 | | 销售总计 | | |
| | | | | | | | 数量 | 金额(千日元) | 数量 | 金额(千日元) | 数量 | 金额(千日元) | |
| 声学乐器 | 管乐器 | 长号 | 2006 | 7 | 14029 | 14022 | 9726 | 590417 | 4617 | 423423 | 14343 | 1013840 | 2411 |
| | | | 2007 | 8046 | 16258 | 24304 | 19662 | 971738 | 4831 | 462264 | 24493 | 1434002 | 2216 |
| | | | 2008 | 560 | 19647 | 20207 | 16093 | 823475 | 4593 | 435975 | 20686 | 1259450 | 1737 |
| | | | 2009 | 21757 | 8239 | 29996 | 21121 | 1040578 | 3667 | 372037 | 24788 | 1412615 | 6945 |
| | | | 2010 | 8789 | 7483 | 16272 | 16026 | 726747 | 3807 | 450732 | 19833 | 1177479 | 3384 |
| | | | 2011 | 4223 | 6933 | 11156 | 7123 | 475101 | 3836 | 518408 | 10959 | 993509 | 1763 |
| | | | 2012 | 1 | 7202 | 7201 | 2969 | 277373 | 3785 | 498549 | 6754 | 775922 | 2210 |
| | | 其他铜管乐器 | 2003 | 332 | 25273 | 25605 | 21535 | 2871388 | 6191 | 1014401 | 27726 | 3885789 | 4075 |
| | | | 2004 | 8 | 27611 | 27619 | 22483 | 2941613 | 6415 | 1079585 | 28898 | 4021198 | 2755 |
| | | | 2005 | 57 | 29370 | 29313 | 22536 | 3069004 | 5741 | 964306 | 28277 | 4033310 | 3809 |
| | | | 2006 | 26 | 30363 | 30337 | 22859 | 3230927 | 5824 | 1022235 | 28683 | 4253162 | 5464 |
| | | | 2007 | 15 | 31169 | 31154 | 25513 | 3656595 | 6072 | 1067972 | 31585 | 4724567 | 5027 |
| | | | 2008 | 20 | 31261 | 31241 | 25791 | 3559074 | 5864 | 1050339 | 31655 | 4609413 | 4613 |
| | | | 2009 | 5110 | 20773 | 25883 | 17164 | 2367933 | 5063 | 893000 | 22227 | 3260933 | 7816 |
| | | | 2010 | 15416 | 2000 | 17416 | 17336 | 2261515 | 4779 | 825780 | 22115 | 3087295 | 3117 |
| | | | 2011 | 7891 | 12928 | 20819 | 15588 | 1964262 | 4787 | 958812 | 20375 | 2923074 | 3561 |
| | | | 2012 | 4594 | 17727 | 22321 | 16190 | 2017472 | 5102 | 1001799 | 21292 | 3019271 | 4590 |
| | 打击乐器 | 总计 | 2003 | 184420 | 300593 | 485013 | 297236 | 4373738 | 211088 | 4660450 | 508324 | 9034188 | 73270 |
| | | | 2004 | 242660 | 277799 | 520459 | 357065 | 4932408 | 171951 | 4066898 | 529016 | 8999306 | 69167 |
| | | | 2005 | 451185 | 275100 | 726285 | 596917 | 4938146 | 370044 | 3310137 | 966961 | 8248283 | 75173 |
| | | | 2006 | 256352 | 279217 | 535569 | 365209 | 5415767 | 164067 | 3829035 | 529276 | 9244802 | 61631 |
| | | | 2007 | 264872 | 243167 | 508039 | 368976 | 5612886 | 133032 | 3357329 | 502008 | 8970215 | 62043 |
| | | | 2008 | 157506 | 380752 | 538258 | 395495 | 6450444 | 121688 | 3122942 | 517183 | 9573386 | 84421 |
| | | | 2009 | 111055 | 245267 | 356322 | 259479 | 4050757 | 107112 | 3083578 | 366591 | 7134335 | 61912 |
| | | | 2010 | 129077 | 291270 | 420347 | 310395 | 3742423 | 109362 | 2992116 | 419757 | 6734539 | 48547 |
| | | | 2011 | 38940 | 158813 | 197753 | 72241 | 1791303 | 113318 | 3686132 | 185559 | 5477435 | 41459 |
| | | | 2012 | 32668 | 125482 | 158150 | 50890 | 1263996 | 107305 | 2951148 | 158195 | 4215144 | 65713 |
| | | 音乐会鼓 | 2003 | 1088 | 4502 | 5590 | 1658 | 210725 | 4395 | 282124 | 6053 | 492849 | 1366 |
| | | | 2004 | 2206 | 3417 | 5623 | 399 | 86402 | 5479 | 306525 | 5878 | 392927 | 1189 |
| | | | 2005 | 2308 | 3546 | 5854 | 420 | 89748 | 5291 | 281638 | 5711 | 371386 | 1907 |
| | | | 2006 | 3054 | 2303 | 5357 | 362 | 71842 | 4665 | 263545 | 5027 | 335387 | 2113 |
| | | | 2007 | 3186 | 3315 | 6501 | 1541 | 265281 | 5640 | 281152 | 7181 | 546433 | 1627 |
| | | | 2008 | 3735 | 4391 | 8126 | 2504 | 382573 | 4882 | 284316 | 7386 | 666889 | 1759 |

| 品目 | | 类别 | 年度 | 海外产量 | 国内产量 | 总产量 | 销售 | | | | | | 库存量 |
|---|---|---|---|---|---|---|---|---|---|---|---|---|---|
| | | | | | | | 出口 | | 内销 | | 销售总计 | | |
| | | | | | | | 数量 | 金额(千日元) | 数量 | 金额(千日元) | 数量 | 金额(千日元) | |
| 声学乐器 | 打击乐器 | 音乐会鼓 | 2009 | 2728 | 2673 | 5401 | 886 | 145460 | 4649 | 249859 | 5535 | 395319 | 1764 |
| | | | 2010 | 3604 | 2832 | 6436 | 1534 | 248255 | 4918 | 271896 | 6452 | 520151 | 1637 |
| | | | 2011 | 3760 | 2960 | 6720 | 1170 | 187097 | 5209 | 262746 | 6379 | 449843 | 1871 |
| | | | 2012 | 3436 | 2446 | 5882 | 806 | 122296 | 4965 | 255841 | 5771 | 378137 | 2214 |
| | | 行进鼓 | 2003 | 1649 | 24941 | 26590 | 15168 | 231834 | 17670 | 245333 | 32838 | 477167 | 6503 |
| | | | 2004 | 4672 | 30012 | 34684 | 22195 | 330284 | 15942 | 249381 | 38137 | 579665 | 4528 |
| | | | 2005 | 4210 | 27729 | 31939 | 17982 | 272540 | 13608 | 220119 | 31590 | 492659 | 4879 |
| | | | 2006 | 5640 | 29477 | 35117 | 18796 | 293212 | 13073 | 211938 | 31869 | 50515 | 8609 |
| | | | 2007 | 5456 | 23970 | 29426 | 18424 | 321786 | 12228 | 198952 | 30652 | 520738 | 7390 |
| | | | 2008 | 4343 | 24012 | 28355 | 19277 | 313252 | 9759 | 174622 | 29036 | 487874 | 5348 |
| | | | 2009 | 4523 | 17147 | 21670 | 10540 | 205880 | 10478 | 146168 | 21018 | 352048 | 5097 |
| | | | 2010 | 5089 | 19344 | 24433 | 13032 | 217170 | 11878 | 172020 | 24910 | 389190 | 4684 |
| | | | 2011 | 4511 | 18666 | 23177 | 11875 | 197514 | 11625 | 176823 | 23500 | 374337 | 4550 |
| | | | 2012 | 5015 | 13591 | 18606 | 8202 | 157863 | 9932 | 164698 | 18134 | 322561 | 4875 |
| | | 爵士鼓 | 2003 | 181751 | 146003 | 327754 | 270223 | 3048150 | 68457 | 1096208 | 338680 | 4144358 | 32458 |
| | | | 2004 | 235341 | 130757 | 366098 | 316470 | 3462119 | 60099 | 938839 | 376569 | 4400958 | 29736 |
| | | | 2005 | 225014 | 140951 | 365965 | 311084 | 3596780 | 55374 | 776845 | 366458 | 4373625 | 22066 |
| | | | 2006 | 237397 | 141976 | 379373 | 327708 | 4039620 | 49013 | 676047 | 376721 | 4715667 | 24313 |
| | | | 2007 | 228076 | 161534 | 389610 | 330366 | 4081980 | 50106 | 674405 | 380472 | 4756385 | 35166 |
| | | | 2008 | 121076 | 297928 | 419004 | 356011 | 4720021 | 43978 | 581409 | 399989 | 5301430 | 55604 |
| | | | 2009 | 84264 | 182043 | 266307 | 233576 | 2754154 | 42483 | 526501 | 276059 | 3280655 | 33979 |
| | | | 2010 | 103861 | 219553 | 323414 | 279725 | 2581666 | 42667 | 497180 | 322392 | 3078846 | 31051 |
| | | | 2011 | 18607 | 78454 | 97061 | 44114 | 604497 | 41568 | 495325 | 85682 | 1099822 | 24035 |
| | | | 2012 | 12797 | 53568 | 66365 | 25785 | 296013 | 38626 | 402182 | 64411 | 698195 | 25756 |
| | | 其他打击乐器 | 2003 | 38 | 92718 | 92680 | 1530 | 160964 | 94755 | 2029607 | 96285 | 2190571 | 29746 |
| | | | 2004 | 441 | 81449 | 81890 | 8688 | 210647 | 67952 | 1586297 | 76640 | 1796944 | 30428 |
| | | | 2005 | 219654 | 74198 | 293852 | 258994 | 240298 | 275192 | 1103220 | 534186 | 1343518 | 42458 |
| | | | 2006 | 9343 | 76364 | 85707 | 9327 | 221767 | 77618 | 1794054 | 86945 | 2015821 | 22854 |
| | | | 2007 | 27556 | 26278 | 53834 | 10133 | 48022 | 44897 | 1334454 | 55030 | 1382476 | 14131 |
| | | | 2008 | 27729 | 26672 | 54401 | 8088 | 50982 | 44534 | 1202355 | 52622 | 1253337 | 18047 |
| | | | 2009 | 12057 | 23998 | 36055 | 7398 | 45948 | 29629 | 1320445 | 37027 | 1366393 | 17425 |
| | | | 2010 | 16332 | 26397 | 42729 | 9629 | 32751 | 32653 | 1219684 | 42282 | 1252435 | 7992 |
| | | | 2011 | 11670 | 36368 | 48038 | 9132 | 52525 | 38027 | 1936397 | 47159 | 1988922 | 8105 |

| 品目 | | 类别 | 年度 | 海外产量 | 国内产量 | 总产量 | 销售 | | | | | | 库存量 |
|---|---|---|---|---|---|---|---|---|---|---|---|---|---|
| | | | | | | | 出口 | | 内销 | | 销售总计 | | |
| | | | | | | | 数量 | 金额（千日元） | 数量 | 金额（千日元） | 数量 | 金额（千日元） | |
| 声学乐器 | 打击乐器 | | 2012 | 11040 | 33773 | 44813 | 10131 | 41417 | 36555 | 1316794 | 46686 | 1358211 | 29957 |
| | | 立奏用木琴 | 2003 | 21 | 7763 | 7784 | 4299 | 664101 | 377 | 588870 | 8069 | 1252971 | 1256 |
| | | | 2004 | 32 | 8580 | 8612 | 4794 | 778384 | 3673 | 599725 | 8467 | 1378109 | 1389 |
| | | | 2005 | 3 | 7809 | 7812 | 4271 | 685577 | 3308 | 554650 | 7579 | 1240227 | 1666 |
| | | | 2006 | 332 | 6818 | 7150 | 4452 | 724277 | 2954 | 530443 | 7406 | 1254720 | 1034 |
| | | | 2007 | 2 | 8260 | 8258 | 5230 | 841902 | 2940 | 509894 | 8170 | 1351796 | 1119 |
| | | | 2008 | 12 | 8667 | 8655 | 5733 | 929570 | 2703 | 528205 | 8436 | 1457775 | 1372 |
| | | | 2009 | 3 | 7233 | 7230 | 4804 | 860215 | 2496 | 501141 | 7300 | 1361356 | 1302 |
| | | | 2010 | 8 | 6182 | 6174 | 3674 | 618025 | 2498 | 493265 | 6172 | 1111290 | 1304 |
| | | | 2011 | 3 | 6333 | 6330 | 4185 | 713283 | 2261 | 465619 | 6446 | 1178902 | 1207 |
| | | | 2012 | 13 | 5507 | 5494 | 3413 | 604774 | 2238 | 452469 | 5651 | 1057243 | 1197 |
| | | 桌用木琴 | 2003 | | 16058 | 16058 | 3022 | 36065 | 14354 | 59615 | 17376 | 95680 | 352 |
| | | | 2004 | | 14189 | 14189 | 2896 | 34574 | 11207 | 48832 | 14103 | 83406 | 396 |
| | | | 2005 | | 12385 | 12385 | 2819 | 33501 | 9989 | 50375 | 12808 | 83876 | 921 |
| | | | 2006 | | 13928 | 13928 | 3006 | 37213 | 9914 | 48325 | 12920 | 85538 | 1426 |
| | | | 2007 | | 11386 | 11386 | 2276 | 28711 | 9446 | 49931 | 11722 | 78642 | 1086 |
| | | | 2008 | | 10905 | 10905 | 2646 | 34401 | 8592 | 48552 | 11238 | 82953 | 757 |
| | | | 2009 | 6887 | 2724 | 9611 | 1510 | 19606 | 7966 | 46382 | 9476 | 65988 | 874 |
| | | | 2010 | | 9538 | 9538 | 1918 | 23909 | 7721 | 43231 | 9639 | 67140 | 770 |
| | | | 2011 | | 8844 | 8844 | 1405 | 17721 | 7593 | 41608 | 8998 | 59329 | 604 |
| | | | 2012 | | 8597 | 8597 | 1861 | 24070 | 7097 | 46200 | 8958 | 70270 | 658 |
| | | 立奏钟琴 | 2003 | 51 | 3346 | 3295 | 94 | 8038 | 3478 | 290670 | 3572 | 298708 | 824 |
| | | | 2004 | 32 | 6341 | 6309 | 79 | 11057 | 6084 | 294680 | 6163 | 305737 | 925 |
| | | | 2005 | 4 | 2742 | 2738 | 42 | 4662 | 2869 | 252349 | 2911 | 257011 | 589 |
| | | | 2006 | 131 | 2654 | 2785 | 68 | 8074 | 2673 | 242899 | 2741 | 250973 | 513 |
| | | | 2007 | | 2509 | 2509 | 56 | 12232 | 2502 | 228207 | 2558 | 240439 | 465 |
| | | | 2008 | 39 | 2614 | 2653 | 31 | 4110 | 2457 | 231545 | 2488 | 235655 | 639 |
| | | | 2009 | 1 | 7075 | 7074 | 63 | 9340 | 7147 | 247564 | 7210 | 256904 | 783 |
| | | | 2010 | 1 | 2091 | 2090 | 53 | 10026 | 2142 | 221697 | 2195 | 231723 | 398 |
| | | | 2011 | 395 | 2265 | 2660 | 60 | 12518 | 2482 | 240669 | 2542 | 253187 | 600 |
| | | | 2012 | 7 | 2180 | 2173 | 33 | 6943 | 2128 | 233133 | 2161 | 240076 | 493 |

| 品目 | 品目 | 类别 | 年度 | 海外产量 | 国内产量 | 总产量 | 销售 出口 数量 | 销售 出口 金额（千日元） | 销售 内销 数量 | 销售 内销 金额（千日元） | 销售总计 数量 | 销售总计 金额（千日元） | 库存量 |
|---|---|---|---|---|---|---|---|---|---|---|---|---|---|
| 声学乐器 | 打击乐器 | 桌用钟琴 | 2003 | | 5262 | 5262 | 1242 | 13861 | 4209 | 68023 | 5451 | 81884 | 765 |
| | | | 2004 | | 3054 | 3054 | 1544 | 18941 | 1515 | 42619 | 3059 | 61560 | 576 |
| | | | 2005 | | 5740 | 5740 | 1305 | 15040 | 4413 | 70941 | 5718 | 85981 | 687 |
| | | | 2006 | 455 | 5697 | 6152 | 1490 | 19762 | 4157 | 61784 | 5647 | 81546 | 769 |
| | | | 2007 | 600 | 5915 | 6515 | 950 | 12972 | 5273 | 80334 | 6223 | 93306 | 1059 |
| | | | 2008 | 596 | 5563 | 6159 | 1205 | 15535 | 4783 | 71938 | 5988 | 87473 | 895 |
| | | | 2009 | 600 | 2374 | 2974 | 702 | 10154 | 2264 | 45518 | 2966 | 55672 | 688 |
| | | | 2010 | 200 | 5333 | 5533 | 830 | 10621 | 4885 | 73143 | 5715 | 83764 | 711 |
| | | | 2011 | | 4923 | 4923 | 300 | 6148 | 4553 | 66945 | 4853 | 73093 | 487 |
| | | | 2012 | 400 | 5820 | 6220 | 659 | 10620 | 5764 | 79831 | 6423 | 90451 | 563 |
| | 校园乐器 | 总计 | 2003 | 585399 | 4751762 | 5337161 | 3282695 | 995204 | 2354424 | 4072443 | 5637119 | 5067647 | 1497291 |
| | | | 2004 | 963591 | 4403793 | 5367384 | 3354618 | 1019482 | 2213880 | 3979483 | 5568498 | 4998965 | 1286620 |
| | | | 2005 | 969105 | 4697818 | 5666923 | 3384147 | 917100 | 2277584 | 4164791 | 5661731 | 5081891 | 1315905 |
| | | | 2006 | 1348291 | 4649331 | 5997622 | 3783180 | 1021154 | 2152484 | 4078420 | 5935664 | 5099574 | 1377570 |
| | | | 2007 | 1461102 | 4640712 | 6101814 | 3916589 | 1091856 | 2168998 | 4080742 | 6085587 | 5172598 | 1402634 |
| | | | 2008 | 1437358 | 4720496 | 6157854 | 3886763 | 1057971 | 2142018 | 4158017 | 6028781 | 5215988 | 1530164 |
| | | | 2009 | 3807765 | 1645774 | 5453539 | 3338626 | 861008 | 1959475 | 3351670 | 5298101 | 4212678 | 1684342 |
| | | | 2010 | 1752894 | 3849553 | 5602447 | 3809959 | 1413154 | 1877464 | 2471787 | 5687423 | 3884941 | 1543584 |
| | | | 2011 | 618714 | 2756336 | 3375050 | 1430646 | 667494 | 1920907 | 3106693 | 3351553 | 3774187 | 1399609 |
| | | | 2012 | 297654 | 3009289 | 3306943 | 1441756 | 642283 | 1871459 | 3139937 | 3313215 | 3782220 | 1491196 |
| | | 口琴 | 2003 | 59946 | 557458 | 617404 | 173833 | 153556 | 441249 | 590267 | 615082 | 743823 | 350139 |
| | | | 2004 | 5979 | 552239 | 558218 | 186549 | 187465 | 350632 | 548019 | 537181 | 735484 | 343004 |
| | | | 2005 | 116409 | 471934 | 588343 | 253966 | 187955 | 360260 | 524629 | 614226 | 712584 | 341566 |
| | | | 2006 | 60758 | 462149 | 522907 | 251276 | 227976 | 295618 | 516699 | 546894 | 744675 | 306673 |
| | | | 2007 | 66761 | 554957 | 621718 | 297299 | 256321 | 320140 | 529998 | 617439 | 786319 | 311046 |
| | | | 2008 | 53096 | 524823 | 577919 | 268709 | 259951 | 291995 | 484867 | 560704 | 744818 | 327259 |
| | | | 2009 | 54276 | 417101 | 471377 | 254491 | 241079 | 259288 | 476939 | 513779 | 718018 | 285058 |
| | | | 2010 | 42395 | 727378 | 769773 | 523981 | 271178 | 232445 | 456074 | 756426 | 727252 | 298300 |
| | | | 2011 | 59249 | 426958 | 486207 | 273030 | 276499 | 244549 | 499271 | 517579 | 775770 | 266076 |
| | | | 2012 | 89857 | 442511 | 532368 | 276202 | 299367 | 244709 | 529412 | 520911 | 828779 | 275861 |

| 品目 | | 类别 | 年度 | 海外产量 | 国内产量 | 总产量 | 销售 | | | | | | 库存量 |
|---|---|---|---|---|---|---|---|---|---|---|---|---|---|
| | | | | | | | 出口 | | 内销 | | 销售总计 | | |
| | | | | | | | 数量 | 金额(千日元) | 数量 | 金额(千日元) | 数量 | 金额(千日元) | |
| 声学乐器 | 校园乐器 | 键盘口琴 | 2003 | 92211 | 944652 | 1036863 | 145759 | 237484 | 918371 | 2284354 | 1064130 | 2521838 | 236459 |
| | | | 2004 | 96295 | 874558 | 970853 | 124595 | 195329 | 895747 | 2284491 | 1020342 | 2479820 | 205999 |
| | | | 2005 | 2967 | 949707 | 979377 | 57009 | 93523 | 937997 | 2445249 | 995006 | 2538772 | 186045 |
| | | | 2006 | 37613 | 942768 | 980381 | 61268 | 96694 | 931856 | 2408177 | 993124 | 2504871 | 166996 |
| | | | 2007 | 50716 | 925153 | 975869 | 47692 | 84414 | 917084 | 2383882 | 964776 | 2468296 | 186042 |
| | | | 2008 | 53790 | 1015991 | 1069781 | 49822 | 82773 | 976681 | 2557638 | 1026503 | 2640411 | 229185 |
| | | | 2009 | 763505 | 267799 | 1031304 | 43273 | 60444 | 831911 | 1891246 | 875184 | 1951690 | 385239 |
| | | | 2010 | 560210 | 252643 | 812853 | 38471 | 552585 | 801971 | 1253148 | 840442 | 1805733 | 313869 |
| | | | 2011 | 560369 | 321667 | 882036 | 13802 | 34150 | 838420 | 1684450 | 852222 | 1718600 | 339747 |
| | | | 2012 | 197323 | 648014 | 845337 | 33119 | 45273 | 811877 | 1644175 | 844996 | 1689448 | 338988 |
| | | 手风琴 | 2003 | 498 | 6126 | 6624 | 191 | 6735 | 7182 | 339054 | 7373 | 345789 | 3821 |
| | | | 2004 | 565 | 6454 | 7019 | 460 | 19652 | 6757 | 324300 | 7217 | 343952 | 3723 |
| | | | 2005 | 589 | 6979 | 7568 | 201 | 6815 | 6946 | 325114 | 7147 | 331929 | 4173 |
| | | | 2006 | 238 | 6276 | 6514 | 175 | 6206 | 6306 | 308736 | 6481 | 314942 | 4207 |
| | | | 2007 | 298 | 6262 | 6560 | 169 | 8246 | 5906 | 302762 | 6075 | 311008 | 4670 |
| | | | 2008 | 325 | 5540 | 5865 | 66 | 2504 | 5704 | 292412 | 5770 | 294916 | 4757 |
| | | | 2009 | 44 | 3473 | 3517 | 82 | 2481 | 4108 | 225085 | 4190 | 227566 | 4038 |
| | | | 2010 | 50 | 1780 | 1830 | | | 1729 | 109776 | 1726 | 109776 | 588 |
| | | | 2011 | 181 | 5026 | 5207 | 71 | 38650 | 4780 | 265430 | 4851 | 304080 | 4699 |
| | | | 2012 | 139 | 3481 | 3620 | 19 | 738 | 3978 | 299707 | 3997 | 300445 | 4322 |
| | | 录音设备 | 2003 | 432744 | 3243526 | 3676270 | 2962912 | 597429 | 987622 | 858768 | 3950534 | 1456197 | 906872 |
| | | | 2004 | 860752 | 2970542 | 3831294 | 3043014 | 617036 | 960744 | 822673 | 4003758 | 1439709 | 733894 |
| | | | 2005 | 822437 | 3269198 | 4091635 | 3072971 | 628807 | 972381 | 869799 | 4045352 | 1498606 | 784121 |
| | | | 2006 | 1249682 | 3238138 | 4487820 | 3470461 | 690278 | 918704 | 844808 | 4389165 | 1535086 | 899694 |
| | | | 2007 | 1343327 | 3154340 | 4497667 | 3571429 | 742875 | 925868 | 864100 | 4497297 | 1606975 | 900876 |
| | | | 2008 | 1330147 | 3174142 | 4504289 | 3568166 | 712743 | 867638 | 823100 | 4435804 | 1535843 | 968963 |
| | | | 2009 | 2989940 | 957401 | 3947341 | 3040780 | 557004 | 864168 | 758400 | 3904948 | 1315404 | 1010007 |
| | | | 2010 | 1150239 | 2867752 | 4017991 | 3247507 | 589391 | 841319 | 652789 | 4088826 | 1242180 | 930827 |
| | | | 2011 | 1085 | 2002685 | 2001600 | 1143743 | 318195 | 833158 | 657542 | 1976901 | 975737 | 789087 |
| | | | 2012 | 10335 | 1915283 | 1925618 | 1132416 | 296905 | 810895 | 666643 | 1943311 | 963548 | 872025 |

| 品目 | 类别 | 年度 | 海外产量 | 国内产量 | 总产量 | 销售 | | | | | | 库存量 |
|---|---|---|---|---|---|---|---|---|---|---|---|---|
| | | | | | | 出口 | | 内销 | | 销售总计 | | |
| | | | | | | 数量 | 金额(千日元) | 数量 | 金额(千日元) | 数量 | 金额(千日元) | |
| 电声乐器 | 合计 | 2003 | 1868571 | 1184321 | 3052892 | 2354430 | 66355147 | 677504 | 27306298 | 3031934 | 93661445 | 175913 |
| | | 2004 | 2034705 | 1038903 | 3073608 | 2373577 | 70132400 | 713855 | 34570414 | 3087432 | 104752814 | 153063 |
| | | 2005 | 2066976 | 1024168 | 3091144 | 2432660 | 68241316 | 638574 | 29957110 | 3071234 | 98198426 | 175123 |
| | | 2006 | 1946933 | 1040660 | 2987593 | 2384098 | 72501672 | 592951 | 23008843 | 2977049 | 95510515 | 198784 |
| | | 2007 | 2126296 | 1159029 | 3285325 | 2624184 | 83206579 | 648943 | 24498240 | 3273127 | 107704819 | 199229 |
| | | 2008 | 2063160 | 1126018 | 3189178 | 2493979 | 79038078 | 675620 | 27779696 | 3169599 | 106817774 | 200154 |
| | | 2009 | 1992216 | 615932 | 2608148 | 1984819 | 51528662 | 636336 | 24951864 | 2621155 | 76480526 | 194330 |
| | | 2010 | 618800 | 273515 | 892315 | 291894 | 16831668 | 633245 | 24511388 | 925139 | 41343056 | 108420 |
| | | 2011 | 776865 | 318900 | 1095765 | 417477 | 25773613 | 668645 | 25239082 | 1086122 | 51012695 | 132397 |
| | | 2012 | 858130 | 277377 | 1135507 | 464060 | 22501595 | 603914 | 25219156 | 1067974 | 47720751 | 198896 |
| | 电吉他 | 2003 | 197635 | 152958 | 350590 | 253676 | 4901019 | 92435 | 5242835 | 346111 | 10143854 | 25694 |
| | | 2004 | 195642 | 131241 | 326883 | 255908 | 5035031 | 78056 | 5693450 | 333964 | 10728481 | 18361 |
| | | 2005 | 197377 | 151526 | 348903 | 252087 | 4884141 | 103030 | 6666196 | 355117 | 11550337 | 15066 |
| | | 2006 | 156585 | 162418 | 319003 | 214000 | 5293186 | 981 | 6500449 | 312100 | 11793635 | 23901 |
| | | 2007 | 162172 | 174921 | 337093 | 249081 | 6015998 | 91341 | 6345085 | 340422 | 12361083 | 20249 |
| | | 2008 | 150990 | 169462 | 320452 | 212383 | 4313647 | 104438 | 6895516 | 316821 | 11209163 | 23058 |
| | | 2009 | 135219 | 111081 | 246300 | 165022 | 3695707 | 83074 | 6152989 | 248096 | 9848696 | 24736 |
| | | 2010 | 25049 | 112311 | 137360 | 33733 | 1685443 | 102628 | 6153144 | 136361 | 7838587 | 16415 |
| | | 2011 | 106997 | 122537 | 229534 | 103286 | 7332827 | 123358 | 7102349 | 226644 | 144351176 | 18055 |
| | | 2012 | 69859 | 102022 | 171881 | 79174 | 3240540 | 91175 | 7178753 | 170349 | 10419293 | 19150 |
| | 电风琴 | 2003 | 229 | 32590 | 32819 | 7366 | 825646 | 25546 | 49568 | 32912 | 5782446 | 3776 |
| | | 2004 | 393 | 36304 | 36697 | 6656 | 1055109 | 30994 | 11313648 | 37650 | 12368757 | 1841 |
| | | 2005 | 878 | 26814 | 27692 | 6191 | 702859 | 21751 | 7332185 | 27942 | 8035044 | 1943 |
| | | 2006 | 1041 | 17726 | 18767 | 4870 | 618794 | 15001 | 4950841 | 19871 | 5569635 | 1872 |
| | | 2007 | 726 | 17048 | 17774 | 3131 | 512955 | 14815 | 4378283 | 17946 | 4891238 | 1669 |
| | | 2008 | 837 | 17718 | 18555 | 4104 | 715491 | 14675 | 4305454 | 18779 | 5020945 | 1522 |
| | | 2009 | 1981 | 13963 | 15944 | 3204 | 486902 | 12727 | 3531736 | 15931 | 4018638 | 1510 |
| | | 2010 | 58 | 14566 | 14624 | 2955 | 517412 | 11431 | 3135066 | 14386 | 3652478 | 1551 |
| | | 2011 | 52 | 10456 | 10508 | 1148 | 286826 | 10201 | 2619432 | 11349 | 2906258 | 725 |
| | | 2012 | 132 | 11928 | 12060 | 826 | 238121 | 10160 | 2731156 | 10986 | 2969277 | 1790 |
| | 电钢琴 | 2003 | 134101 | 207149 | 341250 | 194324 | 17417943 | 144432 | 11123919 | 338756 | 28541862 | 24031 |
| | | 2004 | 165017 | 211611 | 376628 | 214697 | 19018687 | 163926 | 11057750 | 378623 | 30076437 | 18502 |
| | | 2005 | 191250 | 206034 | 397284 | 228464 | 18679018 | 167014 | 10287659 | 395478 | 28966677 | 20849 |

| 品目 | 类别 | 年度 | 海外产量 | 国内产量 | 总产量 | 销售 | | | | | | 库存量 |
|---|---|---|---|---|---|---|---|---|---|---|---|---|
| | | | | | | 出口 | | 内销 | | 销售总计 | | |
| | | | | | | 数量 | 金额(千日元) | 数量 | 金额(千日元) | 数量 | 金额(千日元) | |
| 电声乐器 | 电钢琴 | 2006 | 229216 | 168531 | 397747 | 230106 | 18619483 | 162477 | 9985556 | 392583 | 28605039 | 26893 |
| | | 2007 | 329962 | 185886 | 515848 | 307922 | 22957512 | 197605 | 11771211 | 505527 | 34728723 | 37686 |
| | | 2008 | 332800 | 192908 | 525708 | 351043 | 24928640 | 178908 | 10787911 | 529951 | 35716551 | 33466 |
| | | 2009 | 381573 | 66456 | 448029 | 271104 | 16290878 | 184304 | 9979969 | 455408 | 26270847 | 26343 |
| | | 2010 | 159861 | 72777 | 233641 | 59490 | 5255342 | 170313 | 10594234 | 229803 | 15849576 | 27213 |
| | | 2011 | 154589 | 66100 | 220689 | 55119 | 3836994 | 169079 | 10489505 | 224198 | 14326499 | 23646 |
| | | 2012 | 180632 | 50207 | 230839 | 53294 | 2557236 | 168691 | 10384183 | 221985 | 13941419 | 32345 |
| | 电子键盘 | 2003 | 1164944 | 156806 | 1321750 | 1054749 | 19524989 | 255752 | 3295170 | 1310501 | 22820159 | 41113 |
| | | 2004 | 1307919 | 145663 | 1453582 | 1179279 | 2017035 | 288014 | 3161663 | 1467293 | 23332013 | 27104 |
| | | 2005 | 1213674 | 147875 | 1361549 | 1154664 | 17388185 | 198802 | 2190166 | 1353466 | 19578351 | 32829 |
| | | 2006 | 1161877 | 133746 | 1295623 | 1118338 | 20475154 | 186851 | 1981020 | 1305189 | 22456174 | 22351 |
| | | 2007 | 1198220 | 177229 | 1375449 | 1134508 | 19541855 | 224572 | 2275703 | 1359080 | 21817558 | 38996 |
| | | 2008 | 1151194 | 179837 | 1331031 | 1091076 | 17499265 | 243658 | 2378043 | 1334734 | 19877308 | 34603 |
| | | 2009 | 1110984 | 13330 | 1124314 | 896737 | 12167175 | 224901 | 2052275 | 1121638 | 14219450 | 35918 |
| | | 2010 | 221693 | 18316 | 240009 | 38932 | 2100288 | 201297 | 1763196 | 240229 | 3863484 | 17835 |
| | | 2011 | 183349 | 15183 | 198532 | 10304 | 1585626 | 185948 | 1717252 | 196252 | 3302878 | 20115 |
| | | 2012 | 180800 | 8527 | 189327 | 6795 | 1107031 | 180382 | 1633419 | 187177 | 2740450 | 22342 |
| | 便携式电子键盘 | 2003 | 146588 | 8624 | 155212 | 77665 | 635581 | 80277 | 212710 | 157942 | 848291 | 2569 |
| | | 2004 | 136109 | 22395 | 158504 | 71336 | 598468 | 87745 | 898047 | 159081 | 1496515 | 4151 |
| | | 2005 | 153778 | 28597 | 182375 | 92583 | 728165 | 86743 | 905226 | 179326 | 1633391 | 7180 |
| | | 2006 | 138619 | 36324 | 174943 | 86138 | 605797 | 78341 | 740720 | 164479 | 1346517 | 14838 |
| | | 2007 | 80080 | 35747 | 115827 | 54981 | 598711 | 73220 | 696609 | 128201 | 1295320 | 5264 |
| | | 2008 | 85372 | 19905 | 105277 | 37123 | 580732 | 69145 | 499233 | 106268 | 1079965 | 4273 |
| | | 2009 | 78275 | 849 | 79124 | 13967 | 195364 | 65581 | 435813 | 79548 | 631177 | 3849 |
| | | 2010 | 87088 | 630 | 87718 | | | 87888 | 159592 | 87888 | 159592 | 58 |
| | | 2011 | 84455 | 904 | 85359 | 48 | 2244 | 85747 | 464151 | 85795 | 466395 | 2485 |
| | | 2012 | 81305 | 749 | 82054 | 533 | 3554 | 78452 | 463831 | 78985 | 467385 | 5551 |
| | 键盘拾音器 | 2003 | 1807 | 96113 | 97920 | 89635 | 7943977 | 8846 | 873494 | 98481 | 8817471 | 5700 |
| | | 2004 | 2648 | 101503 | 104151 | 93848 | 8273802 | 8706 | 794341 | 102554 | 9068143 | 7153 |
| | | 2005 | 8054 | 89877 | 97931 | 88433 | 8019046 | 9109 | 805154 | 97542 | 8824200 | 7539 |
| | | 2006 | 21062 | 89939 | 111001 | 97511 | 7811327 | 10417 | 813750 | 107928 | 8625077 | 10964 |
| | | 2007 | 34180 | 75445 | 109625 | 98728 | 9094499 | 11407 | 784471 | 110135 | 9878970 | 10051 |
| | | 2008 | 41701 | 65348 | 107049 | 95438 | 7913062 | 10925 | 818535 | 106363 | 8731597 | 9661 |

| 品目 | 类别 | 年度 | 海外产量 | 国内产量 | 总产量 | 销售 出口 数量 | 出口 金额(千日元) | 内销 数量 | 内销 金额(千日元) | 销售总计 数量 | 销售总计 金额(千日元) | 库存量 |
|---|---|---|---|---|---|---|---|---|---|---|---|---|
| 电声乐器 | 键盘拾音器 | 2009 | 45934 | 20018 | 65952 | 57162 | 3797894 | 11276 | 795200 | 68438 | 4593094 | 8175 |
| | | 2010 | 35574 | 37764 | 73338 | 58169 | 4064740 | 12125 | 768738 | 70294 | 4833478 | 11153 |
| | | 2011 | 33567 | 35301 | 68868 | 57484 | 4509620 | 11158 | 822141 | 68642 | 5331761 | 11018 |
| | | 2012 | 66095 | 23087 | 89182 | 67369 | 3701287 | 14548 | 824628 | 81917 | 4525915 | 18065 |
| | 其他电声乐器 | 2003 | 54398 | 273055 | 327453 | 279650 | 4771775 | 47235 | 1186263 | 326885 | 5958038 | 44600 |
| | | 2004 | 31395 | 176062 | 207457 | 172931 | 3953475 | 28598 | 1145778 | 201529 | 5099253 | 43406 |
| | | 2005 | 38426 | 132596 | 171022 | 141172 | 3873388 | 23519 | 1303714 | 164691 | 5177102 | 39828 |
| | | 2006 | 51903 | 206682 | 258585 | 231291 | 4468011 | 27694 | 1504106 | 258985 | 5972117 | 59530 |
| | | 2007 | 47937 | 221195 | 269132 | 258988 | 5312663 | 23081 | 1624047 | 282069 | 6936710 | 32683 |
| | | 2008 | 65671 | 148056 | 213727 | 180961 | 4377912 | 20202 | 1458915 | 201163 | 5836827 | 37457 |
| | | 2009 | 50538 | 130204 | 180742 | 153502 | 3117184 | 24924 | 1465704 | 178426 | 4582888 | 43715 |
| | | 2010 | 6691 | 13708 | 20399 | 51694 | 2703013 | 16980 | 1278500 | 68674 | 3981513 | 11690 |
| | | 2011 | 117116 | 24835 | 141951 | 89402 | 2192836 | 47152 | 1334848 | 136554 | 3527684 | 23414 |
| | | 2012 | 88238 | 23750 | 111988 | 82245 | 3814900 | 16193 | 1255773 | 98438 | 5070673 | 36627 |
| | 乐器用功放 | 2003 | 168869 | 257029 | 425898 | 397365 | 10334217 | 22981 | 415107 | 420346 | 10749324 | 28430 |
| | | 2004 | 195582 | 214124 | 409706 | 378922 | 12077478 | 27816 | 505737 | 406738 | 12583215 | 32545 |
| | | 2005 | 263539 | 240849 | 504388 | 469066 | 13966514 | 28606 | 466810 | 497672 | 14433324 | 49889 |
| | | 2006 | 198842 | 235415 | 434257 | 407345 | 15118800 | 29612 | 476201 | 436957 | 15595001 | 47085 |
| | | 2007 | 285945 | 281278 | 567223 | 521496 | 19684086 | 30366 | 589931 | 551862 | 20274017 | 61812 |
| | | 2008 | 234595 | 332784 | 567379 | 521851 | 18709329 | 33669 | 636089 | 555520 | 19345418 | 56114 |
| | | 2009 | 187712 | 260031 | 447743 | 424121 | 11777558 | 29549 | 538178 | 453670 | 12315736 | 50084 |
| | | 2010 | 82783 | 2443 | 85226 | 46921 | 505430 | 30583 | 658918 | 77504 | 1164348 | 22505 |
| | | 2011 | 96740 | 43584 | 140324 | 100686 | 6026640 | 36002 | 689404 | 136688 | 6716044 | 32939 |
| | | 2012 | 191069 | 57107 | 248176 | 173824 | 6838926 | 44313 | 747413 | 218137 | 7586339 | 62936 |
| 总合计 | | 2003 | 3230079 | 6735281 | 9965360 | 6808502 | 116566319 | 3452474 | 67343634 | 10260976 | 183909953 | 1830919 |
| | | 2004 | 3854714 | 6204438 | 10059152 | 6999405 | 123202692 | 3296729 | 70467781 | 10296134 | 193670473 | 1578905 |
| | | 2005 | 4023057 | 6492179 | 10515236 | 7245545 | 121104315 | 3482028 | 64609581 | 10727573 | 185713896 | 1638502 |
| | | 2006 | 4088182 | 6506831 | 10595013 | 7396834 | 129226910 | 3115986 | 62685210 | 10512820 | 191912120 | 1728429 |
| | | 2007 | 4542860 | 6604621 | 11147481 | 7942620 | 147612346 | 3168664 | 64100984 | 11111284 | 211713330 | 1754117 |
| | | 2008 | 4317581 | 6945944 | 11263525 | 7942469 | 141692898 | 3130957 | 60907475 | 11073426 | 202600373 | 1915734 |
| | | 2009 | 6817411 | 2854462 | 9671873 | 6614888 | 92946084 | 2870329 | 53218499 | 9485217 | 146164583 | 2103714 |
| | | 2010 | 2759638 | 4611064 | 7370702 | 4771134 | 49902741 | 2762497 | 49577925 | 7533631 | 99480666 | 1782203 |
| | | 2011 | 1577254 | 3435480 | 5012734 | 2118856 | 51511421 | 2856802 | 52666133 | 4975658 | 104177554 | 1625030 |
| | | 2012 | 1333880 | 3629525 | 4963405 | 2141006 | 45525463 | 2735682 | 52457725 | 4876688 | 97983188 | 1830513 |

高萍编译整理自《日本音乐贸易》2012 No.5

# 2012年日本乐器进口国家及地区概况

注：2012年日本乐器进口国家和地区共64个，本刊节选刊登中国、印度尼西亚、德国、意大利和美国5个重点来源国数据。表中“总计”数量和金额为64个国家和地区数据总和。

（金额单位：千日元 重量单位：公斤）

| 国家和地区 | 立式钢琴 | | 三角钢琴 | | 键盘弦乐器 | | 弓弦乐器 | | 吉他 | |
|---|---|---|---|---|---|---|---|---|---|---|
| | 数量 | 金额 | 数量 | 金额 | 数量 | 金额 | 数量 | 金额 | 数量 | 金额 |
| 中国 | 1234 | 160019 | 102 | 33382 | 158 | 2385 | 20707 | 247646 | 139754 | 933780 |
| 印度尼西亚 | 5770 | 883263 | 281 | 103013 | | | | | 26526 | 150309 |
| 德国 | 245 | 188226 | 231 | 776400 | 5 | 3126 | 4070 | 391419 | 84 | 36776 |
| 意大利 | | | | | 23 | 9179 | 643 | 404878 | 12 | 4772 |
| 美国 | 8 | 5954 | 50 | 100392 | 2 | 1114 | 167 | 26168 | 11814 | 1427437 |
| 总计 | 7910 | 1347793 | 802 | 1224061 | 195 | 25654 | 30786 | 1452693 | 191336 | 3025026 |

| 国家和地区 | 其他弦乐器 | | 铜管乐器 | | 风琴 | | 手风琴 | | 口风琴 | |
|---|---|---|---|---|---|---|---|---|---|---|
| | 数量 | 金额 | 数量 | 金额 | 数量 | 金额 | 数量 | 金额 | 数量 | 金额 |
| 中国 | 141499 | 293624 | 20842 | 214473 | | | 145747 | 137568 | 264376 | 82413 |
| 印度尼西亚 | 1684 | 13326 | | | | | 469621 | 386485 | | |
| 德国 | 535 | 46914 | 1963 | 588693 | 4 | 92874 | 2376 | 9085 | 54416 | 67882 |
| 意大利 | 466 | 117280 | 6 | 1935 | 2 | 1483 | 245 | 33601 | | |
| 美国 | 3618 | 198376 | 5456 | 670048 | 2 | 585 | | | 350 | 561 |
| 总计 | 153767 | 747657 | 35231 | 1837254 | 13 | 105748 | 619132 | 570149 | 320904 | 152904 |

| 国家和地区 | 其他管乐器 | | 鼓 | | 其他电子乐器 | | 八音盒 | | 乐器弦 | |
|---|---|---|---|---|---|---|---|---|---|---|
| | 数量 | 金额 | 数量 | 金额 | 数量 | 金额 | 数量 | 金额 | 重量 | 金额 |
| 中国 | 394817 | 178828 | 1489990 | 490433 | 528309 | 4450435 | 480280 | 121317 | 35438 | 61942 |
| 印度尼西亚 | 1154526 | 1043939 | 9425 | 9618 | 103000 | 3315126 | | | 421 | 3246 |
| 德国 | 4169 | 248995 | 27300 | 86868 | 153 | 24414 | 853 | 9324 | 14198 | 300317 |
| 意大利 | 7 | 1665 | 1012 | 5521 | 182 | 28862 | | | 3789 | 38756 |
| 美国 | 10060 | 376817 | 69300 | 508092 | 574 | 51370 | 88 | 22035 | 162402 | 1149952 |
| 总计 | 1608677 | 3777427 | 1997980 | 1831777 | 663874 | 8016343 | 487994 | 283013 | 254819 | 2062322 |

| 国家和地区 | 钢琴零配件 | | 弦乐器零配件 | | 电子乐器零配件 | | 其他零配件 | |
|---|---|---|---|---|---|---|---|---|
| | 重量 | 金额 | 重量 | 金额 | 重量 | 金额 | 重量 | 金额 |
| 中国 | 179624 | 189935 | 278615 | 226399 | 737561 | 894711 | 377382 | 538934 |
| 印度尼西亚 | 2339095 | 1109650 | 108 | 493 | 1559105 | 855319 | 73610 | 684729 |
| 德国 | 5185 | 42459 | 3806 | 153848 | 6702 | 55513 | 16125 | 196485 |
| 意大利 | 45 | 509 | 1145 | 38921 | 9725 | 25633 | 1336 | 129074 |
| 美国 | 43828 | 21367 | 9814 | 133987 | 80546 | 487269 | 123707 | 790956 |
| 总计 | 2574268 | 1402069 | 389657 | 1051809 | 2460951 | 2494329 | 908679 | 4023193 |

# 2012年日本乐器出口国家及地区概况

表1

| 国家及地区 | 立式钢琴 | | 三角钢琴 | | 键盘弦乐器 | | 弓弦乐器 | | 吉他和其他弦乐器 | | 铜管乐器 | |
|---|---|---|---|---|---|---|---|---|---|---|---|---|
| | 数量 | 金额 | 数量 | 金额 | 数量 | 金额 | 数量 | 金额 | 数量 | 金额 | 数量 | 金额 |
| 韩国 | 1825 | 296796 | 594 | 416445 | | | | | 568 | 13561 | 391 | 52138 |
| 中国内地 | 51331 | 4292817 | 2176 | 1101896 | | | 47 | 14278 | 135 | 30652 | 172 | 21962 |
| 中国台湾 | 3405 | 267499 | 540 | 271881 | | | 16 | 337 | 174 | 9631 | 152 | 21068 |
| 蒙古 | | | 30 | 26243 | | | | | | | | |
| 中国香港 | 2896 | 604454 | 143 | 119994 | | | 24 | 1106 | 165 | 13444 | 246 | 31810 |
| 越南 | 8251 | 725263 | 255 | 104206 | | | 12 | 249 | 3450 | 3844 | 10 | 1718 |
| 泰国 | 1687 | 304769 | 166 | 146736 | | | | | 959 | 26942 | 603 | 86025 |
| 新加坡 | 2086 | 464934 | 212 | 151198 | 6 | 378 | 24 | 491 | 160 | 13547 | 126 | 17978 |
| 马来西亚 | 4868 | 327753 | 184 | 84106 | | | | | 5 | 2459 | 101 | 11586 |
| 文莱 | 2 | 584 | | | | | | | | | | |
| 菲律宾 | 659 | 35387 | 127 | 28981 | | | | | 23 | 263 | | |
| 印度尼西亚 | 3131 | 312044 | 370 | 127698 | | | | | 26 | 1320 | 24 | 4344 |
| 柬埔寨 | 10 | 1311 | 4 | 3442 | | | | | 137 | 575 | | |
| 老挝 | | | | | | | | | | | | |
| 缅甸 | 16 | 2178 | 3 | 2746 | 4 | 819 | | | | | | |
| 印度 | 21 | 7218 | 17 | 9980 | | | | | 7 | 618 | 6 | 1178 |
| 斯里兰卡 | 476 | 19391 | 2 | 280 | 28 | 516 | | | 289 | 1937 | 14 | 1893 |
| 东帝汶 | | | | | | | | | | | | |
| 中国澳门 | | | | | | | | | | | | |
| 阿富汗 | | | | | | | | | | | | |

| 国家及地区 | 立式钢琴 | | 三角钢琴 | | 键盘弦乐器 | | 弓弦乐器 | | 吉他和其他弦乐器 | | 铜管乐器 | |
|---|---|---|---|---|---|---|---|---|---|---|---|---|
| | 数量 | 金额 | 数量 | 金额 | 数量 | 金额 | 数量 | 金额 | 数量 | 金额 | 数量 | 金额 |
| 尼泊尔 | | | | | | | | | | | | |
| 伊朗 | 16 | 2189 | | | | | | | | | | |
| 沙特阿拉伯 | | | | | | | | | | | | |
| 科威特 | 8 | 2538 | 3 | 2866 | | | | | | | | |
| 卡塔尔 | | | | | | | | | | | | |
| 阿曼 | 2 | 669 | 2 | 1398 | | | | | | | | |
| 以色列 | 644 | 53588 | 34 | 20883 | | | | | | | 4 | 246 |
| 约旦 | 2 | 534 | 1 | 476 | | | | | | | | |
| 黎巴嫩 | 350 | 26406 | 47 | 10953 | | | | | | | | |
| 阿联酋 | 192 | 32252 | 112 | 127756 | | | 21 | 670 | 11 | 2523 | 96 | 10256 |
| 哈萨克斯坦 | | | | | | | | | | | | |
| 格鲁吉亚 | | | | | | | | | | | | |
| 冰岛 | | | | | | | | | | | | |
| 挪威 | 19 | 5836 | 7 | 8167 | | | | | | | 2 | 332 |
| 瑞典 | | | 1 | 3481 | 1 | 491 | | | | | 16 | 3362 |
| 丹麦 | 81 | 15475 | 33 | 24732 | | | | | | | | |
| 英国 | 1480 | 302040 | 412 | 366090 | | | 1 | 400 | 595 | 13274 | 564 | 57942 |
| 爱尔兰 | 461 | 45645 | 31 | 10379 | | | | | | | | |
| 荷兰 | 409 | 62643 | 21 | 11694 | | | | | 3835 | 205351 | 10 | 1240 |
| 比利时 | 608 | 98229 | 45 | 31356 | | | | | 39 | 1451 | | |
| 法国 | 1139 | 293509 | 495 | 464791 | 1 | 500 | | | 34 | 3403 | 1468 | 147728 |
| 摩纳哥 | | | | | | | | | | | | |
| 安道尔 | 1 | 231 | | | | | | | | | | |
| 德国 | 1705 | 583006 | 1614 | 1612638 | | | 2 | 3382 | 111 | 23963 | 4661 | 436917 |
| 瑞士 | | | | | | | | | 7 | 232 | | |
| 葡萄牙 | 73 | 12196 | 3 | 2820 | | | | | | | | |
| 西班牙 | 541 | 83775 | 35 | 21473 | | | | | | | 5 | 1079 |
| 意大利 | 1767 | 234273 | 299 | 156339 | | | | | 7 | 474 | 17 | 3822 |
| 芬兰 | 220 | 65357 | 34 | 39554 | | | | | | | 24 | 2458 |
| 波兰 | 55 | 5840 | 18 | 6588 | | | | | | | | |
| 俄罗斯 | 38 | 13493 | 77 | 104886 | 29 | 2131 | | | 223 | 6682 | 60 | 6576 |
| 奥地利 | 8 | 1110 | 5 | 2380 | | | | | | | | |
| 匈牙利 | 30 | 1640 | 3 | 480 | | | | | | | 10 | 1407 |
| 塞尔维亚 | | | | | | | | | | | | |

| 国家及地区 | 立式钢琴 | | 三角钢琴 | | 键盘弦乐器 | | 弓弦乐器 | | 吉他和其他弦乐器 | | 铜管乐器 | |
|---|---|---|---|---|---|---|---|---|---|---|---|---|
| | 数量 | 金额 | 数量 | 金额 | 数量 | 金额 | 数量 | 金额 | 数量 | 金额 | 数量 | 金额 |
| 希腊 | 95 | 11508 | 2 | 927 | | | | | | | | |
| 罗马尼亚 | | | | | | | | | | | | |
| 保加利亚 | | | | | | | | | | | | |
| 塞浦路斯 | 29 | 5557 | 1 | 705 | | | | | | | | |
| 土耳其 | | | 2 | 1102 | | | | | | | | |
| 爱沙尼亚 | | | | | | | | | 1 | 1000 | | |
| 拉脱维亚 | | | 4 | 2986 | | | | | | | | |
| 立陶宛 | | | | | | | | | | | | |
| 乌克兰 | | | 1 | 14354 | | | | | | | 21 | 7176 |
| 白俄罗斯 | | | | | | | | | | | | |
| 克罗地亚 | | | | | | | | | | | | |
| 斯洛文尼亚 | 20 | 5898 | 6 | 5602 | | | | | | | | |
| 捷克 | | | | | | | | | | | | |
| 斯洛伐克 | | | | | | | | | | | | |
| 加拿大 | 2527 | 515411 | 438 | 374746 | | | | | 272 | 15586 | 1144 | 122488 |
| 美国 | 6010 | 1389681 | 3358 | 2498864 | 1 | 300 | 397 | 9665 | 5634 | 230670 | 14034 | 1596397 |
| 墨西哥 | 33 | 8289 | 21 | 33816 | | | | | 1 | 250 | 251 | 20809 |
| 哥斯达黎加 | 1 | 263 | 1 | 1215 | | | | | | | | |
| 巴拿马 | 9 | 3702 | 23 | 26239 | | | | | 2 | 305 | 490 | 55151 |
| 多米尼克 | | | | 1235 | | | | | | | | |
| 开曼群岛 | | | | 762 | | | | | | | | |
| 哥伦比亚 | 2 | 490 | 3 | 1554 | | | | | | | 36 | 4301 |
| 委内瑞拉 | | | | | | | | | | | | |
| 厄瓜多尔 | 19 | 1695 | 2 | 1230 | | | | | | | | |
| 秘鲁 | 5 | 1269 | 3 | 2839 | | | | | 2547 | 2860 | 4 | 1282 |
| 智利 | 2 | 600 | 7 | 3855 | | | | | 16 | 874 | 5 | 1044 |
| 巴西 | 46 | 13796 | 77 | 68507 | | | | | 476 | 28910 | 326 | 35384 |
| 巴拉圭 | | | | | | | | | | | | |
| 乌拉圭 | 1 | 276 | | | | | | | | | | |
| 阿根廷 | 5 | 1280 | 15 | 12793 | | | | | | | 13 | 1679 |
| 摩洛哥 | 25 | 2570 | 4 | 2970 | | | | | | | | |
| 阿尔及利亚 | 12 | 2112 | 1 | 1180 | | | | | | | | |
| 埃及 | | | | | 1 | 575 | | | | | | |
| 塞内加尔 | | | | | | | | | | | | |

| 国家及地区 | 立式钢琴 | | 三角钢琴 | | 键盘弦乐器 | | 弓弦乐器 | | 吉他和其他弦乐器 | | 铜管乐器 | |
|---|---|---|---|---|---|---|---|---|---|---|---|---|
| | 数量 | 金额 | 数量 | 金额 | 数量 | 金额 | 数量 | 金额 | 数量 | 金额 | 数量 | 金额 |
| 尼日利亚 | 24 | 1320 | 24 | 600 | 68 | 1700 | | | 68 | 238 | | |
| 喀麦隆 | | | | | | | | | | | | |
| 肯尼亚 | 61 | 3487 | 1 | 218 | | | | | | | | |
| 坦桑尼亚 | 21 | 455 | | | | | | | | | | |
| 留尼旺 | 10 | 3315 | 1 | 715 | | | | | | | | |
| 南非 | 24 | 8365 | 34 | 29196 | | | | | 24 | 2008 | 23 | 3645 |
| 马拉维 | | | | | | | | | | | 68 | 20406 |
| 澳大利亚 | 3059 | 596099 | 493 | 438641 | | | 20 | 314 | 555 | 17520 | 584 | 68868 |
| 新西兰 | 373 | 59445 | 29 | 21575 | | | | | 72 | 4418 | 7 | 1122 |
| 萨摩亚群岛 | | | | | | | | | | | | |
| 斐济 | | | | | | | | | | | | |
| 新卡利多尼亚群岛 | 1 | 323 | | | | | | | | | | |
| 总计 | 102933 | 12243815 | 12708 | 9176708 | 139 | 7410 | 564 | 30892 | 20660 | 682561 | 25788 | 2864817 |

表2

| 国家及地区 | 风琴和其他管乐器 | | 鼓 | | 其他打击乐器 | | 电子键盘乐器 | | 电吉他 | | 其他电子乐器 | |
|---|---|---|---|---|---|---|---|---|---|---|---|---|
| | 数量 | 金额 | 数量 | 金额 | 数量 | 金额 | 数量 | 金额 | 数量 | 金额 | 数量 | 金额 |
| 韩国 | 63495 | 929358 | 462 | 20222 | 3292 | 31552 | 2157 | 204638 | 392 | 35742 | 221 | 18002 |
| 中国内地 | 16328 | 249494 | 957 | 18154 | 637 | 17308 | 2163 | 179340 | 618 | 35513 | 391 | 23466 |
| 中国台湾 | 52635 | 205745 | 121 | 14081 | 337 | 41044 | 858 | 70183 | 657 | 45252 | 249 | 14378 |
| 蒙古 | | | 7 | 610 | | | 8 | 955 | | | | |
| 中国香港 | 14388 | 247342 | 160 | 17164 | 1513 | 11307 | 1210 | 110313 | 1031 | 72433 | 714 | 58688 |
| 越南 | 1617 | 2926 | 11 | 621 | | | 4329 | 28639 | 945 | 2487 | 61 | 1720 |
| 泰国 | 7655 | 47238 | 151 | 10476 | 56 | 15809 | 769 | 45716 | 419 | 13427 | 204 | 9318 |
| 新加坡 | 9538 | 48049 | 108 | 7651 | 149 | 4809 | 1179 | 123302 | 483 | 36773 | 109 | 6716 |
| 马来西亚 | 2527 | 14465 | 47 | 3160 | 11 | 1947 | 151 | 24575 | 95 | 7019 | 118 | 3774 |
| 文莱 | | | | | | | | | | | | |
| 菲律宾 | 2470 | 2873 | 55 | 9815 | | | 301 | 32994 | 119 | 4850 | | |
| 印度尼西亚 | 19 | 1283 | 103 | 4991 | | | 322 | 30883 | 539 | 3219 | | |
| 柬埔寨 | | | | | | | 423 | 1433 | 1493 | 4679 | 32 | 494 |
| 老挝 | | | | | | | 3 | 404 | | | 10 | 491 |
| 缅甸 | | | | | | | | | 100 | 258 | | |

| 国家及地区 | 风琴和其他管乐器 | | 鼓 | | 其他打击乐器 | | 电子键盘乐器 | | 电吉他 | | 其他电子乐器 | |
|---|---|---|---|---|---|---|---|---|---|---|---|---|
| | 数量 | 金额 | 数量 | 金额 | 数量 | 金额 | 数量 | 金额 | 数量 | 金额 | 数量 | 金额 |
| 印度 | 52 | 1534 | 16 | 646 | 1 | 334 | 201 | 24236 | 86 | 5568 | 227 | 10939 |
| 斯里兰卡 | 6 | 644 | 5 | 726 | 1 | 242 | 1131 | 9585 | 95 | 734 | 9 | 791 |
| 东帝汶 | | | 19 | 4900 | | | | | | | | |
| 中国澳门 | 2 | 1317 | | | | | | | | | | |
| 阿富汗 | | | | | | | | | 88 | 220 | | |
| 尼泊尔 | | | | | | | | | | | 23 | 803 |
| 伊朗 | | | | | | | 191 | 3126 | | | | |
| 沙特阿拉伯 | | | | | | | 13 | 2002 | | | 6 | 924 |
| 科威特 | | | | | | | 39 | 6540 | | | 36 | 2584 |
| 卡塔尔 | | | 54 | 19052 | 5 | 304 | 4 | 691 | 16 | 1192 | | |
| 阿曼 | | | | | | | | | | | 3 | 478 |
| 以色列 | 6043 | 13888 | 14 | 346 | | | 464 | 40274 | 51 | 3623 | 77 | 5266 |
| 约旦 | | | | | | | | | | | | |
| 黎巴嫩 | | | | | | | | | | | 2 | 210 |
| 阿联酋 | 2090 | 18806 | 139 | 19634 | 12 | 1473 | 727 | 89620 | 130 | 10644 | 75 | 6624 |
| 哈萨克斯坦 | | | | | | | | | | | | |
| 格鲁吉亚 | | | 44 | 8627 | | | | | | | | |
| 冰岛 | 511 | 269 | | | | | | | | | | |
| 挪威 | 2280 | 8022 | 38 | 1334 | 2 | 821 | | | 200 | 15035 | | |
| 瑞典 | 8298 | 42735 | 53 | 1624 | | | 302 | 38360 | 206 | 14980 | 20 | 468 |
| 丹麦 | 1433 | 4201 | 1 | 910 | | | 267 | 22090 | 22 | 1684 | 54 | 1467 |
| 英国 | 78983 | 216499 | 282 | 12110 | 2603 | 12825 | 2285 | 271642 | 508 | 39257 | 266 | 12239 |
| 爱尔兰 | 264 | 349 | | | | | | | | | | |
| 荷兰 | 3126 | 16195 | 179 | 6329 | 99 | 9762 | 9166 | 675149 | 2619 | 94730 | 9337 | 451935 |
| 比利时 | 1 | 2000 | | | | | | | 37 | 4227 | 5 | 602 |
| 法国 | 22968 | 387867 | 735 | 28644 | 368 | 60654 | 3328 | 374227 | 368 | 27083 | 700 | 29574 |
| 摩纳哥 | 6550 | 2667 | | | | | | | | | | |
| 安道尔 | 1172 | 1555 | | | | | | | | | | |
| 德国 | 90692 | 1392474 | 3009 | 88210 | 469 | 89362 | 10535 | 1164174 | 2765 | 197855 | 1433 | 63602 |
| 瑞士 | 2709 | 46073 | 63 | 3985 | 9 | 421 | 333 | 25851 | 140 | 9533 | 6 | 723 |
| 葡萄牙 | | | | | 4 | 228 | 15 | 1971 | | | | |
| 西班牙 | 13391 | 22616 | 8 | 221 | | | 251 | 21752 | 383 | 27059 | 72 | 2139 |
| 意大利 | 67431 | 68059 | 150 | 4477 | 10 | 981 | 452 | 44318 | 747 | 60076 | 13 | 602 |
| 芬兰 | 5291 | 38019 | 116 | 3989 | | | 80 | 13287 | 332 | 19461 | 58 | 2717 |

| 国家及地区 | 风琴和其他管乐器 | | 鼓 | | 其他打击乐器 | | 电子键盘乐器 | | 电吉他 | | 其他电子乐器 | |
|---|---|---|---|---|---|---|---|---|---|---|---|---|
| | 数量 | 金额 | 数量 | 金额 | 数量 | 金额 | 数量 | 金额 | 数量 | 金额 | 数量 | 金额 |
| 波兰 | 2499 | 2991 | | | | | 63 | 6807 | 6 | 783 | 40 | 875 |
| 俄罗斯 | 4182 | 46495 | 347 | 12306 | 39 | 5418 | 493 | 53231 | 1422 | 45955 | 67 | 2074 |
| 奥地利 | 2791 | 11053 | 59 | 3723 | | | | | 205 | 7287 | | |
| 匈牙利 | 3064 | 21454 | | | | | 104 | 9838 | | | 18 | 814 |
| 塞尔维亚 | | | | | | | 55 | 6351 | | | | |
| 希腊 | 242 | 2617 | | | | | 46 | 5593 | 16 | 1117 | 8 | 553 |
| 罗马尼亚 | | | 23 | 989 | | | 26 | 3064 | 23 | 1850 | | |
| 保加利亚 | | | | | | | 39 | 4853 | | | | |
| 塞浦路斯 | 1 | 270 | | | | | 3 | 388 | 5 | 397 | | |
| 土耳其 | 14 | 1927 | 19 | 469 | | | 80 | 9258 | 77 | 5531 | 48 | 1926 |
| 爱沙尼亚 | | | | | | | 1 | 848 | 20 | 1389 | | |
| 拉脱维亚 | 474 | 721 | 18 | 531 | | | 89 | 8871 | 31 | 2287 | | |
| 立陶宛 | 313 | 475 | | | | | | | 13 | 661 | | |
| 乌克兰 | 9 | 3309 | 2 | 455 | 3 | 1925 | 4 | 322 | 29 | 1941 | | |
| 白俄罗斯 | | | | | | | | | | | | |
| 克罗地亚 | | | | | | | | | 12 | 961 | | |
| 斯洛文尼亚 | 19 | 3993 | | | | | | | 55 | 3529 | | |
| 捷克 | 9273 | 9732 | | | | | 56 | 5549 | | | | |
| 斯洛伐克 | 7 | 1312 | | | | | | | 6 | 955 | | |
| 加拿大 | 42444 | 140293 | 1561 | 57479 | 2832 | 39904 | 3726 | 284087 | 502 | 39116 | 1559 | 99781 |
| 美国 | 143077 | 1473003 | 9783 | 303237 | 14487 | 327085 | 21421 | 1982966 | 12952 | 769212 | 8852 | 579341 |
| 墨西哥 | 3784 | 32030 | 316 | 9215 | 2 | 253 | 543 | 48952 | 20 | 1943 | | |
| 哥斯达黎加 | 428 | 572 | | | | | | | | | | |
| 巴拿马 | 5734 | 84403 | 227 | 10704 | 19 | 1678 | 333 | 38282 | 14 | 1495 | 55 | 2889 |
| 多米尼克 | | | | | | | | | | | | |
| 开曼群岛 | | | | | | | | | | | | |
| 哥伦比亚 | 1 | 333 | | | 4 | 334 | | | | | | |
| 委内瑞拉 | 1 | 430 | | | | | | | | | | |
| 厄瓜多尔 | 480 | 692 | | | | | | | | | | |
| 秘鲁 | | | 19 | 563 | | | 1178 | 37125 | 570 | 1478 | | |
| 智利 | 1062 | 858 | | | | | 454 | 43343 | 155 | 11614 | | |
| 巴西 | 17337 | 81406 | 61 | 2731 | 10 | 3317 | 1545 | 158076 | 75 | 6997 | 422 | 19509 |
| 巴拉圭 | 900 | 817 | | | | | 5 | 462 | | | | |
| 乌拉圭 | | | | | | | 81 | 7492 | | | 10 | 212 |

| 国家及地区 | 风琴和其他管乐器 | | 鼓 | | 其他打击乐器 | | 电子键盘乐器 | | 电吉他 | | 其他电子乐器 | |
|---|---|---|---|---|---|---|---|---|---|---|---|---|
| | 数量 | 金额 | 数量 | 金额 | 数量 | 金额 | 数量 | 金额 | 数量 | 金额 | 数量 | 金额 |
| 阿根廷 | 3782 | 7834 | | | | | 80 | 4160 | 221 | 13580 | | |
| 摩洛哥 | | | | | | | | | | | | |
| 阿尔及利亚 | | | | | | | | | | | | |
| 埃及 | | | | | | | 19 | 1900 | 6 | 324 | 9 | 644 |
| 塞内加尔 | | | | | | | | | | | | |
| 尼日利亚 | | | | | | | 475 | 1553 | | | 90 | 315 |
| 喀麦隆 | | | | | | | 170 | 850 | | | | |
| 肯尼亚 | | | | | | | 30 | 600 | | | | |
| 坦桑尼亚 | | | | | | | | | | | | |
| 留尼旺 | | | | | | | | | | | | |
| 南非 | 747 | 10974 | 19 | 922 | 5 | 1938 | 318 | 35880 | 85 | 5165 | 85 | 5505 |
| 马拉维 | 12 | 2426 | 14 | 1238 | 10 | 1377 | 2 | 300 | 3 | 346 | | |
| 澳大利亚 | 8371 | 135945 | 462 | 18959 | 1539 | 19477 | 1968 | 190065 | 1016 | 67726 | 876 | 70886 |
| 新西兰 | 441 | 8041 | 18 | 637 | | | 133 | 11685 | 86 | 6134 | 17 | 1963 |
| 萨摩亚群岛 | | | | | | | 1 | 483 | | | | |
| 斐济 | | | | | | | 2 | 394 | | | | |
| 新卡利多尼亚群岛 | 366 | 410 | 6 | 267 | | | | | | | | |
| 总计 | 735840 | 6122572 | 20063 | 737632 | 28528 | 703889 | 77217 | 6647258 | 33313 | 1794764 | 26687 | 1519021 |

表3

| 国家及地区 | 八音盒 | | 乐器用弦 | | 钢琴零配件 | | 弦乐器零配件 | | 电子乐器零配件 | | 节拍器、音叉及其他 | |
|---|---|---|---|---|---|---|---|---|---|---|---|---|
| | 重量 | 金额 | 重量 | 金额 | 重量 | 金额 | 重量 | 金额 | 重量 | 金额 | 重量 | 金额 |
| 韩国 | 110 | 316 | 18 | 2581 | 168 | 4008 | 285 | 3305 | 2010 | 12887 | 3470 | 29136 |
| 中国内地 | 344 | 1336 | 156 | 4132 | 5154092 | 2304679 | 7397 | 54312 | 505937 | 1062801 | 176544 | 1862225 |
| 中国台湾 | 239 | 381 | 1498 | 3291 | 12703 | 37229 | 20 | 2103 | 406 | 7459 | 5533 | 38927 |
| 蒙古 | | | | | | | | | | | | |
| 中国香港 | 67 | 1405 | 54 | 540 | 370 | 1707 | 1547 | 20808 | 15927 | 140953 | 8715 | 59085 |
| 越南 | | | | | 1560 | 3540 | 381 | 3720 | 16 | 1338 | | |
| 泰国 | 2304 | 2515 | | | 128 | 221 | 69 | 1630 | 470 | 4490 | 1830 | 6073 |
| 新加坡 | | | 9 | 416 | 127 | 726 | | | 1617 | 4885 | 1278 | 8994 |
| 马来西亚 | 24000 | 3650 | 48 | 615 | | | | | 166 | 717 | 2343 | 9151 |
| 文莱 | | | | | | | | | | | | |

| 国家及地区 | 八音盒 | | 乐器用弦 | | 钢琴零配件 | | 弦乐器零配件 | | 电子乐器零配件 | | 节拍器、音叉及其他 | |
|---|---|---|---|---|---|---|---|---|---|---|---|---|
| | 重量 | 金额 | 重量 | 金额 | 重量 | 金额 | 重量 | 金额 | 重量 | 金额 | 重量 | 金额 |
| 菲律宾 | | | 40 | 561 | 533 | 1139 | 178 | 683 | 876 | 2276 | 14 | 1424 |
| 印度尼西亚 | | | 11686 | 14639 | 2748185 | 2158036 | 8614 | 26526 | 168904 | 650809 | 315086 | 2657329 |
| 柬埔寨 | | | | | | | | | | | | |
| 老挝 | | | | | | | | | | | | |
| 缅甸 | | | | | | | | | | | | |
| 印度 | 500 | 225 | | | | | 372 | 1257 | 66 | 326 | 80 | 340 |
| 斯里兰卡 | | | 19 | 207 | | | | | | | | |
| 东帝汶 | | | | | | | | | | | 55 | 400 |
| 中国澳门 | | | | | | | | | | | | |
| 阿富汗 | | | | | | | | | | | | |
| 尼泊尔 | | | | | | | | | | | | |
| 伊朗 | | | | | | | | | | | | |
| 沙特阿拉伯 | | | | | | | | | | | | |
| 科威特 | | | | | | | | | | | | |
| 卡塔尔 | | | | | | | | | | | 75 | 228 |
| 阿曼 | | | | | | | | | | | | |
| 以色列 | | | | | | | | | 66 | 764 | 12 | 641 |
| 约旦 | | | | | | | | | | | | |
| 黎巴嫩 | | | | | | | | | | | | |
| 阿联酋 | | | 237 | 2607 | 41 | 378 | | | 855 | 2327 | 1066 | 7056 |
| 哈萨克斯坦 | | | | | | | | | | | | |
| 格鲁吉亚 | | | | | | | | | | | 134 | 872 |
| 冰岛 | | | | | | | | | | | | |
| 挪威 | | | | | | | 43 | 728 | 30 | 342 | 3 | 1058 |
| 瑞典 | | | | | | | 25 | 234 | 759 | 5376 | 34 | 2358 |
| 丹麦 | | | | | 21 | 592 | 53 | 747 | 525 | 2022 | 3 | 1036 |
| 英国 | | | | | 905 | 1328 | 289 | 3867 | 2015 | 13404 | 611 | 13316 |
| 爱尔兰 | | | | | | | | | | | | |
| 荷兰 | | | | | | | 159 | 2177 | 8040 | 31583 | 860 | 11179 |
| 比利时 | | | | | | | | | 150 | 903 | 13 | 342 |
| 法国 | 1924 | 2198 | 776 | 31051 | 124 | 550 | 962 | 11170 | 4324 | 26281 | 1162 | 22779 |
| 摩纳哥 | | | | | | | | | | | | |
| 安道尔 | | | | | | | | | | | | |
| 德国 | 2336 | 1159 | 428 | 4791 | 16375 | 40232 | 50 | 7138 | 32338 | 140129 | 8078 | 118965 |

| 国家及地区 | 八音盒 | | 乐器用弦 | | 钢琴零配件 | | 弦乐器零配件 | | 电子乐器零配件 | | 节拍器、音叉及其他 | |
|---|---|---|---|---|---|---|---|---|---|---|---|---|
| | 重量 | 金额 | 重量 | 金额 | 重量 | 金额 | 重量 | 金额 | 重量 | 金额 | 重量 | 金额 |
| 瑞士 | | | | | | | 78 | 994 | 50 | 409 | 38 | 1551 |
| 葡萄牙 | | | | | | | | | | | | |
| 西班牙 | | | | | | | 561 | 10442 | 674 | 8519 | 27 | 1688 |
| 意大利 | | | | | 391 | 2537 | 340 | 2982 | 123904 | 345223 | 2590 | 8651 |
| 芬兰 | | | | | | | | | 410 | 3260 | 310 | 2180 |
| 波兰 | | | | | | | | | 138 | 1478 | 83 | 888 |
| 俄罗斯 | | | | | | | | | 1258 | 12295 | 235 | 1556 |
| 奥地利 | | | | | 450 | 1825 | | | | | 15 | 1096 |
| 匈牙利 | | | | | | | | | 4 | 211 | | |
| 塞尔维亚 | | | | | | | | | | | | |
| 希腊 | | | | | | | 44 | 531 | 203 | 1574 | 120 | 291 |
| 罗马尼亚 | | | | | | | | | 33 | 224 | 180 | 437 |
| 保加利亚 | | | | | | | | | | | | |
| 塞浦路斯 | | | | | | | | | | | | |
| 土耳其 | | | | | | | | | | | | |
| 爱沙尼亚 | | | | | | | | | 21 | 230 | 60 | 213 |
| 拉脱维亚 | | | | | | | | | 30 | 317 | | |
| 立陶宛 | | | | | | | | | | | | |
| 乌克兰 | | | | | | | | | 25 | 451 | 48 | 282 |
| 白俄罗斯 | | | | | | | 80 | 675 | | | | |
| 克罗地亚 | | | | | | | | | | | | |
| 斯洛文尼亚 | | | | | | | | | | | | |
| 捷克 | | | | | | | 158 | 2261 | 190 | 2258 | | |
| 斯洛伐克 | | | | | | | 22 | 229 | 96 | 760 | 3 | 229 |
| 加拿大 | | | | | 2893 | 4232 | 469 | 11417 | 4603 | 20925 | 1710 | 15459 |
| 美国 | 1314 | 1725 | 3018 | 29574 | 37134 | 107368 | 10797 | 131829 | 148134 | 785672 | 70971 | 348434 |
| 墨西哥 | | | | | | | | | | | | |
| 哥斯达黎加 | | | | | | | | | | | | |
| 巴拿马 | | | | | | | | | | | | |
| 多米尼克 | | | | | | | | | | | | |
| 开曼群岛 | | | | | | | | | | | | |
| 哥伦比亚 | | | | | | | | | | | | |
| 委内瑞拉 | | | | | | | | | | | | |
| 厄瓜多尔 | | | | | | | | | | | | |

| 国家及地区 | 八音盒 | | 乐器用弦 | | 钢琴零配件 | | 弦乐器零配件 | | 电子乐器零配件 | | 节拍器、音叉及其他 | |
|---|---|---|---|---|---|---|---|---|---|---|---|---|
| | 重量 | 金额 | 重量 | 金额 | 重量 | 金额 | 重量 | 金额 | 重量 | 金额 | 重量 | 金额 |
| 秘鲁 | | | | | | | | | | | | |
| 智利 | | | | | | | | | | | | |
| 巴西 | | | | | | | | | | | | |
| 巴拉圭 | | | | | | | | | | | | |
| 乌拉圭 | | | | | | | | | | | | |
| 阿根廷 | | | | | | | | | | | | |
| 摩洛哥 | | | | | | | | | | | | |
| 阿尔及利亚 | | | | | | | | | | | | |
| 埃及 | | | | | | | | | | | | |
| 塞内加尔 | | | | | | | | | | | | |
| 尼日利亚 | | | | | | | | | | | | |
| 喀麦隆 | | | | | | | | | | | | |
| 肯尼亚 | | | | | | | | | | | | |
| 坦桑尼亚 | | | | | | | | | | | | |
| 留尼旺 | | | | | | | | | | | | |
| 南非 | | | | | | | | | | | | |
| 马拉维 | | | | | | | | | | | | |
| 澳大利亚 | | | | | | | | | | | | |
| 新西兰 | | | | | | | | | | | | |
| 萨摩亚群岛 | | | | | | | | | | | | |
| 斐济 | | | | | | | | | | | | |
| 新卡利多尼亚群岛 | | | | | | | | | | | | |
| 总计 | 33138 | 14910 | 17987 | 95005 | 7979838 | 4686940 | 35038 | 327273 | 1031622 | 3334389 | 609387 | 5270768 |

（高萍 编译自《日本音乐贸易》2012 NO.4）

# 海外信息篇之五：2012年各国乐器市场概述

【编者按：美国国际音乐制品协会发布《2013NAMM全球乐器报告》，报告较为全面回顾总结了2012年世界主要国家（以字母为序）乐器行业发展概况，敬请关注。】

（注：本文图表中，数据单位K：千；M：百万。）

## 澳大利亚

2012年是不平凡的一年，澳大利亚音乐制品进口量在2011年下滑20万件的基础上再次减少10万件；进口金额则降低500万美元。近十年来澳大利亚乐器协会（AMA）在为《NAMM全球报告》供稿中均未提及过任何供应商、零售商或产品品牌，而这次却不能不提及批发代理音乐制品类别广、品牌多的澳大利亚最大音乐制品供应商AMG集团。2012年，澳大利亚音乐制品行业处处都能感受到这个集团的经营情况对行业带来的影响。

虽然澳大利亚乐器协会并不确切掌握AMG集团的实际经营状况，但通过行业数据分析，澳大利亚乐器零售市场总额为5.6亿美元，其中AMG集团一家就占到1亿美元。因此推测，近两年来AMG集团亏损2000万美元对整个行业也造成不小影响。

从音乐制品门类分析，打击乐器经营状况近年一直较差，所受影响较大。除去其他因素外，很重要的一个原因是AMG集团在打击乐器领域所占份额很大，该集团经营不景气直接影响了打击乐器整体发展；此外，电声乐器也是AMG集团的传统批发强项，2012年亦业绩平平。

零售是AMG集团的另一大主营业务，全澳有30家琴行代理其产品品牌。2012年，立式钢琴、三角钢琴、乐谱出版和管弦乐器所受影响最大，相对而言，专业音响和吉他等音乐制品销售情况相对要好一些。由此看出，我们不能忽视AMG集团经营情况对行业发展造成的影响。

那么，2012年音乐制品行业总体情况如何？

总体来讲，音乐制品行业较为平稳。吉他行业显得较为强势，数码钢琴经2011年短暂下滑后恢复增长，手风琴、口琴、四弦琴等传统乐器则延续平稳增长势头。

2012年声学钢琴进口额仅为1100万美元，几乎跌至2000年水平。单簧管更是创下自1996年我们首次统计产值以来的最低值。这种现象从未有过的。

音乐制品进口量下降5%，进口金额下降2%，延续原有下滑态势。无论数量和金额，均较2007--2008年的高峰时期降低12%。

从经济总体表现方面看，澳大利亚市场仍处在缓慢复苏期，但比欧美状态好。

2012年，在行业整体低迷形势下，电子管风琴异军突起，销量增长26%，但平均单价降幅却超过40%，这种情况之前未曾预料到。

2012年，澳大利亚统计局在数据统计方面做了一些调整。特别是将铜管乐器、其他电子乐器和计算机辅助音乐制品分别予以单列，与之前相比有较大调整。（评注：澳大利亚乐器协会格莱斯）

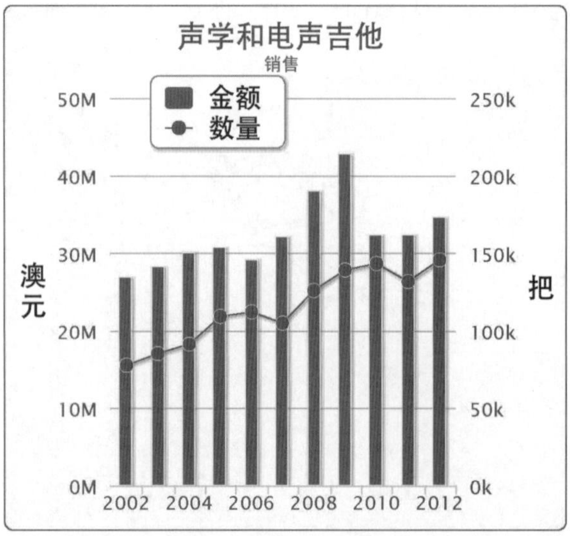

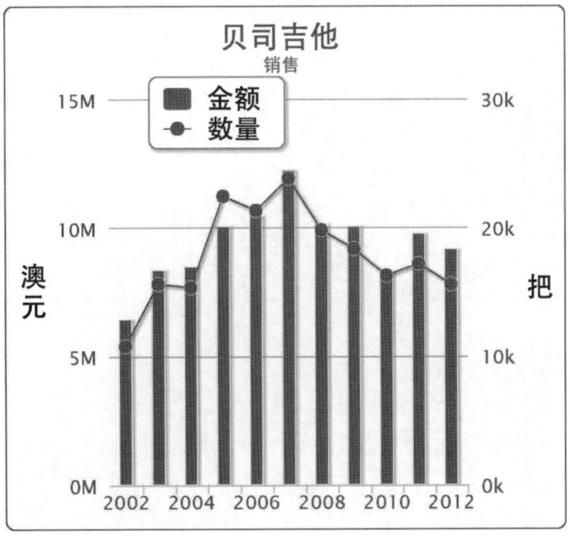
贝司吉他
销售
金额
数量
15M
10M
5M
0M
30k
20k
10k
0k
澳元
把
2002 2004 2006 2008 2010 2012

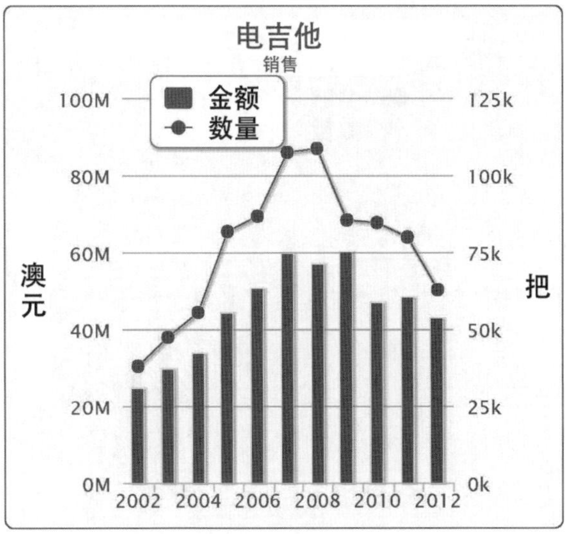
电吉他
销售
金额
数量
100M
80M
60M
40M
20M
0M
125k
100k
75k
50k
25k
0k
澳元
把
2002 2004 2006 2008 2010 2012

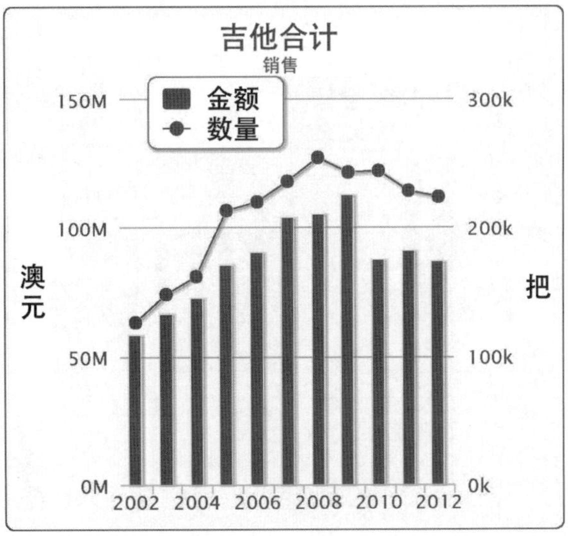
吉他合计
销售
金额
数量
150M
100M
50M
0M
300k
200k
100k
0k
澳元
把
2002 2004 2006 2008 2010 2012

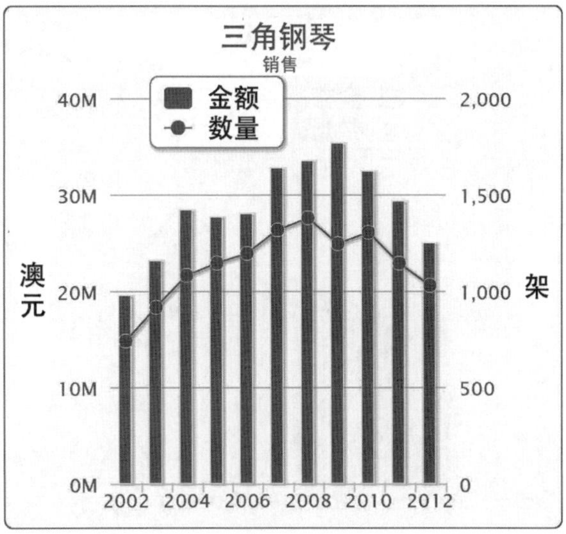
三角钢琴
销售
金额
数量
40M
30M
20M
10M
0M
2,000
1,500
1,000
500
0
澳元
架
2002 2004 2006 2008 2010 2012

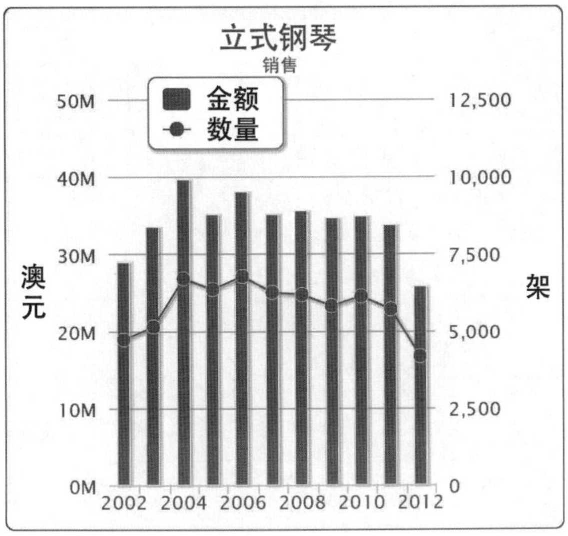
立式钢琴
销售
金额
数量
50M
40M
30M
20M
10M
0M
12,500
10,000
7,500
5,000
2,500
0
澳元
架
2002 2004 2006 2008 2010 2012

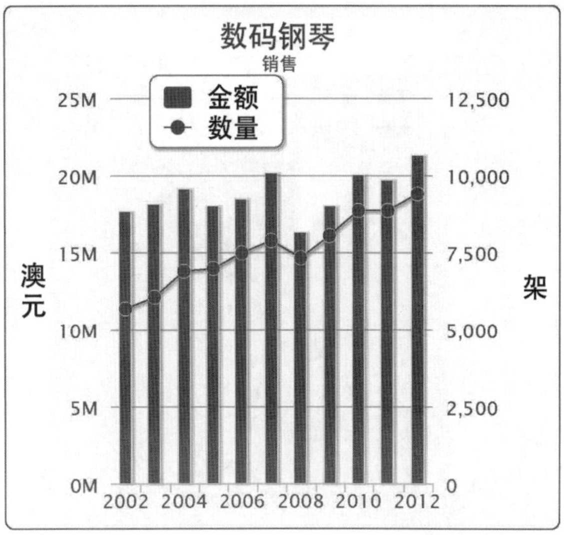
数码钢琴
销售
金额
数量
25M
20M
15M
10M
5M
0M
12,500
10,000
7,500
5,000
2,500
0
澳元
架
2002 2004 2006 2008 2010 2012

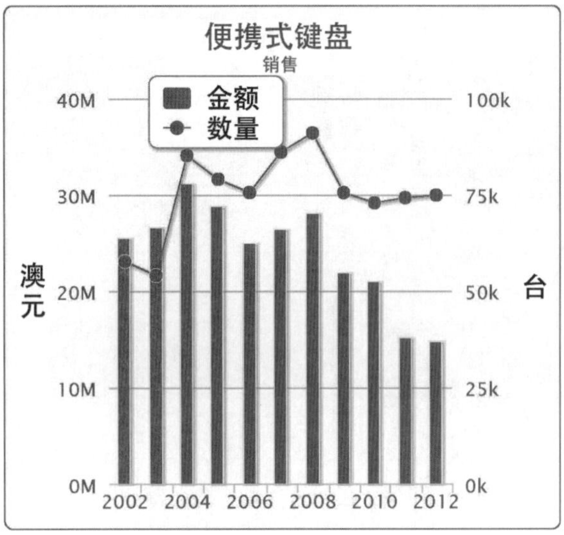
便携式键盘
销售
金额
数量
40M
30M
20M
10M
0M
100k
75k
50k
25k
0k
澳元
台
2002
2004
2006
2008
2010
2012

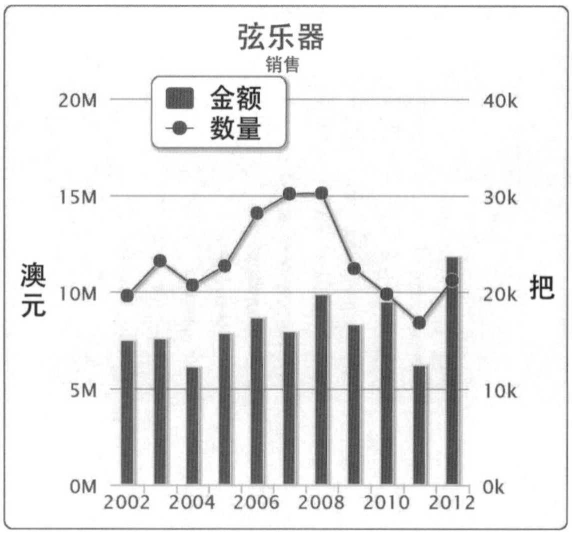
弦乐器
销售
金额
数量
20M
15M
10M
5M
0M
40k
30k
20k
10k
0k
澳元
把
2002
2004
2006
2008
2010
2012

铜管乐器
销售
金额
数量
25M
20M
15M
10M
5M
0M
12,500
10,000
7,500
5,000
2,500
0
澳元
支
2002
2004
2006
2008
2010
2012

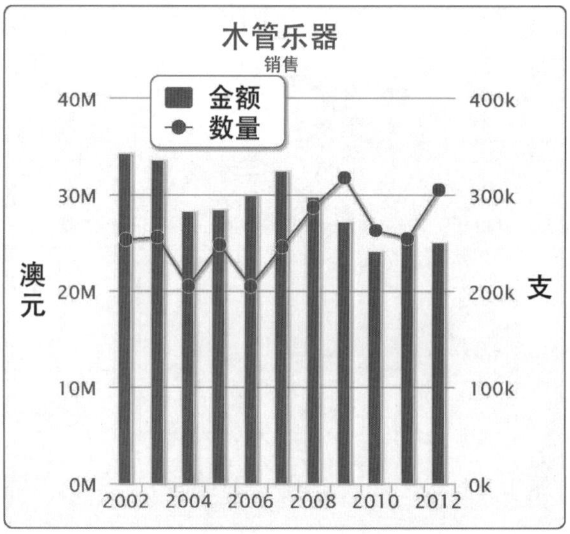
木管乐器
销售
金额
数量
40M
30M
20M
10M
0M
400k
300k
200k
100k
0k
澳元
支
2002
2004
2006
2008
2010
2012

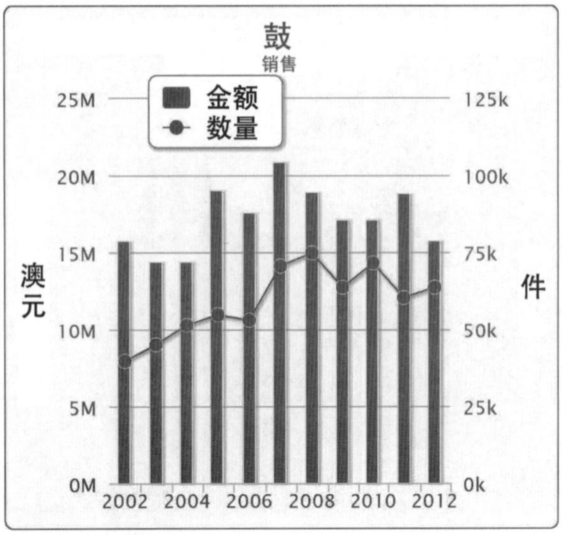
鼓
销售
金额
数量
25M
20M
15M
10M
5M
0M
125k
100k
75k
50k
25k
0k
澳元
件
2002
2004
2006
2008
2010
2012

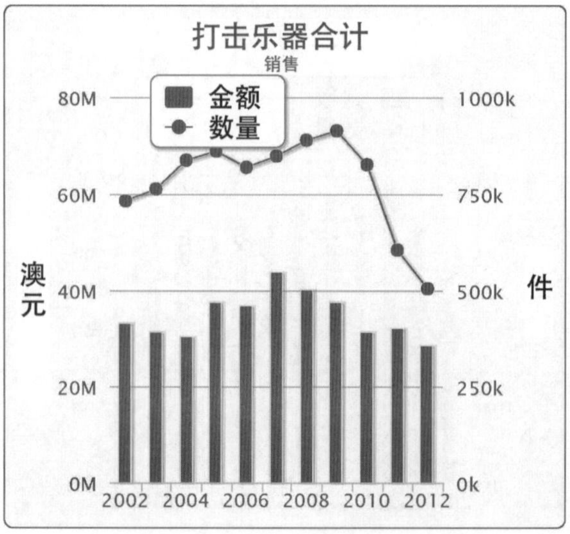
打击乐器合计
销售
金额
数量
80M
60M
40M
20M
0M
1000k
750k
500k
250k
0k
澳元
件
2002
2004
2006
2008
2010
2012

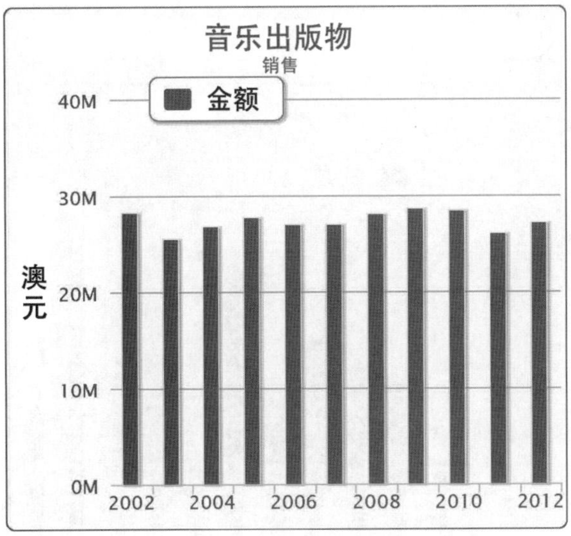
音乐出版物
销售
金额
40M
30M
20M
10M
0M
澳元
2002
2004
2006
2008
2010
2012

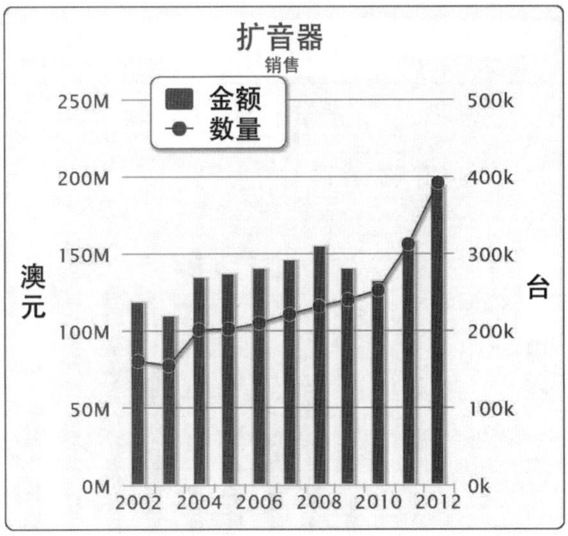
扩音器
销售
金额
数量
250M
200M
150M
100M
50M
0M
澳元
500k
400k
300k
200k
100k
0k
台
2002
2004
2006
2008
2010
2012

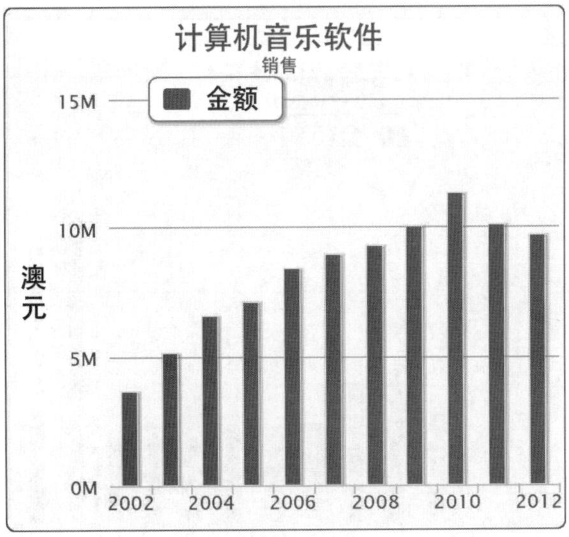
计算机音乐软件
销售
金额
15M
10M
5M
0M
澳元
2002
2004
2006
2008
2010
2012

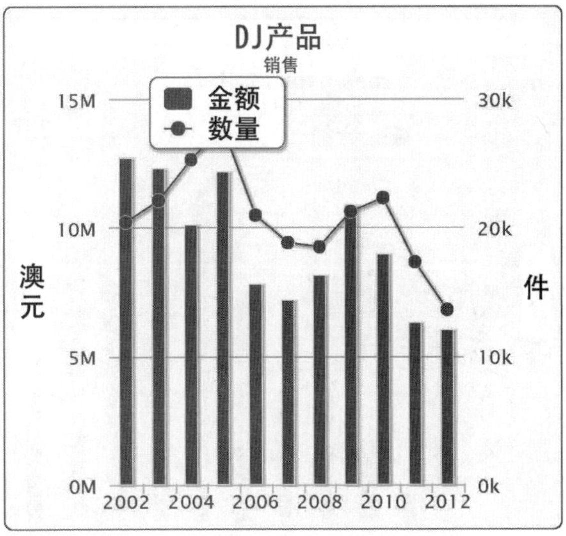
DJ产品
销售
金额
数量
15M
10M
5M
0M
澳元
30k
20k
10k
0k
件
2002
2004
2006
2008
2010
2012

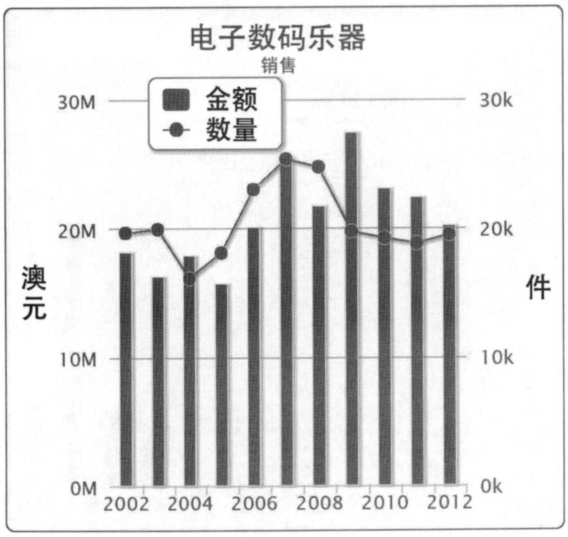
电子数码乐器
销售
金额
数量
30M
20M
10M
0M
澳元
30k
20k
10k
0k
件
2002
2004
2006
2008
2010
2012

# 阿根廷

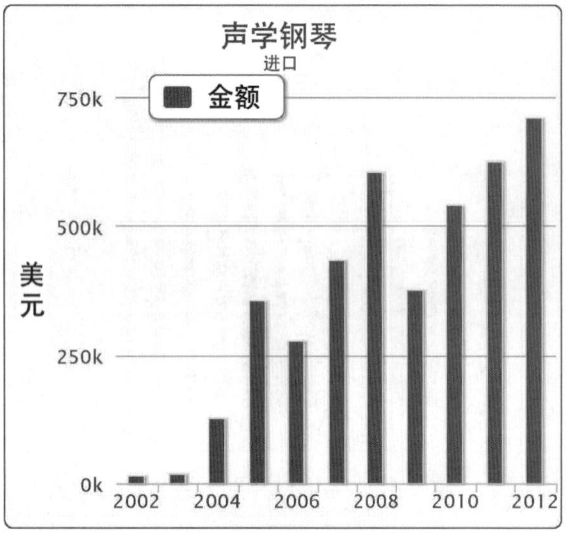
声学钢琴
进口
金额
750k
500k
250k
0k
美元
2002
2004
2006
2008
2010
2012

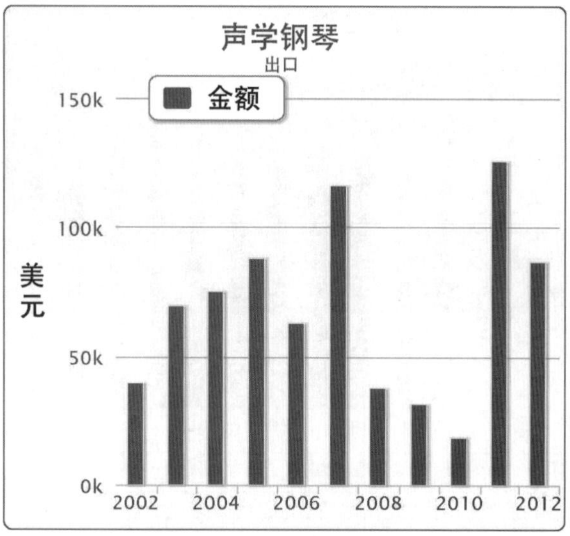
声学钢琴
出口
金额
150k
100k
50k
0k
美元
2002
2004
2006
2008
2010
2012

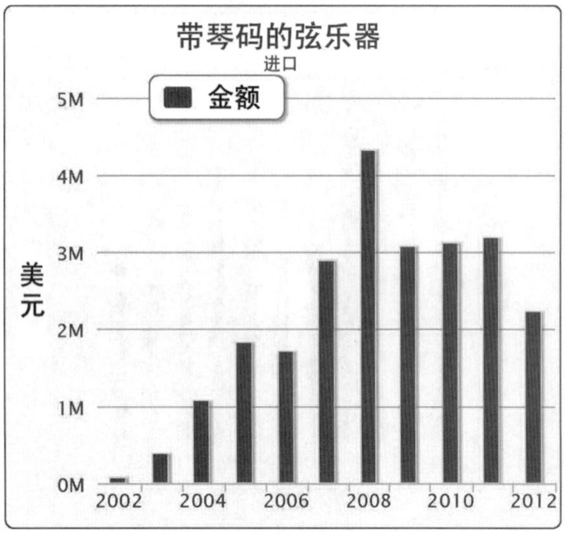
带琴码的弦乐器
进口
金额
5M
4M
3M
2M
1M
0M
美元
2002
2004
2006
2008
2010
2012

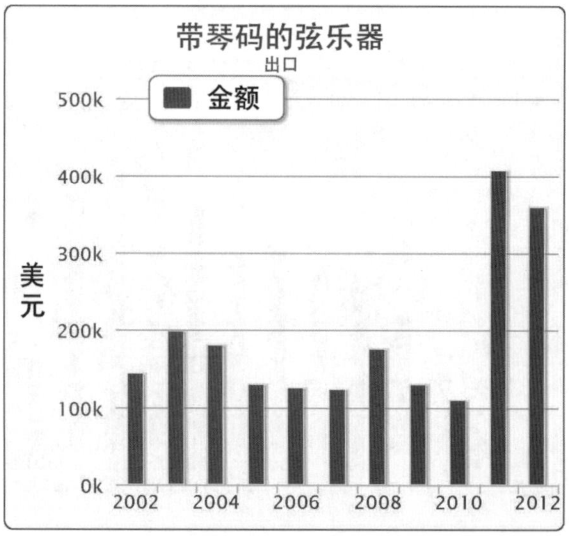
带琴码的弦乐器
出口
金额
500k
400k
300k
200k
100k
0k
美元
2002
2004
2006
2008
2010
2012

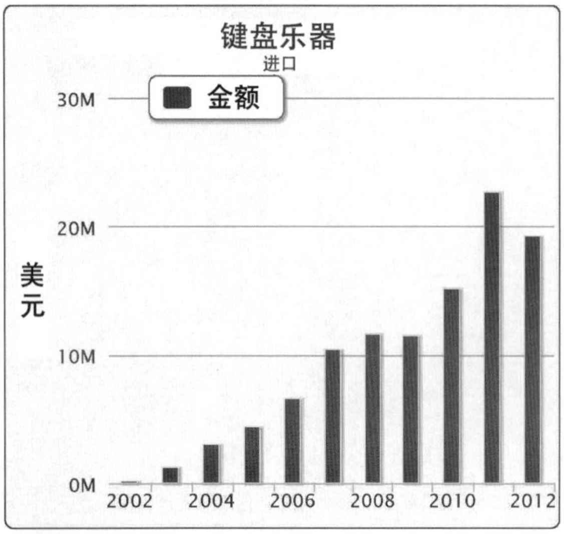
键盘乐器
进口
金额
30M
20M
10M
0M
美元
2002
2004
2006
2008
2010
2012

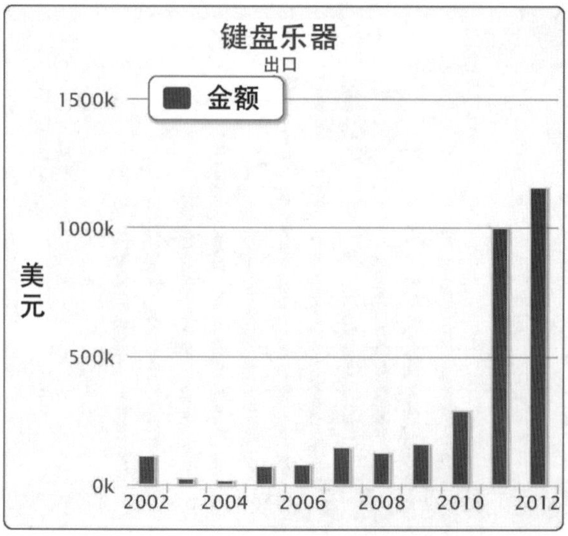
键盘乐器
出口
金额
1500k
1000k
500k
0k
美元
2002
2004
2006
2008
2010
2012

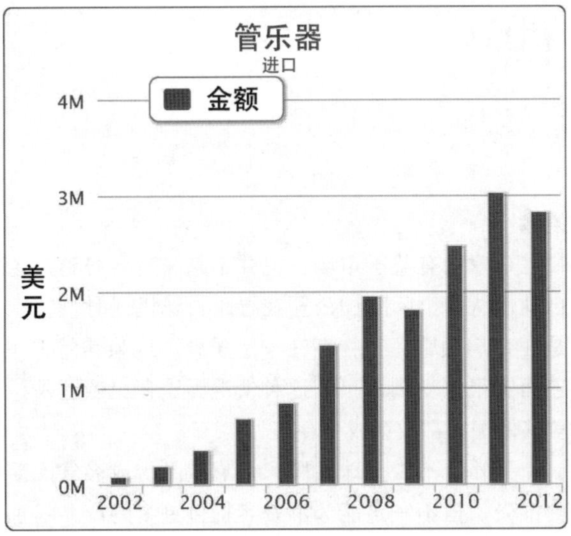
管乐器
进口
金额
4M
3M
2M
1M
0M
美元
2002
2004
2006
2008
2010
2012

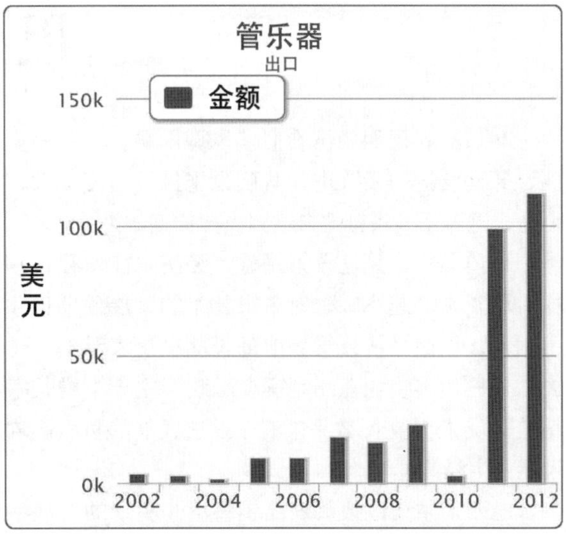
管乐器
出口
金额
150k
100k
50k
0k
美元
2002
2004
2006
2008
2010
2012

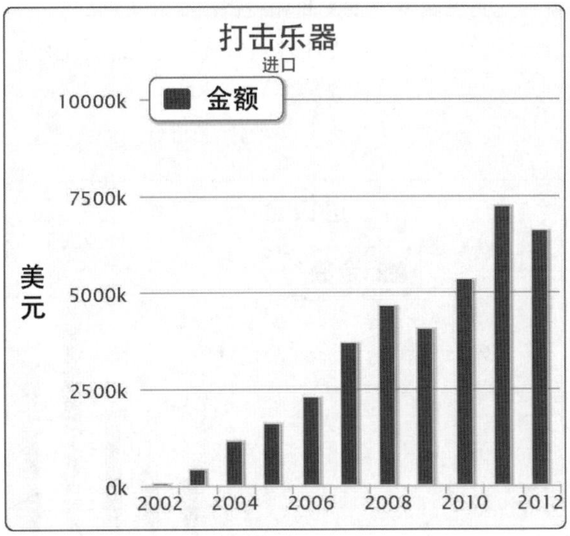
打击乐器
进口
金额
10000k
7500k
5000k
2500k
0k
美元
2002
2004
2006
2008
2010
2012

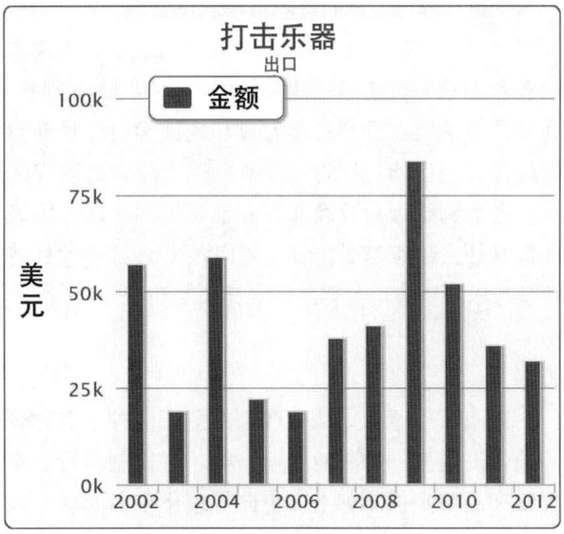
打击乐器
出口
金额
100k
75k
50k
25k
0k
美元
2002
2004
2006
2008
2010
2012

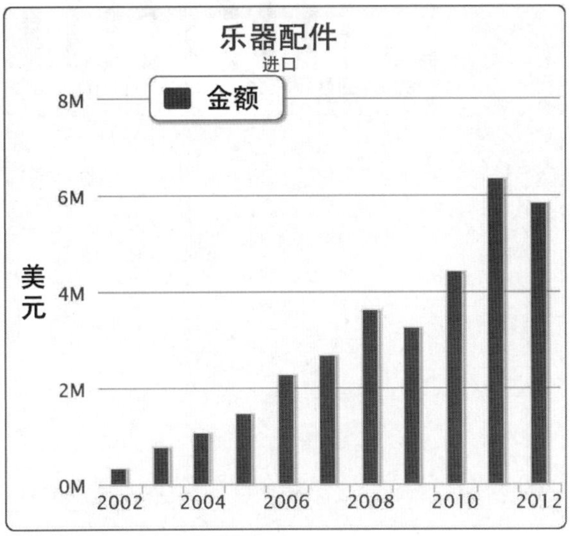
乐器配件
进口
金额
8M
6M
4M
2M
0M
美元
2002
2004
2006
2008
2010
2012

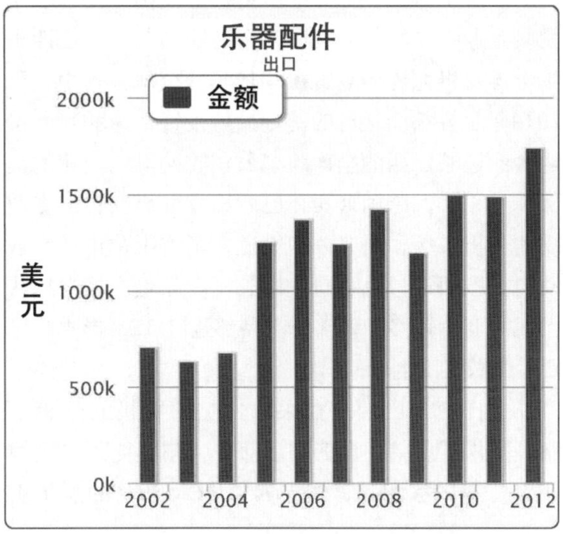
乐器配件
出口
金额
2000k
1500k
1000k
500k
0k
美元
2002
2004
2006
2008
2010
2012

# 巴　西

2012年，巴西经济看似“风调雨顺”，利率下调，劳动法进一步改进，基础设施投资力度加大，但是，这一系列举措均未达到当初预期效果。

目前为止，经过政策调整，经济未能像往常一样实现正常“起飞”，对未来几年的发展预期也并不乐观。巴西经济政策部前部长胡里奥表示：“过去几年巴西零售业在高利率金融政策主导下增长率超过8%，但从实际效果来看，过快发展的负面影响可能催生经济过热。”

巴西是主要以依赖商品销售增长驱动的发展中国家。如果世界商品供应量下降，巴西国内金融融资水平也会降低，进而影响市场总体发展。

另一方面，巴西国内有几百所教堂，普遍重视靠音乐吸引信徒，这从一定程度上带动了音响产品和乐器消费。据“巴西人口和统计学会”最新数据统计，全巴西1.91亿人口中，教徒数量高达4200万。考虑到绝大多数教堂举办音乐培训，10年内教徒数量还会继续增长61%，可以预见，器乐爱好者数量和乐器销售均会有良好增长预期。

**机遇**

巴西工厂不少，从生产上保证了多种乐器和音响设备的供应。和其他行业一样，音乐制品行业在价格和品牌定位基础上逐步向规模化方向发展，以此确保足够供应能力。

经济全球化和世界经济危机已使国际上许多重量级企业纷纷将目光投向“金砖四国”，在巴西市场上体现得尤为明显。在2012年度全球报告中，因2014年世界杯而进行的基础设施投资、为2016年奥运会而进驻巴西的全球跨国公司收购巴西企业的案例屡见不鲜。跨国公司在巴西设立办事处，以专业视角分析市场，研究分销渠道，紧密跟踪市场发展动向。巴西进口也在稳步增长，产品生产越来越从巴西向亚洲转移，大部分产品都是以OEM形式为巴西品牌做代工生产。

或许在于巴西企业采取了更为积极的营销战略，提供了更为便利的售后服务，与墨西哥、阿根廷等拉美国家相比，在巴西，OEM产品的总量更大。

**挑战**

全球化有益于市场，但并不意味着会得到市场自动承认，国际跨国公司在寻求市场机遇时，特别是在音响领域，往往存在一定误解，认为其品牌在巴西会很快受到认可。这种情况无论在巴西还是拉美其他国家都或多或少存在。

另外，不少全球品牌只是靠其品牌或名气而受到推崇，但不一定能为消费者提供更多的产品附加值。如果能在进一步提升产品附加值方面下功夫，就会受到巴西本土批发商和经销商深入认可。

（评注：巴西《乐器市场》主编丹尼尔）

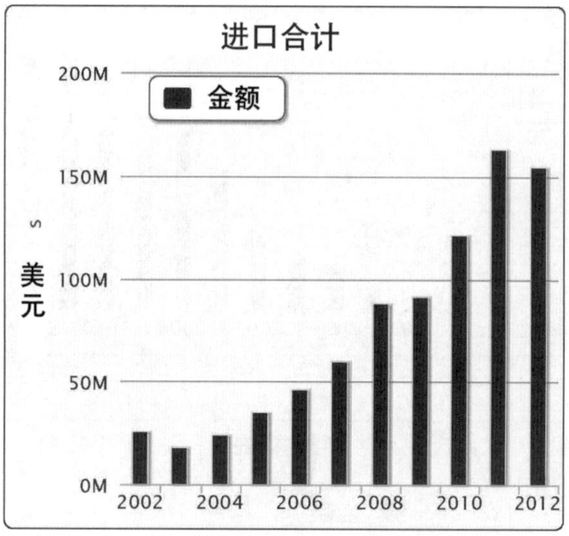

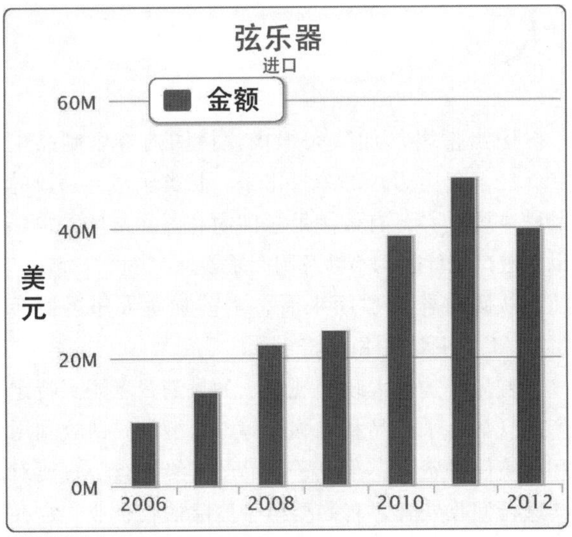
弦乐器
进口
金额
60M
40M
20M
0M
美元
2006
2008
2010
2012

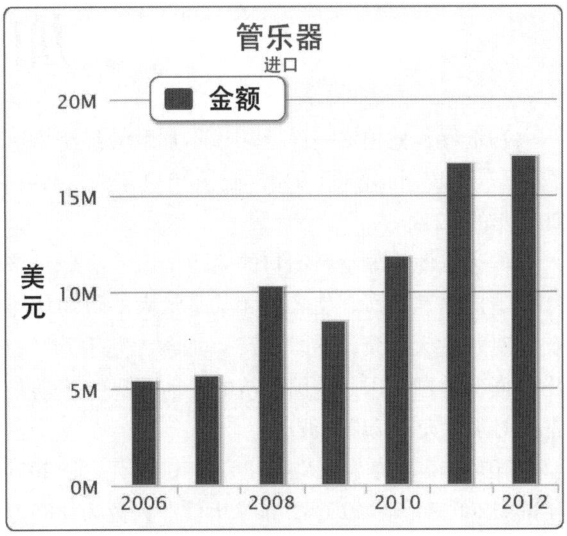
管乐器
进口
金额
20M
15M
10M
5M
0M
美元
2006
2008
2010
2012

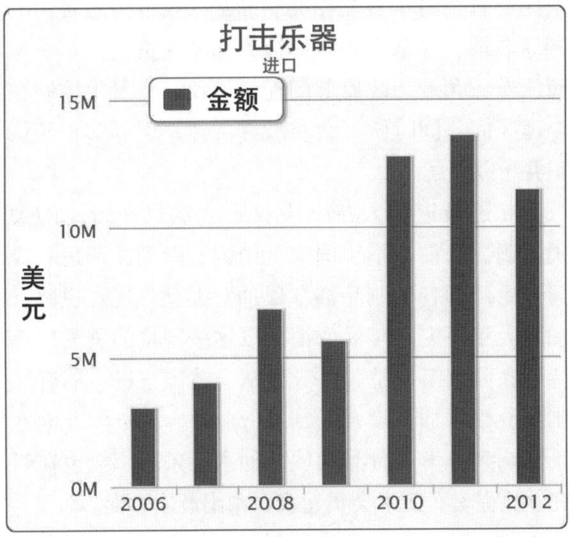
打击乐器
进口
金额
15M
10M
5M
0M
美元
2006
2008
2010
2012

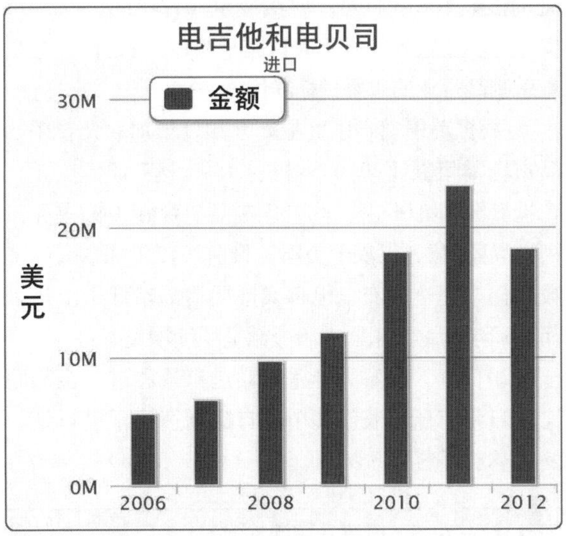
电吉他和电贝司
进口
金额
30M
20M
10M
0M
美元
2006
2008
2010
2012

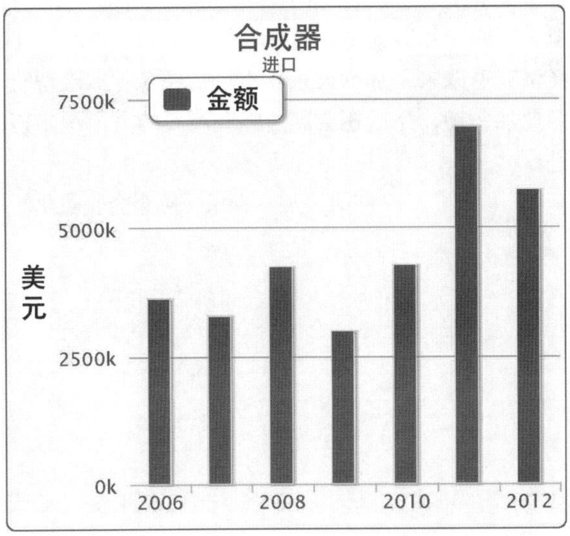
合成器
进口
金额
7500k
5000k
2500k
0k
美元
2006
2008
2010
2012

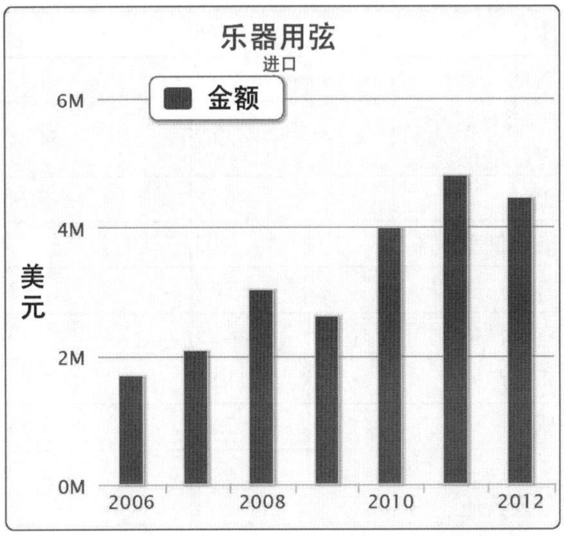
乐器用弦
进口
金额
6M
4M
2M
0M
美元
2006
2008
2010
2012

# 加拿大

和世界其他国家一样，2012年加拿大经济增速缓慢，GDP实际增长1.9%，低于2011年的2.4%和2010年的3.2%。

作为资源和原材料出口的主要国家，全球经济和制造业增速放缓，使各国尤其是最大的贸易伙伴美国对加拿大的资源需求下降。加拿大几乎74%的出口面向美国，因此美国经济的任何“风吹草动”都会对加拿大市场造成波动。

2012年，加拿大人均GDP为41500美元，比2011年的41200美元略增0.7%。加拿大就业人数为1885万人，总体失业率从2011年7.5%降至2012年的7.3%。通货膨胀率从2011年2.9%缓降至2012年的1.8%。15岁至24岁年龄段的青年人口比重为15.3%，该部分是音乐制品行业的重要目标群体。

根据美国《音乐贸易》，2011年加拿大音乐制品市场零售额比2010年增长4.1%，达7.18亿美元，在世界名列第6位；人均音乐制品消费额20.93美元，列世界第2位，仅次于美国。目前2012年加拿大经济数据仍未完全公布，但事实证明增幅略低于上年，而2012年加拿大乐器市场份额呈持续增长态势。

2012年，加拿大音乐制品进口量和进口金额同比2011年有所增长。其中进口额增速快于进口量，具体类别可参见下表。

| 进口产品类别 | 进口金额同比 (%) | 进口量同比 (%) |
|---|---|---|
| 铜管乐器 | -0.96 | 4.55 |
| 木管乐器 | 14.66 | -28.27 |
| 吉他 | 1.43 | -1.47 |
| 曼陀林、四弦琴、班卓琴 | 45.67 | 54.34 |
| 钢琴 | -6.78 | -9.24 |
| 电声键盘乐器 | 6.05 | 1.78 |
| 打击乐器 | 7.17 | 15.23 |
| 音响设备 | -8.25 | 7.10 |
| 乐器配件 | 11.81 | -- |
| 乐谱 | 2.27 | -1.76 |
| 手风琴、口风琴及其他 | 3.29 | -7.35 |

应当指出，加拿大积极扶持国内音乐制品生产，经多年努力，部分打击乐、弦类乐器、功放等品牌享誉世界，有效满足了国内和国际市场需求。以上进口统计表均不涉及国产乐器。

从政府监管层面来看，当前加拿大乐器协会（MIAC）主要关注两类问题。

首先，加拿大政府规定，如果消费者购买特定产品（如电子产品和电脑）等，要缴纳“回收利用和环境保护费”。当电子产品“寿终正寝”，要对其进行回收处置，有必要给予废品回收企业一定补贴，这是加收 “生态费用”的初衷。最近，英属哥伦比亚省也将乐器及相关制品纳入收取生态费用的产品名录。加拿大乐器协会参与了决策过程，一方面从专业角度为政府部门提供建议，将费用控制在合理区间；同时做好会员教育工作，引导其正确认识并予以理解。

二是最近列入加拿大议会立法层面讨论的关税问题。目前，不少国家（中国、韩国、印尼和泰国）生产的音乐制品都享受加拿大进口优惠税率。加拿大正研究两年后取消予以这些国家的贸易优惠待遇。如政策调整，将导致从上述国家进口的音乐制品价格增加。除音乐制品行业外，政策涉及面几乎影响到各类消费品领域。加拿大乐器协会也在研究立法提案，征求会员建议，拿出最佳方案。

展望2013年，总体研判加拿大音乐制品行业还是“审慎乐观”。过去5年，市场风云莫测，来自各个方面的未知因素也会给行业带来影响，自2008年经济衰退以来，加拿大乐器市场历经各种风险考验后愈加坚韧，今后还会朝着温和增长的方向缓步迈进。

（评注：加拿大乐器协会会长戴尔）

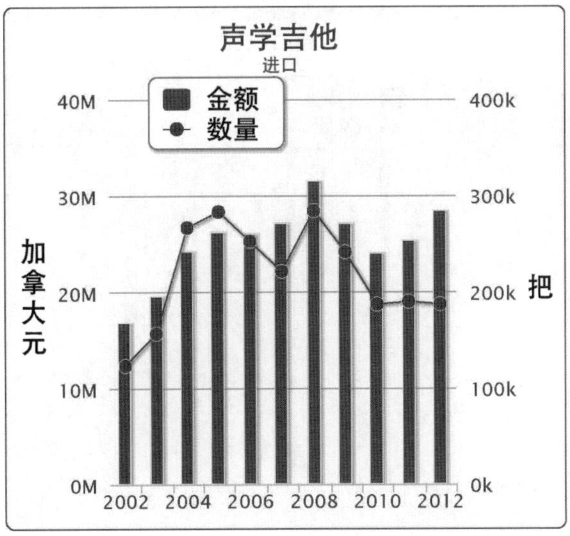
声学吉他
进口
金额
数量
加拿大元
把
40M
30M
20M
10M
0M
400k
300k
200k
100k
0k
2002
2004
2006
2008
2010
2012

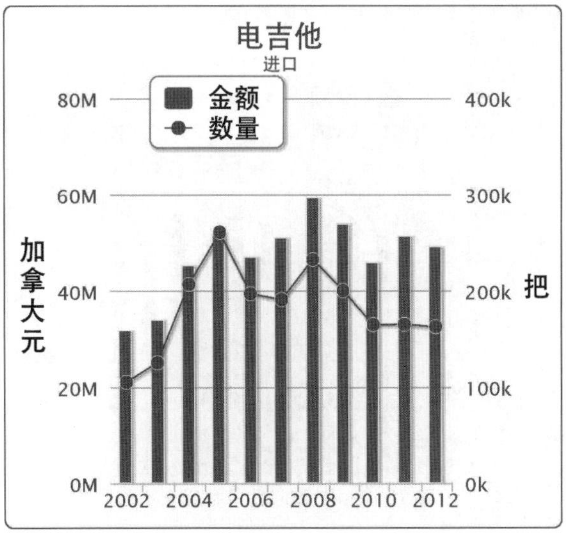
电吉他
进口
金额
数量
加拿大元
把
80M
60M
40M
20M
0M
400k
300k
200k
100k
0k
2002
2004
2006
2008
2010
2012

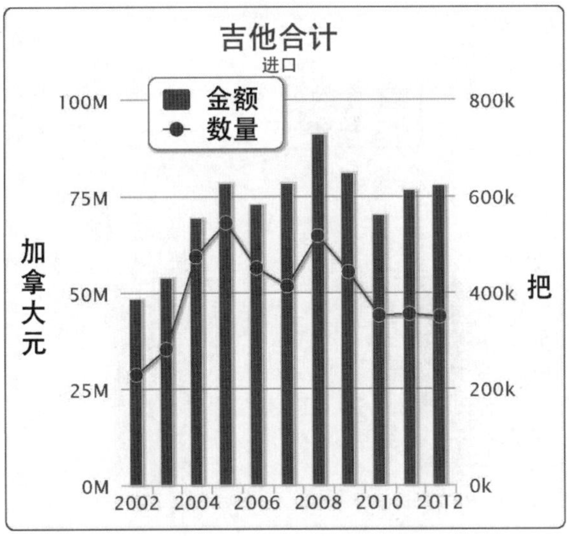
吉他合计
进口
金额
数量
加拿大元
把
100M
75M
50M
25M
0M
800k
600k
400k
200k
0k
2002
2004
2006
2008
2010
2012

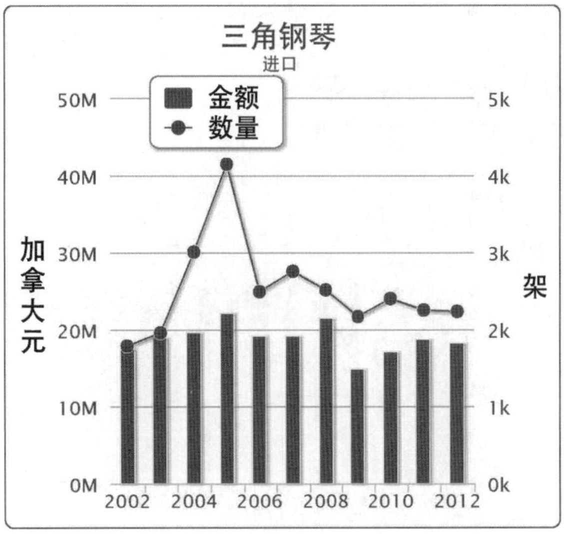
三角钢琴
进口
金额
数量
加拿大元
架
50M
40M
30M
20M
10M
0M
5k
4k
3k
2k
1k
0k
2002
2004
2006
2008
2010
2012

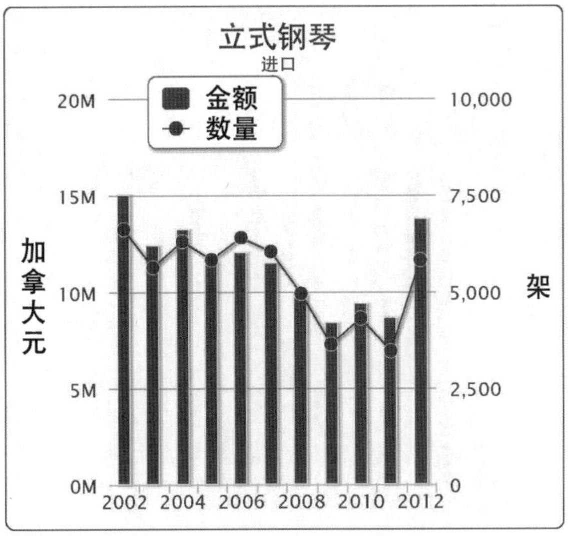
立式钢琴
进口
金额
数量
加拿大元
架
20M
15M
10M
5M
0M
10,000
7,500
5,000
2,500
0
2002
2004
2006
2008
2010
2012

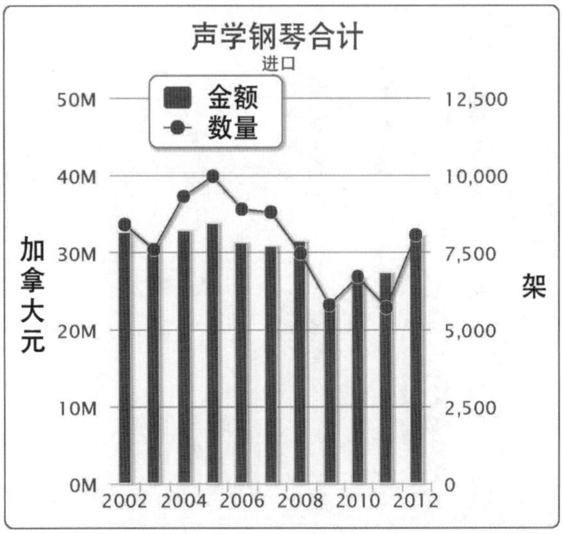
声学钢琴合计
进口
金额
数量
加拿大元
架
50M
40M
30M
20M
10M
0M
12,500
10,000
7,500
5,000
2,500
0
2002
2004
2006
2008
2010
2012

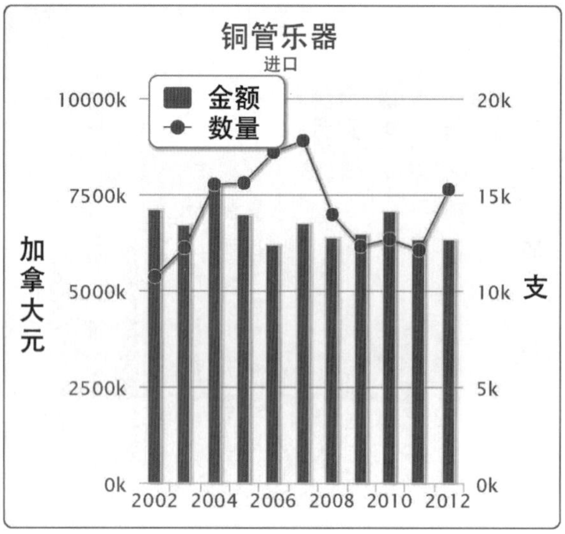
铜管乐器
进口
金额
数量
加拿大元
支
10000k
7500k
5000k
2500k
0k
20k
15k
10k
5k
0k
2002 2004 2006 2008 2010 2012

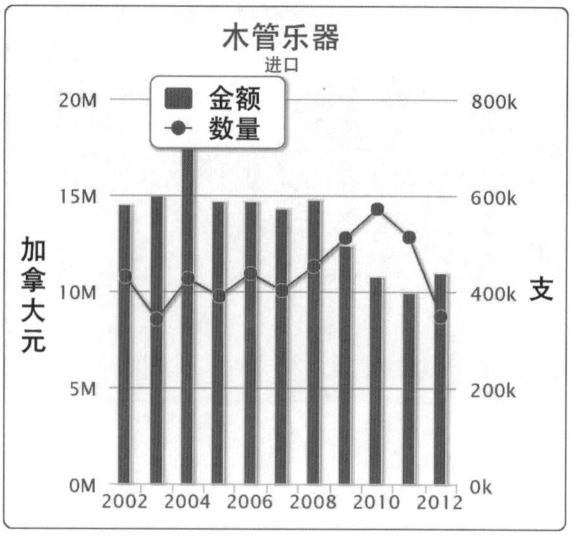
木管乐器
进口
金额
数量
加拿大元
支
20M
15M
10M
5M
0M
800k
600k
400k
200k
0k
2002 2004 2006 2008 2010 2012

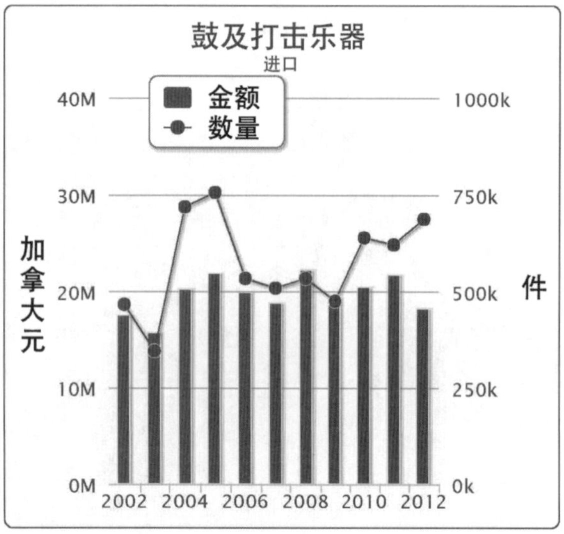
鼓及打击乐器
进口
金额
数量
加拿大元
件
40M
30M
20M
10M
0M
1000k
750k
500k
250k
0k
2002 2004 2006 2008 2010 2012

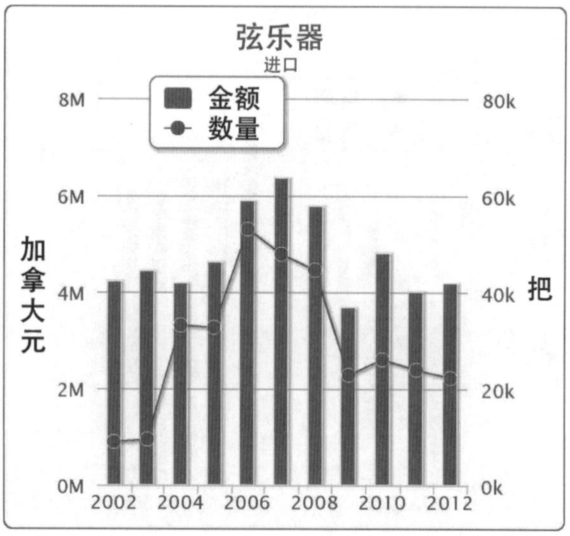
弦乐器
进口
金额
数量
加拿大元
把
8M
6M
4M
2M
0M
80k
60k
40k
20k
0k
2002 2004 2006 2008 2010 2012

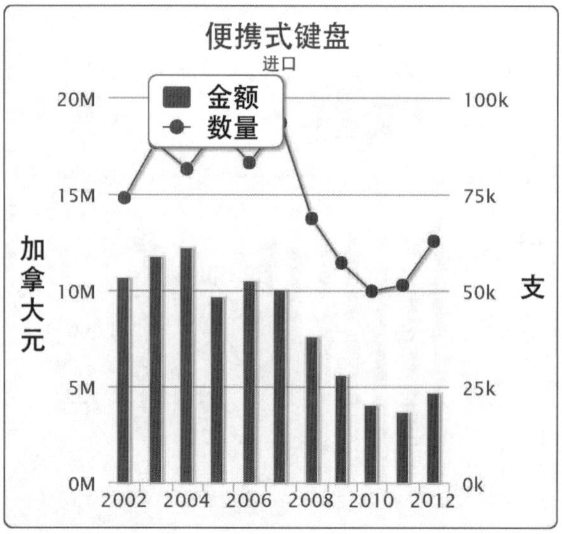
便携式键盘
进口
金额
数量
加拿大元
支
20M
15M
10M
5M
0M
100k
75k
50k
25k
0k
2002 2004 2006 2008 2010 2012

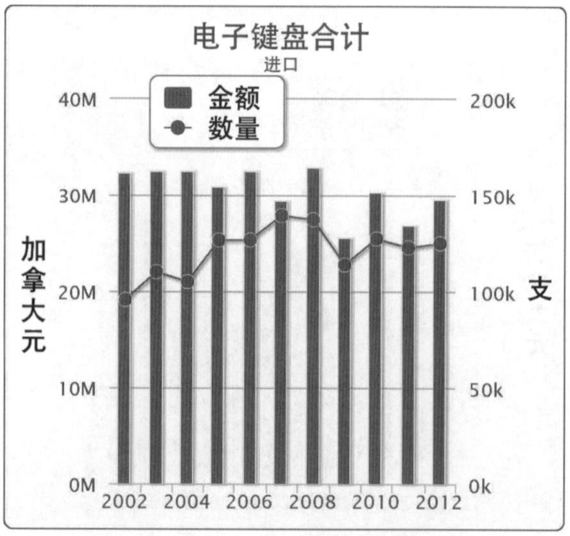
电子键盘合计
进口
金额
数量
加拿大元
支
40M
30M
20M
10M
0M
200k
150k
100k
50k
0k
2002 2004 2006 2008 2010 2012

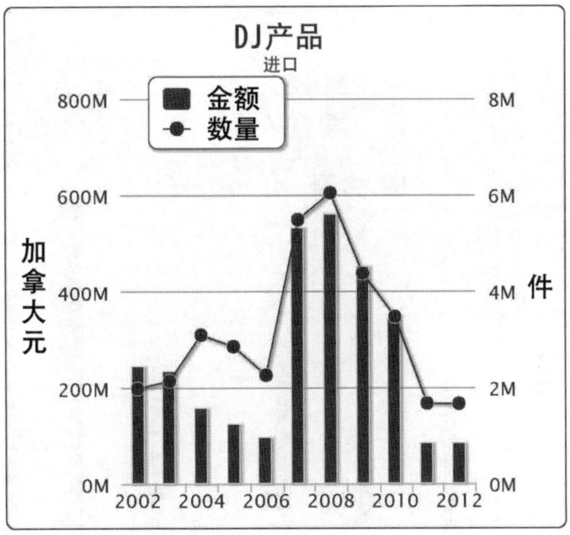
DJ产品
进口
金额
数量
800M
600M
400M
200M
0M
8M
6M
4M
2M
0M
加拿大元
件
2002
2004
2006
2008
2010
2012

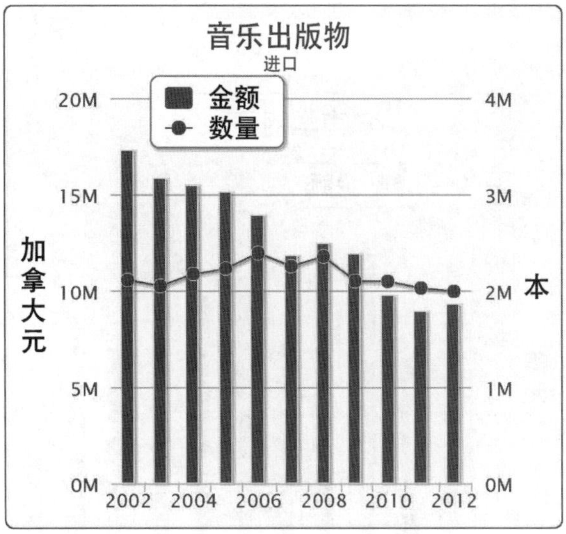
音乐出版物
进口
金额
数量
20M
15M
10M
5M
0M
4M
3M
2M
1M
0M
加拿大元
本
2002
2004
2006
2008
2010
2012

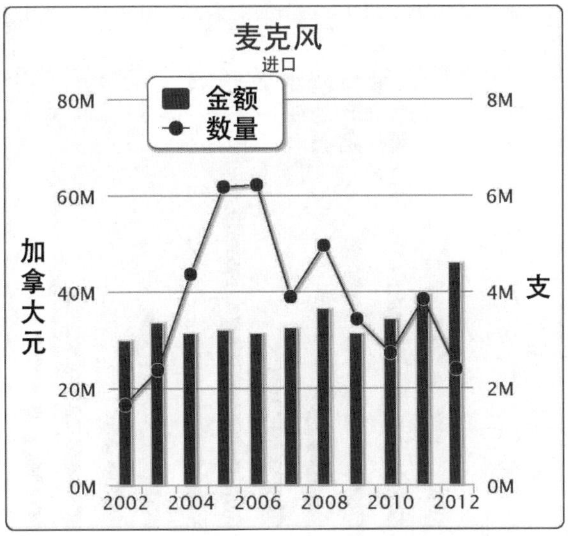
麦克风
进口
金额
数量
80M
60M
40M
20M
0M
8M
6M
4M
2M
0M
加拿大元
支
2002
2004
2006
2008
2010
2012

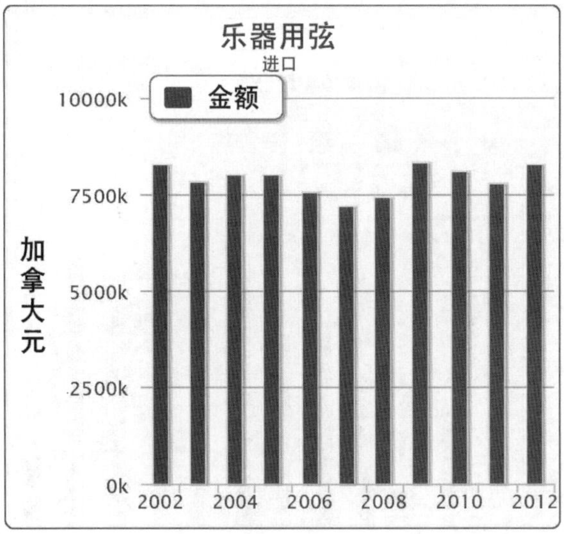
乐器用弦
进口
金额
10000k
7500k
5000k
2500k
0k
加拿大元
2002
2004
2006
2008
2010
2012

# 芬 兰

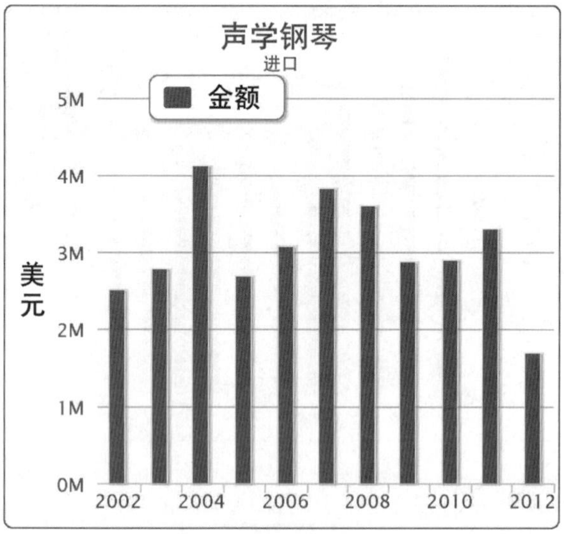
声学钢琴
进口
金额
5M
4M
3M
2M
1M
0M
美元
2002
2004
2006
2008
2010
2012

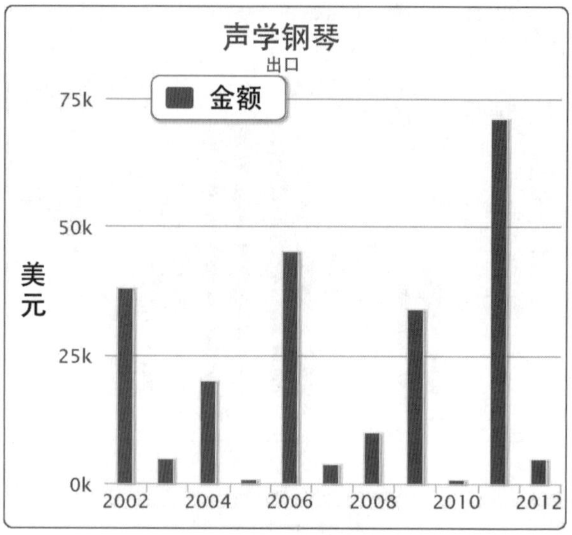
声学钢琴
出口
金额
75k
50k
25k
0k
美元
2002
2004
2006
2008
2010
2012

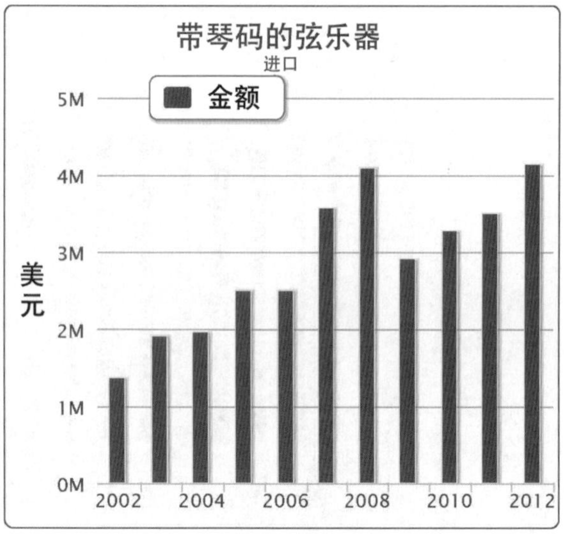
带琴码的弦乐器
进口
金额
5M
4M
3M
2M
1M
0M
美元
2002
2004
2006
2008
2010
2012

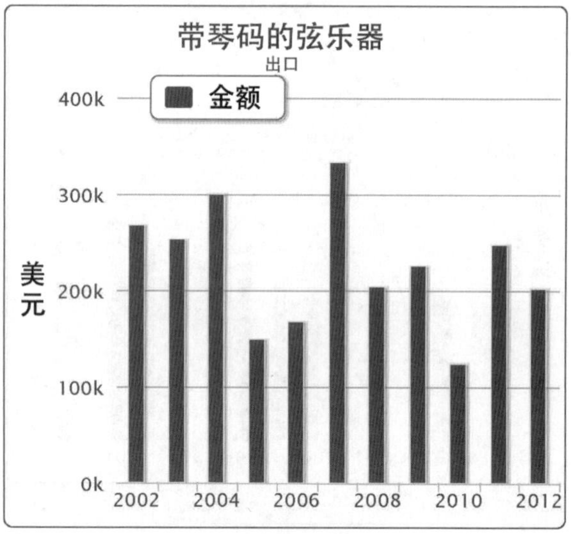
带琴码的弦乐器
出口
金额
400k
300k
200k
100k
0k
美元
2002
2004
2006
2008
2010
2012

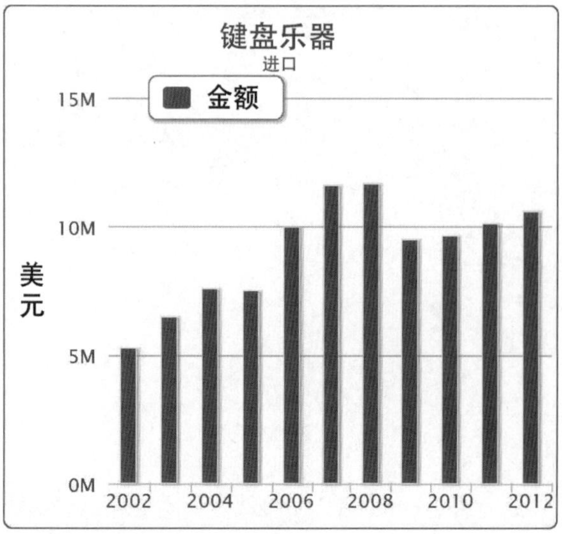
键盘乐器
进口
金额
15M
10M
5M
0M
美元
2002
2004
2006
2008
2010
2012

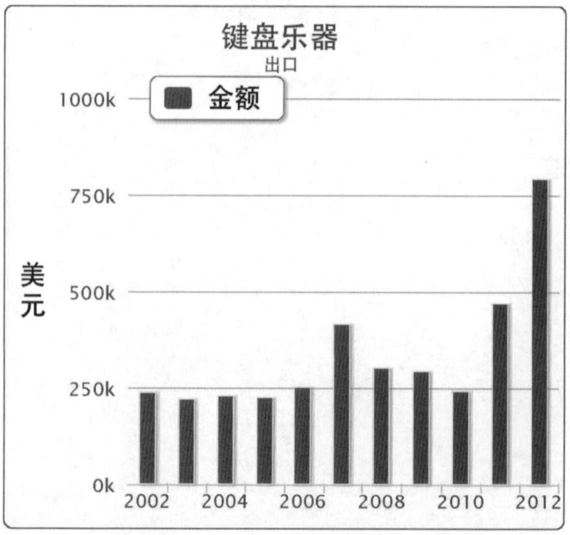
键盘乐器
出口
金额
1000k
750k
500k
250k
0k
美元
2002
2004
2006
2008
2010
2012

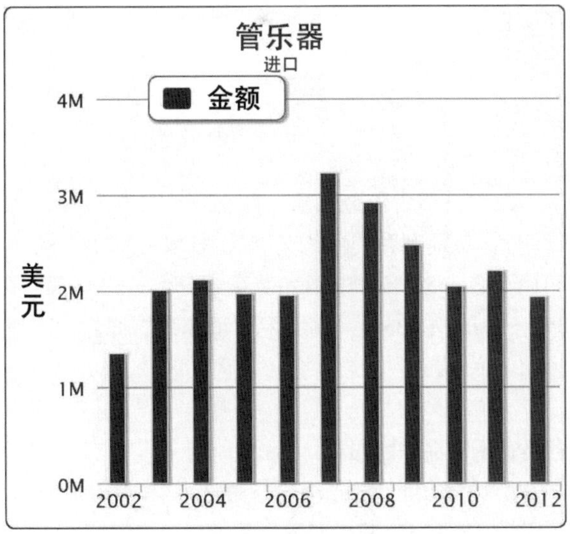
管乐器
进口
金额
4M
3M
2M
1M
0M
美元
2002
2004
2006
2008
2010
2012

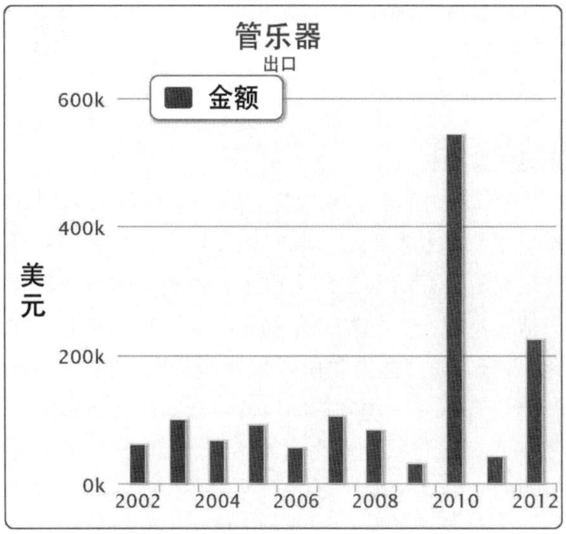
管乐器
出口
金额
600k
400k
200k
0k
美元
2002
2004
2006
2008
2010
2012

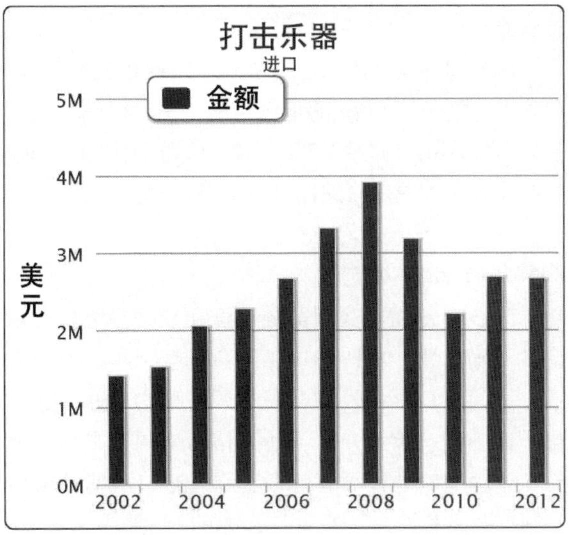
打击乐器
进口
金额
5M
4M
3M
2M
1M
0M
美元
2002
2004
2006
2008
2010
2012

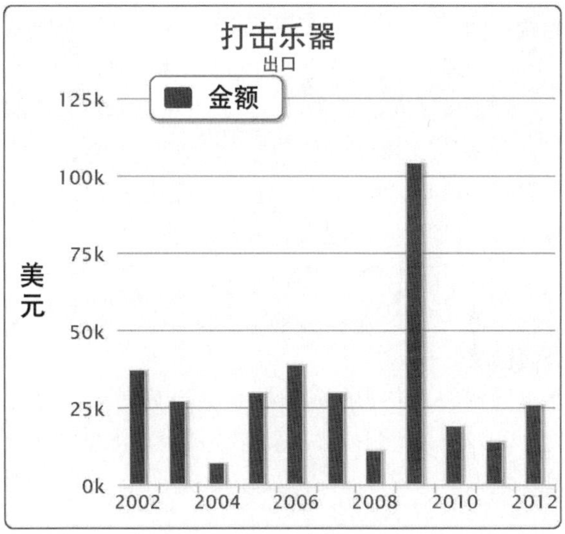
打击乐器
出口
金额
125k
100k
75k
50k
25k
0k
美元
2002
2004
2006
2008
2010
2012

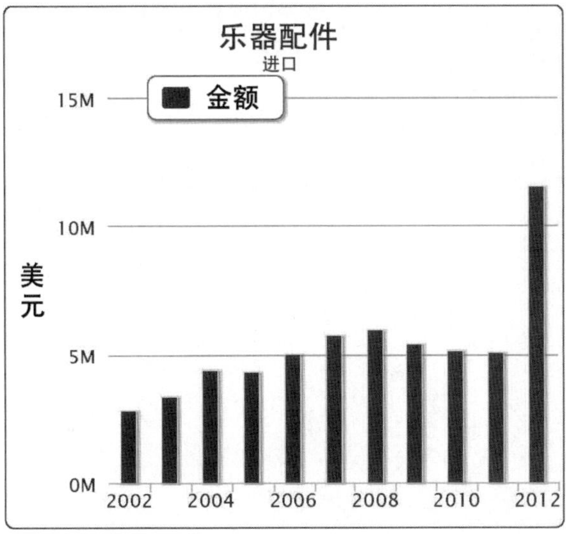
乐器配件
进口
金额
15M
10M
5M
0M
美元
2002
2004
2006
2008
2010
2012

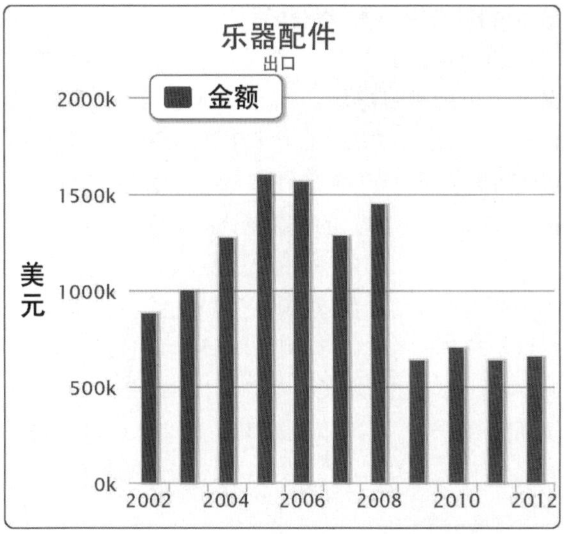
乐器配件
出口
金额
2000k
1500k
1000k
500k
0k
美元
2002
2004
2006
2008
2010
2012

# 德 国

### 乐器产量增长

2012年，员工20名以上的56家乐器公司里，产值平均增长2.2%，达2.92亿欧元。其中前23家规模最大的公司（员工50人以上）占到德国乐器行业产值一半以上，据2012年初步统计测算，营业额同比下降3.2%。国内和国际营业额分别下滑2.6%和3.5%。与欧元区国家的出口营业额同比其他国家下降4.8%。出口欧元区比例为38%，出口其他国家比例为62%。

管乐产量总体增长3.7%，但旗下各门类增幅并不平衡。小号、短号、粗管短号下滑13.5%，大号增幅12.4%、长号增幅为13.2%，巴松和双簧管增幅2.1%，法国号、中音号、次中音号增幅7.3%。

打击乐器产量下滑6.6%，而三角钢琴和立式钢琴产量增长3.8%，均高于音乐制品平均增幅。手风琴和口琴增长12%，相应地，钢琴配件增长1.6%,管风琴、手风琴、口琴配件增长6%。弦乐器配件增长0.5%，管乐配件增长3.2%。

### 外贸额增长

近年来，德国乐器对外贸易趋势发生显著变化。2012年，德国外贸盈余达1.5亿欧元。2012年出现小幅赤字。乐器进口额5.32亿欧元，出口5.23亿欧元。

### 出口增长3.3%，进口增长6%

2012年，最重要的4个进口国家均有所增长，来自中国的进口略增1.7%，印度尼西亚大幅增长10.8%，日本和美国分别增长2.3%和9.0%。来自中国的进口占28.2%，印尼占15.8%，日本占12.%，美国占9.4%。德国进口的乐器三分之二来自上述4个国家。

德国乐器出口国家和地区差异也较大。出口日本增长27.3%，出口奥地利增长7.3%，出口美国增长4.7%。此外，出口增长的国家有中国（+6.9%），俄罗斯（+6.1%），英国(+13.2%)，西班牙(+11.3%)。而出口下降的国家有法国(-5.6%)，意大利(-7.5%)，荷兰(-5.4%)。

从出口所占份额来看，法国所占比例最大，为11.7%，奥地利和美国约为8%，日本占7.2%，荷兰和瑞士各占5.5%，中国和英国近5%。出口份额占3%—4%的国家依次为意大利、西班牙、波兰、比利时和俄罗斯。

### 各类音乐制品差别迥异

小提琴出口增长25%，其他弦乐器出口下滑11.5%，吉他出口减少25%，手风琴出口增长8.5%，口琴增长12.7%。铜管类乐器出口增长13%，而木管类乐器出口仅略增2.3%，打击乐器出口略增1.3%。

乐器配件增减不一。钢琴配件出口增长16.9%，琴弦出口增长10.8%，其他乐器配件出口增长3.9%；弦乐器配件出口减少4.7%，电声乐器配件出口下降4.5%，各类木管乐器配件出口下滑1.4%。

### 2013年仍面临不确定性

2013年开局，欧洲金融危机和经济形势仍面临诸多不确定性，预计2013年不会超越上年。数据显示，德国出口形势较好，高于经济平均增速，这得益于市场进一步细分，不断开拓新兴国家市场，生产和分销战略进行了有效调整和转移，但估计市场份额不会显著扩大，未来市场竞争依然激烈。

（评注：德国乐器协会会长温弗莱德）

立式钢琴
国内生产
金额
数量
50M
40M
30M
20M
10M
0M
欧元
12,500
10,000
7,500
5,000
2,500
0
架
2002 2004 2006 2008 2010 2012

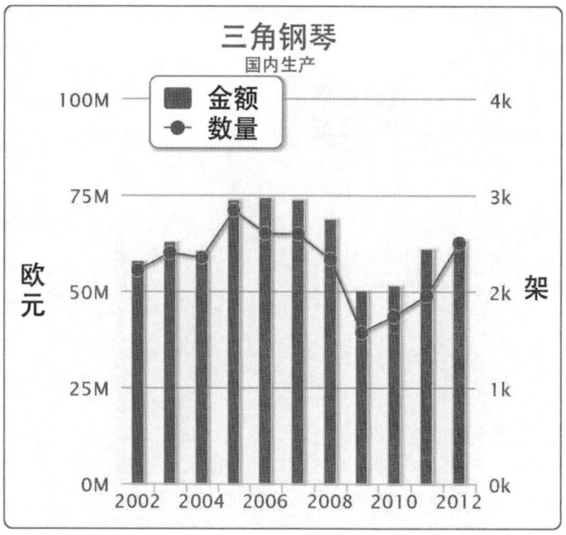
三角钢琴
国内生产
金额
数量
100M
75M
50M
25M
0M
欧元
4k
3k
2k
1k
0k
架
2002 2004 2006 2008 2010 2012

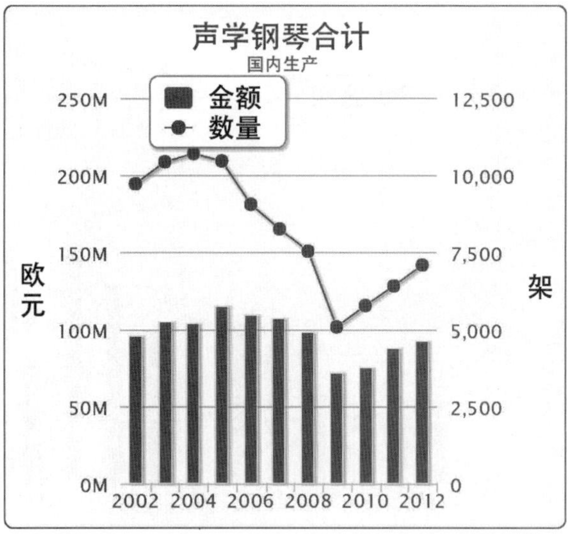
声学钢琴合计
国内生产
金额
数量
250M
200M
150M
100M
50M
0M
欧元
12,500
10,000
7,500
5,000
2,500
0
架
2002 2004 2006 2008 2010 2012

管风琴
国内生产
金额
数量
25M
20M
15M
10M
5M
0M
欧元
125
100
75
50
25
0
台
2002 2004 2006 2008 2010 2012

鼓及打击乐器
国内生产
金额
数量
25M
20M
15M
10M
5M
0M
欧元
1250k
1000k
750k
500k
250k
0k
件
2002 2004 2006 2008 2010 2012

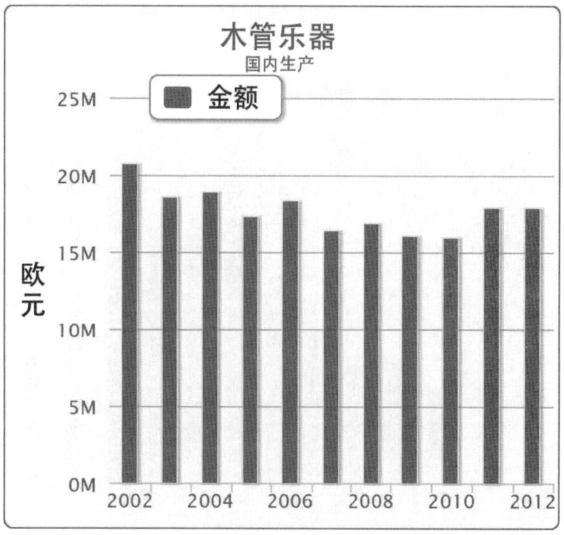
木管乐器
国内生产
金额
25M
20M
15M
10M
5M
0M
欧元
2002 2004 2006 2008 2010 2012

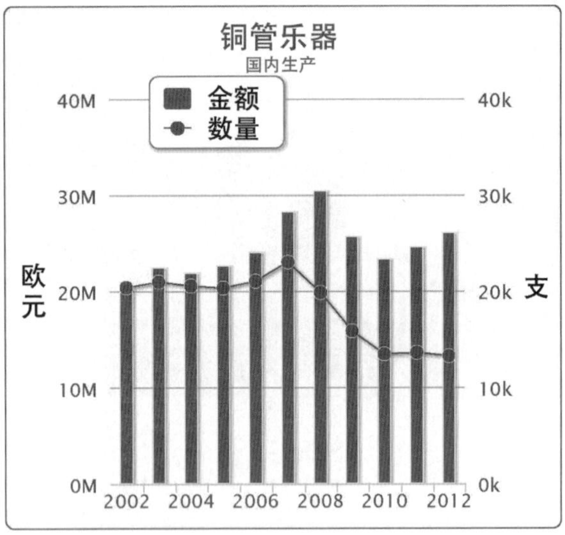
铜管乐器
国内生产
金额
数量
40M
30M
20M
10M
0M
欧元
40k
30k
20k
10k
0k
支
2002
2004
2006
2008
2010
2012

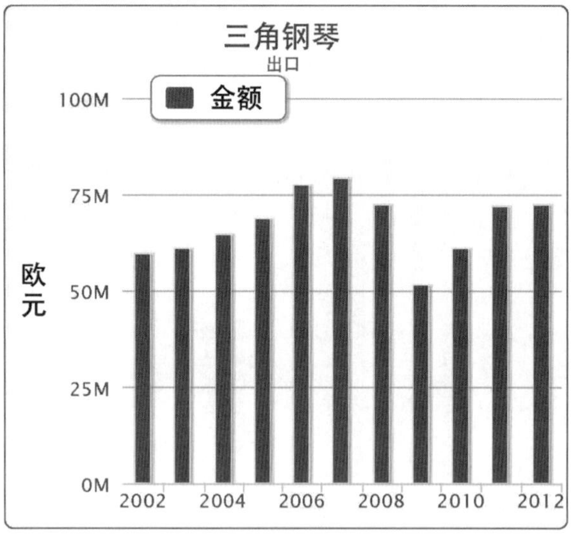
三角钢琴
出口
金额
100M
75M
50M
25M
0M
欧元
2002
2004
2006
2008
2010
2012

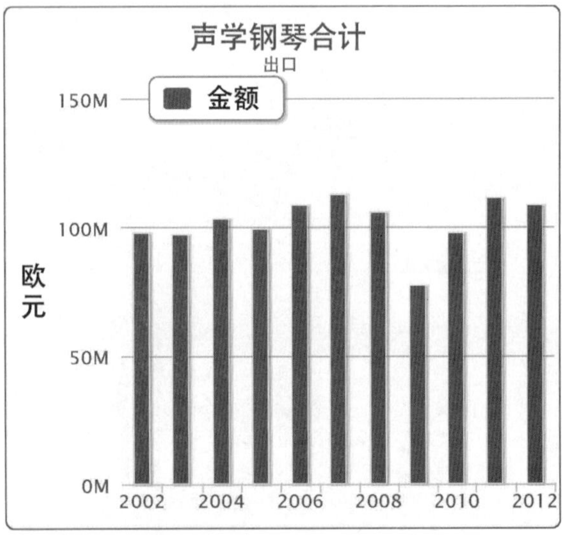
声学钢琴合计
出口
金额
150M
100M
50M
0M
欧元
2002
2004
2006
2008
2010
2012

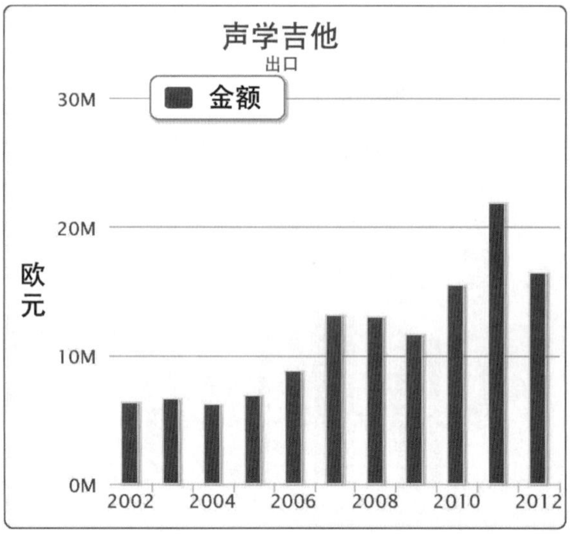
声学吉他
出口
金额
30M
20M
10M
0M
欧元
2002
2004
2006
2008
2010
2012

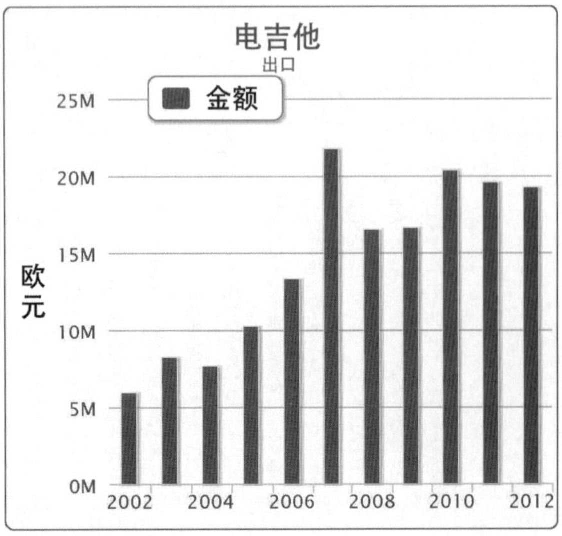
电吉他
出口
金额
25M
20M
15M
10M
5M
0M
欧元
2002
2004
2006
2008
2010
2012

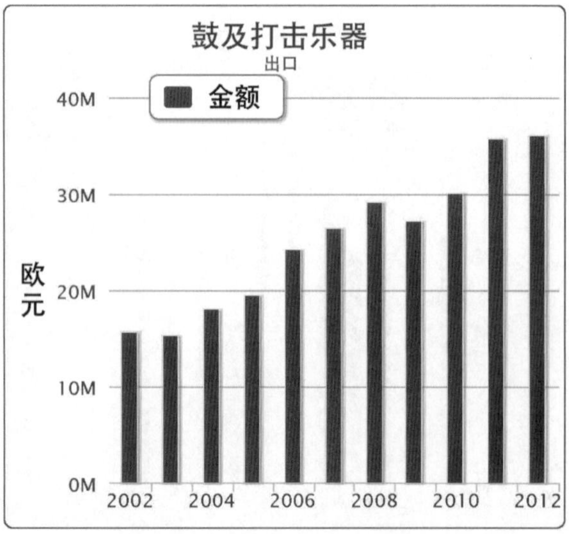
鼓及打击乐器
出口
金额
40M
30M
20M
10M
0M
欧元
2002
2004
2006
2008
2010
2012

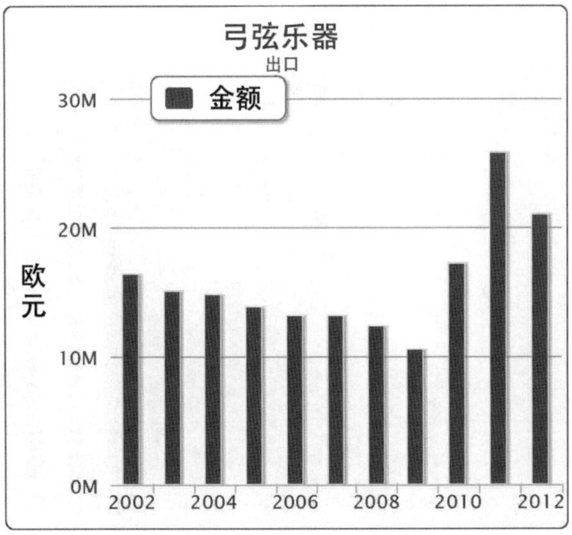
弓弦乐器
出口
金额
欧元
30M
20M
10M
0M
2002
2004
2006
2008
2010
2012

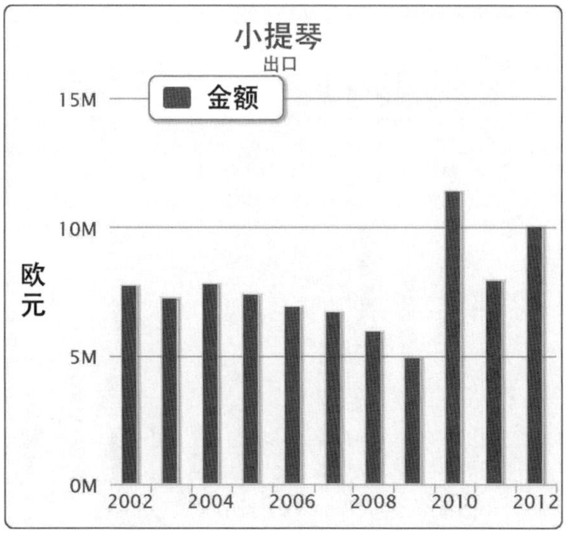
小提琴
出口
金额
欧元
15M
10M
5M
0M
2002
2004
2006
2008
2010
2012

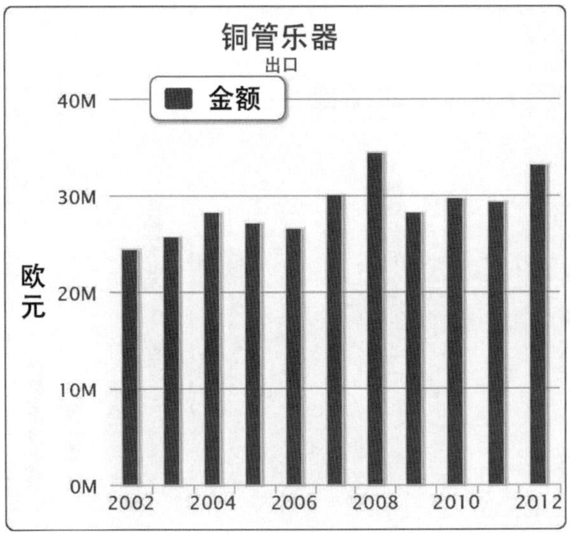
铜管乐器
出口
金额
欧元
40M
30M
20M
10M
0M
2002
2004
2006
2008
2010
2012

木管乐器
出口
金额
欧元
60M
40M
20M
0M
2002
2004
2006
2008
2010
2012

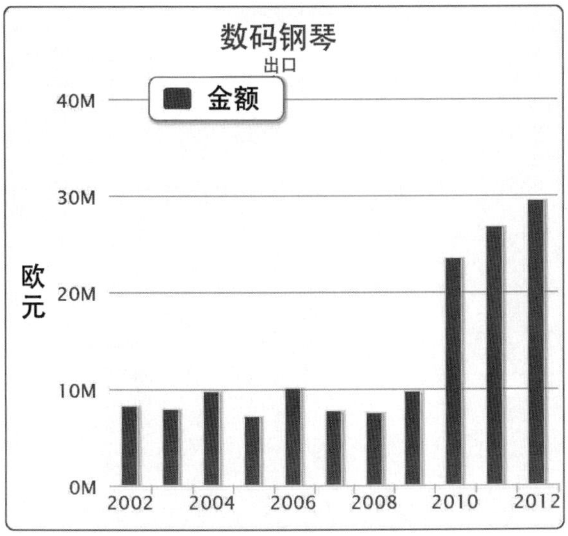
数码钢琴
出口
金额
欧元
40M
30M
20M
10M
0M
2002
2004
2006
2008
2010
2012

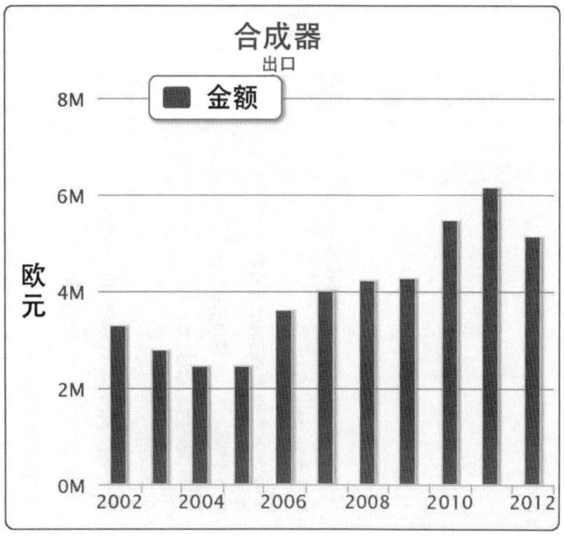
合成器
出口
金额
欧元
8M
6M
4M
2M
0M
2002
2004
2006
2008
2010
2012

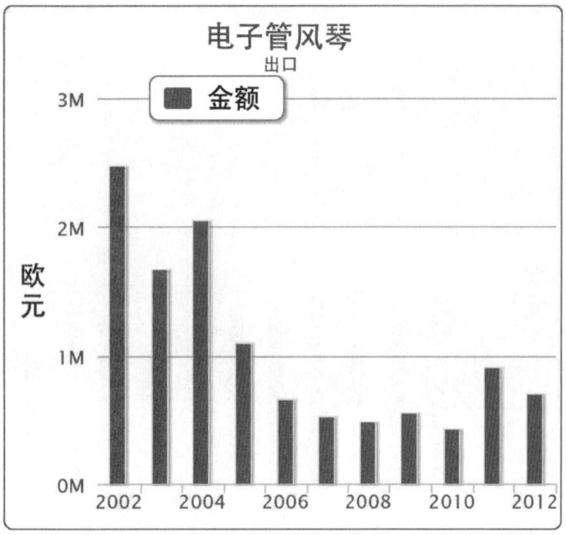
电子管风琴
出口
金额
3M
2M
1M
0M
欧元
2002
2004
2006
2008
2010
2012

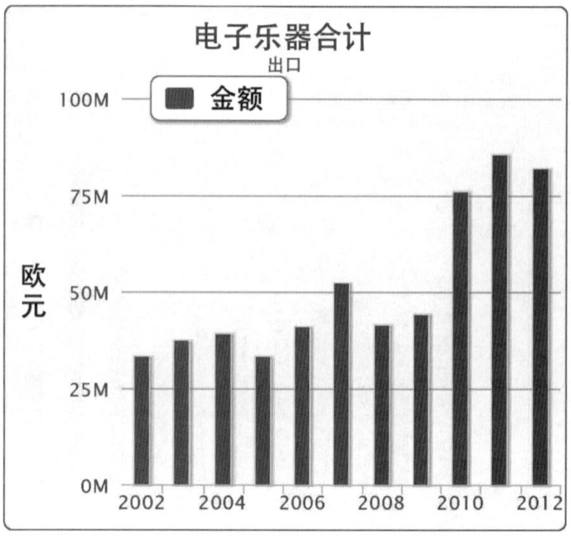
电子乐器合计
出口
金额
100M
75M
50M
25M
0M
欧元
2002
2004
2006
2008
2010
2012

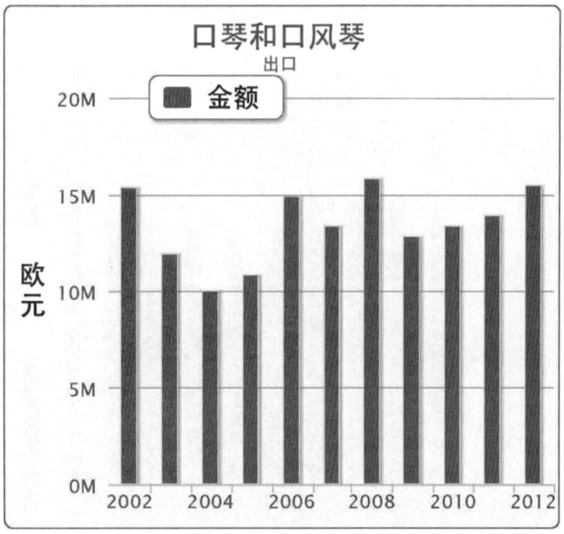
口琴和口风琴
出口
金额
20M
15M
10M
5M
0M
欧元
2002
2004
2006
2008
2010
2012

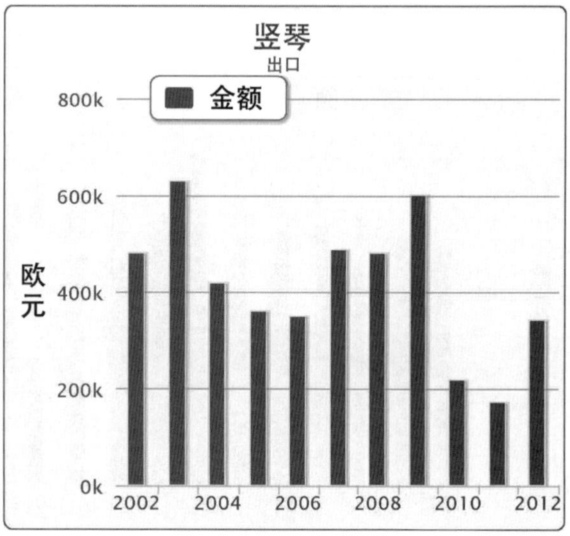
竖琴
出口
金额
800k
600k
400k
200k
0k
欧元
2002
2004
2006
2008
2010
2012

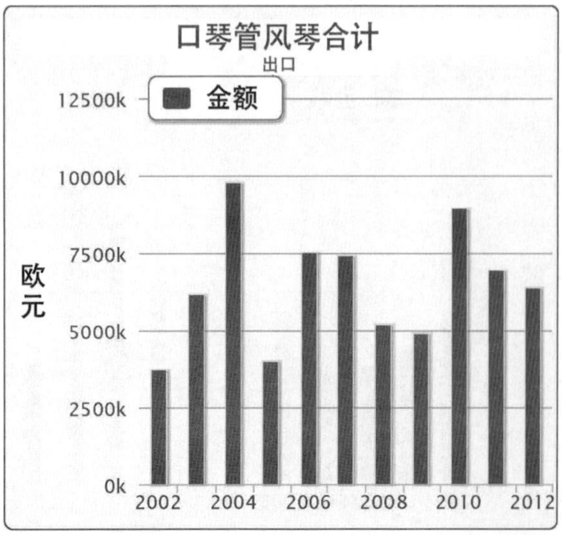
口琴管风琴合计
出口
金额
12500k
10000k
7500k
5000k
2500k
0k
欧元
2002
2004
2006
2008
2010
2012

# 印 度

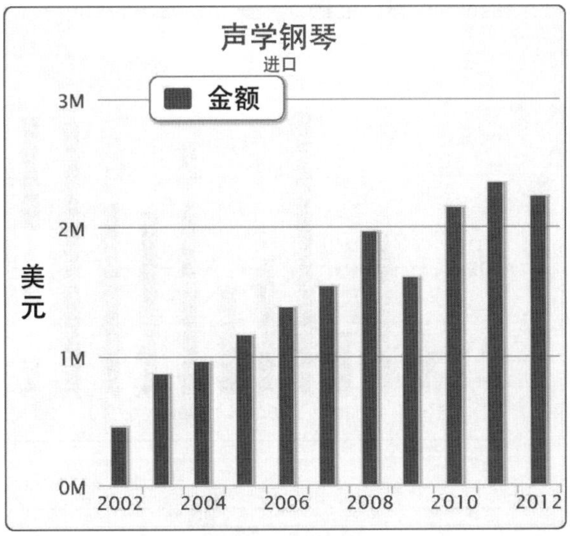
声学钢琴
进口
金额
美元
3M
2M
1M
0M
2002
2004
2006
2008
2010
2012

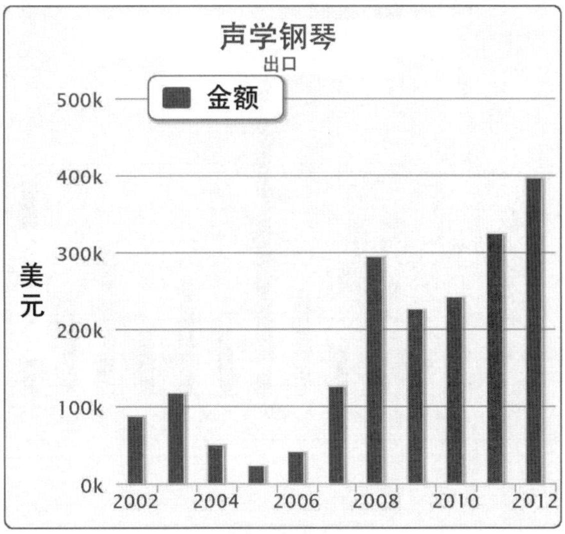
声学钢琴
出口
金额
美元
500k
400k
300k
200k
100k
0k
2002
2004
2006
2008
2010
2012

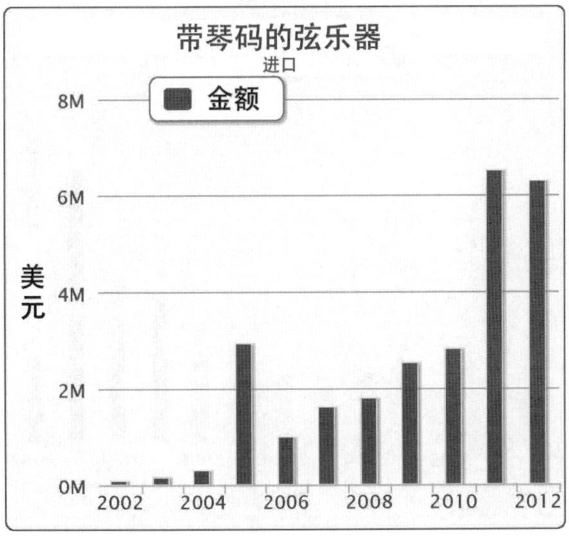
带琴码的弦乐器
进口
金额
美元
8M
6M
4M
2M
0M
2002
2004
2006
2008
2010
2012

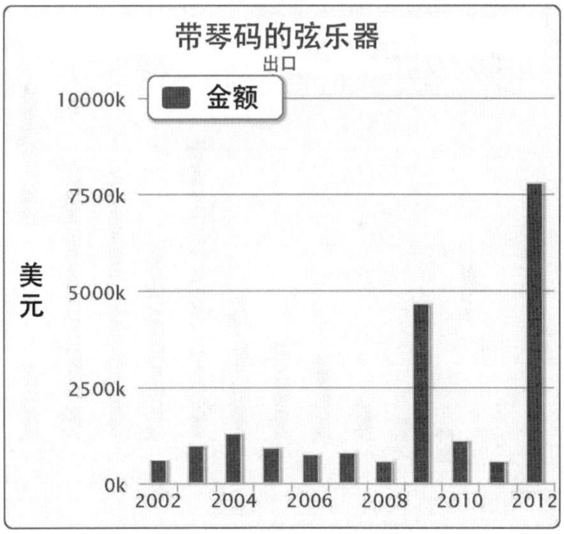
带琴码的弦乐器
出口
金额
美元
10000k
7500k
5000k
2500k
0k
2002
2004
2006
2008
2010
2012

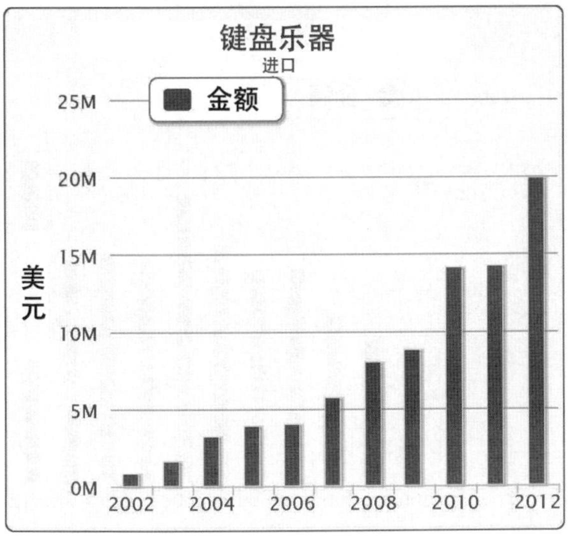
键盘乐器
进口
金额
美元
25M
20M
15M
10M
5M
0M
2002
2004
2006
2008
2010
2012

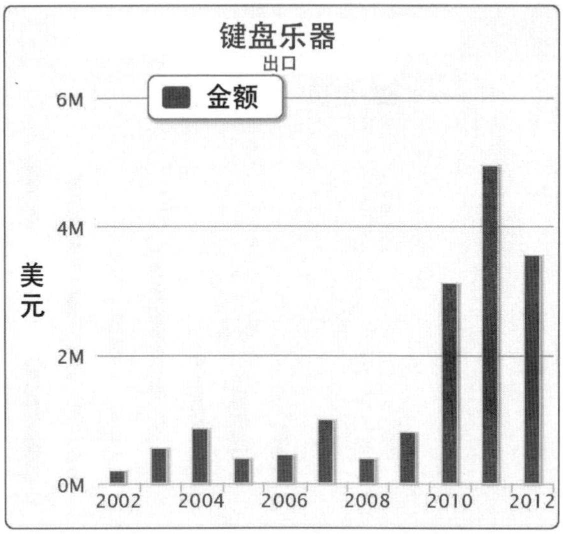
键盘乐器
出口
金额
美元
6M
4M
2M
0M
2002
2004
2006
2008
2010
2012

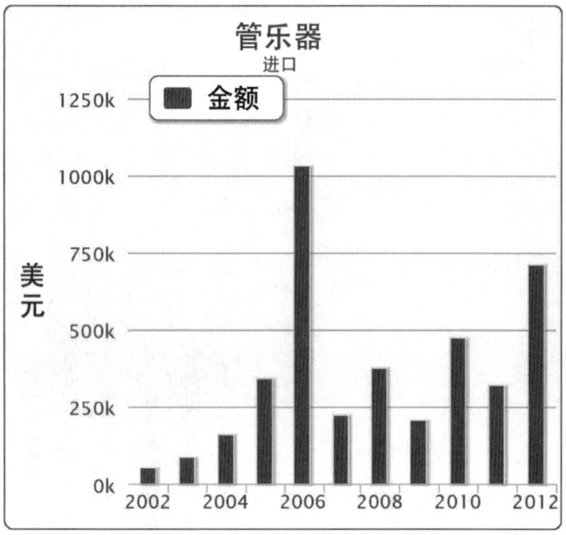
管乐器
进口
金额
美元
1250k
1000k
750k
500k
250k
0k
2002
2004
2006
2008
2010
2012

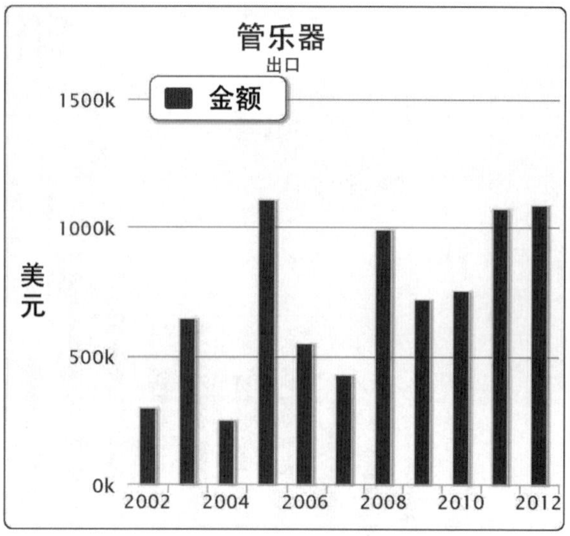
管乐器
出口
金额
美元
1500k
1000k
500k
0k
2002
2004
2006
2008
2010
2012

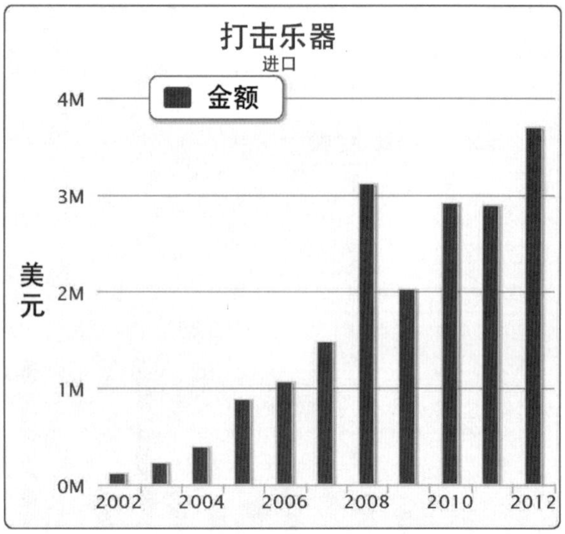
打击乐器
进口
金额
美元
4M
3M
2M
1M
0M
2002
2004
2006
2008
2010
2012

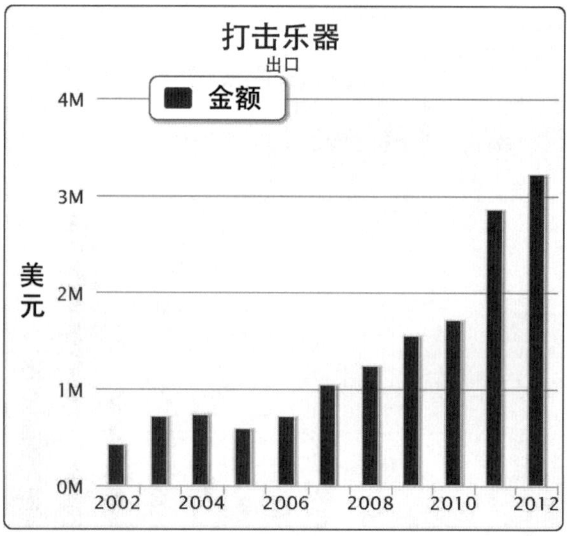
打击乐器
出口
金额
美元
4M
3M
2M
1M
0M
2002
2004
2006
2008
2010
2012

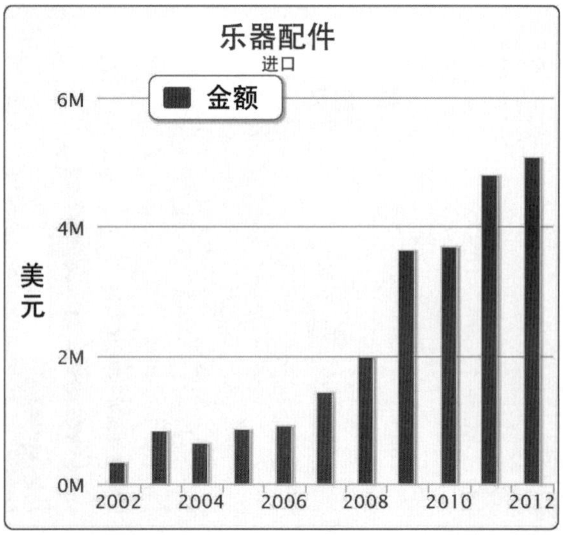
乐器配件
进口
金额
美元
6M
4M
2M
0M
2002
2004
2006
2008
2010
2012

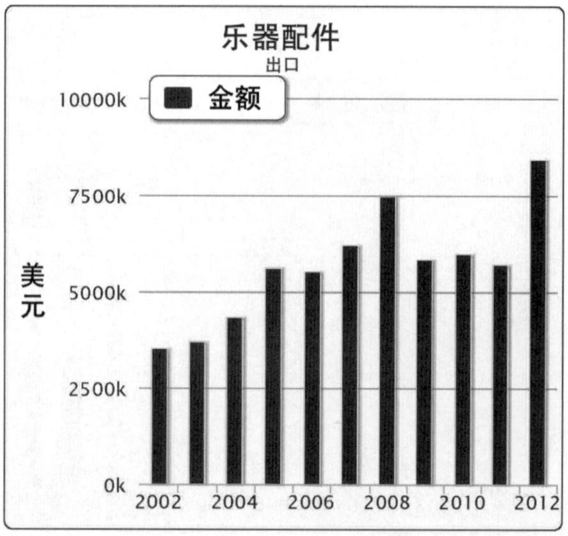
乐器配件
出口
金额
美元
10000k
7500k
5000k
2500k
0k
2002
2004
2006
2008
2010
2012

# 意大利

意大利位于欧洲南部，全国划分为20个地区，面积116,346平方英里，人口6100万，人口密度515.8人/每平方英里。意大利是欧盟的创始成员国之一。

2012年第4季度，意大利GDP降低0.2%，同比前三季度有所收缩。国内需求低迷，反映出居民消费和固定投资总额持续萎缩。家庭消费减少也反映出居民可支配收入下降及对未来经济前景不确定的忧虑。

4季度也是居民消费连续第6次出现下滑，总体降幅为1%，其中耐用消费品同比减少2个百分点。2012年全年经济数据显示，经济困境和金融危机“阴霾”依然笼罩欧洲大陆。

具体到意大利乐器市场，2011年仅有11种门类音乐制品销量有所增长，10种产品门类出现下滑；而2012年16种产品门类下降，仅5种产品门类增长，销量增长的5种产品门类是：键盘乐器，自2011年秋季起后销量开始反弹；声学吉他，再次证明它是意大利乐器产业重要“基石”之一；其他弦乐器，特别是小四弦琴，继续保持不断上升之势；电子录音设备，新型号的研发上市，为音乐制品行业带来新活力，无论从销量还是销售额来看，同比均有较高幅度增长。（评注：意大利乐器零售协会会长弗斯玛•克劳迪安）

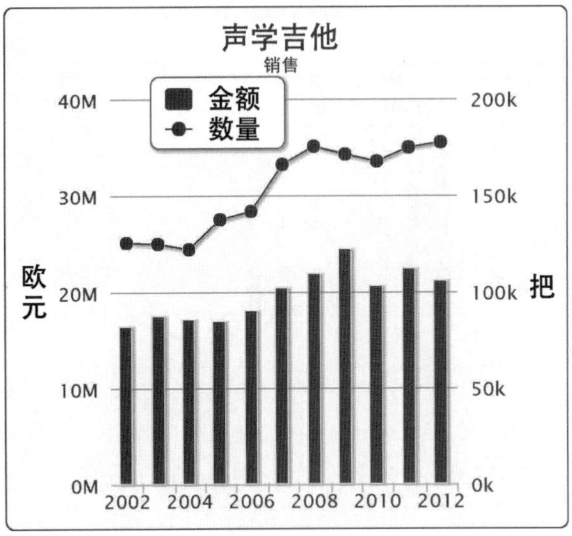


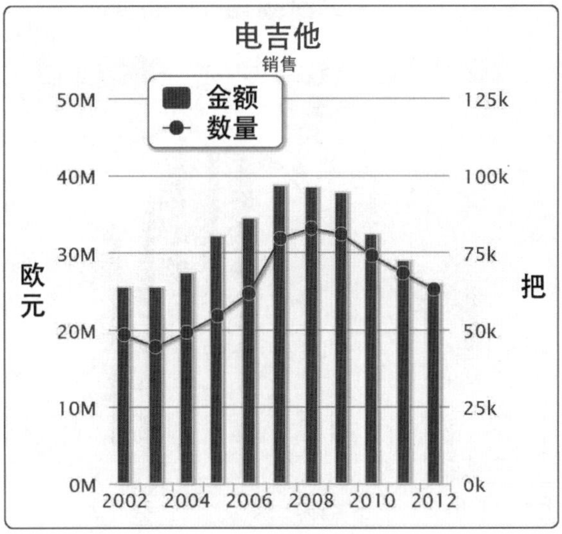


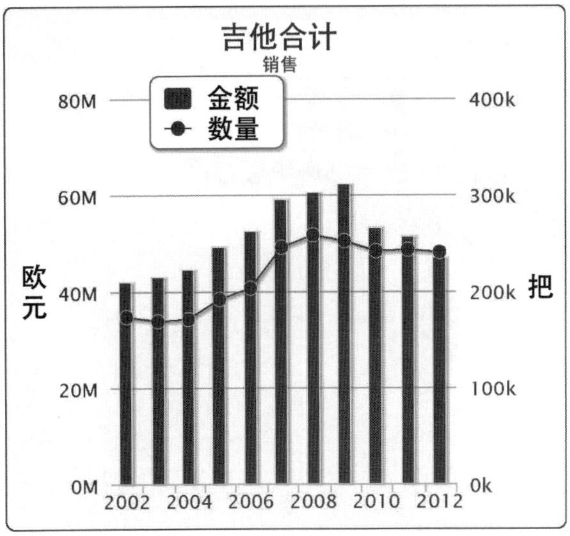


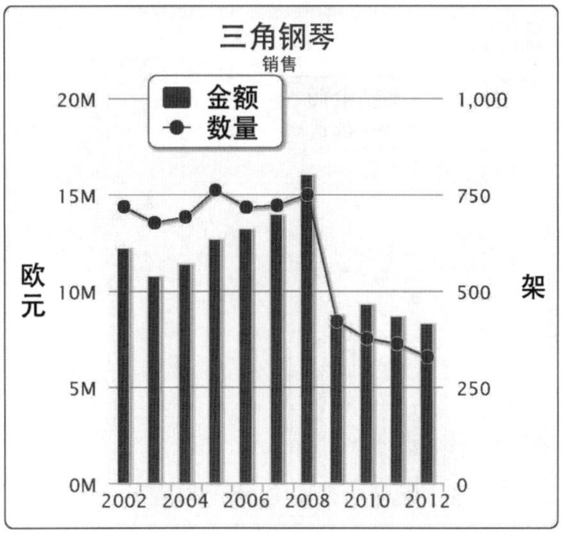

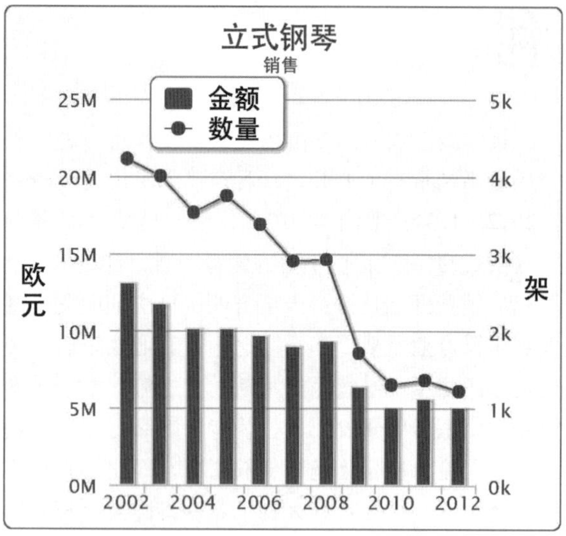
立式钢琴
销售
金额
数量
25M
20M
15M
10M
5M
0M
欧元
5k
4k
3k
2k
1k
0k
架
2002 2004 2006 2008 2010 2012

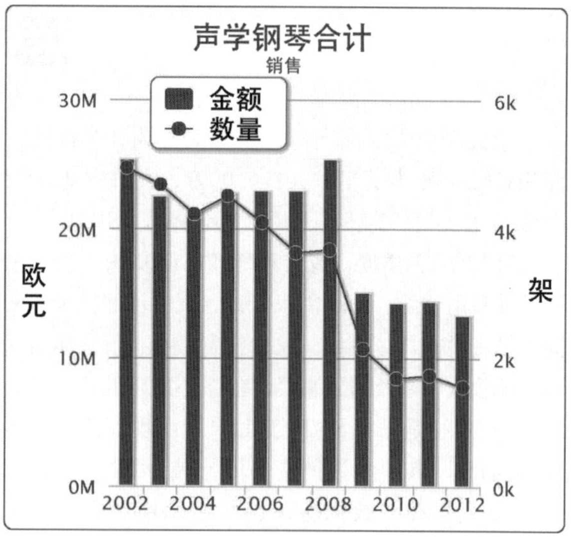
声学钢琴合计
销售
金额
数量
30M
20M
10M
0M
欧元
6k
4k
2k
0k
架
2002 2004 2006 2008 2010 2012

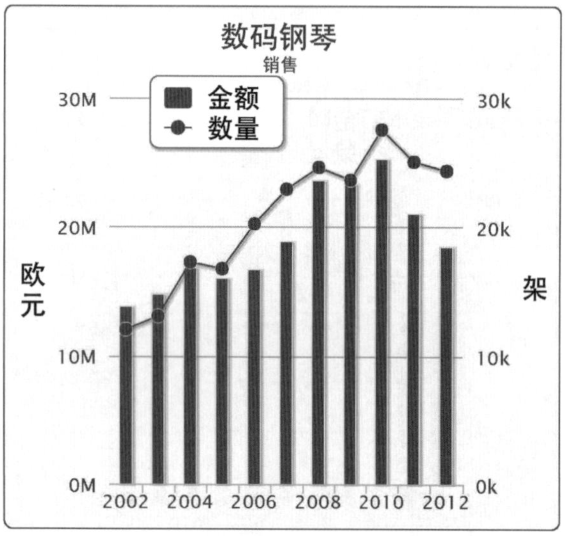
数码钢琴
销售
金额
数量
30M
20M
10M
0M
欧元
30k
20k
10k
0k
架
2002 2004 2006 2008 2010 2012

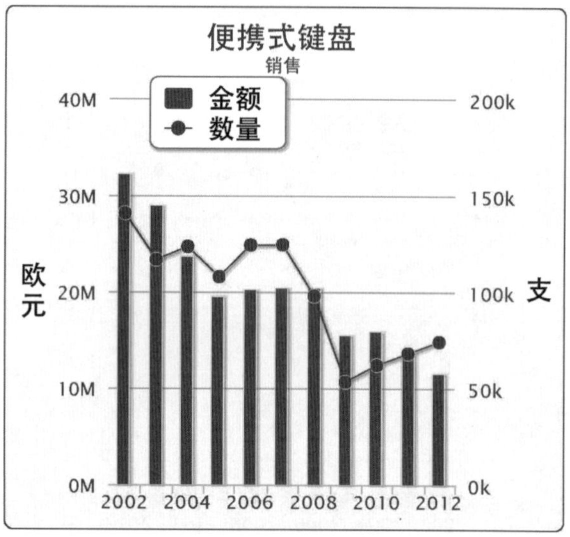
便携式键盘
销售
金额
数量
40M
30M
20M
10M
0M
欧元
200k
150k
100k
50k
0k
支
2002 2004 2006 2008 2010 2012

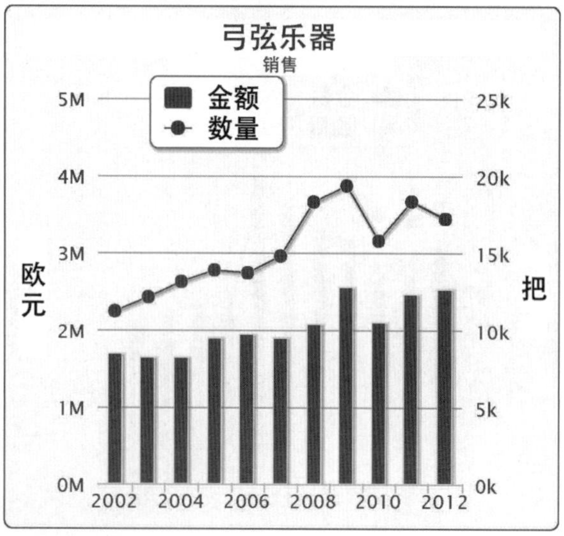
弓弦乐器
销售
金额
数量
5M
4M
3M
2M
1M
0M
欧元
25k
20k
15k
10k
5k
0k
把
2002 2004 2006 2008 2010 2012

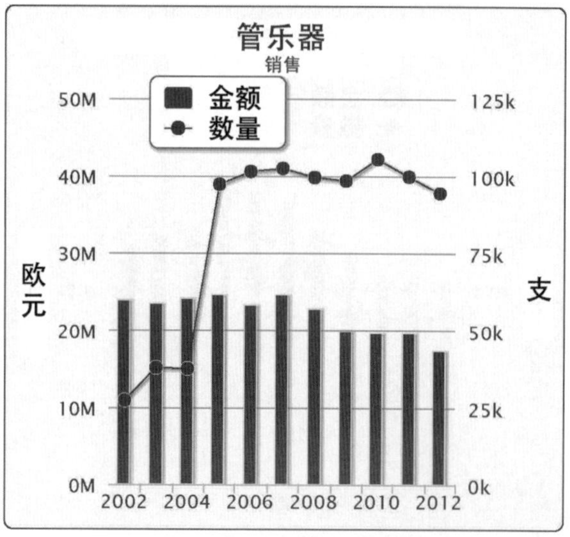
管乐器
销售
金额
数量
50M
40M
30M
20M
10M
0M
欧元
125k
100k
75k
50k
25k
0k
支
2002 2004 2006 2008 2010 2012

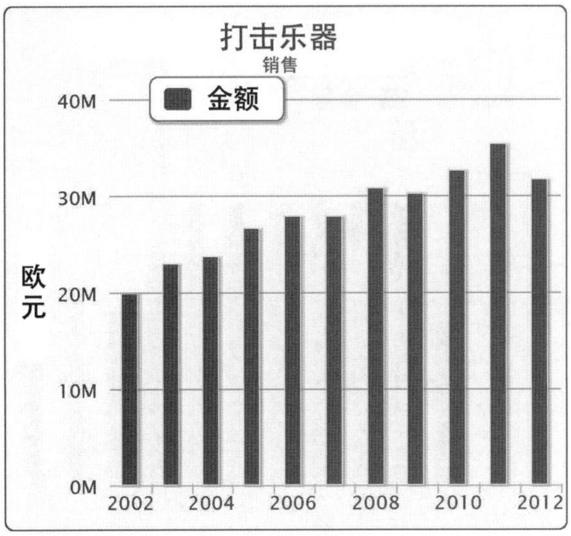
打击乐器
销售
金额
40M
30M
20M
10M
0M
欧元
2002
2004
2006
2008
2010
2012

音乐出版物
销售
金额
25M
20M
15M
10M
5M
0M
欧元
2002
2004
2006
2008
2010
2012

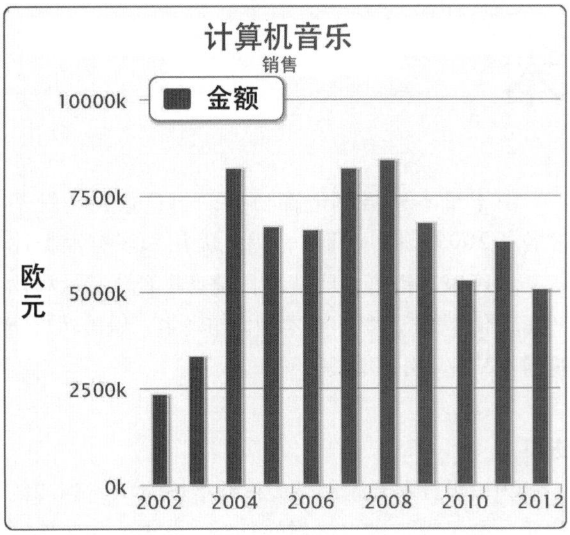
计算机音乐
销售
金额
10000k
7500k
5000k
2500k
0k
欧元
2002
2004
2006
2008
2010
2012

信号处理
销售
金额
数量
25M
20M
15M
10M
5M
0M
欧元
125k
100k
75k
50k
25k
0k
台
2002
2004
2006
2008
2010
2012

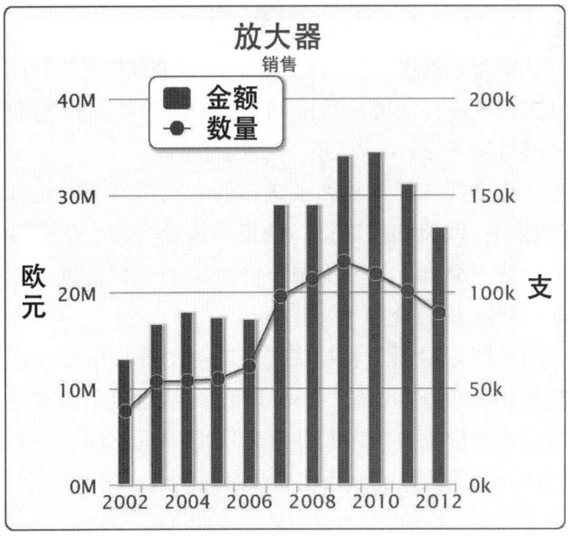
放大器
销售
金额
数量
40M
30M
20M
10M
0M
欧元
200k
150k
100k
50k
0k
支
2002
2004
2006
2008
2010
2012

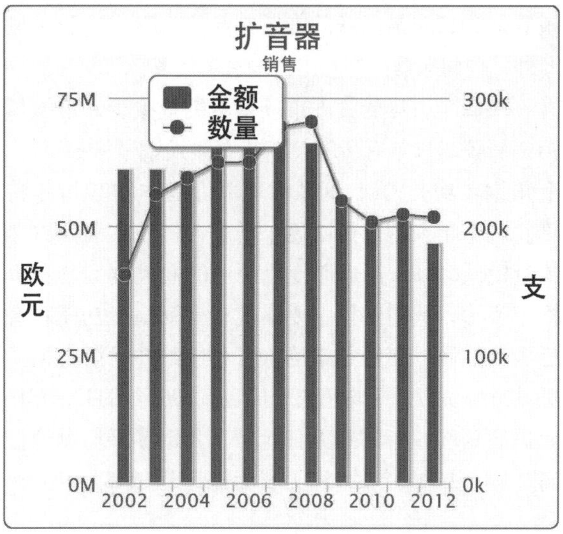
扩音器
销售
金额
数量
75M
50M
25M
0M
欧元
300k
200k
100k
0k
支
2002
2004
2006
2008
2010
2012

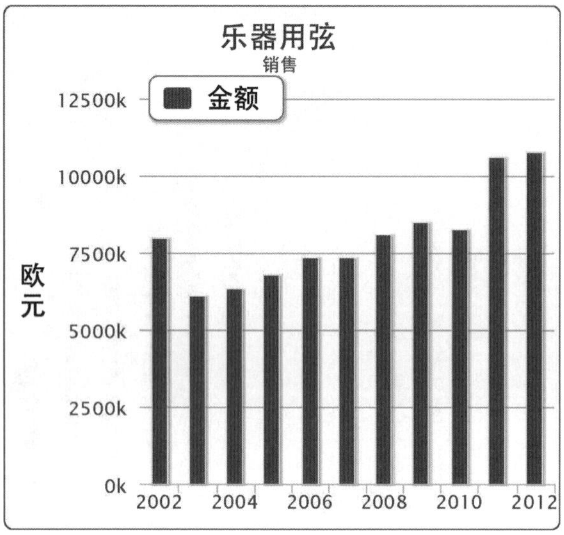


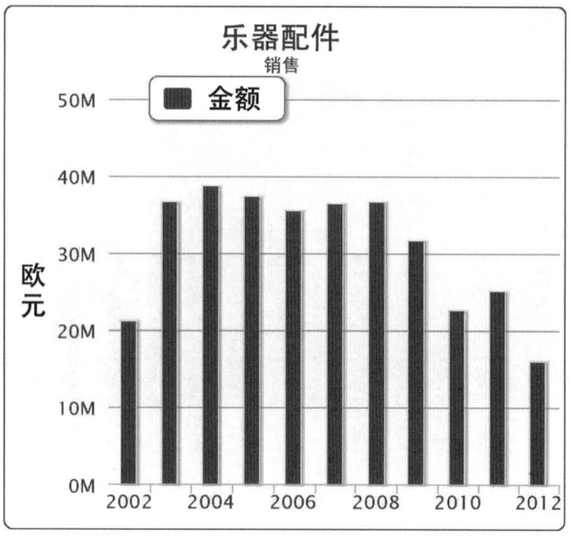


# 日 本

2012年日本音乐制品销售略有下降，据日本乐器制造商协会（JMIMA）统计，2012年日本音乐制品总销售额980亿日元，较上年同比下降6%。其中国内市场销售额525亿日元，与2011年持平，出口455亿日元，同比下滑11.6%。

从产品出口情况看，弦乐器下降42%，打击乐器下降29%。钢琴和管乐均下降8%，分别为120亿日元和87亿日元。但长笛增长28%，木琴增长32%，钟琴增幅翻番。国内市场中，木琴和钟琴销量分别增长30%和120%，销售额分别增长10%和70%。校园乐器是2012年最活跃的音乐制品门类之一。除手风琴外，校园乐器内销和出口均有所增长。

2012年，尽管日本市场钢琴销量减少，但钢琴销售额较2011年有所增长，其中立式钢琴增幅7%，三角钢琴增长9%。钢琴平均单价基本和2011年持平。近十年来钢琴价格逐年增长，但日本国内钢琴销量锐减50%。产自印度尼西亚的立式钢琴具备价格竞争力，其附加值主要体现在自动演奏功能和音色调节控制，赢得了市场认可和接纳并逐渐占据了更多市场份额。平均销售单价也从2003年的42.8万日元提高到2012年的43万日元。三角钢琴平均单价提高25%，从2003年的95.8万日元提升至119.8万日元。

由于日本乐器制造商协会的出口数据统计基准曾于2009年做过调整，因此无法和现有数据比较。电声乐器销售同比持平，键盘集音器销量增幅30%，出口增长17%；日本国内市场中，乐器功放销量增长23%，出口增长73%。

**进口**

2012年日本音乐制品进口额增长11%，达452亿日元，电子键盘进口额增幅19%，电吉他和其他管乐器进口额增长11%，乐器用弦进口额增长7%。以上几类音乐制品占到进口总额一半以上。

铜管乐器进口量增长40%，进口金额增长19%；立式钢琴进口量增长2%，进口金额增长7%。三角钢琴进口量下降4%，但进口金额上升4%。

从中国和印度尼西亚进口的立式钢琴下滑，但从德国、欧盟和越南进口的钢琴数量增加；弦乐器进口量下滑3%，进口金额下降1%；打击乐器进口量增长4%，进口金额增长5%。

从印度尼西亚和越南进口的电子键盘乐器进口数量和金额分别增长14%和175%。从这两个国家进口的乐器价位多在1000日元至32000日元之间，说明其作为制造基地的作用在稳步增强。

乐器零售方面，2012年，据琴行反馈，三角钢琴、铜管乐器、小四弦琴、乐器配件销量增幅较大，但销售额和上年基本持平。调查还显示，比例超过50%的琴行认为业务下滑，其他琴行认为持平或略有增加；13家琴行反映销售较上年增长1%-5%。6家琴行表示增幅为6%-10%。9家琴行反馈增幅11%-20%；另一方面，19家琴行表示销售低于5%，10家琴行表示销售低于10%。

（评注：《日本音乐贸易》编辑Shuncho Mori）

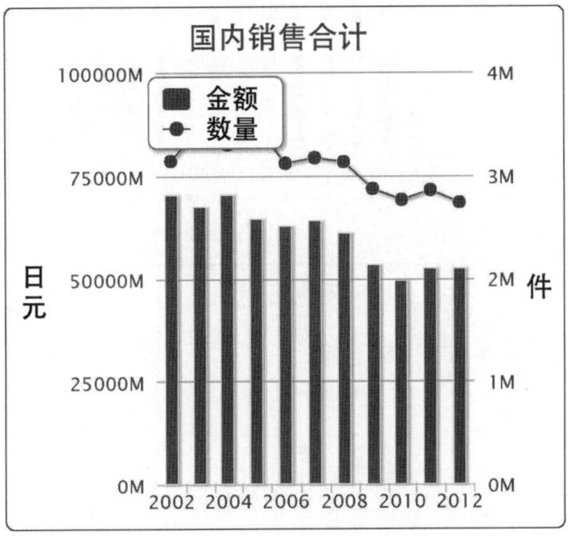


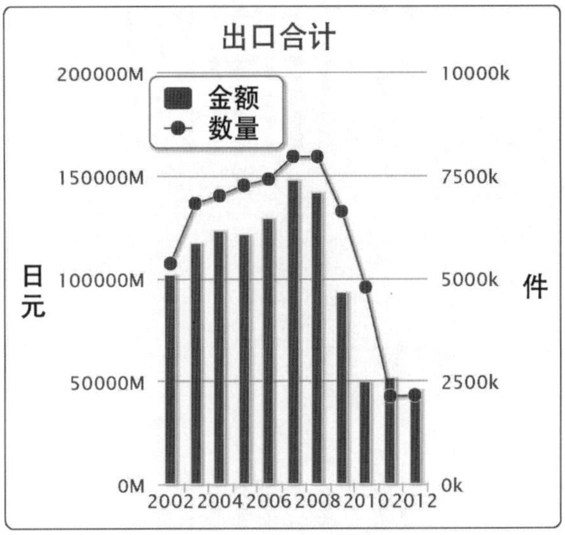


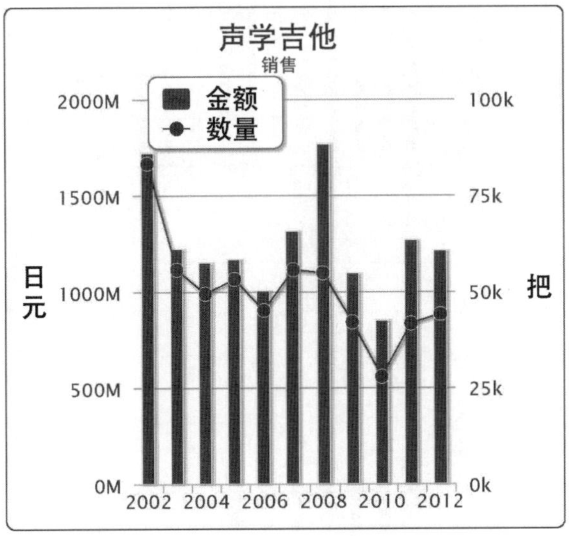


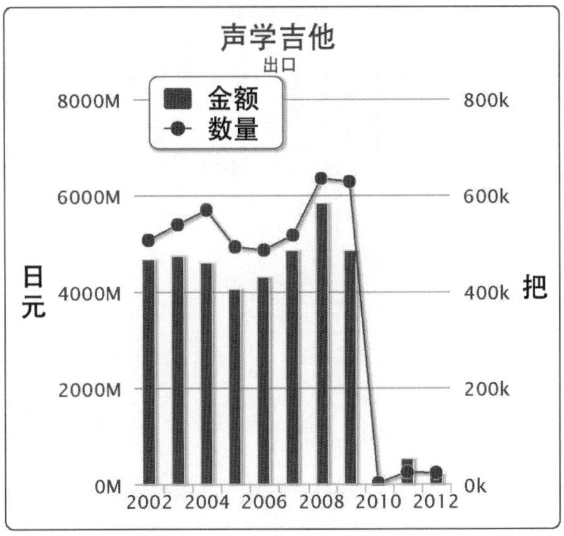

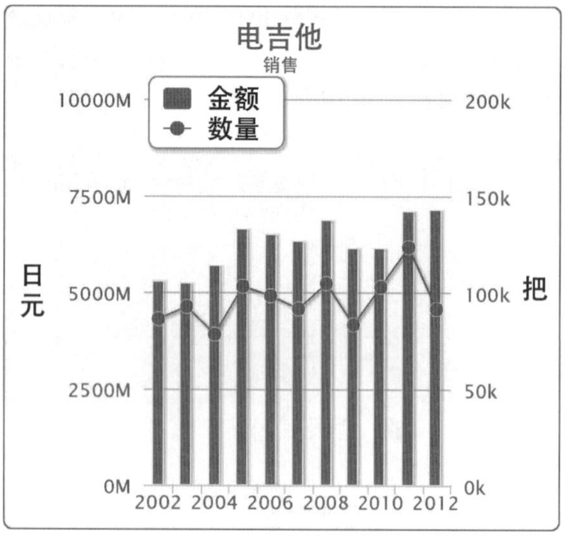
电吉他
销售
金额
数量
10000M
7500M
5000M
2500M
0M
200k
150k
100k
50k
0k
日元
把
2002 2004 2006 2008 2010 2012

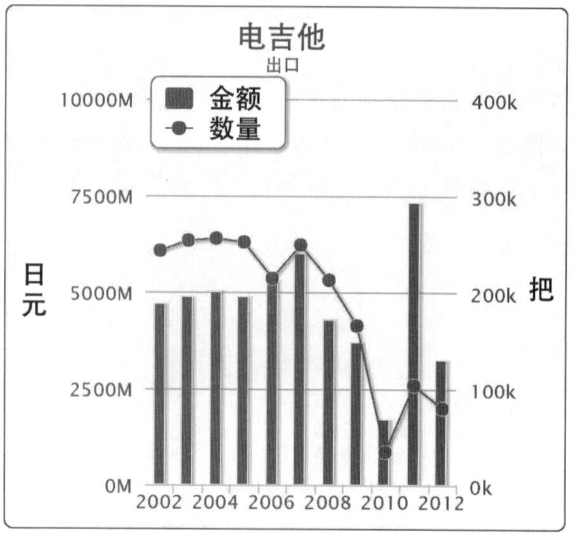
电吉他
出口
金额
数量
10000M
7500M
5000M
2500M
0M
400k
300k
200k
100k
0k
日元
把
2002 2004 2006 2008 2010 2012

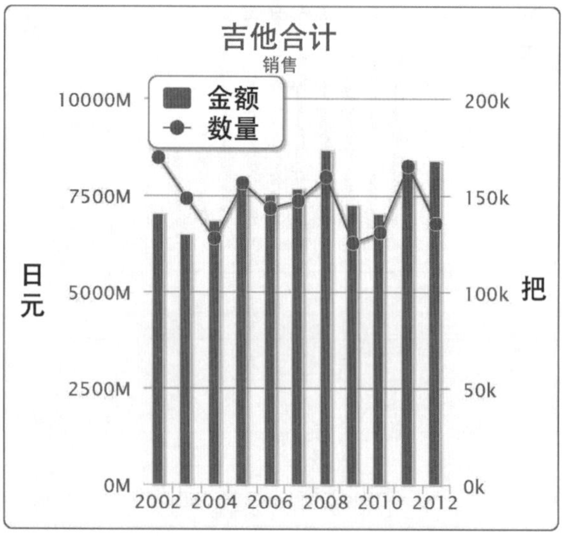
吉他合计
销售
金额
数量
10000M
7500M
5000M
2500M
0M
200k
150k
100k
50k
0k
日元
把
2002 2004 2006 2008 2010 2012

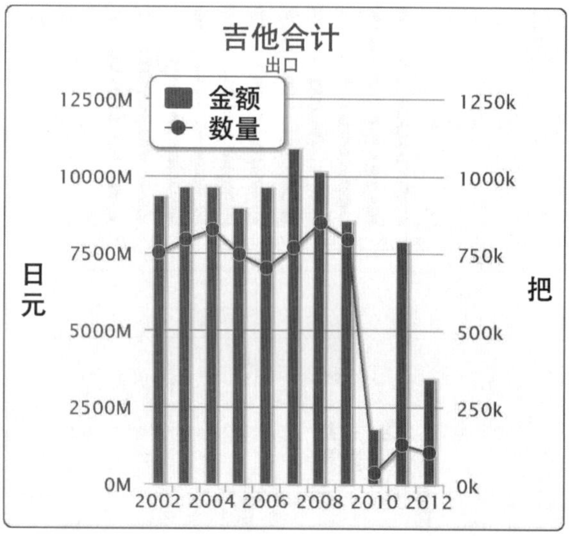
吉他合计
出口
金额
数量
12500M
10000M
7500M
5000M
2500M
0M
1250k
1000k
750k
500k
250k
0k
日元
把
2002 2004 2006 2008 2010 2012

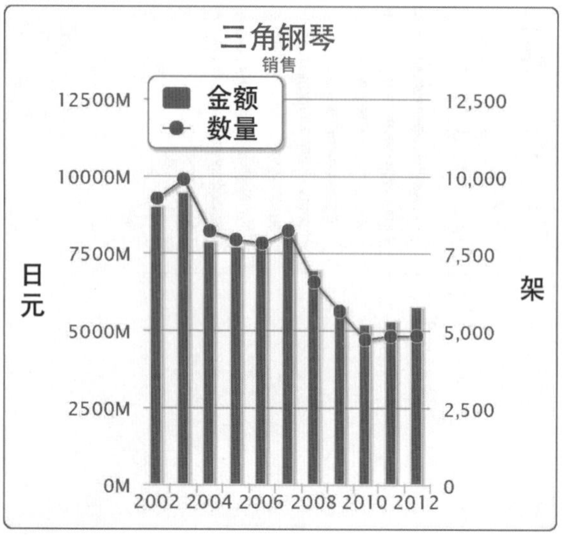
三角钢琴
销售
金额
数量
12500M
10000M
7500M
5000M
2500M
0M
12,500
10,000
7,500
5,000
2,500
0
日元
架
2002 2004 2006 2008 2010 2012

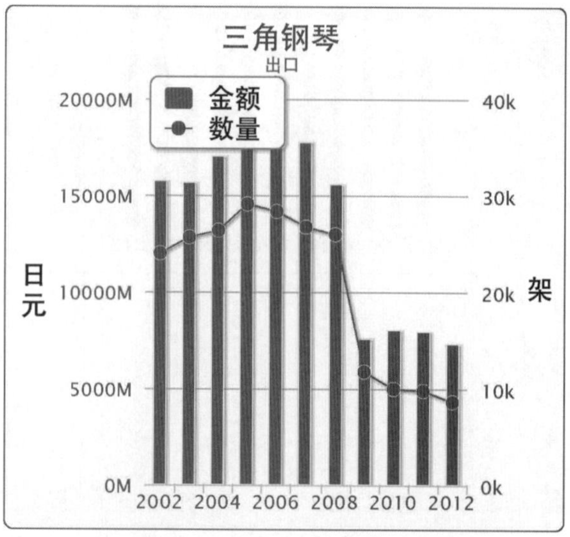
三角钢琴
出口
金额
数量
20000M
15000M
10000M
5000M
0M
40k
30k
20k
10k
0k
日元
架
2002 2004 2006 2008 2010 2012

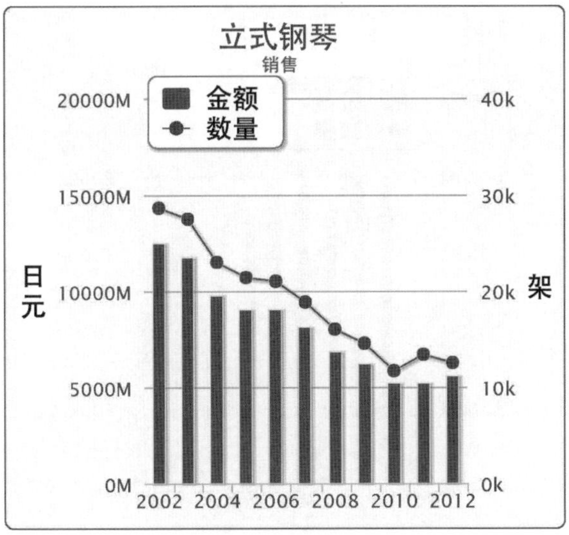
立式钢琴
销售
金额
数量
20000M
15000M
10000M
5000M
0M
日元
40k
30k
20k
10k
0k
架
2002 2004 2006 2008 2010 2012

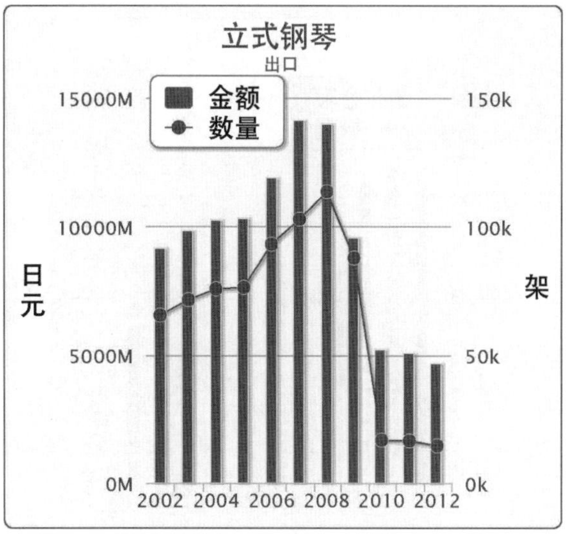
立式钢琴
出口
金额
数量
15000M
10000M
5000M
0M
日元
150k
100k
50k
0k
架
2002 2004 2006 2008 2010 2012

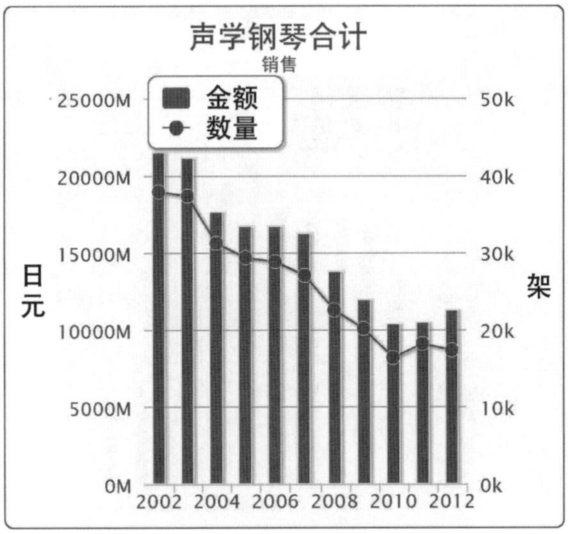
声学钢琴合计
销售
金额
数量
25000M
20000M
15000M
10000M
5000M
0M
日元
50k
40k
30k
20k
10k
0k
架
2002 2004 2006 2008 2010 2012

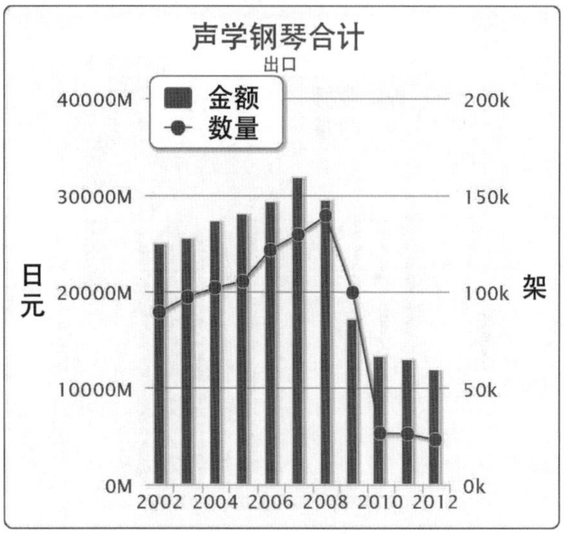
声学钢琴合计
出口
金额
数量
40000M
30000M
20000M
10000M
0M
日元
200k
150k
100k
50k
0k
架
2002 2004 2006 2008 2010 2012

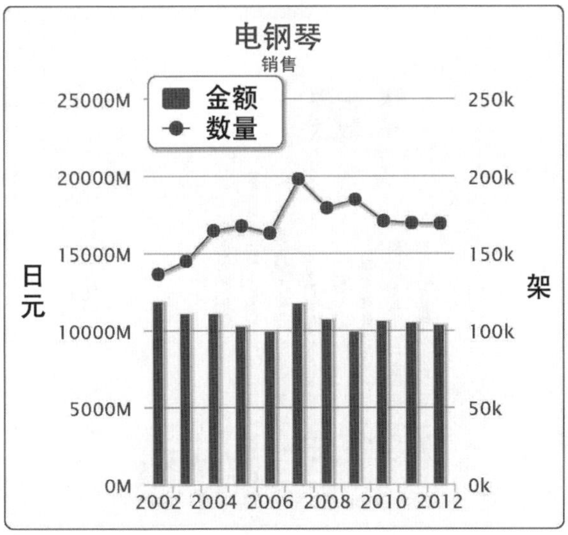
电钢琴
销售
金额
数量
25000M
20000M
15000M
10000M
5000M
0M
日元
250k
200k
150k
100k
50k
0k
架
2002 2004 2006 2008 2010 2012

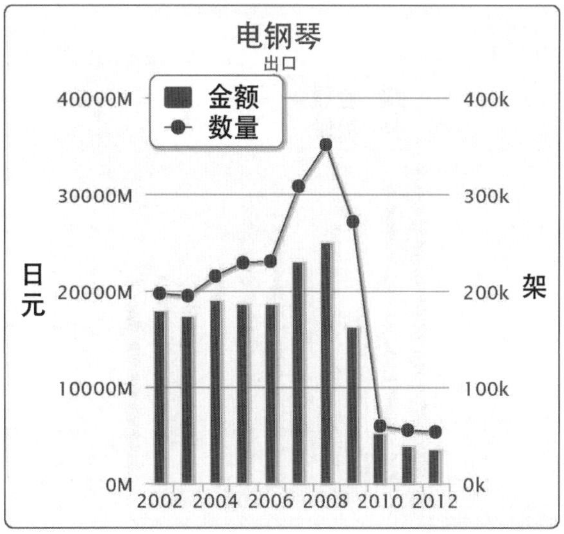
电钢琴
出口
金额
数量
40000M
30000M
20000M
10000M
0M
日元
400k
300k
200k
100k
0k
架
2002 2004 2006 2008 2010 2012

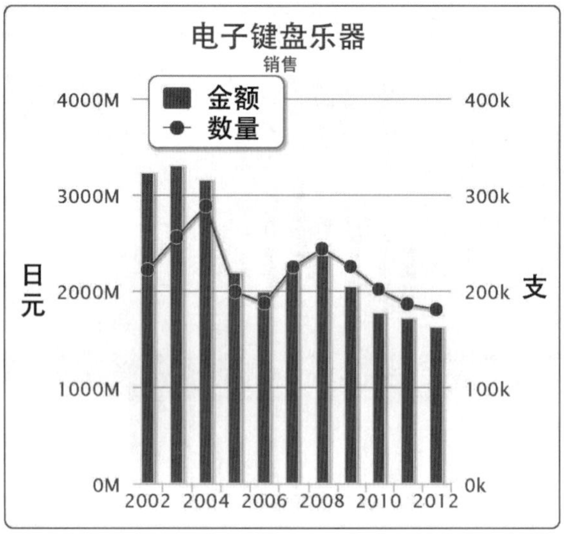
电子键盘乐器
销售
金额
数量
4000M
3000M
2000M
1000M
0M
日元
400k
300k
200k
100k
0k
支
2002 2004 2006 2008 2010 2012

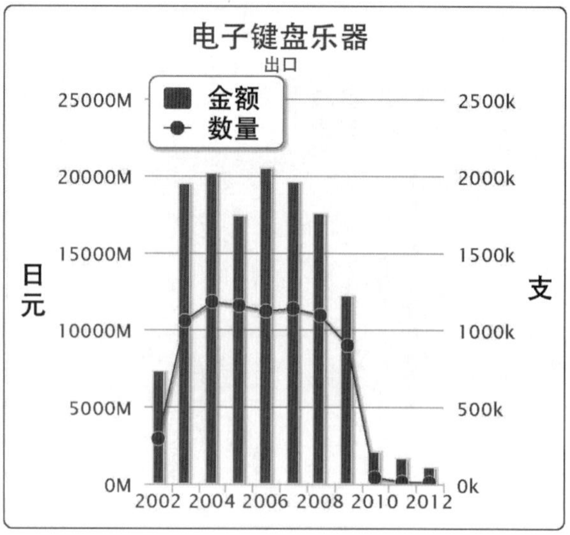
电子键盘乐器
出口
金额
数量
25000M
20000M
15000M
10000M
5000M
0M
日元
2500k
2000k
1500k
1000k
500k
0k
支
2002 2004 2006 2008 2010 2012

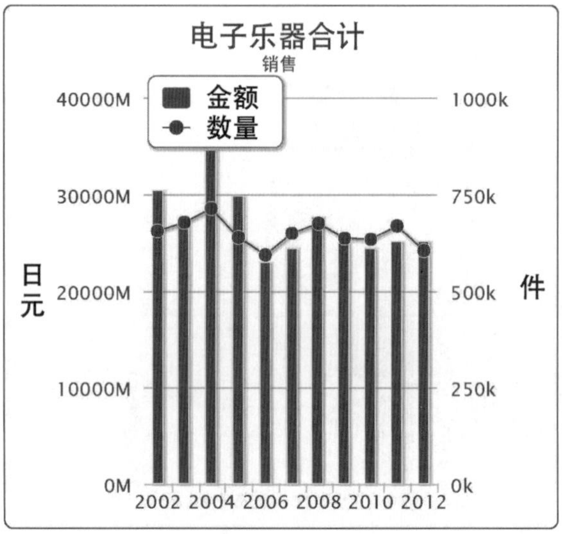
电子乐器合计
销售
金额
数量
40000M
30000M
20000M
10000M
0M
日元
1000k
750k
500k
250k
0k
件
2002 2004 2006 2008 2010 2012

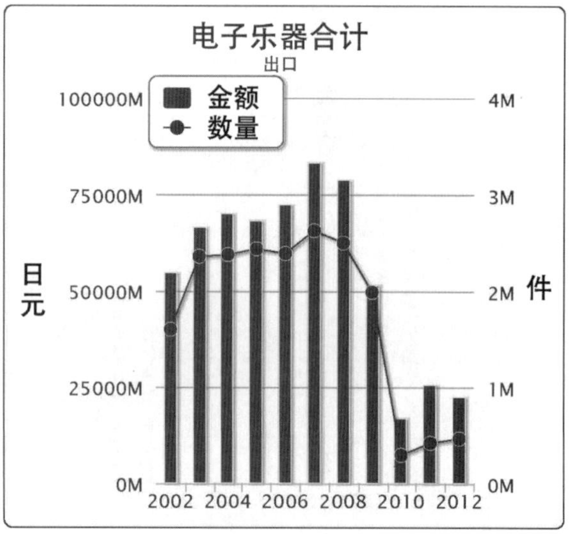
电子乐器合计
出口
金额
数量
100000M
75000M
50000M
25000M
0M
日元
4M
3M
2M
1M
0M
件
2002 2004 2006 2008 2010 2012

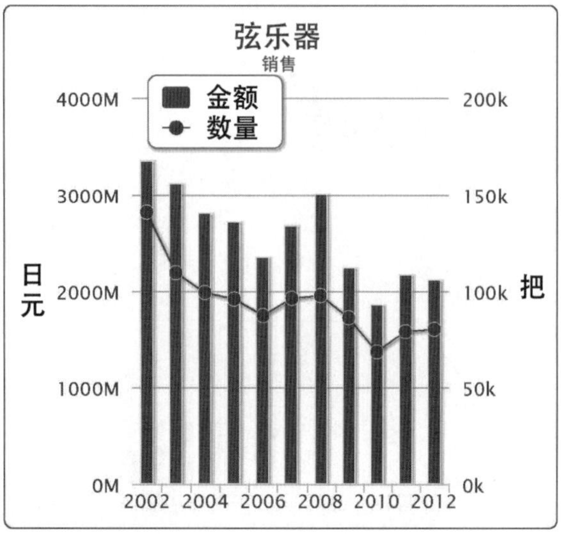
弦乐器
销售
金额
数量
4000M
3000M
2000M
1000M
0M
日元
200k
150k
100k
50k
0k
把
2002 2004 2006 2008 2010 2012

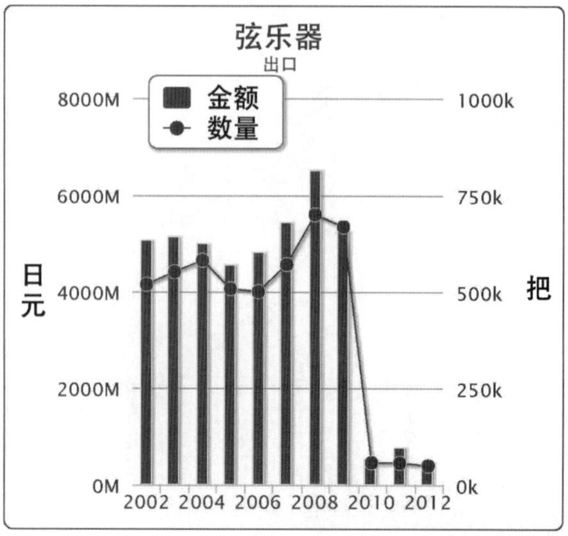
弦乐器
出口
金额
数量
8000M
6000M
4000M
2000M
0M
日元
1000k
750k
500k
250k
0k
把
2002 2004 2006 2008 2010 2012

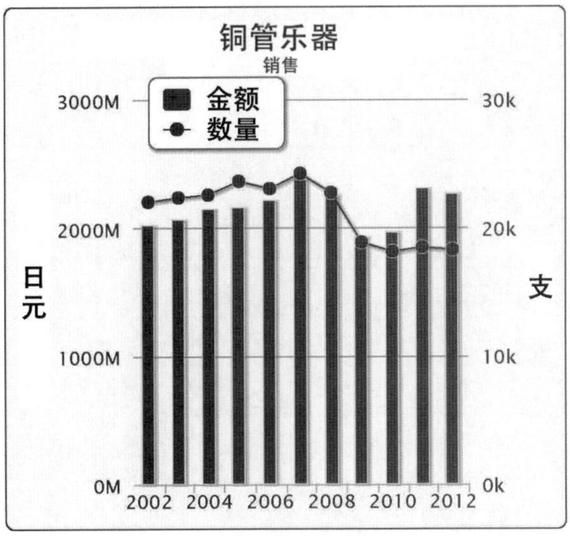
铜管乐器
销售
金额
数量
3000M
2000M
1000M
0M
30k
20k
10k
0k
日元
支
2002 2004 2006 2008 2010 2012

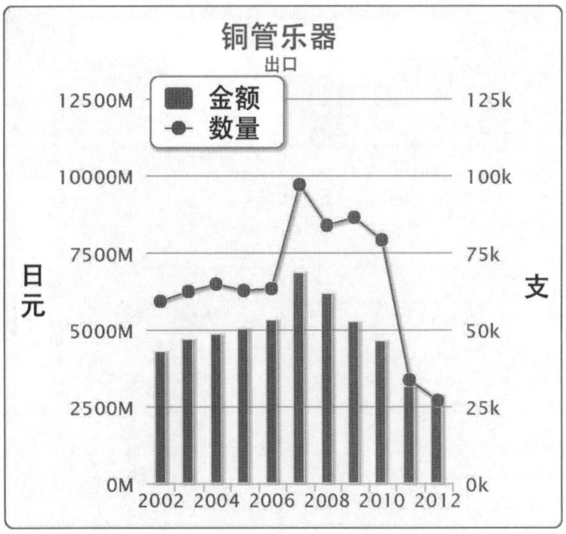
铜管乐器
出口
金额
数量
12500M
10000M
7500M
5000M
2500M
0M
125k
100k
75k
50k
25k
0k
日元
支
2002 2004 2006 2008 2010 2012

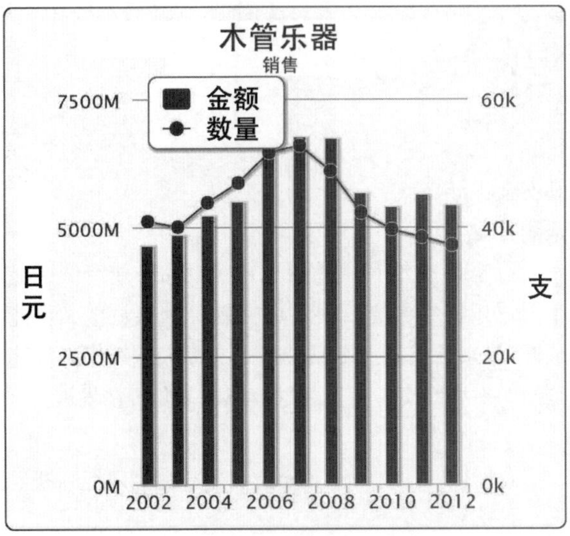
木管乐器
销售
金额
数量
7500M
5000M
2500M
0M
60k
40k
20k
0k
日元
支
2002 2004 2006 2008 2010 2012

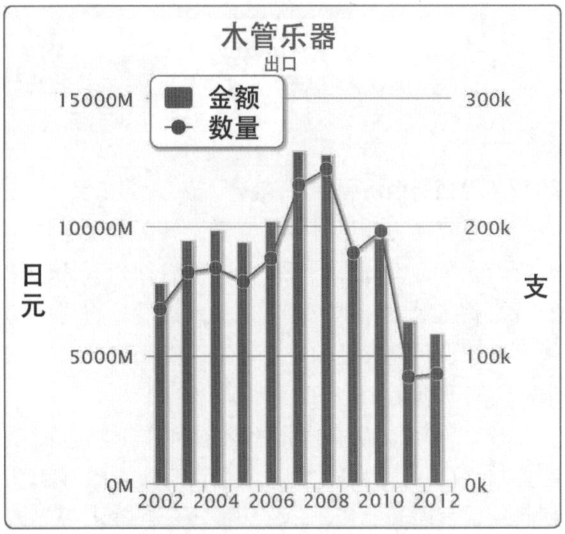
木管乐器
出口
金额
数量
15000M
10000M
5000M
0M
300k
200k
100k
0k
日元
支
2002 2004 2006 2008 2010 2012

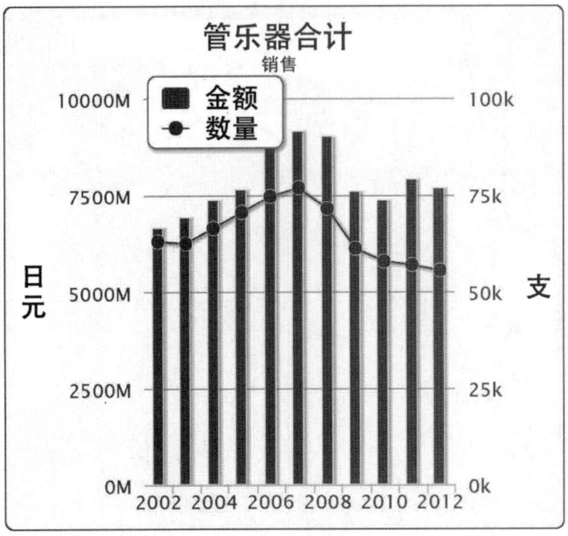
管乐器合计
销售
金额
数量
10000M
7500M
5000M
2500M
0M
100k
75k
50k
25k
0k
日元
支
2002 2004 2006 2008 2010 2012

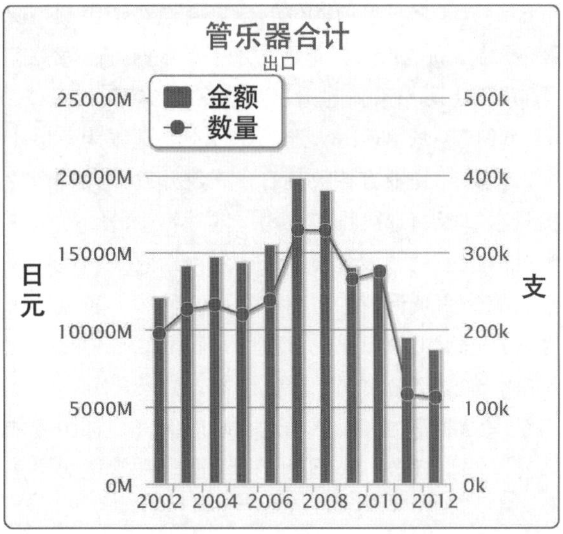
管乐器合计
出口
金额
数量
25000M
20000M
15000M
10000M
5000M
0M
500k
400k
300k
200k
100k
0k
日元
支
2002 2004 2006 2008 2010 2012

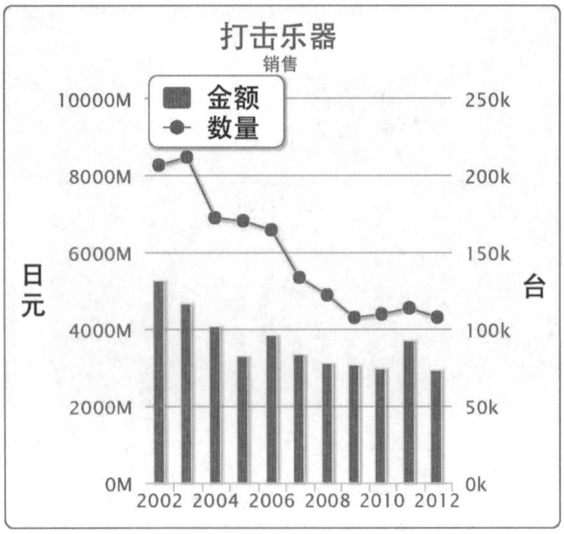


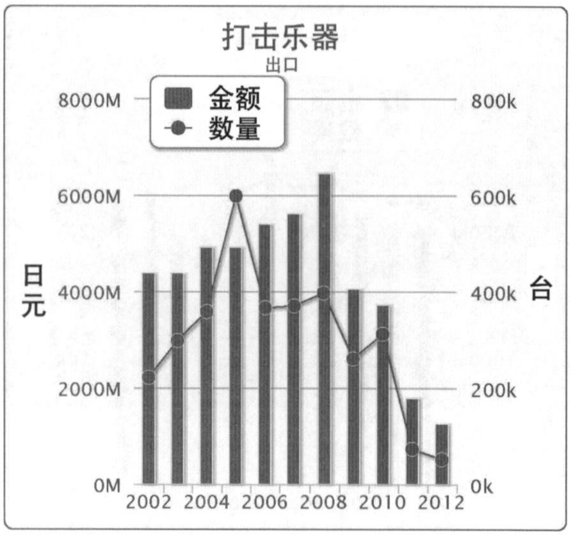


# 墨西哥

**2012年墨西哥经济稳定**

由于劳动力和原材料等成本上升影响到中国制造业的竞争力，墨西哥或成为中国候补，成为制造商新的关注对象。制造商重返墨西哥后，将无需跨越太平洋支付高额运输成本，不仅能满足其生产需求，还能迅速发货，有助于增加出口。

2012年初，从全球范围来看利率下降，而墨西哥却相反，这种稳定的宏观经济环境有效吸引了外商投资。而到2012年年底，受美国和欧洲等墨西哥主要出口国家和地区经济持续疲软影响，墨西哥经济放缓。排名前80位的出口商抱怨销售额下降4%-5%，同比低于去年平均水平。墨西哥比索兑美元的汇率出现变化，也对出口造成了影响。

2012年是墨西哥大选年，各主要党派为争取上台，从联邦到地方各级政府，兴建开发了大量商业投资项目吸引选民投票，为国内外不少公司提供了商机。但很遗憾多数项目未达到预期效果；还有一个影响墨西哥形象的是高犯罪率。虽然上届政府一直在打击有组织犯罪，但在民众眼里似乎力度仍然不够，加之部分官员、警察腐败，致使墨西哥各地有组织犯罪率居高不下，对现政府而言，打击犯罪依然是艰巨任务，起码要让来墨游客和常住居民感到安全、舒心。

**乐器行业**

截至2012年底，墨西哥音乐制品行业产值明显下滑，乐器经销商反映市场疲软，销售放缓，可能是近5年来的最低点。据分析，党派大选和出口低迷是两大主要因素，而且将继续影响来年经济发展。

（评注：Casa Veerkamp公司董事总经理托马斯）

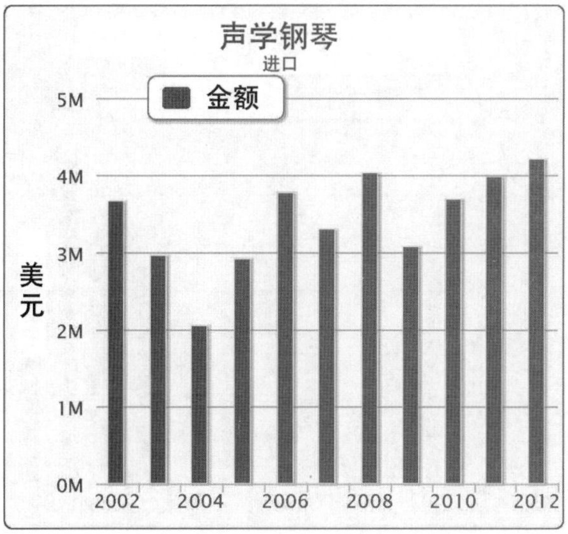
声学钢琴
进口
金额
5M
4M
3M
2M
1M
0M
美元
2002
2004
2006
2008
2010
2012

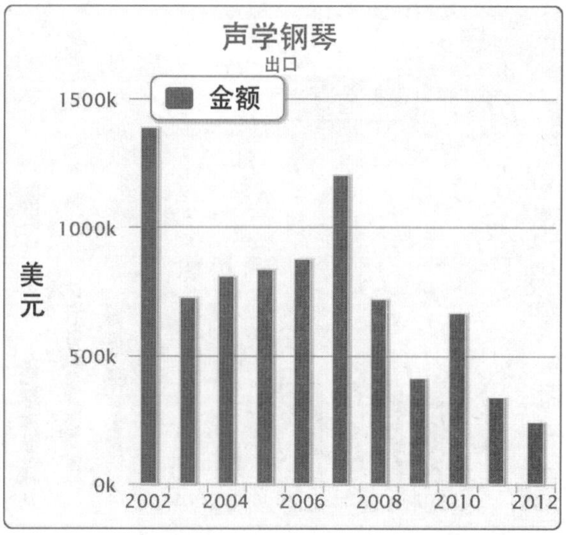
声学钢琴
出口
金额
1500k
1000k
500k
0k
美元
2002
2004
2006
2008
2010
2012

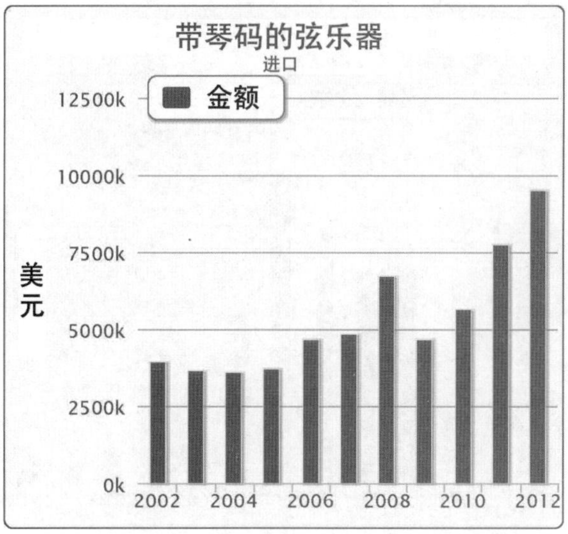
带琴码的弦乐器
进口
金额
12500k
10000k
7500k
5000k
2500k
0k
美元
2002
2004
2006
2008
2010
2012

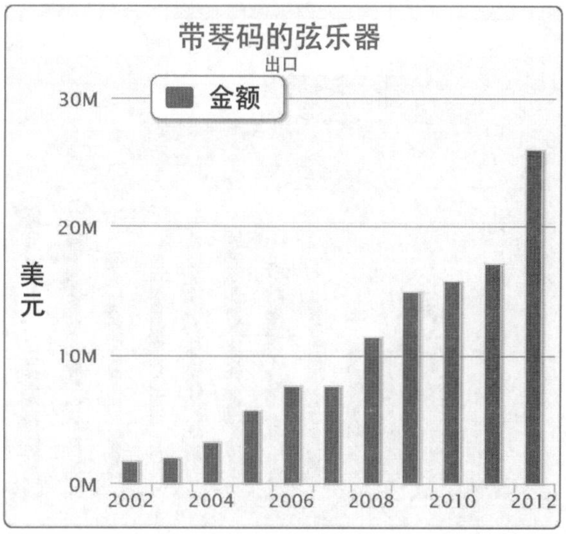
带琴码的弦乐器
出口
金额
30M
20M
10M
0M
美元
2002
2004
2006
2008
2010
2012

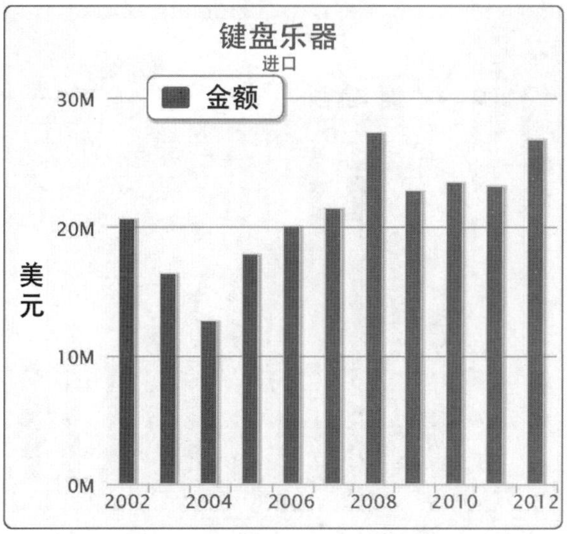
键盘乐器
进口
金额
30M
20M
10M
0M
美元
2002
2004
2006
2008
2010
2012

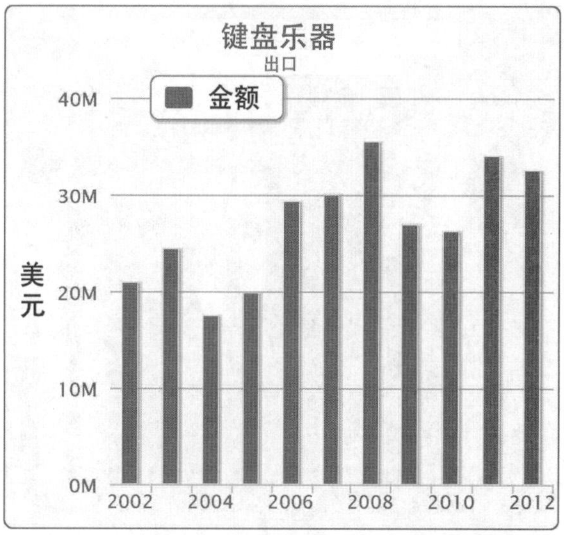
键盘乐器
出口
金额
40M
30M
20M
10M
0M
美元
2002
2004
2006
2008
2010
2012

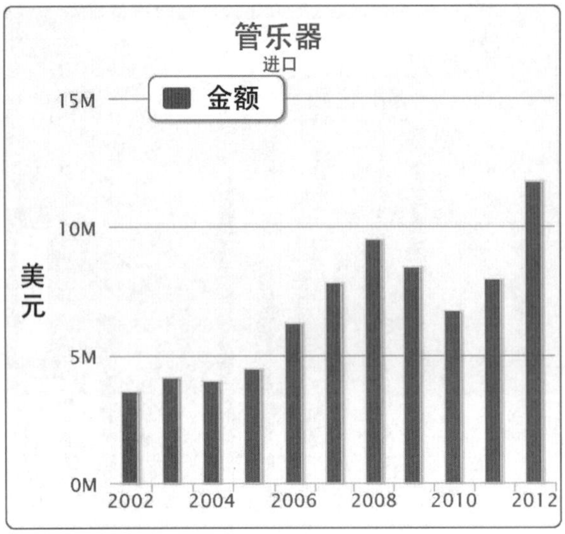
管乐器
进口
金额
15M
10M
5M
0M
美元
2002
2004
2006
2008
2010
2012

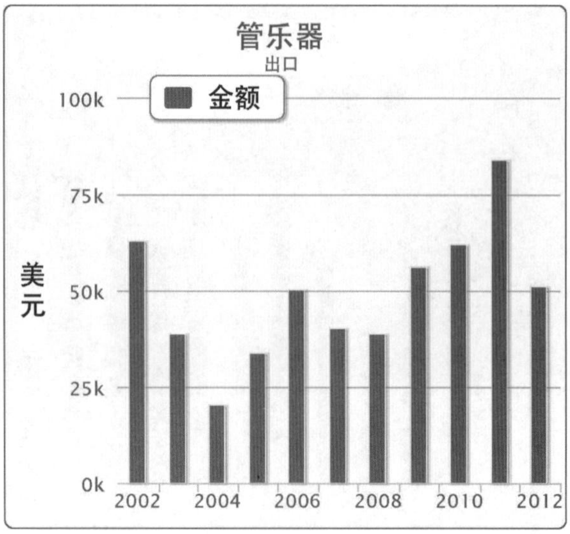
管乐器
出口
金额
100k
75k
50k
25k
0k
美元
2002
2004
2006
2008
2010
2012

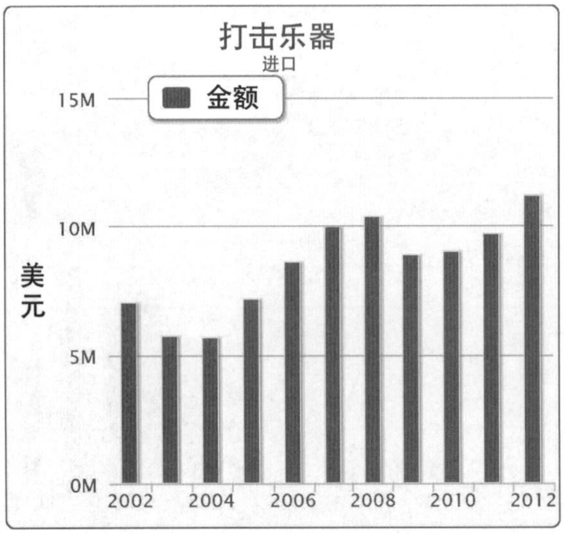
打击乐器
进口
金额
15M
10M
5M
0M
美元
2002
2004
2006
2008
2010
2012

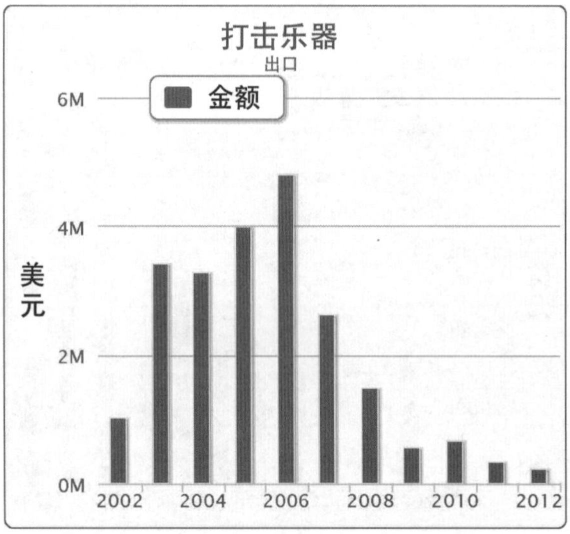
打击乐器
出口
金额
6M
4M
2M
0M
美元
2002
2004
2006
2008
2010
2012

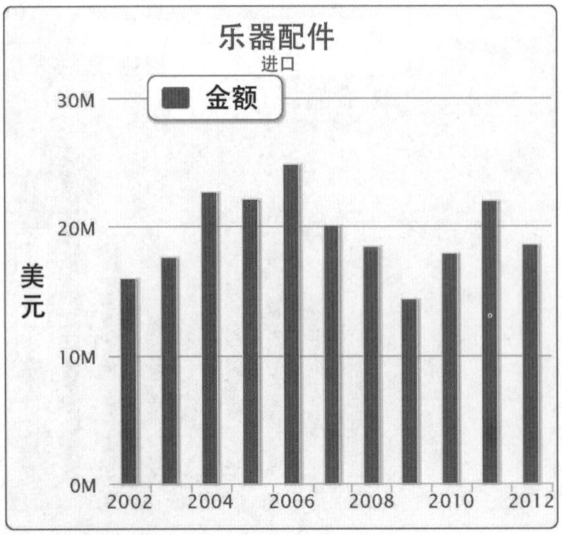
乐器配件
进口
金额
30M
20M
10M
0M
美元
2002
2004
2006
2008
2010
2012

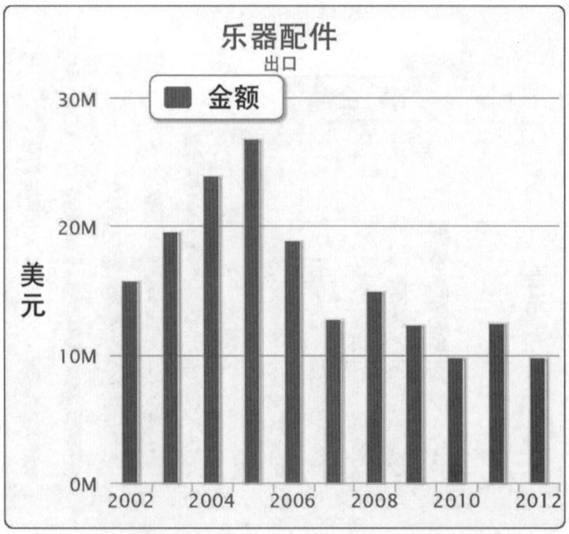
乐器配件
出口
金额
30M
20M
10M
0M
美元
2002
2004
2006
2008
2010
2012

# 挪　威

欧债危机愈加严重，部分敏感出口产品价格不断下滑，而油价一直保持高位，加之全球经济增长乏力，影响了挪威经济。传统商品出口增幅趋零。因经济增长外部需求较弱，挪威经济能否避免衰退，在很大程度上依赖国内需求。

欧洲其他国家房价下跌并面临较高债务风险，挪威可通过调整货币和财政政策，积极引导居民消费和房地产投资，从而带动经济强劲增长。

相对而言，挪威居民家庭负债比率较高，如果利率提高会影响许多家庭实际购买力。与其他国家相比，挪威失业率相对稳定，约为3.3%。

乐谱出版市场

挪威乐谱出版协会（NMFF）设立了办公室，招聘了具备法律背景的专业全职员工，协会发展步入新阶段，专业化程度越来越高。和音乐制品其他门类相似，挪威传统乐谱出版业务有所下滑，但数字乐谱销售异军突起弥补了传统业务下滑，有理由相信乐谱出版市场前景还是乐观的。

（评注：挪威乐器分销协会Bergerskogen）

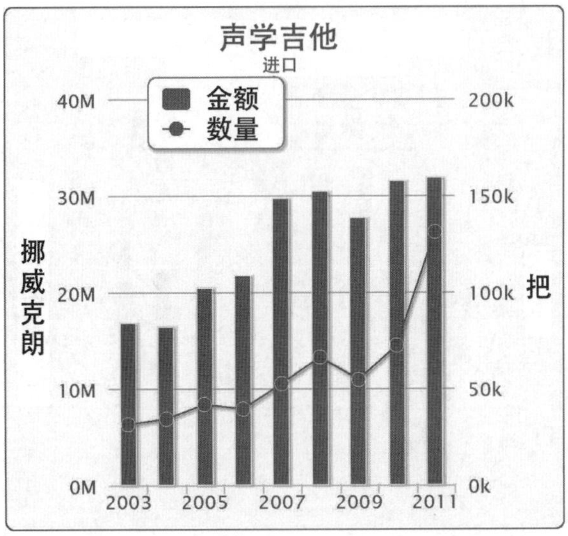


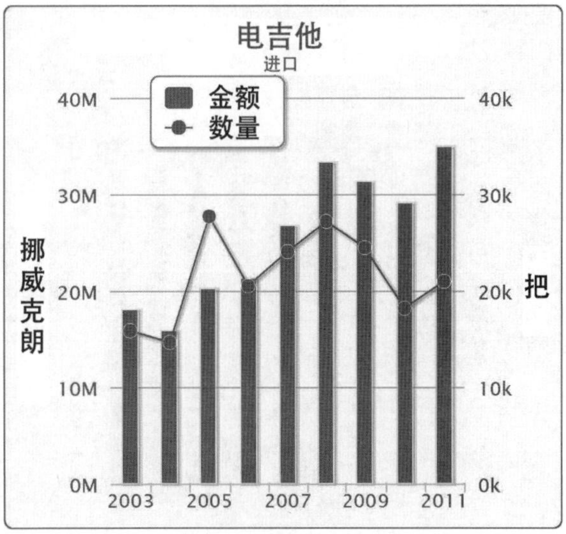


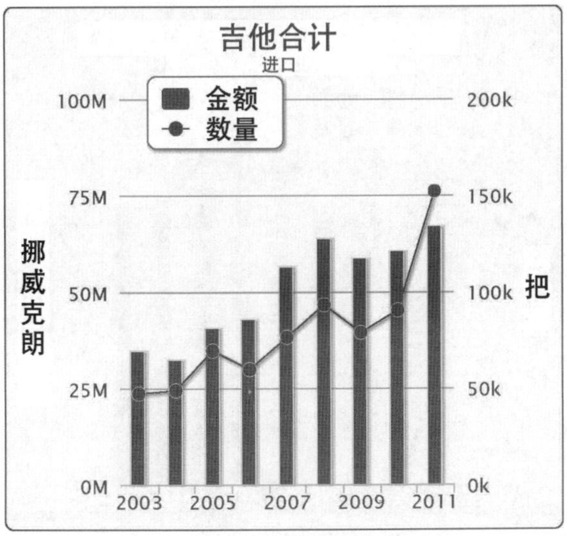


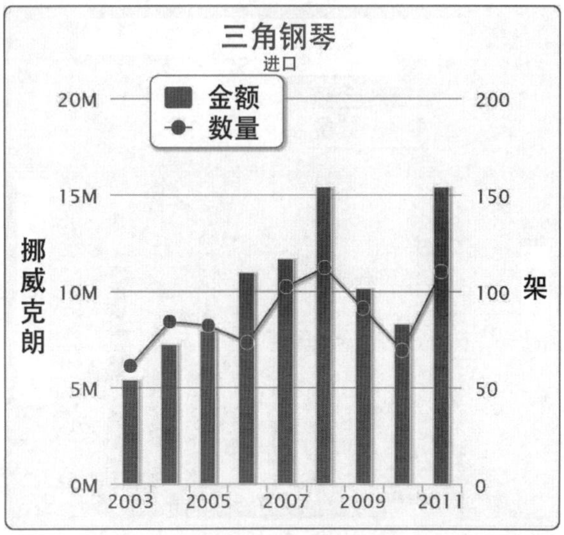

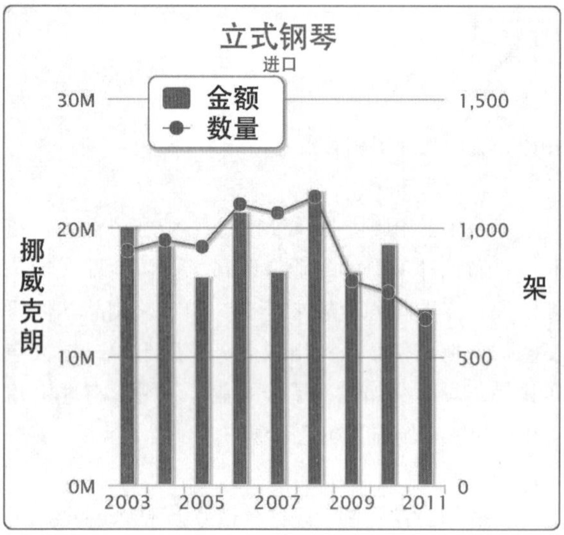
立式钢琴
进口
金额
数量
30M
20M
10M
0M
1,500
1,000
500
0
挪威克朗
架
2003
2005
2007
2009
2011

数码钢琴
进口
金额
数量
25M
20M
15M
10M
5M
0M
5k
4k
3k
2k
1k
0k
挪威克朗
架
2003
2005
2007
2009
2011

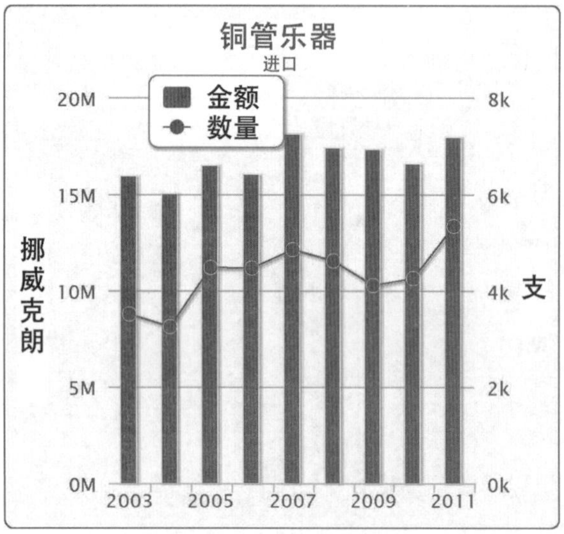
铜管乐器
进口
金额
数量
20M
15M
10M
5M
0M
8k
6k
4k
2k
0k
挪威克朗
支
2003
2005
2007
2009
2011

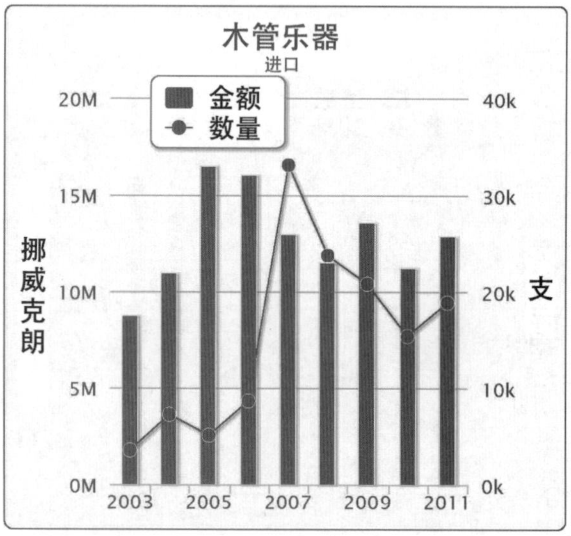
木管乐器
进口
金额
数量
20M
15M
10M
5M
0M
40k
30k
20k
10k
0k
挪威克朗
支
2003
2005
2007
2009
2011

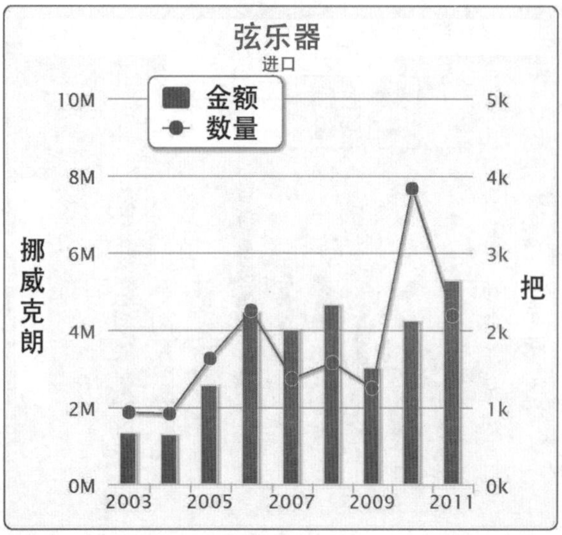
弦乐器
进口
金额
数量
10M
8M
6M
4M
2M
0M
5k
4k
3k
2k
1k
0k
挪威克朗
把
2003
2005
2007
2009
2011

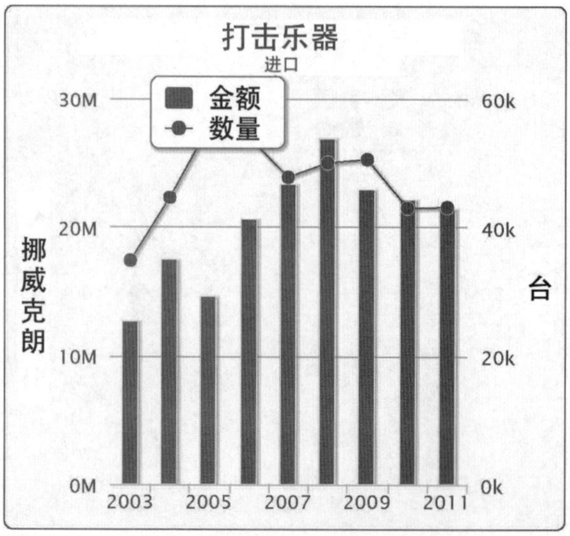
打击乐器
进口
金额
数量
30M
20M
10M
0M
60k
40k
20k
0k
挪威克朗
台
2003
2005
2007
2009
2011

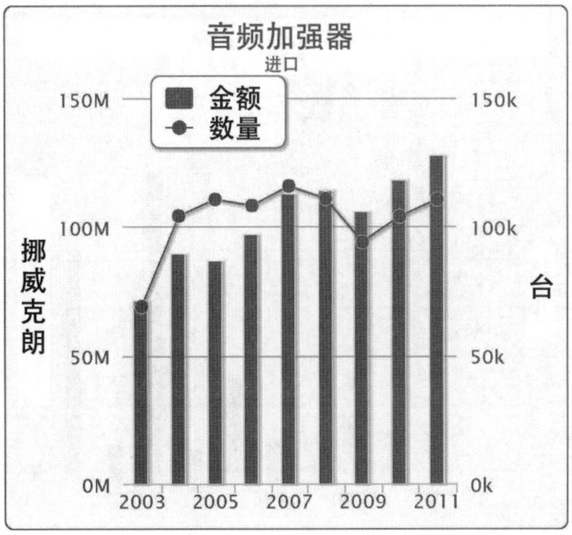


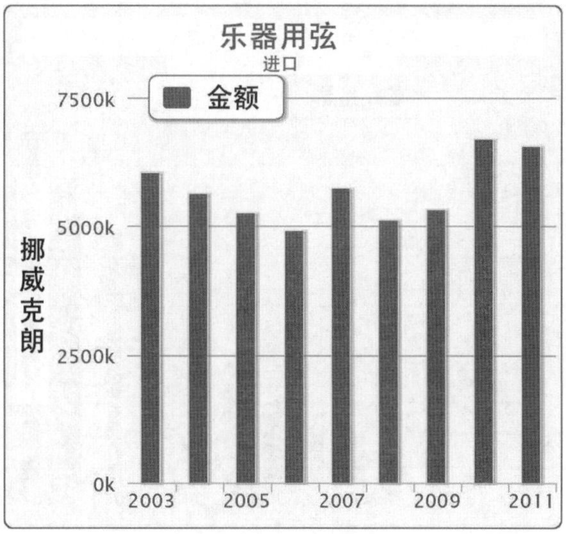


# 俄罗斯

以下数据由俄罗斯海关提供：2012年俄罗斯音响制品、灯光、录音设备销售额为36236396美元；麦克风、耳机、功放销售额为439,661,622美元；乐器销售额82,407,859美元；总计558,305,877美元。

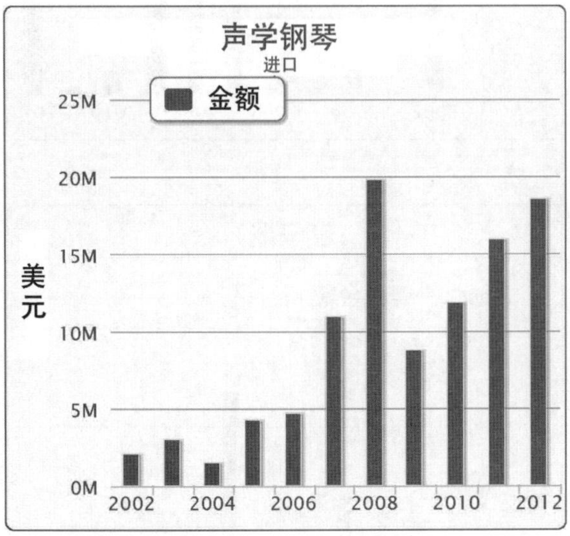


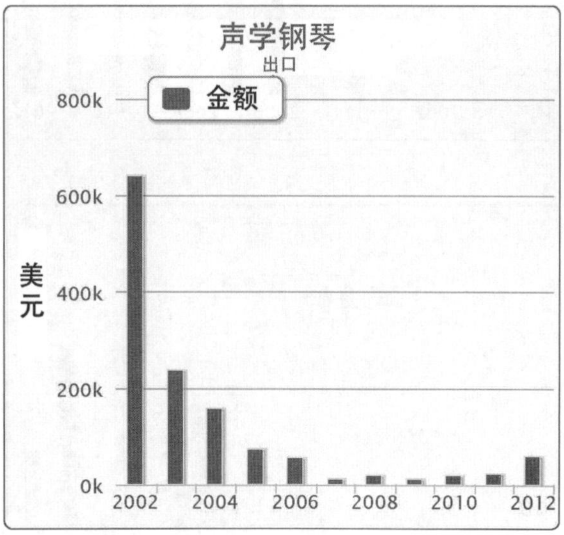

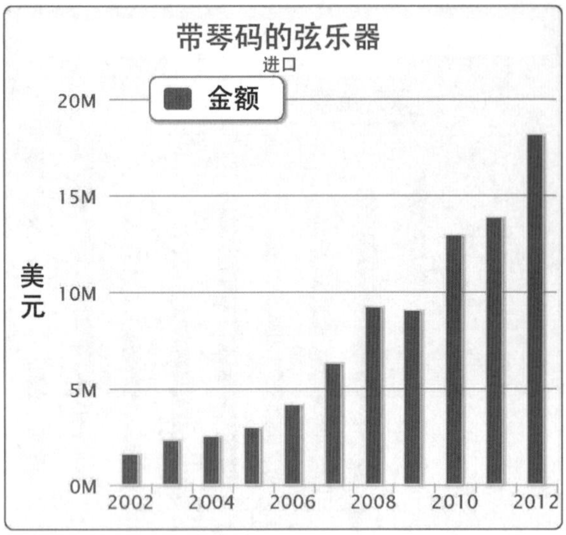
带琴码的弦乐器
进口
金额
美元
20M
15M
10M
5M
0M
2002
2004
2006
2008
2010
2012

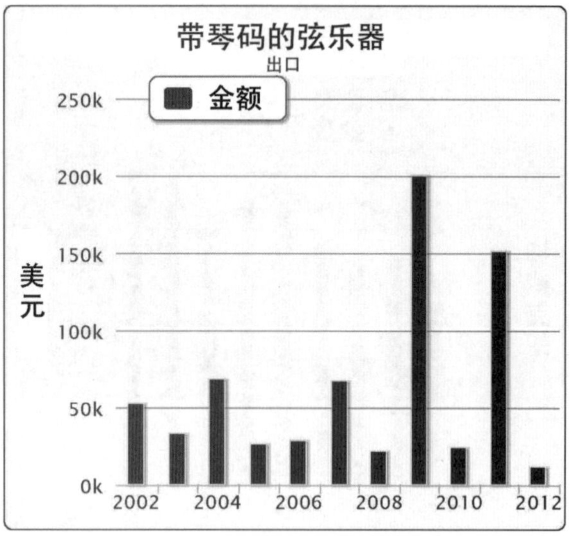
带琴码的弦乐器
出口
金额
美元
250k
200k
150k
100k
50k
0k
2002
2004
2006
2008
2010
2012

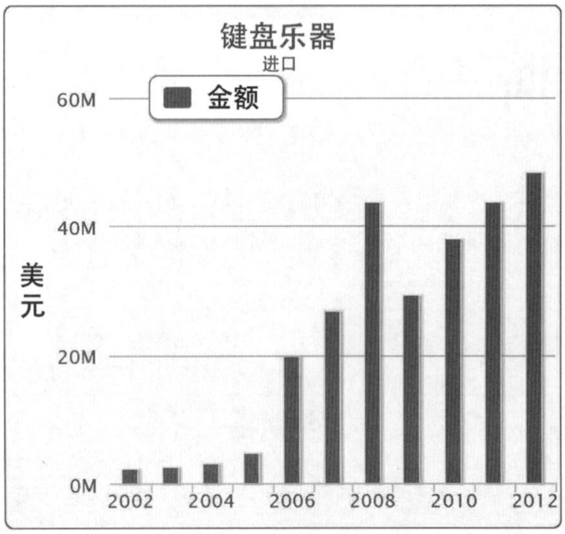
键盘乐器
进口
金额
美元
60M
40M
20M
0M
2002
2004
2006
2008
2010
2012

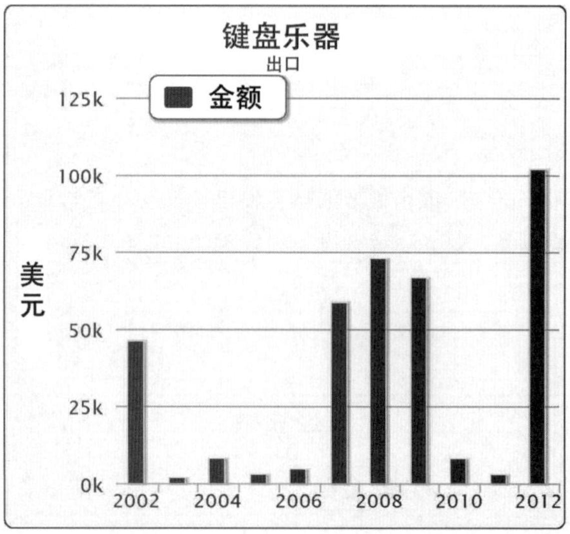
键盘乐器
出口
金额
美元
125k
100k
75k
50k
25k
0k
2002
2004
2006
2008
2010
2012

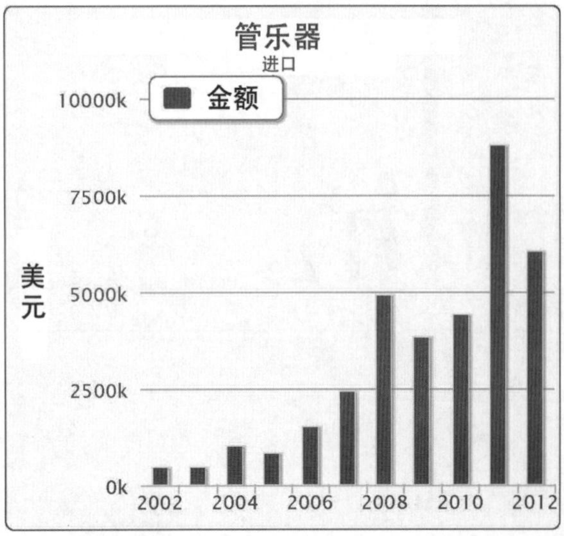
管乐器
进口
金额
美元
10000k
7500k
5000k
2500k
0k
2002
2004
2006
2008
2010
2012

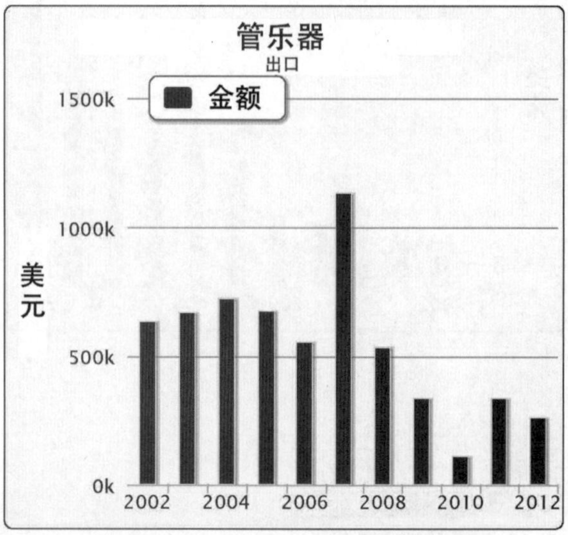
管乐器
出口
金额
美元
1500k
1000k
500k
0k
2002
2004
2006
2008
2010
2012

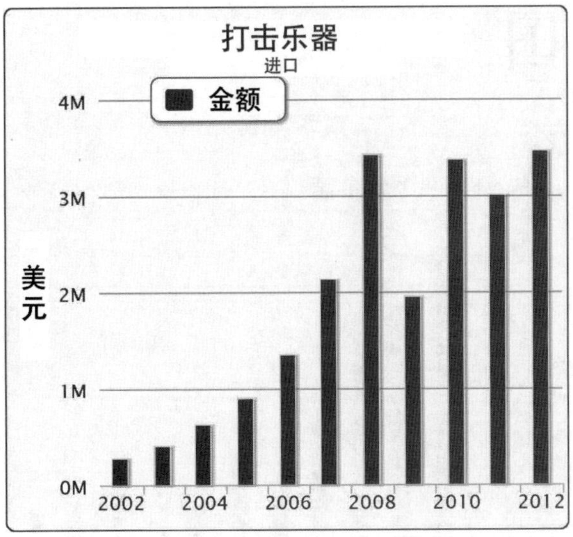
打击乐器
进口
金额
4M
3M
2M
1M
0M
美元
2002
2004
2006
2008
2010
2012

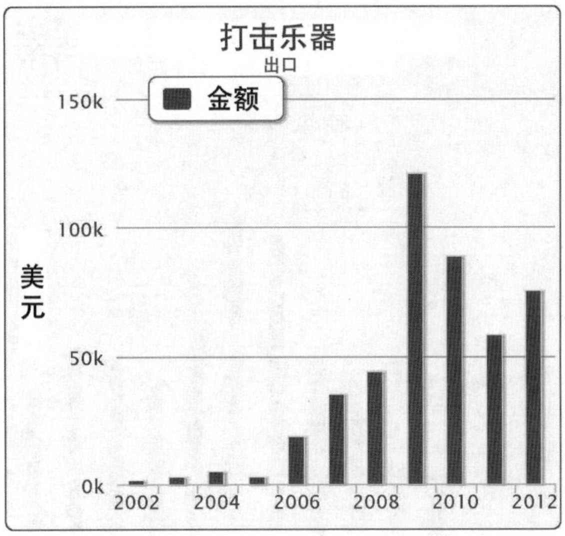
打击乐器
出口
金额
150k
100k
50k
0k
美元
2002
2004
2006
2008
2010
2012

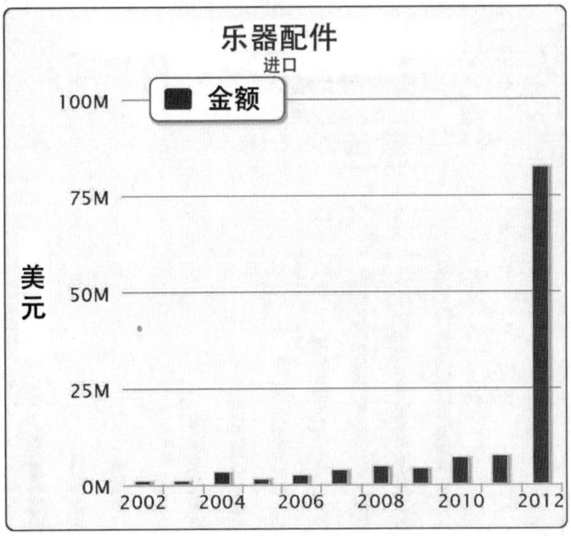
乐器配件
进口
金额
100M
75M
50M
25M
0M
美元
2002
2004
2006
2008
2010
2012

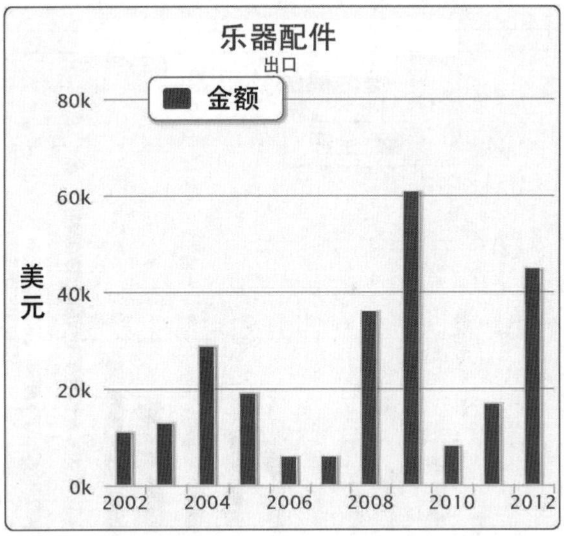
乐器配件
出口
金额
80k
60k
40k
20k
0k
美元
2002
2004
2006
2008
2010
2012

# 韩 国

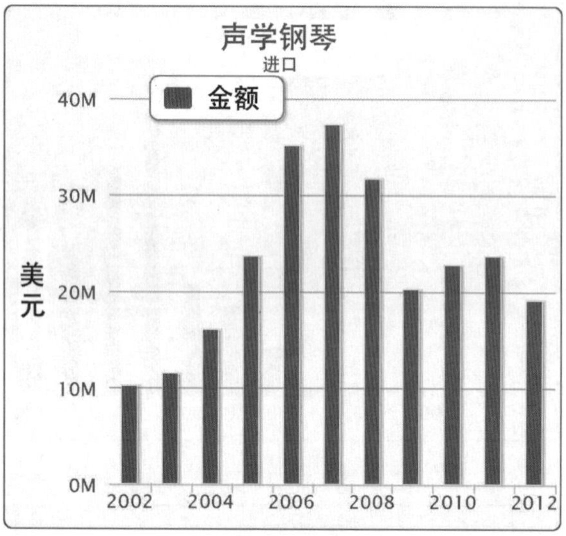
声学钢琴
进口
金额
美元
40M
30M
20M
10M
0M
2002
2004
2006
2008
2010
2012

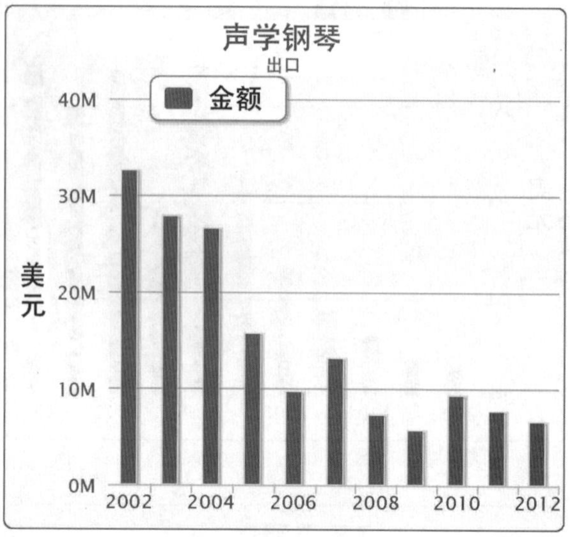
声学钢琴
出口
金额
美元
40M
30M
20M
10M
0M
2002
2004
2006
2008
2010
2012

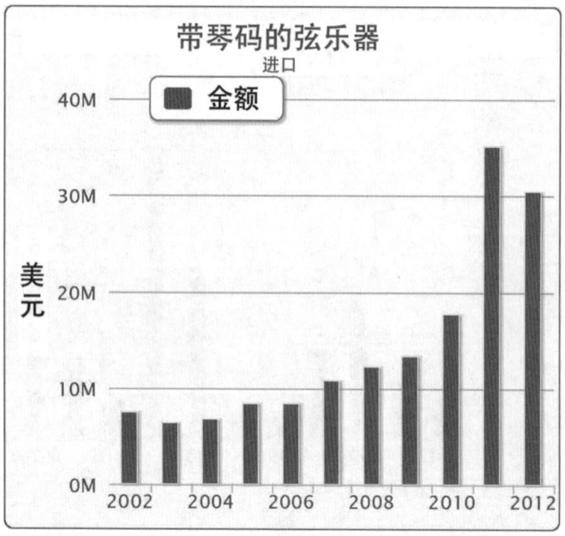
带琴码的弦乐器
进口
金额
美元
40M
30M
20M
10M
0M
2002
2004
2006
2008
2010
2012

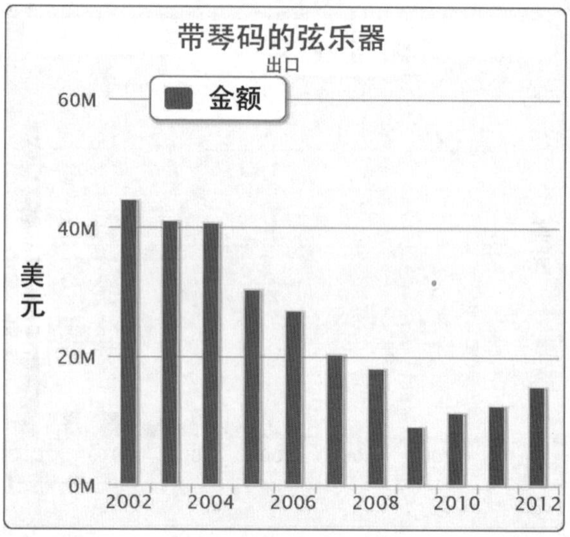
带琴码的弦乐器
出口
金额
美元
60M
40M
20M
0M
2002
2004
2006
2008
2010
2012

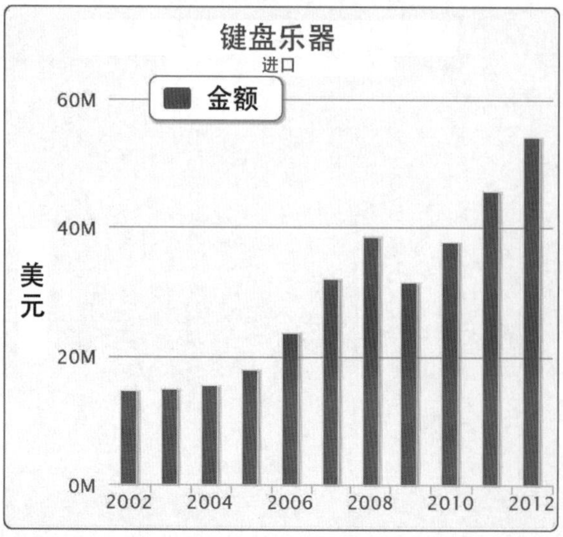
键盘乐器
进口
金额
美元
60M
40M
20M
0M
2002
2004
2006
2008
2010
2012

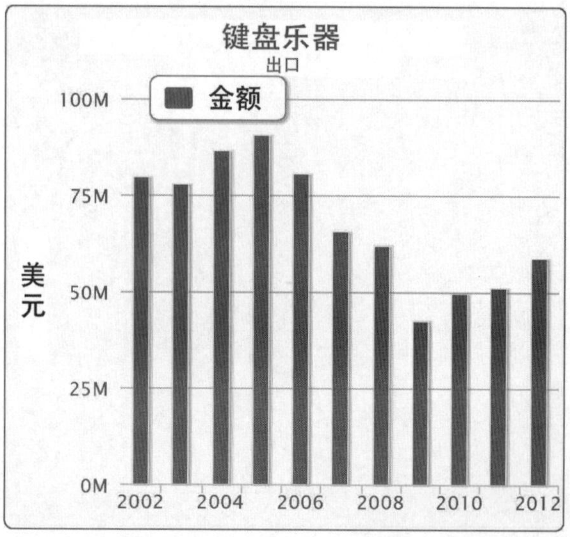
键盘乐器
出口
金额
美元
100M
75M
50M
25M
0M
2002
2004
2006
2008
2010
2012

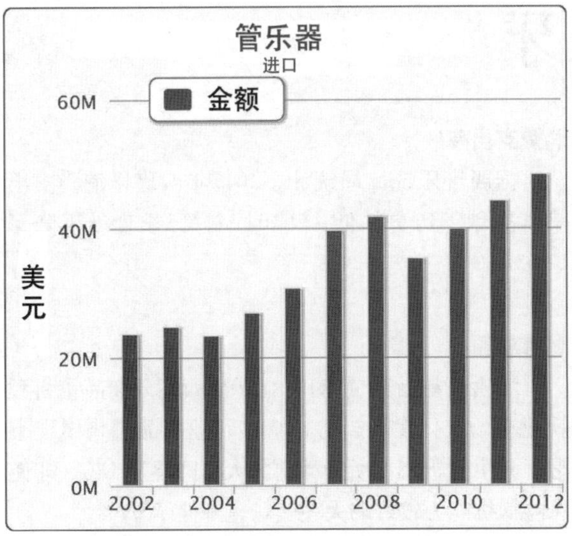
管乐器
进口
金额
60M
40M
20M
0M
美元
2002
2004
2006
2008
2010
2012

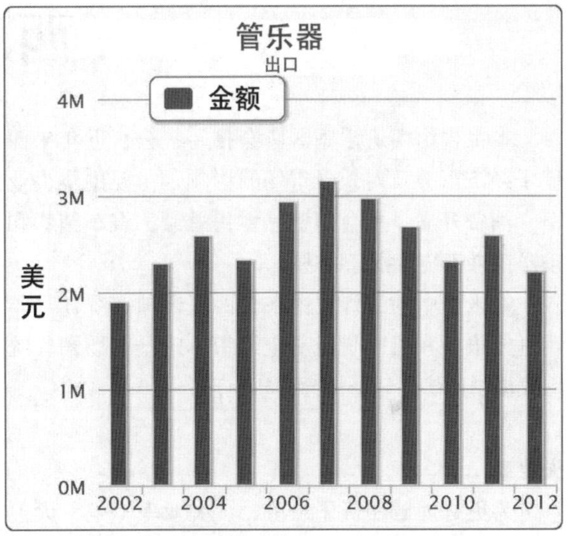
管乐器
出口
金额
4M
3M
2M
1M
0M
美元
2002
2004
2006
2008
2010
2012

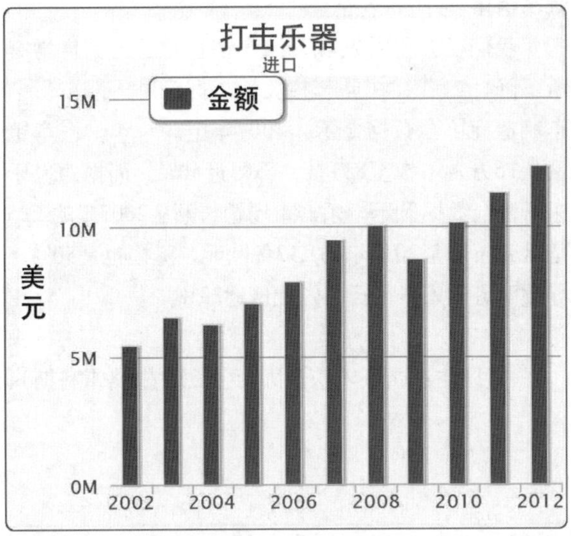
打击乐器
进口
金额
15M
10M
5M
0M
美元
2002
2004
2006
2008
2010
2012

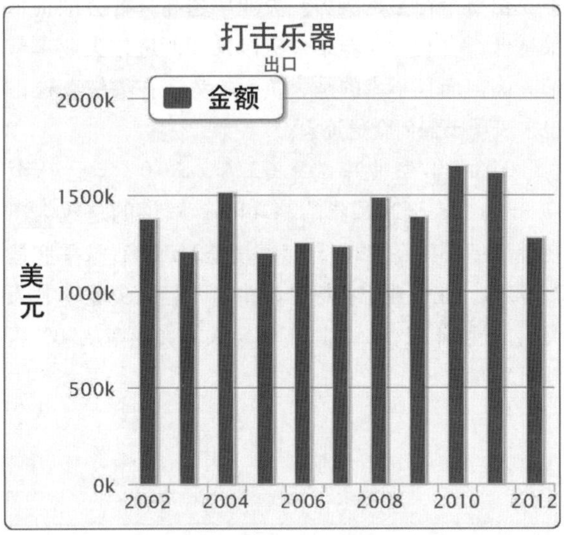
打击乐器
出口
金额
2000k
1500k
1000k
500k
0k
美元
2002
2004
2006
2008
2010
2012

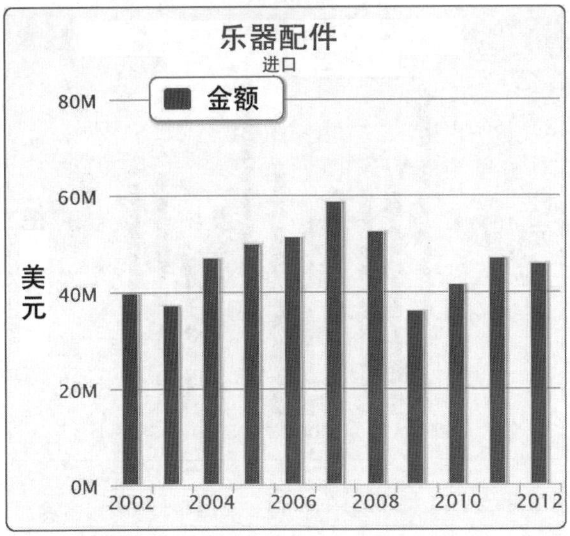
乐器配件
进口
金额
80M
60M
40M
20M
0M
美元
2002
2004
2006
2008
2010
2012

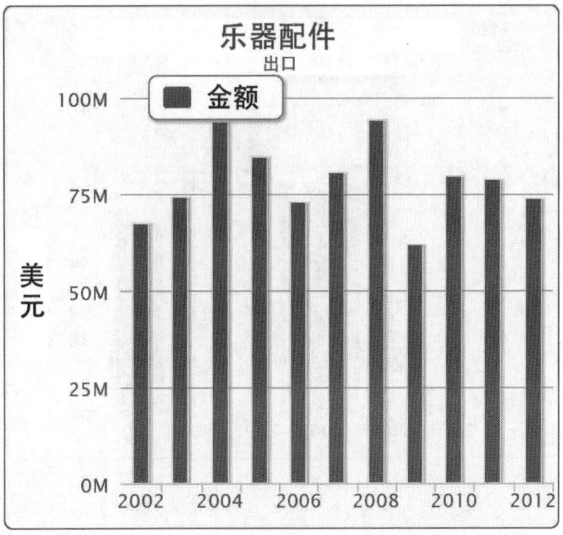
乐器配件
出口
金额
100M
75M
50M
25M
0M
美元
2002
2004
2006
2008
2010
2012

# 西班牙

本报告由西班牙乐器协会撰写，分析近年来西班牙经济形势及对乐器市场的影响，主要围绕失业率、消费开支、社会消费品零售总额、汽车销售和乐器销售等统计指标评述。

本报告中的统计数据来自西班牙国家统计局，西班牙银行和国际货币基金组织。乐器市场销售统计数据由西班牙乐器协会分析整理。

## 失业率

为更好理解西班牙经济，“失业率”是一大关键指标，它能清晰显示出全西班牙企业活力，进而推算出整个社会购买力。失业率越高，社会消费水平越低。自2008年金融危机以来，西班牙失业率节节升高。而且不幸的是，负面趋势还在继续蔓延，也未表现出任何企稳迹象。

2007年失业率为9.63%，2008年已升至17.36%，直至2012年的24.44%。遗憾的是数字还在继续创下新高，2013年1季度是24.63%，2季度是25.02%。在失业率指标分析中，年轻人失业率尤为突出。近5年来，25岁以下年轻人的失业率从20%飙升至50%以上。

## 消费支出率

据西班牙统计局统计，2012年西班牙消费支出率再次创下历史新低--仅2012年第3季度就下降了12.6%。

## 零售总额

零售贸易指数（IRT）显示出西班牙商品销售和就业市场变化发展趋势，众多行业商品销售出现下滑，其中百货公司所受冲击最大，降幅14.1%，即使风险抵抗能力较好的大型卖场也下挫了5.5%。

## 汽车销售

我们在分析时发现，汽车销售和乐器销售均有所下降，二者存在显著相关性。据西班牙汽车、卡车制造商协会数据显示，2007年至2011年，汽车销量从16万量下滑至8万量，降幅近50%。而据西班牙乐器协会数据显示，乐器市场销售额从2007年的2.25亿欧元下降至2012年的1.13亿欧元，降幅也是50%，导致西班牙乐器琴行关门比例达23%。

（评注：西班牙乐器协会会长胡安•格雷科斯）

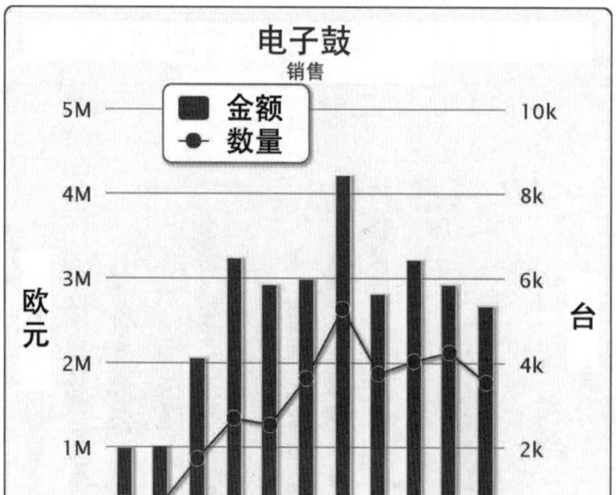


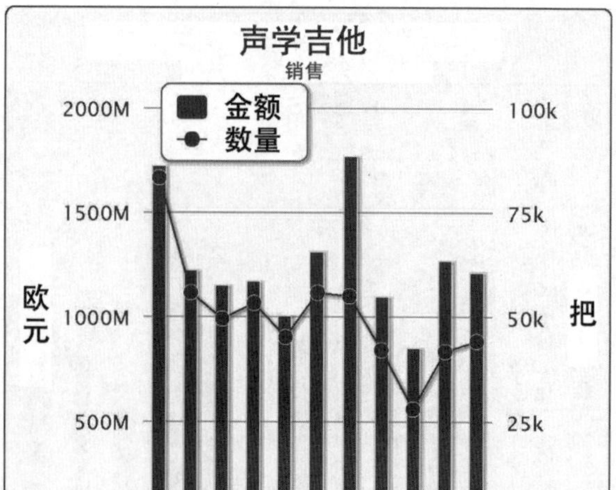

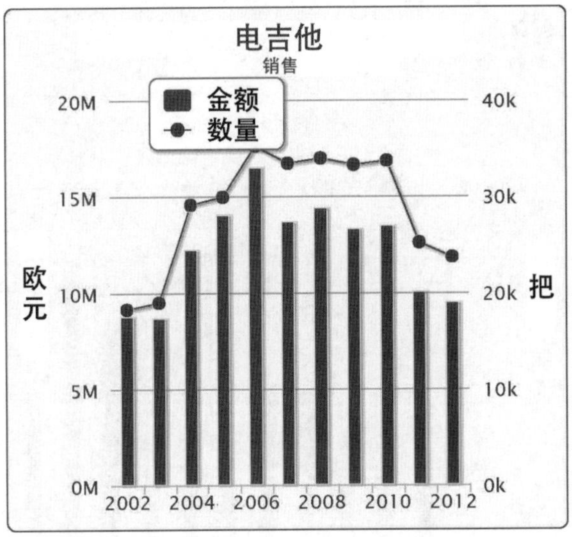
电吉他
销售
金额
数量
20M
15M
10M
5M
0M
欧元
40k
30k
20k
10k
0k
把
2002
2004
2006
2008
2010
2012

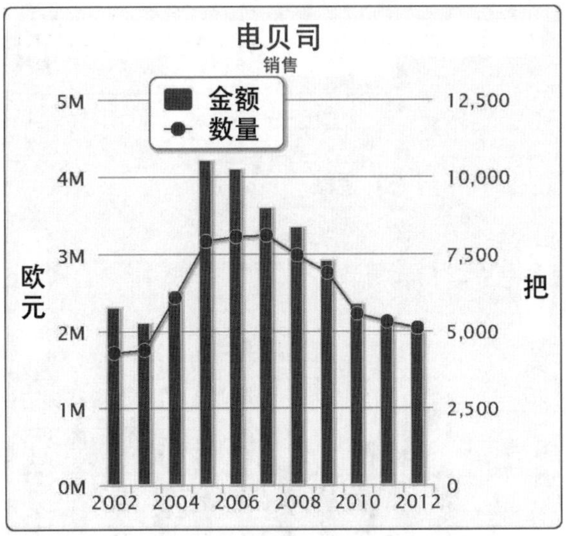
电贝司
销售
金额
数量
5M
4M
3M
2M
1M
0M
欧元
12,500
10,000
7,500
5,000
2,500
0
把
2002
2004
2006
2008
2010
2012

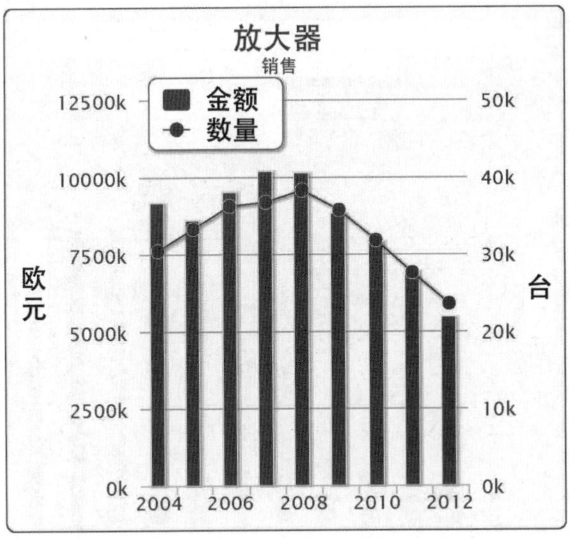
放大器
销售
金额
数量
12500k
10000k
7500k
5000k
2500k
0k
欧元
50k
40k
30k
20k
10k
0k
台
2004
2006
2008
2010
2012

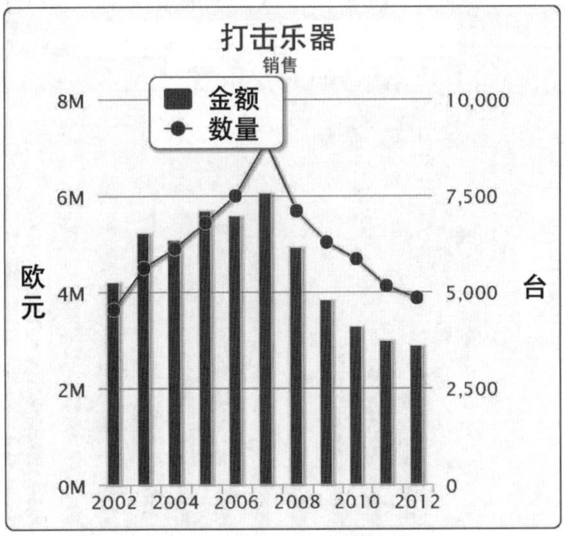
打击乐器
销售
金额
数量
8M
6M
4M
2M
0M
欧元
10,000
7,500
5,000
2,500
0
台
2002
2004
2006
2008
2010
2012

# 瑞 典

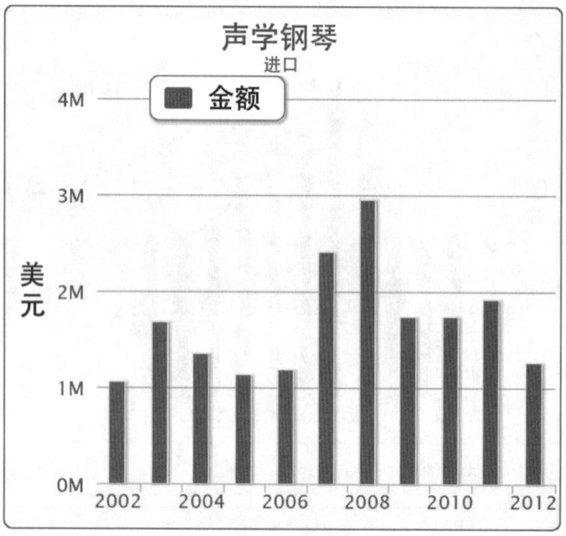
声学钢琴
进口
金额
4M
3M
2M
1M
0M
美元
2002
2004
2006
2008
2010
2012

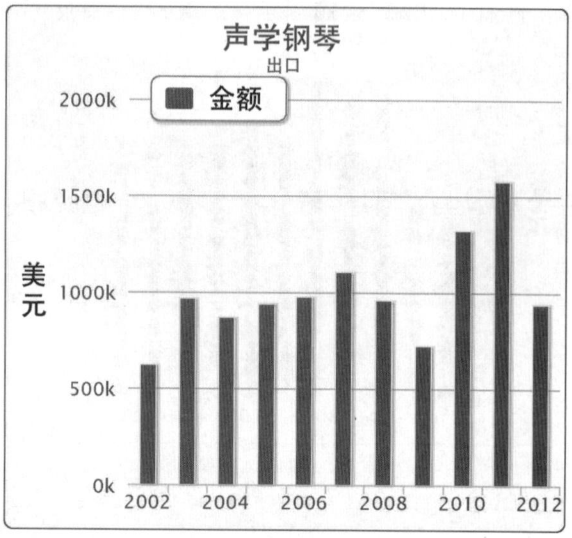
声学钢琴
出口
金额
2000k
1500k
1000k
500k
0k
美元
2002
2004
2006
2008
2010
2012

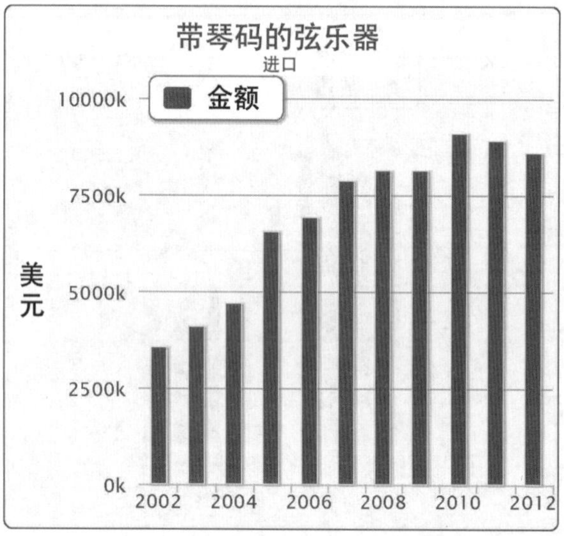
带琴码的弦乐器
进口
金额
10000k
7500k
5000k
2500k
0k
美元
2002
2004
2006
2008
2010
2012

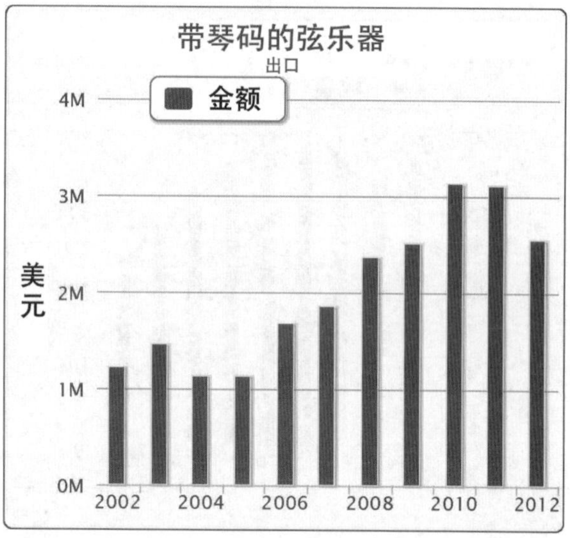
带琴码的弦乐器
出口
金额
4M
3M
2M
1M
0M
美元
2002
2004
2006
2008
2010
2012

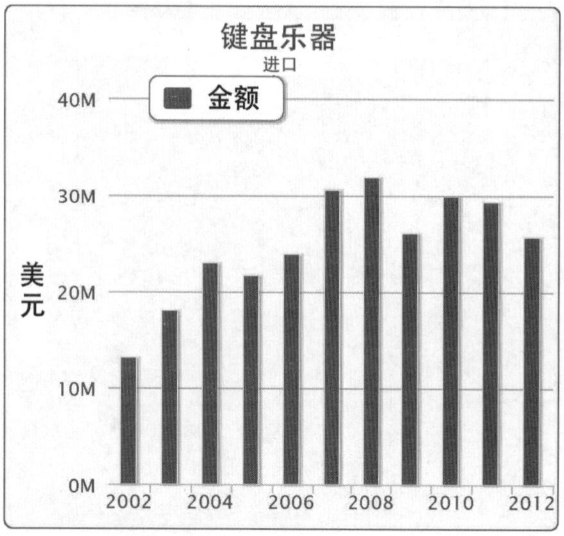
键盘乐器
进口
金额
40M
30M
20M
10M
0M
美元
2002
2004
2006
2008
2010
2012

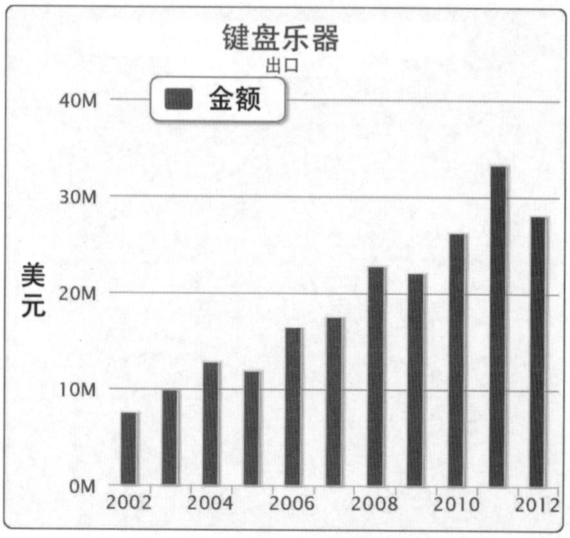
键盘乐器
出口
金额
40M
30M
20M
10M
0M
美元
2002
2004
2006
2008
2010
2012

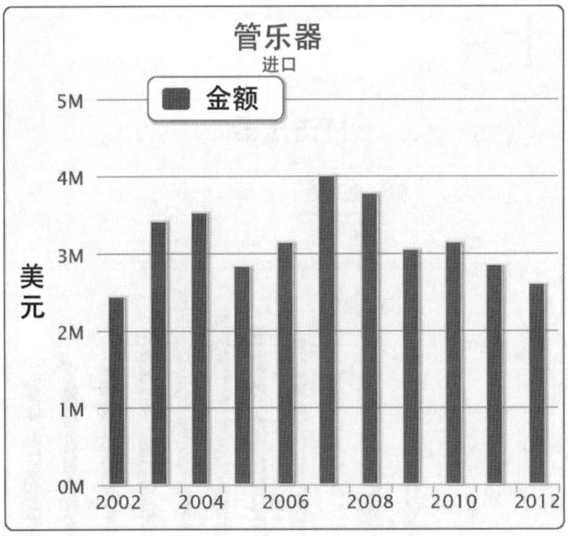
管乐器
进口
金额
美元
5M
4M
3M
2M
1M
0M
2002
2004
2006
2008
2010
2012

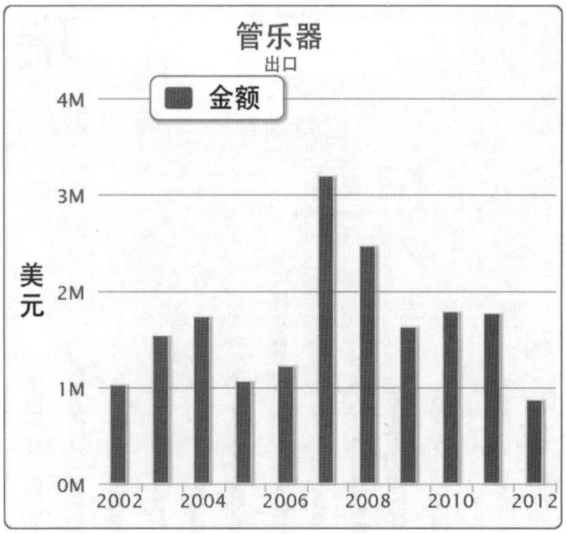
管乐器
出口
金额
美元
4M
3M
2M
1M
0M
2002
2004
2006
2008
2010
2012

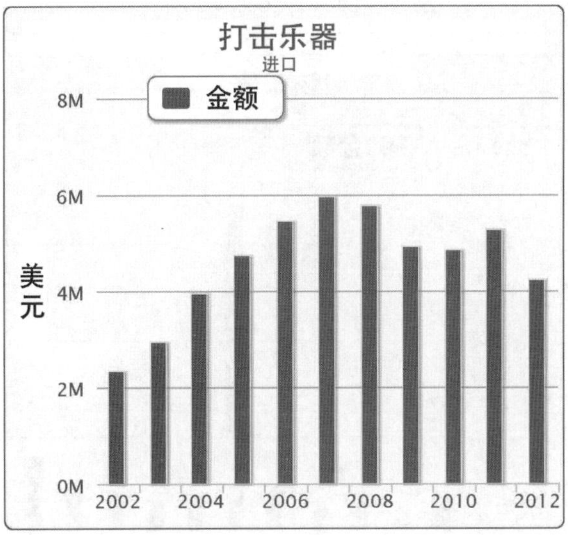
打击乐器
进口
金额
美元
8M
6M
4M
2M
0M
2002
2004
2006
2008
2010
2012

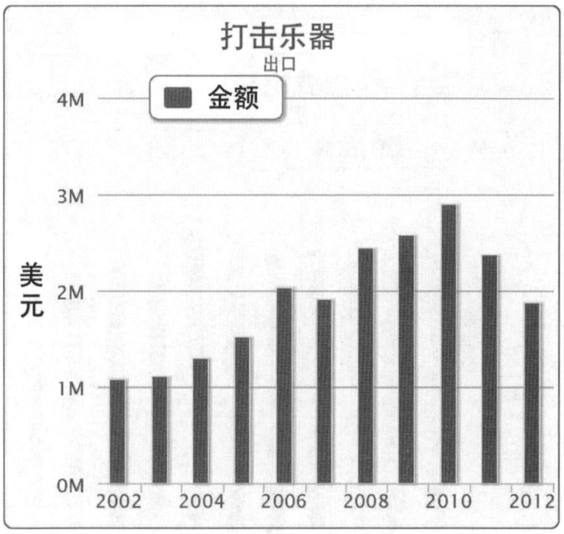
打击乐器
出口
金额
美元
4M
3M
2M
1M
0M
2002
2004
2006
2008
2010
2012

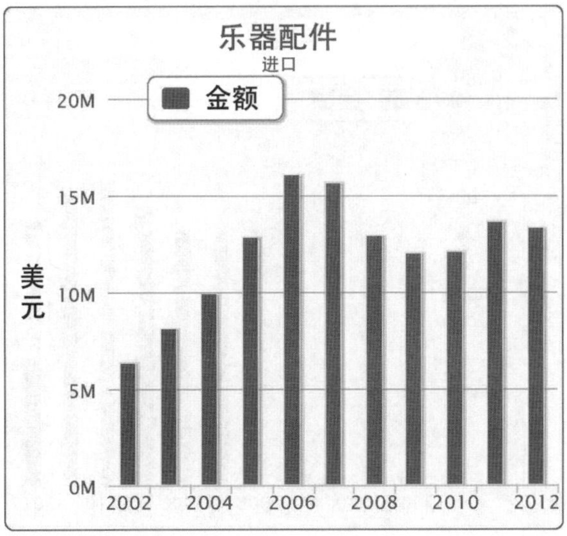
乐器配件
进口
金额
美元
20M
15M
10M
5M
0M
2002
2004
2006
2008
2010
2012

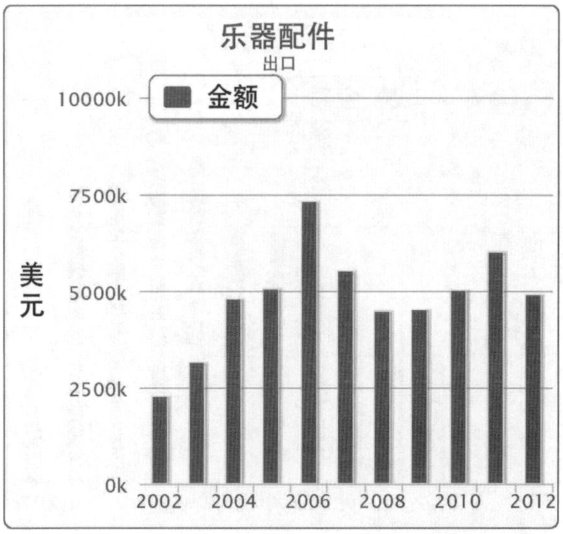
乐器配件
出口
金额
美元
10000k
7500k
5000k
2500k
0k
2002
2004
2006
2008
2010
2012

# 瑞　士

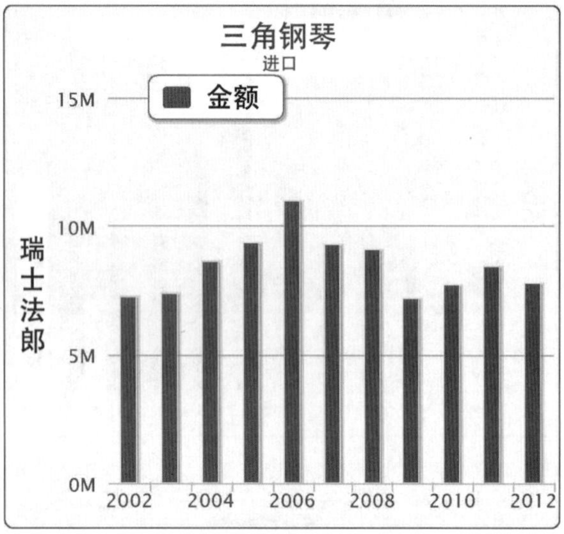
三角钢琴
进口
金额
15M
10M
5M
0M
瑞士法郎
2002
2004
2006
2008
2010
2012

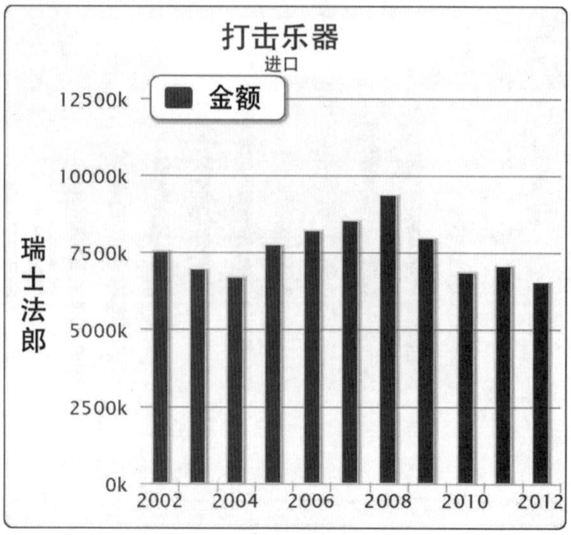
打击乐器
进口
金额
12500k
10000k
7500k
5000k
2500k
0k
瑞士法郎
2002
2004
2006
2008
2010
2012

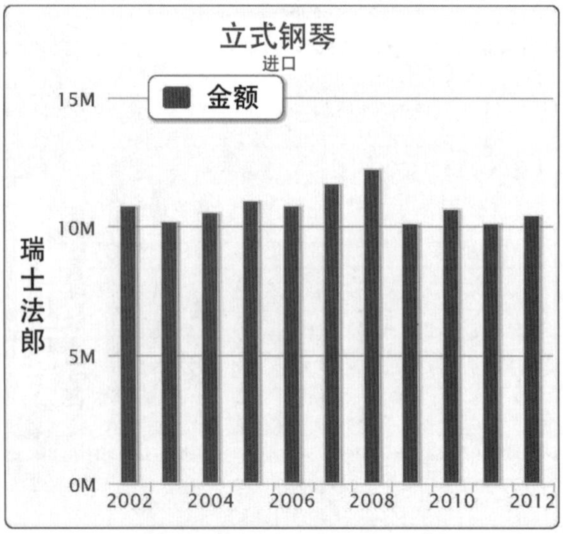
立式钢琴
进口
金额
15M
10M
5M
0M
瑞士法郎
2002
2004
2006
2008
2010
2012

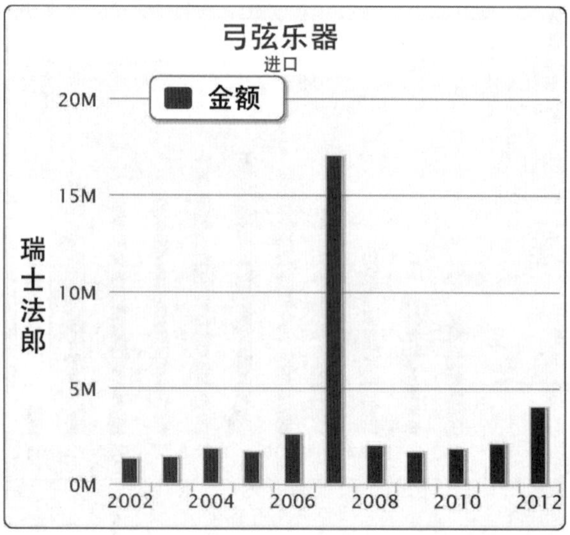
弓弦乐器
进口
金额
20M
15M
10M
5M
0M
瑞士法郎
2002
2004
2006
2008
2010
2012

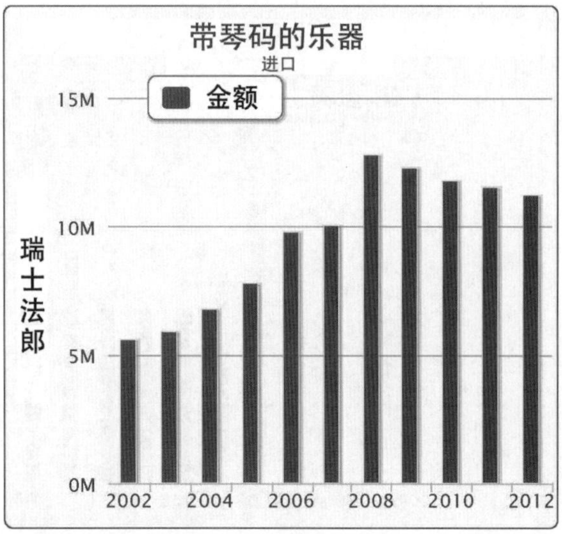
带琴码的乐器
进口
金额
15M
10M
5M
0M
瑞士法郎
2002
2004
2006
2008
2010
2012

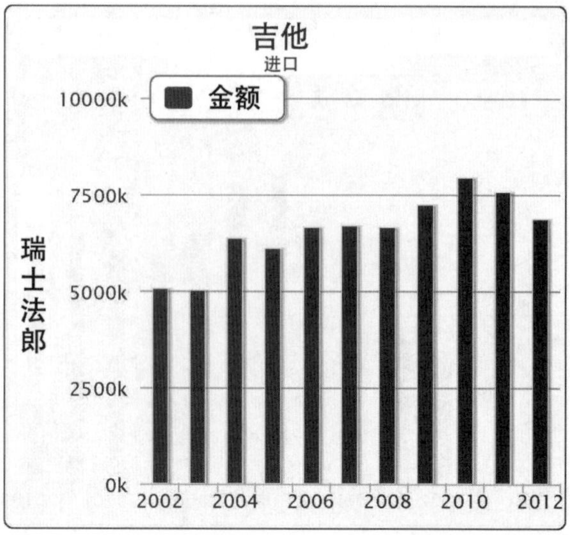
吉他
进口
金额
10000k
7500k
5000k
2500k
0k
瑞士法郎
2002
2004
2006
2008
2010
2012

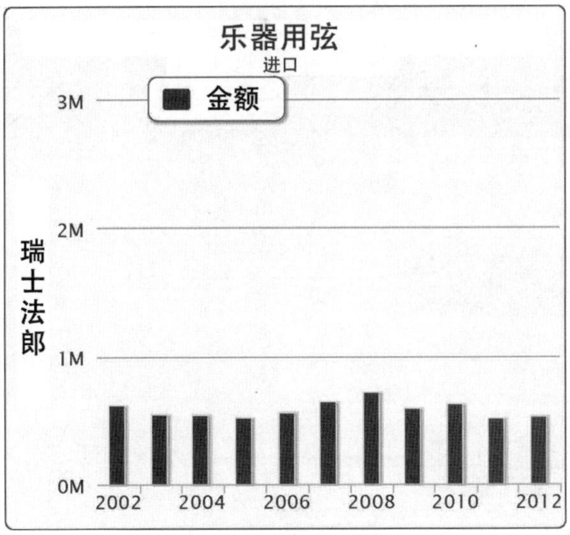
乐器用弦
进口
金额
3M
2M
1M
0M
瑞士法郎
2002
2004
2006
2008
2010
2012

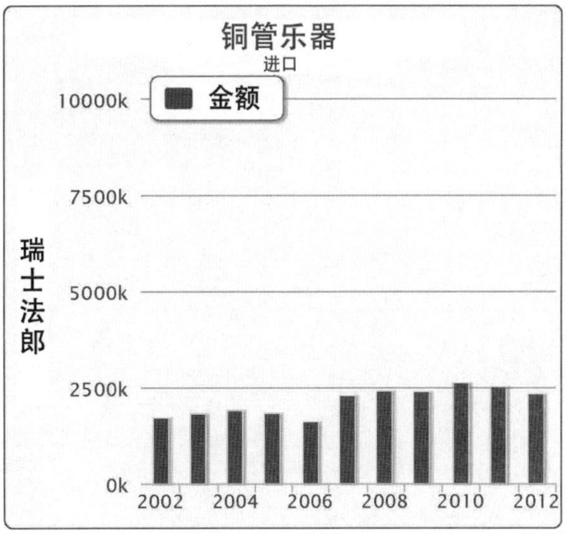
铜管乐器
进口
金额
10000k
7500k
5000k
2500k
0k
瑞士法郎
2002
2004
2006
2008
2010
2012

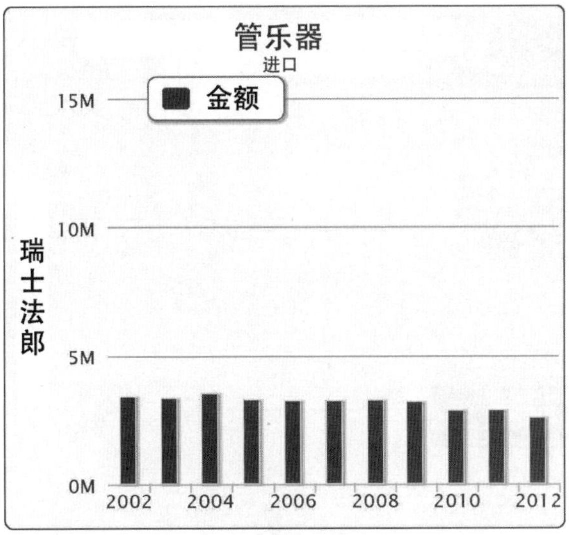
管乐器
进口
金额
15M
10M
5M
0M
瑞士法郎
2002
2004
2006
2008
2010
2012

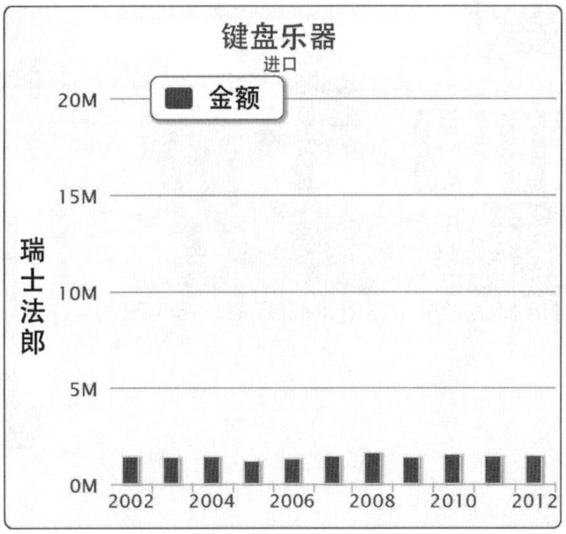
键盘乐器
进口
金额
20M
15M
10M
5M
0M
瑞士法郎
2002
2004
2006
2008
2010
2012

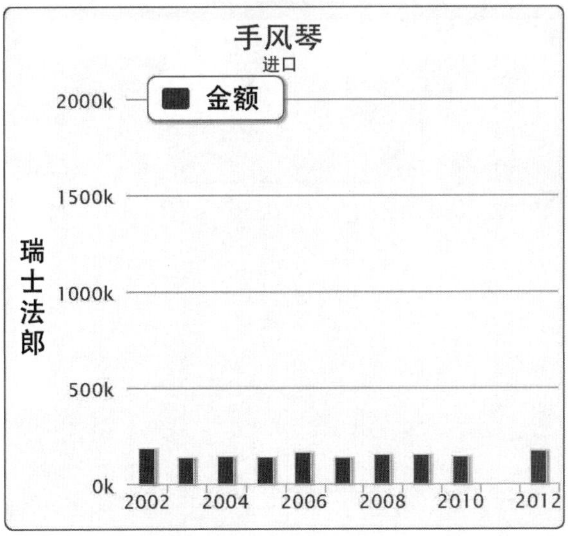
手风琴
进口
金额
2000k
1500k
1000k
500k
0k
瑞士法郎
2002
2004
2006
2008
2010
2012

管风琴和小风琴
进口
金额
4M
3M
2M
1M
0M
瑞士法郎
2002
2004
2006
2008
2010
2012

2013 年鉴
中国乐器
CHINA MUSICAL INSTRUMENT YEARBOOK


重要新闻篇 —— 1 ☆
统计资料篇 —— 10 ☆
协会工作篇 —— 45 ☆
综合篇 —— 85 ☆
海外信息篇 —— 167 ☆
**企业篇** —— 274 ★
专利篇 —— 293 ☆
产品篇 —— 332 ☆

# 广州珠江钢琴集团股份有限公司

2012年，面对世界经济各种不确定因素和人工、原材料费用、汇率的影响，中国钢琴行业面临着较为严峻的考验。为应对复杂多变的市场环境，珠江钢琴借助建设文化强国的东风，积极引领转型升级、高端多元化发展，成功登录A股打造“中国乐器第一股”，保持全球产销第一的地位，实现发展速度、发展质量的双提升，引领我国乐器产业稳步增长。

2012年2月，经过近年的努力，珠江钢琴一次性成功过会，5月30日成功登陆A股市场，成为“中国乐器第一股”。成功上市是珠江钢琴集团发展历程中的又一个重要里程碑，对珠江钢琴的持续快速发展具有重大的战略意义，有助于公司进一步加快转型升级，提升企业品牌知名度及公司价值。6月，公司举行了上市庆祝仪式，广东省、广州市主要领导及文化、音乐、教育界约600人出席，获得南方日报等媒体头版报道。

2012年7月，珠江钢琴集团以更高端的品牌定位成功推出恺撒堡艺术家(KA)系列钢琴，并在北京人民大会堂隆重召开“天籁之音 世界共鸣”恺撒堡艺术家（KA）系列钢琴鉴赏音乐会。文化部杨志今副部长等各界领导及吴祖强等众多艺术名家出席了音乐会，得到央视网、凤凰网、人民网、德国沃尔夫通讯社、美国联合通讯社等各大主流媒体的广泛关注和报道。

从7月份开始，在吉林、大连、石家庄、天津、福州、厦门、安阳、安徽、南京等地举行“恺撒堡艺术家之约—大师中国行”系列活动，并开展“我与珠江钢琴的故事”有奖征文活动，参展上海国际乐器展、广州乐器展、广州博览会等，与广州日报联手开展广娱大本营系列音乐讲座，普及钢琴知识，提高公司社会知名度。

2012年是“工业质量品牌建设年”，公司组织推进“品牌培育试点单位工作计划”，通过了国家工业和信息化部的评审，成为全国141家“品牌培育试点企业”之一。同年，珠江钢琴多次参与社会大型活动，奏响民族强音。如中国（广州）星海国际合唱锦标赛、首届广东流行音乐节、第七届广州钢琴公开赛、第七届全国普通高等学校音乐学(师范类)专业本科学生基本功比赛等，品牌影响力持续提升。

此外，2012年研发并投产多款数码钢琴新产品，国内外市场不断扩展，并介入MIDI键盘、电子鼓、电吉他贝司音箱等新产品，培育出新的增长点。2012年珠江钢琴艺术中心学员总人数比增50%；成立了成人舞蹈团、少儿舞蹈团、成人管乐团、混声合唱团、女声合唱团，少儿合唱团、少儿语言艺术团。中老年女声合唱团参加北京举行的第十一届中国国际合唱节比赛获得铜奖，参加广州市首届合唱艺术周比赛获得银奖，参加中国（广州）星海国际合唱锦标赛公开赛获得银奖，被授予广东省AAAA级合唱团称号。

2012年，珠江钢琴集团各项工作得到国家、省市有关部门的肯定，先后获得国家文化出口重点企业、国家火炬计划重点高新技术企业称号等殊荣；同时，通过了广东省创新型企业的复审，获得了第一届广州市专利实施效益奖、轻工行业“十一五”科技创新先进集体奖、中轻联科技优秀奖、全国优秀QC小组奖等奖项。

# 上海民族乐器一厂

2012年，上海民族乐器一厂紧紧围绕上海市政府“创新驱动，转型发展”的十二五发展要求，在实现企业转型发展方面作出了积极探索，并取得了显著的成绩。企业再次荣膺中国轻工业乐器行业十强企业、全国实施用户满意工程先进单位、全国轻工业卓越绩效先进企业及诚信创建企业等荣誉称号；“敦煌牌”民族乐器以一流的品质与精湛的技艺再次成为“上海名牌”产品；“敦煌牌”商标再次被授予“上海市著名商标”荣誉称号。并得到了市、区、镇等相关部门和领导的支持与肯定，各项工作稳中有进，保持了良好的发展势头。

2012年，企业经济持续健康发展，主要经济指标完成情况良好：销售收入同比增长21.2%，实现利润同比增长37%，实现产值同比增长19.7%。

2012年，企业继续推进品牌建设，以文化为有力抓手，并采取多种品牌宣传模式。敦煌新语组合成功注册为上海馨忆民族室内乐团，于5月下旬开启了欧洲巡演路程，先后参加捷克“布拉格之春”

国际音乐节、巴黎文化中心专场演出及第二届法国中国电影节戛纳影展开幕式等活动，并在上海城市剧院举办了“上海馨忆民族室内乐团2012年欧洲巡演汇报演出”，通过民乐演绎提高中国民族器乐文化的国际影响力。2012年，企业积极借助非遗、乐器、精品展览等展示平台宣传品牌文化及企业文化，并远赴美国、德国、印尼等国家和我国台湾地区进行民族器乐文化交流活动，其中包括首次走进泰国孔子学院。2012年，企业与上海城市剧院携手打造“国粹民乐演艺基地”，共开展了8场传统文化讲座和3场高规格民乐音乐会，演艺基地已经形成品牌效应，成为所在地区宣传民族音乐的大本营。2012年，企业继续赞助“2012CCTV民族器乐电视大赛”，“敦煌牌”乐器有幸成为“CCTV民族器乐电视大赛指定用琴”。2012年，上海民族乐器一厂还被国家工信部确定为品牌培育试点单位，在工信部的指导下，企业品牌培育规划更加完善，品牌发展目标更加明确。

2012年，企业全方位把握市场，紧抓销售业绩和盈利能力的提高。着力开展与优质客户的战略联盟，巩固老客户，发展新商家，有效提升市场占有率。除此之外，企业顺应电商发展潮流，打造敦煌特色网络平台。建立敦煌国乐QQ群，开通企业官方微博，实行网销承包经营制，企业的网络销售快速发展。

在品牌建设和开拓市场的同时，企业还十分注重产品细节的改造和质量的提升。2012年，企业继续开展了二胡、古筝、琵琶制作比赛及交流会，通过“敦煌杯”乐器制作比赛这一平台，为制作员工提供与知名民乐演奏家、教育家交流的机会，促使员工精益求精、提高技能水平。为保证制作技艺的传承与发展，企业与上海市群益职业技术学校合作办学，开设了民族乐器制作专业班，培育乐器制作后备人才。同时，企业加大新产品的研发力度，努力提升产品文化价值。研制开发新品乐器31件，新申请专利10项。其中，巨型低音芒筒组合、徐振高80寿诞限量版古筝、游龙戏珠老红木纪念版二胡等乐器工艺精湛，深得消费者的喜爱。

2013年是中国转型关键之年，企业将积极响应国家和市政府的政策号召，以“抓紧改革、抢占先机、大干快上、转型发展”为指导，继续推进品牌培育、营销推广、研发设计、生产管理等建设，乘势而上，再创佳绩。

# 江苏凤灵乐器集团

2012年国际金融危机以及经济下行的形势严峻。江苏凤灵集团通过调整产品结构，创新开发和推动国际贸易自主化等战略，坚持抓外贸出口增量，特别对欧美市场的大客户在品牌、精品和服务等方面做足文章，对中东、南美以及非洲等零散客户进行套餐式服务，有效的保障了出口的增长。全年实现外贸自营出口862.46万美元、外贸代理出口850.2万美元，同比增长10.98%和10.78 %，实现利税3681 万元，同比增长10.92 %。

2012年，凤灵集团凭借前瞻决策、扎根科技和专业制造，加大转型升级力度，保持了稳步增长：一是加强自营出口能力，使得自营出口增幅远超贸易代理出口的增幅；二是加强对自主知识产权的推动，“凤灵”自主品牌出口超过50%，在国际上形成优势品牌效益；三是强化创新开发，在科技投入上加码添力，全年累计完成近1000万元的投入，引进一流数控机床和自动静电喷涂等生产流水线，使产品档次和品质大幅度提升，产品附加值提高20%以上；四是强化文化服务和艺术展示的推动，特别在打造提琴文化产业园方面加大投入，2012年投入900多万元，5年已累计投入近8000万元，利用文化园区和乐器博览馆等开展各类交流、论坛、科普推动、艺术表演等文化服务活动20多次，在增加经济效益的同时，也为推动音乐文化事业的发展作出了很大贡献。

# 海伦钢琴股份有限公司

2012年，海伦钢琴牢牢把握市场形势，加大研发投入，提升产品品质，提高核心竞争力，进一步巩固了行业领先地位。

**1、经营情况**

海伦钢琴于2012年6月19日正式登陆创业板。本次成功登陆创业板，使公司品牌知名度和综合竞争能力得以提升，为企业做大做强提供了良好的发展机会，使公司发展空间和市场空间更为广阔。

公司持续加强创新能力，优化产品结构，增强宣传力度，列入管理费用的研发费用同比增长39.85%。依靠省级钢琴制造技术中心这一核心团队，根据市场需求，不断开发新产品，陆续投放市场，进一步增强中高端钢琴市场竞争力。公司还积极推进钢琴生产扩建项目，有效缓解目前产能不足的压力，使公司规模优势进一步体现。

**2、自主研发状况**

2012年，公司进一步加大研发投入，依托钢琴制造工程技术中心，通过技术领先来保持公司的核心竞争力。公司持续加大创新力度，一方面对部分产品配置升级换代，包括音源、弦槌、键盘等部件的升级，一方面深化与国际品牌佩卓夫及旗下罗瑟、贝希斯坦的齐默曼、弗尔里希的战略合作。公司共拥有各项专利35项，其中本年度新增实用新型专利2项，分别为：一种端面阶梯式钢琴琴弦与铁板装配结构、一种提高击弦机键盘灵敏度的结构。

**3、品牌建设状况**

2012年，公司再次获得业界权威著作《钢琴著》的北美杂志《钢琴消费者》——北美市场高档消费级别钢琴殊荣；2011年-2012年国家文化出口重点企业，已经连续4年获得此项荣誉；在上海国际乐器展会期间成功召开“全球经典•共享价值海伦”为主题的高峰会议；《MMR》杂志关于钢琴测评中：海伦钢琴H-5P钢琴凭借其细致的工艺和经典的设计以压倒性的方式赢得了第二十届年度经销商选择奖、最佳声学钢琴奖；通过赵晓生教授全国巡演音乐会及大师班活动，2012年走过30余个城市，不仅普及和推广了艺术教育，更是让更多的消费者真实客观的感受到“海伦”魅力，增强了公司品牌的知名度和美誉度；冬运会开幕式、“希望杯“钢琴音乐节、国际电影节、“海伦杯”钢琴大赛、上海国际艺术节等活动都有着海伦钢琴的精彩表现。

公司不仅拥有奥地利四代家族百年钢琴制造技术与文化传承的文德隆品牌，更加注重根据市场需求和变化、区域特性和市场信息进行品牌体系的规划，制定不同品牌体系的不同策划。

# 美得理电子（深圳）有限公司

2012年，美得理秉承“务实，创新，诚信，共赢”的企业经营理念，在面临世界经济环境萧条和国内经济形势紧缩的双重压力下，继续保持行业领先地位。2012年，以销售额为两位数增长的发展趋势实现了公司销售业绩翻番，并跻身世界乐器第62强，继续以蓬勃的姿态向着辉煌迈进。

2012年对美得理来说是一个逐渐积蓄和稳步提高的年份，美得理以积极的“姿态”为迎接高科技时代而做好全面准备。2012年，美得理在开发高端级别的音源芯片，以及电子琴、电钢琴、电子鼓的概念设计等领域更进一步，使未来的产品能够带来更人性化的科技享受，以及更加优质的音乐享受。拥有MEDELI美得理及MUZA魔鲨双品牌的美得理，在2012年度推出了全新电子琴、电钢琴系列产品和全新的演奏级电子鼓系列产品。新产品拥有优美的外观设计，便捷的操作方式，优质的视听享受，上市以来赢得了广大用户的热烈反响。全新的产品不仅为美得理带来更好的市场销售成绩，也预示着美得理将会朝着更高端、更科技、更人性化的方向去诠释“以真情感动世界”的音乐理念。

企业的发展离不开企业对品牌的建设与推广。2012年，美得理电子在各大展会频频亮相，皆有一鸣惊人之势。而展会的频繁亮相不仅有效推动了销售业绩增长，更为中国教育装备产业提供了更多的优秀选择，进而成为国内教育装备行业的中流砥柱。与此同时，魔鲨品牌系列，在2012年度联合“中国鼓手联合会”，“中国打击乐协会”共同举办了“MUZA魔鲨杯”全国鼓手大赛，在全国掀起了打击乐热潮，有效推动了国内音乐教育事业的发展，并备受社会各界褒扬。

一直以来美得理都受到社会各界的关怀与赞扬，2012年，美得理再次荣获中国轻工（乐器）十强企业、中国教育装备优秀供应商、产品质量信得过单位、中国乐器行业50强、世界乐器百强企业第62位。

在2012年取得骄人成绩的美得理，将会一如既往，继续秉承“务实，创新，诚信，共赢”的企业精神不断努力，力争在未来岁月中能够更好的服务用户，回馈社会，共赢未来！

# 天津津宝乐器有限公司

2012年，天津津宝乐器有限公司坚持稳步发展、积极创新的工作方针，在政府相关部门大力支持及全体员工共同努力下，再次取得了可喜的经济效益和社会效益。尽管整体经济仍不景气，但是津宝乐器不畏困境积极开辟新的增长点，瞄准高端市场，优化产品结构，坚持走多元化发展的道路。

**一、弘扬企业文化，加强团队建设**

津宝乐器坚持以人为本，为员工提供良好的工作环境；创建员工乐队，激发员工对音乐及乐器的热情，从而增强员工对工作的热爱；倡导全体员工和谐发展、团结互助、共同进步；积极发挥人的主观能动性，鼓励支持员工学习各种技能和知识、发现问题和努力创新。

津宝乐器早在2001年就确定了建立学习型企业的目标，高薪聘请国内外高素质、高技能人才，加大大中专毕业生所占员工比例，加强对员工知识及技能等方面的培训，提升员工自身素质。同时，通过设立人才奖励基金、科技成果奖励基金等方式鼓励和引导员工自主学习、积极创新。公司的口号是员工与津宝乐器共同成长，目标是培养具有国际水平的高端制造人才、管理人才、外贸人才及销售人才。

**二、加大技术改造力度，促进企业快速发展**

津宝乐器注重新设备的引进，新工艺的研发。公司采取“走出去”、“请进来”的发展战略，加强与国内外著名乐器生产商及专家合作，学习、研发新工艺，优化完善管理体制，促进企业发展。本着“创新是企业生存发展的第一内在动力”原则和“人无我有则新，人新我精则妙，人妙我奇则智”的企业信念，津宝乐器自成立以来，相继研发了近百种新产品，为企业的快速发展夯实了基础。其中，倍低音萨克斯、行进小抱号、倍低音黑管等5个发明专利，不仅填补了国内空白，而且已全部投入批量生产并成功打入国际市场。目前，公司产品包括铜管乐器，木管乐器、爵士鼓，乐器支架、乐器包等六大系列300多个品种。此外，为满足市场需求，针对儿童、专业乐团等不同用户，津宝乐器量身打造出儿童迷你乐器、团体乐器、个性乐器等产品，使公司产品趋于多元化和精品化。

发挥知识产权战略优势。津宝乐器已被国家知识产权局命名为国家专利示范企业。津宝乐器现拥有专利271项，成果转化率近80%。公司与天津市科学研究所携手共同制定了《天津市津宝乐器有限公司知识产权发展战略》，每年投入大量技术和设备研发资金，做到月月都有新专利诞生。

**三、坚持品牌战略发展，打造世界知名品牌**

品牌是市场竞争的产物，是企业发展的重要战略之一。津宝乐器旗下现已成功注册多个产品商标包括：津宝、knight（耐特）、baowei（宝威）、restone（瑞斯通）、mes（迈斯）等。其中“津宝”被国家商标局认定为中国驰名商标且已在美国、欧盟、厄瓜多尔、巴西、日本、韩国及泰国成功注册。津宝乐器建立了庞大的国内外营销网络，先后与世界知名品牌形成稳定的合作关系，“津宝”牌产品更是以其优质的品质保障成立了多个独家代理商。

津宝乐器自成立以来一直保持与优秀演出团体和专家老师合作以促进产品改良和品牌推广。公司现已与中央美乐团、中央交响乐团、爱乐乐团、中央音乐学院、各省、市主要乐团、解放军各兵种乐团及西班牙、法国等乐团建立友好合作关系，为其演出、教学提供优质美观、实用专业的产品的同时，汲取专家老师对产品的建议，为产品的优化打下基础。

# 武汉艾立卡电子有限公司

2012年在艾立卡公司的发展历程中具有重要意义，担负着承上启下的重要使命。虽然公司的发展面临重重困难，但公司全体员工顶住压力，在标准编制、科技创新、知识产权培育、信息化运营、无形资产维护以及企业管理等方面进行了有效的探索，取得了阶段性的成果，为将来的发展打下了良好的基础。

**标准编制工作进展顺利**

2012年，艾立卡主导编制的2项国家标准《乐器有害物质限量》、《电鸣乐器压缩与扩展类音效装置通用技术条件》于6月29日正式发布，主导或参与编制的3项行业标准《电鸣乐器用效果器通用技术条件》、《电鸣乐器放音设备 多功能音箱》、《电鸣乐器放音设备 电吉它用音箱》于6月13日正式发布。此外，还有2项国家标准和3项行业标准已经通过审定。

**坚持开展科技创新工作**

2012年，艾立卡研究所共开展了一百多个研发项目，新产品投产的数量、完成样品的及时率、一次合格率，均达到年初制定的经营目标，并在电子管音箱和效果器这两个产品的开发中取得积极进展。公司的科技创新工作得到广泛肯定，中国轻工业联合会授予艾立卡研究所“科技创新先进集体”称号，授予研究所总工程师庄严“科技创新先进个人”称号。艾立卡还被湖北省科技厅评为“湖北省创新型企业”。

**继续重视知识产权培育工作**

2012年8月，艾立卡公司取得发明专利《光电控制电吉他变调器》专利权，这是公司的第三项发明专利。此外，还获得了实用新型专利《一种用于音乐信号切换的磁保持继电器控制电路》专利权。12月，被武汉市知识产权局评为“知识产权优势培育企业”。

**信息化管理取得重要突破**

2012年，经过几年的筹备，艾立卡正式开始运行金蝶ERP系统。1月开始财务、供应链、生产、成本上线运行。7月开始ERP小组运行毛需求。通过几个月的适应，从11月起开始运行净需求来快速编制物料需求计划，及时下达采购计划和生产订单，计算所需的生产和采购任务，自动计算出各采购件、委外件及自制件的需求数量和日期。

2012年，艾立卡公司获得了几项重要的荣誉。除了国家文化出口重点企业、湖北省高新技术企业、武汉市著名商标继续获得认定，还取得了国家文化重点项目、全国轻工业卓越绩效先进企业、武汉名牌产品等荣誉。此外，在企业管理方面开展了一些工作，改革了绩效考核系统，对安防系统、考勤系统进行了升级，这些都保证了公司向更规范、有序的方向发展。

2013年艾立卡公司将坚持“科技与文化结合，技术与音乐结合”，积极创新，迎接各种挑战，为促进中国乐器行业的发展，促进国内外文化事业的发展与繁荣做出新的贡献！

## 森鹤乐器股份有限公司

森鹤乐器公司积极实施科技创新战略，与全国乐器标准化中心共同组建“全国乐器标准化中心实验室”，与南京林业大学木材工业学院开展乐器材料的多项科技合作项目，建立了“乐器工程技术中心”，并认定为宁波市级工程技术中心。公司具有一套完整的企业经营管理体系，充分利用ERP资源管理系统结合公司的实际，实现了财务管理、采购物流管理、人力资源管理、CAD辅助设计、订单控制管理、海关联网监管等计算机现代信息管理。面对2012年严峻的经济环境，公司实现销售收入3.17亿元，其中完成出口交货额达735.19万美元，实现利润2200多万元，上缴税金1900多万元。

公司积极开展知识产权保护工作。目前公司已荣获国家授权的专利36项，其中，发明专利3项，实用新型专利33项；公司还是国家标准《钢琴》、《十二平均律的计算方法》、《乐器产品说明书的编写原则》、《乐器分类法》和行业标准《钢琴击弦机》的主要起草单位之一；2012年度公司积极组织实施行业标准《钢琴击弦机》的修制订工作，并与相关单位一起做了大量的技术试验工作，顺利完成标准的修订；2012年度公司申报专利9项，其中发明专利4项，实用新型专利5项。

公司根据行业发展的实际和竞争激烈的市场情况，积极实施技术创新，及时采取措施，挖掘内部潜力，调整厂区的生产布局和生产工艺，降低产品成本，确保企业经济效益的提升。同时积极做好电吉他零部件的开发工作，目前已初步形成一定的生产能力。为了更好地开展科技创新，提高企业的核心竞争力，公司与德国雷诺公司合作开发钢琴击弦机和弦槌。积极做好新技术新设备的引进工作。2012年公司共投入技术改造资金1200多万元，研发投入500多万元，为公司的发展奠定坚实的基础。

2012年公司被国家商务部、中宣部、财政部、文化部、广播电影电视总局、新闻出版总署评为2011-2012年度国家文化出口重点企业，浙江省绿化先进单位，浙江省文化出口重点企业。宁波市科技进步三等奖。

# 宜昌金宝乐器制造有限公司

宜昌金宝乐器制造有限公司为柏斯音乐集团旗下“八大生产基地”之一，宜昌市高新技术开发区重点招商引资项目，2012年又获得了长足发展。2012年，宜昌金宝乐器制造有限公司被文化部授予第五批国家文化产业示范基地。被中国乐器协会授予“2012年中国乐器行业50强”，被中国轻工业联合会授予“中国轻工业成长能力百强企业”称号（第24位，居乐器行业入选企业之首）。同时，宜昌金宝乐器制造有限公司成为自2011年度该项评选开展以来，乐器行业唯一蝉连“中国轻工业成长能力百强企业”，连续4年获得了中国轻工业（乐器）十强企业称号。

宜昌金宝公司主导产品拥有长江、WILH. STEINBERG(威廉.斯坦伯格)、TOYAMA（托雅玛）、KAWAI（卡哇伊）、SCHÖNBRUNN（森柏龙）、BARRATT＆ROBINSON、BRODMANN等系列的立、卧式钢琴。其中，“长江”牌钢琴，融合德国传统制造工艺与现代化生产技术，在现有钢琴制造基础上进一步优化升级，是具有完全自主知识产权的民族品牌产品；2012年宜昌金宝作为日本卡瓦依钢琴合作生产企业，产品质量与产量不断上升。同时，公司又成功并购世界知名钢琴自动演奏系统生产企业，研发了数字化自动演奏钢琴系统,并将地处欧洲的研发中心移至中国，成为目前国内唯一生产钢琴自动演奏系统的企业。

2012年，在国内外经济低速增长态势继续延续形势下，宜昌金宝乐器制造有限公司攻坚克难，采取各种应对措施，各种经济指标继续保持较高增长率，工业总产值同比增长59.96%，总资产同比增长24.85%，钢琴产量同比增长34%，已成长为国内最重要的钢琴生产基地之一，并在世界钢琴制造产业占有一席之地。2012年宜昌金宝乐器整体生产规模已达到立式钢琴5.6万台及三角琴8000台的年产能力。

同时宜昌金宝乐器还加大对企业文化建设的投入力度，积极参与到宜昌市和柏斯音乐集团举办的各项音乐推广活动中。2012年组织了“钢琴进社区、进校园活动”，并成功举办了“第一届、第二届中国宜昌长江钢琴音乐节”，通过各项文化推广活动，大大提升了宜昌金宝乐器在本地区的知名度和政治、经济、文化地位。截止2012年底，宜昌金宝乐器获得各级政府表彰共计40余项。针对宜昌金宝近年所做出的突出贡献，宜昌市委、市政府在提出“建设‘中国第一，世界第一’钢琴生产基地”发展目标后，进而提出打造“宜昌钢琴城”“水电之都，钢琴之城”的“十二五”发展规划。2013年，宜昌金宝乐器正以更加崭新的姿态，矫健的步伐，迎接“第三届中国宜昌长江钢琴艺术节”和“中国音乐小金钟奖首届长江钢琴比赛”的到来。未来，宜昌金宝乐器的历史责任更重，发展前景更美好！更宏伟!

# 功学社（天津）商贸有限公司

2012年，在日益激烈的竞争环境下，尽管面临原材料上涨、劳动力成本增加等诸多压力，功学社依然取得了令人瞩目的成绩。

功学社坚持运用多元商品，扎实服务音乐人；致力于推广音乐教育，实现让音乐与人们同在的梦想；积极举办音乐活动，服务学校和社会。

**多元商品，扎实服务**

公司产品包含管乐、鼓乐、打击乐、乐架、簧乐、弦乐、键盘乐器等诸多产品类。

公司的自有品牌中，以管乐杰普特Jupiter和鼓乐美派司Mapex发展为主。乐架海克力斯Hercules、吉他华登Walden、打击乐器美杰士Majestic等品牌都有大幅度的成长。除自有品牌外，功学社一直致力于结合世界各地合作伙伴打造全球化品牌，长期代理和战略合作的国际一线品牌有索诺Sonor、知音Zildjian、瑞盟Remo、Vic Firth、和来Hohner、弯德林Vandoren、爱乐斯Aulos等，在2012年都达到了双方预期的目标。

中国地理区域广阔，功学社在抓住一线市场的同时，重视二级城市的开拓与发展。

功学社于中国地区建立垂直整合的服务系统，共同建立优质的音乐服务网络，拥有经验丰富的维修团队，持续向客户提供完善的技术支持和卓越的服务。

**音乐教育，成就梦想**

乐器营销与音乐教育始终是一个无法分割的整体，功学社常年致力于音乐教育的推广，在不到10年的成长历程中，足迹遍布北京、天津、广州等城市，十几间音乐教室应运而生。始终坚持“安心、耐心、细心、贴心、诚心”的五心级服务，让一万多学生在这里成就自己的音乐梦想。

功学社研发的音诗培音乐教学系统注重孩子感性的音乐表现力，人际关系的互动性，专业的音乐演奏力，深受孩童家长的认同和赞许。

**营销活动，服务社会**

功学社积极参与并大力协助各个音乐院校和音乐协会的活动，为其演出、教学提供有力的产品及技术支持与赞助。仅在2012年，功学社就在北京、上海、广州等大中城市，成功地组织和开展了几十场品牌推广活动，邀请了许多世界知名管乐演奏家、著名鼓手、学术专家等来华巡演和举办教学讲座，为国内音乐人提供了交流平台，提升了音乐素养。

同时，功学社音乐中心也举办形式多样的音乐交流活动，给音乐爱好者们提供了众多的交流平台与展示机会。一方面让孩子们学有所用；另一方面锻炼了孩子们的自信与舞台表现力。

功学社将始终秉持“诚信、笃实、突破、创新”的经营理念，以对学校、社会贡献力量，提高文化素质为目标，为繁荣中国乐器市场和扩大音乐学习人口作出自己的贡献。

# 上海知音琴行有限公司

2012年对于上海知音琴行有限公司来说是意义非凡的一年。成立于1997年的知音琴行，经历了15年的历练与发展，建立了“以销售为主体，以音乐培训和售后服务为两翼”的发展战略，对公司内部进行了一系列的改革。无论是组织结构、薪酬体系，还是绩效考核、培训体制等等方面都重新进行设定与调整。增强知音琴行的组织运作效率，为将来实现“乐器销售、音乐培训和售后服务”良性互动和客户价值的多次开发提供组织保障，最终实现知音琴行的可持续发展，2012年知音琴行被评选为年度中国乐器行业50强，全年销售总额达到3亿多元，并继续保持着良好地快速增长。

**内部管理改革、顺应时代发展**

2012年，上海知音琴行从内部管理上做出了巨大的改革措施。首先完善了组织架构与绩效考核，细化了岗位职责，注重团队工作，邀请专业人士进行风险评估，诊断培训，使企业各个部门之间的交流更加融合稳定；其次升级T3系统进行科学化管理，无论从财务、进销货、还是仓储、物流等业务数据都能迅捷快速安全地进行实时统一管理，更加有效地平衡了商品结构与周转率；OA办公自动化系统管理，建立内部通信、信息发布集成、知识管理等多元化平台，实现分布式办公，增强监控能力。内部的管理改革落实并注重各个细节的把控，预示着知音琴行未来将以更稳健的步伐向前迈进。

**外部市场拓展、寻找无限商机**

2012年知音琴行自主研发了诸多音乐课程，并逐步优化知音音乐艺术专修学校的办学模式，“自娱自乐•键盘弹唱课程”、“成人ABC”等新兴项目的开发与推广，吸引了众多热爱音乐人士的关注，教学力量要从简单枯燥的乐器考级渐渐转移到精神文明的建设中去，让音乐使生活更加地美好；加强官网维护，注重企业文化平台建设，多元化的展示知音琴行公众形象，改版微博，知音微热点、伴你回家路等板块细分拉近市场、客户、粉丝距离；提供更专业的物流客服工作，以最佳的服务质量打造最优质的行业品牌。

**坚持战略方向、传递音乐文化**

知音琴行坚持自己的战略方针，在稳固上海市场后，即着力于江浙等省市的业务开展，2012年更是和全球著名钢琴品牌施坦威合作，打造了奢华经典的施坦威专卖店。零售、批发、电商各环节紧密合作共同发展，无论在线上还是线下，用形式多样的促销活动回馈客户，让客户实实在在感受到知音对服务文化的执着。

在音乐文化方面，有和代理品牌合作的推广活动，如卡西欧弹唱大赛、社区活动，雅马哈管乐卡拉OK大赛、珠江恺撒堡高校钢琴比赛，施坦威波士顿蓝峰会等；也有深受孩子们喜欢的巧虎舞台剧，哈利波特魔法之夜；有品味高贵的施坦威别墅音乐会，春日时光音乐品鉴会；也有大师云集的陈萨钢琴独奏音乐会，茅为蕙、吴迪大师班等。而分布在城市各个角落的师生音乐会、节日广场音乐会更是不计其数。

知音琴行全力传递音乐元素，得到了社会的大力支持与认可，知音琴行也将再接再厉，做好行业榜样并推动模式改革，求新求变，为音乐文化事业做出自己的贡献。

## 福州和声钢琴有限公司

2012年，福州和声钢琴有限公司坚持自主创新、持续改善、稳中求发展的道路。在复杂而严峻的市场环境下采取积极主动的应对措施，攻坚克难，坚持走有和声特色的精品钢琴的路线，取得了比较令人满意的成绩，实现社会效益和经济效益的双丰收。2012年和声公司全年产销量与利税均超过预期，同比增长10%。

### 一、品牌建设

2012年和声公司连续第三次被中国乐器协会评为“中国乐器行业50强（钢琴制造业10强）”；连续第五次荣获“福建名牌产品”称号；连续第四次荣获“福建省著名商标”称号。

### 二、品质优先

2012年是和声公司的“品质年”。本着“品质优先”的原则，和声公司提倡“精细化管理”思路，改变企业管理理念，在品质管理方面不断创新，在品质控制方面不断加强。一年来，和声公司通过不断完善全部制琴工序全面恒温恒湿生产、“音板静置养生”等钢琴制造环境来提高产品的稳定性和耐候性；通过“数控音板琴背架弧面雕刻机”、整体喷房油漆工序以及拢琴系列等设备的添置和改造，更加注重产品的标准化和环保性；通过完善“工序整顿”、“上下道互检”等制度和措施来加强品质监控；通过召开3·15大型品质会议、每季度品质分析会、LED显示屏长期播放品质宣传内容等方式来强化品质生产意识。目前，和声钢琴的品质工作正逐步进入精细化管理阶段，产品一次性检验合格率和销售市场一次性开箱合格率有着明显的提高。

### 三、技术创新

2012年，和声公司自主研发了“可调节触感的人性化键盘装置”、“高音音响共鸣钟”等4项专利技术，特别是“可调节触感的人性化键盘装置”被誉为世界钢琴键盘技术的一大突破，在上海国际乐器展览会引起业内外的极大关注。目前，和声公司共拥有自主知识产权的18项实用新型专利和9项外观设计专利，共计27项专利技术，是迄今为止拥有专利技术最多的国内钢琴制造企业之一。和声公司积极参与全国乐器标准化技术委员会活动，参与制修订各项乐器的国家标准和行业标准，是国家标准GB/T28489-2012《乐器有害物质限量》的起草单位之一，该项标准填补了乐器行业在这方面的空白，具有重要的现实意义。

### 四、产品创新

2012年，和声公司继续发挥“创新型企业”作用，自主研发了“G”系列高端钢琴，“G”系列和声精品钢琴的制琴工艺保留“德国六角低音琴弦”、“红木榔头”、“真空铸造”等多项高端制琴工艺的同时，增加了“乌木黑键”、“和声新型音源结构”等高端钢琴配置；在专利技术上保留“镶嵌式弦枕”、“高音音响双泛音装置”的同时，增加了“可调节键盘触感的人性化键盘装置”、“高音音响共鸣钟”等专利技术，使每台“G”系列和声钢琴均拥有7项以上国家级专利技术。目前，和声公司已形成了精品“P”系列、经典“R”系列、高端“G”系列和三角琴系列等四大系列产品，形成了具有和声特色的阶梯式精品钢琴产品体系。欧洲传统制琴工艺与现代专利技术完美结合的新一代和声精品钢琴深受消费者的喜爱。

**五、文化经营**

2012年，和声公司充分发挥“文化产业示范基地”作用，积极投身于音乐文化活动、文化教育和社会公益事业。一年来，和声公司先后组织了“郎朗•百名琴童百台哈曼尼钢琴齐奏”系列活动、“相约哈曼尼——茅为蕙大师班”系列活动、“2012广西南宁郎朗•百名琴童和声钢琴齐奏”系列活动、“相约哈曼尼——与茅为蕙快乐过六一”、“庆六一•中央音乐学院鼓浪屿钢琴学校和声钢琴社会实践暨杨鸣师生音乐会”系列活动等大型音乐文化活动；成功举办“哈曼尼国际钢琴公开赛”；参与福建省音乐考级活动，哈曼尼钢琴连续十几年被指定为福建省考级专用钢琴；在福州大学设立钢琴调律课程并派员授课；连续5年向中央音乐学院鼓浪屿钢琴学校颁发“哈曼尼奖教奖学金”；每年接收沈阳音乐学院、中央音乐学院鼓浪屿钢琴学校、福州大学等众多专业院校师生到厂进行社会实践活动等。和声公司用实际行动为繁荣祖国的音乐文化事业，构建和谐社会做出贡献。

和声公司将坚定不移地坚持自主创新、持续改善、稳中求发展的方针，力求企业的科学发展。要做越来越精、越来越好的钢琴，为中国钢琴制造业的发展做出贡献。

# 烟台博斯纳钢琴制造有限公司

2012年，面对严峻的国内外经济形势及低迷的国内外市场，烟台博斯纳钢琴制造有限公司积极采取了苦练内功、狠抓市场等应对措施，抢抓机遇、埋头苦干，各项工作取得明显进步。主要经济指标稳中有进，钢琴总产量同比增长11%，销售收入同比增长8%，其中内销增长12%。这些成绩的取得，让博斯纳钢琴公司在激烈而残酷的市场竞争中得以历练与成长。

2012年公司工作突出了三个重点，一是继续下大力气狠抓产品质量的稳定与提高，以质量塑造品牌，以品牌带动发展。二是继续下大力气狠抓国内市场的开发与拓展。扩大市场网络范围，密实市场网络结点，从广度和密度上提升产品的市场占有率。三是继续下大力气狠抓产品结构的调整。一方面站在市场前沿，获取调研信息，快速开发既能满足市场需求又能提升盈利水平的新产品；另一方面，合理规范产品品种与数量，提高高附加值产品生产比例，调整产品生产批次数量，降低生产成本。这三项重点工作的实行，从根本上保证了各项经济指标的完成，同时为公司的良性发展进一步打好基础，创造有利条件。

2012年，在国内市场，公司相继开发了石家庄、青岛等多个城市的新代理商；在国外市场，又相继开发了伊朗、智利、墨西哥等近10个国家的销售代理。

2012年是烟台博斯纳钢琴公司与德国贝希斯坦钢琴公司合作共同打造升级版的一年。双方的合作范围进一步拓展，合作层次进一步加深，从技术指导、产品升级到市场开发、贸易往来，双方达到了技术和产品双重紧密合作的态势，双方贸易范围已经突破立式钢琴、三角钢琴的成品范畴，拓展到大背、琴壳等零部件的供应。双方的合作，扩大了博斯纳公司的市场范围，丰富了产品结构，提升了产品质量与档次。特别是三角琴，已经向世界一流钢琴水准迈进，同时也证明了博斯纳钢琴所具备的实力与潜质。

2012年，公司产品顺利通过国家产品质量监督抽查，并获得专家的好评。

2012年，公司邀请国内外著名钢琴演奏家在烟台举办多场钢琴音乐会，丰富人民的文化生活，同时也取得了良好的经济效益和社会效益，进一步提升博斯纳的产品形象和公司形象。

2012年，是烟台博斯纳钢琴制造有限公司调结构、拓市场、挖潜力、提质量的蓄力、积淀之年，同时也是历经风雨、成长与进步的一年！

# 南京舒曼钢琴制造有限公司

2012年是舒曼钢琴制造有限公司平稳发展和产品结构调整的一年。在这一年里，面临钢琴原材料价格和劳动力成本持续上涨，钢琴市场竞争激烈的困难，舒曼钢琴经过不懈努力，企业持续创新改进和进步，最终超额完成各项经济计划指标，生产和销售方面均有所增长，取得令人满意的成绩。

2012年舒曼钢琴坚持品牌战略发展，加大品牌宣传力度，打造世界知名品牌。公司加强了百度、阿里巴巴、中国制造等网络平台的品牌宣传推广力度，提高了舒曼、摩德利钢琴品牌知名度。

在市场战略方面，公司积极调整营销策略，努力减少销售中间环节，降低销售成本，使公司在产品销售或售后服务质量方面都有显著改善和提高。在国际市场，加强完善市场代理的管理环节，积极参与多个著名国际乐器展，为公司带来了广阔的市场空间，无论是钢琴销售还是品牌推广，市场开拓，为舒曼钢琴争得了越来越大的生存空间。因此，2012年舒曼钢琴出口成绩依然骄人。同时根据生产能力，参加少量的政府招标项目，使舒曼钢琴的市场占有率大幅度提升。

在生产与销售方面，公司依然实现了钢琴总产量超预算的目标，生产销售都呈增长态势，充分体现了舒曼钢琴的活力、潜力和实力。

在人才管理方面，公司不断加强团队建设，提高专业技能，弘扬企业文化。公司每年投入数百万元用于钢琴技术的提升，专业人才引进以及内部员工培训。通过给国外高端客户加工贴牌产品，消化吸收技术，提升企业技术与质量标准。在引进外来钢琴技术人才的同时，从德国聘请钢琴大师定期到公司对管理人员和员工进行技术和管理培训，努力为员工创造快速发展渠道和技术积淀。另外公司积极鼓励员工参加专业等级考试，提高员工整体素质和技能。

2013年，舒曼钢琴将继续努力，以更高的目标，更好的品质、更严格的监管、更优质的服务，打造品质一流的钢琴，为中国钢琴行业的发展做出更多的贡献。

# 杭州嘉德威钢琴有限公司

2012年，杭州嘉德威钢琴有限公司入驻新园区后，依托规模化的产业基地奠定嘉德威的发展宏图。2012年更是业绩骄人，产销量飞跃，在多方面实现了跨越式发展。

## 一、产品创新

嘉德威每年技术投资1000万元，不断将新技术运用到新产品上。公司相继对GK1、GR1系列钢琴升级换代，使产品以全新面貌问世。同时在10月上海乐器展上嘉德威携诸多研发新品参展，回馈广大客户。

## 二、国际接轨

嘉德威整体形象及美誉度在国内外不断提升，吸引众多国际人士慕名前来参观访问。美国乔治•华盛顿大学在职MBA师生参访，该考察团成员来自美国政府、美洲银行、普华永道会计师事务所、华盛顿邮报等多个行业。

随后，香港理工大学学员参观嘉德威，亲临最具现代化和浓厚艺术气息的国际工业艺术旅游基地，参观钢琴企业的经营环境、经营模式，作为乐器生产企业是如何三位一体的把企业文化、生产经营和旅游参观进行全方位操盘，作为实践的范本进行系统学习。

## 三、文化事业

嘉德威钢琴大力推崇文化事业，积极打造优秀的品牌形象。2月，钢琴天才演奏家沈文裕牵手嘉德威钢琴家乡献艺；4月，嘉德威钢琴“论琴之-三清山艺术之旅”，将钢琴音乐融入自然；5月，“嘉德威钢琴”与电影《童真的眼睛》一同震撼心灵；6月，嘉德威钢琴携手张晓峰音乐会；7月，嘉德威钢琴携手舞台剧《一个也不能少》共圆智障人士音乐之梦；8月，中国音乐学院李民教授音乐会保定会场，璀璨登场。9月，第三届“嘉德威”杯国际青少年钢琴大赛欧洲艺术之旅；10月，嘉德威钢琴上海乐器展新品闪亮登陆。

## 四、拓展无界

嘉德威专卖体系日臻完善，不断扩容发展。80多家专卖店遍地开花，与嘉德威的经销体系形成了庞大的营销网络，构筑起嘉德威发展的帝国大厦。通过不懈努力和发展，嘉德威荣膺2012浙商500强，排名第342位。嘉德威将通过脚踏实地的努力，让嘉德威钢琴走进千家万户，让嘉德威品牌纵横天下。

# 上海欧亚钢琴乐器有限公司

2012年对上海欧亚钢琴乐器有限公司来说是至关重要的一年。国际乐器市场瞬息万变，品牌竞争日趋激烈，原材料和劳力成本持续上涨等因素严重制约了钢琴行业的发展，但这同时也是一种机遇。抓住机遇，迎接挑战，也是所有钢琴品牌商需要解决的首要问题。2012年，公司以“坚持”为企业战略核心，在各个部门的配合协作和所有员工的共同努力下，各方面工作都取得了显著的成绩，实现了突破性发展，并呈现出平稳发展的态势。

**坚持品质核心战略**

2012年，公司坚持以产品质量为核心，通过加强钢琴生产和制作技艺的不断完善以及对专业型人才的挖掘和培养，对生产技术进行全面升级，每道工序都严格按照德国技术标准进行操作，同时德国门德尔松钢琴公司也派遣高级工程师和专业技工常驻公司进行技术指导和监督，使产品质量获得了很大程度的提升。

公司加大技术投入，购进了一批高度精密的机械化设备，提升了生产效率，也使钢琴制作的部分工序更加规范化，如铁板，机械化钻孔让每个发音孔的位置和大小更加精准，减少了手工钻孔的失误，大大提升了钢琴的音质和音准。

**坚持创新发展战略**

工艺创新：2012年，公司在原有工艺技术基础上进行革新改进、完善和提升，对钢琴铁板进行结构优化改进，加强了弦的拉力，使得钢琴的音质更加完美，同时对立式钢琴采用六根柱立体背架，稳固张力，使钢琴音准更加稳定、持久。

产品创新：继“飞机”概念琴、“中国馆”概念琴和“飞碟”概念琴之后，2012年，门德尔松钢琴品牌又研制了一款“金饭碗”概念琴，它新颖独特的设计理念和外观特点，将中国传统元素与钢琴艺术完美融合，在上海乐器展上一经亮相就好评如潮。同时公司开发的HLP-86AA-125-K 和HLP-88AA-125-K两款新立式琴也在市场上大获成功，这给予了研发部门极大的鼓舞，也是对公司自主创新能力的肯定。

**坚持品牌市场战略**

2012年，公司以市场为导向，加强品牌建设力度，坚持内外兼修的品牌市场战略，促进长期可持续发展并取得了显著成效：2012年销售业绩同比上升10%；被中国乐器协会评为“中国乐器行业50强”企业。

公司参加了德国法兰克福乐器展和上海国际乐器展，所展出的产品不论是设计风格、外观、音质还是手感都获得了国内外乐器爱好者的一致好评。同时，中国大陆第三届“门德尔松杯”钢琴大赛的成功举办，以及在国内多个城市赞助举办钢琴比赛和名人音乐会都获得了消费者的认可和喜爱，大大提升了公司的品牌知名度和美誉度。

公司贯穿“以人为本”原则，不断加强学习型组织建设，对生产人员、销售人员、售后人员和管理人员进行不定期的培训和考核，将员工培训作为公司不断发展进步的源泉。

# 成都川雅木业有限公司

2012年，川雅木业作为中国乐器行业钢琴音板、肋木、琴键板、背架钢琴“四大配件”和小乐器音板的声学部件龙头企业，通过开拓发展木材资源新领域，重视木材科学研究，注重产品研发，夯实企业内部管理，提升企业形象和品牌价值，销售收入比上年增加12%，企业取得了可喜进步！赢得了广大用户和社会各界的好评。

乐器木材资源开发和持续保障力是川雅木业发展的基石，也是行业发展之近忧远患。公司通过长期努力，构建成以北美林区为突出优势、中国西部和东北（俄罗斯）的云杉木材“金三角”供应格局；于2011年建成高档乐器专用的北美硬枫木单纯树种加工供应基地，成为钢琴击弦机、弦轴板、弦码和吉他琴颈等材料的新来源地和更长远保障地，进一步彰显公司乐器材料的专业化和全球化优势；其次，高起点投入钢琴实木音板生产设备，达40000万台套/年的实木音板产能；第三，高标准和专业化建设企业技术中心，实施全球云杉木材物性和声学试验研究，围绕资源转型扩张、产品升级发展和技术创新做文章，追求材料和产品新突破。2012年企业技术中心被评为“全国乐器声学木材研发基地”，自此我国乐器行业拥有了自己的、能面向世界的、和针对行业服务的声学木材研究开发机构；第四，积极实施以新树种、新构造、多层次与大小乐器配合经营的产品发展战略，产品更加丰富多彩，更加贴合各类用户的不同需求；第五，扶持发展现代木结构建筑产业，加强乐器木材综合利用配套；第六，注重科技创新。2012年公司新获3项实用新型专利、3项外观设计专利授权，新申报6项发明及实用新型专利，参与制订的2项国家标准颁布实施，被评为“四川省创新性企业”。

2013年，由于我国乐器业正发生深刻复杂的转变，已加速进入竞争淘汰，规模化与专业化，大者越大，强者愈强时代。乐器用天然林木材资源稀缺，专业特性突出，市场价格不断上涨，并日益全球国际化，成本不断上升已是长远定势，迫使乐器生产企业通过转型升级，有能力消费最昂贵的高层次资源，走高端精品化产品发展道路。因此，川雅木业未来将以大量开发进口北美乐器材为基本方向，欧洲和俄罗斯为补充，以高档云杉和枫木资源为定位，并于2013年在上海附近建成我国一流水平乐器木材进口、加工、贸易“三位一体”的原料基地，专业化和规模化发展乐器资源产业。不仅如此，川雅木业将继续以“全国乐器声学木材研发基地”为平台，顺应和应用世界上最好的云杉木材资源，选配使用世界名贵声学木材，以严苛的传统干燥和制作工艺制造名牌配件，规模化生产制造高端实木钢琴音板、实木吉它音板、实木提琴音板和实木琴键板产品，以赶超日本和德国同行的制造能力和水平，出品最优性价比的“川雅音板”及相关乐器材料配件，来配套乐器整机成品企业制造世界一流的高档产品，为促进我国乐器产业从制造大国加速转变成为制造强国做出应有贡献！

# 广州红棉吉它有限公司

2012年，是广州红棉吉它有限公司深入践行科学发展观、蓄势待发成就辉煌的一年。这一年,红棉吉它被国家商务部、中宣部、财政部、文化部、广电总局和新闻出版总署等五部委认定为“2011-2012年度国家重点文化出口企业”、被中国乐器协会评为“中国乐器行业50强企业”、被广东省工商局评为“广东省著名商标”、“广东省名牌产品”，突显红棉吉它的综合优势。

**一、加强产业发展战略规划，实现经济发展方式新变化**

2012年，红棉吉他加强了企业发展战略的规划，在产业结构战略调整、自主品牌延伸、衍生产品策划、经济体制改革、红棉乐器产业升级思路等方面均取得了重大进展。

▲ 调整产业布局　提升综合竞争实力。为了提升企业抗御风险的能力，公司针对国际乐器市场疲软的状况，以全面协调可持续发展为方向，对企业产业布局战略进行重新定位，全面提升公司主业的竞争实力；同时，对品牌实行差异化管理，开发了中高档产品并在美国成功注册；在产品结构优化方面，公司致力提升自主品牌和高附加值产品的比例，逐步减少OEM的生产比例，通过实现产品多元化发展，优化了产品结构，自主品牌的营销比例明显提升。在产业布局方面，根据国内市场的战略规划，公司通过调整布局，增强了红棉吉他在中原地区的品牌影响力，为下一步市场扩张打下坚实的基础。

▲ 从传统制造业向文化产业发展　创新红棉品牌形象。在做大做强产业规模的同时，企业更注重品牌内涵的提升，并通过企业文化的提炼，扩大红棉品牌的影响力，从红棉乐器吉详物红小宝的诞生、企业文化的延伸、品牌战略的实施，使红棉品牌更富有生命力和更具影响力。同时，以红棉品牌为平台，扩展衍生产品，并通过开拓相关产业链，形成战略性新兴产业，为企业后发展储备能量，成为未来新的经济增长点。

**二、加大技术创新力度　以科技进步提升生产力**

2012年，公司持续加大对科技研发的投入，通过引进世界顶级吉他生产企业——美国泰勒吉他公司的先进生产工艺，并与红棉吉他现有生产方式相溶合，使吉他生产质量的稳定性和标准化程度大大提升；同时公司在新产品、新材料、新设备等方面的研发工作也取得了新的突破，成效显著。据统计，2012年，公司共开发新产品57个，申报专利10项。

**三、创新营销理念 主动出击、化危为机**

▲ 加大市场拓展力度。2012年以来，针对欧美市场不景气的情况，公司及时调整营销策略，有针对性地加大新兴市场的开发力度，分别开拓了南非、泰国等国一批新客户，当年出口额同比增长超过29%；同时及时把握国家稳增长的政策导向，积极拓展国内二级市场，通过征集代理商的活动，细分市场管理，扩充内销渠道，取得了良好的效果。

▲ 开拓网络销售新模式。公司积极探索新的营销模式，与电视购物频道合作，将红棉吉他旗下的部分品牌产品试行网络销售，同时积极探索电商业务，扩大自主品牌的影响力，搭建网络销售平台，为扩大红棉吉它的市场份额打下良好的基础。

▲ 扩大自主品牌销售比例。自主品牌的销售比例与企业的市场成熟度密切相关，为了增强企业的自主品牌影响力，公司不断加大自主品牌产品的市场拓展工作，并取得了良好的成效。2012年公司自主品牌的销售额同比提升37%。

▲ 拓展衍生产品市场。为了提高企业抵御风险能力，公司充分利用红棉品牌优势，扩展相关延伸产品，拓展新的市场空间，实现从单一乐器产品向跨行业、跨领域方向发展，包括开发红棉品牌教育系列产品、具有岭南特色的茶文化产品、面向旅游市场的礼品和箱包系列、儿童服装系列、玩具系列、文具系列、精品系列等产品，同时还以红棉品牌代言吉祥物红小宝的形象进军动漫产业，通过开辟新的发展渠道，实现产业链的不断扩展，形成新的经济增长点。

**四、加强企业文化建设 提升品牌影响力**

公司致力企业文化的培育，通过形成富有红棉乐器特色和内涵的文化理念，提升品牌的影响力。2012年，红棉乐器与专业广告公司进行了合作，将企业文化与红棉品牌的推广溶合在一起，建立了企业VIS系统（企业视觉识别系统）；以国际视野，设计并印制了一整套富有时代感的红棉企业画册和系列品牌产品宣传画册等，使品牌管理更具规范化、现代化。公司与传媒合作，开展了多场红棉乐器专场或冠名活动，焕起了广大消费者对红棉的记忆；通过学校的渠道，在青少年中灌输红棉企业文化，培育潜在消费群体，此外，公司还建立了红棉官方微薄，通过网络平台，加强红棉企业文化和品牌的宣传力度，加强与消费者的互动，扩大红棉品牌的影响力。

为了加快红棉乐器的发展步伐，红棉吉他投资1.5亿元在广东河源高新技术开发区建立新的产业基地，该项目是红棉乐器未来发展的重大战略布局，其目标是要在三年内建成世界最大的吉他、提琴生产制造基地、国内最先进的研发中心。目前红棉乐器项目正在全面施工，预计在2013年底可全面投产运营，届时，红棉乐器将迈向新的里程碑，实现新的飞跃。

# 吟飞科技（江苏）有限公司

2012年，吟飞科技继续完善各项管理制度，秉承优秀的企业传统，不断发扬“诚信、勤奋、合作、奉献”的企业精神。在品牌建设、标准化建设、技术创新、市场推广和音乐普及教育等方面做了大量的工作。

**1、积极做好品牌建设工作**

今年公司再次荣获中国乐器协会 “中国乐器行业50强”称号；“吟飞”商标被国家工商行政管理总局商标评审委员会认定为“中国驰名商标”；公司被国家文化部、商务部、财政部、广电总局、新闻出版总署列入国家文化出口重点企业目录；公司是中国教育装备行业协会会员单位、江苏省教育装备行业协会会员单位。通过获得的这些荣誉，为“吟飞”品牌建设打下了良好基础。

**2、努力做好标准化建设工作**

11月，全国乐器标准化技术委员会2012年年度工作会议在常州隆重举行，来自北京、上海、天津、广州、浙江、江苏等全国各省市的40多名专家及领导参加了本次年度会议。在本次标委会上，与会代表认真听取了吟飞公司在标准化工作方面情况的介绍，充分肯定了公司参与国家标准、行业标准制定发挥的积极作用。

**3、做好先进技术的引进和新产品的研发工作**

公司研发了新一代电子乐器音源集成电路，依靠先进的电子技术和自主创新能力，不断地研发和生产适合消费者需要的各类电子乐器产品。2012年推向市场的新款高端双排键电子琴---RS-1000，得到了各地专业院校专家、老师的肯定和广大消费者的青睐，也为填补国产高端双排键电子琴市场的空白做出了贡献。

**4、积极做好市场推广工作**

为了充分展示企业文化和公司形象宣传企业品牌和产品，了解国内、外客户的需求，公司参加了2012年的美国NAMM SHOW，法兰克福乐器展和中国（上海）国际乐器展等国际性乐器展会。通过参加国际乐器展，公司把企业文化、品牌形象及产品等方面都得到了较好的展示，显著提升了公司及“吟飞”系列产品的知名度和影响力。使公司在国内、外的市场竞争力，在拓展国际、国内市场份额的道路上取得了长足的进步，为把“吟飞”打造成为中国电子乐器民族第一品牌打下了坚实基础。2012年，公司先后在江苏、广西、安徽、湖南、江西、重庆、甘肃、黑龙江、福建、吉林、山东等地的近20个城市举办了“吟飞”双排键教学交流会、“吟飞”电子乐器新产品展示会、音乐会和艺术沙龙等形式多样的推广活动。特别是2012年11月，公司积极参与了由星海音乐学院主办的“广州国际电子键盘艺术节”——暨第二届中国音乐院校电子管风琴发展研讨会。公司作为此次艺术节组委会会员单位全程参与本次艺术节全部活动。为了支持这次艺术节不仅参与本次艺术节的全部活动过程，并在开幕式当天晚上在星海音乐学院音乐厅举办了“吟飞”电子管风琴专场音乐会。

**5、积极做好音乐教育普及工作**

从2008年始，每两年在国内组织一届“吟飞电子管风琴（双排键）比赛”，今年的比赛更升级为“2012‘吟飞’国际电子管风琴比赛”。通过比赛，更有效地展示中国电子管风琴的教学成果，进一步促进电子管风琴作品创作和演奏人才的选拔，促进电子管风琴教学国际间交流，并将进一步推动电子管风琴的普及教育。

为进一步促进音乐教育事业的发展和普及工作，繁荣江苏省文化教育事业，公司积极参与由江苏省文化厅发起组织的文化企业向文化厅所属艺校捐赠乐器活动，并向江苏省艺术学校捐赠了一批教学用电钢琴及双排键电子琴，解决了江苏省现有艺术学校普遍存在的办学条件差，教学设备陈旧等问题。同时也为繁荣我国文化教育事业发展作出进一步贡献。

# 江苏奇美乐器有限公司

**一、2012年取得的荣誉和成绩**

2012年度，公司被商务部、中宣部、财政部、文化部、广播电影电视总局、新闻出版总署六部委联合授予“国家文化出口重点企业”，被国家工商行政管理总局公示为“守合同重信用”企业，以及被中共泰州市委宣传部、泰州市文化广电新闻出版局授予“泰州市级文化产业示范基地”，同时，荣获中国乐器协会授予2012年度“中国乐器行业50强”，被中共靖江市委员会、靖江市人民政府授予“百优企业”、靖江市2012年度“诚信单位”称号。

一直以来，奇美牌竖笛、口风琴、口琴普及了欧美及亚太地区2.5亿中小学生和音乐爱好者，连续十年全球销量遥遥领先。2012年，奇美牌竖笛、口风琴国内市场占有份额达到90%左右，奇美牌系列口琴产销量跃居国内市场第一位，产品不仅畅销国内市场，还远销美国、日本、德国、英国、印尼、法国、瑞士、马来西亚、新加坡、澳大利亚、加拿大等多个国家和地区，深受国内外中小学生和音乐爱好者及专业演奏家的欢迎。

**二、协办第九届马来西亚亚太口琴节**

2012年8月，由江苏奇美乐器有限公司协办的第九届亚太口琴节在马来西亚首都吉隆坡举行，口琴节上杭州刀茅巷小学参赛选手所使用的口琴均由奇美公司生产，同时奇美口琴作为口琴节纪念礼品赠送给马来西亚旅游部长、文化部长以及口琴节参赛获奖选手。公司还资助人民币50万元，以确保亚太口琴节成功举办。

**三、奇美新厂区建设规划**

2012年，公司新厂区建设已经开始，建设面积约40000平方米，占地约40亩，总投资8000万元新建的“市级文化产业示范基地”建设项目一期工程也正式启动。

公司新厂区建成后，主楼除了用于办公外，还将组建技术研发中心，将与南京师范大学合作，成立博士后流动站、竖笛声学实验室以及设立奇美乐器展览馆和陈列室，展现奇美发展历史和乐器产品。公司将专门腾出400平方米左右空间成立由省质监局、省教育厅联合建立的江苏省中小学生质量教育社会实践基地，具备学生参观、动手实践以及举办专题讲座的能力，预计平均每年能接纳5000-10000人左右。

新厂区建成后，将促进奇美公司的飞跃发展，加快奇美品牌的推广，扩大3-4倍的乐器产品生产和出口能力，产值将以每年20%-30%左右速度递增。

### 四、2013年及今后的目标和计划

为扩大国内外市场，公司从2012年开始投资3000万元创建两条新的生产线，以提升产业能力，提高产业效率，提升文化品牌形象，增强企业出口品牌竞争力，促进行业发展，最终达到企业社会效益和经济效益双丰收。

## 江阴金杯安琪乐器有限公司

2012年，金杯乐器公司不畏难、不自满，坚持“打造金杯品牌，振兴民族工业”的发展目标，加大投入，创新发展，不断提升产品质量，进一步扩大了金杯品牌的国际影响，保持企业稳定、持续、健康的发展态势。

### 一、坚持品牌战略强质量

2012年，金杯乐器公司面临人民币升值、原辅料上涨、劳动力成本增加等严峻考验，不畏艰难、负重奋进，开创了金杯稳定、快速发展的新局面。通过品牌战略，金杯用自身的质量优势在市场竞争中建立良好的信誉。公司坚持两手抓两手硬：一手抓质量管理和新品开发，一手抓国内和国际市场销售。2012年，公司生产的“金杯”双波动流行手风琴被中国轻工业联合会和中国乐器协会评为“中国国际轻工消费品展览会科技创新奖和最受消费者欢迎奖。同时，公司又被认定为“2011-2012年度国家文化出口重点企业”，这些成绩的取得，标志着金杯的发展进入了一个新的里程碑。

### 二、坚持科技创新强实力

2012年，公司投入300万元，创建全国手风琴簧片研发基地，自主研制高档手风琴簧片，打破这一领域长期被国外垄断的局面。已获得8项国家实用新型专利，成功申报江苏省高新技术企业，新研发的轻便式26K键盘手风琴投放市场，这些新成果、新产品的取得，让更强的技术实力、更优的产品质量为金杯这一民族品牌增光添彩。

### 三、坚持文化引领企业

2012年，金杯乐器继在申港开办金杯艺术培训中心之后，又在江阴市区开设金杯艺术培训中心分校，积极推广和普及手风琴教育。投入150万元创办金杯幼托早教中心，让更多的孩子从小接受良好的音乐艺术薰陶，捐赠300台手风琴支持边远地区教学设备建设，金杯在文化引领企业的道路上越走越宽广。

2013年，公司将继续抓好以下三方面的工作：（1）质量并重，确保行业领先地位；（2）科技创新，坚持品牌发展战略；（3）追求卓越，打造金杯国际品牌。金杯人怀着梦想，承载希望，开创未来。

## 天津圣迪乐器有限公司

2012年乐器行业国内外市场瞬息万变、市场竞争日趋激烈，原材辅料价格、员工收入等运营成本不断增加，给企业的发展造成越来越多的不利因素。要想适应这个环境、在这个环境中生存，企业必须要提高自身的抗风险能力，要在危机中抓机遇、求发展。

### 一、内抓现场、外抓市场，加大技术开发力度、增强市场竞争力

圣迪公司坚持以市场需求为导向，确定了以产品开发谋求企业持续发展的主线，重点加强人才、市场、研发等各项工作的落实。以人为本，充分发挥公司每一个人的聪明才智，齐心协力积极进取，

确保完善各项工作。在新产品研发工作中，圣迪公司根据不同群体乐器演奏发展的需要，引进技术人才，改进生产技术，生产出了符合市场需要以及适应不同群体乐器演奏发展需求的新产品。使圣迪乐器再创新高，不断推陈出新生产出了质优价美的乐器产品，使公司乐器产品在市场上具有强大的竞争能力。

公司重新布置生产工序，调整简约生产环节，购置了一批先进生产设备，与设备公司一起根据产品特点设计制造乐器专用设备，减轻了员工劳动强度,增强了公司技术骨干的积极性，大大提高了员工的工作效率和产品质量。

公司上下全员参与，把好质量关，建立完善质量保障体系，提高全体员工的质量管理意识，坚持完善三检原则（下道对上道工序检验，质检员对产品检验，车间与车间相互监督检验），实施员工质量考核管理手册，确保了产品每个部件的质量。

加大新产品开发力度，继续完善技术创新体系，继续走引进、消化、吸收国外先进技术的道路，强化产品结构款式调整，提高市场竞争能力，不断提高和攻克技术难题，开发成功GS系列管乐器，使公司的产品有了一个质的飞跃，更好更快地达到了国际同类产品的水平。

创造自主知识产权，在产品设计和解决生产实践中存在的问题，在提高生产效率和产品质量，在改善劳动强度和生产工艺，在设备技术改造和节能降耗等方面都形成了自己独特的技术方案。公司目前拥有的专利总数已达60多项，成果转化率已达到90%。公司制定了知识产权发展规划，每年都有几项新的专利诞生，对公司发展起到了巨大的促进作用。

**二、打造圣迪品牌，牢固树立品牌意识**

目前、圣迪品牌已被评为“天津市著名商标”“天津名牌产品”。继续坚持“以质量促品牌，以产品促品牌，以文化促品牌，以服务促品牌”的品牌观，我们始终围绕创名牌保名牌这一战略，坚持以质量为中心，通过各种渠道不断加大广告宣传力度，以优质的质量确保客户的信誉度，以新颖的产品款式确保品牌的先进性，以健全优质的服务确保品牌的持久性，提高品牌的知名度，为争创中国驰名商标打下基础。

**三、加强团队建设、树立公司文化，努力营造圣迪新景象**

公司要想发展壮大，就需要一批具有事业心和责任心的专业人才组成优秀稳定、团结务实、开拓进取的领导团队，团队成员要树立科学发展观，讲究经营之道，培养公司精神，塑造公司形象，优化公司内外环境，全力打造具有自身特色的公司文化，为圣迪快速发展提供动力和保证。继续通过国内外各大乐器展会来提升圣迪品牌的市场影响力，同时加强和教育系统合作，共同搭建中国管乐器的发展平台。根据公司实际情况，继续加强公司乐队的培训计划，通过开展各种形式的培训和文化活动，来调动员工的积极性、主动性和创造性，为圣迪发展夯实基础。

只要不断增强产品质量和技术创新，提高公司的核心竞争力，圣迪公司一定会持续、稳定地向前发展,为实现中国梦想尽一份努力!

# 浙江中盟文化有限公司

2012年对中盟文化（天目琴行）来说，是一个总结，也是一个全新的起点。走过20年风雨岁月的天目琴行，坚持实践着“商、学、赏”三位一体的经营理念。

20年，公司将传播音乐文化融入到每一个天目人的血液中，从最初的著名钢琴家殷承宗钢琴音乐会、“明珠杯”少儿钢琴大赛，先后赞助“大学之声”新年音乐会、宝荣•天目新年音乐会、香港杭州提琴艺术沙龙冷餐会等音乐活动……到如今，组织策划执行了2012杭州国际钢琴文化周、贝多芬钢琴家全国巡演、“星海杯”比赛、“哈曼尼”美国音乐公开赛浙江赛区赛事等音乐会，参与理查德•克莱德曼杭州新年音乐会、旅美小提琴家徐扬音乐会，接待杭州国际交流日留学生参观……公司的努力得到了有关单位的认可，荣获杭州文化创意产业博览会“优秀活动奖”、2012杭州法国周品质合作商、第十三届中国杭州西湖国际博览会铜奖、“2012年度杭州市发展文化创意产业先进单位”、“2011杭州国际钢琴文化周”入选2012杭州品质行业点评文娱活动“年度活动”等。

天目人注重教学，更注重高品质教学，在承袭优良管理传统的基础上，引进上海音乐学院、杭州师范大学音乐系的优质师资，打造一支富有活力的年轻教学团队。

除了优质的硬件设施，天目人也在实践中不断优化服务意识。每一位天目教师，在保证课程教学质量的同时，积极与家长沟通，搭建学校和家庭的互动桥梁，解决学生学习中的问题。

良好的课程设置是对教学质量的保证。公司引进雅马哈音乐中心，开启针对2岁半、3周岁、4-5岁儿童开办的音乐启蒙课程，让孩子在聆听、演唱、熟悉键盘的过程中，感受音乐魅力，在孩子初次体验音乐的过程中，打下深入学习钢琴的基础。

2012年，天目人的销售也顶住了业内普遍下滑的趋势，在优化管理和营销手段中，实现了销售业绩的增长。公司通过软性植入的方式，将品牌植入到微电影中，联合社会机构，赞助高雅音乐会，让品牌走入校园，增加琴行的受众群体覆盖面。通过这一系列的软性植入，实现了业绩的卓越增长。

在创新的营销方式、管理体制中，中盟文化（天目琴行）问鼎“浙江省著名商标”。中国乐器协会琴行分会秘书处所在地、“中国乐器行业五十强”、“2012浙商最具投资潜力企业”等，这些奖项，是社会各界对公司的肯定。

有音乐的生活更有品质，有音乐的人生更加精彩，天目人正以坚实的步伐实践着自己的音乐梦，让音乐洒满街巷，让城市更加灵动。

# 河北秦川文体乐器有限公司

2012年，对于河北秦川文体乐器有限公司的发展进程而言可谓是一段辉煌的历程。公司从企业文化建设入手，以管理创新为动力，以价值创新为核心，抓管理、讲服务、促经营，使企业得到了全面发展，在不利的外部环境下，取得了良好的经济和社会效益。

**以价值创新为核心，企业文化建设跨入新阶段**

2012年，公司在制定企业未来五年战略规划的同时，对企业文化核心理念进行了重新提炼，明确了企业使命、企业愿景和企业核心价值观等。同时成功导入全面绩效管理、全面预算管理体系。为适应时代和企业发展的要求，还有计划地实施了与企业品牌战略相匹配的VI战略，重点对企业原有VI设计进行了优化升级。

企业文化核心理念转化为无坚不摧的精神力量，激励和推动着企业矢志不渝，坚定不移地去追求、去创造。2012年，在不利的外部环境下，公司从价值创新入手，苦练内功，努力将不利因素的影响降到最低点。使企业的经营收入不仅没有下降，反而比上年增长了5%，单笔成交额、毛利率等其他指标也有明显增长。

**社会效益显著，赢得社会广泛赞誉**

2012年，公司一手抓经营，一手抓市场培育，既为企业的可持续发展打下了坚实的基础，也取得了良好的社会效益，企业品牌形象得到进一步提升。

2012年先后与中国国际文化交流中心、河北省国际经济文化交流中心、石家庄市委宣传部、省精神文明办、桥东区委以及省市音协、邯郸、保定团市委、文联、音协等联合举办了施坦威之夜“向国旗敬礼 做有德之人”钢琴交响乐协奏音乐会、“庆祝党的十八大闭幕”联欢会等二十余场大型音乐会、讲座和比赛。同时还开展了向贫困山区募捐和慰问环卫工人演出等公益活动。

**勇于承担社会责任，争做行业先导，品质典范**

2012年，秦川公司先后协办了河北省音乐家协会吉他艺术委员会第三届理事会扩大会议、第四届河北企业风险防范论坛，承办了中国乐器协会琴行分会2012年年会暨厂商合作助推中国文化产业发展论坛。公司总经理秦川连续3年在上海国际乐器展的实用课堂上介绍了经验，副总经理王鹏香在中国艺术教育联盟第四届全国艺术教育机构实战峰会上做了题为“从乐器行业角度看文化产业的立体发展”的主题演讲。

企业的发展和为文化事业所做的贡献，得到了社会的广泛认可与赞誉。2012年，先后获得全国乐器行业“信息工作先进集体”、河北省践行社会责任优秀企业、石家庄市讲道德守信用“十佳专卖店”、河北省第三批文化产业示范基地、中国乐器行业50强企业等称号。

同时入选世界2012年205家顶级琴行。

# 河南中州民族乐器有限公司

2012年，在各级政府、社会各界及各兄弟厂家的大力帮助和支持下，河南中州民族乐器有限公司取得了长足的进步，圆满完成了公司年初预定的各项目标：

1、产品质量是公司的生命力。为此公司制定了质量全员负责制，从原材料开始严格抓起，并要求每一位员工做好本工序，监督上道工序，服务下道工序，定期给员工培训质量管理、绩效管理课程。经过长期不懈的努力，2012年公司被兰考县政府授予“兰考县县长质量奖单位”，为公司产品质量的稳定和提升添足了动力。在保质量的同时，加大产品创新力度，相继开发出文琴、整木挖筝等新产品，获得了客户的一致好评和认可。

2、在当地政府的大力支持下，公司在兰考县产业集聚区投资2000多万元，占地30多亩的新厂区于2012年11月份已开工建设，新厂区建好后将更好的满足市场需求，为客户提供更优质的产品。

3、经过公司全体员工的努力，“中州”商标已连续3次被河南省工商管理局评为“河南省著名商标”。2012年12月被河南省林业厅评为“河南省林业产业化龙头企业”。

4、在获得荣誉的同时，公司内部加大管理力度，改进生产方式，采用先进设备和实际改装相结合的方式，细化产品工序，合理化分工。在全厂员工的努力下，2012年全年各种乐器产量突破3万件，实现产值4000万元，为当地行业的发展和经济建设做出了应有的贡献。

2013 中国乐器年鉴
CHINA MUSICAL INSTRUMENT YEARBOOK

重要新闻篇 1
统计资料篇 10
协会工作篇 45
综合篇 85
海外信息篇 167
企业篇 274
专利篇 293
产品篇 332

# 2012年中国乐器专利发布情况汇总

2012年，我国共发布乐器专利943件，较上年的658件增长30.2%。其中发明专利214件，同比增长55%；实用新型364件，同比增长8%；外观设计365件，同比增长40.6%。本次乐器专利统计涵盖乐器综合、钢琴、吉他、电子琴、提琴、口琴、民族乐器、管乐器、手风琴等各门类。2012年乐器行业专利发布数量与全国专利发布总量基本保持同步增幅。

国家知识产权局在总结2012年专利工作时强调，“我国正从知识产权大国向知识产权强国方向发展。”2012年，乐器企业、从业人员、科研院所及外资公司愈加重视专利开发，注重自主创新成果和知识产权保护，尤其是在促进产品科研成果市场化方面取得丰硕成果。（资料来源：国家知识产权局 中国乐器协会信息部编辑）

# 2012年中国乐器专利发布数量一览表

| 序号 | 类别 | 发明专利 | 实用新型 | 外观设计 | 小计 |
|---|---|---|---|---|---|
| 1 | 乐器综合 | 93 | 47 | 34 | 174 |
| 2 | 钢琴 | 40 | 97 | 45 | 182 |
| 3 | 吉他 | 11 | 36 | 163 | 210 |
| 4 | 电子琴 | 3 | 17 | 29 | 49 |
| 5 | 提琴 | 10 | 17 | 30 | 57 |
| 6 | 萨克斯 | 3 | 9 | 2 | 14 |
| 7 | 二胡 | 2 | 27 | 7 | 36 |
| 8 | 古筝 | 4 | 20 | 22 | 46 |
| 9 | 管乐器 | 6 | 3 | 1 | 10 |
| 10 | 鼓 | 26 | 38 | 23 | 87 |
| 11 | 胡琴 | 1 | 9 | 3 | 13 |
| 12 | 扬琴 | 1 | 1 | 1 | 3 |
| 13 | 葫芦丝 |  | 4 |  | 4 |
| 14 | 琵琶 |  | 4 | 2 | 6 |
| 15 | 号 | 11 | 10 |  | 21 |
| 16 | 口琴 | 2 | 7 | 1 | 10 |
| 17 | 笛 |  | 8 | 1 | 9 |
| 18 | 古琴 | 1 | 4 | 1 | 6 |
| 19 | 西洋乐器 |  | 2 |  | 2 |
| 20 | 民族乐器 |  | 4 |  | 4 |

# 2012年中国乐器专利发布目录

| 类别 | 名称 | 专利类型 | 申请（专利）号 | 公开（公告）日 | 申请（专利权）人 | 发明（设计）人 |
| --- | --- | --- | --- | --- | --- | --- |
| 乐器综合类 | 键盘乐器练习装置 | 实用新型 | 201120041090.0 | 2012.01.04 | 刘博文 | 刘博文 |
| | 演奏装置以及电子乐器 | 发明专利 | 201110190941.2 | 2012.01.11 | 卡西欧计算机株式会社 | 原田荣一、上原直隆 |
| | 打击乐器 | 发明专利 | 201110183236.X | 2012.01.11 | 罗兰株式会社 | 吉野澄 |
| | 弦乐器组合振动装置 | 实用新型 | 201120054524.0 | 2012.01.18 | 秦知非 | 秦知非 |
| | 电子键盘乐器 | 发明专利 | 201110194085.8 | 2012.01.25 | 雅马哈株式会社 | 三岛顺一、富士田隆志 |
| | 初、微调可转换乐器旋钮 | 实用新型 | 201120270098.4 | 2012.01.25 | 刘世昌 | 刘世昌、王智全、刘锐 |
| | 电子乐器 | 发明专利 | 201110196529.1 | 2012.01.25 | 雅马哈株式会社 | 原成淑、河野恭浩 |
| | 一种金属的拨弦乐器 | 发明专利 | 201010231606.8 | 2012.02.01 | 黄忠 | 黄忠 |
| | 可调式管乐器支柱 | 实用新型 | 201120227206.X | 2012.02.08 | 功学社教育用品股份有限公司 | 陈约文 |
| | 乐器弹奏指导装置 | 实用新型 | 201120249007.9 | 2012.02.08 | 冯山 | 冯山 |
| | 演奏装置及电子乐器 | 发明专利 | 201110220226.9 | 2012.02.08 | 卡西欧计算机株式会社 | 高桥宏毅 |
| | 一种金属化塑料乐器 | 实用新型 | 201120267702.8 | 2012.02.15 | 陈哲 | 陈哲 |
| | 电子键盘乐器 | 外观设计 | 201130301245.5 | 2012.02.15 | 雅马哈株式会社 | 北泽敦之 |
| | 电子键盘乐器 | 外观设计 | 201130147636.6 | 2012.02.15 | 雅马哈株式会社 | 田中坚四郎、冈村淳 |
| | 电子键盘乐器 | 外观设计 | 201130301526.0 | 2012.02.22 | 雅马哈株式会社 | 北泽敦之 |
| | 可轻易变成笛、箫、篪等管类乐器的容器 | 实用新型 | 201120159788.2 | 2012.02.29 | 田国 | 田国 |
| | 用于管乐器的阀 | 发明专利 | 201080012417.X | 2012.03.07 | 马丁·A·威尔克 | 马丁·A·威尔克 |
| | 民族弦乐器共鸣箱 | 发明专利 | 201110394620.4 | 2012.03.07 | 黄林潜 | 黄林潜 |
| | 一种用于修理民族传统乐器笙的电动磨律机 | 实用新型 | 201120238033.1 | 2012.03.14 | 郎忠山 | 郎治宇、郎忠山、袁永昌 |
| | 二胡乐器盒 | 实用新型 | 201120179050.2 | 2012.03.14 | 上海日伴箱包有限公司 | 杨林妹、周新毅 |
| | 打击乐器用打击检测装置 | 发明专利 | 201110183298.0 | 2012.03.14 | 罗兰株式会社 | 森良彰 |
| | 乐器 | 外观设计 | 201130222154.2 | 2012.03.14 | 郭奉烈 | 郭奉烈 |

| 类别 | 名称 | 专利类型 | 申请(专利)号 | 公开(公告)日 | 申请(专利权)人 | 发明(设计)人 |
|---|---|---|---|---|---|---|
| 乐器综合类 | 用于数字乐器的通用移调器 | 实用新型 | 201120138901.9 | 2012.03.21 | 张洋 | 张洋 |
| | 具有支架功能的乐器盒 | 发明专利 | 201110460003.X | 2012.04.18 | 吴勤勇 | 吴勤勇 |
| | 在民族乐器上安装三棱透镜增强光伏效应的照明装置 | 发明专利 | 201110382855.1 | 2012.04.11 | 无锡同春新能源科技有限公司 | 缪同春 |
| | 电子键盘乐器的开关体 | 发明专利 | 201110272238.6 | 2012.04.04 | 雅马哈株式会社 | 西田贤一 |
| | 电子键盘乐器的开关体 | 发明专利 | 201110272207.0 | 2012.04.04 | 雅马哈株式会社 | 西田贤一 |
| | 气密的乐器保存组成 | 实用新型 | 200890100406.5 | 2012.04.25 | 大可意念传达有限公司、冠亚智财股份有限公司 | 谢荣雅 |
| | 一种弦类乐器的自动调音装置 | 发明专利 | 201110367648.9 | 2012.04.25 | 上海市第二中学 | 董祥康 |
| | 用于音乐弦乐器的共鸣板支柱结构系统 | 发明专利 | 200980159207.0 | 2012.04.18 | 约瑟夫·巴里拉罗 | 约瑟夫·巴里拉罗 |
| | 一种磁力感应无触摸乐器教具 | 实用新型 | 201120281685.3 | 2012.04.25 | 上海中科教育装备集团有限公司、上海中领实验室装备集团有限公司 | 张礼涛、张志忠 |
| | 吹奏乐器助吹器 | 发明专利 | 2.0111E+11 | 2012.04.25 | 程海 | 程海 |
| | 用于电子打击乐器的踏板装置 | 发明专利 | 201110272060.5 | 2012.05.02 | 雅马哈株式会社 | 桥本隆二 |
| | 用于管乐器的乐音产生风格通知控制设备 | 发明专利 | 201110313222.5 | 2012.05.02 | 雅马哈株式会社 | 桥本隆二 |
| | 弦乐器 | 发明专利 | 201080022367.3 | 2012.05.02 | 田边守 | 田边守 |
| | 用于对弦乐器例如吉他或类似乐器调音的装置及方法 | 发明专利 | 201080040473.4 | 2012.05.30 | 大卫·邓伍迪 | 大卫·邓伍迪 |
| | 光电感应音乐器 | 发明专利 | 201010567528.9 | 2012.05.30 | 吴锦汉 | 吴锦汉 |
| | 键盘乐器琴键状态的无改装非接触检测装置 | 发明专利 | 201010558616.2 | 2012.05.30 | 赵洪云 | 赵洪云 |
| | 电子打击乐器 | 发明专利 | 201110345293.3 | 2012.05.23 | 卡西欧计算机株式会社 | 山内劳雄 |
| | 铜管乐器用练习器具 | 发明专利 | 201080023756.8 | 2012.05.09 | 高桥利幸 | 高桥利幸 |
| | 瓶子吹奏乐器 | 实用新型 | 201120400443.1 | 2012.05.30 | 南卫东 | 南卫东 |
| | 一种乐器码子 | 实用新型 | 201120361905.3 | 2012.05.30 | 韦俊学 | 韦俊学 |

| 类别 | 名称 | 专利类型 | 申请（专利）号 | 公开（公告）日 | 申请（专利权）人 | 发明（设计）人 |
|---|---|---|---|---|---|---|
| 乐器综合类 | 一种利用手机对乐器进行调音的装置 | 实用新型 | 201120334777.3 | 2012.05.02 | 杜惠红 | 杜惠红 |
| | 一种带缠绕带的乐器拨片 | 实用新型 | 201120361905.3 | 2012.05.30 | 韦俊学 | 韦俊学 |
| | 乐器 | 发明专利 | 201080028285.X | 2012.05.30 | 拉什利有限公司 | H. M. 拉什利 |
| | 带脚踏马鞍人字型演奏乐器专用椅 | 外观设计 | 201130366258.0 | 2012.05.02 | 迈确尔（柳州）椅业有限公司 | 卡斯汀·塞林 |
| | 带脚踏人字型圆坐垫演奏乐器专用椅 | 外观设计 | 201130366257.6 | 2012.05.02 | 迈确尔（柳州）椅业有限公司 | 卡斯汀·塞林 |
| | 乐器(吉他) | 外观设计 | 201230031002.9 | 2012.05.30 | 北京弦梦乐器有限公司 | 白蕴生 |
| | 笛子(乐器) | 外观设计 | 201130451524.X | 2012.05.23 | 张振华 | 张振华 |
| | 乐器调音器 | 外观设计 | 201130486966.8 | 2012.05.02 | 惠州市韩音乐器贸易有限公司 | 南宫圣燮 |
| | 乐器防脱扣(打击类乐器) | 外观设计 | 201230011069.6 | 2012.06.13 | 陈冬梅 | 陈冬梅 |
| | 乐器话筒（BK-52A） | 外观设计 | 201130388994.6 | 2012.06.13 | 张健彬 | 张健彬 |
| | 电弦乐器用主体 | 外观设计 | 201130374409.7 | 2012.06.20 | 雅马哈株式会社 | 辰巳惠三 |
| | 乐器话筒（BK-52B） | 外观设计 | 201130388995.0 | 2012.06.13 | 张健彬 | 张健彬 |
| | 电子仿真踩镲 | 发明专利 | 201210038105.7 | 2012.07.04 | 得理乐器（珠海）有限公司 | 张迎霞、廖照华、苏文武 |
| | 乐器共振板的助振装置 | 发明专利 | 201110068133.9 | 2012.07.04 | 单志渊 | 单志渊 |
| | 一种有琴弦的乐器的音板 | 发明专利 | 201210035809.9 | 2012.07.04 | 赵振伟 | 赵振伟、周万昊 |
| | 管乐器音孔盖调整装置 | 发明专利 | 201110002784.8 | 2012.07.04 | 宏寰贸易股份有限公司 | 彼得·庞佐、凯瑞·柯林博、张毓彬 |
| | 开关结构、电子部件安装结构及包括其的电子乐器 | 发明专利 | 201110416407.9 | 2012.07.04 | 雅马哈株式会社 | 山崎研治 |
| | 乐器架的承放座调整装置 | 实用新型 | 201120413001.0 | 2012.07.04 | 尤宗耀 | 尤宗耀 |
| | 乐器架的承放座调整装置 | 实用新型 | 201120413001.0 | 2012.07.04 | 尤宗耀 | 尤宗耀 |
| | 一种新型乐器哨片存储器 | 实用新型 | 201120412232.X | 2012.07.04 | 高玉文 | 高玉文 |
| | 乐器辅助学习机 | 发明专利 | 201110446904.3 | 2012.07.11 | 张智 | 张智 |
| | 电子乐器 | 发明专利 | 201110320333.9 | 2012.07.11 | 罗兰株式会社 | 松本敬介 |
| | 演奏装置及电子乐器 | 发明专利 | 201110392447.4 | 2012.07.11 | 卡西欧计算机株式会社 | 坂崎尚之 |

| 类别 | 名称 | 专利类型 | 申请(专利)号 | 公开(公告)日 | 申请（专利权）人 | 发明（设计）人 |
|---|---|---|---|---|---|---|
| 乐器综合类 | 无干扰练习铜管乐器 | 发明专利 | 201010616478.9 | 2012.07.11 | 上海市莘格高级中学 | 喻承、许卓炅、刘思敏 |
| | 多功能乐器用键盘 | 发明专利 | 201210040387.4 | 2012.07.11 | 张树岩 | 张树岩 |
| | 演奏装置及电子乐器 | 发明专利 | 201110433107.1 | 2012.07.11 | 卡西欧计算机株式会社 | 坂崎尚之 |
| | 键盘乐器的盖体结构 | 发明专利 | 201110436036.0 | 2012.07.18 | 罗兰株式会社 | 河野弘树 |
| | 踏板装置以及包括该踏板装置的电子乐器 | 发明专利 | 201210003597.6 | 2012.07.18 | 雅马哈株式会社 | 吉村美智子、西田贤一 |
| | 电子乐器 | 发明专利 | 201110429568.1 | 2012.07.18 | 雅马哈株式会社 | 池谷忠彦、郑宇新 |
| | 琴键驱动装置和键盘乐器 | 发明专利 | 201210008358.X | 2012.07.18 | 雅马哈株式会社 | 村上浩之 |
| | 单扭力锁扣 | 实用新型 | 201120495295.6 | 2012.07.25 | 得理乐器(珠海)有限公司 | 冯德荣 |
| | 具有立体结构且发光的电子乐器 | 发明专利 | 201210060018.1 | 2012.07.25 | 天津大学 | 梁晓晶、赵明君、宋英麟、彭纯、栗大超 |
| | 低音拓延的管弦共鸣乐器 | 发明专利 | 201210100463.6 | 2012.07.25 | 张辉 | 张辉、潘晓红、周和明、程岩、张长生、宁淑云 |
| | 一种用于音乐信号切换的磁保持继电器控制电路 | 发明专利 | 201210104168.8 | 2012.08.01 | 武汉艾立卡电子有限公司 | 张鉴堂、徐坚、庄严、吴东亮、彭婧 |
| | 一种管乐器 | 实用新型 | 201120469451.1 | 2012.08.08 | 萧世同 | 萧世同 |
| | 乐器谱台（二） | 外观设计 | 201230102825.6 | 2012.08.08 | 齐齐哈尔大学 | 秦婉丽、翟琳娜、李可、韩楠 |
| | 自制乐器土琵琶 | 实用新型 | 201220033538.9 | 2012.08.15 | 陈晓艳 | 陈晓艳 |
| | 双音箱拉弦乐器 | 实用新型 | 201120571129.X | 2012.08.22 | 陈兴华 | 陈兴华 |
| | 演奏装置及电子乐器 | 发明专利 | 201210046642.6 | 2012.08.29 | 卡西欧计算机株式会社 | 坂崎尚之 |
| | 乐器拾音系统 | 外观设计 | 201230041776.X | 2012.08.29 | 齐万莹 | 齐万莹 |
| | 拾取装置和使用该拾取装置的电弦乐器 | 发明专利 | 201210022185.7 | 2012.08.29 | 雅马哈株式会社 | 山中伊显 |
| | 一种用于连接乐器支架与平板电脑支架的连接组件 | 实用新型 | 201120535641.9 | 2012.08.29 | 宁波音王电声股份有限公司 | 尹旺军 |
| | 用于电子打击乐器的踏板装置 | 发明专利 | 201210033966.6 | 2012.09.05 | 雅马哈株式会社 | 桥本隆二 |
| | 声音调节系统和电子乐器 | 发明专利 | 201210055034.1 | 2012.09.05 | 雅马哈株式会社 | 石村总子、加藤崇士、棚濑廉人、深津圭一 |
| | 一种乐器防脱扣 | 实用新型 | 201220016141.9 | 2012.09.05 | 陈冬梅 | 陈冬梅 |

| 类别 | 名称 | 专利类型 | 申请(专利)号 | 公开(公告)日 | 申请（专利权）人 | 发明（设计）人 |
|---|---|---|---|---|---|---|
| 乐器综合类 | 具有支架功能的乐器盒 | 实用新型 | 201120576685.6 | 2012.09.05 | 吴勤勇 | 吴勤勇 |
| | 一种乐器架 | 实用新型 | 201220007704.8 | 2012.09.05 | 惠州市韩音乐器贸易有限公司 | 南宫圣燮 |
| | 乐器伸缩支架 | 实用新型 | 201120528173.2 | 2012.09.05 | 明馨国际有限公司 | 周有宏 |
| | 带排水槽的双簧乐器用高音孔管 | 实用新型 | 201220003769.5 | 2012.09.05 | 约瑟夫奥图索 | 约瑟夫奥图索 |
| | 音乐器材演奏墙面互动系统 | 实用新型 | 201120515361.1 | 2012.09.05 | 西安天动数字科技有限公司 | 韩晓煜 |
| | 弦乐器（贝拉） | 外观设计 | 201230081825.2 | 2012.09.05 | 泰兴凤灵乐器有限公司 | 李书 |
| | 一种乐器共鸣板振动特性的检测方法与装置 | 发明专利 | 201210143213.0 | 2012.09.12 | 东北林业大学、刘镇波 | 刘镇波、吕多军、黄英来、刘一星 |
| | 低音拓延的管弦共鸣乐器的实现方法 | 发明专利 | 201210100430.1 | 2012.09.12 | 张辉 | 张辉、潘晓红、周和明、程岩、张长生、宁淑云 |
| | 键盘乐器的辅助学习设备 | 发明专利 | 201080054356.3 | 2012.09.12 | 路易吉·巴罗索、卡拉·巴罗索 | 路易吉·巴罗索、卡拉·巴罗索 |
| | 原声、电子兼用小提琴类弦乐器 | 发明专利 | 201080051789.3 | 2012.09.12 | 在原音乐有限公司 | 李在原 |
| | 乐器用电子传声装置 | 实用新型 | 201220089933.9 | 2012.09.19 | 张晓军 | 张晓军 |
| | 一种具有唢呐功能的管乐器 | 实用新型 | 201120507333.5 | 2012.09.19 | 萧世同 | 萧世同 |
| | 多功能乐器用键盘 | 实用新型 | 201220057017.7 | 2012.09.19 | 张树岩 | 张树岩 |
| | 乐器谱台（钢琴） | 外观设计 | 201230151288.4 | 2012.09.19 | 胡雪丽 | 胡雪丽、林庆华、陈薇 |
| | 乐器谱台（钢琴） | 外观设计 | 201230081823.3 | 2012.09.19 | 胡雪丽 | 胡雪丽、林庆华、陈薇 |
| | 电子仿真踩镲 | 实用新型 | 201220054344.7 | 2012.09.26 | 得理乐器（珠海）有限公司 | 张迎霞、廖照华、苏文武 |
| | 乐器用振动传感器及拾音鞍 | 发明专利 | 201210077409.4 | 2012.09.26 | 雅马哈株式会社 | 松冈润弥、服部敦夫 |
| | 一种管型乐器演奏装置 | 实用新型 | 201220047929.6 | 2012.09.26 | 自贡市挚诚科技有限公司 | 孙帆 |
| | 木质竖笛乐器浸蜡的加工工艺 | 发明专利 | 201110206900.8 | 2012.10.03 | 江苏奇美乐器有限公司 | 张龙贵、朱玉书 |
| | 一种弦乐器琴头结构及弦乐器 | 发明专利 | 201210157796.2 | 2012.10.03 | 深圳市蔚科电子科技开发有限公司 | 赵哲 |
| | 环保超轻高强度乐器盒 | 实用新型 | 201220010500.X | 2012.10.03 | 曾明涛 | 曾明涛 |
| | 一种乐器互动演示装置 | 实用新型 | 201220047915.4 | 2012.10.03 | 自贡市挚诚科技有限公司 | 孙帆 |
| | 乐器弹奏指导装置 | 外观设计 | 201230265023.7 | 2012.10.03 | 冯山 | 冯山 |

| 类别 | 名称 | 专利类型 | 申请（专利）号 | 公开（公告）日 | 申请（专利权）人 | 发明（设计）人 |
|---|---|---|---|---|---|---|
| 乐器综合类 | 一种以水流为动力的乐器 | 发明专利 | 201210244820.6 | 2012.10.10 | 德州学院 | 梁娜 |
| | 弦乐器拾音夹座 | 实用新型 | 201220047110.X | 2012.10.10 | 嘉强电子股份有限公司 | 张洸照 |
| | 乐器谱台（手风琴） | 外观设计 | 201230151353.3 | 2012.10.10 | 胡雪丽 | 胡雪丽、林庆华、陈薇 |
| | 电子打击乐器 | 外观设计 | 201230137047.4 | 2012.10.17 | 罗兰株式会社 | 稻垣洋司 |
| | 一种乐器弹奏指甲 | 发明专利 | 201210260276.4 | 2012.10.24 | 蒋建孝 | 蒋建孝 |
| | 乐器快拆固定装置 | 实用新型 | 201220101231.8 | 2012.10.24 | 廖村淇 | 廖村淇 |
| | 多功能乐器架 | 实用新型 | 201220122000.5 | 2012.10.24 | 佳木斯大学 | 王佳、郝伟智、徐欣、刘颖、宁洪梅、李成龙、黄敏姣 |
| | 具有立体结构且发光的电子乐器 | 实用新型 | 201220085476.6 | 2012.10.24 | 天津大学 | 赵明君、梁晓晶、宋英麟、彭纯、栗大超 |
| | 打击乐器支承构造体 | 发明专利 | 201210117429.X | 2012.10.31 | 罗兰株式会社 | 森良彰 |
| | 拾音装置、控制器、音效装置组件以及电弦乐器 | 发明专利 | 201210253436.2 | 2012.10.31 | 罗兰株式会社 | 高樋克利、中川秀一、山田康之 |
| | 木管乐器及整流部件 | 发明专利 | 201210124864.5 | 2012.10.31 | 雅马哈株式会社 | 中岛洋 |
| | 打击乐器支承构造体 | 发明专利 | 201210117429.X | 2012.10.31 | 罗兰株式会社 | 森良彰 |
| | 低音拓延的管弦共鸣乐器 | 实用新型 | 201220144317.9 | 2012.10.31 | 张辉 | 张辉、潘晓红、周和明、程岩、张长生、宁淑云 |
| | 乐器支撑棒用引导器 | 外观设计 | 201230121494.0 | 2012.10.31 | 罗兰株式会社 | 横关笃、村井崇浩 |
| | 具有琴弦和音板的乐器 | 发明专利 | 201180006299.6 | 2012.11.07 | 皮埃尔和玛利居里大学（巴黎第六大学）、中央科学研究中心 | C·贝斯纳莫、A·玛莫-玛尼、J·弗雷拉特 |
| | 管乐器的部件 | 外观设计 | 201230130554.5 | 2012.11.07 | 埃伯特·约翰内斯·库伊特 | 埃伯特·约翰内斯·库伊特 |
| | 乐器包装袋 | 外观设计 | 201230200823.0 | 2012.11.14 | 天津市静海县盛兴乐器厂 | 王泽云 |
| | 基于球形超声电机的激光标识乐器示教系统和示教方法 | 发明专利 | 201210237675.9 | 2012.11.21 | 浙江大学 | 孟濬、蒋艺颖、曾祝青、谭毅华、苏蓝蓝、陈啸 |
| | 演奏安格隆乐器的系统和装置 | 发明专利 | 201080057725.4 | 2012.11.21 | 亿玛士财富国际有限公司 | 吴祺祥 |
| | 用于电声打击乐器的光学传感器 | 发明专利 | 201110126189.5 | 2012.11.21 | 深圳市海星王科技有限公司 | 赵晓萌、李秋实 |
| | 乐器谱台（音符） | 外观设计 | 201230151286.5 | 2012.11.21 | 胡雪丽 | 胡雪丽、林庆华、陈薇 |
| | 音乐器（YW-1） | 外观设计 | 201230296040.7 | 2012.11.28 | 王祥贵 | 钟发志 |

| 类别 | 名称 | 专利类型 | 申请(专利)号 | 公开(公告)日 | 申请（专利权）人 | 发明（设计）人 |
|---|---|---|---|---|---|---|
| 乐器综合类 | 电子键盘乐器 | 外观设计 | 201230072228.3 | 2012.11.28 | 雅马哈株式会社 | 冈村淳、佐藤真美 |
| | 玩具乐器(琴) | 外观设计 | 201230320636.6 | 2012.11.28 | 李泽楷 | 李泽楷 |
| | 乐器支架配件（4） | 外观设计 | 201230407736.2 | 2012.11.28 | 天津达姆特乐器有限公司 | 杜承柱 |
| | 乐器用支撑架组装件 | 外观设计 | 201230326129.3 | 2012.12.05 | 雅马哈株式会社 | 杉浦由久 |
| | 乐器拾音装置 | 实用新型 | 201220047175.4 | 2012.12.05 | 嘉强电子股份有限公司 | 张洸照 |
| | 乐器谱台（蝴蝶） | 外观设计 | 201230151358.6 | 2012.12.05 | 胡雪丽 | 胡雪丽、林庆华、陈薇 |
| | 乐器用木质构件及其制造方法、响板制造系统及方法 | 发明专利 | 201210288907.3 | 2012.12.12 | 株式会社河合乐器制作所 | 石田宗雄、萩原裕 |
| | 活塞管乐器 | 发明专利 | 201210271928.4 | 2012.12.12 | 郑福建 | 郑福建 |
| | 一种弦乐类乐器拾音传感器及其制备方法 | 发明专利 | 201210245740.2 | 2012.12.12 | 姚鹏 | 姚鹏 |
| | 乐器练习辅助器 | 实用新型 | 201220189126.4 | 2012.12.12 | 陈宽宏 | 陈宽宏 |
| | 乐器架 | 外观设计 | 201230116135.6 | 2012.12.12 | 拉维·库玛·索尼、兰斯·G·赫西、拜伦·C·李、保罗·K·雅诺夫斯基、 | 拉维·库玛·索尼、兰斯·G·赫西、拜伦·C·李、保罗·K·雅诺夫斯基 |
| | 激光标识键盘乐器示教系统和示教方法 | 发明专利 | 201210237654.7 | 2012.12.19 | 浙江大学 | 孟濬、曾祝青、谭毅华、苏蓝蓝、蒋艺颖、陈啸 |
| | 一种弦乐器擦拭松香盒 | 实用新型 | 201220135038.6 | 2012.12.19 | 成都鑫赏电子科技有限公司 | 张海燕 |
| | 一种触压式拨弦乐器拾音器 | 实用新型 | 201220313366.0 | 2012.12.19 | 李兴 | 李兴 |
| | 吹奏乐器助吹器 | 实用新型 | 201120423815.2 | 2012.12.19 | 程海 | 程海 |
| | 玩具乐器(鼓) | 外观设计 | 201230320610.1 | 2012.12.26 | 李泽楷 | 李泽楷 |
| | 乐器架（活动式） | 外观设计 | 201230118877.2 | 2012.12.26 | 拉维·库玛·索尼、兰斯·G·赫西、拜伦·C·李、保罗·K·雅诺夫斯基、 | 拉维·库玛·索尼、兰斯·G·赫西、拜伦·C·李、保罗·K·雅诺夫斯基 |
| | 一种弦乐器琴头结构及弦乐器 | 实用新型 | 201220228412.7 | 2012.12.26 | 深圳市蔚科电子科技开发有限公司 | 赵哲 |
| 钢琴 | 一种激光水晶三角钢琴 | 实用新型 | 201120231951.1 | 2012.01.04 | 何阳 | 何阳 |
| | 钢琴识谱教具 | 实用新型 | 201120223010.3 | 2012.01.04 | 宋汉鑫 | 宋汉鑫 |
| | 带照明琴谱架及其带有该琴谱架的数码钢琴 | 实用新型 | 201120230427.2 | 2012.01.04 | 德克福鲁格 | 德克福鲁格 |
| | 一种钢琴辅助节拍器 | 实用新型 | 201120175483.0 | 2012.01.04 | 湖南城市学院 | 曹蕙姿 |

| 类别 | 名称 | 专利类型 | 申请（专利）号 | 公开（公告）日 | 申请（专利权）人 | 发明（设计）人 |
|---|---|---|---|---|---|---|
| 钢琴 | 水晶钢琴机芯 | 外观设计 | 201130260139.7 | 2012.01.04 | 陈杭清 | 陈杭清、黄含星、蒋永津 |
| | 用于水晶钢琴上的MP3音乐机芯 | 外观设计 | 201130220886.8 | 2012.01.11 | 唐峰 | 唐峰 |
| | 一种新型结构的律吕式钢琴键盘 | 发明专利 | 201110252547.7 | 2012.01.11 | 向后健 | 向后健 |
| | 一种钢琴防鼠器 | 实用新型 | 201120153525.0 | 2012.01.11 | 赖立松 | 赖立松 |
| | 一种钢琴键盘顶柱丝杆 | 实用新型 | 201120141657.1 | 2012.01.11 | 森鹤乐器股份有限公司 | 陈迪波 |
| | 钢琴键杆灵敏度调节装置 | 实用新型 | 201120141694.2 | 2012.01.11 | 森鹤乐器股份有限公司 | 胡央丹 |
| | 钢琴制动装置 | 实用新型 | 201020561407.9 | 2012.01.11 | 青岛世正乐器有限公司、JM精密产业 | 金允学、金周性 |
| | 钢琴用摇盖缓降器夹（09） | 外观设计 | 201130155650.0 | 2012.01.11 | 何四海 | 何四海 |
| | 水晶音乐钢琴 | 外观设计 | 201130260133.X | 2012.01.11 | 陈杭清 | 陈杭清、黄含星、蒋永津 |
| | 一种涂装钢琴外壳 | 实用新型 | 201120126780.6 | 2012.01.18 | 宜昌金宝乐器制造有限公司 | 罗扬 |
| | 全内置式的钢琴琴盖阻尼器装置 | 实用新型 | 201120245126.7 | 2012.01.18 | 林文海 | 林文海 |
| | 一种带有保健功效的钢琴 | 实用新型 | 201120260131.5 | 2012.01.25 | 郭威 | 郭威、谭金龙 |
| | 一种具有防湿功能的钢琴 | 实用新型 | 201120260171.X | 2012.01.25 | 郭威 | 郭威、裴国华、邱国明 |
| | 钢琴用支棍帽（01） | 外观设计 | 201130155439.9 | 2012.01.25 | 何四海 | 何四海 |
| | 电子钢琴曲谱机（黑白密语） | 外观设计 | 201130299078.5 | 2012.02.01 | 湛江师范学院 | 李小莹 |
| | 带校准装置的自动演奏钢琴 | 实用新型 | 201120273612.X | 2012.02.01 | 环高乐器制造（宜昌）有限公司 | 吴天延 |
| | 一种导轨式可微调钢琴调音器 | 实用新型 | 201020285210.7 | 2012.02.22 | 许文辉、谭福生 | 许文辉、谭福生 |
| | 一种端面阶梯式钢琴琴弦与铁板装配结构 | 实用新型 | 201120165299.8 | 2012.02.29 | 海伦钢琴股份有限公司 | 陈海伦 |
| | 用于三角钢琴的音槌组件 | 发明专利 | 201080013844.X | 2012.02.29 | 布鲁斯·E·克拉克、凯文·伯克、柯克·布尔格特 | 布鲁斯·E·克拉克、凯文·伯克、柯克·布尔格特 |
| | 多功能电脑电子钢琴桌 | 实用新型 | 201120138841.0 | 2012.03.07 | 梁涛 | 梁涛 |
| | 一种基于电子标签的半自动钢琴调音器 | 实用新型 | 201020285222.X | 2012.03.14 | 谭福生、许文辉 | 谭福生、许文辉 |

| 类别 | 名称 | 专利类型 | 申请(专利)号 | 公开(公告)日 | 申请（专利权）人 | 发明（设计）人 |
|---|---|---|---|---|---|---|
| 钢琴 | 钢琴 | 外观设计 | 201130431929.7 | 2012.04.18 | 新四季乐器有限公司 | 陈琏蕙 |
| | 电子钢琴 | 外观设计 | 201130219918.2 | 2012.04.18 | 罗兰株式会社 | 三浦郁彦、稻垣洋司 |
| | 钢琴键式科目二单边桥 | 发明专利 | 201110316538.X | 2012.04.18 | 荣莘电子科技（上海）有限公司 | 朴贞雄、申哲云 |
| | 钢琴音乐键盘解锁的方法 | 发明专利 | 201010280211.7 | 2012.04.04 | 上海三旗通信科技股份有限公司 | 张珂、高斐、周导 |
| | 一种电子钢琴待机电路 | 发明专利 | 201010556192.6 | 2012.05.30 | 康佳集团股份有限公司 | 曲涛 |
| | 钢琴油漆件边位抛光设备 | 实用新型 | 201120256916.5 | 2012.05.09 | 广州珠江钢琴集团股份有限公司 | 梁志和、黄耿志、区迎、廖志辉 |
| | 立式钢琴的击弦机的动作方法 | 发明专利 | 201080028409.4 | 2012.05.23 | 藤井钢琴服务有限公司 | 藤井幸光 |
| | 钢琴启蒙基础手型练习器 | 发明专利 | 201010299065.2 | 2012.05.09 | 王超 | 王超 |
| | 钢琴琴弦振荡频率测试装置 | 发明专利 | 201110332508.8 | 2012.05.02 | 上海应用技术学院 | 高俊 |
| | 带LED灯的钢琴 | 实用新型 | 201120372976.3 | 2012.05.30 | 环高乐器制造（宜昌）有限公司 | 吴天延 |
| | 一种凳面及脚踏均可无级调节的钢琴琴凳 | 实用新型 | 201120385957.4 | 2012.05.30 | 唐山师范学院 | 刘冰、阎文华 |
| | 一种新型结构的律吕式钢琴键盘 | 实用新型 | 201120320801.8 | 2012.05.30 | 向后健 | 向后健 |
| | 平板计算机与自动演奏钢琴及卡拉OK的互动装置 | 实用新型 | 201120286816.7 | 2012.05.23 | 张景峯 | 张景峯 |
| | 一种钢琴教学装置支撑架 | 实用新型 | 201120387238.6 | 2012.05.30 | 马双 | 马双 |
| | 多功能钢琴谱架 | 实用新型 | 201120409918.3 | 2012.05.30 | 李龙珠、安文、李鑫 | 李龙珠、安文、李鑫 |
| | 钢琴 | 外观设计 | 201130284581.3 | 2012.05.30 | 维欧加有限公司 | H·M·席梅尔-福格尔 |
| | 电钢琴(TN01) | 外观设计 | 201130473319.3 | 2012.05.23 | 王正 | 王正 |
| | 钢琴学习机 | 外观设计 | 201130301389.0 | 2012.05.02 | 邓江涵 | 邓江涵 |
| | 可自动开合顶盖的立式钢琴 | 实用新型 | 201120389101.4 | 2012.05.30 | 环高乐器制造（宜昌）有限公司 | 吴天延 |
| | 钢琴弦槌自动钻孔机、多角度钢琴弦槌自动钻孔机和钢琴弦槌自动钻孔系统 | 发明专利 | 2.0111E+11 | 2012.06.13 | 广州珠江钢琴集团股份有限公司 | 梁志和、廖志辉、何淦 |

| 类别 | 名称 | 专利类型 | 申请(专利)号 | 公开(公告)日 | 申请（专利权）人 | 发明（设计）人 |
|---|---|---|---|---|---|---|
| 钢琴 | 钢琴弦槌木芯成形方法和钢琴弦槌木芯成形机 | 发明专利 | 201110433016.8 | 2012.06.13 | 广州珠江钢琴集团股份有限公司 | 廖志辉、梁志和 |
| | 用于钢琴辅助教学仪的外壳组件 | 发明专利 | 201110351229.6 | 2012.06.20 | 赵洪云 | 赵洪云 |
| | 一种钢琴用红外线触发多媒体翻谱机 | 发明专利 | 2.0111E+11 | 2012.06.27 | 河南科技大学 | 安静、刘长飞、廖亮、王璐凡、金云霞 |
| | 室内装饰LED钢琴灯 | 实用新型 | 201120382472.X | 2012.06.13 | 东华大学 | 陆紫文、徐健、陆金生 |
| | 钢琴琴弦振荡频率测试装置 | 实用新型 | 201120417424.X | 2012.06.13 | 上海应用技术学院 | 高俊 |
| | 钢琴(未来欧风) | 外观设计 | 201230002136.8 | 2012.06.27 | 北京星海钢琴集团有限公司 | 董堇、蔡晨光、张丽 |
| | 钢琴(金色大厅) | 外观设计 | 201230002137.2 | 2012.06.27 | 北京星海钢琴集团有限公司 | 蔡晨光、张凤翼、张文博 |
| | 钢琴(德国乡村) | 外观设计 | 201230002152.7 | 2012.06.27 | 北京星海钢琴集团有限公司 | 邓光焰、刘来凤、蔡晨光 |
| | 钢琴铁板 | 外观设计 | 201230001381.7 | 2012.06.27 | 北京星海钢琴集团有限公司 | 汤洁、董堇、关爽 |
| | 硅胶软钢琴 | 外观设计 | 201130407175.1 | 2012.06.13 | 张建强 | 张建强 |
| | 移动式三角钢琴安装架 | 实用新型 | 201120395089.8 | 2012.07.04 | 中国长江电力股份有限公司 | 艾友忠、张诚 |
| | 钢琴顶盖多开度支撑装置 | 实用新型 | 201120466070.8 | 2012.07.04 | 唐山师范学院 | 阎文华、刘冰 |
| | 钢琴键专用擦 | 实用新型 | 201120226881.0 | 2012.07.04 | 毕渝婷 | 毕渝婷 |
| | 钢琴琴键克重调节系统 | 发明专利 | 201210014408.5 | 2012.07.11 | 上海艾克斯尔乐器音响有限公司 | 刘祥德 |
| | 一种钢琴键擦洗器 | 发明专利 | 201010580038.2 | 2012.07.11 | 单绍琳 | 单绍琳 |
| | 钢琴指法练习器 | 实用新型 | 201120517192.5 | 2012.07.11 | 齐齐哈尔大学 | 杜娟、郑妍、楚琳 |
| | 钢琴(WKV118) | 外观设计 | 201130470554.5 | 2012.07.11 | 株式会社三益乐器 | 李炯国 |
| | 钢琴(SHK1004) | 外观设计 | 201130470581.2 | 2012.07.11 | 株式会社三益乐器 | 李炯国 |
| | 钢琴(SHK1004R) | 外观设计 | 201130470555.X | 2012.07.11 | 株式会社三益乐器 | 李炯国 |
| | 钢琴(JP125) | 外观设计 | 201130470582.7 | 2012.07.11 | 株式会社三益乐器 | 李炯国 |
| | 电钢琴辨音训练系统及训练方法 | 发明专利 | 201010556122.0 | 2012.07.18 | 康佳集团股份有限公司 | 曲涛 |
| | 钢琴结构的改进 | 发明专利 | 201080045741.1 | 2012.07.18 | R·E·奥瓦斯 | R·E·奥瓦斯 |
| | 一种数码钢琴脚踏板 | 发明专利 | 201210100788.4 | 2012.07.18 | 广州艾莱森电子有限公司 | 曾海、卢毅明 |
| | 电脑式一体化电子钢琴 | 实用新型 | 201120418483.9 | 2012.07.18 | 上海市宝山区罗店中心校 | 朱金华 |

| 类别 | 名称 | 专利类型 | 申请(专利)号 | 公开(公告)日 | 申请（专利权）人 | 发明（设计）人 |
|---|---|---|---|---|---|---|
| 钢琴 | 一种数码钢琴脚踏板 | 发明专利 | 201210100788.4 | 2012.07.18 | 广州艾茉森电子有限公司 | 曾海、卢毅明 |
| | 多米索电子钢琴 | 外观设计 | 201130373709.3 | 2012.07.18 | 李宋 | 李宋 |
| | 钢琴(JS615) | 外观设计 | 201130470522.5 | 2012.07.18 | 株式会社三益乐器 | 李炯国 |
| | 钢琴(WKV131) | 外观设计 | 201130470553.0 | 2012.07.18 | 株式会社三益乐器 | 李炯国 |
| | 钢琴琴谱自动翻页器 | 发明专利 | 201210056747.X | 2012.07.25 | 蔡曼楚 | 蔡曼楚 |
| | 一种数码三角钢琴音板结构 | 发明专利 | 201210076780.9 | 2012.07.25 | 湖北华都钢琴制造有限公司 | 汪其见 |
| | 钢琴 | 发明专利 | 201110134726.0 | 2012.07.25 | 世元精密株式会社 | 梁世一 |
| | 钢琴凳 | 外观设计 | 201230045912.2 | 2012.07.25 | 王文宏 | 王文宏 |
| | 带节拍器的钢琴 | 实用新型 | 201120542304.2 | 2012.08.08 | 曹雅雯 | 曹雅雯 |
| | 蝴蝶钢琴 | 外观设计 | 201130471222.9 | 2012.08.08 | 齐齐哈尔大学 | 秦婉丽、宋奕莹 |
| | 多功能钢琴谱架 | 实用新型 | 201120523666.7 | 2012.08.15 | 河海大学常州校区 | 张玉全、刘波、李奎、吕明星 |
| | 一种带有电热管的钢琴 | 实用新型 | 201220000764.7 | 2012.08.15 | 佳木斯大学 | 付蕾、何宇、徐涛、李晓蕾、许丽、段白羽 |
| | 一种钢琴 | 发明专利 | 201110387538.9 | 2012.08.15 | 叶如康 | 叶如康 |
| | 克拉乌泽数码钢琴外壳 | 外观设计 | 201230177566.3 | 2012.08.15 | 青岛凯迪威东洋数码钢琴有限公司 | 朴长远 |
| | 一种钢琴 | 实用新型 | 201120484266.X | 2012.08.22 | 叶如康 | 叶如康 |
| | 钢琴音色背板 | 实用新型 | 201220000471.9 | 2012.08.22 | 佳木斯大学 | 付蕾、刘晓峰、徐族屏、赵婷婷、徐涛、李志勇 |
| | 可调高度的钢琴脚踏板 | 实用新型 | 201120570618.3 | 2012.08.22 | 佳木斯大学 | 张海波、李楠楠、张雅囡、国栋 |
| | 一种标准键练习钢琴 | 实用新型 | 201120515719.0 | 2012.08.22 | 王丽华 | 王丽华 |
| | 新型钢琴教学台 | 实用新型 | 201120494037.6 | 2012.08.22 | 德州学院 | 任陆 |
| | 一种钢琴教学系统 | 实用新型 | 201120543767.0 | 2012.08.22 | 德州学院 | 岳月 |
| | 电子钢琴(AP-800) | 外观设计 | 201230096497.3 | 2012.08.22 | 广州艾茉森电子有限公司 | 卢毅明 |
| | 硅胶软钢琴 | 外观设计 | 201230107073.2 | 2012.08.22 | 张建强 | 张建强 |
| | 一种带有微调装置的钢琴调音扳手 | 实用新型 | 201220014376.4 | 2012.08.29 | 齐齐哈尔大学 | 张金石、刘冬昕 |
| | 一种盲人用钢琴键盘 | 实用新型 | 201120516776.0 | 2012.08.29 | 河南科技大学 | 安静、刘长飞、廖亮 |
| | 踏瓣、踏瓣装置以及装配有该踏瓣装置的钢琴 | 实用新型 | 201220002342.3 | 2012.08.29 | 北京星海钢琴集团有限公司 | 冯高昆、卢桂芳 |
| | 一种钢琴乐谱显示装置 | 实用新型 | 201220014365.6 | 2012.08.29 | 齐齐哈尔大学 | 张金石、刘冬昕 |

| 类别 | 名称 | 专利类型 | 申请（专利）号 | 公开（公告）日 | 申请（专利权）人 | 发明（设计）人 |
|---|---|---|---|---|---|---|
| 钢琴 | 一种电钢琴琴谱板固定结构 | 实用新型 | 201120535666.9 | 2012.08.29 | 宁波音王电声股份有限公司 | 郭毅 |
| | 一种电钢琴功能调节轮组件 | 实用新型 | 201120535653.1 | 2012.08.29 | 宁波音王电声股份有限公司 | 郭毅 |
| | 一种电钢琴功能按键固定结构 | 实用新型 | 201120535600.X | 2012.08.29 | 宁波音王电声股份有限公司 | 郭毅 |
| | 一种电钢琴功能按键固定结构 | 实用新型 | 201120535600.X | 2012.08.29 | 宁波音王电声股份有限公司 | 郭毅 |
| | 钢琴键盘(七彩) | 外观设计 | 201130484309.X | 2012.08.29 | 河南科技大学 | 安静、周灏东 |
| | S字母钢琴 | 外观设计 | 201130471225.2 | 2012.08.29 | 齐齐哈尔大学 | 秦婉丽、宋奕莹 |
| | 简易电子钢琴 | 实用新型 | 201120550768.8 | 2012.09.05 | 吴发模 | 吴发模 |
| | 钢琴（1） | 外观设计 | 201230173575.5 | 2012.09.05 | 李婷 | 李婷 |
| | 钢琴（2） | 外观设计 | 201230173584.4 | 2012.09.05 | 李婷 | 李婷 |
| | 钢琴学习及演奏辅助系统 | 发明专利 | 201210068114.0 | 2012.09.12 | 任涛 | 任涛 |
| | 钢琴弦槌自动钻孔机、多角度钢琴弦槌自动钻孔机和钢琴弦槌自动钻孔系统 | 实用新型 | 201120538189.1 | 2012.09.12 | 广州珠江钢琴集团股份有限公司 | 梁志和、廖志辉、何淦 |
| | 一种钢琴弦槌木芯成型机 | 实用新型 | 201120538041.8 | 2012.09.12 | 广州珠江钢琴集团股份有限公司 | 廖志辉、梁志和 |
| | 钢琴铁排弦列 | 实用新型 | 201120496496.8 | 2012.09.12 | 烟台金斯波格钢琴有限责任公司 | 王风海、黄利军、初林杰、薛守云 |
| | 一种立式钢琴的导音装置 | 发明专利 | 201210194569.7 | 2012.09.19 | 曹秋瑶 | 曹秋瑶 |
| | 一种用于钢琴键盘的卡钉 | 发明专利 | 201210144796.9 | 2012.09.19 | 森鹤乐器股份有限公司 | 李炳生、罗锐育、邬立平、张迪锋 |
| | 抽拉式钢琴凳 | 实用新型 | 201220076617.8 | 2012.09.19 | 佳木斯大学 | 高立丽、赵欣、刘冬昕 |
| | 儿童钢琴演奏姿势校准器 | 实用新型 | 201220000475.7 | 2012.09.19 | 佳木斯大学 | 付蕾、迂志勇、彭晓鲲、李鑫、陈爱新、段白羽 |
| | 立式钢琴 | 实用新型 | 201220002320.7 | 2012.09.19 | 北京星海钢琴集团有限公司 | 刘来凤、赵松海、张丽 |
| | 带有书架的练习型钢琴 | 实用新型 | 201220076602.1 | 2012.09.19 | 佳木斯大学 | 高立丽、赵欣、王清涛 |
| | 乐器谱台（钢琴） | 外观设计 | 201230151288.4 | 2012.09.19 | 胡雪丽 | 胡雪丽、林庆华、陈薇 |
| | 钢琴（KA132B） | 外观设计 | 201130446840.8 | 2012.09.19 | 广州珠江钢琴集团股份有限公司 | 苏进强 |
| | 耐低温钢琴烤漆工艺 | 发明专利 | 201210194315.5 | 2012.09.26 | 东莞市瑞达音响有限公司 | 唐念平 |

| 类别 | 名称 | 专利类型 | 申请（专利）号 | 公开（公告）日 | 申请（专利权）人 | 发明（设计）人 |
|---|---|---|---|---|---|---|
| 钢琴 | 钢琴手型自动矫正装置 | 发明专利 | 201210180005.8 | 2012.09.26 | 大连职业技术学院 | 唐敏 |
| | 一种智能声学钢琴 | 发明专利 | 201110068642.1 | 2012.09.26 | 上海钢琴有限公司 | 邬国强、陈惠庆 |
| | 钢琴手指练习器 | 实用新型 | 201120579631.5 | 2012.09.26 | 姚溪浏 | 姚溪浏 |
| | 钢琴训练调压指力器 | 实用新型 | 201220085264.8 | 2012.09.26 | 鞍山师范学院 | 于广壮 |
| | 一种教学电钢琴 | 实用新型 | 201220014379.8 | 2012.09.26 | 湖南城市学院 | 曹蕙姿 |
| | 一种数码钢琴脚踏板组件 | 实用新型 | 201220186826.8 | 2012.09.26 | 浙江友谊电子有限公司 | 陈天浩、骆游、张念念、龚宇翔 |
| | 一种数码钢琴脚踏板 | 实用新型 | 201220144754.0 | 2012.09.26 | 广州艾茉森电子有限公司 | 曾海、卢毅明 |
| | 数码钢琴延音踏板 | 实用新型 | 201220188681.5 | 2012.09.26 | 浙江友谊电子有限公司 | 陈天浩、骆游、张念念、龚宇翔 |
| | 台式儿童钢琴(25键彩色) | 外观设计 | 201230127823.2 | 2012.09.26 | 高军 | 高军、朱平 |
| | 钢琴（玩具PK25） | 外观设计 | 201230147546.1 | 2012.10.03 | 金立洋企业有限公司 | 牛立洋 |
| | 钢琴（TW121） | 外观设计 | 201230201914.6 | 2012.10.03 | 佛山市罗曼现代水晶琴业有限公司 | 刘光森 |
| | 玩具钢琴（2） | 外观设计 | 201230171822.8 | 2012.10.03 | 黄建钧 | 黄建钧 |
| | 一种数码钢琴 | 实用新型 | 201220109145.1 | 2012.10.03 | 湖北华都钢琴制造有限公司 | 汪其见、李文平 |
| | 钢琴授课桌 | 实用新型 | 201120506620.4 | 2012.10.03 | 德州学院 | 金晔 |
| | 一种新型电钢琴壳体 | 实用新型 | 201220041543.4 | 2012.10.03 | 郭振萍 | 郭振萍 |
| | 钢琴琴谱自动翻页器 | 实用新型 | 201220080841.4 | 2012.10.03 | 蔡曼楚 | 蔡曼楚 |
| | 一种新型电钢琴配重机构 | 实用新型 | 201220040672.1 | 2012.10.03 | 郭振萍 | 郭振萍 |
| | 玩具钢琴（1） | 外观设计 | 201230171805.4 | 2012.10.10 | 黄建钧 | 黄建钧 |
| | 钢琴罩(巴黎之约欧式两件套) | 外观设计 | 201230094440.X | 2012.10.10 | 高飞 | 高飞 |
| | 钢琴脚轮的安装结构和安装方法 | 发明专利 | 201210228892.1 | 2012.10.10 | 广州珠江钢琴集团股份有限公司 | 张鸿超、潘启槟 |
| | 一种数码钢琴 | 发明专利 | 201110088377.3 | 2012.10.17 | 武汉天歌电子有限公司 | 周游 |
| | 直立式钢琴 | 外观设计 | 201230310549.2 | 2012.10.17 | 新四季乐器有限公司 | 陈琏蕙 |
| | 一种实现无标记增强现实钢琴教学系统的方法 | 发明专利 | 201110092086.1 | 2012.10.17 | 南京大学 | 都思丹、周余、于耀、黄锋、王自强、袁杰、李杨、赵康链、孔令红、许斌锋、杨瑜、狄海进 |

| 类别 | 名称 | 专利类型 | 申请（专利）号 | 公开（公告）日 | 申请（专利权）人 | 发明（设计）人 |
|---|---|---|---|---|---|---|
| 钢琴 | 一种实现无标记增强现实钢琴教学系统的方法 | 发明专利 | 201110092086.1 | 2012.10.17 | 南京大学 | 都思丹、周余、于耀、黄锋、王自强、袁杰、李杨、赵康链、孔令红、许斌锋、杨瑜、狄海进 |
| | 一种钢琴弦码自动装配工艺及其专用设备 | 发明专利 | 201110082177.7 | 2012.10.17 | 郭学成 | 郭学成 |
| | 一种钢琴谱架 | 实用新型 | 201220158622.3 | 2012.10.24 | 烟台职业学院 | 赵雪晖 |
| | 一种钢琴共鸣盘及其制作方法 | 发明专利 | 201210269616.X | 2012.10.24 | 胡坤灵 | 胡坤灵 |
| | 一种钢琴共鸣盘及其制作方法 | 发明专利 | 201210270296.X | 2012.10.24 | 胡坤灵 | 胡坤灵 |
| | 一种钢琴共鸣盘及其制作方法 | 发明专利 | 201210270377.X | 2012.10.24 | 胡坤灵 | 胡坤灵 |
| | 钢琴琴键克重调节系统 | 实用新型 | 201220021387.5 | 2012.10.31 | 上海艾克斯尔乐器音响有限公司 | 刘祥德 |
| | 一种钢琴架子 | 实用新型 | 201220164169.7 | 2012.11.07 | 张伟良 | 张伟良 |
| | 一种钢琴调音装置 | 外观设计 | 201220164153.6 | 2012.11.07 | 张伟良 | 张伟良 |
| | 一种钢琴调音架 | 实用新型 | 201220164178.6 | 2012.11.07 | 张伟良 | 张伟良 |
| | 一种三角钢琴铁板高度调整装置 | 实用新型 | 201220189070.2 | 2012.11.07 | 环高乐器制造（宜昌）有限公司 | 吴天延、罗扬、庄联森、胡锋 |
| | 一种可升降的钢琴调音装置 | 实用新型 | 201220164172.9 | 2012.11.07 | 张伟良 | 张伟良 |
| | 高度可调的钢琴辅助脚垫 | 实用新型 | 201220206170.1 | 2012.11.07 | 哈尔滨师范大学 | 崔海月、董云秋、高宇哲 |
| | 一种高效钢琴调音装置 | 实用新型 | 201220164173.3 | 2012.11.07 | 张伟良 | 张伟良 |
| | 钢琴学习手型矫正器 | 外观设计 | 201210216254.8 | 2012.11.14 | 北京航空航天大学 | 杨波、罗晶、韩华涛、王溯 |
| | 钢琴乐谱架 | 实用新型 | 201220157813.8 | 2012.11.21 | 山东科技大学 | 吕红 |
| | 手卷钢琴 | 外观设计 | 201230224317.5 | 2012.11.21 | 陈海刚 | 陈海刚 |
| | 迷你钢琴 | 发明专利 | 201230138095.5 | 2012.11.28 | 音气乐工房株式会社 | 铃木康弘 |
| | 钢琴复合音板 | 实用新型 | 201220164883.6 | 2012.11.28 | 德州学院 | 王鑫 |
| | 钢琴（GZ2011） | 外观设计 | 201230382102.6 | 2012.12.05 | 广州珠江钢琴集团股份有限公司 | 张鸿超、李建萍、潘启槟 |
| | 立式钢琴的增效装置 | 实用新型 | 201220278303.6 | 2012.12.05 | 曹秋瑶 | 曹秋瑶 |
| | 立式钢琴的导音装置 | 实用新型 | 201220278516.9 | 2012.12.05 | 曹秋瑶 | 曹秋瑶 |
| | 数码钢琴渐进式配重键盘 | 实用新型 | 201220126847.0 | 2012.12.05 | 史爱杰 | 史爱杰 |

| 类别 | 名称 | 专利类型 | 申请（专利）号 | 公开（公告）日 | 申请（专利权）人 | 发明（设计）人 |
|---|---|---|---|---|---|---|
| 钢琴 | 儿童钢琴辅助踏板 | 实用新型 | 201220201224.5 | 2012.12.12 | 林文海 | 林文海 |
| | 一种钢琴辅助踏板 | 实用新型 | 201220164884.0 | 2012.12.12 | 德州学院 | 段亚文 |
| | 钢琴键盘手型练习器 | 实用新型 | 201220231726.2 | 2012.12.12 | 张卯卯 | 张卯卯、张汐向 |
| | 一种钢琴用自动翻谱装置 | 发明专利 | 201210264445.1 | 2012.12.12 | 东华大学 | 单鸿波、葛滨、庄赟、徐方、于海燕、王晓红、金怡 |
| | 一种内嵌弹奏指导装置的钢琴 | 实用新型 | 201220260905.9 | 2012.12.12 | 冯山 | 冯山 |
| | 钢琴凳 | 发明专利 | 201210301357.4 | 2012.12.19 | 迟英娟 | 迟英娟 |
| | 幼儿钢琴凳 | 实用新型 | 201220155008.1 | 2012.12.19 | 南京工业职业技术学院 | 张云玲、陈挺 |
| | 立式钢琴总档 | 实用新型 | 201220289940.3 | 2012.12.19 | 森鹤乐器股份有限公司 | 央丹、岑迪锋、胡建迪、张开峰、施仲其、邬立平、罗铁丰 |
| | 新型立式钢琴 | 实用新型 | 201220285483.0 | 2012.12.19 | 赵广文 | 赵德锋、赵广文 |
| | 钢琴键盘前、中梃 | 实用新型 | 201220289930.X | 2012.12.19 | 森鹤乐器股份有限公司 | 胡建迪、张开峰、施仲其、邬立平、胡央丹、岑迪锋、罗铁丰 |
| | 一种数码钢琴键盘 | 发明专利 | 201210355137.X | 2012.12.19 | 浙江友谊电子有限公司 | 陈天浩、骆游、蒋巍 |
| | 钢琴联动器轴架 | 实用新型 | 201220289893.2 | 2012.12.19 | 森鹤乐器股份有限公司 | 岑迪锋、胡建迪、张开峰、施仲其、邬立平、胡央丹、罗铁丰 |
| | 一种钢琴弦马 | 实用新型 | 201220267516.9 | 2012.12.19 | 德清凯诚木业有限公司 | 吴福林 |
| | 钢琴击弦机联动杆 | 实用新型 | 201220289928.2 | 2012.12.19 | 森鹤乐器股份有限公司 | 张开峰、施仲其、邬立平、胡央丹、胡建迪、岑迪锋、罗铁丰 |
| | 一种基于键盘投影的新型钢琴 | 实用新型 | 201220220490.2 | 2012.12.19 | 中国计量学院 | 叶浩文、叶思遥、邹世碧、黄露、蔡骏、梁培、黄杰 |
| | 一种钢琴 | 实用新型 | 201220300174.6 | 2012.12.26 | 姚雪良 | 姚雪良 |
| | 钢琴延伸踏板 | 实用新型 | 201220301418.2 | 2012.12.26 | 胡朝良 | 胡朝良 |
| | 钢琴键专用擦 | 实用新型 | 201110182599.1 | 2012.12.26 | 毕渝婷 | 毕渝婷 |
| | 一种钢琴琴弦紧固装置 | 实用新型 | 201220249045.9 | 2012.12.26 | 徐郡 | 徐郡 |
| | 一种钢琴铸铁板固定连接螺钉 | 实用新型 | 201220317791.7 | 2012.12.26 | 福州和声钢琴有限公司 | 林建忠、黄苏东 |
| 吉他 | 多功能一体式电声吉它 | 实用新型 | 201120192795.2 | 2012.01.04 | 张宇 | 张宇 |
| | 一种吉他指板的制作方法 | 发明专利 | 201110188929.8 | 2012.01.11 | 成少鹏 | 成少鹏 |

| 类别 | 名称 | 专利类型 | 申请（专利）号 | 公开（公告）日 | 申请（专利权）人 | 发明（设计）人 |
|---|---|---|---|---|---|---|
| 吉他 | 一种带微型录、放音设备的吉他 | 实用新型 | 201120229634.6 | 2012.01.11 | 上海师范大学附属第二外国语学校 | 黄旭婷 |
| | 吉他柄（古典系列） | 外观设计 | 201130268563.6 | 2012.01.11 | 易平 | 易平 |
| | 吉他的弦锁及具有所述弦锁的新型吉他 | 实用新型 | 201120137426.3 | 2012.01.18 | 门龙飞 | 门龙飞 |
| | 一种可避免碰撞导致调弦不准的吉他 | 实用新型 | 201120225131.1 | 2012.01.18 | 邝奇成 | 邝奇成 |
| | 方便调弦的吉他 | 实用新型 | 201120246871.3 | 2012.01.18 | 崔茹峰 | 崔茹峰 |
| | 一种吉他音箱 | 实用新型 | 201120182928.8 | 2012.01.18 | 詹发师 | 詹发师 |
| | 一种吉他指板 | 实用新型 | 201120237212.3 | 2012.01.18 | 成少鹏 | 成少鹏 |
| | 用于吉他制作的一体化紧密组装梁架结构 | 实用新型 | 201120130096.5 | 2012.01.25 | 林倞 | 林倞 |
| | 吉它折叠支架 | 实用新型 | 201120218723.0 | 2012.01.25 | 张喜圣 | 张喜圣 |
| | 盾形吉他柄头贴片 | 外观设计 | 201130185213.3 | 2012.01.25 | 邱剑辉 | 邱剑辉 |
| | 吉他架 | 外观设计 | 201130116097.X | 2012.01.25 | 科尼希迈耶两合公司 | 维尔纳·克劳斯、利珀特·赫尔穆特 |
| | 无线电吉他 | 外观设计 | 201130102755.X | 2012.02.01 | 吉普森吉他公司 | 亨利·E·尤什凯维奇 |
| | 吉他部件 | 外观设计 | 201130245931.5 | 2012.02.01 | 阿尔罕布拉制造有限公司 | 胡安·桑奇斯·雷格 |
| | 竹子吉他（3） | 外观设计 | 201130325699.6 | 2012.02.08 | 徐贵军 | 徐贵军 |
| | 一种带微型录、放音设备的吉他 | 发明专利 | 201110182980.8 | 2012.02.15 | 上海师范大学附属第二外国语学校 | 黄旭婷 |
| | 竹子吉他（4） | 外观设计 | 201130325695.8 | 2012.02.15 | 徐贵军 | 徐贵军 |
| | 吉他（MCG-110C） | 外观设计 | 201130367860.6 | 2012.03.07 | 汪宏齐 | 汪宏齐 |
| | 具有自发光泛音品位标记的吉他 | 实用新型 | 201120270590.1 | 2012.03.14 | 李昌慧 | 李昌慧 |
| | 竹子吉他（2） | 外观设计 | 201130323335.4 | 2012.03.14 | 徐贵军 | 徐贵军 |
| | 竹子吉他（1） | 外观设计 | 201130323366.X | 2012.03.14 | 徐贵军 | 徐贵军 |
| | 吉他装饰保护面板组合 | 实用新型 | 201120182975.2 | 2012.03.21 | 金善洋 | 金善洋 |
| | 吉他（MFG-CS） | 外观设计 | 201130367866.3 | 2012.04.25 | 汪宏齐 | 汪宏齐 |
| | 电吉他 | 外观设计 | 201130358000.6 | 2012.04.18 | 赵卫国 | 赵卫国 |
| | 卡通吉他 | 实用新型 | 201120256645.3 | 2012.05.30 | 厦门新泰阳网络科技有限公司 | 李东华 |
| | 吉他悬挂器 | 发明专利 | 201080024019.X | 2012.05.09 | 克里斯多佛·萨穆 | 克里斯多佛·萨穆 |

| 类别 | 名称 | 专利类型 | 申请（专利）号 | 公开（公告）日 | 申请（专利权）人 | 发明（设计）人 |
|---|---|---|---|---|---|---|
| 吉他 | 用于对弦乐器例如吉他或类似乐器调音的装置及方法 | 发明专利 | 201080040473.4 | 2012.05.30 | 大卫·邓伍迪 | 大卫·邓伍迪 |
| | 吉他 | 发明专利 | 201080027787.0 | 2012.05.23 | 片山一朗 | 片山一朗 |
| | 便携式吉他谱架 | 实用新型 | 201120311084.2 | 2012.05.16 | 巩翔 | 巩翔 |
| | 木质吉他护板及护板木吉他 | 实用新型 | 201120380755.0 | 2012.05.09 | 伍健 | 曹志强 |
| | 吉他（4） | 外观设计 | 201130469811.3 | 2012.05.16 | 泰兴福仕特乐器有限公司 | 李晓凌 |
| | 吉他（6） | 外观设计 | 201130469810.9 | 2012.05.16 | 泰兴福仕特乐器有限公司 | 李晓凌 |
| | 吉他（3） | 外观设计 | 201130469806.2 | 2012.05.16 | 泰兴福仕特乐器有限公司 | 李晓凌 |
| | 电吉他(2) | 外观设计 | 201130417148.2 | 2012.05.16 | 赵卫国 | 赵卫国 |
| | 吉他（HMD-933） | 外观设计 | 201130414479.0 | 2012.05.16 | 广东红棉乐器有限公司 | 何志强、郑胜洲、黄毅 |
| | 吉他（AD-100 Aries白羊座） | 外观设计 | 201130414476.7 | 2012.05.16 | 广东红棉乐器有限公司 | 唐家泉、杨志伟、何清良 |
| | 吉他（HMD-993） | 外观设计 | 201130414478.6 | 2012.05.16 | 广东红棉乐器有限公司 | 陈金成、郑胜洲、颜敏清 |
| | 可滑动式吉他变调夹 | 外观设计 | 201130492066.4 | 2012.05.23 | 王占明 | 王占明 |
| | 古典吉他（2） | 外观设计 | 201130470052.2 | 2012.05.23 | 泰兴福仕特乐器有限公司 | 李晓凌 |
| | 吉他（2） | 外观设计 | 201130469812.8 | 2012.05.23 | 泰兴福仕特乐器有限公司 | 李晓凌 |
| | 吉他 | 外观设计 | 201130335958.3 | 2012.05.23 | 徐贵军 | 徐贵军 |
| | 四弦吉他（1） | 外观设计 | 201130469986.4 | 2012.05.16 | 泰兴福仕特乐器有限公司 | 李晓凌 |
| | 爵士吉他 | 外观设计 | 201130469985.X | 2012.05.16 | 泰兴福仕特乐器有限公司 | 李晓凌 |
| | 四弦吉他（2） | 外观设计 | 201130469984.5 | 2012.05.16 | 泰兴福仕特乐器有限公司 | 李晓凌 |
| | 吉他（1） | 外观设计 | 201230058595.8 | 2012.06.27 | 潮安县吉星乐器有限公司 | 成少鹏 |
| | 电吉他（2） | 外观设计 | 201130470025.5 | 2012.06.13 | 泰兴福仕特乐器有限公司 | 李晓凌 |
| | 吉他（MCG-40C） | 外观设计 | 201130367859.3 | 2012.06.13 | 汪宏齐 | 汪宏齐 |
| | 吉他（MCG-120C） | 外观设计 | 201130367858.9 | 2012.06.13 | 汪宏齐 | 汪宏齐 |
| | 吉他（MCG-140S CE） | 外观设计 | 201130367850.2 | 2012.06.13 | 汪宏齐 | 汪宏齐 |
| | 吉他(1) | 外观设计 | 201130511660.3 | 2012.06.06 | 张立强 | 张立强 |
| | 古典吉他可调式琴桥装置 | 实用新型 | 201220100724.X | 2012.07.04 | 东北石油大学 | 杨育林 |
| | 古典吉他可调式琴枕装置 | 实用新型 | 201220100722.0 | 2012.07.04 | 东北石油大学 | 杨育林 |

| 类别 | 名称 | 专利类型 | 申请(专利)号 | 公开(公告)日 | 申请(专利权)人 | 发明(设计)人 |
|---|---|---|---|---|---|---|
| 吉他 | 吉他拾音器 | 实用新型 | 201120331172.9 | 2012.07.04 | 李跃 | 李跃 |
| | 吉他(2) | 外观设计 | 201230058592.4 | 2012.07.04 | 潮安县吉星乐器有限公司 | 成少鹏 |
| | 一种触摸平板电脑的音效合成吉他 | 实用新型 | 201120477900.7 | 2012.07.11 | 陈晓容 | 陈晓容 |
| | 能转换吉他贝斯的乐器 | 实用新型 | 201120477898.3 | 2012.07.11 | 陈晓容 | 陈晓容 |
| | 吉他(5) | 外观设计 | 201130469822.1 | 2012.07.18 | 泰兴福仕特乐器有限公司 | 李晓凌 |
| | 吉他背侧板及其加工工艺 | 发明专利 | 201110438608.9 | 2012.07.18 | 潮安县吉星乐器有限公司 | 成少鹏 |
| | 民谣吉他(1) | 外观设计 | 201130470051.8 | 2012.07.18 | 泰兴福仕特乐器有限公司 | 李晓凌 |
| | 古典吉他(1) | 外观设计 | 201130470068.3 | 2012.07.18 | 泰兴福仕特乐器有限公司 | 李晓凌 |
| | 吉他头小提琴(1) | 外观设计 | 201230008726.1 | 2012.07.18 | 湖州师范学院 | 杨柳婷、闫萍 |
| | 反手吉他头小提琴(1) | 外观设计 | 201230008731.2 | 2012.07.18 | 湖州师范学院 | 杨柳婷、闫萍 |
| | 电吉他(3) | 外观设计 | 201230022479.0 | 2012.07.18 | 赵卫国 | 赵卫国 |
| | 吉他(3) | 外观设计 | 201230058596.2 | 2012.07.18 | 潮安县吉星乐器有限公司 | 成少鹏 |
| | 触摸吉他(JJT10A) | 外观设计 | 201230015514.6 | 2012.07.18 | 王咏林 | 王咏林 |
| | 一种木吉他鼓身的面板 | 发明专利 | 201210079367.8 | 2012.07.25 | 徐瑞和 | 徐瑞和 |
| | 一种吉他支架 | 发明专利 | 201210105838.8 | 2012.07.25 | 宁波柏人艾电子有限公司 | 阮松杰 |
| | 吉他 | 外观设计 | 201230057309.6 | 2012.07.25 | 汪宏齐 | 汪宏齐 |
| | 一种吉他 | 发明专利 | 201210066611.7 | 2012.08.01 | 肯豁贸易有限公司 | 罗林 |
| | 便携式吉他和弦练习器 | 实用新型 | 201120496774.X | 2012.08.01 | 山东科技大学 | 赵涛 |
| | 一种用于支撑吉他、优格利利的支架 | 实用新型 | 201120414682.2 | 2012.08.01 | 深圳市阿诺玛乐器有限公司 | 陈海华 |
| | 带滚轮支架的吉他包 | 实用新型 | 201120524278.0 | 2012.08.01 | 王佳欣 | 王佳欣 |
| | 吉他变调夹 | 外观设计 | 201230085817.5 | 2012.08.08 | 严成盛 | 严成盛 |
| | 新型吉他 | 实用新型 | 201120547920.7 | 2012.08.15 | 潮安县吉星乐器有限公司 | 成少鹏 |
| | 一种新型吉他 | 实用新型 | 201120486271.4 | 2012.08.15 | 钰丰乐器(福建)有限公司 | 陈永茂 |
| | 吉他支架 | 外观设计 | 201230096595.7 | 2012.08.15 | 宁波柏人艾电子有限公司 | 阮松杰 |
| | 具有铰接式琴颈的旅行吉他 | 发明专利 | 201080039886.0 | 2012.08.22 | 空行吉他有限公司 | 哈维·利驰、艾德里安·M·巴格勒 |
| | 可以放入吉他琴盒中的吉他脚凳 | 实用新型 | 201120366753.6 | 2012.08.22 | 黄克勤 | 黄克勤 |
| | 吉他包(3) | 外观设计 | 201230097249.0 | 2012.08.29 | 尹星 | 尹星 |

| 类别 | 名称 | 专利类型 | 申请（专利）号 | 公开（公告）日 | 申请（专利权）人 | 发明（设计）人 |
|---|---|---|---|---|---|---|
| 吉他 | 吉他包（1） | 外观设计 | 201230097376.0 | 2012.08.29 | 尹星 | 尹星 |
| | 吉他包（2） | 外观设计 | 201230097405.3 | 2012.08.29 | 尹星 | 尹星 |
| | 一种吉他的缓冲包装 | 外观设计 | 201120447087.9 | 2012.09.05 | 斯道拉恩索正元包装有限公司 | 张克高、杨辉、姚猛 |
| | 吉他拨片绑带 | 实用新型 | 201220004812.X | 2012.09.05 | 尹星 | 尹星 |
| | 吉他绑带 | 实用新型 | 201220004793.0 | 2012.09.05 | 尹星 | 尹星 |
| | 具缓冲功能的吉他袋 | 实用新型 | 201120525333.8 | 2012.09.12 | 郑启富 | 郑启富 |
| | 一种可变换弦演奏和按键演奏的吉他 | 实用新型 | 201120445978.0 | 2012.09.12 | 李青青 | 李青青 |
| | 吉他用扳手（2） | 外观设计 | 201230183333.4 | 2012.09.12 | 余姚市强雁五金工具有限公司 | 梁关荣 |
| | 电吉他(4) | 外观设计 | 201230054732.0 | 2012.09.12 | 赵卫国 | 赵卫国 |
| | 吉他用电池盒 | 外观设计 | 201230036888.6 | 2012.09.12 | 株式会社成音乐器 | 朴仁载 |
| | 吉他背带 | 实用新型 | 201220004814.9 | 2012.09.19 | 尹星 | 尹星 |
| | 吉他扩音器 | 外观设计 | 201230045526.3 | 2012.09.19 | 雅马哈株式会社 | 铃木俊英 |
| | 琴弦珠头（配套吉他B-2nd琴弦） | 外观设计 | 201230121923.4 | 2012.09.26 | 广州市罗曼士乐器制造有限公司 | 郑玉棠 |
| | 琴弦珠头（配套吉他A-5th琴弦） | 外观设计 | 201230121956.9 | 2012.09.26 | 广州市罗曼士乐器制造有限公司 | 郑玉棠 |
| | 一种吉他拍锤 | 外观设计 | 201210203054.9 | 2012.09.26 | 周欣玥 | 周欣玥 |
| | 琴弦珠头（配套吉他G-3th琴弦） | 外观设计 | 201230121822.7 | 2012.09.26 | 广州市罗曼士乐器制造有限公司 | 郑玉棠 |
| | 琴弦珠头（配套吉他E-6th琴弦） | 外观设计 | 201230121887.1 | 2012.09.26 | 广州市罗曼士乐器制造有限公司 | 郑玉棠 |
| | 琴弦珠头（配套吉他D-4th琴弦） | 外观设计 | 201230121910.7 | 2012.09.26 | 广州市罗曼士乐器制造有限公司 | 郑玉棠 |
| | 吉他架 (GWH-8) | 外观设计 | 201230136289.1 | 2012.10.03 | 宁波市镇海磊磊音响器材厂 | 倪冬生、庄松伟、肖满清 |
| | 吉他架 (GUS17-A) | 外观设计 | 201230136359.3 | 2012.10.03 | 宁波市镇海磊磊音响器材厂 | 倪冬生、庄松伟、肖满清 |
| | 吉他架 (GWH-3) | 外观设计 | 201230136272.6 | 2012.10.03 | 宁波市镇海磊磊音响器材厂 | 倪冬生、庄松伟、肖满清 |
| | 吉他架 (GUS-20) | 外观设计 | 201230136299.5 | 2012.10.03 | 宁波市镇海磊磊音响器材厂 | 倪冬生、庄松伟、肖满清 |
| | 吉他用扳手（1） | 外观设计 | 201230183329.8 | 2012.10.03 | 余姚市强雁五金工具有限公司 | 梁关荣 |
| | 吉他 | 外观设计 | 201230166904.3 | 2012.10.10 | 上海尧升商贸有限公司 | 于成 |
| | 吉他 | 外观设计 | 201230154632.5 | 2012.10.10 | 刘江波 | 刘江波 |
| | 一种吉他放置架 | 实用新型 | 201220155273.X | 2012.10.17 | 袁静 | 袁静 |

| 类别 | 名称 | 专利类型 | 申请(专利)号 | 公开(公告)日 | 申请（专利权）人 | 发明（设计）人 |
|---|---|---|---|---|---|---|
| 吉他 | 具有通过快速固定装置固定的琴颈的吉他 | 发明专利 | 201180008996.5 | 2012.10.24 | EKO音乐集团股份公司 | A·赛让杰利 |
| | 一种吉他支架 | 实用新型 | 201220153685.X | 2012.10.31 | 宁波柏人艾电子有限公司 | 阮松杰 |
| | 一种轻便吉他架 | 实用新型 | 201220166488.1 | 2012.10.31 | 德州学院 | 尹相宇 |
| | 吉他 | 外观设计 | 201230150500.5 | 2012.11.07 | 易平 | 易平 |
| | 吉他旋钮 | 外观设计 | 201230277940.7 | 2012.11.07 | 李宗盛 | 李宗盛 |
| | 一种木吉他鼓身的面板 | 实用新型 | 201220113296.4 | 2012.11.07 | 徐瑞和 | 徐瑞和 |
| | 一种木吉他鼓身的下部 | 实用新型 | 201220097374.6 | 2012.11.07 | 徐瑞和 | 徐瑞和 |
| | 可替换弹簧的吉他变调夹 | 实用新型 | 201220182416.6 | 2012.11.07 | 严成盛 | 严成盛 |
| | 一种改进的木吉他面音板 | 实用新型 | 201220094953.5 | 2012.11.14 | 汪宏齐 | 汪宏齐 |
| | 一种吉他 | 实用新型 | 201220095125.3 | 2012.11.21 | 肯豁贸易有限公司 | 罗林 |
| | 吉他(MCG-40C) | 外观设计 | 201230342562.6 | 2012.12.05 | 汪宏齐 | 汪宏齐 |
| | 防脱落吉他拨片 | 外观设计 | 201220229467.X | 2012.12.05 | 陈伟男 | 陈伟男 |
| | 吉他均衡器(MET-A19) | 外观设计 | 201230352251.8 | 2012.12.05 | 宋冠雄 | 宋冠雄 |
| | 吉他拍锤 | 实用新型 | 201220288172.X | 2012.12.19 | 周欣玥 | 周欣玥 |
| | 吉他 | 外观设计 | 201230324379.3 | 2012.12.26 | 雅特乐器有限公司 | 林炳烈 |
| | 电吉他（3） | 外观设计 | 201230291959.7 | 2012.12.26 | 泰兴福仕特乐器有限公司 | 李晓凌 |
| | 电吉他（8） | 外观设计 | 201230291945.5 | 2012.12.26 | 泰兴福仕特乐器有限公司 | 李晓凌 |
| | 电吉他（9） | 外观设计 | 201230291943.6 | 2012.12.26 | 泰兴福仕特乐器有限公司 | 李晓凌 |
| | 电吉他（10） | 外观设计 | 201230291944.0 | 2012.12.26 | 泰兴福仕特乐器有限公司 | 李晓凌 |
| | 电吉他（12） | 外观设计 | 201230291914.X | 2012.12.26 | 泰兴福仕特乐器有限公司 | 李晓凌 |
| | 电吉他（14） | 外观设计 | 201230308011.8 | 2012.12.26 | 泰兴福仕特乐器有限公司 | 李晓凌 |
| | 电吉他（16） | 外观设计 | 201230291854.1 | 2012.12.26 | 泰兴福仕特乐器有限公司 | 李晓凌 |
| | 电吉他（18） | 外观设计 | 201230291860.7 | 2012.12.26 | 泰兴福仕特乐器有限公司 | 李晓凌 |
| | 古典吉他（3） | 外观设计 | 201230291788.8 | 2012.12.26 | 泰兴福仕特乐器有限公司 | 李晓凌 |
| | 古典吉他（4） | 外观设计 | 201230291784.X | 2012.12.26 | 泰兴福仕特乐器有限公司 | 李晓凌 |
| | 古典吉他（6） | 外观设计 | 201230291770.8 | 2012.12.26 | 泰兴福仕特乐器有限公司 | 李晓凌 |
| | 古典吉他（7） | 外观设计 | 201230291691.7 | 2012.12.26 | 泰兴福仕特乐器有限公司 | 李晓凌 |
| | 古典吉他（8） | 外观设计 | 201230291672.4 | 2012.12.26 | 泰兴福仕特乐器有限公司 | 李晓凌 |
| | 古典吉他（10） | 外观设计 | 201230291626.4 | 2012.12.26 | 泰兴福仕特乐器有限公司 | 李晓凌 |
| | 古典吉他（11） | 外观设计 | 201230291620.7 | 2012.12.26 | 泰兴福仕特乐器有限公司 | 李晓凌 |
| | 古典吉他（16） | 外观设计 | 201230291619.4 | 2012.12.26 | 泰兴福仕特乐器有限公司 | 李晓凌 |

| 类别 | 名称 | 专利类型 | 申请(专利)号 | 公开(公告)日 | 申请（专利权）人 | 发明（设计）人 |
|---|---|---|---|---|---|---|
| 吉他 | 古典吉他（17） | 外观设计 | 201230291606.7 | 2012.12.26 | 泰兴福仕特乐器有限公司 | 李晓凌 |
| | 古典吉他（19） | 外观设计 | 201230291595.2 | 2012.12.26 | 泰兴福仕特乐器有限公司 | 李晓凌 |
| | 吉他 | 外观设计 | 201230324376.X | 2012.12.26 | 雅特乐器有限公司 | 林炳烈 |
| | 吉他（7） | 外观设计 | 201230291587.8 | 2012.12.26 | 泰兴福仕特乐器有限公司 | 李晓凌 |
| | 吉他（9） | 外观设计 | 201230291591.4 | 2012.12.26 | 泰兴福仕特乐器有限公司 | 李晓凌 |
| | 吉他（10） | 外观设计 | 201230291412.7 | 2012.12.26 | 泰兴福仕特乐器有限公司 | 李晓凌 |
| | 吉他（11） | 外观设计 | 201230291418.4 | 2012.12.26 | 泰兴福仕特乐器有限公司 | 李晓凌 |
| | 吉他（12） | 外观设计 | 201230291395.7 | 2012.12.26 | 泰兴福仕特乐器有限公司 | 李晓凌 |
| | 吉他（13） | 外观设计 | 201230291559.6 | 2012.12.26 | 泰兴福仕特乐器有限公司 | 李晓凌 |
| | 吉他（14） | 外观设计 | 201230291560.9 | 2012.12.26 | 泰兴福仕特乐器有限公司 | 李晓凌 |
| | 吉他（15） | 外观设计 | 201230291585.9 | 2012.12.26 | 泰兴福仕特乐器有限公司 | 李晓凌 |
| | 吉他（16） | 外观设计 | 201230291574.0 | 2012.12.26 | 泰兴福仕特乐器有限公司 | 李晓凌 |
| | 吉他（17） | 外观设计 | 201230291402.3 | 2012.12.26 | 泰兴福仕特乐器有限公司 | 李晓凌 |
| | 吉他（19） | 外观设计 | 201230291404.2 | 2012.12.26 | 泰兴福仕特乐器有限公司 | 李晓凌 |
| | 吉他（20） | 外观设计 | 201230291548.8 | 2012.12.26 | 泰兴福仕特乐器有限公司 | 李晓凌 |
| | 吉他（21） | 外观设计 | 201230291375.X | 2012.12.26 | 泰兴福仕特乐器有限公司 | 李晓凌 |
| | 吉他（22） | 外观设计 | 201230291549.2 | 2012.12.26 | 泰兴福仕特乐器有限公司 | 李晓凌 |
| | 吉他（23） | 外观设计 | 201230291547.3 | 2012.12.26 | 泰兴福仕特乐器有限公司 | 李晓凌 |
| | 吉他（24） | 外观设计 | 201230291507.9 | 2012.12.26 | 泰兴福仕特乐器有限公司 | 李晓凌 |
| | 吉他（25） | 外观设计 | 201230291506.4 | 2012.12.26 | 泰兴福仕特乐器有限公司 | 李晓凌 |
| | 吉他（26） | 外观设计 | 201230291489.4 | 2012.12.26 | 泰兴福仕特乐器有限公司 | 李晓凌 |
| | 吉他（27） | 外观设计 | 201230291377.9 | 2012.12.26 | 泰兴福仕特乐器有限公司 | 李晓凌 |
| | 吉他（28） | 外观设计 | 201230291504.5 | 2012.12.26 | 泰兴福仕特乐器有限公司 | 李晓凌 |
| | 吉他（29） | 外观设计 | 201230291478.6 | 2012.12.26 | 泰兴福仕特乐器有限公司 | 李晓凌 |
| | 吉他（31） | 外观设计 | 201230291465.9 | 2012.12.26 | 泰兴福仕特乐器有限公司 | 李晓凌 |
| | 吉他（32 | 外观设计 | 201230291472.9 | 2012.12.26 | 泰兴福仕特乐器有限公司 | 李晓凌 |
| | 吉他（33 | 外观设计 | 201230291452.1 | 2012.12.26 | 泰兴福仕特乐器有限公司 | 李晓凌 |
| | 吉他柄 | 外观设计 | 201230273048.1 | 2012.12.26 | 张雪英 | 张雪英 |
| | 民谣吉他（2） | 外观设计 | 201230292360.5 | 2012.12.26 | 泰兴福仕特乐器有限公司 | 李晓凌 |
| | 民谣吉他（3） | 外观设计 | 201230292320.0 | 2012.12.26 | 泰兴福仕特乐器有限公司 | 李晓凌 |
| | 民谣吉他（4） | 外观设计 | 201230292351.6 | 2012.12.26 | 泰兴福仕特乐器有限公司 | 李晓凌 |
| | 民谣吉他（5） | 外观设计 | 201230292327.2 | 2012.12.26 | 泰兴福仕特乐器有限公司 | 李晓凌 |
| | 民谣吉他（6） | 外观设计 | 201230292350.1 | 2012.12.26 | 泰兴福仕特乐器有限公司 | 李晓凌 |
| | 民谣吉他（7） | 外观设计 | 201230292352.0 | 2012.12.26 | 泰兴福仕特乐器有限公司 | 李晓凌 |
| | 民谣吉他（8） | 外观设计 | 201230292357.3 | 2012.12.26 | 泰兴福仕特乐器有限公司 | 李晓凌 |

| 类别 | 名称 | 专利类型 | 申请（专利）号 | 公开（公告）日 | 申请（专利权）人 | 发明（设计）人 |
|---|---|---|---|---|---|---|
| 吉他 | 民谣吉他（9） | 外观设计 | 201230292376.6 | 2012.12.26 | 泰兴福仕特乐器有限公司 | 李晓凌 |
| | 民谣吉他（10） | 外观设计 | 201230292336.1 | 2012.12.26 | 泰兴福仕特乐器有限公司 | 李晓凌 |
| | 民谣吉他（11） | 外观设计 | 201230292346.5 | 2012.12.26 | 泰兴福仕特乐器有限公司 | 李晓凌 |
| | 民谣吉他（12） | 外观设计 | 201230292367.7 | 2012.12.26 | 泰兴福仕特乐器有限公司 | 李晓凌 |
| | 民谣吉他（13） | 外观设计 | 201230292349.9 | 2012.12.26 | 泰兴福仕特乐器有限公司 | 李晓凌 |
| | 民谣吉他（14） | 外观设计 | 201230292353.5 | 2012.12.26 | 泰兴福仕特乐器有限公司 | 李晓凌 |
| | 民谣吉他（15） | 外观设计 | 201230292347.X | 2012.12.26 | 泰兴福仕特乐器有限公司 | 李晓凌 |
| | 民谣吉他（16） | 外观设计 | 201230292329.1 | 2012.12.26 | 泰兴福仕特乐器有限公司 | 李晓凌 |
| | 民谣吉他（17） | 外观设计 | 201230292370.9 | 2012.12.26 | 泰兴福仕特乐器有限公司 | 李晓凌 |
| | 民谣吉他（18） | 外观设计 | 201230292330.4 | 2012.12.26 | 泰兴福仕特乐器有限公司 | 李晓凌 |
| | 民谣吉他（19） | 外观设计 | 201230292331.9 | 2012.12.26 | 泰兴福仕特乐器有限公司 | 李晓凌 |
| | 民谣吉他（20） | 外观设计 | 201230292326.8 | 2012.12.26 | 泰兴福仕特乐器有限公司 | 李晓凌 |
| | 民谣吉他（21） | 外观设计 | 201230292274.4 | 2012.12.26 | 泰兴福仕特乐器有限公司 | 李晓凌 |
| | 民谣吉他（22） | 外观设计 | 201230292340.8 | 2012.12.26 | 泰兴福仕特乐器有限公司 | 李晓凌 |
| | 民谣吉他（23） | 外观设计 | 201230292301.8 | 2012.12.26 | 泰兴福仕特乐器有限公司 | 李晓凌 |
| | 民谣吉他（24） | 外观设计 | 201230292309.4 | 2012.12.26 | 泰兴福仕特乐器有限公司 | 李晓凌 |
| | 民谣吉他（25） | 外观设计 | 201230292273.X | 2012.12.26 | 泰兴福仕特乐器有限公司 | 李晓凌 |
| | 民谣吉他（25） | 外观设计 | 201230292273.X | 2012.12.26 | 泰兴福仕特乐器有限公司 | 李晓凌 |
| | 民谣吉他（26） | 外观设计 | 201230292304.1 | 2012.12.26 | 泰兴福仕特乐器有限公司 | 李晓凌 |
| | 民谣吉他（27） | 外观设计 | 201230292305.6 | 2012.12.26 | 泰兴福仕特乐器有限公司 | 李晓凌 |
| | 民谣吉他（28） | 外观设计 | 201230292319.8 | 2012.12.26 | 泰兴福仕特乐器有限公司 | 李晓凌 |
| | 民谣吉他（29） | 外观设计 | 201230292310.7 | 2012.12.26 | 泰兴福仕特乐器有限公司 | 李晓凌 |
| | 民谣吉他（30） | 外观设计 | 201230292275.9 | 2012.12.26 | 泰兴福仕特乐器有限公司 | 李晓凌 |
| | 民谣吉他（31） | 外观设计 | 201230292291.8 | 2012.12.26 | 泰兴福仕特乐器有限公司 | 李晓凌 |
| | 民谣吉他（32） | 外观设计 | 201230292294.1 | 2012.12.26 | 泰兴福仕特乐器有限公司 | 李晓凌 |
| | 民谣吉他（33） | 外观设计 | 201230292337.6 | 2012.12.26 | 泰兴福仕特乐器有限公司 | 李晓凌 |
| | 民谣吉他（34） | 外观设计 | 201230292303.7 | 2012.12.26 | 泰兴福仕特乐器有限公司 | 李晓凌 |
| | 民谣吉他（35） | 外观设计 | 201230292318.3 | 2012.12.26 | 泰兴福仕特乐器有限公司 | 李晓凌 |
| | 民谣吉他（36） | 外观设计 | 201230292316.4 | 2012.12.26 | 泰兴福仕特乐器有限公司 | 李晓凌 |
| | 民谣吉他（37） | 外观设计 | 201230292317.9 | 2012.12.26 | 泰兴福仕特乐器有限公司 | 李晓凌 |
| | 民谣吉他（38） | 外观设计 | 201230292293.7 | 2012.12.26 | 泰兴福仕特乐器有限公司 | 李晓凌 |
| | 民谣吉他（39） | 外观设计 | 201230292295.6 | 2012.12.26 | 泰兴福仕特乐器有限公司 | 李晓凌 |
| | 民谣吉他（40） | 外观设计 | 201230292307.5 | 2012.12.26 | 泰兴福仕特乐器有限公司 | 李晓凌 |
| | 民谣吉他（41） | 外观设计 | 201230292302.2 | 2012.12.26 | 泰兴福仕特乐器有限公司 | 李晓凌 |
| | 民谣吉他（42） | 外观设计 | 201230292335.7 | 2012.12.26 | 泰兴福仕特乐器有限公司 | 李晓凌 |

| 类别 | 名称 | 专利类型 | 申请(专利)号 | 公开(公告)日 | 申请（专利权）人 | 发明（设计）人 |
|---|---|---|---|---|---|---|
| 吉他 | 民谣吉他（43） | 外观设计 | 201230292292.2 | 2012.12.26 | 泰兴福仕特乐器有限公司 | 李晓凌 |
| | 民谣吉他（44） | 外观设计 | 201230292328.7 | 2012.12.26 | 泰兴福仕特乐器有限公司 | 李晓凌 |
| | 民谣吉他（46） | 外观设计 | 201230292260.2 | 2012.12.26 | 泰兴福仕特乐器有限公司 | 李晓凌 |
| | 四弦吉他（3） | 外观设计 | 201230292358.8 | 2012.12.26 | 泰兴福仕特乐器有限公司 | 李晓凌 |
| | 四弦吉他（4） | 外观设计 | 201230292368.1 | 2012.12.26 | 泰兴福仕特乐器有限公司 | 李晓凌 |
| | 折叠式吉他架 | 外观设计 | 201230264692.2 | 2012.12.26 | 广州市和必括乐器制造有限公司 | 黄斌 |
| 电子琴 | 电子琴 | 外观设计 | 201130170765.7 | 2012.01.04 | 雅马哈株式会社 | 冈村淳、铃木俊英 |
| | 电子琴 | 外观设计 | 201130147637.0 | 2012.01.11 | 雅马哈株式会社 | 冈村淳 |
| | 一种电子琴 | 实用新型 | 201120304668.7 | 2012.03.21 | 哈尔滨师范大学 | 盛雪 |
| | 电子琴（十二生肖1） | 外观设计 | 201130334063.8 | 2012.03.21 | 陆恒毅 | 陆恒毅 |
| | 电子琴（十二生肖2） | 外观设计 | 201130334074.6 | 2012.03.28 | 陆恒毅 | 陆恒毅 |
| | 电子琴（YM7100） | 外观设计 | 201130441145.2 | 2012.03.28 | 张燕雄 | 张燕雄 |
| | 电子琴支架 | 实用新型 | 201120429161.4 | 2012.05.30 | 张静 | 张静 |
| | 一种功能性电子琴 | 实用新型 | 201120389637.6 | 2012.05.30 | 滁州学院 | 杨尚翡、宫文亮 |
| | 电子琴（YM798） | 外观设计 | 201130441138.2 | 2012.05.02 | 张燕雄 | 张燕雄 |
| | 电子琴（YM6100） | 外观设计 | 201130441139.7 | 2012.05.02 | 张燕雄 | 张燕雄 |
| | 电子琴（YM6900） | 外观设计 | 201130441143.3 | 2012.05.02 | 张燕雄 | 张燕雄 |
| | 电子琴（YM658） | 外观设计 | 201130441154.1 | 2012.05.02 | 张燕雄 | 张燕雄 |
| | 电子琴（YM718） | 外观设计 | 201130441150.3 | 2012.05.02 | 张燕雄 | 张燕雄 |
| | 一种电子琴的控制电路 | 实用新型 | 201120247082.1 | 2012.04.18 | 苏州经贸职业技术学院 | 倪海玲 |
| | 电子琴支架 | 实用新型 | 201120341070.5 | 2012.04.25 | 钱静 | 钱静 |
| | 电子琴（982） | 外观设计 | 201130441146.7 | 2012.04.18 | 彭作捶 | 彭作捶 |
| | 电子琴（4900） | 外观设计 | 201130441149.0 | 2012.04.18 | 彭作捶 | 彭作捶 |
| | 电子琴（YM600） | 外观设计 | 201130441151.8 | 2012.04.18 | 彭作捶 | 彭作捶 |
| | 电子琴（YM668） | 外观设计 | 201130441148.6 | 2012.06.27 | 张燕雄 | 张燕雄 |
| | 一种便携式智能电子琴谱机 | 发明专利 | 201110461531.7 | 2012.07.04 | 张心原、张式雷 | 张心原、张式雷 |

| 类别 | 名称 | 专利类型 | 申请（专利）号 | 公开（公告）日 | 申请（专利权）人 | 发明（设计）人 |
|---|---|---|---|---|---|---|
| 电子琴 | 便携式USB电子琴键盘 | 实用新型 | 201120200787.8 | 2012.07.04 | 天津大学 | 宫秀军、徐伟 |
| | 具有LCD弹奏指导装置的电子琴 | 实用新型 | 201120534543.3 | 2012.07.18 | 冯山 | 冯山 |
| | 一种光电子琴 | 实用新型 | 201120506740.4 | 2012.07.25 | 山东大学 | 马丕明、刘枭、姚佳毅、梁博涛、彭竞宇 |
| | 电子琴 | 外观设计 | 201230056285.2 | 2012.07.25 | 雅马哈株式会社 | 杉浦由久 |
| | 电子琴 | 外观设计 | 201230056311.1 | 2012.07.25 | 雅马哈株式会社 | 杉浦由久 |
| | 电子琴 | 外观设计 | 201230056312.6 | 2012.07.25 | 雅马哈株式会社 | 冈村淳 |
| | 一种新型电子琴 | 实用新型 | 201120521172.5 | 2012.08.01 | 齐齐哈尔大学 | 陈大炜、郭旭 |
| | 电子琴（动物园） | 外观设计 | 201230177370.4 | 2012.08.22 | 陆恒毅 | 陆恒毅 |
| | 电子琴（交通工具集锦） | 外观设计 | 201230177552.1 | 2012.08.22 | 陆恒毅 | 陆恒毅 |
| | 电子琴（天鹅湖） | 外观设计 | 201230015813.X | 2012.08.22 | 陆恒毅 | 陆恒毅 |
| | 电子琴（笑脸） | 外观设计 | 201230015818.2 | 2012.08.22 | 陆恒毅 | 陆恒毅 |
| | 电子琴（太阳七色光） | 外观设计 | 201230015815.9 | 2012.08.22 | 陆恒毅 | 陆恒毅 |
| | 电子琴（色彩斑点） | 外观设计 | 201230015819.7 | 2012.08.22 | 陆恒毅 | 陆恒毅 |
| | 电子琴（花瓣） | 外观设计 | 201230015820.X | 2012.08.22 | 陆恒毅 | 陆恒毅 |
| | 电子琴（色块） | 外观设计 | 201230015826.7 | 2012.08.22 | 陆恒毅 | 陆恒毅 |
| | 电子琴（色块卡通） | 外观设计 | 201230015827.1 | 2012.08.22 | 陆恒毅 | 陆恒毅 |
| | 一种自动教学电子琴 | 实用新型 | 201220024976.9 | 2012.09.05 | 刘勇 | 刘勇 |
| | 电子琴（SK-20066） | 外观设计 | 201230184332.1 | 2012.09.05 | 柯艺山 | 柯艺山 |
| | 电子琴（几何图） | 外观设计 | 201230015821.4 | 2012.09.05 | 陆恒毅 | 陆恒毅 |
| | 展翼式电子琴的折叠结构 | 发明专利 | 201110061395.2 | 2012.09.19 | 田珉 | 田珉 |
| | 用于电子琴琴盖的阻尼起落装置 | 实用新型 | 201220145864.9 | 2012.09.26 | 吟飞科技(江苏)有限公司 | 赵平、梁俊伟 |
| | 一种便携式双排键电子琴 | 实用新型 | 201220149997.3 | 2012.09.26 | 吟飞科技(江苏)有限公司 | 赵平、梁俊伟 |
| | 电子琴（儿童涂鸦集锦） | 外观设计 | 201230177547.0 | 2012.09.26 | 陆恒毅 | 陆恒毅 |
| | 电子琴（海底世界） | 外观设计 | 201230177582.2 | 2012.09.26 | 陆恒毅 | 陆恒毅 |
| | 一种街舞专用健身电子琴 | 实用新型 | 201220087358.9 | 2012.10.03 | 王海燕 | 王海燕 |

| 类别 | 名称 | 专利类型 | 申请(专利)号 | 公开(公告)日 | 申请（专利权）人 | 发明（设计）人 |
|---|---|---|---|---|---|---|
| 电子琴 | 面向智能电视的电子琴盘设备 | 实用新型 | 201220068884.0 | 2012.10.10 | 杭州来同科技有限公司 | 刘毅、杨智、陈伟、黄辉 |
| | 一种电子琴 | 发明专利 | 201210218789.9 | 2012.10.24 | 叶如康 | 叶如康 |
| | 改进的电子琴边框结构 | 实用新型 | 201220027713.3 | 2012.10.24 | 陆恒毅 | 陆恒毅 |
| | 一种便携式智能电子琴谱机 | 实用新型 | 201120577625.6 | 2012.10.24 | 张心原、张式雷 | 张心原、张式雷 |
| | 一种可折叠电子琴 | 实用新型 | 201220149827.5 | 2012.10.31 | 张雪晗 | 张雪晗 |
| 提琴 | 一种小提琴肩托 | 实用新型 | 201120272360.9 | 2012.01.18 | 王琦 | 王琦、何巍厦、张爽 |
| | 左撇子用提琴肩垫（3） | 外观设计 | 201130222204.7 | 2012.01.18 | 湖州师范学院 | 闫萍 |
| | 一种中、小提琴演奏者的保护肩垫 | 实用新型 | 201120207414.3 | 2012.01.25 | 李腊 | 李腊 |
| | 提琴显示器 | 发明专利 | 201010241447.X | 2012.02.08 | 元太科技工业股份有限公司 | 庄凯丞 |
| | 反手五弦缺角中提琴 | 外观设计 | 201130222176.9 | 2012.02.15 | 湖州师范学院 | 闫萍 |
| | 左撇子小提琴 | 外观设计 | 201130222182.4 | 2012.02.22 | 湖州师范学院 | 闫萍 |
| | 左撇子大提琴 | 外观设计 | 201130222206.6 | 2012.02.22 | 湖州师范学院 | 闫萍 |
| | 一种提琴用油性漆及其制备方法 | 发明专利 | 201010269069.6 | 2012.03.21 | 赵娟 | 赵娟 |
| | 小提琴调音器 | 实用新型 | 201120298248.2 | 2012.03.28 | 尹墨阳 | 尹墨阳 |
| | 开门式提琴 | 发明专利 | 201110385801.0 | 2012.04.18 | 郑福建 | 郑福建 |
| | 大提琴琴盒的材料结构 | 实用新型 | 201120257643.6 | 2012.04.25 | 天津华一乐器有限公司 | 陈宝展 |
| | 小提琴(TN01) | 外观设计 | 201130411295.9 | 2012.04.18 | 吴巧灵 | 吴巧灵 |
| | 中小提琴演奏者的保护肩垫 | 外观设计 | 201130181541.6 | 2012.05.02 | 李腊 | 李腊 |
| | 压电陶瓷提琴扬声器 | 实用新型 | 201120371454.1 | 2012.05.23 | 陈坚胜 | 陈坚胜 |
| | 一种大提琴马尾库 | 实用新型 | 201120302708.4 | 2012.05.09 | 王海林 | 王海林 |
| | 一种小提琴肩托 | 实用新型 | 201120409916.4 | 2012.05.23 | 李鑫、李龙珠、安文 | 李鑫、李龙珠、安文 |
| | 提琴的声学构型 | 发明专利 | 201010566979.0 | 2012.06.06 | 侯凌云、侯凯文、黄孝珍 | 侯凌云、侯凯文、黄孝珍 |
| | 一种小提琴助学器 | 发明专利 | 201110399918.4 | 2012.06.13 | 孙荣华 | 孙荣华 |
| | 反手五弦电子低音提琴 | 外观设计 | 201230014378.9 | 2012.06.27 | 湖州师范学院 | 徐文武、闫萍 |
| | 五弦电子低音提琴 | 外观设计 | 201230014381.0 | 2012.06.27 | 湖州师范学院 | 徐文武、闫萍 |
| | 反手缺角小提琴 | 外观设计 | 201230014383.X | 2012.06.27 | 湖州师范学院 | 徐文武、闫萍 |
| | 缺角小提琴 | 外观设计 | 201230014392.9 | 2012.06.27 | 湖州师范学院 | 徐文武、闫萍 |

| 类别 | 名称 | 专利类型 | 申请（专利）号 | 公开（公告）日 | 申请（专利权）人 | 发明（设计）人 |
|---|---|---|---|---|---|---|
| 提琴 | 左撇子用提琴肩垫(7) | 外观设计 | 201230014380.6 | 2012.06.27 | 湖州师范学院 | 李合洲、闫萍 |
| | 左撇子用提琴肩垫(8) | 外观设计 | 201230014393.3 | 2012.06.27 | 湖州师范学院 | 陆沁凝、闫萍 |
| | 左撇子用提琴肩垫(7) | 外观设计 | 201230014380.6 | 2012.06.27 | 湖州师范学院 | 陆沁凝、闫萍 |
| | 左撇子用提琴肩垫(5) | 外观设计 | 201230014377.4 | 2012.06.27 | 湖州师范学院 | 陆沁凝、闫萍 |
| | 提琴弓子练习定位器 | 外观设计 | 201130496414.5 | 2012.07.04 | 克里斯托弗汉考尔 | 克里斯托弗汉考尔 |
| | 提琴座(5) | 外观设计 | 201230014379.3 | 2012.07.04 | 湖州师范学院 | 李合洲、闫萍 |
| | 小提琴助学器 | 实用新型 | 201120502545.4 | 2012.07.11 | 孙荣华 | 孙荣华 |
| | 反手连体弦钮电子大提琴 | 外观设计 | 201230008721.9 | 2012.07.18 | 湖州师范学院 | 赵洋、闫萍 |
| | 提琴腮托（1） | 外观设计 | 201230008723.8 | 2012.07.18 | 湖州师范学院 | 邱素素、闫萍 |
| | 连体弦钮电子大提琴 | 外观设计 | 201230008724.2 | 2012.07.18 | 湖州师范学院 | 赵洋、闫萍 |
| | 吉他头小提琴（1） | 外观设计 | 201230008726.1 | 2012.07.18 | 湖州师范学院 | 杨柳婷、闫萍 |
| | 反手吉他头小提琴（1） | 外观设计 | 201230008731.2 | 2012.07.18 | 湖州师范学院 | 杨柳婷、闫萍 |
| | 小提琴音柱 | 外观设计 | 201230045345.0 | 2012.07.18 | 谢祥宝 | 谢祥宝 |
| | 提琴座(2) | 外观设计 | 201230014388.2 | 2012.07.18 | 湖州师范学院 | 李合洲、闫萍 |
| | 小提琴音柱 | 外观设计 | 201230045345.0 | 2012.07.18 | 谢祥宝 | 谢祥宝 |
| | 提琴座(3) | 外观设计 | 201230014382.5 | 2012.07.18 | 湖州师范学院 | 李合洲、闫萍 |
| | 提琴座(4) | 外观设计 | 201230014384.4 | 2012.07.18 | 湖州师范学院 | 李合洲、闫萍 |
| | 左撇子用提琴肩垫(6) | 外观设计 | 201230014394.8 | 2012.07.25 | 湖州师范学院 | 陆沁凝、闫萍 |
| | 左撇子用提琴肩垫(4) | 外观设计 | 201230014387.8 | 2012.07.25 | 湖州师范学院 | 陆沁凝、闫萍 |
| | 分体组合外固定式提琴内模 | 发明专利 | 201210086414.1 | 2012.08.01 | 张建宇 | 张建宇 |
| | 一种可防止琴弓滑动的小提琴指板 | 实用新型 | 201220000462.X | 2012.08.22 | 佳木斯大学 | 付蕾、赵婷婷、孙晓飞、赵娜、王宇歆 |
| | 竹木复合材质平直形提琴弓 | 实用新型 | 201120457365.9 | 2012.08.22 | 王伟鸣 | 王伟鸣、王伟文 |
| | 小提琴肩托（S型） | 外观设计 | 201230043570.0 | 2012.08.29 | 庞善锋 | 庞善锋 |
| | 原声、电子兼用小提琴类弦乐器 | 发明专利 | 201080051789.3 | 2012.09.12 | 在原音乐有限公司 | 李在原 |
| | 一种新型防断弦小提琴琴头提醒器 | 发明专利 | 201110065183.1 | 2012.09.19 | 张铮 | 张铮 |

| 类别 | 名称 | 专利类型 | 申请(专利)号 | 公开(公告)日 | 申请(专利权)人 | 发明(设计)人 |
|---|---|---|---|---|---|---|
| 提琴 | 大提琴座椅 | 实用新型 | 201220065149.4 | 2012.10.03 | 余米 | 余米 |
| | 尾部锁提琴 | 发明专利 | 201210144006.7 | 2012.10.03 | 郑福建 | 郑福建 |
| | 一种小提琴开瓶器 | 实用新型 | 201120247861.1 | 2012.10.03 | 王斌 | 王斌 |
| | 分体组合外固定式提琴内模 | 实用新型 | 201220123116.0 | 2012.10.10 | 张建宇 | 张建宇 |
| | 小提琴把位贴膜 | 外观设计 | 201230138468.9 | 2012.10.17 | 李志远 | 李志远 |
| | 尾部锁提琴 | 实用新型 | 201220213219.6 | 2012.11.14 | 郑福建 | 郑福建 |
| | 通透型提琴尾柱 | 实用新型 | 201220246513.7 | 2012.12.12 | 张建宇 | 张建宇 |
| | 增音速结构小提琴 | 发明专利 | 201220055335.X | 2012.12.12 | 臧铁淞 | 臧铁淞 |
| | 双面板提琴 | 实用新型 | 201220338636.3 | 2012.12.26 | 金华职业技术学院 | 赵永建、潘天娟、曹鹦鹉、陈凯丽 |
| | 小提琴校音器 | 实用新型 | 201220252692.5 | 2012.12.26 | 南京信息工程大学 | 马廷淮、时孙媛、田伟、钟水明、冷家昭、季燕 |
| | 具有放大透视功能的提琴尾柱 | 实用新型 | 201220246582.8 | 2012.12.26 | 张建宇 | 张建宇 |
| 萨克斯 | 萨克斯的笛头调节结构 | 实用新型 | 201120207571.4 | 2012.01.04 | 天津市津宝乐器有限公司 | 王存 |
| | C调萨克斯 | 发明专利 | 201110201881.X | 2012.01.18 | 天津市津宝乐器有限公司 | 王存 |
| | 一种萨克斯喇叭口成型工艺 | 发明专利 | 201110289480.4 | 2012.01.25 | 山东泰山管乐器制造有限公司 | 梁维民、杜金昌、梁其续 |
| | 萨克斯的笛头调节结构 | 实用新型 | 201110165333.6 | 2012.01.25 | 天津市津宝乐器有限公司 | 王存 |
| | 萨克斯管的管颈 | 外观设计 | 201030503186.5 | 2012.02.29 | 亨利塞尔默巴黎公司 | 热罗姆·塞尔默、杰里米·贝尔纳 |
| | 一种具有稳固型音键系统过桥支架的萨克斯 | 实用新型 | 201120313740.2 | 2012.05.02 | 天津阿尔班乐器有限责任公司 | 李从洪 |
| | 易于吹奏的萨克斯 | 实用新型 | 201120313170.7 | 2012.05.02 | 天津奥特韵乐器有限公司 | 张国静 |
| | 一种萨克斯管 | 实用新型 | 201120421741.9 | 2012.07.04 | 姜文国 | 姜文国 |
| | 音响(萨克斯) | 外观设计 | 201230008679.0 | 2012.08.15 | 广州市诗乐电子有限公司 | 周六军 |
| | 萨克斯管用哨片 | 发明专利 | 201210043380.8 | 2012.09.19 | 具京焕 | 具京焕 |
| | 一种萨克斯风吊挂装置的调整块 | 实用新型 | 201220024572.X | 2012.10.03 | 青岛普路太箱包有限公司 | 杜洵 |
| | 一种具有新型乐谱台座的萨克斯 | 实用新型 | 201120557964.8 | 2012.10.03 | 天津斯塔莱特乐器有限公司 | 师从云 |
| | 一种方便演奏的萨克斯 | 实用新型 | 201120557955.9 | 2012.10.10 | 天津富尔顿乐器有限公司 | 师从旺 |
| | 一种新型萨克斯 | 实用新型 | 201120562507.8 | 2012.10.10 | 天津瑞格尔乐器有限公司 | 黄金鹏 |
| | 一种带有新型发音机构的萨克斯 | 实用新型 | 201220229208.7 | 2012.11.14 | 天津奥特韵乐器有限公司 | 张国静 |

| 类别 | 名称 | 专利类型 | 申请（专利）号 | 公开（公告）日 | 申请（专利权）人 | 发明（设计）人 |
|---|---|---|---|---|---|---|
| 二胡 | 二胡(1012) | 外观设计 | 201030705040.9 | 2012.01.04 | 上海民族乐器一厂 | 许敏晓、蔡洪贤 |
| | 二胡(1011) | 外观设计 | 201030705066.3 | 2012.01.04 | 上海民族乐器一厂 | 许敏晓 |
| | 多声道塑料板二胡 | 实用新型 | 201120164522.7 | 2012.01.18 | 肖毅 | 肖毅 |
| | 一种可立位表演的儿童用二胡 | 实用新型 | 201120230664.9 | 2012.01.18 | 张丽华 | 张丽华 |
| | 二胡琴筒 | 实用新型 | 201120237905.2 | 2012.01.25 | 申炳凯 | 申炳凯 |
| | 二胡乐器盒 | 实用新型 | 201120179050.2 | 2012.03.14 | 上海日伴箱包有限公司 | 杨林妹、周新毅 |
| | 一种带风力发电系统向音乐传感器供电的二胡 | 实用新型 | 201120198046.0 | 2012.03.14 | 无锡睿思凯科技有限公司 | 林华 |
| | 二胡（幽兰香祖款） | 外观设计 | 201130283962.X | 2012.03.14 | 上海琴园乐器有限公司 | 沈正国 |
| | 一种带微调装置的二胡狼音制消器 | 实用新型 | 201120286807.8 | 2012.03.21 | 宁波市鄞州亚星制笔厂 | 俞小鲁 |
| | 二胡(牛角) | 外观设计 | 201130344059.X | 2012.03.28 | 陈立身 | 陈立身 |
| | 二胡琴筒（牛角） | 外观设计 | 201130349387.9 | 2012.04.04 | 陈立身 | 陈立身 |
| | 儿童用二胡 | 实用新型 | 201120357792.X | 2012.05.30 | 张建刚 | 张建刚 |
| | 适于演奏的二胡 | 实用新型 | 201120281612.4 | 2012.05.30 | 申炳凯 | 申炳凯 |
| | 二胡音窗 | 实用新型 | 201120281611.X | 2012.05.09 | 申炳凯 | 申炳凯 |
| | 二胡 | 外观设计 | 201130443825.8 | 2012.06.27 | 常熟南艺艺术设计有限公司 | 王欣、张明 |
| | 二胡 | 实用新型 | 201120496658.8 | 2012.07.11 | 陈国兵 | 陈国兵 |
| | 二胡玄音扩震琴码 | 实用新型 | 201120484003.9 | 2012.07.11 | 杨慧星 | 杨慧星 |
| | 调皮电声二胡 | 实用新型 | 201120456024.X | 2012.07.11 | 赵胜辉 | 赵胜辉 |
| | 一种扩音二胡 | 实用新型 | 201120415158.7 | 2012.07.18 | 丁家友 | 丁家友 |
| | 二胡（花样年华1111） | 外观设计 | 201130500443.4 | 2012.07.18 | 上海民族乐器一厂 | 林飞 |
| | 二胡保温琴盒 | 实用新型 | 201120514907.1 | 2012.07.25 | 佳木斯大学 | 任伟家 |
| | 一种改良电子二胡 | 实用新型 | 201120452697.8 | 2012.08.08 | 王海华 | 王海华 |
| | 二胡（吉祥如意1112） | 外观设计 | 201130506344.7 | 2012.08.22 | 上海民族乐器一厂 | 商明 |
| | 一种带乐调标记的二胡 | 实用新型 | 201120488141.4 | 2012.09.12 | 深圳市南山区昱成文化艺术培训中心 | 李昱成、陈忠浩、刘曼琳、徐乐山 |
| | 河卵石二胡 | 实用新型 | 201120560983.6 | 2012.09.12 | 张格尔 | 张格尔 |
| | 一种二胡琴筒 | 实用新型 | 201120439919.2 | 2012.09.26 | 王家旺 | 王家旺 |
| | 二胡卸码器 | 实用新型 | 201220149348.3 | 2012.10.10 | 冯富国 | 冯富国 |
| | 京胡、二胡同步演奏琴 | 实用新型 | 201110120226.1 | 2012.11.14 | 陈仁美 | 陈仁美 |
| | 二胡 | 实用新型 | 201230085131.6 | 2012.11.21 | 申炳凯 | 申炳凯 |

| 类别 | 名称 | 专利类型 | 申请(专利)号 | 公开(公告)日 | 申请(专利权)人 | 发明(设计)人 |
|---|---|---|---|---|---|---|
| 二胡 | 二胡定音器 | 发明专利 | 201220214882.8 | 2012.11.21 | 姜翔 | 姜翔 |
| | 二胡指位定位器 | 实用新型 | 201220077577.9 | 2012.11.21 | 浙江德美轴承有限公司 | 求才军 |
| | 一种音色可调的二胡 | 实用新型 | 201220117015.2 | 2012.11.21 | 申炳凯 | 申炳凯 |
| | 一种新型二胡微调移动千斤 | 实用新型 | 201220262930.0 | 2012.12.05 | 丁国华 | 丁国华 |
| | 一种二胡胡筒 | 实用新型 | 201220208903.5 | 2012.12.05 | 方良玉 | 方良玉 |
| | 二胡电子拾音器 | 实用新型 | 201220249193.0 | 2012.12.12 | 邱文 | 邱文 |
| | 多声道塑料板二胡 | 实用新型 | 201210292931.4 | 2012.12.12 | 肖毅 | 肖毅 |
| | 二胡葫芦筒 | 发明专利 | 201220281789.9 | 2012.12.26 | 陈遇献 | 陈遇献 |
| 古筝 | 一种防干扰电子古筝 | 实用新型 | 201120216229.0 | 2012.01.04 | 洛阳师范学院 | 王军强、杨数强、熊中朝、赵志国、杨杰慧、郭天顺 |
| | 古筝(七弦枕) | 外观设计 | 201130211738.X | 2012.01.11 | 扬州市百联古筝制作研究院有限公司 | 徐正谱 |
| | 古筝的箱体 | 外观设计 | 201120235399.3 | 2012.01.18 | 扬州市百联古筝制作研究院有限公司 | 徐正谱 |
| | 古筝的后岳山 | 外观设计 | 201120235319.4 | 2012.01.18 | 扬州市百联古筝制作研究院有限公司 | 徐正谱 |
| | 古筝 | 外观设计 | 201130309138.7 | 2012.01.18 | 高立骏 | 高立骏 |
| | 古筝架子 | 外观设计 | 201130289367.7 | 2012.01.25 | 宋从甲 | 宋从甲 |
| | 古筝(祥之云) | 外观设计 | 201130382424.6 | 2012.02.08 | 扬州市百联古筝制作研究院有限公司 | 徐正谱 |
| | 古筝(次韵梨花) | 外观设计 | 201130382415.7 | 2012.02.15 | 扬州市百联古筝制作研究院有限公司 | 徐正谱 |
| | 古筝(花团锦簇) | 外观设计 | 201130382418.0 | 2012.02.15 | 扬州市百联古筝制作研究院有限公司 | 徐正谱 |
| | 古筝(风之影) | 外观设计 | 201130382419.5 | 2012.02.15 | 扬州市百联古筝制作研究院有限公司 | 徐正谱 |
| | 古筝(青之花) | 外观设计 | 201130382420.8 | 2012.02.15 | 扬州市百联古筝制作研究院有限公司 | 徐正谱 |
| | 一种带太阳能光伏发电系统向音乐传感器供电的古筝 | 实用新型 | 201120198021.0 | 2012.03.14 | 无锡睿思凯科技有限公司 | 林华 |
| | 古筝 | 外观设计 | 201130401394.9 | 2012.03.14 | 翟志荣 | 翟志荣 |
| | 古筝架子 | 实用新型 | 201120313059.8 | 2012.03.28 | 宋从甲 | 宋从甲 |
| | 一种古筝指甲 | 实用新型 | 201120264404.3 | 2012.03.28 | 南通市通州区森淼设备安装工程有限公司 | 吴桂林 |
| | 一种浮动式电古筝拾音装置 | 实用新型 | 201120332396.1 | 2012.04.25 | 梁志辉 | 梁志辉 |

| 类别 | 名称 | 专利类型 | 申请(专利)号 | 公开(公告)日 | 申请(专利权)人 | 发明(设计)人 |
|---|---|---|---|---|---|---|
| 古筝 | 一种电古筝竹条与导向套结构装置 | 发明专利 | 201110331606.X | 2012.04.04 | 徐松年 | 徐松年 |
| | 古筝琴架改进结构 | 实用新型 | 201120437181.6 | 2012.05.30 | 王合东 | 王合东 |
| | 一种新型古筝 | 实用新型 | 201120359483.6 | 2012.05.30 | 郭少云 | 郭少云 |
| | 少儿古筝识谱练习器 | 实用新型 | 201120341861.8 | 2012.05.30 | 李蓬 | 李蓬 |
| | 一种便携式古筝 | 实用新型 | 201120353145.1 | 2012.05.09 | 刘树德 | 刘树德 |
| | 三律韵古筝 | 外观设计 | 201230001439.8 | 2012.06.27 | 王银顺 | 王银顺 |
| | 古筝弹琴弦的手指套 | 实用新型 | 201120398107.8 | 2012.06.06 | 王兵 | 王兵 |
| | 古筝(金色年华1148) | 外观设计 | 201130506196.9 | 2012.07.04 | 上海民族乐器一厂 | 孙云、钱冰菁、王琳琳 |
| | 古筝(金玉满堂1143) | 外观设计 | 201130506202.0 | 2012.07.04 | 上海民族乐器一厂 | 周云 |
| | 古筝(清供梦帘1142) | 外观设计 | 201130506204.X | 2012.07.04 | 上海民族乐器一厂 | 许敏晓 |
| | 古筝(花丛似锦1145) | 外观设计 | 201130506319.9 | 2012.07.11 | 上海民族乐器一厂 | 徐汝正、周力 |
| | 二十一座古筝改良筝码 | 实用新型 | 201120457787.6 | 2012.07.11 | 陶玉兰 | 陶玉兰 |
| | 古筝(凤凰舞姿1144) | 外观设计 | 201130506201.6 | 2012.07.11 | 上海民族乐器一厂 | 周力 |
| | 二十一座古筝改良筝码 | 实用新型 | 201120441990.4 | 2012.07.18 | 陶玉兰 | 陶玉兰 |
| | 古筝拨片手套 | 发明专利 | 201210072379.8 | 2012.08.01 | 四川大学 | 梁雅庭、胡再国 |
| | 一种电古筝竹条与导向套结构装置 | 发明专利 | 201210066061.9 | 2012.08.01 | 徐松年 | 徐松年 |
| | 水晶古筝、古琴弦轴阻尼防松结构装置 | 发明专利 | 201210095227.X | 2012.08.22 | 徐松年 | 徐松年 |
| | 古筝(贝雕孔雀1141) | 外观设计 | 201130500477.3 | 2012.08.22 | 上海民族乐器一厂 | 孙云、周力 |
| | 古筝(清歌蝶舞1147) | 外观设计 | 201130506252.9 | 2012.08.22 | 上海民族乐器一厂 | 钱冰菁、孙云 |
| | 古筝改良弦钉板 | 实用新型 | 201220007184.0 | 2012.09.05 | 陶玉兰 | 陶玉兰 |
| | 一种古筝骨架 | 实用新型 | 201220079549.0 | 2012.09.26 | 陆伟章 | 陆伟章 |
| | 一种古筝骨架的矫形架 | 实用新型 | 201220097248.0 | 2012.09.26 | 陆伟章 | 陆伟章 |
| | 一种古筝音板模具 | 实用新型 | 201220097251.2 | 2012.10.03 | 陆伟章 | 陆伟章 |
| | 一种古筝放置架 | 实用新型 | 201220097252.7 | 2012.10.03 | 陆伟章 | 陆伟章 |
| | 一种电箱古筝 | 实用新型 | 201220123082.5 | 2012.10.03 | 葛正军 | 葛正军 |

| 类别 | 名称 | 专利类型 | 申请(专利)号 | 公开(公告)日 | 申请（专利权）人 | 发明（设计）人 |
|---|---|---|---|---|---|---|
| 古筝 | 古筝弹奏手套 | 实用新型 | 201220081945.7 | 2012.10.03 | 李依凝 | 李依凝 |
| | 古筝（秦汉斫刳汉楠筝） | 外观设计 | 201230155226.0 | 2012.10.17 | 刘庆阳 | 刘庆阳 |
| | 古筝（楠木雕筝扬州八怪） | 外观设计 | 201230152633.6 | 2012.10.17 | 刘庆阳 | 刘庆阳 |
| | 楠木竹节竹筒筝(砂木拼面) | 外观设计 | 201230152638.9 | 2012.10.17 | 刘庆阳 | 刘庆阳 |
| | 一种古筝指甲 | 实用新型 | 201220088386.2 | 2012.11.14 | 陈锐 | 陈锐 |
| | 弹古筝便捷手套 | 实用新型 | 201220229355.4 | 2012.12.05 | 陈依语 | 陈依语 |
| 管乐器 | 可调式管乐器支柱 | 实用新型 | 201120227206.X | 2012.02.08 | 功学社教育用品股份有限公司 | 陈约文 |
| | 用于管乐器的乐音产生风格通知控制设备 | 发明专利 | 201110313222.5 | 2012.05.02 | 雅马哈株式会社 | 桥本隆二 |
| | 铜管乐器用练习器具 | 发明专利 | 201080023756.8 | 2012.05.09 | 高桥利幸 | 高桥利幸 |
| | 管乐器音孔盖调整装置 | 发明专利 | 201110002784.8 | 2012.07.04 | 宏寰贸易股份有限公司 | 彼得·庞佐、凯瑞·柯林博、张毓彬 |
| | 无干扰练习铜管乐器 | 发明专利 | 201010616478.9 | 2012.07.11 | 上海市莘格高级中学 | 喻承、许卓炅、刘思敏 |
| | 一种管乐器 | 实用新型 | 201120469451.1 | 2012.08.08 | 萧世同 | 萧世同 |
| | 一种具有唢呐功能的管乐器 | 实用新型 | 201120507333.5 | 2012.09.19 | 萧世同 | 萧世同 |
| | 木管乐器及整流部件 | 发明专利 | 201210124864.5 | 2012.10.31 | 雅马哈株式会社 | 中岛洋 |
| | 管乐器的部件 | 外观设计 | 201230130554.5 | 2012.11.07 | 埃伯特·约翰内斯·库伊特 | 埃伯特·约翰内斯·库伊特 |
| | 活塞管乐器 | 发明专利 | 201210271928.4 | 2012.12.12 | 郑福建 | 郑福建 |
| 鼓 | 行进军鼓 | 发明专利 | 201110271672.2 | 2012.01.11 | 天津市津宝乐器有限公司 | 李中华 |
| | 军鼓纱带座（螺旋式） | 外观设计 | 201130249791.9 | 2012.01.11 | 天津市津宝乐器有限公司 | 戴永才 |
| | 交响乐大鼓 | 发明专利 | 201110271673.7 | 2012.01.11 | 天津市津宝乐器有限公司 | 李中华 |
| | 锥形鼓 | 发明专利 | 201110274202.1 | 2012.01.11 | 天津瑞通乐器有限公司 | 刘运波 |
| | 海浪鼓 | 发明专利 | 201110280788.2 | 2012.01.11 | 天津市津宝乐器有限公司 | 李中华 |
| | 军鼓纱带座（翻盖式） | 外观设计 | 201130249614.0 | 2012.01.11 | 天津市津宝乐器有限公司 | 戴永才 |
| | 拨浪鼓 | 外观设计 | 201130247741.7 | 2012.01.25 | 殷商 | 殷商 |
| | 发光鼓 | 发明专利 | 201110279017.1 | 2012.01.25 | 天津市津宝乐器有限公司 | 李中华 |
| | 发光鼓 | 发明专利 | 201110279017.1 | 2012.01.25 | 天津市津宝乐器有限公司 | 李奉朝 |
| | 架子鼓消音器 | 实用新型 | 201120248185.X | 2012.01.25 | 翟子莫 | 翟子莫 |
| | 鼓套(A) | 外观设计 | 201130290552.8 | 2012.01.25 | 何桂芬 | 何桂芬 |

| 类别 | 名称 | 专利类型 | 申请(专利)号 | 公开(公告)日 | 申请（专利权）人 | 发明（设计）人 |
|---|---|---|---|---|---|---|
| 鼓 | 压板式大鼓顶支架 | 发明专利 | 201110211598.5 | 2012.02.01 | 天津市津宝乐器有限公司 | 戴永才 |
| | 演奏时可转动的大军鼓 | 发明专利 | 201110280702.6 | 2012.02.01 | 天津市津宝乐器有限公司 | 李中华 |
| | 哑鼓、真鼓、电鼓三功能架子鼓 | 实用新型 | 201120240607.9 | 2012.02.08 | 翟高科 | 翟高科 |
| | 大堂鼓(TN01) | 外观设计 | 201130336286.8 | 2012.02.08 | 刘名如 | 刘名如 |
| | 新型小鼓 | 实用新型 | 201120232103.2 | 2012.03.14 | 徐莉昕 | 徐莉昕 |
| | 便携式定音鼓 | 发明专利 | 201110326910.5 | 2012.03.21 | 天津市津宝乐器有限公司 | 李中华 |
| | 行进联音鼓 | 发明专利 | 201110424969.8 | 2012.04.18 | 天津市津宝乐器有限公司 | 李中华 |
| | 行进鼓背架 | 发明专利 | 201110415691.8 | 2012.04.11 | 天津市津宝乐器有限公司 | 李中华 |
| | 按键式气动架子鼓 | 实用新型 | 201120343278.0 | 2012.04.04 | 张柯鑫 | 张柯鑫 |
| | 压板式大鼓顶支架 | 实用新型 | 201120268209.8 | 2012.04.11 | 天津市津宝乐器有限公司 | 戴永才 |
| | 按键式气动架子鼓 | 实用新型 | 201120343278.0 | 2012.04.04 | 张柯鑫 | 张柯鑫 |
| | 一种音乐手铃鼓 | 实用新型 | 201120256567.7 | 2012.04.25 | 厦门新泰阳网络科技有限公司 | 李东华 |
| | 可折叠电子鼓 | 外观设计 | 201130169052.9 | 2012.04.11 | 姚军 | 姚军 |
| | 锥形鼓 | 外观设计 | 201130347539.1 | 2012.04.11 | 天津瑞通乐器有限公司 | 刘运波 |
| | 竹鼓 | 外观设计 | 201130319701.9 | 2012.04.11 | 杭州电子科技大学 | 杨铭杰 |
| | 中音鼓支架 | 发明专利 | 201110039088.4 | 2012.05.23 | 星野乐器株式会社 | 佐籐尚樹 |
| | 一腔多器手鼓 | 实用新型 | 201120235353.1 | 2012.05.23 | 余爱芳 | 朱明龙 |
| | 工艺外罩拨浪鼓 | 实用新型 | 201120235355.0 | 2012.05.23 | 余爱芳 | 朱明龙 |
| | 海浪鼓 | 实用新型 | 201120353623.9 | 2012.05.30 | 天津市津宝乐器有限公司 | 李中华 |
| | 锥形鼓 | 实用新型 | 201120346881.4 | 2012.05.30 | 天津瑞通乐器有限公司 | 刘运波 |
| | 发光鼓 | 实用新型 | 201120352004.8 | 2012.05.30 | 天津市津宝乐器有限公司 | 李奉朝 |
| | 行进军鼓 | 实用新型 | 201120344118.8 | 2012.05.30 | 天津市津宝乐器有限公司 | 李中华 |
| | 手拍鼓（1） | 外观设计 | 201130364235.6 | 2012.05.16 | 陆恒毅 | 陆恒毅 |
| | 新型电子鼓 | 实用新型 | 201120330315.4 | 2012.05.30 | 林敏贤 | 林敏贤 |
| | 带有消音器的架子鼓 | 实用新型 | 201120417693.6 | 2012.05.30 | 吴小平 | 吴小平 |
| | 间距调节式低音底鼓 | 实用新型 | 201120383640.7 | 2012.05.30 | 比扬(天津)乐器制造有限公司 | 杨秀娟 |
| | 演奏时可转动的大军鼓 | 实用新型 | 201120354253.0 | 2012.05.30 | 天津市津宝乐器有限公司 | 李中华 |
| | 交响乐大鼓 | 实用新型 | 201120344116.9 | 2012.05.30 | 天津市津宝乐器有限公司 | 李中华 |
| | 多米索电子鼓 | 外观设计 | 201130373707.4 | 2012.05.23 | 李宋 | 李宋 |
| | 哑鼓、真鼓、电鼓三功能架子鼓 | 发明专利 | 201210001239.1 | 2012.06.27 | 翟高科 | 翟高科 |

| 类别 | 名称 | 专利类型 | 申请（专利）号 | 公开（公告）日 | 申请（专利权）人 | 发明（设计）人 |
|---|---|---|---|---|---|---|
| 鼓 | 爵士大鼓伸缩管简易快速定位卡固装置 | 实用新型 | 201120388422.2 | 2012.06.13 | 张启振 | 张启振 |
| | 鼓（鼓足干劲鼓） | 外观设计 | 201130479873.2 | 2012.06.20 | 范连芳 | 范连芳 |
| | 型材（军鼓壁卡） | 外观设计 | 201230018953.2 | 2012.06.27 | 天津市津宝乐器有限公司 | 李中华 |
| | 型材（鼓腿座下塞） | 外观设计 | 201230019422.5 | 2012.06.27 | 天津市津宝乐器有限公司 | 戴永才 |
| | 型材（大鼓顶） | 外观设计 | 201230019421.0 | 2012.06.27 | 天津市津宝乐器有限公司 | 李中华 |
| | 便携式定音鼓 | 实用新型 | 201120410316.X | 2012.07.04 | 天津市津宝乐器有限公司 | 李中华 |
| | 型材（鼓钓） | 外观设计 | 201230018952.8 | 2012.07.18 | 天津市津宝乐器有限公司 | 李中华 |
| | 架子鼓踩锤练习器 | 发明专利 | 201210100323.9 | 2012.07.25 | 天津市津宝乐器有限公司 | 李中华 |
| | 行进鼓背架 | 实用新型 | 201120530892.8 | 2012.07.25 | 天津市津宝乐器有限公司 | 李中华 |
| | 型材（耳鼓座） | 外观设计 | 201230019432.9 | 2012.07.25 | 天津市津宝乐器有限公司 | 戴永才 |
| | 型材（活节） | 外观设计 | 201230024462.9 | 2012.07.25 | 天津市津宝乐器有限公司 | 戴永才 |
| | 型材（壁卡） | 外观设计 | 201230024463.3 | 2012.07.25 | 天津市津宝乐器有限公司 | 戴永才 |
| | 用于电鼓和爵士鼓的踩锤练习器 | 发明专利 | 201210100813.9 | 2012.08.08 | 天津市津宝乐器有限公司 | 李中华 |
| | 电子鼓支架 | 发明专利 | 201210156721.2 | 2012.08.15 | 天津市津宝乐器有限公司 | 李中华 |
| | 电子鼓支架 | 发明专利 | 201210156631.3 | 2012.08.22 | 天津市津宝乐器有限公司 | 李中华 |
| | 踩捶练习器（一） | 外观设计 | 201230100053.2 | 2012.08.29 | 天津市津宝乐器有限公司 | 李中华 |
| | 踩捶练习器（二） | 外观设计 | 201230100055.1 | 2012.08.29 | 天津市津宝乐器有限公司 | 李中华 |
| | 金属管的倒角正径装置 | 实用新型 | 201120558473.5 | 2012.08.29 | 天津市津宝乐器有限公司 | 李中华 |
| | 行进联音鼓 | 实用新型 | 201120520365.9 | 2012.08.29 | 天津市津宝乐器有限公司 | 李中华 |
| | 鼓腔卷边机 | 实用新型 | 201120546261.5 | 2012.08.29 | 天津市津宝乐器有限公司 | 李中华 |
| | 定音鼓固定座的加工夹具 | 实用新型 | 201120546662.0 | 2012.08.29 | 天津市津宝乐器有限公司 | 李中华 |
| | 电子鼓支架 | 发明专利 | 201210156632.8 | 2012.09.12 | 天津市津宝乐器有限公司 | 李中华 |
| | 用于哑鼓和电子鼓的注胶网鼓皮 | 发明专利 | 201210164811.6 | 2012.09.19 | 天津市津宝乐器有限公司 | 李中华 |
| | 鼓手凳（DT-15） | 外观设计 | 201230136352.1 | 2012.10.03 | 宁波市镇海磊磊音响器材厂 | 倪冬生、庄松伟、肖满清 |
| | 低音鼓用踩锤架 | 发明专利 | 201210166805.4 | 2012.10.03 | 天津市至上乐器有限公司 | 白秋明、袁洪立、刘增辉 |
| | 鼓架支撑管固定器 | 发明专利 | 201210166804.X | 2012.10.03 | 天津市至上乐器有限公司 | 白秋明、袁洪立、刘增辉 |
| | 架子鼓上的耳鼓座 | 实用新型 | 201220080083.6 | 2012.10.10 | 天津市津宝乐器有限公司 | 李中华 |
| | 架子鼓上的鼓腿座 | 实用新型 | 201220079304.8 | 2012.10.10 | 天津市津宝乐器有限公司 | 李中华 |
| | 军鼓壁卡 | 实用新型 | 201220068092.3 | 2012.10.10 | 天津市津宝乐器有限公司 | 李中华 |
| | 鼓筒壁卡 | 实用新型 | 201220067551.6 | 2012.10.10 | 天津市津宝乐器有限公司 | 李中华 |

| 类别 | 名称 | 专利类型 | 申请(专利)号 | 公开(公告)日 | 申请（专利权）人 | 发明（设计）人 |
|---|---|---|---|---|---|---|
| 鼓 | 架子鼓用活节 | 实用新型 | 201220067294.6 | 2012.10.10 | 天津市津宝乐器有限公司 | 李中华 |
| | 电热式鼓棒 | 发明专利 | 201220092068.3 | 2012.10.24 | 张先觉 | 张先觉 |
| | 舒适型行进鼓背架 | 发明专利 | 201210239050.6 | 2012.10.31 | 天津市津宝乐器有限公司 | 李中华 |
| | 一种舒适型行进鼓背架 | 发明专利 | 201210239145.8 | 2012.10.31 | 天津市津宝乐器有限公司 | 李中华 |
| | 一种拨浪鼓 | 实用新型 | 201220223145.4 | 2012.11.21 | 陈虎灯 | 陈虎灯 |
| | 瑶族长鼓 | 外观设计 | 201230189500.6 | 2012.11.28 | 江华瑶族自治县城西开发建设有限公司 | 王孟义、邓启文 |
| | 击鼓演示装置 | 实用新型 | 201220010409.8 | 2012.11.28 | 上海龙展装饰工程有限公司 | 杨一峰 |
| | 电子鼓拾音装置 | 发明专利 | 201110141580.2 | 2012.11.28 | 谢朝盈 | 谢朝盈 |
| | 行进多音鼓组 | 实用新型 | 201220098663.8 | 2012.12.05 | 黄明芳 | 黄明芳 |
| | 用于电鼓和爵士鼓的踩锤练习器 | 实用新型 | 201220144924.5 | 2012.12.12 | 天津市津宝乐器有限公司 | 李中华 |
| | 电子鼓 | 外观设计 | 201230291793.9 | 2012.12.12 | 深圳市中凯鑫科技有限公司 | 姚军 |
| | 电子鼓支架 | 实用新型 | 201220226534.2 | 2012.12.12 | 天津市津宝乐器有限公司 | 李中华 |
| | 电子鼓支架 | 实用新型 | 201220226876.4 | 2012.12.12 | 天津市津宝乐器有限公司 | 李中华 |
| | 架子鼓踩锤练习器 | 实用新型 | 201220143999.1 | 2012.12.12 | 天津市津宝乐器有限公司 | 李中华 |
| | 一种多功能变音架子鼓 | 发明专利 | 201210302602.3 | 2012.12.19 | 董男娅 | 董男娅 |
| | 一种非接触触发型电子鼓 | 发明专利 | 201210344230.0 | 2012.12.19 | 深圳市海星王科技有限公司 | 李秋实、赵晓萌 |
| | 蜗轮蜗杆结构式架子鼓消音器 | 实用新型 | 201220173259.2 | 2012.12.26 | 柳奕帆 | 柳奕帆 |
| 胡琴 | 多功能胡琴微调千斤 | 实用新型 | 201120194703.4 | 2012.01.18 | 党自力 | 党自力 |
| | 倒相式胡琴调音装置 | 发明专利 | 201110316836.9 | 2012.01.25 | 秦钰婷 | 秦钰婷、常远、秦知非、朱宪礼 |
| | 胡琴树脂共振皮 | 实用新型 | 201120159920.X | 2012.02.01 | 赵胜辉 | 赵胜辉 |
| | 夫惹胡琴 | 实用新型 | 201120347443.X | 2012.04.25 | 凉山彝族自治州歌舞团 | 陈言 |
| | 胡琴（夫惹） | 外观设计 | 201130325028.X | 2012.05.16 | 凉山彝族自治州歌舞团 | 陈言 |
| | 带有主副联合琴筒的胡琴 | 实用新型 | 2.0112E+11 | 2012.05.02 | 何熙光 | 何熙光 |
| | 胡琴（爱和） | 外观设计 | 201230019627.3 | 2012.07.04 | 江云铠 | 江云铠 |
| | 倒相式胡琴调音装置 | 实用新型 | 201120395232.3 | 2012.07.11 | 秦钰婷 | 秦钰婷、常远、秦知非、朱宪礼 |
| | 一种立体声胡琴 | 实用新型 | 201120485314.7 | 2012.07.11 | 陈永霞 | 陈永霞 |
| | 胡琴(贝低音) | 外观设计 | 201130476463.2 | 2012.07.25 | 胡雪平、赵一辉 | 胡雪平、赵一辉 |
| | 一种二胡琴筒 | 实用新型 | 201120439919.2 | 2012.09.26 | 王家旺 | 王家旺 |

| 类别 | 名称 | 专利类型 | 申请（专利）号 | 公开（公告）日 | 申请（专利权）人 | 发明（设计）人 |
|---|---|---|---|---|---|---|
| 扬琴 | 板胡琴筒 | 实用新型 | 201220000826.4 | 2012.10.03 | 潘留瑞 | 潘留瑞 |
| | 一种带有中心隔板的双音联合琴筒的胡琴 | 实用新型 | 201220230056.2 | 2012.12.05 | 何熙光 | 何熙光 |
| | 价廉且音质稳定的胡琴 | 实用新型 | 201220130874.5 | 2012.12.12 | 陶苏淮 | 肖君、陶苏淮 |
| | 扬琴止音装置 | 发明专利 | 201110390140.0 | 2012.02.29 | 潘贵军 | 潘贵军 |
| | 扬琴复合面板 | 实用新型 | 201120313060.0 | 2012.03.21 | 宋从甲 | 宋从甲 |
| | 扬琴(601型) | 外观设计 | 201130444956.8 | 2012.05.23 | 刘寒力 | 刘寒力 |
| 葫芦丝 | 高低音管转换葫芦丝 | 实用新型 | 200920179881.2 | 2012.01.11 | 王勇武 | 王勇武 |
| | 一种宽音域双音组合葫芦丝乐器 | 实用新型 | 201120423897.0 | 2012.07.11 | 高运举 | 高运举 |
| | 电葫芦丝 | 实用新型 | 201120367417.3 | 2012.07.25 | 奚小荔、徐丹 | 奚小荔、徐丹 |
| | 无键十指控宽音域葫芦丝 | 实用新型 | 201220002139.6 | 2012.10.10 | 石吟生陈春艳 | 石吟生、陈春艳 |
| | 一种葫芦丝副管开关装置 | 实用新型 | 201220264001.3 | 2012.12.19 | 昆明理工大学 | 郑伟、徐晓丹 |
| 琵琶 | 琵琶弱音器 | 实用新型 | 201120229011.9 | 2012.01.25 | 郭阿红 | 郭阿红 |
| | 一种适合幼儿使用的琵琶 | 实用新型 | 201120342768.9 | 2012.05.23 | 朱良楷 | 朱良楷 |
| | 琵琶（如意头花1121） | 外观设计 | 201130506237.4 | 2012.07.04 | 上海民族乐器一厂 | 徐汝正 |
| | 琵琶 | 外观设计 | 201230005104.3 | 2012.07.18 | 常熟南艺艺术设计有限公司 | 张明、叶鹏 |
| | 自制乐器土琵琶 | 实用新型 | 201220033538.9 | 2012.08.15 | 陈晓艳 | 陈晓艳 |
| | 弹力锁紧式琵琶弹奏指甲 | 实用新型 | 201220014369.4 | 2012.09.26 | 湖南城市学院 | 曹蕙姿 |
| | 双音板琵琶 | 实用新型 | 201220121580.6 | 2012.11.07 | 常恒 | 常恒 |
| 号 | 一种带有五个分调音管的降C调大抱号 | 发明专利 | 201210098414.3 | 2012.07.25 | 天津市津宝乐器有限公司 | 王景影 |
| | 一种降B调大抱号 | 发明专利 | 201210098332.9 | 2012.08.01 | 天津市津宝乐器有限公司 | 王景影 |
| | 一种带有四个分调音管的降C调大抱号 | 发明专利 | 201210098436.X | 2012.08.01 | 天津市津宝乐器有限公司 | 王景影 |
| | 两用立键上低音抱号 | 发明专利 | 201210143665.9 | 2012.08.15 | 天津市津宝乐器有限公司 | 王景影 |
| | 降C调大抱号 | 发明专利 | 201210144171.2 | 2012.08.15 | 天津市津宝乐器有限公司 | 王景影 |
| | 降C调大抱号 | 发明专利 | 201210144173.1 | 2012.08.15 | 天津市津宝乐器有限公司 | 王景影 |

| 类别 | 名称 | 专利类型 | 申请（专利）号 | 公开（公告）日 | 申请（专利权）人 | 发明（设计）人 |
|---|---|---|---|---|---|---|
| 号 | 一种四键太阳号 | 发明专利 | 201210144393.4 | 2012.08.15 | 天津市津宝乐器有限公司 | 王景影 |
| | 一种太阳号 | 发明专利 | 201210144421.2 | 2012.08.15 | 天津市津宝乐器有限公司 | 王景影 |
| | 三键次中音抱号 | 发明专利 | 201210143664.4 | 2012.09.12 | 天津市津宝乐器有限公司 | 王景影 |
| | 一种降F调大抱号 | 发明专利 | 201210144394.9 | 2012.09.12 | 天津市津宝乐器有限公司 | 王景影 |
| | 一种带有四个分调音管的立键降B调大抱号 | 发明专利 | 201210144433.5 | 2012.09.12 | 天津市津宝乐器有限公司 | 王景影 |
| | 三音小号活塞组件截面装置 | 实用新型 | 201220199697.6 | 2012.11.07 | 天津奥维斯乐器有限公司 | 张国民 |
| | 小号弱音器 | 发明专利 | 201210288073.6 | 2012.11.14 | 马培铮 | 马培铮 |
| | 一种带有四个分调音管的降C调大抱号 | 实用新型 | 201220141000.X | 2012.12.12 | 天津市津宝乐器有限公司 | 王景影 |
| | 一种带有五个分调音管的降C调大抱号 | 实用新型 | 201220141129.0 | 2012.12.12 | 天津市津宝乐器有限公司 | 王景影 |
| | 一种太阳号 | 实用新型 | 201220209579.9 | 2012.12.12 | 天津市津宝乐器有限公司 | 王景影 |
| | 降C调大抱号 | 实用新型 | 201220207800.7 | 2012.12.12 | 天津市津宝乐器有限公司 | 王景影 |
| | 三键次中音抱号 | 实用新型 | 201220209615.1 | 2012.12.12 | 天津市津宝乐器有限公司 | 王景影 |
| | 降F调六键大抱号 | 实用新型 | 201220209311.5 | 2012.12.12 | 天津市津宝乐器有限公司 | 王景影 |
| | 一种降B调大抱号 | 实用新型 | 201220141301.2 | 2012.12.12 | 天津市津宝乐器有限公司 | 王景影 |
| | 一种带有四个分调音管的立键降B调大抱号 | 实用新型 | 201220209582.0 | 2012.12.12 | 天津市津宝乐器有限公司 | 王景影 |
| | 一种圆号焊接台具 | 实用新型 | 201220314815.3 | 2012.12.19 | 天津奥维斯乐器有限公司 | 张国民 |
| 口琴 | 带梳子的口琴 | 实用新型 | 201120405041.0 | 2012.07.04 | 苏义君 | 不公告发明人 |
| | 口琴盒 | 外观设计 | 201230004179.X | 2012.07.18 | 江苏奇美乐器有限公司 | 张龙贵 |
| | 重音阳燧哨管口琴 | 发明专利 | 201110052109.6 | 2012.09.05 | 廖万侦 | 廖万侦 |
| | 口琴音簧的钉簧装置 | 实用新型 | 201120561780.9 | 2012.09.26 | 孔焱亭 | 孔焱亭 |
| | 多用电子口琴 | 发明专利 | 201120402005.9 | 2012.10.03 | 黄伟中 | 黄伟中 |
| | 10孔民谣口琴 | 实用新型 | 201220147674.0 | 2012.10.31 | 江苏东方乐器有限公司 | 孔文忠 |
| | 28孔宽音域顺序口琴 | 实用新型 | 201220147633.1 | 2012.10.31 | 江苏东方乐器有限公司 | 孔文忠 |
| | 一种口琴 | 实用新型 | 201220206598.6 | 2012.11.14 | 卢汉栋 | 卢汉栋 |
| | 带按键的口琴 | 实用新型 | 201220269742.0 | 2012.12.05 | 张玲 | 张玲、亓翠 |
| | 吉他专用口琴架 | 实用新型 | 201220272509.8 | 2012.12.12 | 王树金 | 王树金 |
| | 一种口琴架 | 实用新型 | 201220041078.4 | 2012.12.12 | 钟炎逵 | 钟炎逵 |

| 类别 | 名称 | 专利类型 | 申请（专利）号 | 公开（公告）日 | 申请（专利权）人 | 发明（设计）人 |
|---|---|---|---|---|---|---|
| 笛 | 笛子用原状贴膜 | 实用新型 | 201120484038.2 | 2012.07.11 | 杨慧星 | 杨慧星 |
| 笛 | 一种笛子存放盒 | 实用新型 | 201120454868.0 | 2012.07.11 | 亓晨旭 | 亓晨旭、薛爱华 |
| 笛 | 一种教学用笛子 | 实用新型 | 201120542625.2 | 2012.08.08 | 李贤 | 李贤 |
| 笛 | 一种竖笛 | 实用新型 | 201120319706.6 | 2012.08.08 | 温州大学 | 李燕 |
| 笛 | 笛子膜保护器 | 实用新型 | 201220029791.7 | 2012.09.05 | 文登市张家产中学 | 苘梦琦、董海霞 |
| 笛 | 一种新型的牛角笛 | 实用新型 | 201220041811.2 | 2012.09.05 | 周凤萍 | 周凤萍 |
| 笛 | 可以变调的笛子 | 实用新型 | 201220187514.9 | 2012.10.31 | 余文胜 | 余文胜 |
| 笛 | 一种有机玻璃笛子 | 实用新型 | 201220084338.6 | 2012.12.12 | 杨抓钢 | 杨抓钢 |
| 笛 | 一种能更准确调音的笛子 | 实用新型 | 201220327639.7 | 2012.12.26 | 中国计量学院 | 刘政、龙为光 |
| 笛 | 五彩水晶笛子 | 外观设计 | 201230051554.6 | 2012.12.12 | 杨抓钢 | 杨抓钢 |
| 古琴 | 金徽镶玉古琴（凤嗉式） | 外观设计 | 201130284910.4 | 2012.07.04 | 北京金声玉润珠宝有限公司 | 金志全 |
| 古琴 | 便于装弦和调音的古琴雁足 | 发明专利 | 201210069776.X | 2012.07.18 | 俞小鲁 | 俞小鲁 |
| 古琴 | 充气古琴囊 | 实用新型 | 201120556584.2 | 2012.07.18 | 喻安容 | 喻安容 |
| 古琴 | 一种古琴音频到音色的转换装置 | 实用新型 | 201220179440.4 | 2012.10.17 | 杭州师范大学 | 陈根方 |
| 古琴 | 便于装弦和调音的古琴雁足 | 实用新型 | 201220099446.0 | 2012.10.03 | 俞小鲁 | 俞小鲁 |
| 古琴 | 一种带有音床的古琴 | 实用新型 | 201220126972.1 | 2012.10.17 | 王栋 | 王栋 |
| 西洋乐器 | 电颤琴的止音装置 | 实用新型 | 201120520128.2 | 2012.07.25 | 天津市津宝乐器有限公司 | 李中华 |
| 西洋乐器 | 哑鼓 | 发明专利 | 201210100316.9 | 2012.08.01 | 天津市津宝乐器有限公司 | 李中华 |
| 西洋乐器 | 具有稳固横梁结构的电颤琴 | 实用新型 | 201120520127.8 | 2012.08.29 | 天津市津宝乐器有限公司 | 李中华 |
| 民族乐器 | 一种便于演奏且音域宽广的扬琴 | 实用新型 | 201120482570.0 | 2012.07.25 | 刘寒力 | 刘寒力 |
| 民族乐器 | 一种立体声唢呐 | 实用新型 | 201220038446.X | 2012.09.19 | 刘艳香 | 刘艳香 |
| 民族乐器 | 一种转调葫芦笙 | 实用新型 | 201220041812.7 | 2012.09.26 | 周凤萍 | 周凤萍 |
| 民族乐器 | 多功能电声箜篌 | 实用新型 | 201220143746.4 | 2012.09.26 | 胡骁阳 | 胡骁阳 |

2013 年鉴
中国乐器
CHINA MUSICAL INSTRUMENT YEARBOOK

重要新闻篇 1
统计资料篇 10
协会工作篇 45
综合篇 85
海外信息篇 167
企业篇 274
专利篇 293
**产品篇** 332

# 广州珠江钢琴集团股份有限公司

**1、恺撒堡EK系列立式钢琴**

为满足高档钢琴细分市场的需求，恺撒堡品牌推出EK系列立式钢琴，此系列产品的市场定位介于KA系列和UH系列之间，并以“Education”作为系列标识，寓意珠江钢琴集团将更加关注钢琴文化教育和钢琴文化传播的事业。新产品重点提升击弦共鸣系统的加工工艺，优化产品的设计和材料配置，整体性能卓越，具有极佳的艺术表现力。

该系列产品采用了弦列不和谐系数设计理论、音板振动模态分析技术、不等厚实木音板、音板框拟合曲面设计、弯压结构弦码、加强型背柱不对称分布、低音弦钮结构等先进设计技术。配置了进口鱼鳞松音板、德国雷诺弦槌、乌木（檀木）黑键等优质材料。踏瓣系统的传动杆选用经过精心处理的欧洲榉木和云杉制作，增加了产品的档次和视觉效果，并配以新型框架式弱音档，使产品更具欧式风格。

产品的共鸣系统采用新研制的数控加工设备进行加工，使零部件的尺寸精度大幅提升。特别是弦码钉排列的整齐度和弦码斜位加工的准确度都有明显的改善，保证了钢琴挂线后琴弦通过弦码对音板产生下压力的一致性，使钢琴共鸣效果更佳。

EK系列产品共有4个型号，包括EK1、EK2、EK3和EK5，对应的高度分别是120cm、122 cm、125 cm和132 cm 4个规格。造型时尚、动感，采用窄琴首和边界弧形设计，在琴首、琴腿和琴脚等部分增加弧线和直线的线条组合，使整体外观新颖、简洁、线条流畅。

**2、IPO123上市纪念版钢琴**

为庆祝珠江钢琴2012年5月30日在深交所正式挂牌上市，成为国内乐器行业第一家登陆资本市场的企业，特推出IPO123上市纪念版钢琴，限量生产2678台。该产品以恺撒堡高档钢琴的优秀设计为基础，对铁板、琴键、踏瓣的用材进行升级，并增加更精细的人工调整，使产品整体性能更优越。

铁板采用金葱粉涂饰，整体效果金碧辉煌，并在铁板上通过铸造工艺标示出限量琴号，彰显尊贵高雅风格。琴键选用了德国进口的矿物质材料作为白键片的基材，并通过沙磨拉丝形成了类似象牙的切面纹理，使白键的触感与天然乌木黑键触感一致，让演奏者拥有更舒适的整体触感。踏瓣传动机构选用经过精心处理的欧洲榉木和云杉，传动更敏捷顺畅无杂音，配以新型框架式弱音档，具有浓郁的欧洲经典味道。

**3、水转印工艺琴**

为满足日益增长的个性化市场需求，特将工艺成熟、印刷精美的水转印工艺应用于钢琴涂饰上，先后推出大理石纹、绚彩、梦幻系列等色彩斑斓、图样精美的主题产品，精致的涂饰与钢琴优雅的造型相得益彰，具有极佳的视觉效果，美丽的外形再拥有优秀的声音和演奏性能，产品问世后获得客户的高度评价。

**4、精品精典系列钢琴新产品**

里特米勒精典型立式钢琴（R1A、R2A）

珠江精品型立式钢琴（P1A、P2A）

这是里特米勒精品和珠江精品的二代产品。新产品采用了自主研制成功并达到德国弦槌质量水平的自产弦槌，选用德国著名的Wurzen加厚纯羊毛毡压榨而成，制作工艺经过不断完善，音色效果和质量稳定性越来越好，符合专业使用要求。新产品的外形设计采用简洁、大方的风格，充满现代时尚气息，十分适合目前钢琴市场简约派的消费主流。

# 北京星海钢琴集团有限公司

**1、X系列钢琴**

X系列钢琴是北京星海钢琴公司旗下的一分支系列立式钢琴产品，该产品沿用了星海在六十余年生产过程中总结出的成熟制作技术及经验，以制作优质德国钢琴的标准为技术规范，完成的顶级立式钢琴产品系列。

**2、卡利西亚系列钢琴**

星海卡利西亚（CALISIA）钢琴品牌创建于1878年，秉承德国钢琴设计制作工艺，借鉴了欧洲传统制作工艺，产品经耐候性处理。Calisia三角钢琴的面向用户主要是学校、文化中心。立式琴面向的用户主要为白领阶层和高端消费者。

M-165、M-170型三角钢琴适合小型音乐会、教学用琴、练习用琴。该琴外壳完全尊重卡利西亚原造型，保持了欧洲风格，漆膜光亮。

音源部分由德国钢琴制造专家设计，铁板采用树脂砂硬壳造型铸造，弦轴板采用德国进口弦轴板，音板为实木复合音板，琴弦采用德国进口RÖSLOUu琴弦。可承受较大张力，保持经久耐用。保证声音连贯、平稳，音色优美、纯正。

“M-222”型三角琴适合大、中型音乐会用琴，弦枕采用阶梯式复弦枕，击弦机采用德国（Renner）进口击弦机，音板为实木音板。这些进一步提升了声学品质。

**3、星海海德钢琴**

星海海德系列钢琴秉承德国钢琴设计制作工艺，是星海钢琴公司研究多年设计打造的全新星海高端产品。海德系列钢琴沿袭了德国钢琴设计严谨，制作工艺精湛的特色；音质纯净、有力；音色悦耳、柔和；外观具有时尚豪华的欧洲钢琴风格。海德系列包括五种立式型号：HS-21，HS-22，HS-23，HS-25，HS-32型，两种卧式琴型号HS-168，HS-185，集星海研发中心多年研究成果于一身，系列品种中囊括多项星海专利技术。

星海海德钢琴具有最新研发的技术革新成果，精挑细选的制造环境，采用专业特殊机械设备规模化生产，钢琴整体弹奏流畅，高音明亮，中音柔和，低音清晰浑厚，星海海德钢琴给您传递一种前所未有的弹奏感受和稳健的质量。

# 海伦钢琴股份有限公司

**1、未来（CF）系列CF130**

沿袭H系列的风格，立足传统，万虑创新，选材苛刻再次升级，世界一级云杉音板、世界一级击弦机，终成H系列钢琴的豪华版——海伦CF系列钢琴，我们赞赏您对极致立式钢琴的极致追求。

**2、精品（H）系列H-33P**

将三百年钢琴制造历史中的传统经验融会贯通，大胆革新，合金、矩形铁板保证钢琴此心永恒，以现代高新科技保障钢琴设计的细节加工无微不至，选材升级只为更好的琴声，奉献于专业需求的音乐从业者和追求更美境界音乐的人们。

# 上海民族乐器一厂

**1、天然存真便携式古筝**

该筝在基本保留传统筝音色的基础上，将原有外形适度缩短，并将尾部岳山之外的部分省略，方便携带。外观尽显天然纹理，素面朝天，精致而大气。

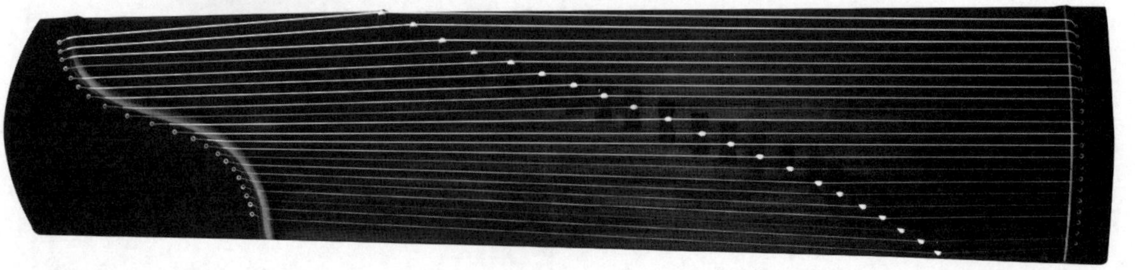

**2、双龙琴首琵琶**

从汉代开始，双龙戏珠便成为一种吉祥喜庆的装饰图纹，多用于建筑彩画和高贵豪华的器皿装饰上。龙珠是龙的精华，是它们修炼的原神所在，所以人们在艺术表达中，通过两条龙对玉珠的争夺，象征着人们对美好生活的追求。该款琵琶以双龙戏珠为主题，头部采用木雕技法刻成，并以骨片做底，与琵琶浑然一体。

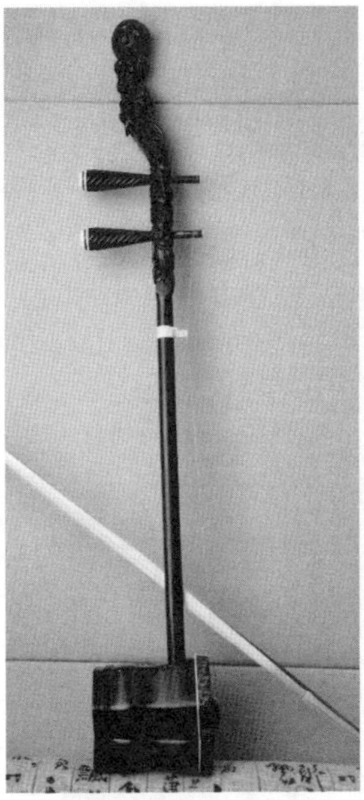

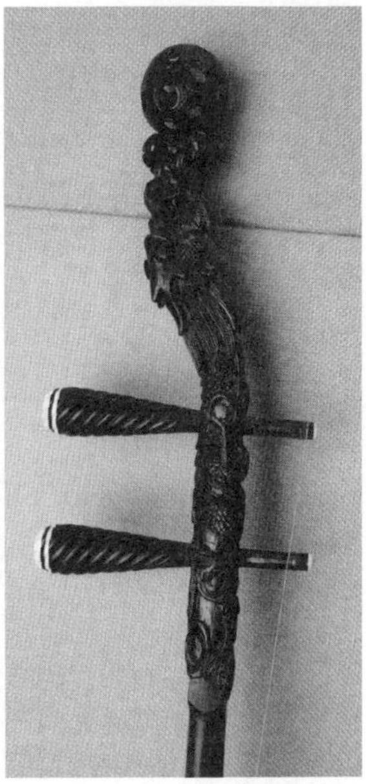

**4、游龙戏珠二胡**

该款二胡巧以游龙戏珠为题，在龙年之际推出，以一团和气取意，盘龙龙首居中，用浅浮雕技法刻成，而龙珠则以镂雕方式雕成，刻工精细，图案层次分明，是难得的木艺相融的佳作。

**3、徐振高80寿诞纪念版古筝**

为纪念古筝制作大师徐振高先生80寿诞，上海民乐一厂遍寻珍木，特邀名师纯手工制做此款古筝八十台。古筝两端皆以紫檀木做饰，呈苍松环绕鹤舞之形，意为双鹤祝寿。经王中山等操筝名家鉴定，此筝工艺绝伦，音色俱佳，极具收藏和使用价值。

**5、圆明园猴首式二胡**

圆明园兽首铜像，又称圆明园十二生肖铜兽首、圆明园十二生肖人身兽首铜像。圆明园兽首铜像原为圆明园海晏堂外的喷泉的一部分，是清乾隆年间的红铜铸像。该款二胡取材之其中的猴首铜像，采用木雕和铂金相结合，表现申猴形象，活灵活现。

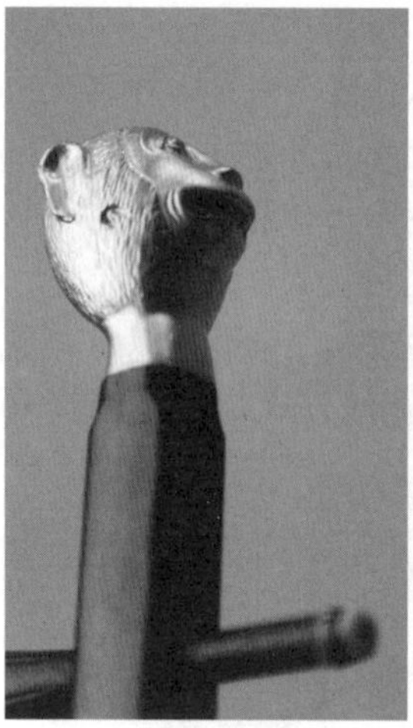

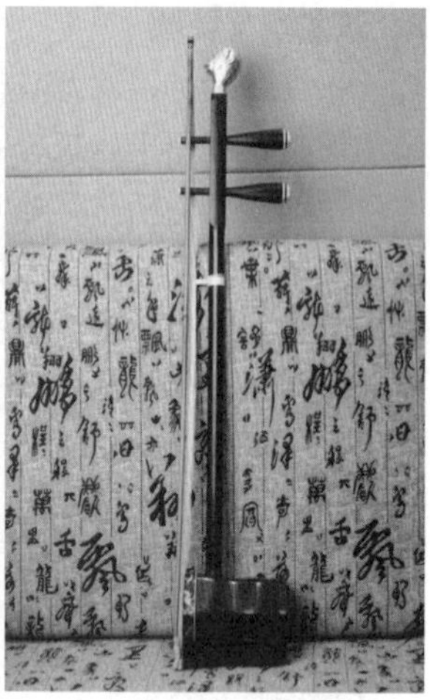

# 泰兴凤灵乐器集团

**直立音板双音竹箱制弦鸣乐器**

直立音板双音箱竹制弦鸣乐器是由江苏凤灵乐器集团研制开发的新型民族低音拉弦乐器，被确认为“2013年度文化部科技创新项目”。

用突破性的创新设计，改变了西洋低音拉弦乐器以及中国拉弦乐器的结构特征和发音特性，采用琴码与发音板直立于音箱并垂直振动的新思路，不仅振动有力，发音快，音色骨感强，更大的进步在于音板在中央将共鸣箱体隔成两个音室的复合共鸣体，形成高、中、低均透亮的演奏效果。在此基础上，本项目大胆尝试“以竹代木”的战略，在乐器形体上和发音原理上进一步创新，形成了更为良好的声音效果。

# 河北金音乐器制造有限公司

**瑞森系列产品（萨克斯、单簧管、小号）**

该系列产品的研发是从2011年初策划并启动的，是在原有乐器产品的基础上，研究分析了广大用户的意见及建议，根据东方人的生理结构，依据“关怀人的健康”的理念下研发的，最终成就了全新的服务理念，“瑞森乐器，带给您健康的艺术享受”。

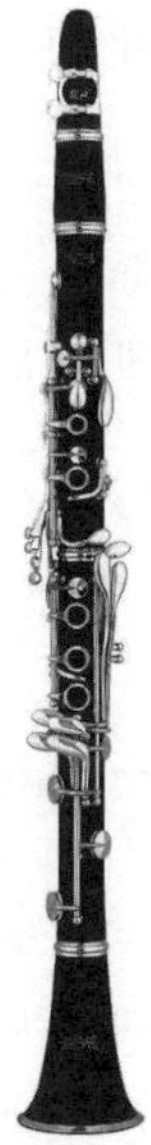

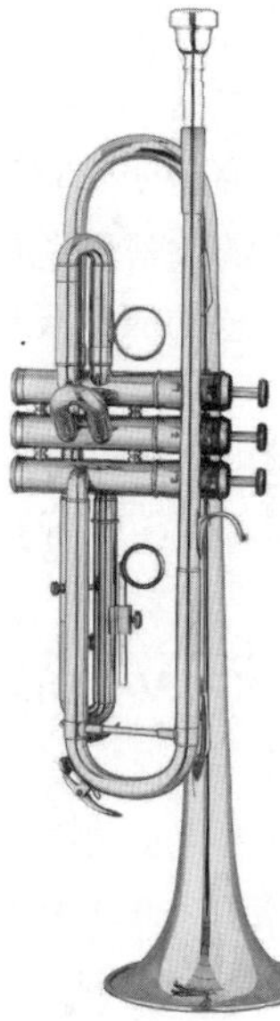

# 上海乐兰电子有限公司

**1、HPi-50 数码钢琴——将顶级的功能及娱乐性完美融合的数码钢琴**

HPi-50数码钢琴将Roland最好的钢琴技术及典雅、小巧机身合而为一，它拥有专业的演奏表现力。令人赞叹的超真实钢琴音源让您感受到厚实、华丽的音色所带来的冲击，带擒纵结构的PHA III象牙质感键盘让您如同演奏传统的三角钢琴一样。内置功能强大的DigiScore（数字乐谱）功能可以将乐谱显示在位于乐谱架上的大型LCD显示屏，同时大量的技巧练习和游戏功能适合各个年龄段的爱好者进行演奏学习。HPi-50采用了罗兰原声反射音频系统，华丽、自然的钢琴音色肯定会让给您留下深刻的印象。

- 包含Roland众多顶级的钢琴功能

• 超真实钢琴音源让声音充满色彩，并且富有表现力及动态感

• 带擒纵结构的顶级PHA III象牙质感键盘

• 内置交互式DigiScore练习功能，具备数字乐谱显示以及充满乐趣的技巧训练游戏及练习功能

• 谱架上配备大型、高分辨率的彩色显示屏（1280 x 800）

• 50个内置伴奏及近400首内置乐曲，包括常用的练习曲比如车尔尼100及哈农，还内置了经典及流行的音乐作品

• 内置16声部SMF乐曲录音机；通过选购的USB闪存盘录制及播放WAV音频乐曲

• 创新的原声反射系统让声音更加自然，具有空间感

• 渐进式延音踏板结构

• 典雅的仿玫瑰木外观

**2、TD-4KP: V-Drums Portable——优化、便携的创新设计**

体积小巧，创新的折叠式设计可快速拆卸，方便运输/存放。TD-4KP V-Drums Portable成为便携和小体积电鼓的巅峰之作。强大的TD-4音源具有丰富的表现力、可编辑的音色和必备的练习功能，同时打击垫提供了令人满意的超自然演奏性能。TD-4KP

集合了V-Drums电鼓的性能和功能以及令人惊喜的便携性，且体积小巧、方便存放，完美适用于小型演出场合、排练室、教室、卧室、公寓等场所。

• 享誉全世界的V-Drums电鼓音色以及超便携的鼓组配置

• 创新的折叠式设计可快速将鼓组折叠并方便运输/存放

• 附带的TD-4打击乐音源，内置极具表现力的音色、教练功能以及快速录音/播放功能等

• 包括八个打击板：底鼓、军鼓、嗵鼓×3、踩镲、吊镲和叮叮镲，以及FD-8踩镲控制器

• 军鼓和嗵鼓打击板配有橡胶垫表面，为您提供更自然的演奏感受

• 选购：定制的便携包（CB-TDP）；网状鼓面的军鼓打击垫（PDX-6/-8）；打击垫安装器（MDH-12）；鼓附件包（DAP-3X）；鼓毯（TDM系列）

**3、BK-5: 智能自动伴奏键盘——单人乐队的最佳选择**

一台键盘，一个键盘手……随着BK-5的登场，Roland骄傲地为自动伴奏类乐器的发展又树立了一

Acoustic Projection技术的多通道扬声器系统将使您沉醉在优美的音色中。高级的节奏功能将扩展您的演奏乐趣，您可以为自己的演奏实时而自动地添加各种富有变化的伴奏。无论是舞台演绎、教学，还是平时的练习和家庭娱乐，FP-80将胜任各种应用需求；同时还有黑、白两种琴体颜色可供您选择。

• 内置Roland SuperNATURAL钢琴音源

• 带有擒纵装置的S型象牙质感键盘

• 搭载Acoustic Projection技术的集成四台扬声器声音系统

• 智能的全键盘和弦识别节奏功能

• 为自我练习和即兴演奏提供和弦伴奏的和弦进行功能

• 90种节奏，每种节奏包含两种变化

• 话筒输入与和声效果

个新的里程碑。BK-5不仅具有高品质的崭新音色，同时结合了简明的用户界面及众多高级功能。不管您是单人乐队还是音乐爱好者，BK-5都是您最理想的搭档。

• 独立完备，面面俱到的BK-5键盘带有自动伴奏功能，并内置音箱。

• 众多的音色可供您选择。音乐助手和节奏涵盖了包括东欧、拉丁美洲、亚洲在内等众多的音乐风格。

• 便捷的图形用户界面

• 内置效果器，包含混响、合唱、均衡、多段压缩以及几十种综合效果。

• 音乐节奏与Roland BK-7m / E系列 / G系列 / VA系列完全兼容。

• 可兼容播放USB存储设备中的SMF、MP3、WAV格式伴奏和节奏伴奏，也可即时将音频录制到USB存储设备中。

• 为SMF文件自动配置和弦。

• 视频输出接口可通过连接外置显示屏与您的朋友或听众分享SMF/MP3歌词。

**4、FP-80：数码钢琴——时尚的流线型设计，给予您顶级的钢琴演绎表现力和鼓舞人心的演奏功能。**

时尚而便携的FP-80数码钢琴给予每一位钢琴爱好者丰富而又回味无穷的演绎体验。备受赞誉的SuperNATURAL钢琴音源和S型象牙质感键盘为您提供最真实的音色和演奏手感，而搭载Roland的

• 琴体可选黑色（FP-80-BK）或白色（FP-80-WH）

• 兼容DP-10延音踏板（随机附属）或RPU-3踏板组（选购）

• 可选琴架：KSC-76（家庭）和KS-12（舞台）

**5、FR-8x: V-Accordion电子手风琴（键盘式）——科技与传统的完美融合**

Roland推出全新的FP-8x键盘式手风琴，将传统手风琴的演奏性与现代数码技术的强大功能进行了完美结合。这款旗舰级的键盘式V-Accordion电子手风琴添加了许多世界顶级手风琴大师所建议加强的功能，为演奏者带来前所未有的表现力与多元性。创新的Dynamic Bellows Behavior技术能够真实地表现出原声手风琴的风箱响应效果，另外还有扩充的音色组，四个强大的综合效果器，一个内置乐句循环工作站，让您在探寻音乐动态表现力的过程中更加得心应手。顶尖科技与原声传统的完美结合，FR-8x键盘式手风琴引领演奏者进入无限自由新时代。

• 旗舰级键盘式V-Accordion电子手风琴，带有众多专业手风琴家所要求添加的强大功能

• 最新研发的Dynamic Bellows Behavior技术模仿了真实手风琴的风箱响应方式

• 连接AC适配器即可直接为电池充电，简单方便

• 内置全世界各种手风琴音色合辑，外加180种管弦乐音色、打击乐音色以及虚拟音齿风琴音色

• 四个超强的综合效果器（MFX），可分别专用于Accordion, Orchestra 1, Orchestra 2和Orchestra Chord

• 全新的用户界面，大尺寸彩色显示屏，直观的面板格局，另外还有三个可设置的连锁开关，在控制各种效果的同时解放您的手

• 1400个用户存储可以让您保存为不同演奏所制定的设置

• 内置乐句循环工作站，让您可以实时创建伴奏

• 连接U盘可以方便地进行录制或音频播放；USB接口还可以连接电脑

• 现有红色和黑色外观可供选择

# 功学社（天津）商贸有限公司

### 1、JUPITER单簧管JCL-737

JCL-737单簧管是Jupiter杰普特为满足对音色较为要求的演奏者而设计，以非洲黑檀木制成，拥有同等级中相对饱满的音色及绝佳的音准和吹奏性。

• C/G凸音键设计让使用者左手食指跟中指位于一个平行面上，演奏起来手感更一致，更舒适

• 半圆形的throat A key让使用者的左手食指更轻松的来回游走于throat A key跟D/A ring key之间，使用演奏更流畅，避免产生卡指现象

• F/C键可调整螺丝，创新设计人体工学调整螺丝结构，提供稳定坚实的操控感受

### 2、I.HERCULES乐团系列谱架-BS200B

• BS200B独特性的可堆迭腿设计，不仅可以被堆迭在购物车（BSC800）上，也可以直接放在地板上紧密的排列在一起，节省空间。

• 单手高度调节手柄，可以让音乐家调整，不需要放下他们的仪器，手柄的独特设计让触感舒适

• 脚腿的部份特地设计更强壮，更适合在舞台上高频率的使用排练及演出

### 3、Sonor 新品PBPedal

Perfect Balance Pedal(Jojo Mayer Pedal)可以被称为是一个据有灵魂与感觉的复古式大鼓脚踏板。其精准的校正系统将你脚踏踏板的线性传动做到最佳并提高效能。「精简」就是Perfect Balance Pedal的最高哲学。除了Pedal的可折与固定在大鼓的机能装置，其他的调整装置例如弹簧，脚板高度、打击槌角度皆为经典及业界的标准设置。

**4、MAPEX 套鼓Saturn IV**

Mapex鼓品牌成立于1989年，经过近20年的努力，它已经成为最年轻的世界品牌。其采用了独特的枫木和胡桃木混合木材结构的Saturn系列套鼓是一款专业顶级的鼓组，而Saturn在外观和特点上与以往的Saturn系列有了全新的改变，含有包括Soniclear嗵鼓悬挂设计、Soniclear落地嗵鼓鼓腿设计、低接触式贝司鼓鼓爪设计、贝司鼓腿调整记忆刻度装置、全新的Logo和鼓耳设计、可自由活动的贝司鼓支架以及其它惊人的亮点。

Saturn IV包括两个版本，分别是Saturn MH和Saturn MH Exotic。Saturn MH的特点包括著名的Mapex北美枫木和胡桃木混合构造的6层鼓腔的军鼓和嗵鼓以及8层鼓腔的底鼓。Saturn MH Exotic系列也是枫木和胡桃木混合的构造，但是军鼓和嗵鼓是7层鼓腔，贝司鼓是9层鼓腔，最外层使用特殊木种烤漆。Saturn MH和Saturn MH Exotic之间只是外表工艺及鼓腔厚度不同

**5、Zildjian鼓棒**

Ringo，激励了全世界一代又一代的鼓手。Zildjian(知音)很荣幸地宣布，近期将和无与伦比的Ringo Starr合作开创全新的Zildjian(知音)签名系列鼓棒。在他的协助下，依据5A的外形与尺寸设计了一款全面而综合的鼓棒。该鼓棒采用美国山胡桃木，细长型的鹅蛋槌头，独特的活力紫DIP®防滑涂装，且加印Ringo的亲笔签名和他的标志-五角星。

# 得理乐器（珠海）有限公司

### A1000电子键盘

MEDELI美得理最新旗舰电子键盘产品A1000于2013年6月18日正式在国内发售这样一款具有跨时代意义的电子键盘产品，它的上市不仅代表美得理公司近年来在电子琴创新科研领域的研究成果，也预示了未来电子琴行业向着更智能、更高端、更人性化的设计方向去发展的必然趋势。领先的电子研发技术，出色的音效，超强的扩展能力，完美的制作功能……美得理全新电子键盘旗舰产品A1000站在了电子键盘的一个全新高度，引领着电子乐器时代的潮流。

# 吟飞科技（江苏）有限公司

### 1、rp-28电钢琴

键盘：88键(A-1~C7)榔头键力度触感配重标准键盘

显示：多功能背光LCD液晶显示

复音数：64个音（最大）

音色：479种音色，其中包括19种民族音色，10种打击乐音色，1组民族打击乐音色，1组效果音色。

音色控制：主音量，音频音量，延音，微调，移调，双音色，分离音色，双人模式

踏板：弱音踏板，保持音踏板，延音踏板

效果：8种混响类型，混响深度，混响开关；8种合唱类型，合唱深度，合唱开关

示范曲：16首

录音：快速录音，USB多轨(16 轨) 实时录音和播放

存储设置： 8组存储设置，存储设置可以通过USB磁盘保存/装载

其它：MIDI 传输，MIDI 接收，USB MIDI，左、右手学习功能，Local开关控制，节拍器

接口：电源，线路输入、输出，脚踏，MIDI输入、输出，耳机1、2，USB MIDI，扬声器连接

尺寸（长×宽×高）：

1360mm×384mm×775mm

重量：42Kg

### 2、TB6200电子键盘

键盘：61键(C1 C6)力度触感标准键盘

显示：多功能LCD背光液晶显示

复音数：64

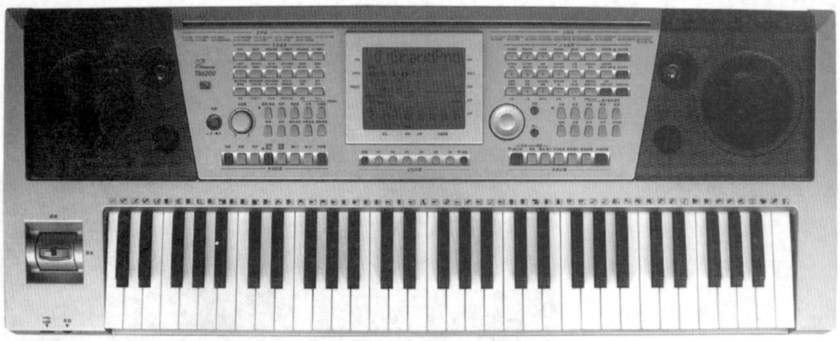

音色：711种PCM音色，其中有24种中国民乐，10组键盘打击乐，1组民族打击乐，1组效果音色，10组用户音色

音色控制：音量，延音，移调，微调，相位，八度，滤波，颤音，包络

效果：10种混响类型选择，效果开关，效果深度。13种合唱类型选择，效果开关，效果深度

节奏数：217种，包括15种中国节奏，5种纯钢琴节奏，10种用户节奏

节奏控制：同步启动，启动/停止，前奏，尾奏，插入1，插入2，单键设置，伴奏音量

键盘控制：全和弦，单多指复用和弦，键盘分离，双音色，和声，大钢琴，5种力度选择

示范曲：19首

学习歌曲：100首

录音：USB多轨录音

存储设置：6 x 8组，冻结

其他：摇杆，节拍器，MIDI 输入/输出控制，多功能踏板（延音，保持音，弱音，启动/停止节奏，插入1，插入2，USB midi播放，存储记忆切换）

接口：DC 12V电源，MIDI输入/输出，耳机，踏板1/2，感情踏板，线路输入，线路输出，USB接口

喇叭：YDG50：4Ω*2W*2　　YD120：4Ω*10W*2

尺寸(长×宽×高)：1080mm*195mm*445mm

重量：9Kg

**3、TD92架子鼓**

鼓盘：1个军鼓，3个通通鼓，2个吊镲，1个踩镲，1个低音鼓，1个踩镲踏板。

鼓盘控制：阀门值，灵敏度，力度曲线，共振屏蔽

音色：243种鼓音色

效果：8种混响效果，8种合唱效果。

鼓组：30种，其中预设鼓组25种，用户鼓组5种。

乐曲：50首预置练习乐曲，2首示范乐曲。

控制功能：Power Switch（电源开关），Start/Stop（启动/停止），Effect（效果），+，-，Rec/Play（录音/放音），Drum On/Off（鼓声开关），Click（节拍器），Song（乐曲），Pad（鼓盘），Kit（鼓组），Tempo + / -（速度+/-），Enter（确认），Return（返回）。

接口：MIDI Out(MIDI输出)，USB连线，Aux In（输入），HH-Ctrl(踩镲控制踏板)，HI-Hat(踩镲)，BD Kick(低音鼓)，Snare(军鼓)，Tom1(通通鼓1)，Tom2(通通鼓2)，Tom3(通通鼓3)，Crash(吊镲1)，Ride(吊镲2)

电源：9V直流电源

尺寸(长x宽x高)：900mm x 685mm x 303 mm

重量：27.7 kg

# 宜昌金宝乐器制造有限公司

**1、长江豪华版**

“以追求终极理想为原点”——在这伟大梦想的引领下，长江品牌起步于成功设计生产演奏会用三角钢琴。这一创举不仅在世界钢琴制造史上镌刻了崭新的一笔，同时也掀开了一场永无止尽的极致挑战。

精选全世界范围内最适合钢琴制造的高品质木材；传承钢琴发源地——欧洲自古以来的传统手工技艺；怀揣着开发世界最优质钢琴的强烈热望，融汇所有要素孕育而生的钢琴，我们为之赋予了一个刻骨铭心的名字——长江！

CJ-275**三角钢琴——音乐会之精灵**

作为长江钢琴的旗舰之作，其优雅大方的外观和圆润饱满的音质，完美诠释了长江品牌傲立群雄的大气风范。汇集了最先进的制造工艺所成就的清澈明净之音色，向广大钢琴爱好者展现了长江钢琴无与伦比的演奏性能，每一个音符都将为您呈现意想不到的效果。

**V系列三角钢琴——典雅与时尚之风范**

V系列概念琴是长江钢琴的第二代力作，它将传统的手工制琴工艺与先进的现代科技相结合，其优雅大气的外观设计结合古典优雅的木纹、镂空及镶嵌工艺，在一丝不苟的细节处理中完美呈现至尊典雅的独特魅力。

**CJ系列提升版立式钢琴——精细与简约之共鸣**

立式钢琴CJ系列首次推出便以其清新淡雅之风得到青睐。合理的选材和精密的现代化制作工艺，使

**2、长江思想家（CP系列）/艺术家（CA系列）**

思想家——透析万千音乐表现、穷极百态音乐内涵，这正是追求音乐真谛的思想家的终极境界。

长江钢琴思想家系列正是这样一种存在，它以

沉稳内敛的品格、包罗万象的内涵，以及透视真理的睿智，向听众演绎独属于长江钢琴的智慧之音。极富内涵的音色魅力，令人不仅仅专注于倾听，更不由得沉湎于音乐的海洋之中静静地冥想，思想家系列为你呈现的正是这样一种上升到思维与理性的意境享受。

为每一位真正用心感受音乐的演奏者倾情奉献，长江钢琴思想家系列，它是艺术的智者，只为诠释智者的艺术。

艺术家——艺术涵盖音乐，音乐演绎艺术，独属于音乐的艺术唯有音乐本身方能完美诠释。

然而，在钢琴的世界里，每一位追求音乐理想的演奏者都是艺术的缔造者，每一台钢琴都是演绎完美音色的艺术家。成就非凡的音乐艺术，让每一台钢琴当之无愧地成为专业演艺家，这正是长江钢琴艺术家系列最原始的初衷。典雅的外观、超凡的工艺、严谨的选材，缔造了极具非凡品质的艺术家系列钢琴。完美到近乎艺术的音色，或清亮醇厚、或婉转和谐，每一个音符都完美诠释出演奏者所追求的音乐理想。

长江钢琴艺术家系列，只为成就真正的音乐艺术。

# 福州和声钢琴有限公司

**1、哈曼尼HG-153R精品系列三角钢琴**

该系列三角琴的推出是为了适合家庭使用，体积小，便于电梯及上下楼梯的搬运。内外造型美观大方，音色优美，堪称一绝。

有珠光黑、经典红、雪山白等亮光漆供选择。古典罗马风格设计造型，采用圆锥形凹槽琴腿，欧式镂花琴谱架，弧形的琴键大盖与弧形琴手的配合，其典雅的弧形有机融为一体，外观大方秀丽。采用真空技术铸造“R版”铸铁板；铸有浮雕雕花及编码防伪技术。阶梯凸台式筋条结构、上下镶嵌式弦枕、高音区音响双泛音装置等多项专利技术为国内首创。采用德国ROSLAU琴弦及六角低音弦、采用骨胶拼接实木音板、实木键盘、进口羊毛毡特制的红木弦槌，音色优美，高音明亮，中音圆润，低音浑厚，弹奏触键灵敏舒适的精品三角钢琴。

**2、哈曼尼“G系列”高端精品钢琴**

该系列产品采用新型音源结构，采用“米”字形琴背架，充分发挥音板的共鸣效果，确保受力后的稳定性。采用真空技术铸造“R版”铸铁板；铸有浮雕雕花及编码技术、线条光滑平整，上下镶嵌式弦枕、高音区双泛音装置、V型压线条等多项专利技术之外，又新增两项新专利技术：立式钢琴键盘手感调节装置，该装置不改变键盘和击弦机的结构，可将键盘配重分成5个档次，根据弹奏者的需要随时调节键盘静阻力的大小，以适应不同年龄的琴童对键盘的力度要求。钢琴用高音音响共鸣钟专利，该装置的应用改善高音的共鸣效果，丰富了高音的音色，为国内首创。该高端产品采用德国ROSLAU琴弦及六角低音弦，采用骨胶拼接实木音板、实木键盘、乌木制作黑键、进口羊毛毡特制红木弦槌，其音色优美，高音明亮，中音圆润，低音浑厚。同时，由于可调节键盘的配重，弹奏触键灵敏，其舒适度更加人性化。

# 上海钢琴有限公司

**世纪系列S-126**

该系列钢琴为全新弦列设计，排布精密合理，音量宏大、音色丰富、音质清澈优雅。新型宽幅强化框架式铁板，最大限度地增大了音量、确保音准持久稳定；特殊工艺优化处理纯木质音板，有效提升系统的整体共鸣性能；德国重磅纯羊毛毡制琴槌有效提升音质与音量；德国ROSLAU顶级品牌琴弦，确保琴声更加圆润柔和、音质更优美悦耳；高端顶级的配置、精致专业的做工，确保了整个共鸣盘系统拥有优秀的声学品质。同时，采用珍贵的天然纯乌木制黑键，在保值的基础上更提升了演奏时的触感舒适度，配合依据数十年考级琴制造经验研发的重力度专业键盘击弦机芯，使反应更迅捷可靠、手感更佳，能将演奏者细微的情感力度表现，最忠实的呈现而出。

该琴为欧陆传统造型，线条舒展流畅、稳重大气，给人以美的享受。琴体表面采用特殊材料覆贴，能有效避免渗漆等涂装隐患；外表饰以进口高强度耐侯性不饱和聚酯，抗污抗损能力强、漆膜光亮持久；且其标配键盖缓降器，能有效保证演奏者的安全。产品主要针对高端市场，端庄的外形、出色的品质，是追求品质生活的音乐爱好者与专业人士的上佳之选。

# 杭州嘉德威钢琴有限公司

**1、 GK1-123 星钻之光升级版**

嘉德威钢琴GK1-123(星钻之光)，在原产品基础上进行了技术更新，以突出的特色再次成为新宠，吸引大家聚集。

GK1此次键盘更新换代为从国外进口的乌木琴键，防滑和吸汗，弹奏起来更具舒适感，声音准确、恰到好处，能完美捕捉钢琴演奏之精髓。并且不掉色、不变形、分量重、密度高、不会被虫蛀，历久弥新。GK1配以乌木黑键，不仅外观高雅、雍容尊贵，成为专业钢琴演奏者择琴的重要因素之一。

GK1内部的榔头升级为桃花芯木榔头，桃花芯木榔头是钢琴制作榔头的顶级材料，因为它拥有很突出的强度和重量比，桃花芯木榔头配上100%德国进口的羊毛呢毡精心压制而成。一个好的榔头的条件是外柔内刚，好的榔头是声音的关键，保证了音色优美、细腻、动听。

GK1星钻之光独特的优势，一直是大家关注的目光，随着嘉德威搬迁至新园区，投入1亿元的先进数控化设备，现在技术日臻成熟，GK1星钻之光已在流水线上大量生产，满足全世界爱好者的需求。

GK1星钻之光全线升级，成本原材料方面的全线升级，使GK1星钻之光以最耀眼的光芒回馈广大钢琴爱好者的厚爱。

**2、GR1-126 “LV风情”限量版**

嘉德威钢琴GR1-126 “LV风情”是限量版个性新品，其奢华贵族式的设计风格使嘉德威钢琴立足于钢琴品牌的颠峰。它奢华、尊贵，从整体到细节，都弥漫着浓郁的以文化为中心的深厚底蕴。“LV风情”以其精湛的工艺技术和源源不断的想像力，成为当代最具艺术魅力的钢琴新品，必将以其独特的个性、深邃内涵和高尚品味，在艺术领域里不断拓展、延续嘉德威的经典与浪漫、展示世间唯美之真谛。

嘉德威钢琴GR1-126 “LV风情”以精益求精的质量和巧夺天工的技艺、独一无二的创意倍受追捧，登陆市场以来好评如潮!

# 北京珠江钢琴制造有限公司

**京珠大师系列钢琴**

目前京珠品牌旗下最高端的新产品系列，由国际著名钢琴设计制作大师托马先生主持设计，运用德国工艺精心打造，产品核心部分采用德国进口的优质材料和部件制作，由欧洲著名的钢琴技师、现任珠江钢琴集团技术总监的史蒂芬．默勒先生负责工艺监控和质量检验，使京珠大师系列钢琴的弹奏性能和音色效果更加出色，更加专业。

# 博兰斯勒钢琴有限公司

**欧米勒SP系列钢琴**

选用德国ABEL榔头、德国FFW呢毡、德国RÖSLAU琴弦、特制静音灵敏击弦机、全实木键盘乌木黑键盘等最好的材料，应用博兰斯勒共鸣持久技术、博兰斯勒音板成型技术、博兰斯勒独立背柱技术、博兰斯勒钢板支撑技术、数控加工技术等几十项德国技术及工艺，同时装配工艺完全按照博兰斯勒钢琴的要求：欧米勒每一台钢琴组装不仅要求做到连每个榔头柄的硬度都必须检测，并按不同的硬度分组使用，而且还要精细到每个榔头柄的木纹朝向都必须做到朝向一致，使用其演奏性能完全可以与几十万的原装德国钢琴媲美，是一款性价比极高的产品。

# 南京舒曼钢琴制造有限公司

**舒曼E8-121立式钢琴**

最新推出的舒曼E8-121立式钢琴与以往钢琴相比钢板弦列的设计更科学，音源马桥的工艺更精良。经过不断优化，其音色更加的完美，琴键触感更加舒适和灵敏，加工技术更加独特，古铜色的铁牌表面再罩一层亮光漆，使钢琴更显唯美浪漫;框架式结构，受力均匀，稳定性强。加固加厚的背架，确保钢琴使用寿命更长。独特精细的外观设计和工艺，高贵典雅、美轮美奂。

# 上海玛珂琴业有限公司

**金公爵125G立式钢琴**

设计简约大方，线条完美，突出现代感高雅外观；著名雷诺击弦机结构，德国呢毡，红木榔头实木键盘乌木黑键，音板采用优质鱼鳞松，精选年轮通直细腻均匀单板科学拼接，德国技术设计计算音板厚度，高低音不等厚更符合共鸣震动理论，弹奏舒适，触键灵敏。低音强劲，高音出色

# 烟台博斯纳钢琴制造有限公司

**1、GBT系列立式钢琴**

采用德国博斯纳钢琴的原版设计，生产工艺蕴含了德国贝希斯坦钢琴的制作技术，选用材料考究、上乘。其中榔头全部采用德国Abel榔头，键盘采用欧洲实木云杉及乌木黑键，音板、肋木采用奥地利云杉。同时每一台GBT系列立式琴也加装了韩国缓降器。大气厚实的外观造型、科学先进的设计与工艺、高端且充满人性化的选料和配置，博斯纳GBT系列纪念版钢琴将与您共享古典艺术与现代科技的融合之美。

**2、GBT系列三角钢琴**

由德国贝希斯坦钢琴股份有限公司设计，从关键零部件的采购到整个生产过程，全部由贝克斯坦公司提供工艺技术，并进行全程质量监控。设计一流、技术精湛、加工精细、选料考究，使得博斯纳GBT系列三角钢琴将德国钢琴那种温暖醇厚、圆润柔美的音色特点发挥得淋漓尽致。

# 烟台金斯波格钢琴有限责任公司

**KF133立式钢琴**

浓缩了钢琴设计大师克劳斯•芬纳先生毕生的知识和经验，是倾尽他全部心血的收山之作，受到广大专业人士及爱好者的追捧与收藏，是大型专业演奏级立式用琴。被誉为“小三角琴”。KF133型是在KG133型钢琴基础上，进一步进行技术创新设计，并增加了高端配置而成。

# 广东声凯乐器有限公司（四会华声）

**“民谣之星”—DG220C/20周年纪念版**

20年来，华声人孜孜不倦的为吉他爱好者奉献了无数品质卓越的吉他，其中STARSUN星臣DG220C吉他最为耀眼，无数的第一成就了他在民谣吉他中的无冕之王：性价比第一、人气第一、销量第一。

在华声20周年之际，星臣吉他倾情奉献给吉他爱好者一款20周年纪念琴----在DG220C的基础上，华丽升级音孔花、指板镶嵌、彩贝边饰，倾情打造出一款名副其实的民谣之星---DG220C/20周年纪念版，苛刻的原材筛选、精良的制作工艺和严格的品质监管，每一个生产环节都是为了保证一如既往的品质和音色；华丽而不失大气的外观设计透出王者的霸气。

# 武汉艾立卡电子有限公司

**Ik新品iRig HD**

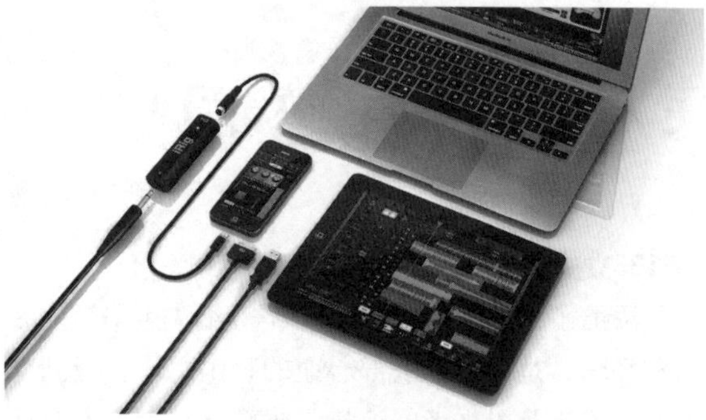

移动音乐领导品牌为您带来最新的iRig HD –新一代大受欢迎的AmpliTube iRig转接口。iRig HD是第一款高品质的24-bit音频转接口，采用简约时尚的设计，可以放置在口袋中，并且可直接连接Lightning, 30-pin和USB 接口设备。因此，无论你是iPhone、iPod touch、iPad或Mac都可以使用，瞬间点燃你的摇滚热情。

iRig HD突出的特点就是能够提供出色的数字音质，选用24-bit A/D转换器，能够为您带来如水晶般清澈的高清数字信号，摆脱噪音和串音干扰。此外，独有的超低功耗电路无需额外使用电池 — 可通过移动设备或电脑供电。侧边可调节增益控制，能够根据所连接的乐器类型和软件信号水平大小来调

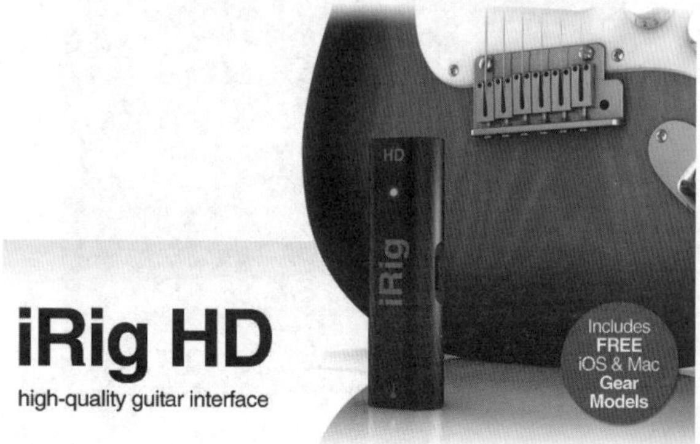

节精准的电平输入值，并通过彩色LED灯提示，了解接口使用状况和信号接入情况。

iRig HD能与IK 系列 AmpliTube apps 搭配使用（#1 软件为吉他演奏者设计）包括 AmpliTube Fender®,AmpliTube Slash 和 AmpliTube Jimi Hendrix™ 以及其它数字音频处理的软件，同时支持使用像Apple的GarageBand这样的数字音频软件使用。让您随时都能使用iRig HD演奏吉它 — 在途中、录音棚以及家中的Mac电脑上。

# 河南中州民族乐器有限公司

**仿唐挖筝**

仿唐挖筝为公司专利产品，由于兰考独特的地理环境，生长的泡桐木质疏松度适中、不易变形，经脱脂处理后透气、透音性能特别好，被称为“会呼吸的木材”，由于制成乐器音板纹路清晰美观，共鸣度高，具有优良的声学品质，经专家鉴定选为制作古筝、琵琶等民族乐器的最佳材料；我公司地处兰考境内，利用这一得天独厚的资源优势，打破传统的制作工艺和方法，采用兰考优质泡桐，整木挖制技术，面板和侧板成为一体；面板的弧度采用外刨内挖技术，使面板不受因面板的形变而造成的挤压，音板的振动更加充分、自然、协调，音质与音色稳定性高；音色寿命和使用寿命也相对比较长，使用越久音色越通透。既为专业演奏乐器，又是精美的工艺品，实用与收藏价值极高，深受国内外广大客户朋友的青睐。

# 扬州市天艺民族乐器厂

**1、ZT-02紫檀云母古筝**

木中之王紫檀，非金玉而胜似金玉，多产于东南亚一带和印度等国。紫檀有『十檀九空』之说，曲者为多、成材需百年；木质细腻、手感温润、色泽沉穆、纹理细密，耀眼的金星似雨点划过玻璃留下的痕迹，细微中尽显高贵，勿用髹漆表面就呈现出缎子般的光泽。

紫檀云母筝是优质材料和传统工艺的完美结合。此筝选用珍稀的黄云母、白云母等高档材料，加以石决明点缀；经精心布局、定位、挖嵌、打磨

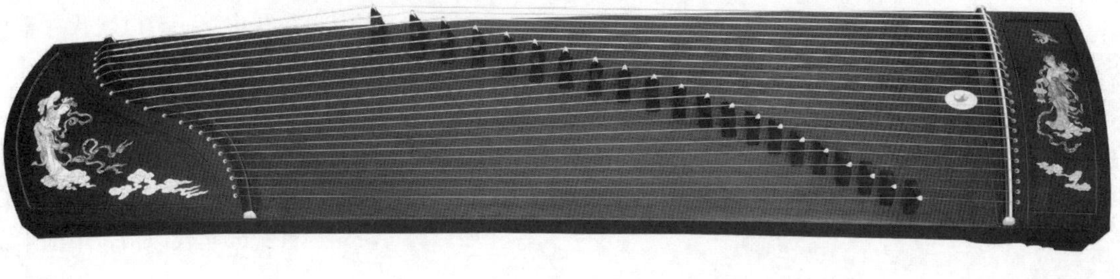

等多道工序制作完成。观其容，花繁锦簇、暗香浮动，似人间奇葩；听其音，醇厚通透、仙乐风飘。此筝集观赏、演奏和收藏于一体，为不可多得的筝中极品。自然制作周期360天。

**2、HN-01汉楠木一级古筝**

明代谢在杭《五杂俎》中记载：『楠木生楚蜀者，深山穷谷不知年岁，百丈之干……』。汉楠木来自远古的汉代，历经千年依旧不腐不蛀、香味永驻。现在使用的汉楠木多为开山辟路出土的老的房梁、家具、船舶、寿材等材料，由于存世稀少、其价格堪比黄金。

扬州特殊的城市历史，为汉楠木的挖掘重生提供了一定的条件。今天，我们苦苦寻觅，用汉楠木制作而成的古筝艺术品在千年古木厚重浓郁的背景下，呈现出温润柔雅、清幽娴静、沉静内敛的气质，散发着由内而外的低调奢华和尊贵气息，成为风靡海内外的藏品。此筝音色古朴典雅，韵味十足，非常适合演奏传统古曲。自然制作周期270天。

**3、JN-01金丝楠木一级古筝**

金丝楠木为楠木中最为珍贵的一种，高者十余丈、巨者数十围，木质坚实柔密，具芳香之气，经千年不腐不蛀，永不变形之特性。《博物要览》记载，金丝楠『出川涧中，木纹有金丝，楠木之至美者。』

金丝楠木筝选用来自几百年前的桢楠老料，金丝成色多、木质玉润、晶莹通透、纹理淡雅，特别是在刨片时有明显的亮点，向明视之，金光闪闪、向阳处或结成人物、山水、霞光、云海等祥瑞之相，即使不擦生漆，也越用越亮，使其成为精美绝伦的艺术瑰宝，具有极高的收藏和投资价值。此筝音色古朴典雅，韵味十足，非常适合演奏古曲。自然制作周期270天。

**4、ZJ-30鸡翅木古筝**

古筝走到今天，筝体已经埋进了『时装秀』般的筝饰当中。那真是古筝展示风采的必然吗？中国的乐器文化，从天然材料的『八音』乐器分类，就能感悟到崇尚自然的理念。筝声宛若天籁，筝材源自天然，再繁复精细的雕饰和涂抹，怎比得上自然天成的高贵大气。

筝体的天然饰板，显现着木纹肌理那美妙质

感的魅力。纹理的疏密色泽，或厚重，或细腻、或欢娱、或沧桑，暗示和影响着人们的情感心绪。而山水画一般的木纹乃至树瘤木疾瘢痕，更是大自然创造的、不可复制的艺术品，缘何要用人为的筝饰『好心好意』地加以『糟蹋』？如此『天赐之作』不去充分展示，岂不是暴殄天物？

质本洁来还本去。让古筝素面朝天，当可还她天成高洁之本色。

**5、GT-02黑檀钢丝筝**

古筝起源传说众多，因声韵『铮铮然』而得名是其中之一。以现代『筝种』来看，钢丝筝似乎最具『铮铮然』之神韵。

著名古筝家曹正先生曾说『茫茫九派流中国』。在20世纪60年代以前，中国丰富的

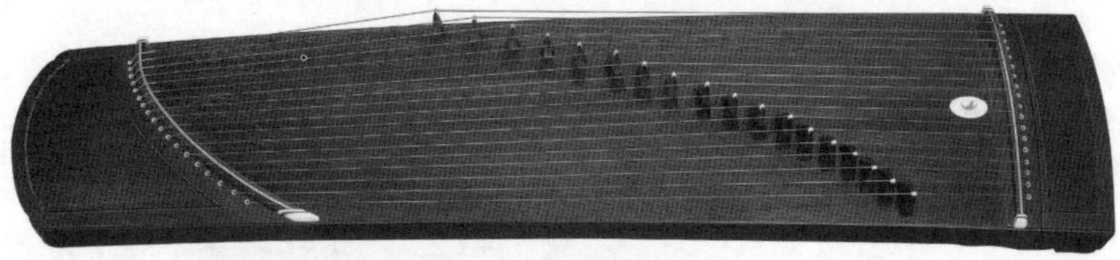

各古筝流派均有过用『钢丝筝』演奏的辉煌历史。因此，天艺乐器用近10年的时间，借鉴大量的实物和众多筝家的帮助，推出了用红檀、黑檀、红木、紫檀等各类名贵实木打造的精品钢丝弦系列古筝。其小巧秀美之外型，委婉之韵味、清亮之音色，极好地体现了古筝『以韵补声』的特点，令人耳目一新，深得专业人士喜爱。自然制作周期240天。

著名古筝家曹正先生曾说『茫茫九派流中国』。在20世纪60年代以前，中国丰富的各古筝流派均有过用『钢丝筝』演奏的辉煌历史。因此，天艺乐器用近10年的时间，借鉴大量的实物和众多筝家的帮助，推出了用红檀、黑檀、红木、紫檀等各类名贵实木打造的精品钢丝弦系列古筝。其小巧秀美之外型，委婉之韵味、清亮之音色，极好地体现了古筝『以韵补声』的特点，令人耳目一新，深得专业人士喜爱；尤其是极品紫檀杉木素面钢丝筝一经亮相便供不应求。自然制作周期240天。

**6、TZ-02极品紫檀钢丝筝**

古筝起源传说众多，因声韵『铮铮然』而得名是其中之一。以现代『筝种』来看，钢丝筝似乎最具『铮铮然』之神韵。

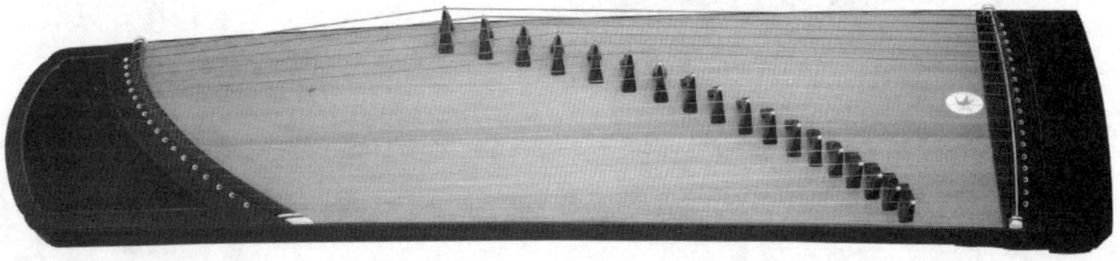

# 江阴金杯安琪乐器有限公司

**1、金杯闪烁系列手风琴**

金杯“闪烁”系列手风琴是江阴金杯安琪乐器有限公司研发的一款大波音流行手风琴，该琴采用目前国内最新的喷漆技术，是手风琴行业中的一颗新星，其外观设计新颖，琴体小巧美观，颜色绚丽夺目，音簧的波动，使声音清脆悦耳。适合演奏华尔兹、波尔卡、爵士、桑巴等风格的音乐，如与乐队配合更能将其风采展现的淋漓精致。在广场演出或是轻音乐中使用，将大大提高手风琴的演奏效果，完美演绎手风琴音乐。该系列手风琴无论是生产工艺和技术水平还是演奏效果均达到了国际水平。

**2、金杯轻便式系列手风琴**

金杯“轻便式”系列手风琴是金杯安琪乐器有限公司历时3年多时间研发的轻便式系列手风琴，该手风琴结合了传统四排簧和流行手风琴的优点，更好的满足了手风琴爱好者练习和演奏需求。该琴颜色亮丽夺目，声音清脆悦耳。在广场演出或是轻音乐中使用将大大的提高手风琴的演奏效果，完美演绎手风琴音乐。

“轻便式”系列手风琴有四个系列，近20款不同规格将陆续向市场推广。该手风琴已获得外观专利7项和发明专利1项。采用的是国内最新的喷漆技术，除了原有的黑色以外，陆续将推出了粉红，天蓝等颜色。外形线条流畅，设计结构合理，与传统四排簧相比，重量减轻了约2KG，后背的流畅型设计，更人性化，使演奏者的演奏技巧发挥的游刃有余。不仅如此，在声音上更是精益求精，本系列加大了音簧的波动，使声音更加清脆悦耳，韵味十足，适合广场音乐演奏。

# 江苏天鹅乐器有限公司

**24孔电声口琴**

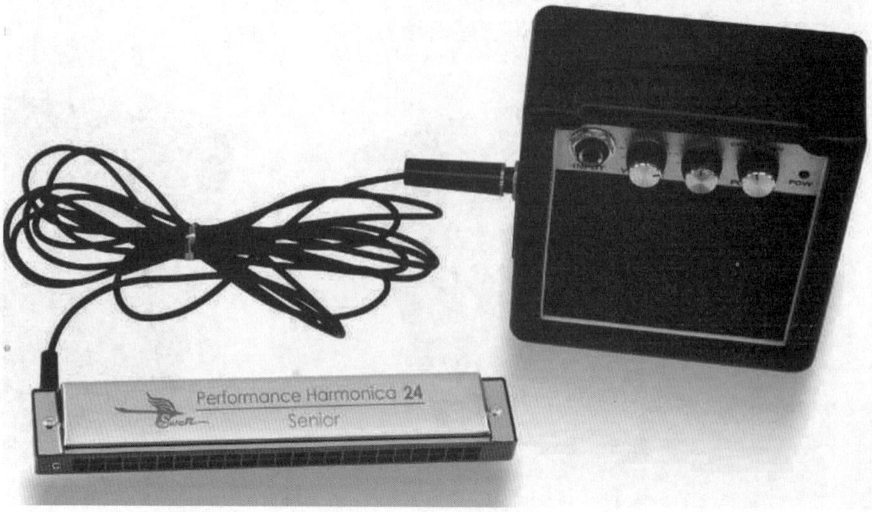

# 上海国光口琴厂有限公司

**国光牌新世纪口琴**

国光牌新世纪口琴是处于中档价位的演奏口琴，口琴采用铜座板，琴格改变传统绿色和蓝色，采用ABS黄塑格，显得更高雅。盖板文字以激光雕刻，字体清晰。新世纪口琴造型小巧，适宜口琴爱好者吹奏，最主要的是吹奏时轻脆宏亮，其发音的簧片是采用特殊的磷铜加工制作的，加上每个口琴均由专业口琴技术师傅进行逐个把关验收。口琴配以高档的塑盒，看是高档的口琴，却是价格适中的口琴，国光牌新世纪口琴投入市场后得到了客户的认可，销售较好。上海国光口琴厂有限公司将新品种口琴型号称为新世纪口琴，其含义是上海国光口琴厂有限公司国光牌口琴要开创新的世纪，立足于新的起点。

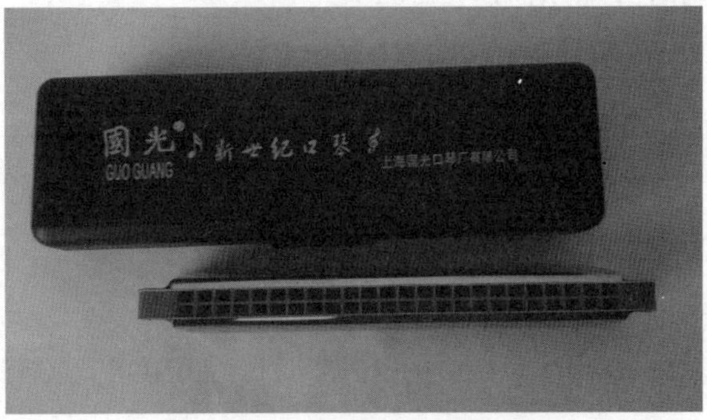


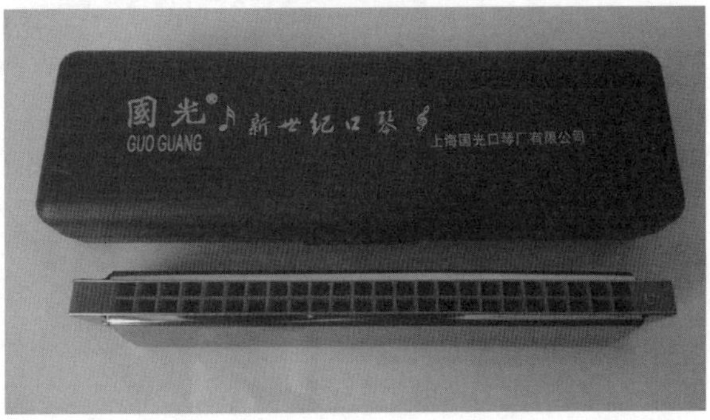

图书在版编目（CIP）数据

中国乐器年鉴. 2013 / 中国乐器协会编. -- 北京：
中国轻工业出版社, 2013.9
ISBN 978-7-5019-9402-1

Ⅰ. ①中… Ⅱ. ①中… Ⅲ. ①乐器—制造工业—中国
—2013—年鉴 Ⅳ. ①TS953-54

中国版本图书馆CIP数据核字(2013)第213440号

责任编辑：刘云辉
责任终审：劳国强　　责任监印：张　可
封面设计：潘文强　　版式设计：潘文强　王　娜

出版发行：中国轻工业出版社（北京东长安街6号，邮编：100740）
印　　刷：北京睿和名扬印刷有限公司
经　　销：各地新华书店
版　　次：2013年9月第1版第1次印刷
开　　本：889×1194　1/16　　印张：23.50
字　　数：800 千字　　插页：19
书　　号：ISBN 978-7-5019-9402-1　　定价：300.00 元

邮购电话：010-65241695　　传真：65128352
发行电话：010-85119835　85119793　　传真：85113293
网　　址：http://www.chlip.com.cn
Email：club@chlip.com.cn

如发现图书残缺请直接与我社邮购联系调换
140008K6X101HBW